I0801236

Elogios para

Cosecha de agua de lluvia para zonas áridas y más allá
Volumen 1, *3ra edición en inglés*

Premios

El volumen 1 (en inglés) de *Cosecha de agua de lluvia para zonas áridas y más allá* ha recibido los siguientes premios:

- Seleccionado como el Mejor Libro Independiente del Año por Kirkus Reviews
- Seleccionado por la Biblioteca Pública del Condado de Pima como Southwest Books of the Year
- Finalista para Libro del Año de la Revista *Foreword*
- Premio Plata, Nautilus Book Awards
- Medalla de Bronce, Living Now Book Awards
- Finalista, Eric Hoffer Book Awards
- Premio al Mejor Libro, USA Book News National Book Awards

"Brad Lancaster lo hizo de nuevo. Al revisar su excelente libro, nos ha dado una ventana al mundo a través de la lente del agua. El agua conecta todas las cosas. Y Brad nos muestra el agua como una manera práctica de considerar el contexto y la conexión. Partiendo de un mundo donde el agua se considera una mercancía, nos lleva a un mundo donde el agua es intercambios en movimiento, enriquecedores, de lo que la vida está hecha. Un amigo nativo americano consiguió un trabajo con su compañía local de agua y en lugar de verlo como un trabajo de ingeniería, lo vio como un deber sagrado. Este es el cambio a través del cual Brad cuidadosamente nos guía. El agua es riqueza y salud, tratémosla de esa manera y vayamos con gracia de la escasez hacia la abundancia".

— Joel Glanzberg, autor de *The Permaculture Mind*; rastreador (tracker); y maestro/diseñador de sistemas vivos regenerativos; PatternMind.org

"En una época de creciente escasez de recursos y conflictos globales, este libro esencial nos ayuda a recuperar el control de nuestra agua mostrándonos cómo mejorar nuestro suministro de agua y energía con estrategias simples, divertidas y efectivas en el hogar y más allá".

— Maude Barlow, autora de *Blue Covenant*; Asesora principal sobre agua para el presidente de la Asamblea General de las Naciones Unidas

"Brad Lancaster define con claridad las diferencias entre el camino hacia la escasez y el camino hacia la abundancia, considerando tanto el uso racional del agua como el evitar las consecuencias de un uso negligente de la misma. A lo largo del libro, se describen las alternativas claramente con ilustraciones que van al grano. He trabajado en campo con Brad. Está abiertamente comprometido con las causas paralelas de la conservación del agua y de la energía. Hace preguntas incisivas, busca respuestas, prueba soluciones, documenta hallazgos y comparte alegremente sus conclusiones con todos los que quieren escuchar. Claramente el Sr. Lancaster es un agente de cambio, un verdadero innovador, que ofrece soluciones sencillas pero poderosas a las difíciles preguntas que enfrenta la sociedad tanto en situaciones urbanas como rurales".

—Bill Zeedyk, Zeedyk Ecological Consulting, LLC; coautor de *Let the Water Do the Work*

"El libro de Lancaster sobre la cosecha y aprovechamiento de agua de lluvia es fantástico y una guía abundante para abordar de manera más sensata nuestro recurso más preciado. Lo recomiendo enormemente".

Jason F. McLennan, CEO, International Living Future Institute

"Esta es una de esas ideas en las que solo tienes que pensar por un momento para entender su importancia- ¡y aquí tenemos, cuidadosamente explicadas, todas las técnicas que pudieras necesitar!".

— Bill McKibben, fellow de la American Academy of Arts and Sciences;
autor de *Earth: Making a Life on a Tough New Planet y Oil and Honey*

"Un libro muy bueno mejora aún más. Los casos de estudio inspiran y las recomendaciones son detalladas. Este libro no es solo para personas en tierras áridas; la cosecha de agua de lluvia ofrece un suministro gratuito de agua limpia, reduce las inundaciones y mejora la calidad de las aguas pluviales en tierras más húmedas también. Propietarios, inquilinos, constructores, estudiantes, planificadores y legisladores- ¡lean este libro!".

— David Bainbridge, coautor de *Passive Solar Architecture*; autor de *A Guide for Desert and Dryland Restoration: New Hope for Arid Lands*; http://works.bepress.com/david_a_bainbridge/

"Este libro es una lectura obligada para todos los que nos preocupamos por el agua. Las historias personales y sinceras de los propios procesos y éxitos de Brad nos motivan a hacer el intento, mientras que las conexiones claras que hace con la crisis ambiental global que enfrentamos profundizan la importancia de este trabajo".

— Laura Allen, miembro fundador de Greywater Action; GreywaterAction.org

"Se dice que el agua es la crisis del día de principios del siglo XXI, así como lo fue la energía a finales del siglo XX. Esto es cierto, pero lo más importante es que las dos están íntimamente relacionadas. El 20 % de nuestro consumo de energía es para bombear agua y un gran porcentaje de nuestra producción de energía se basa en la energía hidroeléctrica, mucha de la cual se desperdicia para climatizar espacios interiores, lo cual podría lograrse mediante sombreado adecuado y ventilación natural.

La tecnología adecuada (encontrar la escala adecuada para aplicar la tecnología y el diseño) es la clave para abordar esta situación y nadie lo hace mejor que Brad Lancaster. Brad muestra cómo cosechar pasivamente el sol, la sombra y el agua utilizando principios de diseño apropiados y al alcance de nuestras manos".

— Ken Haggard, arquitecto, San Luis Sustainability Group; coautor de *Passive Solar Architecture; ISES Passive Solar Architecture Pocket Reference*; autor de *Fractal Architecture*

"Escucho la música del agua que fluye en el río, y me pregunto, '¿Permanecerá para siempre esta hermosa melodía?'. Brad Lancaster me da la respuesta: Sí, si actuamos ahora, haciendo la conexión entre el agua y la vida, entre las cisternas vivas de vegetación y un mejor clima, y entre la cosecha del agua de lluvia y el ahorro de energía (reduciendo emisiones tóxicas).

Este libro es una herramienta indispensable para todos aquellos que quieren minimizar su huella y contribuir a reverdecer el planeta, especialmente para aquellos, como yo, que viven en zonas áridas. ¡Todos deberíamos leerlo!".

— Alejandra Caballero, directora del Proyecto San Isidro, un centro mexicano de capacitación para la restauración del suelo y la vivienda sostenible; ProyectoSanIsidro.com.mx

"Brad Lancaster ofrece soluciones sencillas y de eficacia comprobada para hacer un mejor uso del agua que cae sobre las propiedades. Las herramientas y estrategias presentadas tienen el potencial de ayudar a los propietarios a reemplazar casi toda el agua utilizada para el mantenimiento de paisajes con agua derivada de fuentes *in situ*: agua de lluvia, escorrentía de aguas pluviales y aguas grises".

— Water Engineering Australia

"El agua que se escurre hacia afuera de nuestros jardines, calles y tierras de cultivo es la fuente #1 de contaminación oceánica, y los usuarios de los océanos y la valiosa vida marina sufren por ello. Mientras tanto, muchas regiones carecen de agua limpia para beber. Además, el transporte y la limpieza del agua consumen mucha energía y contribuyen al cambio climático. Pero podemos absorber esa escorrentía en el suelo y de manera natural regar las plantas, filtrar los contaminantes y recargar las aguas subterráneas. Los métodos de Brad para hacer esto se pueden usar en todas partes a lo largo de la costa. Impleméntalos en tu sitio, paso a paso. ¿No te gusta el trabajo manual? Muéstrale el libro a tu paisajista. Y compártelo con tu ciudad y proveedor municipal de agua para difundir el conocimiento".

— Paul Herzog, coordinador del Programa Ocean Friendly Gardens, Fundación Surfrider; OceanFriendlyGarden.org

Consulta HarvestingRainwater.com para ver más testimonios y reseñas del libro.

Cosecha de agua de lluvia para zonas áridas y más allá

Volumen 1

Primera edición en español

PRINCIPIOS RECTORES PARA DARLE LA BIENVENIDA
AL AGUA DE LLUVIA A TU VIDA Y A TU PAISAJE

Brad Lancaster

Ilustrado por
Joe Marshall
Silvia Rayces
Ann Audrey
Roxanne Swentzell
Gavin Troy
Kay Sather
Jill Lorenzini
Carol Heffern

Tucson, Arizona
HarvestingRainwater.com
www.CosechaDeAguaDeLluvia.com

Publicado por:
Rainsource Press
813 N. 9th Ave., Tucson, AZ 85705
EUA
HarvestingRainwater.com, CosechaDeAguaDeLluvia.com

Título original: *Rainwater Harvesting for Drylands and Beyond, Volume 1*

Primera edición en español: 2025Ediciones en inglés:
1ª edición: 2006; 1ª reimpresión: 2006; 2ª reimpresión, revisada: 2008;
3ª reimpresión, revisada: 2008
4ª reimpresión, revisada: 2010
2ª edición, revisada y ampliada: 2013; 1ª reimpresión, revisada: 2014; 2ª reimpresión, revisada: 2017
3ª edición, revisada y ampliada a color: 2019; 1a reimpresión, revisada: 2022

Impreso y encuadernado en los Estados Unidos de América

Diseño de la portada: Kay Sather
Arte de la portada: Gavin Troy
Ilustración de la contraportada: Joe Marshall, PorkChopPress.com
Fotografía de la contraportada: Jade Beall
Diseño del libro: Teri Reindl Bingham
Ilustraciones: Joe Marshall, Silvia Rayces, Ann Audrey, Roxanne Swentzell, Gavin Troy, Kay Sather, Jill Lorenzini, Carol Heffern
Fotografías: A menos que se indique lo contrario, todas las fotografías son de Brad Lancaster

Traducción: Azucena Garza
Edición: Azucena Garza, José Quintanilla
Revisión y asesoría técnica: Francisco Bonilla, Delfín Montañana, Joaquín Murrieta
Investigación: Francisco Bonilla, Isabela de Villafranca
Coordinación: Azucena Garza, Raúl de Villafranca, Sayuri Yamanaka
Asesoría y responsable de la publicación: Sayuri Yamanaka

Lancaster, Brad
Cosecha de agua de lluvia para zonas áridas y más allá, Volumen 1: Principios rectores para darle la bienvenida al agua de lluvia a tu vida y a tu paisaje/ Brad Lancaster.
p. cm.
Incluye referencias bibliográficas. ISBN 978-0-9772464-9-6
1. Cosecha de agua 2. Diseño de jardines y paisajes 3. Naturaleza y ecología
4. Vida sostenible y diseño verde 6. Suministro de agua y uso del suelo
7. Diseño solar pasivo 8. Eficiencia energética 9. Permacultura y diseño regenerativo

Library of Congress Control Number (LCCN): 2025907646

A

Mis padres Stew y Diana Lancaster,
y mis abuelos Herb y Martha Lancaster y
Frits y Jean van't Hoogerhuijs por haberme animado siempre
a perseguir mis audaces ideas y sueños

El Sr. Zephaniah Phiri Maseko y familia
por permitirme ver el todo

Todos los que cuidan de la Tierra
y que enseñan con su ejemplo de vida

EL FONDO REGENERATIVO

Una vez recuperados los costos de producción, un porcentaje de la ganancia de cada libro vendido se irá al "Fondo Regenerativo". Este dinero ayudará a financiar proyectos, investigaciones, presentaciones y publicaciones que promuevan la cosecha integrada de agua y otras estrategias para una vida regenerativa. El fondo también se utilizará para ayudar a distribuir estos recursos a bibliotecas y escuelas.

Ocho principios para una cosecha exitosa de agua

1. **Empieza con una observación larga y reflexiva.**

   Utiliza todos tus sentidos para ver por dónde fluye el agua y cómo. ¿Qué funciona y qué no? Aprovecha lo que funciona.

2. **Comienza en la parte superior (punto alto) de tu cuenca y avanza hacia abajo.**

   El agua se desplaza cuesta abajo, así que capta el agua en los puntos altos para una infiltración más inmediata y una fácil distribución por gravedad. Empieza por la parte superior, donde hay menos volumen y velocidad de agua.

3. **Comienza con acciones pequeñas y sencillas.**

   Trabaja a escala humana para poder construir y reparar todo. Muchas estrategias pequeñas son mucho más eficaces que una grande cuando se trata de infiltrar el agua en el suelo.

4. **Esparce e infiltra el flujo del agua.**

   En lugar de que el agua se escurra de manera erosiva por la superficie del terreno, anímala a quedarse, a "pasear" y a infiltrarse en el suelo. Disminuye su velocidad, dispérsala, infíltrala.

5. **Planifica siempre una ruta para el sobreflujo y adminístralo como un recurso.**

   Dispón siempre de una vía de sobreflujo para el agua en épocas de lluvias fuertes y, siempre que sea posible, utiliza ese sobreflujo como un recurso.

6. **Maximiza la cubierta viva y orgánica del suelo.**

   Crea una esponja viva para que el agua cosechada se utilice para generar más recursos, a la par de mejorar continuamente la capacidad del suelo para infiltrar y retener el agua.

7. **Maximiza las relaciones beneficiosas y la eficiencia mediante la "multifuncionalidad".**

   Consigue que tus estrategias de cosecha de agua hagan más que solo retenerla. Las bermas pueden servir como caminos elevados y secos. Las plantas se pueden ubicar para refrescar edificios. Se puede seleccionar vegetación para producir alimentos.

8. **Reevalúa continuamente tu sistema: el "bucle de retroalimentación".**

   Observa cómo tu trabajo afecta al sitio, empezando de nuevo por el primer principio. Haz los cambios necesarios, guiándote por estos principios.

Contenido

Para ver una lista de ilustraciones, consulta la página del Volumen 1 en HarvestingRainwater.com

Lista de información en recuadros y tablas

Agradecimientos

Este libro nunca se habría escrito, y mucho menos publicado, sin el increíble apoyo y motivación de muchos cosechadores de agua, amigos, familiares, vecinos, profesionales, profesores y estudiantes. Estoy en deuda con todos ustedes. Ustedes son la comunidad que me apoya y me nutre, y parte de una fuerza mayor que veo que se esfuerza por mejorar la calidad de vida para todos. A continuación enumero algunas de las muchas personas que me han ayudado, pero mi más sincero agradecimiento va dirigido a todos ustedes.

Gracias Sr. Zephaniah Phiri Maseko y familia por su vida e historias inspiradoras; y por las noticias e información actualizada sobre los Phiris por parte de Ken Wilson, del Fondo Christensen; Brock Dolman, de Water Institute; y Mary Witoshynsky, autora de *The Water Harvester*. Por sus enseñanzas, aportaciones, apoyo, ejemplos e ideas, gracias Tim Murphy, Vicki Marvick, Ben Haggard, Bob y Pamela Mang, Carol Sanford y Joel Glanzberg de Regenesis Group; Bill Zeedyk de Zeedyk Ecological Consulting; Craig Sponholtz de Watershed Artisans; Van Clothier de Stream Dynamics; Barbara Rose de Bean Tree Farm; Chris Meuli; Mary Zemach; Marco Barrantes y Michelle Matthews de La Loma Development; Jeremiah Kidd de San Isidoro Permaculture; Reese Baker de RainCatcher; Nate Downey y Melissa McDonald de Santa Fe Permaculture; Richard Jennings de Earthwrights Designs; a todos los de Watershed Management Group, Inc.; Art Ludwig de Oasis Design; Laura Allen y el equipo de Greywater Action; Russ Buhrow; Bob Dixon; Dan y Karen Howell; Dave Tagget; Steve Kemble y Carol Escott; Bert Lopez; Doug Pushard de HarvestH2O.com; Billy Kniffen de ARCSA; Jim y Karen Brooks de Soilutions; Meg Keoppen; Jeff Blau; Toby Hemenway; David Omick y Pearl Mast de Omick.net; Rocky Brittain; Ken Haggard y David Bainbridge, autores de *Passive Architecture*; Darren J. Doherty de Regrarians; al personal del Botswana Permaculture Trust; al personal del Fambidzanai Permaculture Center; y Justin Willie y el resto del personal del Black Mesa Permaculture Project. Gracias Bill Mollison y David Holmgren por crear un marco "paraguas" dentro del cual puedo articular sistemas integrados y trabajar para hacerlos realidad.

Mi agradecimiento para todos los revisores de los borradores por su tiempo y por su sabia edición, comentarios y sugerencias. A David Aguirre, Tony Novelli y Steve Malone por mantener mi computadora funcionando y a Josh Schachter por el generoso uso de tu escáner de diapositivas y tu computadora. Gracias a Joe Marshall, Silvia Rayces, Ann Audrey, Gavin Troy, Roxanne Swentzell, Jill Lorenzini y Kay Sather por su bello arte que da vida a las ideas y visión en este libro, a Carol Heffern por tus videos e imágenes de la trayectoria de sol y sombra, a Andrew Brown por tu video "Free Water" que habla sobre mi trabajo y a Joe Marshall por revisar y colorear las ilustraciones de esta edición. Y a Gary Paul Nabhan por tu estupendo prólogo y tu trabajo visionario.

Luego está ese grupo de almas nobles e increíbles que utilicé sin cesar como cajas de resonancia para el concepto, contenido y estilo del libro: Eileen Alduenda y Ann Audrey, sin su increíble capacidad de organización, edición, comprensión, gestión y apoyo este libro nunca habría podido existir. Anastasia Rabin y Gabrielle Pietrangelo, mantuvieron mi pasión encendida, soportaron las interminables conversaciones sobre la lluvia y mantuvieron el proyecto fiel a su intención. Brock Dolman, tu juego de palabras, tu entusiasmo y tu espíritu divertido dieron vida a un libro abundante sobre el agua. Kevin Moore Koch, de Technicians for Sustainability, tu amistad, apoyo y perspectiva me sacaron a mi escrito y a mí de serios atolladeros. David Confer, has aportado datos inestimables, perspectivas diversas y un apoyo constante, y junto con Wayne Moody, diste la oportunidad de que muchas de las ideas de este libro se hicieran realidad.

Gracias a los editores Eileen Alduenda, Ann Audrey, Shay Salomon, Frank McGee, Tom Brightman, Matt Weber, Kimi Eisele, Megan Hartman y Craig Sponholtz (quien también ayudó a escribir secciones de este libro), Derek Roff, Jan-Willem Jansens, Avery Anderson, Sarah Iams, Dave Schaller, Jeremy Frey y sus estudiantes, Mac Hudson, Dan y Shelly Dorsey, y más recientemente, con habilidad y minuciosidad, June Fritchman. Y gracias a muchos de ustedes, especialmente a June por ayudarme a refinar y dividir el libro en porciones más deleitables y fáciles de digerir. Gracias a Kay Sather por editar las ilustraciones y a Brandy Winters por trabajar en las primeras ilustraciones. Teri y Bob Bingham, gracias por su hermoso diseño y maquetación del libro.

Gracias a las muchas personas que me ayudaron con información e investigación claves, como el personal de la biblioteca de la ciudad de Tucson y de la Universidad de Arizona; Brian Barbaris del Departamento de Ciencias Atmosféricas de la Universidad de Arizona; los profesores Tom Wilson y Jim Riley, de la Universidad de Arizona, por su paciente ayuda con suelos y la revisión de textos; Larry Medlin por los recursos solares pasivos; D. Yogi Goswami, Ken Haggard, David Bainbridge, Rachel Aljilani y la Sociedad Internacional de Energía Solar por darme permiso para reimprimir y adaptar las imágenes (en el apéndice 8) de su *Passive Solar Architecture Pocket Reference, Michael Bogan por fotografías de insectos acuáticos; Robert Villa por ayuda con los nombres indígenas de plantas;* Greg Pelletier, ingeniero ambiental del Departamento de Ecología de Washington State University, por el curso intensivo sobre uso de macros de Excel, que permitió la creación de una calculadora de ángulos solares a partir de las macros de la Calculadora Solar de la NOAA; Daniel Snyder, de Westwind Solar Electric; Paul James, de Just Water Savers; Mark Ragel, de Water Harvesting International; Megan Hartman y LeeAnn Lane, y Brandy Lellou y Valerie Strassberg, de Nature's Voice Our Choice, por la investigación sobre el nexo agua-energía-carbono (A-E-C); Josh Landess y Tanya Kelly, por su ayuda en la elaboración de las tablas A-E-C; Art Diem, ingeniero ambiental de la Agencia de Protección Ambiental de Estados Unidos (EPA, por sus siglas en inglés), por su ayuda para entender y usar el archivo Excel de eGrid; Beorn Courtney por su investigación y trabajo para ayudar a la legalización de la cosecha de agua en Colorado; Virginia Welford y Christina Bickelmann del Departamento de Recursos Hídricos de Arizona por los datos de uso y conservación del agua; Hans Hutchinson por la investigación sobre el nivel de los pozos locales; Henry Jacobson por las innovaciones en los cortes de guarnición; Frank Sousa por los datos sobre las aguas pluviales de Tucson y por ayudar a Ann Audrey a hacer realidad la guía de cosecha de agua de Tucson; Laura Allen y Storey Publishing por permitirme reproducir y adaptar una calculadora de las necesidades de agua de las plantas de *Water-Wise Home; Maribel Álvarez por el trabajo inicial en esta edición en español.*

Gracias a todos los que invirtieron en mi visión para este libro y ayudaron a recaudar el capital para su impresión actual y futura a través de su pedido anticipado o su compra directamente conmigo o a través de mi sitio web. Al evitar el costo de intermediarios, puedo reinvertir más en la creación de nuevas publicaciones y recursos educativos.

Un gran agradecimiento a Ian Johnson por su increíble trabajo de creación de mi sitio web HarvestingRainwater.com, repleto de información, y a Megan Hartman por ayudarme a mantenerlo y hacerlo evolucionar.

Estoy en deuda con todos los que me dieron sus testimonios y quiero que sepan que fue su grandioso trabajo en el mundo lo que me llevó a pedirles sus opiniones.

Gracias, Mamá y Papá, por alentarme constantemente en la búsqueda de mis pasiones. Gracias, hermano Rodd, y más tarde cuñada Chi, por acompañarme y ayudarme a realizar la visión de nuestro sitio. Gracias a todos mis vecinos y a los activistas/organizadores de los barrios de todo el mundo que han dado el paso para trabajar con otros y convertirse en agentes del cambio positivo en los lugares donde viven.

También me gustaría agradecer a mi increíble equipo de traducción, coordinado por Azucena Garza, Sayuri Yamanaka y Raúl de Villafranca: Traducción y edición – Azucena y José Quintanilla (fueron tan minuciosos que detectaron muchos ajustes necesarios que he incorporado a la edición en inglés); revisión y asesoría técnica – Francisco Bonilla, Delfín Montañana y Joaquín Murrieta; investigación – Francisco e Isabela de Villafranca; asesoría y responsabilidad de la publicación – Sayuri Yamanaka. No solo fue un placer trabajar con todos los miembros de este equipo tan competente, sino que también tienen un profundo conocimiento de la práctica de la cosecha de agua, los sistemas vivos y el diseño regenerativo, lo que dio lugar a una maravillosa polinización cruzada de ideas, inspiración y práctica.

Por último, estoy en deuda con las culturas originarias de las zonas áridas que sabían –y saben– cómo vivir de forma sostenible, e incluso regenerativa, con la tierra. Que ese conocimiento nunca se olvide.

Prólogo

Por Gary Paul Nabhan

Aunque el ser humano lleva milenios cosechando agua de lluvia en prácticamente todas las regiones del mundo vulnerables a la sequía, nuestra sociedad parece tener cierta amnesia colectiva sobre la utilidad, eficiencia, sostenibilidad y belleza de estas prácticas tan probadas. Afortunadamente, este libro y la pasión de toda la vida de Brad por las soluciones prácticas, ecológicas y estéticas a nuestros problemas de agua pueden curarnos de esa amnesia justo cuando más desesperadamente necesitamos recordar que esas soluciones están al alcance de nuestras manos. Desde el lugar donde escribo esto, en el norte de Arizona, nueve de cada diez árboles afuera de mi ventana están muertos debido a la peor sequía de los últimos 1400 años, y se prevé que el embalse artificial conocido como Lago Powell se secará en los próximos seis años. Y, sin embargo, mis vecinos que cosechan agua de sus techos, estacionamientos o laderas (como hacemos nosotros) nunca han tenido que acarrear agua durante los últimos seis años de precipitaciones inferiores a lo normal, y los ancianos agricultores hopi han seguido produciendo cosechas todos los años en los campos regados con las crecidas de agua (ak-chin). En una época en la que las aguas superficiales y subterráneas se privatizan cada vez más, se disputan y se transfieren entre cuencas hidrográficas y acuíferos como si fueran una mercancía globalizada más, Brad demuestra una diversidad de estrategias que pueden saciar nuestra sed, mantener la producción local de alimentos y mantener la paz entre culturas vecinas. Dado que las luchas por el acceso al agua serán probablemente una de las causas más frecuentes de guerras y disturbios sociales durante el próximo medio siglo en todos los continentes, Brad debería ser nominado para el Premio Nobel de la Paz por ofrecer al mundo tantos medios elegantes para evitar esas luchas mediante la cosecha local tanto del agua como del conocimiento ecológico tradicional.

Al igual que muchos ecologistas de tierras áridas repartidos por todo el mundo, la primera vez que me animé a considerar la importancia suprema de la cosecha de agua para las culturas del desierto fue al leer el clásico de Michael Evenari, *The Negev – The Challenge of a Desert* (El Néguev, el desafío de un desierto), sobre los intentos de los judíos israelitas de aprender de sus antiguos vecinos, los nabateos, que recurrieron a diversas captaciones de escorrentía y prácticas de almacenamiento para hacer florecer su civilización prehistórica en Petra, el Néguev y el Sinaí. Junto con personas como el periodista de "arroyo de conciencia," Chuck Bowden, y el fundador del movimiento de los fardos de paja, Matts Myhrman, busqué tratados antiguos y practicantes de la agricultura ak-chin de los o'odham (pápago) que aún viven en el desierto de Sonora. Descubrimos que había mucho que aprender de nuestros vecinos del desierto sobre la cosecha de agua y nutrientes; Brad ha continuado y extendido nuestros anteriores y azarosos esfuerzos por rescatar esos conocimientos de los nativos americanos ancianos. Pero Brad también ha ido dos pasos más allá que muchos de nosotros. En esencia, ha realizado un estudio mundial de las prácticas de cosecha de agua, humillando a sus predecesores al recopilar una cartera vertiginosamente diversa de estrategias, técnicas y tecnologías. Luego ha probado y perfeccionado cada una de esas estrategias, de modo que ahora conoce de primera mano cómo funcionan y a qué precio. Su propia morada en el desierto es como una enciclopedia de técnicas de cosecha de agua recogidas de culturas e innovadores de todo el mundo.

Lo que Brad ha puesto en práctica tiene tanto precisión cuantitativa como belleza y esta combinación es una rareza en nuestro mundo moderno. Las soluciones tecnológicas se han vuelto cada vez más feas, pero como se puede ver en los dibujos y fotos de esta obra maestra, los diseños de Brad nos deleitan mientras resuelven nuestra escasez de agua.

Hace medio siglo, Thomas Merton profetizó que "algún día, incluso intentarán venderte la lluvia", advirtiéndonos que la privatización y el control corporativo de nuestro destino hidrológico podrían convertirse en nuestra perdición. Lo que el genio de Brad salvaguarda para nosotros es la "democracia del agua", y predigo que este concepto se convertirá en una piedra angular de la justicia ambiental en todas las regiones desérticas del mundo, si no es que en todas partes. Ya no pensaremos que la vida en el desierto es "escasa" o "limitada", sino que celebraremos la abundancia que tenemos ante nosotros. En son de broma, incluso podríamos expresar nuestras condolencias a quienes viven en lugares empapados y "deficientes de sequías", que tal vez nunca puedan compartir con nosotros la alegría de cosechar nuestra propia agua fresca y deliciosa, tal y como han hecho las lagartijas cornudas en sus propias espaldas desde que surgieron en este seco planeta. Bendiciones para ti, Hermano Brad, el Santo Patrono de la Democracia del Agua.

Gary Paul Nabhan es titular de la cátedra Kellogg del programa Borderland Food and Water Security de la Universidad de Arizona y autor del libro Growing Food in a Hotter, Drier Land *(Cultivar alimentos en una tierra más caliente y seca) publicado en 2013 por la editorial Chelsea Green. Cultiva un huerto experimental con agua de lluvia cosechada en Patagonia (Arizona).*

Prefacio

La gente, los campos de cultivo e incluso comunidades enteras pueden quedarse sin agua periódicamente, pero el planeta Tierra no. ¿Por qué? Porque sus sistemas vivos utilizan el agua una y otra vez mediante ciclos continuos, de tal manera que la calidad del agua, y la vida que esta agua sustenta, no se degrada. Más bien se mantiene e incluso se mejora conforme pasa a través de un sinnúmero de ciclos. Esto aumenta el potencial de lo que es posible, y genera más vida en lugar de menos.

Este libro te plantea el reto a que hagas lo mismo en el entorno donde vives. Te invita a rebasar los límites y esforzarte por hacer que los ciclos benéficos de tu espacio sean infinitos, junto con su potencial. Este libro incluye múltiples estrategias, herramientas y ejemplos para ayudarte a lograrlo.

Esta primera edición en español, que es la traducción de la tercera edición en inglés, ampliará en gran medida la gama de posibilidades de tu terreno al ayudarte a integrar tu conciencia, cosecha y reciclaje del agua con otros recursos del lugar como son el sol, el viento, la sombra y la comunidad.

Esta nueva edición en español incluye datos actualizados, múltiples ilustraciones mejoradas, nuevas imágenes y más herramientas en el apéndice 4, con lo que podrás calcular las necesidades de agua de tus plantas (que les permita crecer con el balance hídrico de tu sitio).

Todo esto parte de los aspectos nuevos y ampliados que fueron incluidos en la segunda edición en inglés:

- Más de 100 páginas de información adicional, más de 120 imágenes nuevas y la revisión de más de 40 ilustraciones, con un total de más de 290 imágenes que permiten ver de una nueva manera;

- Casos prácticos actualizados con ejemplos reales que incluyen las descripciones de su evolución constante, para fundamentar el diseño de tu sitio (capítulos 1 y 5);

- Formato de Evaluación del lugar en una hoja, herramienta que te permite profundizar la conciencia y conexión con respecto al lugar en el que vives para ayudarte a amplificar su potencial regenerativo (capítulo 2);

- Herramientas para identificar, *integrar* y, por ende, maximizar la cosecha y mejora de los *múltiples* recursos gratuitos del lugar, incluida el agua (capítulo 4 y apéndices 5, 7, 8 y 9);

- Un enfoque completamente renovado para visualizar, comprender y responder a los flujos naturales de agua y sedimentos, a fin de trabajar con estos flujos y no contra ellos (apéndice 1);

• Un calendario de cosecha de los alimentos nativos, silvestres y cultivados en la región donde habitas que puede servir como referencia para ayudar a diversificar e incluso aumentar las cosechas potenciales en tu área (apéndice 4);

• La incorporación de una columna llamada "Zona de jardín de lluvia" en las listas de plantas que indican la ubicación ideal para cada tipo de planta, ya sea dentro o a un lado de las obras de tierra para cosechar agua (apéndice 4);

• Tablas que ilustran el nexo agua-energía-carbono de un hogar promedio y cómo una mayor conciencia sobre este nexo informa acciones que *reducen* drásticamente el consumo de agua y energía individual y el de la comunidad, además de las emisiones de carbono y otros contaminantes. Adicionalmente, esto fundamenta acciones que pueden *aumentar* drásticamente la calidad y cantidad de las fuentes de agua y energía no contaminantes y renovables utilizadas (apéndice 9).

La parte central de este libro sigue siendo la cosecha de agua en el sitio, principalmente agua de lluvia, pero también el escurrimiento de las calles, las aguas grises (de drenajes domésticos) y el agua que se condensa de aires acondicionados. Esta edición también ejemplifica cómo combinar la cosecha del agua con la cosecha y aprovechamiento de otros recursos del sitio de una manera que genere y regenere recursos completamente nuevos.

Todo esto es sencillo, divertido, poderoso y a menudo de bajo costo o gratuito. Lo mejor de todo es que no tenemos que hacer todo el trabajo si nosotros y nuestros sistemas estamos *integrados* o si operamos *en relación* con las condiciones y procesos naturales y perpetuos del planeta. Estos incluyen la fuerza de gravedad y los materiales que esta mueve; el calentamiento diferencial que hace el sol sobre la Tierra; las corrientes del aire y del océano que reaccionan a este calentamiento y al giro del planeta; las tormentas y el agua de lluvia que estas corrientes traen a medida que el ciclo hidrológico recircula el agua de la Tierra.

También están las plantas fotosintéticas alimentadas por energía solar que crecen altas mientras beben, filtran y liberan agua enfriada a través de sus hojas y frutos. Se suman las nubes de tormenta que se regeneran a partir de la humedad enfriada, que se evapotranspira a través de las plantas, para luego condensarse como gotas de lluvia alrededor de pequeñas partículas de materia orgánica también generadas por la vegetación y que son transmitidas por el aire. Igualmente importan las sombras que, proyectadas por estas plantas, dan protección; los microbios del suelo, constructores de fertilidad, que comen hojas caídas y nutren a las plantas, y que a su vez se alimentan de la biomasa y los azúcares de las plantas; y las formas de vida animal, incluidos nosotros, que desde su evolución contribuyen a esta increíble abundancia autorrenovadora de la cual se sustentan.

El aprovechar este potencial crea y mejora el legado vivo que enriquece tanto a los que están aquí ahora y que será apreciado por quienes lo hereden. De esa manera, todos se benefician en la actualidad y a través del tiempo.

A partir de esa convicción y visión surgió este libro, alimentado por mis años de constante aprendizaje práctico y la vasta experiencia que otros han compartido conmigo. Por mi parte, comparto contigo esta visión, junto con el aprendizaje y la experiencia, para elevar el punto de partida desde el cual podemos lanzarnos hacia niveles más altos y más dinámicos de conciencia, entendimiento, atención y empatía, capacidad, acción, abundancia y alegría.

Introducción

Atrapa la lluvia donde cae la lluvia.

—Proverbio de las Indias Orientales

¡Me encanta la lluvia! Me encanta beberla, cantar bajo ella, bailar en ella, bañarme en ella. Por supuesto que esto es lo natural; nuestros cuerpos son más de 70 % agua. Tú y yo y todos los demás somos *lluvia* que camina y habla.

La lluvia es la encarnación de la vida. Infunde agua en nuestros manantiales, ríos y acuíferos. Nos refresca, reverdece la tierra y nutre a las plantas que nos alimentan. Limpia el aire, lava las sales del suelo y hace cantar a los animales.

Sin embargo, las reservas de agua dulce del mundo son finitas. Menos de la mitad del 1 % de toda el agua de la Tierra es dulce y está disponible. El resto es agua de mar o está congelada. Nuestra provisión se renueva solo a través de la precipitación, un regalo generoso del cielo que cae en forma de gotas, granizo o copos de nieve y luego fluye sobre el paisaje como escorrentía. En este libro me refiero al regalo como "agua de lluvia". Y el regalo está listo para ser cosechado.

La cosecha del agua de lluvia capta la precipitación y la utiliza lo más cerca posible del lugar donde cae. El proceso imita a los ecosistemas intactos y saludables, que naturalmente infiltran la lluvia en el suelo y la reciclan a través de innumerables formas de vida. En lugar de sellar y deshidratar el paisaje con pavimento impermeable y formas convexas que drenan el regalo, como lo hace la mayoría de las ciudades modernas, suburbios y paisajes domésticos, la cosecha acepta la lluvia y le permite seguir su camino natural hacia la productividad.

Este libro te ofrece una serie de estrategias sencillas integradas para crear "redes" de captación que permiten que el agua de lluvia permee y mejore nuestros paisajes, jardines, patios, parques, granjas y ranchos. Las estrategias a pequeña escala son las más efectivas y las menos costosas, por lo que son en las que haremos énfasis aquí. Tienen la ventaja que también son las más seguras y fáciles de lograr. *Con estas estrategias puedes empoderarte para ser más autosuficiente en tu consumo de agua y resiliente en tiempos de cambio climático o cuando se dan fallas en el suministro de agua o de energía eléctrica.*

Los beneficios son muchos. Mediante la captación de agua de lluvia dentro del suelo y de la vegetación, en la tierra o en cisternas que más tarde irrigarán la tierra, podemos reducir la erosión, disminuir las inundaciones, minimizar la contaminación del agua y evitar la reproducción de mosquitos (factible de ocurrir en el agua encharcada en el suelo por más de tres días). El proceso también genera una impresionante variedad de recursos: ¡Puede suministrar agua potable, generar agua de alta calidad para riego, sustentar vegetación que funja como acondicionador de aire y filtro vivo, reducir el pago de servicios públicos, mejorar la fertilidad del suelo, cultivar alimentos y plantas de ornato, aumentar los recursos hídricos locales municipales, reducir la demanda de agua subterránea, fortalecer el hábitat para la vida silvestre y dotarnos a nosotros y a nuestra comunidad con habilidades de autosuficiencia y cooperación!

MI EVOLUCIÓN EN LA COSECHA DEL AGUA DE LLUVIA

En 1994, mi hermano Rodd y yo empezamos a cosechar agua en nuestro patio trasero escarbando y recubriendo con acolchado una cuenca alrededor de un naranjo agrio estresado por la sequía. Hicimos una pendiente con la tierra alrededor de esa cuenca para que la escorrentía del área circundante y del techo del vecino drenara en el árbol. Los resultados nos sorprendieron. Después de una sola lluvia, el árbol floreció con nuevas hojas, un espectáculo de ensueño de flores fragantes y una abundante cosecha de fruta que pronto se convirtió en sabrosa mermelada y "naranjada" a manos de familiares, amigos y vecinos. Después de una década solo hemos tenido que regar ese árbol con agua adicional tres veces por año. Sin embargo, vivimos dentro del desierto de Sonora, donde las precipitaciones anuales son de poco más de 282 mm (11 pulgadas) y la mayoría de la gente riega sus árboles cítricos al menos una vez por semana.

Ante el florecimiento del naranjo, decidimos imitar su éxito y hacer de la lluvia la fuente primaria de agua para todas nuestras necesidades en exteriores. Utilizando los métodos descritos en los capítulos 3, 4 y 5, y más a profundidad en el volumen 2, creamos y sembramos con vegetación obras de tierra ondulantes para cosechar agua en todo nuestro patio otrora yermo. Entonces la lluvia se impregnó suavemente en el suelo, cesó la erosión y la vida, verdísima, comenzó a germinar por todas partes. Plantamos árboles de sombra que crecieron alto alrededor de la casa y redujeron las temperaturas de verano lo suficiente para poder prescindir de nuestro enfriador de aire por evaporación (*cooler*). (También ayudó el mejorar el aislamiento de la casa, pintar el exterior de blanco y aplicar técnicas de ventilación pasiva). Posteriormente impulsamos el crecimiento de estos árboles usando aguas grises recicladas de los drenajes del fregadero, lavabo, ducha y lavadora de nuestra casa. Nuestro consumo diario de agua municipal bajó del promedio residencial de Tucson de 424 litros (112 galones) por persona por día[1] a menos de 75 litros (20 galones) por persona diarios, con lo que se redujeron drásticamente nuestros pagos de agua y electricidad. A raíz de esa situación, recibimos cinco visitas de los trabajadores de las compañías de agua y de electricidad porque estaban seguros de que nuestros medidores estaban descompuestos.

Queríamos hacer más. Cada vez que llovía nuestra calle se convertía en un río, alimentado por las escorrentías de techos, patios y pavimento. Redirigimos esa escorrentía hacia 19 árboles nativos jóvenes que plantamos en el estéril derecho de vía adyacente a nuestra propiedad. Estos árboles de bajo consumo de agua ofrecen el canto de los pájaros en sus nidos, así como un hermoso dosel sombreado para peatones, ciclistas y automovilistas. El agua que alguna vez fluía y se alejaba ahora sustenta árboles que filtran los contaminantes transportados en la escorrentía de las calles mientras dan sombra y refrescan la calle (para más detalles, consulta el capítulo sobre la reducción de las superficies duras y la creación de pavimento permeable en el volumen 2). Las poblaciones de mosquitos se han reducido debido a que el agua ya no se encharca, porque la absorbe el suelo y es utilizada por las plantas.

Nuestro terreno solía estar caliente, estéril y erosionado, con una casa que solo podía sentirse cómoda si pagábamos para alterar mecánicamente su clima. Ahora, nuestro patio es un oasis que produce entre el 15 % y el 25 % de nuestra comida. Después de sembrar árboles e instalar paneles solares para el funcionamiento de los ventiladores, ya no pagamos nada para calentar y refrescar nuestra casa (considera que somos el tipo de personas que se ponen un suéter antes de encender una estufa de leña). Hemos pasado de contribuir a las inundaciones del vecindario a colaborar al control de inundaciones de la zona; así, nuestra propiedad mejora los recursos hídricos locales en lugar de agotarlos. En nuestro lote de 0.05 ha (1/8 acre) y en el derecho de vía circundante, actualmente cosechamos más de 359 600 litros (95 000 galones) anuales de agua de lluvia en dos tanques de 4920 litros (1300 galones) y dos tanques de 3780 litros (1000 galones), así como en el suelo y en la vegetación. Mientras tanto, utilizamos menos de 75 700 litros (20 000 galones) de agua municipal para nuestras necesidades domésticas, para que nuestros vecinos usen la lavadora comunitaria de ropa que hay en nuestro espacio y para regar el jardín cuando hay sequía. Cuatro quintas partes del agua que ahora usamos proceden de nuestro propio patio y no de la ciudad.

Cuando amigos y vecinos pasan por aquí ven el potencial de la cosecha de agua y aprenden a hacerlo ellos mismos. Muchos luego se van a casa y esparcen la "semilla" al organizar grupos de trabajo y crear sus propios oasis alimentados por la lluvia. Esa, en esencia, es mi visión: Cosechar el agua de lluvia en nuestros propios patios y vecindarios, fomentar que otros lo hagan, acrecentar nuestros recursos hídricos en lugar de agotarlos y mejorar la vida de todos en nuestra comunidad.

La cosecha de agua se ha convertido en mi pasión y profesión. Impulsado por lo que he aprendido de la experiencia práctica, he impartido innumerables talleres sobre cosecha de agua de lluvia y permacultura, un sistema integrado de diseño sostenible. He diseñado y brindado consultoría sobre estrategias y sistemas autónomos de cosecha de agua para muchos jardineros y cultivadores de huertos caseros, vecindarios, proyectos de ciudades, esfuerzos de restauración de tierras y grandes desarrollos inmobiliarios. Y todos estos proyectos y enseñanzas se basan en los principios que comparto en este libro. Mi esperanza es sembrar más "semillas" de cosecha de agua.

Si cada vecindario de la ciudad donde tú o yo vivimos cosechara el agua de lluvia de una manera integrada sería posible reducir en gran medida la necesidad de tener una *infraestructura* para el control de inundaciones recubierta de concreto, que drena el agua y que tiene un costo multimillonario. Nuestros patios y la vía pública se convertirían en una nueva *infraestructura verde* cosechadora de agua, recubierta de árboles, lo que ya no nos obligaría a gastar miles de millones para extraer e importar agua de otras comunidades para complementar nuestras reservas menguantes.

Lo económico habla por sí mismo. Al valorar y cosechar un recurso ignorado como lo es la lluvia, los niveles de las aguas subterráneas pueden estabilizarse e incluso incrementarse de nuevo; los manantiales y arroyos secos pueden volver a la vida; las plantas nativas pueden recolonizar los páramos y, en última instancia, el ciclo hidrológico global puede beneficiarse al mismo tiempo que ¡reducimos nuestro costo de vida! Este libro contiene ejemplos reales de estos escenarios, animándonos a pensar globalmente mientras actuamos de manera local.

¿Cómo llegamos allá? Nos damos cuenta, aplicamos nuestro conocimiento y damos la bienvenida al agua de lluvia en nuestras vidas y paisajes.

PARA QUIÉN ES ESTE LIBRO

Este libro, junto con los volúmenes 2 y 3, es para cualquier persona que quiera cosechar lluvia de una manera segura, productiva y sostenible. Tú puedes ser el experto y administrador de tu tierra, ya sea que vivas en un sitio urbano o rural, grande o pequeño. Este libro explica qué es la cosecha de agua, cómo hacerla y cómo aplicarla en las condiciones particulares de tu sitio. El objetivo es lograr la máxima eficacia con el menor esfuerzo y costo. Se te guiará en el diseño de nuevos paisajes de cosecha de agua o en la modernización de los que ya existen.

Este libro también te ayudará a compartir ideas sobre la cosecha de agua con los diseñadores de paisaje y trabajadores que quizás te estén ayudando en tu terreno. Los planificadores y diseñadores descubrirán cómo diseñar estrategias más eficientes y ambientes integrados apropiados para las comunidades de zonas áridas, así como para aquellas que cuentan

Recuadro I.1. Zonas áridas: una definición

Las zonas áridas se definen típicamente como las áreas del mundo donde la pérdida de humedad potencial promedio anual (evapotranspiración) supera la ganancia media anual de humedad (precipitación). La evapotranspiración es la medición combinada de la pérdida de agua por evaporación y transpiración.[2] Transpiración es la pérdida de humedad de las plantas que pasa al aire a través de los estomas que están en sus hojas.

Más de 6100 millones de hectáreas, el 47.2 % de la superficie de la Tierra, son zonas áridas. Una quinta parte de la población mundial vive en hábitats de zonas áridas.[3] Una estación seca normal puede durar seis meses o más. Las sequías pueden durar años

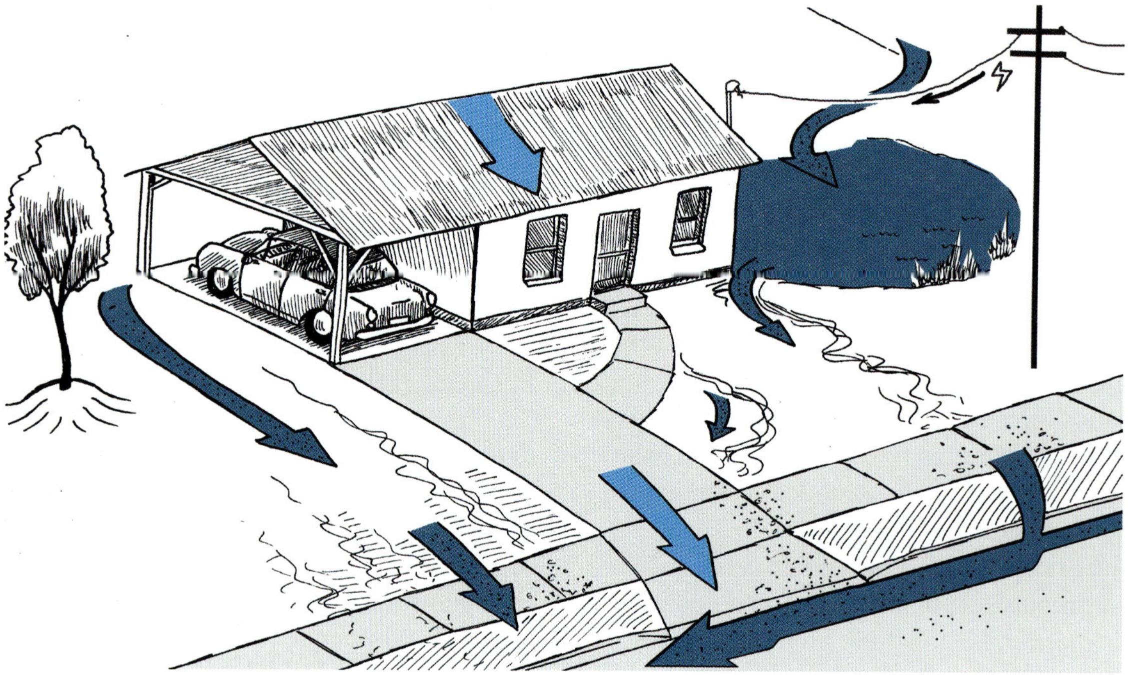

Fig. I.1A. Un hogar y un jardín que *drenan y consumen* recursos.
Las flechas azules denotan el flujo de la escorrentía (los puntos dentro de las flechas azules más oscuras denotan sedimento).La flecha negra denota el flujo de electricidad. Compara esta ilustración con la figura I.1B.

Fig. I.1B. Un hogar y un jardín que *cosechan y producen* recursos.
Las flechas azules denotan un flujo de escorrentía más limpia. Las flechas azules más oscuras denotan un flujo de escorrentía más sucia. La flecha negra denota el flujo de electricidad. Las líneas discontinuas denotan tuberías de aguas grises. Los paneles solares y el calentador solar de agua están montados en el techo. Compara esta ilustración con la figura I.1A.

con abundante agua. Los paisajistas y jardineros aprenderán a crear y mantener obras de tierra para la cosecha de agua. Los activistas aprenderán cómo los proyectos de cosecha de agua pueden reunir a las personas, crear un sentido de lugar y empoderar a la comunidad.

A lo largo de este libro se hace hincapié en estrategias apropiadas para zonas áridas porque es donde más se requieren (ver el recuadro I.1). Muchas vienen o derivan de tradiciones que han permitido a las personas sobrevivir y prosperar en entornos áridos durante miles de años (apéndice 2). Sin embargo, los principios tienen una aplicación universal; tanto los climas húmedos como los secos son susceptibles a la sequía e inundaciones. La cosecha de agua de lluvia reduce los impactos de las estaciones secas, sequías e inundaciones. Al optimizar la captación de la lluvia protegemos a nuestras tierras de los climas cambiantes y extremos, al tiempo que las hacemos más resilientes.

Mi objetivo es que puedas apreciar el valor de la lluvia y otros recursos de tu sitio y empieces a utilizarla como fuente primaria de agua; si no para todas las necesidades de tu casa, al menos para las de tu paisaje. No solo sacarás el máximo provecho de las precipitaciones, sin importar lo escasas que sean, sino también de otras fuentes de agua. Un paisaje integrado cosecha toda el agua y desarrolla recursos tales como la capa superficial del suelo, materia orgánica y nutrientes. Actúa como una esponja cóncava que da vida en lugar de un túmulo convexo que causa erosión y que drena el agua y otros recursos (ver la figura I.1).

CÓMO USAR ESTE LIBRO Y LOS VOLÚMENES 2 Y 3

Desde el principio he tenido la intención de que *Cosecha de agua de lluvia para zonas áridas y más allá* sea un referente que incluya toda la información sobre cómo conceptualizar, diseñar e implementar sistemas integrados y sostenibles de cosecha de agua de lluvia. Su contenido se ha enriquecido con la investigación permanente, la experiencia, las ideas y el conocimiento del gran trabajo que otros han realizado. *¡El resultado fue el libro de referencia que siempre he querido!* Sin embargo, por su tamaño terminó siendo muy intimidante para los no iniciados y demasiado grande para portarse fácilmente mientras se observa un sitio, se hace una lluvia de ideas de diseño o se implementa un plan. Por tanto, he dividido el libro en tres volúmenes fáciles de usar y más portátiles. Recomiendo encarecidamente que todos lean el volumen 1, ya que pone a los tres volúmenes en contexto y establece los cimientos de cómo conceptualizar un sistema integrado verdaderamente eficiente y productivo que puede hacer mucho más que simplemente cosechar agua de lluvia. Los volúmenes 2 y 3 abundan en esto explicando cómo emplear las técnicas específicas con las que se desarrollan y llevan a cabo las estrategias generales presentadas en el volumen 1. El volumen 2 se centra en las obras de tierra que de manera pasiva cosechan el agua de lluvia y las aguas grises dentro del paisaje. El volumen 3 trata sobre sistemas de captación en techos y almacenamiento en tanques y cisternas. Además, mi sitio web (HarvestingRainwater.com) ofrece materiales de apoyo que siempre se están ampliando, investigaciones y casos de quienes cosechan y mejoran exitosamente en sus sitios los recursos tales como agua, sol, suelo, alimentos y comunidad.

Este es un desglose más detallado:

VOLUMEN 1

La introducción presenta argumentos a favor de la cosecha del agua de lluvia y el cambio a un paradigma más sostenible de gestión del agua.

Los siguientes capítulos de este volumen exponen los pasos para crear un sistema integrado de cosecha de agua:

El capítulo 1 está diseñado para ayudarte a conceptualizar los principios básicos de cosecha de agua que te permitirán crear un sistema que maximice la seguridad, la eficiencia y la productividad. *Este capítulo es la parte central del libro y el corazón de una cosecha exitosa de agua.*

En el capítulo 2 recorrerás tu cuenca hidrológica y evaluarás los recursos hídricos de tu sitio.

Los capítulos 3 y 4 se diseñaron como un resumen de los tipos de técnicas que puedes utilizar.

El capítulo 3 es un análisis que ayudará a determinar cuál de las estrategias de cosecha de agua (obras de tierra, tanques o ambas) sería mejor para tu sitio y necesidades. También incluye un resumen general e ilustraciones de diversas técnicas de obras de tierra, así como algunas ilustraciones e información sobre tanques.

En el capítulo 4 se describe la integración de otros recursos del sitio en tu sistema, tales como el sol, el viento y la sombra, a fin de obtener más que agua de lluvia con tus esfuerzos de cosecha.

El capítulo 5 describe cómo mi familia y vecindario han implementado muchas de las estrategias presentadas a lo largo de este libro.

El libro cuenta con varios apéndices. El apéndice 1 muestra patrones de flujo de agua y sedimentos con su potencial respuesta de cosecha de agua. El apéndice 2, escrito por Joel Glanzberg, trata sobre las técnicas tradicionales de cosecha de agua de los nativos americanos en el suroeste de Estados Unidos de América. El apéndice 3 presenta muchos cálculos de cosecha de agua. El apéndice 4 ofrece una lista con ejemplos de plantas y sus necesidades de agua, y aunque esta lista es específicamente para Tucson (Arizona) puede resultar de utilidad para los lectores. El apéndice 5 incluye una muestra de hojas de trabajo para calcular los recursos hídricos del sitio, el balance hídrico, etc. y tiene el propósito de servir como una estructura para registrar tus observaciones y cálculos para referencias futuras. El apéndice 6 de este libro es una lista condensada de materiales complementarios sobre la cosecha de agua de lluvia. En el sitio web HarvestingRainwater.com se encuentra una versión más larga del apéndice 6, dividida en secciones. El apéndice 7 proporciona información sobre los ángulos y trayectoria del sol. Esta información es clave para el diseño integrado y te permite calentar y refrescar tu hogar, además de suministrarle electricidad, de manera pasiva y gratuita. El apéndice 8 ilustra cómo cosechar y desviar el viento, así como maneras óptimas de colocar ventanas para maximizar la ventilación pasiva. El apéndice 9 muestra cómo todo está conectado con el nexo agua-energía-carbono, y cómo la cosecha integrada de agua también ahorra energía y dinero, a la par que reduce drásticamente las emisiones de carbono y otros contaminantes.

También hay notas de referencia, un glosario y un índice.

VOLUMEN 2: OBRAS DE TIERRA

En este volumen aprenderás a seleccionar, ubicar y construir las obras de tierra que elijas para la cosecha de agua. Presenta instrucciones detalladas y variaciones de todos los tipos de obras de tierra, incluyendo capítulos sobre acolchado, vegetación y reciclaje de aguas grises para que puedas adaptar las técnicas a los requisitos particulares de tu sitio.

VOLUMEN 3: SISTEMAS DE CAPTACIÓN DE AGUA DE TECHOS Y SISTEMAS DE ALMACENAMIENTO EN TANQUES Y CISTERNAS

Aquí aprenderás a seleccionar, dimensionar, diseñar, construir o comprar, e instalar los sistemas de captación de agua en techos y almacenamiento que hayas elegido. Se presentan principios específicos de los sistemas de almacenamiento, junto con numerosas opciones de tanques y estrategias de diseño que permiten que tu tanque logre más que solo cosechar agua.

Casos reales de personas que crean y viven con paisajes y sistemas de cosecha de agua enmarcan los tres volúmenes. Hemos perfeccionado nuestras habilidades a través de innumerables horas de diseño práctico, implementación, mantenimiento y vida con nuestros sistemas. La escala y el contexto de algunos de los sistemas presentados pueden parecer demasiado grandes, demasiado pequeños, demasiado urbanos o demasiado rurales para aplicarlos en tu sitio, pero ten en cuenta que si entiendes cómo se han concretado los principios y la ética en los diversos sistemas, puedes adaptarlos a la escala y el contexto que requiere tu terreno.

EL VALOR DEL AGUA DE LLUVIA

No pidas lluvia, si no puedes cuidar de la que recibes.

—R. E. Dixon (1937) Superintendente, Estación Experimental Agrícola de Texas, Spur (Texas)

Entonces quieres cosechar el agua de lluvia, ¡fantástico! Celebremos el valor de la lluvia y los

Fig. I.2. Agua pura de lluvia

muchos recursos hídricos que sustenta, porque la forma en que valoramos nuestros recursos hídricos se relaciona directamente con la forma en que los percibimos, los utilizamos y los *gestionamos*.

La precipitación (lluvia, granizo, aguanieve y nieve) es la principal fuente de agua dulce dentro del ciclo hidrológico de nuestro planeta. Esta precipitación, o "lluvia", abastece a todas las fuentes secundarias de agua, incluidas las aguas subterráneas y las superficiales en arroyos, ríos y lagos. Si de manera consistente se bombean o drenan más rápido de lo que se reabastecen, estas fuentes secundarias terminan por dejar de existir.

La precipitación se destila naturalmente a través de la evaporación antes de la formación de nubes (fig. I.2) **y por tanto es una de nuestras fuentes más puras de agua.**[4] ¡El agua de lluvia tiene aproximadamente 100 veces menos sólidos disueltos totales (SDT) que el agua subterránea y superficial de la ciudad donde vivo![5]

La lluvia se considera *blanda* debido a la falta de carbonato de calcio o magnesio en solución, y es excelente para cocinar, lavar y ahorrar energía. Gran parte de nuestras aguas subterráneas y superficiales son *duras* debido a los compuestos de calcio y magnesio que se disuelven a medida que el agua corre a través de o sobre el suelo. Estos compuestos se depositan sobre o dentro de utensilios de cocina, tuberías y calentadores de agua, formando una "incrustación" blanca que inhibe la conducción de calor y acorta la vida útil de tuberías y electrodomésticos. Usar agua de lluvia ahorra energía y costos de mantenimiento, y puede prolongar la vida útil de los calentadores y tuberías de agua.[6] Utilizar agua de lluvia también reduce la necesidad de detergente y jabón y elimina los residuos de jabón, los depósitos minerales y la necesidad de tener un ablandador de agua (a veces necesario con sistemas de agua de pozo)[7], además de que es un acondicionador natural para el cabello.

El agua de lluvia es un fertilizante natural. Según el agente de extensión cooperativa John Begeman, la lluvia contiene azufre, importante en la formación de aminoácidos vegetales, y contiene microorganismos beneficiosos y nutrientes minerales recolectados del polvo en el aire, relevantes para el crecimiento de las plantas. El agua de lluvia también contiene nitrógeno, que detona el enverdecimiento de las plantas. Durante las tormentas, los rayos permiten que el nitrógeno atmosférico se combine con hidrógeno u oxígeno para formar amonio y nitrato, dos formas de nitrógeno que entran en solución en la humedad atmosférica y pueden ser utilizadas por las plantas.[8]

De las fuentes de agua dulce natural, el agua de lluvia tiene el menor contenido de sal por lo que es una excelente fuente de agua para las plantas. El calcio, magnesio, potasio y las sales de sodio son abundantes en la corteza terrestre. Los suelos con altas concentraciones de sal inhiben el crecimiento de las plantas al reducir la capacidad de la vegetación para absorber agua y llevar a cabo la fotosíntesis.[9] Los suelos ricos en sodio tienen una tendencia a dispersarse —o a perder su estructura— lo que resulta en una infiltración deficiente del agua y el encostramiento del suelo, que restringe la penetración de las raíces e impide la aparición de plántulas.[10] Tal como David Cleveland y Daniela Soleri escriben en *Food From Dryland Gardens* (Alimentos de huertos en zonas áridas), "Los suelos salados ocurren de manera natural en zonas áridas donde no cae suficiente lluvia para sacar las sales solubles de la zona de las raíces de las plantas y arboles. El riego [con aguas superficiales o subterráneas] empeora la situación, ya que las aguas superficiales y subterráneas contienen más sal que el agua de lluvia. La sal tiende a acumularse en el suelo conforme se agrega agua continuamente a través del riego".[11] Siempre y cuando el suelo drene y se aplique suficiente agua de lluvia, el agua de lluvia puede diluir estas sales y desalojarlas de la zona de las raíces.[12]

El agua de lluvia nos llega de forma gratuita. Cae del cielo y no nos cuesta bombearla ni le pagamos a una compañía de servicios públicos para que nos la entregue (fig. I.3).

Sin embargo, la gestión actual de los recursos hídricos domésticos y comunitarios no refleja el verdadero valor de la lluvia. En lugar de tratarla como nuestra fuente principal renovable de agua dulce, normalmente tratamos al agua de lluvia como una molestia, desviándola al drenaje pluvial, a la zanja de drenaje o a las calles llenas de contaminantes. En su lugar invertimos vastos recursos para adquirir fuentes secundarias de menor calidad de agua subterránea y superficial. Esta gestión contemporánea del agua contrasta marcadamente con las tradiciones de cosecha de agua de lluvia.

Fig. I.3. La lluvia siempre es gratuita.

COSECHA DE AGUA DE LLUVIA A TRAVÉS DEL TERRENO Y DEL TIEMPO

En todo el mundo, las tradiciones y la evidencia histórica de la cosecha de agua de lluvia ilustran su importancia como fuente primaria de agua. Según John Gould y Erik Nissen-Petersen, autores de *Rainwater Catchment Systems for Domestic Supply* (Sistemas de captación de agua de lluvia para suministro del hogar), los orígenes de la captación de agua de lluvia se pueden remontar tanto como el uso del fuego en la historia de la humanidad, tal como lo demuestran las prácticas tradicionales de los cazadores bosquimanos recolectores del Kalahari (los pueblos San) para captar, almacenar y enterrar el agua de lluvia en huevos de avestruz para ser recuperada meses o años más tarde.

La escorrentía de techos era la principal fuente de agua para muchos asentamientos fenicios y cartagineses del siglo VI a.C. en la época romana, cuando la lluvia cosechada se convirtió en la fuente primaria de agua para ciudades enteras. Hace 2000 años, las cisternas alimentadas con lluvia ya proporcionaban agua para consumo doméstico en todo el norte de África, el Mediterráneo, Medio Oriente y Tailandia. Existe una tradición de 4000 años de uso de sistemas de captación de agua de lluvia para el suministro doméstico y la agricultura en todo el subcontinente indio, y la cosecha de agua en China puede incluso haber empezado hace 6000 años. La captación y almacenamiento de lluvia de techos fue la principal fuente de agua en Venecia (Italia) de 300 a 1600 d.C. Los sistemas aztecas de captación de agua en el suelo ya estaban en uso para el año 300 d.C. Los nativos americanos en el desierto del suroeste de Estados Unidos utilizaron una variedad de técnicas (ver apéndice 2). Las culturas insulares todavía dependen del agua de lluvia en partes de Japón, el Caribe y la Polinesia. La tradición de cosechar la lluvia en tanques o cisternas en residencias familiares aisladas y en granjas sigue vigente hoy día en Estados Unidos, Canadá, Australia y Nueva Zelanda.[13]

EL CAMBIO QUE NOS ALEJÓ DEL AGUA DE LLUVIA

En los últimos 150 años, nos hemos alejado de estas tradiciones a medida que nuevas tecnologías nos han permitido acceder, bombear y transportar enormes volúmenes de agua subterránea y superficial: fuentes secundarias de agua en el ciclo hidrológico. Estos suministros secundarios parecían inagotables, así que seguimos consumiendo más. En 1930 había 170 pozos de riego abasteciéndose del acuífero Ogallala que se extiende a lo largo de 1300 kilómetros desde la parte más al norte de Texas (conocida como *Texas Panhandle*) hasta Dakota del Sur; para 1959 ya había más de 42 000.[14] Como escribe Charles Bowden: "En los años sesenta la región del Altiplano (*High Plains*) ya tenía 5 500 000 acres bajo riego y había hombres trabajando durante la noche para dirigir el flujo de las incesantes bombas de agua."[15]

Las aguas superficiales y subterráneas —fuentes secundarias de agua en el ciclo hidrológico— parecían ser más prácticas, rentables y confiables que la lluvia, la fuente primaria. El agua superficial y las aguas subterráneas se convirtieron en los recursos hídricos "primarios" de nuestro sistema moderno de gestión del agua. El desperdicio se hizo más común que la conservación. Llegamos a ver a la lluvia como una fuente de inundaciones que necesitaba ser drenada. Esto parecía funcionar durante un tiempo, pero la realidad de este hidroanalfabetismo nos ha alcanzado.

ESCASEZ O ABUNDANCIA

Mientras que el ciclo hidrológico continuamente recicla el agua de la tierra para producir lluvia fresca y renovada, la velocidad a la que se produce agua dulce no satisface nuestra cada vez mayor demanda. Ante esta demanda, los recursos de agua dulce de nuestro planeta son finitos. Las tasas de consumo actuales disminuyen los niveles de las aguas subterráneas y agotan los flujos de agua superficial en todo el mundo. Según el Informe Blue Gold, el consumo mundial de agua se está duplicando cada 20 años, más del doble de la tasa de crecimiento de la población humana. Si las tendencias actuales persisten, para 2025 la demanda de agua dulce será 56 % superior a la cantidad disponible actualmente.[16] El acuífero de Ogallala se está agotando ocho veces más rápido de lo que la naturaleza puede reabastecerlo.[17]

Hemos llegado a un punto de inflexión en nuestro uso y gestión del agua. Como dice mi amigo Brock Dolman, "Podemos optar por sentirnos 'temerosos en la ciudad' debido a la escasez de agua, o podemos elegir la *abundancia* de agua — esa excelente condición de prosperidad en la que ¡podemos gozar de la vida!".

Aunque me concentro principalmente en la lluvia, la forma en que valoramos TODOS los recursos hídricos da forma a nuestro futuro. En el recuadro I.2, expongo los principios de dos caminos contrastantes de uso del agua (ver también la figura I.4). Sigue leyendo y pregúntate: ¿En qué camino estoy ahora? ¿Qué camino quiero tomar a partir de hoy?

Fig. I.4A. Un paisaje que muestra el camino al despilfarro que produce *escasez*.
La lluvia, la escorrentía y la capa superficial del suelo se drenan rápidamente del paisaje hasta la calle donde el agua cargada de sedimentos contribuye a inundaciones y contaminación aguas abajo.
El jardín depende del riego de agua municipal o de pozo y de los fertilizantes importados.

Fig. I.4B. Un paisaje en el camino de la gestión hacia la *abundancia*.
La lluvia, la escorrentía, las hojas caídas y la capa superficial del suelo se cosechan y se utilizan dentro del paisaje, lo que contribuye al control de inundaciones y a una mayor calidad del agua.
El sistema se autoirriga con la lluvia y se autofertiliza con la materia orgánica cosechada.

Recuadro I.2. El camino de la escasez comparado con el camino de la abundancia

EL CAMINO DEL DESPILFARRO QUE LLEVA A LA ESCASEZ	EL CAMINO DE LA GESTIÓN QUE LLEVA A LA ABUNDANCIA
• La escasez de agua es la condición en la que nuestro suministro de agua local no puede seguir satisfaciendo la demanda porque nuestra "cuenta bancaria de agua dulce" se está drenando.	• La abundancia de agua es la condición en la que ajustamos nuestros patrones de gestión y uso del agua hasta que nuestro suministro de agua disponible localmente satisfaga y, en última instancia, exceda nuestras necesidades.
VALORES	**VALORES**
• No valoramos ni apreciamos el agua. • Tratamos el agua de lluvia como un problema, una sustancia de la que debemos deshacernos. • Pensamos que las aguas subterráneas y superficiales están disponibles infinitamente, que son sustancias que podemos administrar mal y desperdiciar. • Creemos que nosotros, como humanos, estamos separados de la naturaleza y somos independientes de ella.	• Valoramos toda el agua, reconociéndola como la base de nuestro sistema biológico viviente. • Tratamos el agua de lluvia como la base del ciclo hidrológico que sustenta la vida. • Tratamos las aguas subterráneas y superficiales como depósitos que acumulan y concentran naturalmente la lluvia; por ello, no las desperdiciamos. • Entendemos y celebramos que nosotros, como seres humanos, somos parte del sistema natural de la Tierra, que nos sostiene a todos.
CARACTERÍSTICAS	**CARACTERÍSTICAS**
• Como individuos y comunidades, no nos hacemos responsables de administrar nuestras propias cuentas de agua. • Continuamente utilizamos nuestros ahorros de agua subterránea. • No hacemos nuevos depósitos de agua.	• Nosotros como individuos y como comunidades manejamos cuidadosamente nuestras propias cuentas de agua. • Hacemos retiros de nuestros ahorros de aguas subterráneas solo en tiempos de verdadera necesidad. • Continuamente hacemos depósitos de agua.
RESULTADOS	**RESULTADOS**
• Esta relación extractiva que tenemos con nuestros recursos naturales conduce a su degradación y agotamiento.	• El camino hacia la abundancia contribuye a la regeneración del agua y de otros recursos naturales renovables. Trabajamos para mejorar el medio ambiente proporcionando el "interés compuesto" natural representado por comunidades saludables de suelo, plantas y animales que son la fuente de agua, alimentos, refugio, aire y belleza.

DRENAR VERSUS INFILTRAR AGUA

Vivir en el camino del despilfarro hacia la escasez

Nuestras comunidades se **drenan** al desviar nuestra agua de lluvia *hacia afuera* en lugar de infiltrarla *en* nuestros paisajes, cauces de agua y acuíferos. Reemplazamos las redes vivas de vegetación y suelo permeables por asfalto impermeable, concreto y edificios, haciendo que la lluvia corra velozmente por el terreno y drene afuera del sistema.

Creamos paisajes de montículos funerarios (formas convexas), que drenan en lugar de retener agua, tierra y materia orgánica. Colocamos plantas encima de estos montículos y les bombeamos agua a través de un sistema de riego, mientras que la lluvia se drena lejos de la vegetación. Se utilizan paquetes de fertilizantes comprados para reemplazar la pérdida de suelo y fertilidad. Es un sistema que asemeja un paciente hospitalizado recibiendo goteo intravenoso.

Dirigimos la escorrentía del techo hacia las calles y los drenajes pluviales a través de canaletas, bajantes y "lechos de arroyo" adoquinados que expulsan el agua rápidamente de los patios (ver la figura I.5A).

Recuadro I.3. Datos sobre drenaje

- Un informe preparado por American Rivers afirma que la rápida expansión de superficies pavimentadas y terrenos urbanizados en comunidades de todo Estados Unidos está empeorando los efectos de la sequía. La urbanización en Atlanta (Georgia) y los condados circundantes contribuye a una pérdida anual de infiltración de agua de lluvia que varía entre los 216 y 504 mil millones de litros (57-133 mil millones de galones). Si se gestionara en el sitio donde cae, esta lluvia –que podría satisfacer las necesidades domésticas anuales de 1.5 a 3.6 millones de personas– se filtraría a través del suelo para recargar los acuíferos y aumentaría los flujos subterráneos para reabastecer ríos, arroyos y lagos.[18, 19]

- Veinticinco por ciento de las tierras dentro de los límites municipales de Tucson está recubierto con cobertura impermeable como asfalto, concreto o edificios.[20] En ciudades de mayor densidad como Los Ángeles (California) más del 60 % de la superficie del suelo está cubierto de pavimento.[21]

Vivir en el camino de la gestión hacia la abundancia

Infiltramos la lluvia en nuestros suelos y vegetación lo más cerca posible de donde cae. Reemplazamos superficies impermeables con obras de tierra y tanques para cosechar agua, y con acolchado y vegetación que como esponjas retienen agua para interceptar y utilizar la escorrentía de las superficies selladas.

Construimos paisajes que se asemejan a cuencos o cazuelas (formas cóncavas) para cosechar pasivamente agua de lluvia, generar tierra fértil, acumular acolchado y reducir o eliminar la necesidad de riego y fertilizantes. Gracias a esto la fuente primaria de agua, la lluvia, se deposita dentro de nuestros suelos locales y se reduce la necesidad de utilizar los recursos secundarios de agua superficial y subterránea. (Ver la figura I.5B).

Cosechamos la escorrentía de aguas pluviales de las calles para nuestros paisajes. Las calles se convierten

Fig. I.5A. Un paisaje conectado a un sistema de soporte vital que *drena* sus recursos.
Observa las áreas sembradas en montículos.
El agua de lluvia disponible para el paisaje se *reduce* hasta en un 50 % debido a la pérdida excesiva de escorrentía.
Compara esta ilustración con la figura I.5B.

Fig. I.5B. Un paisaje sostenible que *infiltra* y *cosecha* recursos ahí mismo.
Es importante poner atención a las áreas sembradas hundidas y con acolchado, así como a la vegetación nativa.
El agua de lluvia disponible para el paisaje se *triplica* potencialmente debido a que toda la lluvia que cae sobre el paisaje se infiltra, además de la escorrentía del techo y la escorrentía de las superficies duras en el nivel del suelo.

Recuadro I.4.
Consejos e historias sobre infiltración

- **Convierte los accesos para automóviles en áreas ajardinadas.** Consulta en el volumen 2 el capítulo sobre reducción de superficies duras y pavimentación permeable.
- **Reduce el pavimento impermeable o hazlo poroso.** Consulta el capítulo antes mencionado en el volumen 2.
- **Hidrata, en lugar de deshidratar, a las comunidades.** En toda la India se están recuperando las estrategias tradicionales de agua de lluvia para mejorar los recursos hídricos locales. En el distrito de Alwar, la gente de 650 aldeas construyó o remozó alrededor de 3000 pequeñas represas de tierra que conservan el agua de lluvia y aumentan la infiltración en un 20 %. En proyectos forestales dirigidos por la comunidad se trabajó para recuperar tierras taladas y erosionadas. Dieciséis años después del inicio del proyecto, los niveles de las aguas subterráneas han aumentado casi 6 metros (20 pies); la cobertura forestal se incrementó un 33 %; y cinco ríos que antes se secaban cada año ahora fluyen de manera perenne. El aumento en la producción agrícola ha superado el costo de la inversión original en una proporción de 4 a 1.[22]

Consulta el capítulo 1 de este volumen para ver una historia de cómo el agua de lluvia infiltrada en África trajo abundancia a un hombre y a su familia.

en irrigadores pasivos de hermosos árboles de sombra que flanquean calles y banquetas. Esta *infraestructura verde* de bajo costo reduce la necesidad de los costosos drenajes pluviales convencionales revestidos de concreto.

SOBREEXTRACCIÓN VERSUS CONSERVACIÓN DEL AGUA

Vivir en el camino del despilfarro hacia la escasez

Sobreexplotamos nuestras fuentes de agua locales bombeando pozos y desviando el agua de los ríos y manantiales más rápido de lo que las lluvias pueden reabastecerlos de manera natural.

Reducimos la recarga natural de agua subterránea, particularmente en áreas con mantos freáticos poco profundos, al pavimentar las superficies y causar un rápido escurrimiento del agua de lluvia.[23]

A medida que drenamos más de nuestros "depósitos" de agua de lluvia, bombeamos y consumimos simultáneamente más de nuestra ancestral cuenta de ahorros de agua subterránea. Como resultado, los ríos se secan, los mantos freáticos se merman, los costos de bombeo aumentan, los árboles ribereños mueren y la calidad del agua disminuye. (Ver la figura I.6A).

Recuadro I.5.
Datos acerca de la sobreexplotación

En Arizona, el bombeo de aguas subterráneas ha secado o degradado el 90 % de arroyos, ríos y hábitats ribereños otrora perennes.[24]

En el Valle Central de California, el uso excesivo de aguas subterráneas ha colapsado el suelo del acuífero, causando una pérdida permanente en la capacidad de almacenamiento natural de agua que asciende a más del 40 % de la capacidad de almacenamiento combinado de todas las presas y embalses en el estado hechos por humanos.[25]

En 1972, el desvío de agua del otrora poderoso río Amarillo de China le impidió, por primera vez en la historia, llegar al mar. Ese año su flujo no llegó al océano por 15 días. En 1997, no pudo llegar al mar durante 226 días.[26]

Vivir en el camino de la gestión hacia la abundancia

Conservamos nuestros recursos de agua dulce utilizando agua de lluvia, reciclando toda el agua y aplicando acolchado, utilizando aparatos de bajo flujo de agua, instalando sistemas de reciclaje de aguas grises y poniendo en práctica el diseño integrado para reducir las necesidades de agua dulce.

Permitimos la recarga natural de aguas subterráneas manteniendo los paisajes cubiertos de suelo y vegetación, y las cuencas hidrológicas y los cauces de agua saludables.

Hacemos depósitos a nuestra cuenta de agua cuando permitimos que el agua recargue los acuíferos y se acumule en ellos. Utilizamos los suministros ancestrales de agua subterránea solo durante

Recuadro I.6.
Datos y consejos sobre conservación

El hogar estadounidense promedio podría reducir su demanda anual de agua entre 33 y 50 %.[27] El uso de tecnologías y métodos adicionales de conservación del agua podrían recortar en casi 50 % la demanda de agua para uso agrícola y entre 50 y 90 % para uso industrial sin sacrificar la producción económica ni la calidad de vida.[28]

Conservar agua ahorra energía y la conservación de energía ahorra agua. "Las centrales eléctricas que utilizan carbón, petróleo, gas natural o uranio también necesitan agua para generar vapor y enfriamiento y utilizan unos 496 mil millones de litros diarios (131 mil millones de galones), más de cinco veces más agua de la que la gente usa en sus hogares".[29]

Cada kilovatio-hora (kWh) de electricidad generada mediante la quema de carbón utiliza aproximadamente 454 gramos (1 libra) de carbón, produce 454 gramos (1 libra) de CO_2 y utiliza poco menos de 1.9 litros (0.5 galones) de agua.[30, 31] Además, la quema de carbón es el medio más peligroso que tenemos de producir electricidad, pues genera la mayor parte de las emisiones de dióxido de carbono a la atmósfera originadas por el ser humano.[32]

Siembra solo con lo que tienes en tu balance hídrico. Crea un paisaje o un jardín que crezca dentro de las limitantes de los recursos de agua de lluvia y aguas grises de tu terreno. Consulta el capítulo 2 para obtener más información.

Haz énfasis en sembrar especies nativas dentro de tu paisaje. Estas plantas se han adaptado naturalmente para sobrevivir con los patrones de lluvia locales. ¡Crecerán saludables si las siembras en obras de tierra para la cosecha de agua o donde reciban agua de lluvia suplementaria de un tanque o cisterna! Consulta el capítulo sobre vegetación en el volumen 2.

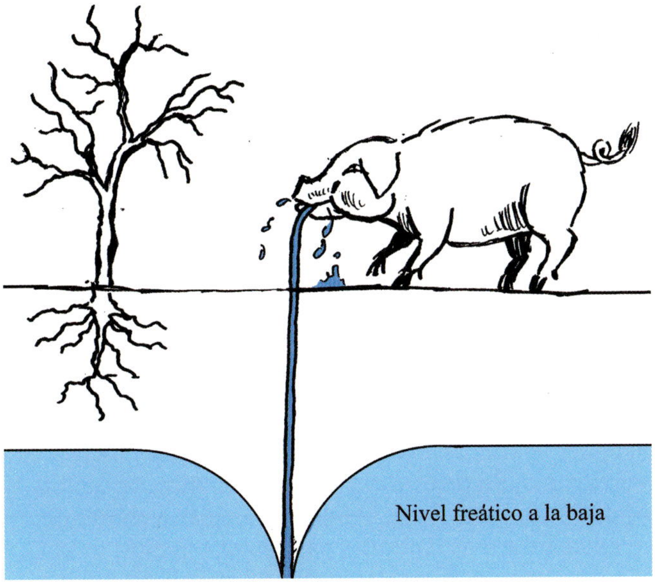

Fig. I.6A. Extracción excesiva de aguas subterráneas. Compara esta ilustración con la figura I.6B.

Fig. I.6B. Agua de lluvia cosechada, conservación de agua municipal/de pozo. Compara esta ilustración con la figura I.6A.

tiempos de sequía y solo para satisfacer necesidades verdaderamente urgentes.

La lluvia se convierte en nuestra principal fuente de agua y nuestras "cuentas de ahorro" de aguas subterráneas se enriquecen y se reservan para momentos de necesidad.

Nos esforzamos por coexistir en un equilibrio sostenible con nuestros recursos hídricos locales viviendo dentro de las limitaciones de los recursos/balance de agua de lluvia de nuestro sitio (ver la figura I.6B).

Recuadro I.7. Estrategias adicionales de conservación del agua en el hogar

Consulta el sitio web *Water Saver House* www.h2ouse.org para conocer acerca de diferentes estrategias de conservación del agua en el hogar; revisa el apéndice 9 para saber cómo estas estrategias también ahorran energía y reducen la contaminación.

LAVADORAS

Reemplazar una lavadora estándar que utiliza de 114 a 189 litros (30-50 galones) por carga de lavado con una nueva lavadora certificada *Energy Star*™ que utiliza 38 litros (10 galones) por carga de lavado puede reducir el consumo de agua entre 30 y 60 % y reducir el consumo de energía en 50 % por carga.[33, 34] Para un hogar estadounidense promedio esto representa un ahorro de casi 26 500 litros (7000 galones) al año.[35] Instalar un sistema de reciclaje de aguas grises para la lavadora permite reciclar el agua de lavado en tu paisaje o jardín.

FUGAS EN LA TUBERÍA

El 10 % del consumo de agua de una casa puede deberse a fugas. Los sistemas de riego más antiguos son propensos a fugas, desperdiciando entre 50 y 75 % del agua consumida.[36] Por eso, haz inspecciones con frecuencia para detectar fugas y repáralas con prontitud. Muchas compañías de agua municipales en Estados Unidos tienen un programa gratuito de detección de fugas.

ENFRIADORES POR EVAPORACIÓN, AIRES ACONDICIONADOS Y CONSUMO DE ENERGÍA

Un enfriador de aire por evaporación en Phoenix (Arizona) consume un promedio de 246 litros (65 galones) al día.[37] Aunque los aires acondicionados no utilizan agua en el sitio, el agua que se usa para generar la electricidad que alimenta a estos y otros aparatos eléctricos puede ser sustancial si la energía proviene de una central termoeléctrica (nuclear, de carbón, de petróleo, de gas natural o geotérmica). Las estrategias de enfriamiento pasivo que se encuentran en el capítulo 4 pueden reducir en gran medida la necesidad de este tipo de enfriamiento mecánico y, por consiguiente, el consumo de energía.

SISTEMAS DE ROCIADORES PARA EXTERIORES

Los sistemas de rociadores para exteriores utilizan hasta 8175 litros (2160 galones) de agua al mes para refrescar patios de 92.9 m^2 (1000 pies cuadrados). Eso, durante el verano, representa más de tres veces el uso promedio de agua de un hogar en Tucson (Arizona); sin embargo, los resultados de un estudio muestran que los rociadores reducen la temperatura en solo 3.8 °C (7 °F).[38] Los árboles de sombra nativos de bajo consumo de agua utilizan menos agua que los sistemas de rociadores y refrescan la temperatura hasta en 11.1°C (20 °F).[39, 40]

PISCINAS

Multiplica la superficie de una piscina por la tasa de evaporación local para determinar cuánta agua se evaporará cada año. En Tucson, una piscina de 37.1 m^2 (400 pies cuadrados) perderá 60 600 litros (16 000 galones) de agua por evaporación anual, casi el volumen total de la piscina.[41] Las cubiertas para piscina pueden reducir el uso de agua para piscinas en casi 30 %.[42] Si no utilizas cubiertas durante la temporada de uso de piscinas, al menos cubre la tuya en las épocas en las que no la usas. Recurrir a una piscina comunitaria en lugar de construir y mantener una propia puede ahorrarte toda el agua, tiempo, dinero y productos químicos que se necesitan para mantener una piscina residencial en funcionamiento.

HÁBITOS HUMANOS

Disminuye de manera consciente tu uso personal de agua para reducir la demanda de agua en el hogar. Por ejemplo, no dejes correr el agua mientras te cepillas los dientes o te lavas las manos; no limpies a chorro de agua las aceras, entradas para autos y patios; y no pongas alimentos congelados bajo el chorro del agua para descongelarlos más rápido. A la par que pones el ejemplo al cuidar el agua en el hogar, presiona para que se implementen medidas adicionales de ahorro y conservación en los sectores comercial, industrial, gubernamental y agrícola.

CONTAMINAR VERSUS LIMPIAR EL AGUA

Vivir en el camino del despilfarro hacia la escasez

Contaminamos nuestras fuentes finitas de agua dulce.

Estamos desconectados de nuestra fuente de agua y de nuestros efectos en su calidad. Vemos el agua fluyendo de los grifos, repartida mediante sistemas

Recuadro I.8. Datos sobre la contaminación

La escorrentía de numerosas fuentes dispersas o la *contaminación de fuentes difusas* representa alrededor del 60 % de toda la contaminación de las aguas superficiales en Estados Unidos.[43] La contaminación de fuentes difusas consiste en heces de mascotas; emisiones de automóviles; sedimentos y nitrógeno de jardines, granjas y pastizales; así como compuestos residuales del uso general de pinturas, plásticos, etc.

Cada año se aplican más de 2.3 mil millones de kilogramos (5 mil millones de libras) de pesticidas en todo Estados Unidos,[44] muchos de los cuales terminan en los sistemas naturales de agua del país.

El agua de casi el 40 % de los ríos y arroyos de Estados Unidos está demasiado contaminada para beberla, pescar o nadar en ella.[45]

Casi todos los inodoros en Estados Unidos se llenan y se descargan con agua potable; cada día se descargan 26 mil millones de litros (6.8 mil millones de galones) de agua.[46]

El 90 % de las aguas residuales de los países "en desarrollo", o prácticamente la *mayoría* de las aguas residuales del mundo, todavía se descargan sin tratar en los ríos y arroyos locales.[47]

Recuadro I.9. Consejos e historias sobre limpieza

- **Deja la caca fuera de nuestra agua.** Defecar en el agua potable que normalmente llena nuestros inodoros nos cuesta cada año miles de millones de dólares y miles de millones de galones de agua en nuestro intento de eliminar las heces y otros contaminantes. Los inodoros representan hasta un 30 % de todo el uso de agua potable en interiores en una residencia típica en Estados Unidos.[48] Cambiar los inodoros más antiguos y de alto consumo de agua por modelos más eficientes que usan de 3.7 a 6 litros (1.0-1.6 galones) de agua por descarga puede reducir el uso de agua en interiores entre 15 y 25 %.[49] Los baños secos ecológicos no utilizan agua y convierten los desechos de los usuarios en fertilizantes de alta calidad.

  Y luego está el "Día de Orinar Afuera", celebrado anualmente en Sigmota (Suecia), durante el cual se ahorra el 50 % del agua que normalmente se usa para las descargas de los inodoros.[50]
- **La cosecha de agua se está utilizando para limpiar la ciudad de Los Ángeles (California).** La organización sin fines de lucro Tree People ha encabezado un programa que fomenta la cosecha del agua de lluvia y de aguas grises en sitios residenciales, comerciales, industriales y públicos en Los Ángeles para limpiar la contaminación y reducir la dependencia de la ciudad del agua importada ¡hasta en un 50 %! Los patios para la cosecha de agua, los huertos y jardines comerciales irrigados con aguas grises y los parques deportivos hundidos funcionan como *infraestructura verde* para el control de inundaciones, prometiendo una reducción significativa de la contaminación por escorrentía en las bahías de Santa Mónica y San Pedro, así como la eliminación simultánea de la amenaza de inundación con periodo de retorno de 100 años del río Los Ángeles. El departamento municipal de control de inundaciones, ahora denominado División de Gestión de Cuencas Hidrológicas, está subvencionando este trabajo, ya que reduce la necesidad de una costosa infraestructura exclusivamente para el control de inundaciones.[51]

centrales de distribución masivos, pero no nos confrontamos con la trayectoria que el agua recorrió para llegar a nosotros.

La lluvia cae a través de la atmósfera, corre por la superficie terrestre y se infiltra a través de nuestros suelos, por lo que la contaminación de nuestro aire, superficie terrestre y suelos contamina nuestra agua. Contaminamos nuestro medio ambiente con aguas negras, pesticidas, herbicidas, la quema de combustibles fósiles, productos químicos vertidos en el drenaje, goteo de fluidos de automóviles e innumerables otras fuentes (ver la figura I.7A).

Vivir en el camino de la gestión hacia la abundancia

Limpiamos el agua contaminada para hacerla utilizable de nuevo.

Estamos en contacto diario con la fuente de nuestra agua dulce porque la vemos que se cosecha, mantenemos las superficies sobre las que fluye y trabajamos activamente para preservar una buena calidad del agua.

Entendemos que la mejor manera de tener agua limpia es, *en primer lugar, no contaminar el agua.*

Fig. I.7A. Contaminar nuestra agua y cuenca en casa. Compara esta ilustración con la figura I.7B.

Fig. I.7B. Limpiar nuestra agua y cuenca en casa. Compara esta ilustración con la figura I.7A.

Si debemos contaminar, mantenemos la contaminación al mínimo absoluto y reutilizamos y limpiamos esa agua justo donde la contaminamos. Por ejemplo, el uso de jabones biocompatibles apropiados para los suelos locales (ver el volumen 2 y su discusión sobre aguas grises) nos permite reutilizar y limpiar nuestra agua de lavado o nuestras aguas grises utilizando los suelos y plantas que hay en nuestros huertos y jardines.

Invertimos los recursos comunitarios necesarios para purificar nuestra agua contaminada y devolverla limpia al ciclo hidrológico donde se integra para ayudar a sustentar toda la vida (ver la figura I.7B).

ACAPARAR VERSUS RECICLAR EL AGUA

Vivir en el camino del despilfarro hacia la escasez

Como comunidad, **acaparamos** el agua drenando, sobreexplotando y contaminando nuestras fuentes de agua *locales*, y en lugar de cambiar nuestras políticas, estilos de vida y hábitos para reducir nuestras necesidades, desviamos el agua de otros lugares y personas.

En el nivel individual, vemos cómo nuestro suministro de agua local disminuye mientras compramos botellas de agua de manantial importada. Apoyamos proyectos masivos de presas y canales que desvían el agua de otros para satisfacer nuestras demandas.

Los trasvases y la competencia por el agua están contribuyendo a su mercantilización, a medida que el agua pasa de ser un recurso social perteneciente a toda la vida, a ser un producto comercial comprado, vendido y administrado por corporaciones que se benefician de la creciente escasez del agua. El agua se vende a las personas sedientas que también han desperdiciado su agua, o a quienes se la hemos quitado (ver figura I.8A).

Vivir en el camino hacia la abundancia

Como comunidad, **reciclamos** nuestra agua aumentando la productividad y el potencial de nuestra agua dulce limitada al reciclarla, utilizándola una y otra vez. A más formas de vida, usos y recursos por los que se recicle el agua dulce de *manera limpia*, más formas de vida, usos y recursos el agua podrá generar y sustentar.

Dejamos de drenar, sobreexplotar y contaminar nuestras fuentes de agua locales cuando cambiamos nuestras políticas, estilos de vida y hábitos para reducir las necesidades de agua.

Asumimos nuestra responsabilidad personal sobre cómo tratamos y consumimos el agua cuando reconocemos los impactos negativos de comprar agua embotellada de importación y de apoyar esquemas masivos de trasvase de agua, y elegimos más bien evitar estos comportamientos acaparadores.

Trabajamos para evitar y revertir la mercantilización del agua ayudando a las personas en el ámbito local, nacional e internacional a cosechar y aprovechar la lluvia, hacer uso de las aguas grises y reducir la demanda de fuentes de agua secundarias. La escasez de agua atrae a las fuerzas del mercado; la abundancia de agua, no. El agua es parte de los bienes comunes

Recuadro I.10. Datos sobre acaparamiento

Hoy día, más de la mitad de toda el agua dulce accesible se destina para uso humano.[52]

Solo el 2 % de los ríos y arroyos de Estados Unidos siguen fluyendo libremente sin haber sido desarrollados.[53]

En 1996, los residentes de la ciudad desértica de Albuquerque (Nuevo México) tuvieron que reducir su uso de agua en un 30 %, mientras que a Intel Corporation se le autorizó aumentar su uso en la misma cantidad. Intel paga por el agua cuatro veces menos que los residentes de la ciudad.[54]

Global Water Corporation de Estados Unidos firmó un acuerdo con la ciudad de Sitka (Alaska) para exportar 68 mil millones de litros (18 mil millones de galones) anuales de agua de glaciar a China, donde será embotellada en una de las zonas de "libre comercio" de aquel país para explotar la mano de obra barata. El folleto de la compañía incita a los inversionistas "a aprovechar la oportunidad que avanza rápidamente... a medida que las fuentes tradicionales de agua en todo el mundo se agotan y se degradan de manera progresiva".[55]

Recuadro I.11. Consejos sobre reciclaje

Podemos consumir solamente 379 litros (100 galones) reciclados a través de cinco usos, en lugar de consumir 1893 litros (500 galones) de agua en una semana para cinco usos diferentes. Y esos 379 litros de agua los podemos cosechar de la escorrentía del techo. Para ejemplificar estas opciones:

- **Agua para ducharte.** Cosecha lluvia de los techos en un tanque y úsala para bañarte en una ducha en interiores o al aire libre. (Consulta el capítulo 4 para ver un ejemplo y encuentra mucho más en el volumen 3).
- **Riego.** Dirige las aguas grises de la ducha hacia árboles de sombra y los 379 litros de agua de la ducha se convierten en 379 litros de agua para riego. (Revisa el capítulo 4 y en el volumen 2, el capítulo sobre aguas grises).
- **Enfriamiento.** Coloca esos árboles de sombra en los lados este y oeste de un edificio para refrescar el aire tanto en el exterior como en el interior. Esto puede reducir el enfriamiento mecánico que de otro modo consumiría 379 litros de agua en un enfriador por evaporación o 379 litros en la generación de electricidad para un aire acondicionado.[56, 57, 58] (Consulta el capítulo 4 de este volumen para obtener más información sobre el uso de árboles en el diseño integrado).
- **Alimento.** Selecciona árboles de sombra que produzcan alimentos y cada 379 litros de agua de lluvia cosechada compensa la necesidad de usar 379 litros de agua para cultivar alimentos en un huerto distante. (Ver la lista de plantas en el apéndice 4, así como el capítulo sobre vegetación en el volumen 2).
- **Fertilizante.** Recoge la fruta y las hojas que caen al suelo alrededor de la base de los árboles para crear un acolchado rico en nutrientes y conservador de agua, reduciendo la necesidad de bombear 379 litros adicionales por semana para el riego. (Ver en el volumen 2, el capítulo sobre acolchado).

Recuadro I.12. Agua como bien común

Utilizo el término "bienes comunes" (*commons*) tal como lo define Vandana Shiva en su libro *Las guerras del agua*, en el que escribe: "El agua es un bien común porque es la base ecológica de toda la vida y porque su sostenibilidad y asignación equitativa dependen de la cooperación entre los miembros de la comunidad".[59]

Recuadro I.13. El agua como derecho humano

El agua es un recurso natural limitado y un bien público fundamental para la vida y la salud. El derecho humano al agua es indispensable para llevar una vida con dignidad humana. Es un requisito previo para el logro de otros derechos humanos.

—Naciones Unidas, 2002[60]

Fig. I.8A. Acaparamiento de agua.
Las grandes presas a menudo acumulan agua e impiden que llegue a sitios aguas abajo, incluso a otras cuencas hidrológicas, cuando los sistemas de canales o tuberías desvían el agua hacia las presas desde otras regiones.

Fig. I.8B. Reciclaje de agua junto con la cosecha de sol, sombra y alimentos.
Compara esta ilustración con la figura I.8A.

(recuadro I.12), a los que todos tenemos derecho (ver la figura I.8B).

Para obtener más información sobre cómo proteger el derecho al agua limpia para todos los ciudadanos de la Tierra (incluida la vida silvestre), consulta el apéndice de recursos en mi sitio web HarvestingRainwater.com.

LA TRAYECTORIA DE MI COMUNIDAD

Hoy día, la mayor parte de los más de 282 mm (11 pulgadas) de lluvia anual promedio que caen sobre Tucson se derraman de los techos, patios, parques y estacionamientos creando torrentes de escorrentía callejera que fluyen a los drenajes pluviales (fig. I.9) y generando la "necesidad" de importar agua. Sin embargo, desde hace más de 4000 años y hasta principios de la década de 1870 los residentes humanos de la zona dependían enteramente del agua de lluvia obtenida fácilmente, de la escorrentía, de las aguas superficiales, de los manantiales y de los pozos poco profundos excavados a mano. Luego Tucson pasó a depender principalmente de las aguas subterráneas extraídas con bombas mecánicas de los acuíferos naturales localizados debajo de la ciudad y de los valles circundantes, para suministrar a los usos municipales, agrícolas e industriales. En los últimos 100 años, las décadas de extracción de agua subterránea a velocidades superiores a las de la recarga natural han hecho inaccesibles el agua subterránea y superficial, a menos que uno disponga de una bomba mecánica para acceder al agua desde profundidades cada vez mayores. El bombeo excesivo ha reducido el nivel de este manto freático en más de 61 m (200 pies) en algunas áreas y en otras sigue bajando 0.9 a 1.2 m (3-4 pies) cada año.[61, 62, 63] Tramos del río Santa Cruz y numerosos manantiales que alguna vez fueron perennes se han secado.[64] Los bosques de álamos, sauces y mezquites que solían flanquear nuestros cauces de agua se han muerto.[65] Básicamente hemos destruido y seguimos destruyendo muchos de los elementos fundamentales de nuestra hidrología y ecología local que permitieron que el área de Tucson fuera una de las zonas continuamente habitadas más antiguas de América del Norte. (Ver la figura I.10, con sus fotos de "antes" y "después").

Los contaminantes de los rellenos sanitarios, empresas e industria locales han migrado hasta nuestro acuífero, creando varios sitios del Superfondo.[66] Superfondo es el nombre con el que se conoce a una ley que permite al gobierno federal de los Estados Unidos implementar acciones de remediación en sitios contaminados con desechos peligrosos, como centros de manufactura, plantas procesadoras, rellenos sanitarios y minas. (https://www.epa.gov/superfund.) Como hemos contaminado y agotado nuestro suministro de agua local, hemos comprado miles de

Fig. I.9. First Street se convierte en el "arroyo de West University" ("West University Wash") durante una tormenta de verano.

acres de tierras de cultivo en los valles circundantes para obtener los derechos de extracción de sus aguas subterráneas para nuestro uso. Hemos gastado más de 4 mil millones de dólares para construir, y de 60 a 80 millones de dólares al año para operar, el Proyecto de Arizona Central (CAP, por sus siglas en inglés) que desvía el agua del río Colorado y la bombea 731 m (2400 pies) cuesta arriba en un canal propenso a la evaporación a lo largo de más de 540 km (336 millas) a través del desierto para llegar a nuestra ciudad. Por ello, el canal y sus bombas se han convertido en el mayor consumidor de electricidad y emisor de dióxido de carbono (a través de la central eléctrica de carbón que le suministra electricidad) en el estado.[67] Esa agua importada del río Colorado a través del CAP es ahora la fuente primaria de agua para Tucson, pero se siguen sobreexplotando sus aguas subterráneas a una velocidad que excede la de recarga natural.

Se prevé que el crecimiento poblacional proyectado y el aumento en el uso de agua superarán las reservas "renovables" de agua de Tucson para 2025.[68] Al río Colorado, designado como el más amenazado de Estados Unidos debido a los problemas crecientes causados por los desechos radiactivos, humanos y tóxicos que contiene,[69] se le ha extraído tanta agua que sus tramos más meridionales están severamente mermados, devastando gran parte del ecosistema y de la economía del delta del río Colorado.[70] Si los estados aguas arriba de Arizona en el río Colorado, y México más abajo, toman las dotaciones completas de agua del río Colorado que se les otorgaron no quedará agua suficiente para satisfacer las necesidades de Arizona y llenar el canal CAP en años de sequía.[71] Mientras tanto, importamos alrededor de 907 kg (2000 libras) de sal con cada 1233 m^3 (1 acre-pie) de agua del CAP que bombeamos para el área de Tucson.[72] Esa sal es un desafío adicional y puede convertirse en un contaminante para los suelos alcalinos de nuestro entorno desértico, ya propensos a la sal.

Es posible hacer un cambio. Un lote de 0.1 ha (1/4 acre) en Tucson recibe alrededor de 253 600 litros (67 000 galones) de lluvia sin sal en un año promedio. Una residencia unifamiliar promedio en Tucson (suponiendo que vivan tres personas) utiliza alrededor de 454 200 litros (120 000 galones) de agua al año y aproximadamente la mitad es para uso en exteriores. Esto sugiere que la mayor parte de las necesidades residenciales de agua para exteriores podrían satisfacerse cosechando el agua de lluvia que cae en la propiedad en lugar de bombear agua subterránea, especialmente si se integran al diseño del paisaje plantas nativas de bajo consumo de agua.[73] Reducir el consumo de Tucson de agua subterránea y agua superficial importada es clave para llevar a la ciudad hacia un equilibrio sostenible con los recursos hídricos locales.

La precipitación promedio de Tucson en realidad excede el uso actual de agua municipal (ver el recuadro I.14), pero la mayor parte de esta lluvia se drena o se pierde por evaporación. Cosechar más de esa agua de lluvia e incrementar los esfuerzos de conservación nos lleva hacia nuestro camino alternativo.

NUESTRO CAMINO HACIA LA ABUNDANCIA

Al reciclar en nuestras vidas y paisajes el agua que infiltramos, conservamos y limpiamos, nos empoderamos para hacer mucho más con mucho menos. Entonces hay más disponible para todos, lo cual crea *abundancia*. Mejoramos nuestros propios recursos hídricos y los de los demás, especialmente de quienes viven aguas abajo y en los terrenos pendiente abajo. En lugar de *mercantilizar* el agua dulce o

Fig. I.10A. El río Santa Cruz en Tucson (Arizona) mirando hacia el noreste desde la base de la montaña A o picacho del Centinela en 1904. Observa el cauce trenzado, la cuenca hidrológica densamente vegetada y los álamos (blancos), sauces y mezquites que crecen en la zona inundable. Fotografía # 24868 de Arizona Historical Society (Tucson). Compara esta fotografía con la figura I.10B.

Fig. I.10B. El mismo tramo del río Santa Cruz en 2007. Observa el lecho seco y canalizado del río y cuánto de la cuenca hidrológica ha sido reemplazada por pavimentación, edificios o tierra desnuda y compactada. Los álamos, sauces y la mayoría de los mezquites han desaparecido con el agotamiento del manto freático. El paisaje del parque ribereño drena la mayor parte de la escorrentía hacia el lecho del río y depende de un sistema de riego por goteo. Consulta la página de audio en HarvestingRainwater.com para escuchar la canción sobre el Santa Cruz, *Sing Back the River*. Compara esta fotografía con la figura I.10A.

Recuadro I.14. Lluvia, lluvia, por todas partes... ¿Podemos ponernos a pensar?

Según el consultor en desarrollo sostenible David Confer:

- En la árida ciudad de Tucson cae más agua de lluvia, gratuita y local, que el total del agua municipal, comprada e importada, que la comunidad entera consume en un año promedio.

  El cálculo se determinó dividiendo la precipitación media anual que cae en la superficie de Tucson (Arizona) entre su población de 2010 (520 116); luego, dividiendo de nuevo entre 365 días por año, para encontrar que hay aproximadamente 874 litros/per cápita (persona)/día o "Lpcd" (231 gal/per cápita (persona)/día o "gpcd") de agua de lluvia en comparación con un uso total (para 2012, de agua potable y no potable o recuperada) de aproximadamente 670 Lpcd (177 gpcd) distribuidos por empresas municipales de agua para usos municipales e industriales.[74]

- A medida que aumenten las densidades de población, los Lpcd de lluvia disponibles disminuirán. Con el tiempo, esto se convertiría en un problema si la lluvia fuera la fuente de agua potable, pero no es un problema para satisfacer las necesidades de agua de los paisajes, ya que a medida que aumenta la densidad de la población, la densidad del paisaje construido también aumenta. En las áreas densamente desarrolladas de Tucson, hasta 3/4 partes del terreno son superficies duras que consisten en techos, carreteras, estacionamientos, accesos para automóviles y aceras. Si el agua de lluvia que cae sobre el paisaje construido fuera dirigida e infiltrada dentro de las áreas restantes aún disponibles para la vegetación, la precipitación promedio anual de 282 mm (11.12 pulgadas) se concentraría cuatro veces, hasta casi 1143 mm (45 pulgadas) por año. Esto equivale a aproximadamente la precipitación anual de Columbus (Georgia) (1219 mm o 48 pulgadas). Esto no significa que podamos o debamos sembrar la vegetación de Georgia en Tucson: nuestros patrones de lluvia son más erráticos y nuestras tasas de evapotranspiración son más altas que las de Georgia. Más bien, esto ilustra el gran volumen de agua de lluvia local que actualmente ignoramos o expulsamos. Hoy día, la mayor parte de la precipitación pluvial de Tucson se pierde por escorrentía y evaporación. Nadie conoce realmente la cifra, pero las estimaciones de hasta un 90 % de pérdida parecen razonables.[75] (Ver la figura I.11).

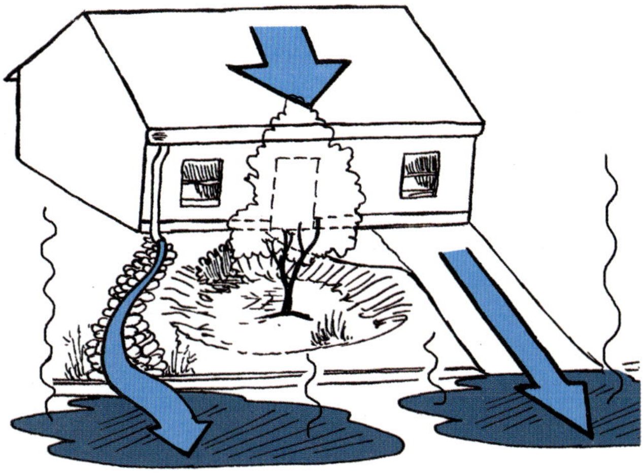

Fig. I.11A. Una propiedad que pierde el 75 % de su agua de lluvia anual al dirigir la escorrentía de la sección impermeable del 75 % de su superficie (techo y entrada para autos) hacia la calle. La evaporación aumenta la pérdida de agua. Compara esta ilustración con la figura I.11B

Fig. I.11B. La misma propiedad cosechando y utilizando 75 % más de su agua de lluvia anual al dirigir la escorrentía de sus superficies impermeables, el techo y la entrada para autos, hacia la cuarta parte de la superficie del sitio que es permeable, está hundida y tiene vegetación.

Nota: Los sitios con menos espacio de patio permeable y más superficies duras impermeables probablemente requerirán un tanque de agua de lluvia, además de cuencas vegetadas, para manejar la escorrentía. Compara esta ilustración con la figura I.11A convertirla en una mercancía de acceso limitado para ser comprada, vendida y acaparada, la *comunalizamos* al trabajar juntos para mejorar nuestros recursos hídricos locales y gestionar un uso justo y una accesibilidad igualitaria. A medida que mejoramos nuestros recursos naturales (nuestros "bienes comunes" (recuadro I.12) en nuestra propia vida y en nuestros vecindarios, ¡la "cuenca comunitaria" y los recursos de la comunidad mejoran significativamente!

Esto debe ocurrir en los sectores de gobierno, comercial, agrícola e industrial, que son los que más agua consumen, así como en el hogar; pero empieza en casa porque todos los funcionarios del gobierno, profesores, estudiantes, empresarios, agricultores y trabajadores de la industria viven en un hogar. Si concretamos en una realidad el potencial de cosechar el agua en casa, donde es más fácil hacerlo, podremos hacerlo también en otros lugares, porque habremos aprendido de la experiencia directa, estaremos motivados por nuestro éxito y viviremos el ejemplo que estamos tratando de dar.

El objetivo principal del camino de la abundancia es utilizar menos agua de la que la naturaleza proporciona de forma renovable, al tiempo que mejoramos de manera consistente la calidad del agua, el flujo y la confiabilidad y, como resultado, disminuimos la extracción de agua subterránea y eliminamos la necesidad de importar agua. El primer paso es esforzarnos por cosechar más lluvia en nuestros entornos y jardines de la que utilizamos de fuentes municipales de agua o pozos privados. Esto conduce a una jerarquía más sostenible en la gestión de nuestros recursos hídricos en el hogar y en la comunidad, en la que:

- La lluvia es nuestra fuente primaria de agua (fig. I.12);
- Las aguas grises son nuestra fuente secundaria;

Fig. I.12. La lluvia como fuente primaria de agua para nuestros paisajes

- El agua municipal o las aguas subterráneas de los pozos son estrictamente una fuente suplementaria utilizada solo en momentos de necesidad.

Piensa en cómo la lluvia puede ser tu fuente primaria de agua, no solo para tu huerto o jardín, sino también para tus necesidades domésticas. Los siguientes capítulos y volúmenes muestran cómo hacer ambos.

Así que sigue leyendo, cosecha algo de lluvia y cultiva abundancia. Sin embargo, te advierto: Una vez que comiences a poner en práctica esta información, cada tormenta podría causarte tal emoción y asombro que incluso si son las 3 de la mañana cuando las nubes se desatan ¡saldrás corriendo en ropa interior para ver cómo tu entorno absorbe el agua!

PREGUNTAS Y RESPUESTAS SOBRE LA COSECHA DE AGUA DE LLUVIA

He aquí algunas respuestas cortas a preguntas que a menudo me hacen:

¿La cosecha de agua de lluvia no agota los recursos hídricos de quienes viven aguas abajo?

El objetivo de la mayor parte de los esfuerzos de cosecha de agua es crear un efecto de "ladera boscosa" en el paisaje y en la comunidad que disminuye la velocidad del flujo de agua, mas no lo detiene. Esto se debe a que una ladera boscosa que absorbe rápidamente las lluvias y luego las libera lenta y consistentemente de sus suelos esponjosos durante un período de semanas, meses o años, es mucho más saludable para el arroyo que corre abajo que una ladera desnuda que derrama rápidamente el agua, creando flujos repentinos, cargados de sedimentos que corren aguas abajo y se secan en pocas horas o días.

Las estrategias de cosecha de agua pueden reducir la cantidad de escorrentía superficial que fluye río abajo, pero por lo general mejoran el flujo de pozos, manantiales, arroyos y ríos, porque el agua se está absorbiendo y reciclando en el mismo paisaje en lugar de salir rápidamente.

Este libro, y en especial el volumen 2, presentan ejemplos de estrategias de cosecha de agua de lluvia que convirtieron el flujo esporádico de arroyos y ríos en un flujo confiable durante todo el año, de niveles de pozos que aumentaron y de la creación de manantiales temporales. Se mejoraron los recursos hídricos para los que están aguas abajo, al igual que para los que hacen la cosecha.

¿Es legal cosechar agua de lluvia?

Dondequiera que he estado y preguntado, es legal cosechar agua de lluvia en tierra propia con obras de tierra sencillas tal como se propone en este libro. Es importante tener en cuenta que estas estrategias ayudan a rehidratar nuestros suelos y no desvían ni incautan agua de canales naturales, arroyos y ríos.

En terrenos públicos, las leyes pueden variar y con frecuencia es necesario tramitar permisos. En Tucson (Arizona) solía ser ilegal hacer cortes en la acera para dirigir la escorrentía de la calle hacia cuencas cosechadoras de agua construidas en las vías públicas y que de manera pasiva riegan los árboles que le dan sombra a las calles. Ahora es legal con un simple permiso, se incentiva con descuentos y es obligatoria en la construcción de nuevas carreteras. Lo que ayudó a modificar las leyes fueron los proyectos piloto locales exitosos; los ejemplos de otras comunidades como Portland (Oregón); la demanda pública; así como la difusión de los múltiples beneficios integrados (control de inundaciones, mejora de la calidad de las aguas pluviales, menor extracción de aguas subterráneas y menor uso de agua, calles/vecindarios más frescos y habitables, etc.).

Cosechar la escorrentía del techo en un tanque o tanques es legal en casi todas partes; en lugares donde no lo era, algunas leyes también están cambiando. Por ejemplo, esta práctica solía ser ilegal en todo el estado de Colorado, donde se suponía que el 100 % de la precipitación que caía en un sitio contribuía, en última instancia, a los flujos de arroyos sobre los que muchos habían reclamado derechos de agua. Estas leyes no consideraban el hecho de que históricamente parte de la precipitación era consumida por la vegetación nativa y nunca llegaba a los arroyos.[76] Esto quedó probado con una investigación de 2007 enfocada a los métodos empíricos y que utilizó datos climáticos históricos para el sitio de estudio en el condado de Douglas, en el estado de Colorado. Los resultados del estudio mostraron que en promedio el 97 % de la precipitación que caía en el sitio de prueba sin desarrollo urbano y vegetado de manera natural se infiltró en el suelo y fue consumido por la vegetación nativa.[77] Incluso en años de lluvia más intensa, la precipitación que salía del sitio como escorrentía no era más del 15 %.[78, 79] Como resultado, en 2009 se aprobaron dos proyectos de ley que permitían la cosecha limitada de la escorrentía de techos residenciales y de superficies impermeables en tanques que fueran parte de un proyecto en desarrollos residenciales aprobados; o también de aquella procedente de los techos donde el propietario utiliza o tiene derecho legal a un pozo.[80]

Consulta con tus autoridades acerca de cualquier ley local, estatal o nacional o requisitos/permisos que puedan afectar el cómo y dónde puedes cosechar agua. Y si es necesario, aboga por el cambio.

¿Necesito un tanque o una cisterna para cosechar agua de lluvia?

No necesariamente; a menudo se puede cosechar lluvia en el suelo de manera fácil y eficaz con las obras de tierra sencillas presentadas en el volumen 2 (el capítulo 3 en este volumen proporciona una visión general de algunas de ellas). De hecho, casi siempre es menos costoso cosechar la lluvia en el suelo que en un tanque, ya que el suelo ya está allí y cuenta con una capacidad de almacenamiento mucho mayor.

¿La cosecha de lluvia no significa que habrá agua estancada en la que los mosquitos puedan reproducirse?

El libro *Cosecha de agua de lluvia para zonas áridas y más allá* hace hincapié en estrategias a pequeña escala enfocadas a absorber con facilidad la lluvia cosechada en el suelo un par de horas después de una tormenta. Los mosquitos necesitan el agua estancada durante más de tres días para completar su ciclo de vida de huevos a adultos.[81]

Si cosechas lluvia en un tanque o cisterna en lugar del suelo, simplemente asegúrate de que los mosquitos no tengan acceso. Las técnicas del capítulo 3 muestran cómo mantener lejos la luz solar (que estimula el crecimiento de algas y bacterias), insectos y animales.

¿Cuesta mucho cosechar agua de lluvia?

Si cosechas lluvia en el suelo y estás haciendo el trabajo por tu cuenta, puede ser gratis. Si contratas a alguien para que te haga un paisaje para cosechar agua de lluvia, no debería de ser mucho más de lo que costaría hacer un jardín convencional. No se requieren materiales adicionales; principalmente solo tienes que mover más tierra.

Si vas a instalar un tanque o cisterna, el costo dependerá del tamaño y la fabricación de este, cómo planeas conectarlo a la tubería y cómo planeas usar el agua.

Un enfoque rentable es desarrollar un presupuesto hídrico. Determina cuánta agua se puede obtener y mantener de forma fiable en tu sitio y luego determina qué formas de cosecha satisfacen mejor tus necesidades. (Ver el capítulo 2 para obtener más información). Las obras de tierra para una cosecha pasiva de agua (capítulo 3 y volumen 2) suelen ser 50 veces más baratas que los tanques o cisternas y pueden retener mayor cantidad de agua. Se pueden utilizar en todo el entorno de un sitio determinado y son excelentes para la cosecha pasiva de la escorrentía de las aguas pluviales más sucias, como las de calles y aceras, así como aguas grises y el condensado de aires acondicionados. Utiliza sistemas activos (tanques o cisternas) para respaldar tu sistema pasivo durante tiempos de sequía. En las cisternas solo cosecha el agua más limpia y fácil de captar (normalmente de los techos), para que obtengas el máximo rendimiento de tu inversión en tanques. Dirige el sobreflujo del tanque a las obras de tierra para la cosecha de agua.

En la zona donde vives puede haber reembolsos, subvenciones y/o créditos para la cosecha de agua. Consulta con tu departamento local de agua o conservación, e ingresa "financial incentives" (incentivos financieros) en el cuadro de búsqueda en HarvestingRainwater.com para ver los que yo he compilado.

¿Puedo encontrar una persona competente para crear mi paisaje o sistema para la cosecha de agua?

La cosecha de agua de lluvia se vuelve un proceso más común y mientras algunas áreas tienen diseñadores y equipos de instalación calificados, muchos lugares carecen de estos recursos. Este libro tiene el propósito de ayudar a que las personas adquieran más conocimientos y habilidades para la cosecha del agua. Utilízalo para guiar al arquitecto paisajista que contrates o al equipo que haga el trabajo en tu sitio. Lo más probable es que necesites supervisar más, pero de esa manera te harán un mejor trabajo. Ten cuidado a quién contratas, revisa la calidad de su trabajo, muéstrales este libro y presta atención al hecho de qué tan dispuestos están a trabajar contigo y con nuevas ideas. Considera hacer las cosas por tu cuenta o con la ayuda de tus amigos. Aprenderás mucho más y ahorrarás dinero. A medida que aprendes haciendo, desarrollas las habilidades que te permitirán ayudar a otros.

¿Existen códigos de construcción para la cosecha de agua de lluvia?

El Código Internacional de la Construcción recomienda evitar la infiltración de agua en suelos ubicados a 3 m (10 pies) de los cimientos de un edificio. Si tienes sótano, es mejor evitar la infiltración de agua en los 6 m (20 pies) próximos a los cimientos. Aparte de esto, consulta con tu inspector de construcciones local. El Código Internacional de Residencias (IRC, por sus siglas en inglés) establece que no se requiere ningún permiso para "Tanques de agua soportados directamente a nivel si la capacidad no excede los 18 927 litros (5000 galones) y si la relación entre la altura y el diámetro o ancho no es mayor de 2 a 1". De lo contrario, los tanques necesitan un permiso. Por ejemplo, el Departamento de Salud del Estado de Ohio y la Oficina de Servicios de Aguas y Alcantarillado del Estado de Virginia regulan los sistemas de tanques y cisternas para agua de lluvia, aunque en la mayoría de los condados y municipios el código no escrito es "CLE"—"cúbrete las espaldas". Eso es exactamente lo que buscan los principios y estrategias de cosecha de agua presentados en este texto. Síguelos y no tendrás ningún problema con mosquitos, inundaciones o ahogamientos.

¿Necesito ser propietario o dueño del espacio para cosechar agua y los otros recursos locales destacados en este libro?

No. El primer paso es aprender cómo y lo estás haciendo precisamente al leer este libro. Pero para obtener una lista más específica de opciones escribe "What renters can do" (Lo que los inquilinos pueden hacer) en el cuadro de búsqueda en HarvestingRainwater.com. Hay más opciones de las que nos caben en esta sección de preguntas y respuestas.

¿Cómo puedo obtener más información sobre la cosecha del agua?

¡Pon manos a la obra! No hay mejor manera que la experiencia práctica.

También puedes buscar en la página de los apéndices de recursos de los libros (Volumen 1) en HarvestingRainwater.com para ver algunas de las organizaciones que ofrecen cursos de cosecha de agua, así como recorridos de sitios donde se cosecha el agua.

También se listan muchas otras publicaciones y videos.

Cosecha de agua de lluvia
para zonas áridas y más allá

CosechaDeAguaDeLluvia.com

CAPÍTULO 1

El hombre que cultiva agua y las directrices para cosechar agua de lluvia

Olvidamos que el ciclo del agua y el ciclo de la vida son uno mismo.

—Jacques Cousteau

Este capítulo inicial es la parte central del libro y es la clave para una cosecha de agua exitosa. Aquí se ofrecen ocho principios y tres pilares éticos prioritarios que constituyen los cimientos para conceptualizar, diseñar y construir sistemas integrales de cosecha de agua de lluvia para generar múltiples beneficios. Lo ideal es usar los principios y pilares éticos como un sistema integrado; piensa en ellos como un mantra de apoyo o una canción que puedes tararear mientras juegas bajo la lluvia y experimentas con la cosecha del agua.

Al utilizarlos en conjunto, estos principios y pilares éticos incrementarán de forma significativa tus posibilidades de éxito, reducirán dramáticamente los errores, te empoderarán para adaptar diversas estrategias que respondan a las necesidades específicas de tu sitio y te permitirán extender los beneficios de tu trabajo más allá de tu espacio. Aprende haciendo, pero no empieces a ciegas.

Empecemos con la historia de un hombre cuya vida encarna el poder de la cosecha del agua y que hizo que todo tuviera sentido para mí...

EL HOMBRE QUE CULTIVA AGUA DE LLUVIA

Mientras viajaba por el sur de África en el verano de 1995, escuché hablar de un hombre que se dedicaba al cultivo del agua. Me dispuse a buscarlo y pronto me encontré metido en un viejo autobús de colores que rugía por los caminos de la campiña del sur de Zimbabue. El paisaje era precioso, con colinas de pasto amarillo sobre tierra roja y matorrales de pequeños y retorcidos árboles con forma de sombrilla. Nueve horas después llegamos a la región más seca de Zimbabue. Nos encontrábamos en la cima de un paso de vegetación semidesértica de baja altura. Debajo de nosotros había una vasta pradera del altiplano con colinas ondulantes cubiertas de pasto seco y coronadas con áridos afloramientos de granito. Los árboles eran escasos. Todo estaba cubierto por una extensión maravillosa de cielo azul claro, que me recordaba a las praderas abiertas del sureste de Arizona. El autobús avanzó lentamente hacia la parte baja de la pradera y se detuvo en Zvishavane, el pequeño pueblo rural donde vivía el cultivador de agua.

En la mañana conseguí un aventón con la directora de CARE Internacional. Me llevó hasta una hilera de casas de una sola planta. Una de ellas era la sencilla oficina del Proyecto de Aguas de Zvishavane. Allí, en el pórtico, estaba sentado el cultivador de agua leyendo la Biblia.

Cuando nos detuvimos, él se levantó con una gran sonrisa y un caluroso saludo. Por fin estaba ante el señor Zephaniah Phiri Maseko. Cuando se enteró de lo lejos que había viajado, estalló en una risa maravillosa. Me dijo que últimamente parecía como si llegaran visitantes de todo el mundo una vez por semana. Sin embargo, para él cada uno era una sorpresa inesperada. El Sr. Phiri se subió al vehículo y condujimos hacia su granja por caminos de tierra desgastados y erosionados.

Un torrente sinfín de analogías poéticas, risas e historias comenzaron a surgir de su boca. La mejor de todas las historias era la suya.

En 1964 fue despedido de su trabajo en el ferrocarril por haberse manifestado políticamente en contra del gobierno de la minoría blanca de Rodesia. Las autoridades en el poder le comunicaron que nunca más volvería a encontrar trabajo. Teniendo que mantener a una familia de ocho integrantes, el Sr. Phiri se concentró en las dos únicas cosas que tenía: un terreno de 3 hectáreas (7.4 acres) con sobrepastoreo y erosionado, propiedad de su familia, y la Biblia. Recurrió a la Biblia como un manual de jardinería y eso inspiró su futuro. Leyendo el Génesis observó que todo lo que Eva y Adán necesitaron fue proporcionado por el jardín del Edén. "Entonces", pensó el señor Phiri, "tengo que crear mi propio jardín del Edén". Sin embargo, también se dio cuenta de que Adán y Eva contaban con los ríos Tigris y Éufrates en su región, mientras que él no tenía ni siquiera un arroyo efímero. "Entonces", pensó "también tengo que crear mis propios ríos". Él y su familia han hecho ambas cosas.

La granja familiar está ubicada en la ladera del lado nornordeste de una colina por lo que su sitio recibe buen sol de invierno ya que está en el hemisferio sur. La cima de la colina es un gran domo de granito expuesto desde el cual alguna vez escurrieron libremente las aguas pluviales causando erosión. La precipitación pluvial promedio anual es de poco más de 559 mm (22 pulgadas). Sin embargo, como el Sr. Phiri señala, este promedio se basa en los extremos. Muchos años son de sequía durante los cuales, si tiene suerte, la tierra recibe 305 mm (12 pulgadas) de lluvia. Cuando el señor Phiri comenzó, fue muy difícil cultivar alimentos con éxito o generar ganancias. Había sequías frecuentes y no tenía dinero para pozos profundos, bombas, combustible o el equipo necesario para riego con aguas subterráneas.

Al igual que todas las otras personas que vivían en el área, el Sr. Phiri dependía de las lluvias para obtener agua. Cuando había tormentas siempre salía a observar cómo fluía el agua a través de su tierra. Se dio cuenta de que la humedad del suelo permanecía atrapada por más tiempo en pequeñas depresiones y en las partes altas con rocas y plantas, no así en las zonas donde el agua corría por un caudal superficial y sin estorbos (figura 1.1). Comprendió que podía imitar y mejorar las áreas de su terreno donde esto ocurría y así lo hizo. Después pasó bastante tiempo observando los efectos de

Fig. 1.1. Se junta más agua, suelo, semillas y vida en los lugares donde su flujo a lo largo del terreno se hace más lento (aquí a lado de piedras en posición perpendicular a la pendiente).

su trabajo. Así comenzó su autoeducación y su trabajo en la cosecha del agua, su "cultivo del agua". A lo largo de los siguientes 30 años creó un sistema sostenible que *satisface todas sus necesidades hídricas solamente con agua de lluvia* (fig. 1.2).

"Uno empieza la captación en las partes más altas, sanando a los arroyos jóvenes antes que a los más viejos y profundos aguas abajo", reflexiona el señor Phiri. Comenzando en la parte superior de la cuenca, construyó muros de piedra sin mortero en intervalos al azar al contorno (a lo largo de las líneas de nivel o igual elevación). Estos "muros de contención" detienen o "frenan" el flujo de la *escorrentía* de tormenta y dispersan el agua mientras esta recorre senderos sinuosos entre las piedras. Así, el escurrimiento es más fácil de manejar por que nunca tiene la oportunidad de alcanzar volúmenes o velocidades más destructivas. El escurrimiento controlado del domo de granito es entonces dirigido hacia las represas sin recubrimiento que se encuentran justo abajo.

Las represas se construyeron nada más con herramientas de mano y el sudor del señor Phiri y su familia. Todo trabajo en la tierra se hizo, y permanece, en la escala humana, para que pueda ser mantenido con esfuerzos dentro de la escala humana.

El Sr. Phiri se refiere a la más grande de las dos represas como su "centro de inmigración". "Es aquí donde le doy la bienvenida al agua que llega a mi granja y luego la dirijo al lugar donde va a vivir en el suelo", dice riendo. El agua es dirigida hacia el suelo tan rápido como es posible. Las represas se encuentran en el punto más alto en el paisaje donde el suelo comienza a cubrir la roca madre de granito. (Ver la figura 1.3).

Arriba de las represas la pendiente es pronunciada y con poca tierra. En las represas y debajo de ellas la pendiente es suave y se ha acumulado suelo. "El suelo", explica el Sr. Phiri, "es como una lata. La lata

"Como lo explica el señor Phiri, 'Cavo pozos fructíferos y zanjas para sembrar agua que pueda germinar en otras partes'".

1. Domo de granito
2. Muros de piedra sin concreto
3. Represa
4. Barda con muro de piedra sin concreto
5. Berma/terraza de contorno
6. Lavadero al aire libre
7. Gallinas y pavos corren libres en el patio
8. Casas redondas tradicionales con techo de paja
9. Casa principal con tanque cubierta por enredadera y una enramada
10. Tanque de ferrocemento abierto
11. Corral para ganado y cabras
12. Huerto en el patio
13. Berma de contorno
14. Camino de tierra
15. Pasto y vegetacíon espesa
16. Pozo fructífero en una zanja de drenaje
17. Cultivos
18. Pastos densos
19. Pozo y bomba manual
20. Bomba operada por burro
21. Pozo abierto cavado a mano
22. Juncos y caña de azúcar
23. Platanar denso

(Ilustración de Silvia Rayces a partir de un dibujo de Brad Lancaster)

Fig. 1.2. Plano de la granja del Sr. Phiri

Fig. 1.3. El Sr. Phiri en su represa "centro de inmigración"

Fig. 1.4. La casa familiar, el patio, el tanque y la enredadera de maracuyá

Fig. 1.5. Una represa de piedra suelta que ha sanado una cañada que antes causaba erosión

debe contener toda el agua. Las cárcavas y la erosión son como agujeros en la lata que permiten que el agua y la materia orgánica escapen. Estos huecos deben sellarse".

El "centro de inmigración" del Sr. Phiri es también un medidor de agua, pues él sabe que si se llena tres veces en una temporada quiere decir que se ha infiltrado suficiente lluvia en el suelo de su granja para sustentar la mayor parte de su vegetación durante dos años. En ocasiones las represas se llenan de arena transportada en la escorrentía. Esa arena se utiliza para la mezcla de concreto o para reforzar la masa del muro de la represa. La gravedad le proporciona al Sr. Phiri este recurso de forma gratuita.

El sobreflujo de la represa más pequeña se envía a través de un tubo corto a una cisterna de ferrocemento (concreto reforzado con alambre) situada arriba de la superficie del suelo que alimenta a un jardín en el patio de la familia durante los periodos de sequía. La familia cuenta con otra cisterna, situada donde recibe la refrescante sombra de una exuberante enredadera de maracuyá que además da frutos (fig. 1.4). Esta otra cisterna recoge el agua del techo de la casa para usarla en el interior como agua potable. Aparte de estas dos cisternas, todos los sistemas de cosecha de agua de la granja infiltran el agua directamente al suelo donde el potencial de cosecha y aprovechamiento de agua es mayor. Las aguas grises (agua residual del lavado) de un lavabo al aire libre se drenan a una cisterna cubierta, enterrada, poco profunda, hecha sin concreto y forrada de piedra, donde el agua se percola rápidamente hacia el suelo y queda disponible para las raíces de las plantas cercanas.

A través de toda la cuenca de la granja, desde arriba hasta abajo, numerosas estructuras de captación de agua fungen como redes que recolectan el flujo del escurrimiento superficial y rápidamente infiltran el agua en el suelo antes de que se evapore. Estas estructuras incluyen represas (pequeños muros de piedra sin concreto colocados dentro de drenajes perpendiculares al flujo del agua; figura 1.5), vegetación sembrada al contorno, terrazas, bermas y cuencas (cuencas excavadas y bermas de tierra o de vegetación establecidas en forma perpendicular a la pendiente), así como cuencas de infiltración (cuencas sin berma). Todas estas estructuras captan agua que antes se perdía en un sistema de drenaje construido por el gobierno.

Muchos años antes, el gobierno había construido grandes zanjas de drenaje en toda la región. A diferencia de la mayoría de las zanjas de infiltración o las bermas y cuencas para la cosecha de agua, estos canales no se colocaron sobre las laderas al contorno (para retener el agua), sino más bien se construyeron para drenar el agua y sacarla del terreno. El canal de drenaje capturaba grandes cantidades de escorrentía del monzón que fluían libremente, las llevaba lejos hacia un drenaje central y las arrojaba con fuerza a la zona inundable lejana. El problema de la erosión se redujo, pero la sequía se intensificó ya que esta zona estaba siendo privada de su única fuente de agua.

El señor Phiri cambió la situación al cavar una serie de "pozos fructíferos" (cuencas de unos 3.6 m [12 pies] de largo por 0.9 a 1.8 m [3 a 6 pies] de ancho por 1.2 a 1.8 m [4 a 6 pies] de profundidad) en la parte inferior de todas las zanjas de drenaje que hay en su terreno. Ahora cuando llueve los pozos se llenan de agua y el sobreflujo llena, sucesivamente, un pozo tras otro en toda su propiedad. Mucho tiempo después que cesan las lluvias, el agua permanece en los pozos fructíferos filtrándose hacia el suelo. "Ya ves", se rió el Sr. Phiri, "mis 'pozos fructíferos' dan muchos frutos". El fruto de los pozos fructíferos toma la forma de paja de pastos secos, árboles frutales y árboles maderables sembrados en los pozos y alrededor de ellos. Esta vegetación proporciona materiales de construcción, cultivos para la venta, alimentos, control de la erosión, sombra y protección contra el viento, donde todo se riega exclusivamente con lluvia y con el acuífero subterráneo cuyo nivel freático va en aumento. Tal como lo explica el Sr. Phiri: "Cavo pozos fructíferos y zanjas de infiltración para "sembrar" el agua y que así pueda germinar en otro lugar" (figura 1.6).

"Ya les enseñé mi sistema a los árboles", continúa el Sr. Phiri. "Ellos lo entienden y entienden mi idioma. Los pongo aquí y les digo: "Miren, el agua está allá. Ahora vayan a buscarla". Se puede construir un reservorio de agua alrededor o junto a los árboles, pero este tipo de obras de tierra se coloca a cierta distancia de los árboles para que sus raíces se estiren y encuentren aún más agua.

Entre las zanjas de infiltración y las bermas al contorno se siembra una mezcla diversa de cultivos de polinización abierta como la caña de cestería, calabaza, maíz, pimiento, berenjena, tomate, lechuga, espinaca, chícharo, ajo, cebolla, frijol, maracuyá, mango, guayaba y banano de montaña, junto con

Fig. 1.6. Bosquejo del Sr. Phiri de pie en un pozo fructífero lleno de pasto

cultivos y árboles nativos regionales como el matobve, muchakata, munyii y mutamba. Esta diversidad le otorga seguridad alimentaria a la familia; si algunos cultivos fracasan debido a la sequía, enfermedades o plagas, otros sobrevivirán. En lugar de utilizar semillas híbridas y genéticamente modificadas (OGM), el Sr. Phiri usa variedades de polinización abierta para crear reservas de semillas de calidad superior ya que recoge, selecciona y siembra las semillas de las plantas que crecen en su huerto de un año para el otro. Al propagar las semillas de las plantas que han prosperado con la lluvia esporádica y las condiciones particulares de su sitio, cada temporada sus semillas se adaptan mejor a su tierra y clima. Esta recolección de semillas es otra forma de conservación del agua, porque el señor Phiri adapta sus semillas para que vivan con menos agua, en lugar de adaptar la gestión de su granja a tener que importar más agua.

Por toda la granja hay fábricas vivientes de fertilizantes en forma de plantas fijadoras de nitrógeno. Por ejemplo, el chícharo gandú, una leguminosa comestible que también se usa como forraje y acolchado. El señor Phiri se ha dado cuenta de que los suelos mejorados con materia orgánica local y plantas que fijan nitrógeno infiltran y retienen agua mucho mejor que los suelos tratados con fertilizantes sintéticos. Como afirma él, "Aplicas fertilizante un año pero el siguiente no y las plantas se mueren. En cambio, aplicas estiércol y siembras plantas que fijan nitrógeno y las plantas están bien año tras año. El suelo fertilizado sintéticamente es amargo".

Fig. 1.7. El invernadero de árboles del Sr. Phiri al abrigo de un árbol adulto

La abundante comida y fruta que produce el señor Phiri es todo menos amarga. Ha sido generoso con su abundancia, regalando una gran variedad de árboles a quien los solicite. Por desgracia, como señala el Sr. Phiri, la mayoría de los árboles que regala mueren cuando la gente no implementa técnicas para la cosecha de agua de lluvia antes de sembrarlos. "La tierra debe cosechar agua para alimentar a los árboles, por lo que hay que sembrar agua antes de sembrar árboles". El señor Phiri propaga sus árboles en bolsas viejas de arroz y granos cerca de uno de los tres pozos cavados a mano cerca de la parte baja de su propiedad (fig. 1.7).

El suelo es el tanque de captación del señor Phiri y es enorme. En tiempos de sequía, los pozos de sus vecinos lejanos se secan, incluso aquellos que son más profundos que los del Sr. Phiri. Sin embargo, como dice el Sr. Phiri: "Mis pozos siempre tienen agua en la que puedo mojarme los dedos". Esto se debe tanto a las condiciones hidrogeológicas de su sitio en particular, como al hecho de que *está infiltrando mucha más agua en el suelo de la que utiliza.*

A excepción de un solo pozo que sí está revestido y tiene una bomba de mano para el agua de uso doméstico, todos los demás están abiertos y recubiertos de piedra sin concreto. "Estos pozos", explica el señor Phiri, "son los de un hombre generoso. El agua va y viene por donde le place y, como ves, en mi tierra está por todas partes". En tiempos de sequía intensa, el señor Phiri usa una bomba operada por un burro para extraer agua de esos pozos y regar los cultivos anuales de los campos cercanos (fig. 1.8).

Debajo de los pozos, en el punto más bajo de la propiedad del Sr. Phiri, hay un humedal exuberante. Ahí, tres estanques de acuacultura están rodeados por un dinámico platanar que estabiliza los suelos (fig. 1.9), cañas de azúcar, juncos y pastos. Los peces se usan como alimento y su estiércol enriquece el agua utilizada para regar la vegetación. Alrededor de los estanques, la vegetación más alta crea una barrera contra el viento reduciendo la pérdida de agua por evaporación. Los pastos densos que crecen más al ras del suelo filtran la escorrentía entrante y alimentan a las vacas preñadas o recién paridas del Sr. Phiri. (Ver en la figura 1.10 el estanque más grande).

El señor Phiri ha creado su propio Jardín del Edén. La lluvia se infiltra a su suelo y "sale a la superficie" en las represas y en la vegetación. Su cosecha de lluvia crea los "ríos" de humedad infiltrada que su jardín requiere para prosperar. Luego de 30 años de trabajo, su granja continúa creciendo y sus métodos empiezan a ser valorados.

Durante años el Sr. Phiri fue objeto de burla por su posición contraria a la de los programas gubernamentales y de ayuda internacional que pugnaban por la extracción de aguas subterráneas y cultivos de exportación en lugar de la cosecha de agua y la producción y distribución local de alimentos. Como respuesta a eso, el señor Phiri fundó el Zvishavane Water Project, una organización no gubernamental que está difundiendo sus técnicas mucho más allá de sus tierras (ver el recuadro 1.1). Y está teniendo un efecto impactante. De tal manera ha influenciado a CARE Internacional en su región, que la organización modificó mucho del trabajo que hacía y en lugar de regalar comida importada ahora brinda ayuda a la gente para que pueda implementar los métodos del señor Phiri para sembrar la lluvia y cultivar sus propios alimentos.

Recuadro 1.1. Zvishavane Water Project

Mientras el Zvishavane Water Project está en transición, mira el Fideicomiso Muonde (*Muonde.org*) donde encontrarás grandes obras inspiradas por el Sr. Phiri y otros innovadores autóctonos.

Para conocer más sobre el Sr. Phiri, consulta el libro *The Water Harvester – Episodes from the Inspired Life of Zephaniah Phiri* de Mary Witoshynsky.

Cuando le pregunté al señor Phiri acerca de las tres décadas que le había tomado llevar su tierra y su visión al lugar donde están ahora, respondió, "Es un proceso lento, pero así es la *vida*. Implementa los procesos lentamente y conforme vayas armonizando con la naturaleza otras vidas empezarán a armonizar con la tuya".

Empezamos a caminar de regreso a su casa y nos detuvimos a mitad de camino. Los ojos del señor Phiri se llenaron de emoción y gozo mientras señalaba hacia el otro lado de la cerca. Su vecino estaba en la zanja de drenaje del gobierno, cavando pozos fructíferos en la propiedad colindante. "Míralo", exclamó el señor Phiri, "¡ya empezó a armonizar!".

Mi visita al Sr. Phiri me dejó claro que todos tenemos la opción y el poder de ser el problema o la solución. Me contó de una escuela local donde los maestros estaban en huelga y amenazaban con irse debido a la falta de agua y las difíciles condiciones de los salones de clases polvorientos, calientes y a merced del viento. Los alumnos no estaban en condiciones de aprender, desnutridos, sin comida en la escuela y con poco alimento en casa. El Sr. Phiri escuchó las quejas de los profesores y les pidió no huir de sus problemas. Les dijo a los maestros que "vieran como su hogar al lugar donde se encontraban, que echaran raíces en la tierra y que trabajaran juntos para nutrir y mejorar sus vidas". Entonces el Sr. Phiri les hizo una oferta: Si se quedaban, les enseñaría a ellos y a sus alumnos cómo cambiar las cosas cosechando el agua de lluvia para cultivar alimentos a la par de crear refugio y belleza. También les advirtió que si los maestros huían de la situación, se llevarían sus problemas consigo. La mitad se fue. La otra mitad se quedó, echó raíces y colaboró con el señor Phiri y los alumnos. Juntos convirtieron el desolado terreno de la escuela en huertos exuberantes donde se cultivan alimentos y la vegetación refresca pasivamente los edificios y bloquea el viento. Ya no hay razones para ponerse en huelga o irse, sino para celebrar.

Fig. 1.8. El Sr. Phiri muestra como un burro podría accionar la bomba en sus tierras bajas.

Fig. 1.9. El Sr. Phiri en su platanar

Fig. 1.10. El Sr. Phiri a un lado de su estanque de acuacultura más grande

Años después, algunos de los maestros que se habían ido regresaron. Con lágrimas en los ojos agradecieron al señor Phiri ser un hombre de palabra. También le dijeron que su predicción se había vuelto realidad. Se habían ido a otras escuelas en asentamientos nuevos en tierras exuberantes, pero en pocos años habían abusado y degradado tanto la tierra que las condiciones se habían vuelto tan malas como aquellas de las que habían huido. El señor Phiri respondió haciendo de nuevo su oferta original. Los maestros podrían volver a las escuelas en los nuevos asentamientos y curar las cicatrices.

El Sr. Phiri se volvió hacia mí con una sonrisa enorme y dijo: "Recuerda, los niños son nuestras flores; dales lluvia y crecerán y florecerán".

LOS OCHO PRINCIPIOS PARA LA COSECHA DE AGUA DE LLUVIA

La historia del señor Phiri es un ejemplo maravilloso de un sistema integral exitoso de cosecha de agua de lluvia (en el capítulo 5 se presenta un ejemplo urbano, el de mi hermano y yo). Hay que tener en cuenta que las técnicas específicas utilizadas en su sitio no se pueden aplicar en todas partes. No existe un diseño único y estandarizado para la cosecha de agua de lluvia. Cada pedazo de tierra, las plantas y animales que hay en ella, así como las personas que lo manejan son únicos. Debemos aproximarnos a cada sitio teniendo en mente sus características propias. Sin embargo, existen ocho principios para la cosecha de agua de lluvia que son aplicables en todos los sitios y que siempre deben ser respetados. Cada uno es valioso en sí mismo pero el beneficio completo solo se logra al usarlos en conjunto.

PRINCIPIO UNO DE LA COSECHA DE AGUA DE LLUVIA

Empieza con una observación larga y reflexiva

Al señor Phiri no le enseñaron los expertos ni en las escuelas. Aprendió observando larga y reflexivamente su tierra (fig. 1.11), algo que cualquiera puede hacer. Cuando comenzó, su tierra estaba seca, erosionada y no era productiva, pero permaneció atento e imitó los elementos de su tierra que funcionaban, incluyendo las plantas y piedras que formaban "filas" perpendiculares a la pendiente donde reducían la velocidad con la que corría el agua de lluvia y la infiltraban en el suelo. El señor Phiri imitó estas formaciones usando sus estructuras para la cosecha de agua alrededor de la vegetación existente en posición perpendicular a la pendiente, colocándolas en lugares donde servían a las necesidades de su familia y de su terreno. Posteriormente pasó mucho tiempo observando los efectos de su trabajo. Como dice el señor Phiri, "Disfruto cosechar el agua. De verdad. Cuando cae la lluvia y veo el agua correr ¡yo corro con ella! ¡A veces verás que estoy empapado!".

Para observar tu sitio, siéntate en el polvo y danza en la lluvia, en todas las estaciones. Siéntate en silencio y conviértete en una esponja. Escucha con todos tus

Recuadro 1.2.
Principios de la cosecha de agua de lluvia

1. **Empieza con una observación larga y reflexiva.**
2. **Comienza en la parte superior (punto alto) de tu cuenca y avanza hacia abajo.**
3. **Comienza con acciones pequeñas y sencillas.**
4. **Esparce e infiltra el flujo del agua.**
5. **Planifica siempre una ruta para el sobreflujo y adminístralo como un recurso.**
6. **Maximiza la cubierta viva y orgánica del suelo.**
7. **Maximiza las relaciones benéficas y la eficiencia mediante la "multifuncionalidad".**
8. **Reevalúa continuamente tu sistema: el "bucle de retroalimentación".**

Los principios 2, 4, 5 y 6 se basan en los principios desarrollados y promovidos por PELUM, Participatory Ecological Land-Use Management Association (asociación de Manejo Participativo y Ecológico del Uso de la Tierra) del este y sur de África. Los principios 1, 3, 7 y 8 se basan en mis propias experiencias y lo que aprendí del Sr. Zephaniah Phiri Maseko y otros cosechadores de agua.

Fig. 1.11. Observación larga y reflexiva

sentidos: vista, olfato, tacto, oído, gusto, y con tus sentimientos.

Observa todo lo que sucede. ¿Hay áreas verdes y exuberantes donde la humedad se acumula de manera natural? ¿Ves espacios desnudos en el suelo por donde se escurre el agua? ¿Hay agua corriente? ¿Está contaminada? De ser así, ¿qué la contamina? ¿Los árboles crecen derechos? ¿o están encorvados, quizá debido a que predominan fuertes vientos?

¿El suelo a tus pies está deslavado y compactado o es suave con materia orgánica acumulada? ¿Escuchas el cantar de aves e insectos? Algunos animales como los pinzones y las libélulas nunca están demasiado lejos del agua. ¿Dónde está la vida? ¿los recursos? ¿la erosión? ¿De dónde viene el agua?¿A dónde va? ¿Cuánta agua hay?

Relájate y presta atención. Después de tomarte tu tiempo para observar, contempla por qué las cosas son como son. ¿Por qué hay erosión? ¿Por qué crece aquí esta planta? ¿Por qué hay más humedad allá?

Trata de entender el sitio como un todo y no como piezas separadas. Imagina qué pasaría si cambiaras algo. ¿Cómo alteraría esto la dinámica de flujo del agua del lugar, las rutas de la vida silvestre, los vientos predominantes y la exposición solar? ¿Cómo mejorarían las cosas? ¿Cómo empeorarían?

Si escuchas, la tierra te dirá las cosas que necesitas saber y lo que necesitas investigar más profundamente. Dedicar tiempo a la observación y formular y responder preguntas son buenas maneras de conocer el LUGAR.

Una vez que te conectas con un lugar, este empieza a revelarte sus recursos y sus retos; así, te ayuda a dirigir tus planes. Sin comprender al lugar, podrías terminar por instalar obras de tierra para la cosecha de agua o sembrar árboles frutales en un área seca y expuesta al viento, lejos de casa, donde escasea la escorrentía y abunda la fauna silvestre que come frutos. Con un mejor entendimiento del lugar, ubicarías las obras de tierra cosechadoras de agua de lluvia, al igual que los árboles, en lugares con abundante escorrentía, protegidos del sol de la tarde y de los vientos dominantes, en cercanía de una casa que produzca aguas grises. Esto te permitiría tener árboles mucho más productivos y convenientemente ubicados para facilitar a las personas la recolección de frutos y reducir el consumo de los mismos por parte de la fauna silvestre. El resultado depende de lo bien que entiendas tu sitio y lo bien que integres los elementos.

No cuesta nada el observar, pensar y planear. No hacerlo puede costarte muy caro a largo plazo. Trata de cometer los errores en tu mente o en papel antes de hacerlo en el terreno. Sigue imaginando distintos escenarios posibles hasta que decidas cuál consideras el más apropiado.

PRINCIPIO DOS DE LA COSECHA DE AGUA DE LLUVIA

Comienza en la parte superior (punto alto) de tu cuenca y avanza hacia abajo[1]

Cuando sientas que es momento de crear estructuras para la cosecha de agua en tu terreno, comienza en la parte más alta, o el punto más elevado, de la cuenca de tu sitio (fig.1.12). También podríamos plantear esta regla como “empezar por el principio”, el inicio del flujo del agua sobre tus edificaciones y sobre tu terreno.

Para empezar, visualiza una imagen mental de tu *cuenca*. Una cuenca o *área de captación*, como se le llama a veces, es el área total de un terreno que drena o aporta agua a un sitio o zona de drenaje particular. La cuenca de un riachuelo erosionado que pasa por una pendiente descubierta puede ser, cuando mucho, de unos 1.9 m^2 (20 pies cuadrados). La cuenca para un río puede ser de millones de hectáreas o acres que cubren montañas, colinas, valles, mesetas y desagües. Semejantes cuencas están conformadas por muchas “subcuencas” pequeñas. Estas subcuencas son como un

Recuadro 1.3. Entendiendo los patrones de erosión y flujo de agua

Los patrones de erosión, la presencia de vegetación y vida silvestre, el tamaño del sedimento depositado, la superficie lisa de las piedras y otros patrones ofrecen pistas de la velocidad con la que el agua de lluvia se escurre a lo largo de áreas normalmente secas, cuánta agua fluye ahí, dónde se encharca y hacia dónde se mueve. El apéndice 1 lo aborda con mayor profundidad.

Recuadro 1.4. Recursos adicionales para aprender sobre tu terreno

- Empieza a medir y anotar registros de la lluvia y otras condiciones específicas de tu sitio.
- Habla con los vecinos sobre sus observaciones a lo largo de los años.
- Busca fotografías y escritos en sociedades históricas de la localidad.
- Consigue fotografías aéreas de Google Earth, de los departamentos cartográficos gubernamentales y de empresas privadas; o contrata los servicios de un avión pequeño que sobrevuele tu propiedad y tome fotografías. Esto te proporcionará diferentes perspectivas acerca de tu sitio y de las áreas que lo rodean, además de documentar los cambios al terreno a lo largo del tiempo.

Fig. 1.12. Empieza en el punto más alto

mosaico de pequeñas áreas de terreno y construcciones, a menudo en la escala de un lote residencial, un pequeño estacionamiento, un sitio comercial o un campo. Lo más probable es que te enfoques en las subcuencas que comprenden tu casa y tu lugar de trabajo. Estas subcuencas afectan directamente a la cuenca de toda la comunidad y si son bien administradas ¡tienen el potencial de mejorarla! Una vez que hayas identificado las subcuencas de tu sitio, puedes empezar a practicar el arte del *esparcimiento de agua*, haciendo énfasis en la cosecha suave, el esparcimiento e infiltración del agua en toda la cuenca, en lugar de un rápido escurrimiento o drenaje hacia afuera de ella.

A continuación, considera el escurrimiento. Cuando cae más lluvia de la que las superficies pueden absorber, el agua se encharca y entonces comienza a fluir sobre techos, calles y suelos en su camino cuesta abajo. Este flujo superficial de agua es llamado *escorrentía*: agua que se escurre hacia afuera del terreno. Generalmente, entre más abajo estés en la pendiente, mayor será el volumen de escorrentía acumulada. Entre más pronunciada sea la pendiente, más alta será la velocidad del agua con la que tendrás que lidiar. Nuestra meta es convertir esta *escorrentía* en *agua absorbida* que ya no corra sobre la superficie hacia afuera del terreno, sino más bien que se infiltre en el suelo.

Puede ser que no tengas acceso a las tierras cuesta arriba de los límites de tu propiedad, así que empieza la cosecha de agua en la parte más alta de tu *"cuenca de influencia"*, es decir, la subcuenca que comprende el área sobre la cual tienes mayor poder de decisión. Podría ser la cima de una colina, el punto más alto de tu propiedad, el techo de tu casa o la parte más alta de la propiedad de un vecino con actitud cooperativa que viva cuesta arriba de tu terreno.

Si empiezas a cosechar agua en los puntos más altos y poco a poco vas avanzando hacia abajo, te facilitarás mucho las cosas en el largo plazo porque:

- El volumen de escorrentía con el que estarás trabajando -en cualquier momento dado- será menor al que tendrías si hubieras empezado en un punto más bajo de la cuenca y será menos probable que se salga de control y ocasione destrozos. Por ende, lo podrás manejar mejor y podrás construir un sistema de cosecha de agua que permita que la mayor parte del líquido se infiltre en el suelo antes de que corra por la superficie.

- Puedes usar muchas estructuras de cosecha de agua de tamaño moderado y cada una de ellas retendrá volúmenes de agua fácilmente manejables. El agua de estas estructuras regará la vegetación sin inundarla.

•La lluvia se infiltrará de manera más uniforme en el suelo por todo el terreno, no solo en la parte de abajo.

•El agua que coseches en la parte alta de la cuenca se puede mover de un lado a otro más fácilmente que el agua cosechada en las partes bajas. La gravedad no cuesta y es una fuente de energía perenne que no falla. Úsala a tu favor.

PRINCIPIO TRES DE LA COSECHA DE AGUA DE LLUVIA

Comienza con acciones pequeñas y sencillas

Lo pequeño es hermoso y, cuando se trata de cosechar agua, también es menos caro, más fácil y más efectivo que empezar en grande. El señor Phiri y su familia construyeron todo a mano, casi no gastaron nada en materiales y realizaron todo el trabajo de mantenimiento ellos mismos. Lo lograron gracias a que todo se construyó a escala humana y se mantuvo técnica y mecánicamente sencillo para reducir las necesidades de mantenimiento y poder hacerlo por su cuenta. (Ver figura 1.13).

Las pruebas a pequeña escala de distintas técnicas te mostrarán rápidamente lo que funciona y lo que no, en función de las condiciones únicas de tu sitio. Con esto evitarás los errores de gran escala. Los errores de pequeña escala te enseñan mas no te destruyen. Empezar en pequeño te permite a ti y a tus amigos

Fig. 1.13. Comienza con acciones pequeñas y sencillas, quizá sembrando un árbol nativo, de sombra y de bajo consumo de agua en una cuenca de cosecha de agua para dar sombra en el lado este u oeste de tu casa. Dirige la escorrentía a la cuenca para aumentar la cantidad de agua cosechada y de sombra.

Recuadro 1.5. Las presas pequeñas producen más agua que las presas grandes

Según los resultados de un estudio realizado por Central Soil and Water Conservation Research and Training Institute (Instituto central de investigación y capacitación para la conservación del agua y el suelo) en Dehra Dun (India), aumentar el tamaño de la zona de captación de una presa de 1 ha (2.47 acres) a cerca de 2 ha (4.94 acres) reduce la producción de agua por hectárea en hasta un 20 %.[3] El Center for Science and the Environment (Centro para las ciencias y medio ambiente), afirma que "en una zona propensa a la sequía donde el agua escasea, 10 represas pequeñitas, cada una con una captación de una hectárea, captarán mucha más agua que una presa más grande con una captación de 10 ha".[4] Las presas pequeñitas tampoco requieren costosos sistemas de distribución, ya que están ubicadas por toda la cuenca. Además, las presas pequeñas desplazan a muchas menos personas y causan menor daño ambiental que las grandes presas.

En otro ejemplo, las "presas" pequeñitas producen más agua incluso que las presas pequeñas. Mientras estudiaba las estrategias de hace 4000 años para la cosecha de agua en el desierto Néguev (Israel), que permitían a la gente de la antigüedad proveer alimento y agua con escasos 105 mm (4 pulgadas) de lluvia al año, el científico y botánico israelita Michael Evenari descubrió que *las cuencas pequeñas cosechan mucha más agua que las cuencas grandes*.

Resumiendo los hallazgos de Evenari, el libro *Making Water Everybody's Business* señala que "mientras que una cuenca de 1 hectárea en el Néguev producía hasta 95 metros cúbicos de agua por hectárea por año, una cuenca de 345 ha producía solamente 24 metros cúbicos de agua/ha/año. En otras palabras, hasta el 75 % del agua que podía captarse [en la cuenca más grande] se perdía [por evaporación y por el suelo]".[5] La pérdida era aún mayor en años de sequía. Según Evenari "... durante los años de sequía con menos de 50 mm (2 pulgadas) de lluvia, las cuencas de más de 50 hectáreas (123.5 acres) no producían casi nada de agua, mientras que las cuencas naturales más pequeñas producían de 20 a 40 metros cúbicos (4400 – 8800 galones) por hectárea y las microzonas de captación de menos de 0.1 hectáreas (0.24 acres) [*producían*] de 80 a 100 metros cúbicos (17 597 – 21 997 galones) por hectárea".[6]

hacer el trabajo a un ritmo propio, aunque desde luego puedes contratar a alguien que te ayude con el trabajo. En todo caso, no empieces creando un sistema caro y complejo que pudiera no resultar adecuado para tu terreno, estilo de vida y medios. Considera que es más fácil y efectivo crear docenas, cientos e incluso miles de pequeñas "esponjas" para cosechar agua que una gran represa, pues estas captan más agua y la distribuyen de manera más uniforme por todo el terreno.

PRINCIPIO CUATRO DE LA COSECHA DE AGUA DE LLUVIA

Esparce e infiltra el flujo del agua[2]

Esparce el flujo del agua para que *reduzca su velocidad y se infiltre* en el suelo. Haz que el agua se pasee y no corra por el paisaje. Este es el acto de "esparcir el agua" dentro las cuencas hidrográficas.

Aparte de una cisterna que almacena agua para un huerto en el patio y otra que capta la escorrentía del techo para su uso como agua potable en el hogar, todos los otros sistemas de cosecha de agua del señor Phiri infiltran el agua de lluvia directamente en el suelo. Utiliza múltiples técnicas para diseminar el agua cosechada sobre la mayor área posible de superficies porosas para darle al agua el máximo potencial de *infiltrarse en* su terreno. Una vez infiltrada, el agua viaja delicadamente *a través* del suelo, sin correr por la superficie causando estragos. Como él dice, "Siembro agua como siembro cultivos. Por eso esta granja no solo es una plantación de granos. En realidad, es una plantación de agua".

Por el contrario, la canalización del agua puede compararse con el cañón de una escopeta; por lo general endereza y restringe el flujo del agua al sellar y hacer lisa la superficie de las orillas y a veces del lecho de un cauce de agua, a menudo con concreto. Es como el endurecimiento de las arterias en el cuerpo humano y es dañino para la salud del sistema. La canalización aumenta la velocidad del flujo del agua que corre a través y aguas abajo del segmento canalizado, reduciendo la infiltración del agua en el suelo y en algunas ocasiones aumentando la profundidad del canal.

Un drenaje transversal de carreteras (un tubo acanalado de gran calibre) colocado en un desagüe

Fig. 1.14. Una tubería de drenaje transversal de carreteras funciona como un cañón de escopeta que erosiona. Presta atención al lecho cortado de la vía de drenaje, del lado aguas abajo.

normalmente fuerza el flujo de agua por un orificio de diámetro menor a las dimensiones completas de ancho y profundidad del desagüe natural. En una tormenta con mucha lluvia, el agua se junta en el lado superior del drenaje transversal, acumula presión y corre a toda velocidad por el centro del drenaje como si fuera el cañón de una escopeta. La erosión que esto genera a menudo se puede ver aguas abajo del drenaje. (Ver la figura 1.14). Sin embargo, podemos reducir la erosión y enriquecer el paisaje si hacemos más lento el flujo del agua, lo esparcimos y le facilitamos que se infiltre en el suelo. En el segundo volumen de *Cosecha de agua de lluvia para zonas áridas y más allá*, el capítulo de estrategias para diques de contención ofrece ejemplos de drenajes.

Las figuras 1.15A y 1.15B ilustran cómo un paisaje puede actuar como un *desagüe* o como una *red*, respectivamente. El agua fluye desde el punto más alto, o fuente hídrica de la cuenca, hacia la parte inferior de la cuenca o *sumidero*, donde el agua y otros recursos salen del terreno de manera definitiva (ver la figura 1.16 fuente/sumidero).

El ejemplo de "desagüe" en la figura 1.15A muestra cómo el agua, suelo y materia orgánica se drenan rápidamente hacia afuera del sistema, *causando* erosión e inundaciones aguas abajo. Las áreas río arriba quedan secas mientras que las zonas río abajo requieren de un costoso manejo de aguas torrenciales. Con el tiempo el sistema se degenera o deja de funcionar.

El ejemplo de la "red" (fig. 1.15B) muestra la misma zona con el paisaje alterado para captar, retener y esparcir el flujo de agua, suelo y materia orgánica por encima y a través del paisaje. Esta configuración *reduce* la erosión, las inundaciones, la sequía y los costos

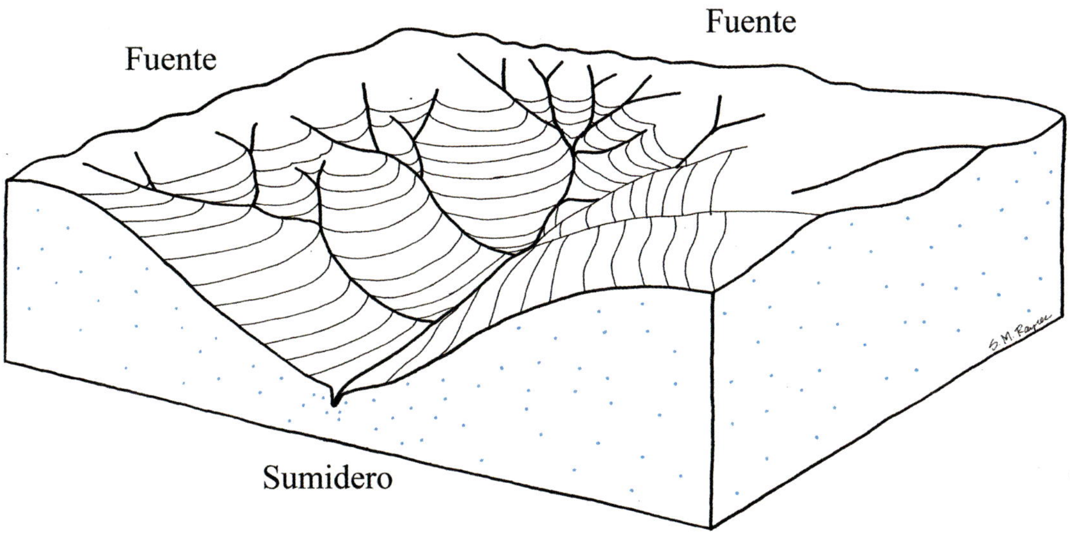

**Fig. 1.15A. Un paisaje desnudo que funciona como dren.
La Fuente del agua (donde inicia su flujo) está en la parte superior; su Sumidero (salida o fin del flujo de agua) está en una elevación más baja.**

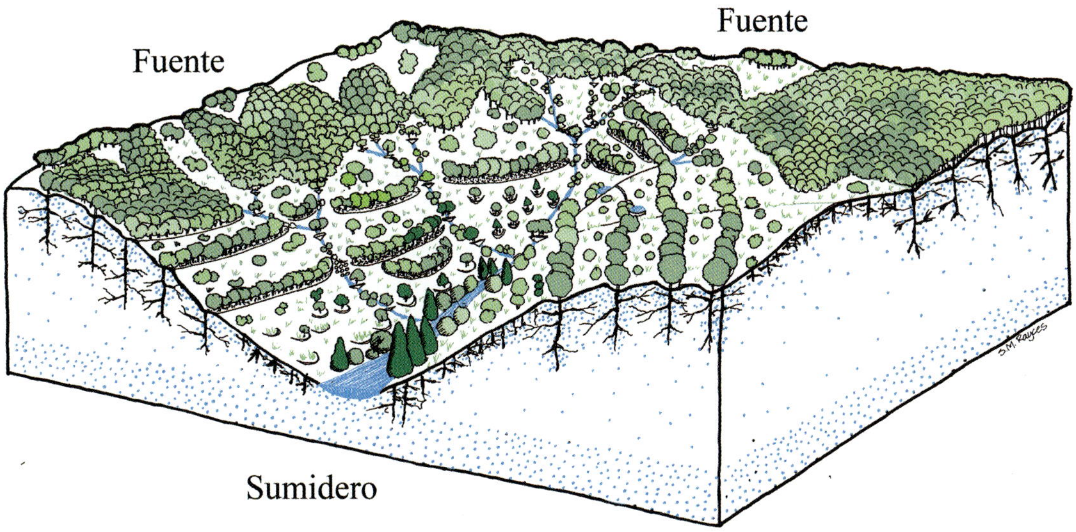

**Fig. 1.15B. El mismo paisaje con "redes" de vegetación y modificaciones al terreno para cosechar agua que hacen más lento el flujo del agua y la infiltran.
Los puntos azules representan agua subterránea.
Compara esta ilustración con la figura 1.15A.**

monetarios de la infraestructura de drenaje pluvial, al tiempo que *mejora* la fertilidad del suelo, la infiltración de agua, la producción de vegetación y la estabilidad del ecosistema al producir sombra, alimento, refugio, hábitats para la vida silvestre y control de la erosión. De ese modo, el sistema comienza a regenerarse, o construirse y cuidarse a si mismo.

El objetivo de la cosecha de agua es crear una serie de "redes" por toda nuestra cuenca. Al igual que el señor Phiri, debemos dirigir el escurrimiento para que permee el suelo dispersando e infiltrando su flujo. Con todo y eso, de cualquier manera siempre se van a presentar tormentas tan grandes que a lo largo y ancho del terreno correrá más agua de la que el suelo o los tanques puedan retener, lo cual nos lleva al siguiente principio.

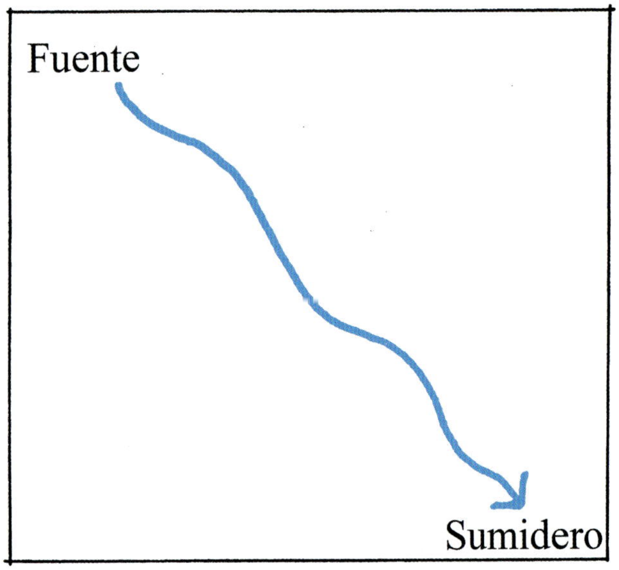

Fig. 1.16A. Fuente y Sumidero. Un flujo pendiente abajo relativamente rápido y linear *drena* el paisaje. Compara esta ilustración con la figura 1.16B.

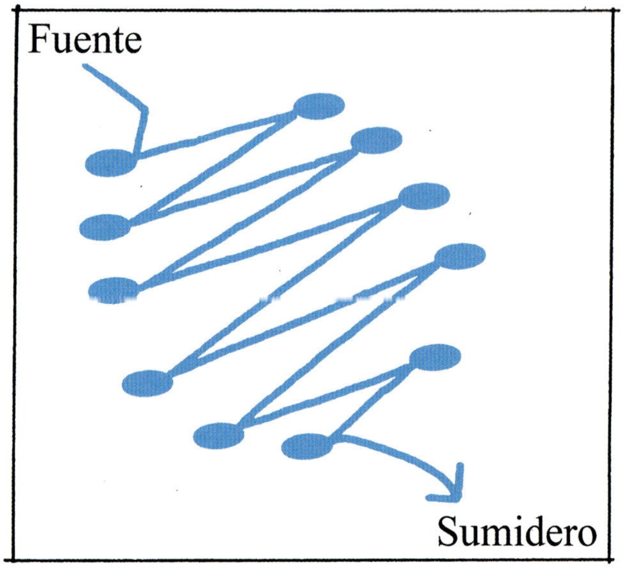

Fig. 1.16B. Fuente y Sumidero. Un flujo en zigzag *aumenta* la duración del flujo, la distancia del recorrido, así como la infiltración desde la Fuente hasta el Sumidero.

PRINCIPIO CINCO DE LA COSECHA DE AGUA DE LLUVIA

Planifica siempre una ruta para el sobreflujo y adminístralo como un recurso[7]

El sobreflujo no debe ser considerado como un problema o un desperdicio. Por eso es conveniente diseñar una ruta de desbordamiento que transforme el excedente de agua en un *recurso* (fig. 1.17). El señor Phiri convirtió las zanjas de drenaje que el gobierno construyó por toda su propiedad en un proyecto de cosecha de agua de lluvia al cavar sus "pozos fructíferos", o pozas de infiltración escalonadas, al fondo de esas grandes zanjas. Cualquier exceso de agua se desborda de un pozo fructífero al otro hasta que termina de drenarse en las grandes zanjas. Todas las estructuras de cosecha de agua del señor Phiri cuentan con rutas planificadas de sobreflujo. En las grandes tormentas el escurrimiento excesivo se dirige de una estructura de cosecha a la siguiente, y así hasta que alcanza el fondo del terreno donde se libera en la zona inundable natural.

Sin importar que tan bien hayas diseñado tu sistema, *siempre* elabora un plan para cuando ocurran desbordamientos en caso de grandes lluvias. Los vertederos de sobreflujo deberán ser estabilizados con estructuras bien compactas de piedras pesadas o vegetación muy bien enraizada para que puedan resistir los grandes flujos. El sobreflujo de tanques y cisternas debe ser orientado de manera segura hacia afuera del tanque y lejos de sus cimientos. El sobreflujo deberá dirigirse hacia donde pueda aprovecharse, como por ejemplo a una cuenca de infiltración con vegetación que pasivamente riegue un árbol nativo de sombra que a su vez dé sombra al tanque, provea alimento y genere hábitats para la vida silvestre. El manejo del sobreflujo es necesario para todos los tanques y modificaciones al terreno para la cosecha de agua de lluvia. Como dirían los Boy Scouts, hay que estar "Siempre listo". Y lo

Fig. 1.17. El sobreflujo del tanque se dirige hacia una obra de tierra, la llena y luego se desborda hacia la siguiente para llenar una tras otra.

más conveniente es asegurar que cuando tu sistema se desborde o genere un sobreflujo, este se desborde hacia donde tú quieres y ocurra de una manera controlada.

Asegúrate también de que tu sitio tenga una salida de los sobreflujos al fondo de tu cuenca. Idealmente el agua se dirigiría hacia una cañada o arroyo natural con vegetación; sin embargo, en un ambiente urbano tendrás que conformarte con una calle o un drenaje pluvial.

PRINCIPIO SEIS DE LA COSECHA DE AGUA DE LLUVIA

Maximiza la cubierta viva y orgánica del suelo[8]

En vez de filtrarse, el agua a menudo corre por encima de superficies de suelo desnudo planas o que tienen forma de montículo; o se estanca durante días enteros en superficies en forma de cuenco y se evapora o fomenta la cría de mosquitos. Esto se debe a que la tierra desnuda es propensa a la compactación y la superficie tiende a sellarse; ambas condiciones reducen la capacidad del agua de lluvia para infiltrarse debajo de la superficie. Por el contrario, cubrir el suelo con materia orgánica tipo acolchado o vegetación incrementa la infiltración al suelo. Las plantas que están creciendo echan raíces y sueltan hojas que producen acolchado. Las lombrices y otros organismos que viven en el suelo convierten las hojas caídas en más tierra repleta de sus hoyos. He descubierto que las raíces de estas plantas, junto con el acolchado superficial y los organismos del suelo con los que se relacionan, generan una esponja viva que puede incrementar, en más del doble, las tasas de infiltración de agua de tormenta en cuencas que antes estaban desnudas, reduciendo así la evaporación, la escorrentía, la erosión y ¡la cría de mosquitos! (Ver la figura 1.18).

El terreno del señor Phiri es una alfombra-esponja viva cubierta de vegetación que ayuda a que el agua se infiltre en el suelo y bombea la humedad del suelo de regreso a la superficie a través de las raíces. La vegetación literalmente hace que el agua cosechada sea "fructífera" al transformarla en frutas, verduras y granos para la gente y el ganado; sombra para el hogar y los campos en tardes calurosas; una densa alfombra-

Fig. 1.18. Sembrar cubierta vegetal, esparcir acolchado orgánico y sembrar semillas para ayudar a permear, proteger y crear suelo con las raíces, cubierta de hojas, acolchado y hojas caídas que se van acumulando

esponja de raíces y hojas para estabilizar las salidas de agua y controlar la erosión; madera y paja para la construcción; fibra para la ropa; hierbas medicinales; y hojas caídas que se descomponen y fertilizan el suelo.

Vegetación nativa: las plantas nativas que se encuentran dentro de un radio de 40 km (25 millas) a la redonda de tu terreno y en un rango de elevación de 152 m (500 pies) por encima o por debajo del mismo, por lo general se adaptan mejor a los patrones de precipitación y condiciones de cultivo locales. Con frecuencia, estas plantas son muy buenas como cubierta vegetal.

PRINCIPIO SIETE DE LA COSECHA DE AGUA DE LLUVIA

Maximiza las relaciones benéficas y la eficiencia mediante la "multifuncionalidad"

El Sr. Phiri ve mucho más allá de la infiltración del agua y se esfuerza por mejorar su sitio *completo*, no solo un aspecto del mismo. Y lo consigue diseñando y colocando sus estructuras de cosecha de agua de lluvia en vinculación al paisaje completo para que realicen múltiples funciones benéficas, es decir que sean "multifuncionales". Con esta multifuncionalidad, el Sr. Phiri logra mucha más eficiencia y productividad con el mismo esfuerzo. La vegetación que selecciona para cosechar agua de lluvia también produce alimento, controla el polvo, ofrece refugio y hábitats para la vida

Fig. 1.19. Un sistema de cosecha de agua que cumple múltiples funciones del agua, enfriamiento pasivo con sombra, control de aguas torrenciales dentro de las obras de tierra y de los tanques, hábitats para la vida silvestre y producción de alimentos

silvestre a la par de formar barreras cortavientos. Estas barreras cortavientos reducen la evaporación de agua de campos y estanques. Los peces criados en los estanques alimentan a la familia y fertilizan el agua utilizada en el campo. Las bermas al contorno y a nivel crean senderos elevados y las represas estabilizan los cruces de senderos y caminos sobre los drenajes. (Ver la figura 1.19).

A menudo, las estrategias existentes diseñadas para realizar una función principal se pueden adaptar para llevar a cabo funciones adicionales. Por ejemplo, las zanjas de drenaje del gobierno fueron originalmente diseñadas solo para reducir la erosión y las inundaciones. Lo hacían, pero también drenaban la única fuente de agua de la zona, un recurso insustituible. El Sr. Phiri colocó pozos fructíferos para cosechar agua en esas zanjas y recubrió sus pozos fructíferos con plantas multiuso, creando así barreras cortavientos, estabilizando los pozos y generando cultivos que se siembran solos y crecen con agua cosechada de forma pasiva.

Cada sitio tiene su propio potencial único para empalmar funciones. Por ejemplo, cuando se diseña la integración de tanques para agua de lluvia en un terreno, dichos tanques pueden cumplir, entre otras, una doble función como muro para privacidad, pilares de soporte para un pórtico, cercas que delimiten la propiedad, muros de retención o incluso protectores solares para las tardes. Vale la pena hacer que la teoría del efecto dominó trabaje a tu favor. Sabrás que lo estás haciendo bien cuando diseñes una estrategia para solucionar un problema y de manera simultánea resuelvas varios más y además generes más recursos y beneficios.

PRINCIPIO OCHO DE LA COSECHA DE AGUA DE LLUVIA

Reevalúa continuamente tu sistema: el "bucle de retroalimentación"

La reevaluación continua es la clave para mantener un sistema de cosecha de agua en el largo plazo (fig. 1.20).

El Sr. Phiri tuvo una gran idea: sembrar estructuras cosechadoras de agua poniendo plantas en forma perpendicular a la pendiente. Buscó la "multifuncionalidad" recurriendo a plantas que produjeran cultivos mientras cosechaban agua y reducían la erosión. Optó rápidamente por las

**Fig. 1.20. Nuevamente, observación prolongada y reflexiva.
¿Cómo está respondiendo el terreno a tu trabajo?
¿Qué falta por atender?**

resistentes agaváceas (*Agave spp.*) ya que utilizan poca agua, casi no requieren mantenimiento y producen gran cantidad de biomasa para retener agua y suelo, además de producir fibra que puede ser utilizada o vendida.

El Sr. Phiri pensó con cuidado cómo desarrollar esta estrategia. Comenzó en la parte alta de su cuenca donde las bermas al contorno con agaves ayudaban a esparcir la escorrentía e infiltrarla en el suelo. Construyó vertederos o salidas de agua estabilizadas con piedras para el sobreflujo. Su sistema maximizó rápidamente la cubierta vegetal, cosechó agua, estabilizó el suelo y produjo fibra de agave. Lo único que olvidó fue empezar en pequeño.

Las plantas agaváceas cubrieron su terreno e hicieron que la escorrentía fluyera más despacio. Todo iba perfecto hasta que llegó el invierno de un año de sequía. Había poco pasto y las plantas se veían amarrillas y marchitas en su estado latente, pero los agaves saltaban a la vista verdes y exuberantes: el ganado del señor Phiri se fue directamente sobre ellos. Las fibras largas y fuertes de la planta se apelmazaron en los intestinos de los animales, matándolos. Él, devastado. No había previsto semejantes consecuencias. Siempre habrá consecuencias que no prevemos o somos incapaces de predecir. Subsecuentemente, el señor Phiri pasó muchos días muy difíciles quitando todas las plantas de agave, menos un pie. Lo dejó como recordatorio y como lección, y ahora mantiene alejado a su ganado (fig. 1.21).

Apegarte a *todos* los principios *juntos* puede reducir tus errores e incrementar tus posibilidades de éxito. No importa qué tan bueno sea un plan o diseño, con el tiempo se va a requerir tanto dar mantenimiento como hacer adaptaciones. Cuando el diseño está bien pensado desde un principio, lo más probable es que estos ajustes sean menores. El señor Phiri se la pasa reforzando vertederos, dando mantenimiento a las bermas y zanjas de infiltración y podando vegetación para usar como forraje y acolchado. A veces, como sucedió con los agaves, necesita cambiar o modificar estrategias. Después de ese error, no abandonó su idea de sembrar vegetación que sirva como estructura de cosecha de agua; simplemente, se volvió más cuidadoso con la selección de plantas. Ahora empieza con plantaciones reducidas para observar los efectos antes de extenderse hacia áreas más grandes.

Fig. 1.21. El señor Phiri de pie junto a la planta de agave al contorno que dejó sembrada como recordatorio y lección

Al igual que el sitio del señor Phiri, todos los terrenos evolucionan continuamente y necesitamos trabajar continuamente *con* ellos. Con frecuencia observa cómo está funcionando tu lugar, repara elementos que lo necesiten y mira si hay modo de que mejores el plano y las técnicas de tu sitio. No podemos evadir la necesidad de dar mantenimiento, pero sí podemos reducir la necesidad de un mantenimiento excesivo si seguimos los ocho principios de la cosecha de agua. Un mantenimiento equilibrado no es algo a descuidar o temer; es una oportunidad para aprender y mejorar.

ÉTICA DE LA COSECHA DE AGUA

El terreno y la vida del Sr. Phiri son un ejemplo maravilloso de cómo incorporar los principios de cosecha de agua en un sistema integrado. También encarnan una base ética que logra incrementar los beneficios de su trabajo. Los tres pilares éticos de la permacultura[9] descritos a continuación se reflejan en el trabajo del señor Phiri y son guías importantes para mí cuando tomo decisiones de diseño para la cosecha de agua y sistemas integrados.

1. La ética del CUIDADO DE LA TIERRA[10] nos recuerda cuidar de todo lo vivo y no vivo, incluyendo suelo, agua, aire, plantas, animales y ecosistemas enteros. Como dice Bill Mollison en *Una introducción a la permacultura*, "Implica

actividades inofensivas y rehabilitadoras, conservación activa, un uso ético y frugal de los recursos, y 'modos de vida correctos' (trabajar para sistemas útiles y benéficos)".[11]

2. El CUIDADO DE LA GENTE[12] nos lleva a tratar de satisfacer nuestras necesidades básicas de aire, agua, alimento, refugio, educación, un empleo gratificante y contacto humano amistoso, en formas que no impidan a otros hacer lo mismo. No explotamos, ignoramos ni somos indiferentes con los demás para nuestro propio beneficio. Tampoco destruimos el medio ambiente que nos sostiene a todos. En lugar de ello, mantenemos una calidad de vida básica que mejora nuestro ambiente y permite a otros a hacer lo mismo.

3. La REINVERSIÓN DEL TIEMPO, DINERO Y ENERGÍA EXCEDENTES[13] para alcanzar los objetivos del cuidado de la Tierra y de la gente nos anima a extender nuestro campo de influencia y nuestras energías excedentes para ayudar a otros a integrar estos pilares éticos en sus respectivas vidas y trabajos. Hacerlo nos ayuda a todos ya que fortalece las comunidades en las que todos vivimos.

El Sr. Phiri encarna esta ética: mejora su terreno, la tierra y su comunidad al trabajar con recursos locales para que su sitio y su comunidad puedan regenerar más recursos de manera sostenible. Evita los fertilizantes sintéticos y la tala que aunque ofrecen ganancias en el corto plazo, contaminan y debilitan la tierra a largo plazo. Practica la infusión en vez de la extracción. Le da a su tierra más de lo que toma de ella, en forma de agua. A su comunidad, le devuelve más de lo que toma de ella en forma de información, árboles y agua. Empodera a otros para que hagan lo mismo. El Sr. Phiri fundó el Zvishavane Water Project (Proyecto de aguas de Zvishavane) para aportar el excedente de tiempo, energía y capital para difundir estas ideas. Le enseña a la gente cómo cosechar lluvia, mejorar el suelo, producir alimentos y construir comunidad. Aprendió todo esto viviéndolo.

Al guiarte bajo estos ocho principios y la ética "del cuidado" que hemos descrito, puedes practicar la cosecha del agua con conciencia y de manera efectiva,

Recuadro 1.6. Recursos adicionales de permacultura

Te invito a que consideres la permacultura como una herramienta para mejorar tus esfuerzos para cosechar el agua de lluvia, así como para integrar estrategias sostenibles en tu vida. Mientras que yo ofrezco un conjunto de principios diseñados específicamente para la cosecha de agua, la literatura sobre permacultura aporta principios que se aplican a todos los aspectos de nuestro entorno. Anímate a buscar este material que entusiasma y empodera. Consulta la sección de permacultura en el apéndice de recursos en HarvestingRainwater.com.

a fin de crear las mejores técnicas y estrategias para tu situación particular. Utiliza estos principios y pilares éticos como una lista de pautas para evaluar tu sitio e imaginar cuáles estrategias de cosecha de agua podrían funcionar mejor y en dónde; úsalos también al implementar tus ideas. Siempre y cuando te apegues a las pautas, estarás en el camino de producir abundancia.

Ahora, ya tienes las herramientas para conceptualizar y planear un sistema integrado de cosecha de agua de lluvia. Prosigue la lectura para determinar cuánta lluvia tienes para cosechar.

NOTICIAS DE 2013 SOBRE EL SR. ZEPHANIAH PHIRI

Muchas gracias a Ken Wilson, director ejecutivo del Fondo Christensen, aliado y seguidor del Sr. Phiri desde hace mucho tiempo, por sus escritos e informes a partir de los cuales se preparó este apartado de noticias.

Los esfuerzos del Sr. Phiri y todo lo que ha creado siguen evolucionando y creciendo. Ya tiene 85 años de edad y su primera esposa, y cogeneradora de su granja, Magrate, ha fallecido. Y aunque el Sr. Phiri afirma que ya le quedan "un solo ojo y un solo oído" y que sus "días están contados", no siente que su trabajo está terminado.

Lo acompañan en su trabajo algunos de sus hijos (su hija menor se acaba de graduar de la universidad), sus nietos y especialmente su segunda esposa y experta agricultora/activista/líder, Constance. Juntos siguen aumentando la fértil materia orgánica de sus suelos, la diversidad de vida que crece a partir de ellos y el agua que ahí siembran; con todo esto enfrentan ya sea las sequías o las inundaciones. La diversidad de las plantas maderables multiuso que hay en la granja ha aumentado en un 25 % desde 1999. Hay nuevos proyectos innovadores como unas zanjas de desvío con una pendiente suave que actualmente dirigen el agua de áreas demasiado húmedas en el terreno a otras que, sin esta agua, estarían muy secas.

En esta región caliente y árida de Zimbabue el agua llega rápido y así se va. Y no parte sola. El Sr. Phiri explica la situación y su respuesta a ella en estos términos: "Cuando hay tormentas, el suelo y el agua tratan de huir juntos, de escapar de mi tierra. Mi trabajo es convencerlos de que se establezcan y formen una familia aquí".

Y vaya que se han establecido y formado una familia que a lo largo de varias décadas ha atraído a más de 8000 visitantes a la granja del Sr. Phiri. Los atrae el interés de conocer cómo su enfoque de sentido común le ha generado una productividad en constante crecimiento y una resiliencia sostenible. Los invitados han llegado de más de 14 países africanos y nueve países de Asia, Europa, América del Norte y Sudamérica. Sin embargo, lo más importante son, quizá, los cientos de agricultores que llegaron por sí mismos o con miembros de alguna organización no gubernamental (ONG) local, con agentes extensionistas o con otros funcionarios de gobierno.

Ese proceso ayudó a lograr la adopción generalizada de los tipos de sistemas de manejo de agua y suelo que el Sr. Phiri, su familia y aquellos a quienes han inspirado compartieron con sus comunidades en el sur de África. Decenas de miles de agricultores están adoptando estos métodos en todo Zimbabue. Según un estudio en Mazvihwa, un área a unos 100 km (62 millas) del hogar de la familia Phiri, la gente ha escuchado y seguido el mensaje; casi todos los hogares practican, en la actualidad, alguna forma de cosecha de agua.

Hasta la década pasada, la mayoría de los agricultores se enfocaba en explorar los enfoques de "modernización" de la agricultura, creyendo que las variedades híbridas de plantas, el uso de fertilizantes sintéticos y los sistemas extractivos de agua y plantas del mundo exterior harían la diferencia. Lo que recomendaba el Sr. Phiri no ofrecía ningún milagro tecnológico ni implicaba dádivas. Más bien, dependía de que los agricultores desarrollaran su propio conocimiento e invirtieran su propio trabajo para cavar y dar forma a sus terrenos para manejar el agua y el suelo en el largo plazo. De manera conmovedora, una gran cantidad de hombres que padecían VIH-SIDA cavaron e hicieron obras de tierra para la cosecha de

Fig. 1.22. El Sr. Zephaniah Phiri Maseko en 2013. Fotografía de Brock Dolman

Fig. 1.23. Constance y su nieto en 2013. Fotografía de Brock Dolman

agua como una inversión destinada a ayudar a sus familias, mientras morían lentamente de la enfermedad. Estas estrategias abordaban las verdaderas limitantes de esta zona árida: el agua disponible para los cultivos. Más gente se fue convenciendo a medida que la primera generación de seguidores tenía éxito y las soluciones externas no lograban transformar las tierras. Este patrón ya se observa en todo el país, con comunidades enteras modificando sus sistemas agrícolas hacia la cosecha de agua. Este es el impacto que puede tener la iniciativa de un hombre visionario y dedicado, y de quienes lo apoyaron y promovieron su trabajo.

Sin embargo, el Sr. Phiri no considera que su enfoque es un remedio mágico; lo visualiza como un conjunto de principios para abordar el suelo y el agua con curiosidad, respeto e innovación. Solo copiar sus prácticas no funciona porque cada lugar es único. Él disfruta ver a tantos de sus seguidores haciendo las cosas de manera diferente para poder trabajar con las características únicas de sus propios terrenos.

Comparándose con una rana toro, el Sr. Phiri dice que canta constantemente acerca de los deleites de cosechar las aguas locales. Lo hizo durante nueve años a través de su ONG, el Zvishavane Water Project (ZWP). En 1996 se retiró de ZWP y le hizo a la organización una "donación natural" al otorgar una porción de su terreno para capacitar al personal, generar ingresos por la venta de cultivos y servir como parcela de demostración. El Sr. Phiri fue seleccionado en 1997 como *fellow* de Ashoka, la mayor red internacional de emprendedores sociales innovadores. En 2006 recibió el premio National Geographic/Buffett al Liderazgo en la Conservación Africana. Cuando recibió el premio Lifetime Achievement Award de la Universidad de Zimbabue en 2010, el Sr. Phiri invitó a los investigadores de la universidad a que trabajaran con él y documentaran lo que ha hecho por la hidrología de su terreno, sus suelos, su productividad agrícola y su biodiversidad. Les ofreció compartir con ellos "todos los resultados de cuarenta años de experimentación, excepto los que ya me comí". Aceptaron su oferta gustosos.

El Sr. Phiri falleció en septiembre de 2015. Busca "Mr. Phiri" en HarvestingRainwater.com para conocer más historias, la evolución de su granja y de su trabajo, y cómo su familia y su comunidad prosiguen enriqueciendo su legado.

Fig. 1.24. El agua de una de las zanjas de cosecha de agua de lluvia de Phiri, a la derecha, se infiltra en el suelo y riega la zona de raíces de los cultivos adyacentes durante la estación húmeda. Si es necesario, también se puede sacar agua con un balde de la zanja más cercana y usarla en las nuevas plantaciones.

CAPÍTULO 2

Evaluar los recursos hídricos de tu sitio y más

Especialmente cuando bebo un último sorbo de agua, creo que somos súbditos del proceso hidrológico del planeta, demasiado soberbios para incluirnos en los libros de texto junto con las nubes, los ríos y el rocío de la mañana. Cuando camino a campo traviesa, no soy más que la bestia que lleva agua a su próxima parada.

—Craig Childs, *The Secret Knowledge of Water*

Al comenzar a cosechar agua es importante conocer *cómo tu terreno forma parte de los flujos de agua más extensos y cuánta agua de lluvia hay para cosechar.*

Este capítulo se basa en el principio de la observación larga y reflexiva partiendo desde una descripción del ciclo hidrológico. Esta perspectiva te ayudará a comprender el flujo de agua del lugar en el contexto de los patrones hidrológicos y de las interconexiones globales. A continuación, el capítulo habla de las cuencas y subcuencas locales, donde se dan segmentos del ciclo hidrológico a pequeña escala. Aprenderás cómo determinar los límites de la subcuenca de tu sitio, dónde concentrar tus esfuerzos de cosecha de agua, cómo calcular los volúmenes de lluvia y escorrentía que afectan a tu terreno y cómo otras aguas en el lugar, tales como las aguas grises y la que se condensa del aire acondicionado, pueden sumarse a los recursos hídricos a cosechar en tu sitio. Esta evaluación del sitio se extiende hacia otros recursos y desafíos únicos de tu lugar. El capítulo termina con la historia de un matrimonio de Arizona que se esfuerza por vivir únicamente con la cantidad de agua de lluvia que cae en su sitio. El apéndice 3 (Cálculos), el apéndice 5 (Hojas de trabajo) y el apéndice 9 (Nexo agua-energía-carbono) complementan este capítulo.

CICLO HIDROLÓGICO: EL SISTEMA CIRCULATORIO DE LA TIERRA

La mayor parte de lo que se presenta a continuación proviene del "pequeño gran libro" del cosechador de agua Ben Haggard, *Drylands Watershed Restoration* (con autorización del autor):

> Del agua total que hay en el mundo, un pequeño porcentaje es agua dulce. La mayor parte está atrapada como hielo en los casquetes polares y glaciares. El resto se recicla continuamente para sostener los sistemas vivos del mundo. A ese reciclaje lo conocemos como el ciclo hidrológico.
>
> El agua se evapora de los océanos y se precipita como lluvia o nieve sobre los continentes. Esta agua es absorbida por las plantas y evapotranspirada de regreso al aire. Justo este bombeo de agua de vuelta al aire que realizan las plantas representa una gran porción de nuestra agua atmosférica, que forma nubes y vuelve a llover... Los bosques juegan un papel importante en el mantenimiento [y retención] de la lluvia en el paisaje.

Las gotas de lluvia se crean alrededor de los cristales de hielo en las nubes y requieren de un núcleo para formarse. Polvo, pequeños trozos de hojas y bacterias son algunas de las partículas que dan inicio a la lluvia. Varios sistemas naturales [como los bosques] fomentan la lluvia al emitir columnas de pequeñas partículas que siembran las nubes y hacen que se formen gotas.[1]

Las gotas de lluvia son absorbidas por las esponjas vivas de los bosques, praderas y matorrales xerófilos del desierto. Estos, junto con su hojarasca, la capa superficial del suelo y las cavidades creadas por animales de madriguera, ayudan a retener esa agua y a liberarla lentamente.

Si se eliminan bosques, praderas u otros sembradores y esponjas de lluvia, el paisaje comienza a secarse. La lluvia puede volverse escasa y la vegetación presentaría problemas para restablecerse. Los ríos y arroyos se secan.

Ben Haggard continúa:

Los ríos y arroyos generalmente fluyen durante todo el año, a pesar del hecho de que la lluvia es un evento localizado y muy esporádico en los entornos áridos. Incluso en climas lluviosos, la lluvia ocurre durante un periodo de tiempo relativamente pequeño. Los ríos tienen un flujo sostenido porque la mayor parte del agua, de hecho, se almacena en el suelo, donde lentamente se libera hacia los escurrimientos. En cuencas hidrológicas perturbadas, esta liberación lenta y sostenida se ve interrumpida. El agua corre rápidamente sobre la superficie del suelo en lugar de absorberse en el suelo. Este proceso crea inundaciones que son seguidas por sequía. Para reparar una cuenca hidrológica se debe aumentar la infiltración del agua en el suelo.

Los sistemas vivos crean interacciones complejas con el agua. El agua cae en forma de lluvia. Los árboles interceptan esta agua, dirigiéndola hacia el suelo donde una capa de material orgánico, depositado por los árboles, la absorbe y la retiene. Parte del agua fluye lentamente a través del suelo, donde impulsa el crecimiento de los bosques y el flujo sostenido de los ríos. Los ríos actúan como redes de transporte, permitiendo que los nutrientes de los bosques se desplacen río abajo y que los peces y otros animales naden aguas arriba, importando fosfato y otros minerales a los bosques. El agua en el paisaje también atrae y sustenta la vida silvestre, los sembradores, fertilizadores y mantenedores activos del bosque. Los bosques respiran agua de regreso al aire, donde se condensa alrededor de partículas que también son emitidas por los bosques. Se forman las nubes y todo el proceso se repite.[2] (Reimpreso con permiso de *Dryland Watershed Restoration – Introductory Watershed Activities* de Ben Haggard, copyright 1994, Center for the Study of Community).

Cada uno de nosotros depende y es parte del ciclo hidrológico. A medida que el agua se mueve a través del ciclo global, se mueve también a través de las cuencas hidrográficas de nuestras comunidades, las subcuencas de nuestros sitios individuales y nuestros propios cuerpos, que son más del 70 % agua. Podemos ralentizar, reciclar y mejorar ese flujo a medida que mejoramos nuestras vidas y nuestra comunidad cosechando el agua de lluvia. Primero necesitamos identificar y observar cuidadosamente nuestras cuencas hidrográficas.

CUENCAS Y SUBCUENCAS: DETERMINAR TU PARTE DEL CICLO HIDROLÓGICO

Una *cuenca hidrográfica* es el área total de terreno desde la cual el agua, los sedimentos y los materiales disueltos fluyen por gravedad hasta un punto final específico. En la escala más grande, este punto final podría ser un río, lago u océano. Una cuenca hidrográfica es una entidad geográfica claramente definida por puntos altos o crestas que dividen el flujo de agua, creando los límites de cada cuenca. Las cuencas hidrográficas están constituidas por muchas *subcuencas* más pequeñas, cada una de ellas definida por crestas de menor elevación que dividen aún más el flujo del agua y dirigen porciones del flujo hacia puntos finales particulares. Estas subcuencas están formadas por una colección de microcuencas aún más pequeñas. Si trazas los límites de todas estas subcuencas, el patrón que verás se asemeja a las piezas de un rompecabezas que forman un todo interconectado. Los términos "cuenca" y "subcuenca" son términos relativos que pueden referirse a una variedad de escalas de áreas de drenaje de agua.

Observado a gran escala, tu terreno seguramente es parte de una cuenca hidrográfica regional que drena sobre miles de kilómetros cuadrados de tierra, creando arroyos y ríos. Mi casa en Tucson es parte de la cuenca del río Santa Cruz, que cubre aproximadamente 22 300 km^2 (8600 millas cuadradas) en el sur de Arizona y el norte de México. Dentro de esta cuenca regional, el agua drena hacia mí desde las zonas altas y sigue su rumbo hacia los terrenos bajos y finalmente fluye hacia el río Santa Cruz. La cuenca del río Santa Cruz es, a su vez, una subcuenca de una cuenca más grande, la del río Gila, que a su vez es una subcuenca de otra cuenca aún más grande, la del río Colorado.

El área terrestre de una ciudad que fluye hacia una cuenca hidrográfica regional consiste en subcuencas más pequeñas localizadas por toda la ciudad, divididas en muchas subcuencas más pequeñas del tamaño de un vecindario, a su vez formadas por subcuencas del tamaño de una propiedad, formadas por subcuencas aún más pequeñas que consisten en los techos, patios, jardines y entradas de vehículos de los residentes. Cada pequeña subcuenca en la escala urbana dirige el flujo de agua hacia un punto urbano final diferente. Los relieves urbanos, edificios y estacionamientos actúan como las "crestas" divisorias entre estas diminutas cuencas hidrográficas. Los techos inclinados dividen el flujo de agua entre los patios delantero y trasero. Los estacionamientos fungen como campos con inclinación gradual. Si están elevadas, las calles son como crestas lineales; si están construidas como un elemento inferior en el paisaje, funcionan como vías de drenaje.

Si tu sitio está en la cima de una colina, también está en la cima de una cuenca, porque toda el agua de escorrentía se drenará por la colina hacia afuera de tu sitio (fig. 2.1A). Si tu terreno está en la parte baja de la colina, la cuenca de tu sitio será la parte de la pendiente de la colina que drena o arroja agua hacia tu propiedad. Lo más probable es que el agua del otro lado de la colina drene a un punto final diferente, por lo que será parte de una cuenca diferente (fig. 2.1B). Sin embargo, si la escorrentía del otro lado de la colina termina por drenar hacia tu sitio, quizás a través de un arroyo o una cañada que curvea alrededor de la colina, entonces también es parte de la cuenca de tu sitio. Además de esta colina local, es posible que haya otras áreas de

Recuadro 2.1. La cuenca como un sistema y comunidad hidrológica delimitada

El explorador, científico y geógrafo del siglo XIX John Wesley Powell describió una cuenca hidrográfica como "esa área de tierra, un sistema hidrológico delimitado, dentro de la cual todos los seres vivos están inextricablemente unidos por su curso de agua común y donde, a medida que los humanos se asentaron, la simple lógica exigía que se convirtieran en parte de una comunidad".[3]

Powell incluso propuso delinear los estados occidentales de EUA de acuerdo con los límites naturales de sus cuencas hidrológicas en lugar de los límites políticos arbitrarios. Para más información, consulta mi blog "Watershed Maps are Community Maps" (Los mapas de las cuencas hidrográficas son los mapas de las comunidades) en HarvestingRainwater.com.

En México, el agua es un bien nacional regido por la Constitución y por la Ley de Aguas Nacionales.[4] El gobierno federal administra el agua en el nivel de cuenca a través de 13 regiones hidrológicas administrativas formadas por agrupaciones de cuencas que abarcan municipios completos y los territorios parciales o totales de uno o varios estados. Según la Ley de Aguas Nacionales, el agua que cae del cielo sobre propiedad privada le pertenece al dueño de la propiedad mientras no abandone los límites legales de la misma. Todo lo que escurre sobre la superficie fuera de los terrenos de propiedad privada pertenece a la nación y es regido por las autoridades municipales, ejidales o federales. Para más información sobre este tema, revisa la respuesta a la pregunta "¿Es legal cosechar agua de lluvia?" en la sección de preguntas y respuestas que aparece al final de la introducción de este libro.

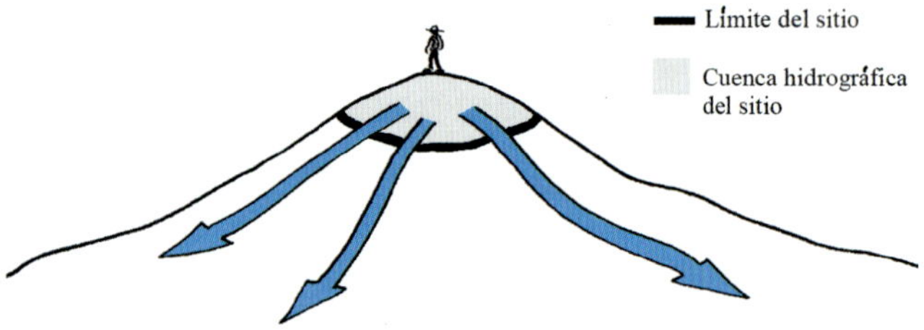

Fig. 2.1A. La cima de la cuenca

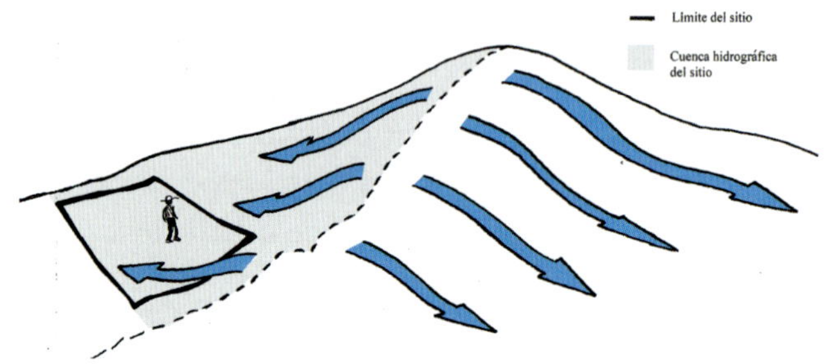

Fig. 2.1B. Cresta de colina que define dos cuencas hidrográficas separadas.

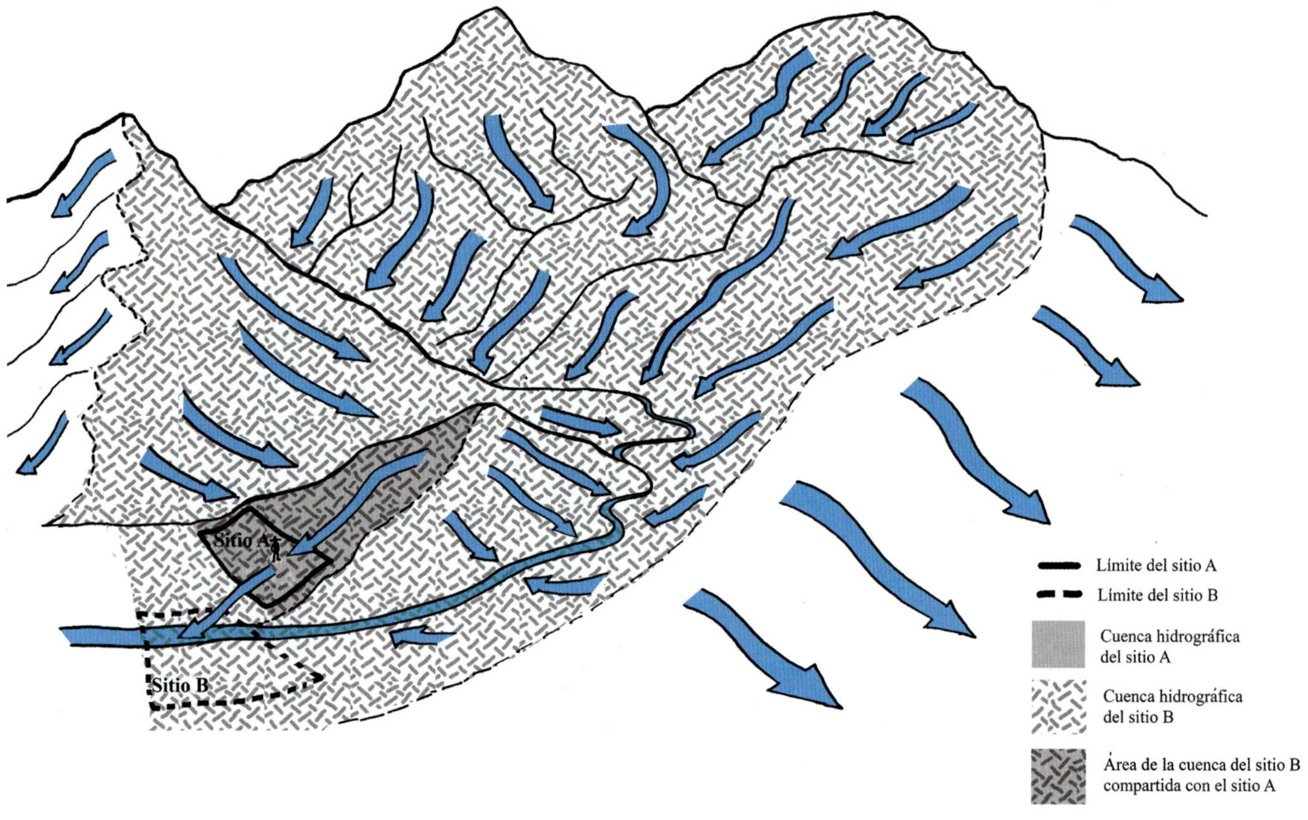

Fig. 2.1C. Cuencas y subcuencas, un panorama más amplio

terreno que drenan hacia tu sitio. Si es así, la cuenca que afecta a tu sitio es aún más grande (fig. 2.1C).

IDENTIFICA LA CUENCA HIDROGRÁFICA DE TU TERRENO Y OBSERVA SU FLUJO DE AGUA

Para evaluar los recursos hídricos de tu terreno, primero define los límites de tu propiedad y de la cuenca que la afecta directamente. Un mapa topográfico te dará una idea general de las “crestas” de tu cuenca: las cimas de las pendientes que determinan si el agua fluye hacia adentro o hacia afuera de tu sitio (ver recuadro 2.4). Puedes recorrer tu terreno cuando esté lloviendo para ver en qué dirección corre el agua y ayudarte a entender la pendiente del terreno y la extensión de la cuenca que drena agua hacia tu sitio. Los patrones de erosión pueden darte pistas sobre los patrones de flujo cuando la tierra está seca (ver apéndice 1). Si la escorrentía fluye a través

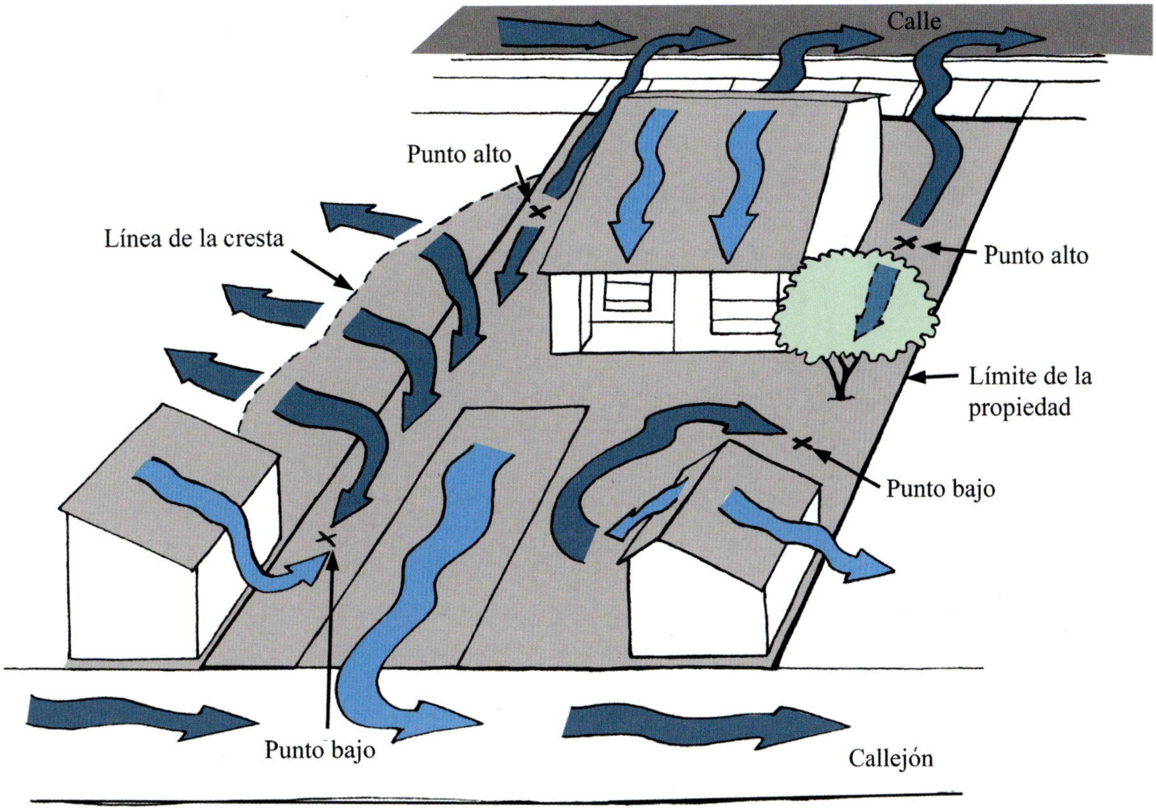

Fig. 2.2. Una cuenca urbana con flechas que representan el flujo de la escorrentía. Las flechas azules claras indican la escorrentía libre de sedimentos. Las flechas azules más oscuras denotan escorrentía con sedimento.

de tu terreno, presta especial atención a la dirección de la cual proviene, su volumen y las superficies por las que fluye. El agua de escorrentía puede recoger y transportar contaminantes potenciales, como aceites de las calles y pesticidas de patios y campos. (Consulta la figura 2.2 sobre cómo podrías conceptualizar la escorrentía que entra y sale de tu sitio).

CREA UN PLANO DEL SITIO Y MAPEA TUS OBSERVACIONES

Crear un plano del terreno te ayuda a ver y utilizar los recursos y desafíos del sitio; a integrar tu sistema de cosecha de agua con el resto de tu terreno (ver capítulo 4); y a colocar y dimensionar apropiadamente las obras de tierra, vegetación y tanques para la cosecha de agua.

Usa las hojas de trabajo incluidas en el apéndice 5 para ayudarte a generar ideas. Puedes usar papel cuadriculado o papel normal para hacer el mapa de tu terreno (o buscar en Google Maps una foto aérea de tu sitio e imprimirla).

Deja márgenes amplios alrededor del exterior del plano de tu terreno y dibuja los límites de tu propiedad "a escala" dentro de esos márgenes. Si eliges una escala de 1 mm = 1 m, una distancia medida de 1 m en tu terreno se deberá dibujar en tu plano como 1 mm. Utiliza los márgenes amplios para mapear las ubicaciones donde los recursos, como la escorrentía del patio de tu vecino, fluyen hacia adentro, hacia afuera o un costado de tu terreno. Dibuja a escala en el plano los edificios, entradas de vehículos, patios, vegetación existente, cauces de agua naturales, líneas de servicios públicos municipales subterráneas y superficiales (para evitar dañarlas o dañarte a ti mismo) y otros elementos importantes de tu terreno. Haz varias copias de tu plano básico del terreno para que puedas hacer una serie de borradores con tus observaciones e ideas. (La figura 2.3 es un ejemplo de un mapa de sitio).

CALCULA EL VOLUMEN DE PRECIPITACIÓN PLUVIAL DE TU SITIO

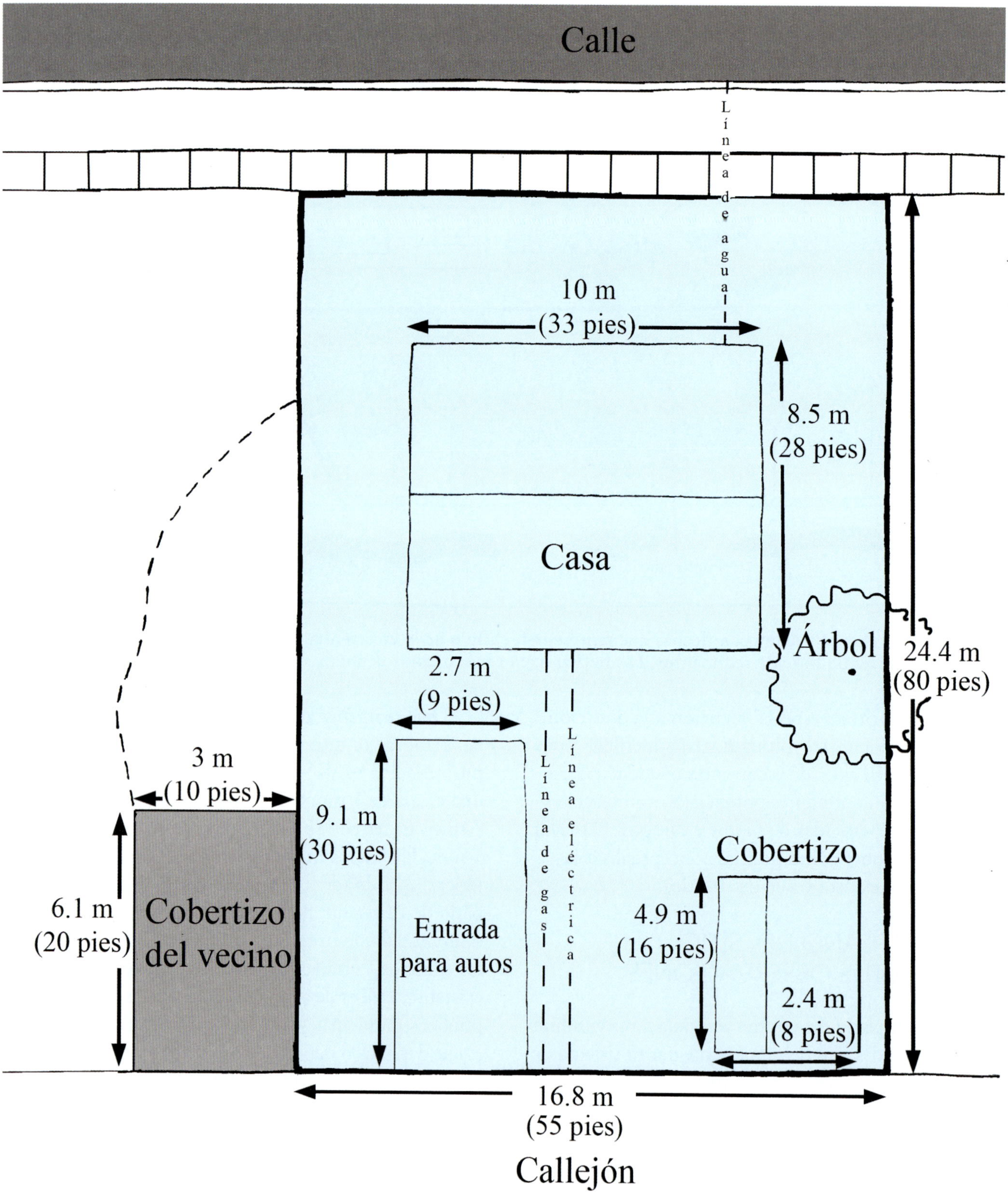

Fig. 2.3. Mapa del sitio (plano de planta) de una propiedad de 409 m^2 (4400 ft^2). En un año promedio con 305 mm (12 in) de precipitación, el terreno recibe un "ingreso" de 124 585 litros (32 912 gal) de lluvia. También puedes utilizar una captura de pantalla de una vista aérea de su propiedad desde GoogleMaps para el plano de tu sitio (fig. 2.16).

Recuadro 2.2. Cómo calcular volúmenes de lluvia

CÁLCULO DE VOLÚMENES DE LLUVIA EN UNIDADES MÉTRICAS

Para calcular en litros el volumen de lluvia que cae en un año promedio sobre un área de captación específica, como tu techo, patio, vecindario u otra subcuenca:

EL ÁREA DE CAPTACIÓN (en metros cuadrados) multiplicada por la precipitación pluvial ANUAL PROMEDIO (en milímetros) es igual al TOTAL DE AGUA DE LLUVIA QUE CAE SOBRE ESA ÁREA DE CAPTACIÓN EN UN AÑO PROMEDIO (en litros)

(o)

ÁREA DE CAPTACIÓN (m^2) × PRECIPITACIÓN PLUVIAL PROMEDIO (mm) = AGUA DE LLUVIA TOTAL (L)

Por ejemplo, si deseas calcular la cantidad de lluvia que cae en tu lote de 17 m por 24 m (408 m^2) en un año normal en el que la precipitación anual promedia los 304 mm, el cálculo se vería así:

Área de captación de 408 m^2 × 304 mm precipitación anual promedio = 124 032 litros de lluvia que caen en el sitio en un año promedio

CÁLCULO DE VOLÚMENES DE LLUVIA EN UNIDADES DEL SISTEMA INGLÉS

Para calcular en pies cúbicos el volumen de lluvia que cae en un área de captación específica:

ÁREA DE CAPTACIÓN (en pies cuadrados) × PRECIPITACIÓN ANUAL PROMEDIO (en pies) = TOTAL DE AGUA DE LLUVIA QUE CAE EN UN ÁREA DE CAPTACIÓN EN UN AÑO PROMEDIO (en pies cúbicos)

Si por lo general mides la precipitación en pulgadas, simplemente divide las pulgadas de lluvia entre 12 para obtener la precipitación anual en pies. Por ejemplo, en Phoenix (Arizona) la precipitación anual es de aproximadamente 7 pulgadas; si divides 7 entre 12 obtienes 0.58 pies de lluvia por año.

Una vez que tengas la cifra de precipitación promedio anual en pies cúbicos, convierte los pies cúbicos en galones multiplicando la cantidad de pies cúbicos por 7.48 galones por pie cúbico. Todo el cálculo se ve así:

ÁREA DE CAPTACIÓN (ft^2) × PRECIPITACIÓN PLUVIAL (ft) × 7.48 gal / ft^3 = AGUA DE LLUVIA TOTAL (gal)

Por ejemplo, si quieres calcular cuántos galones de lluvia caen en tu terreno de 55 pies por 80 pies (4400 pies cuadrados) en un año normal con una precipitación promedio anual de 12 pulgadas:

Área de captación de 4400 ft^2 × lluvia anual promedio de 1 ft × 7.48 gal/ft^3 = 32 912 galones de lluvia que caen en el sitio en un año promedio

CÁLCULO DEL VOLUMEN DE PRECIPITACIÓN EN UNA ZONA DE CAPTACIÓN ESPECÍFICA PARA UN EVENTO DE LLUVIA PARTICULAR EN UNIDADES MÉTRICAS O DEL SISTEMA INGLÉS

Utiliza los cálculos anteriores, pero ingresa la cantidad de "precipitación de un evento de lluvia específico" en lugar de "lluvia anual promedio".

Nota: El apéndice 3, "Cálculos", proporciona información más detallada sobre conversiones, constantes y cálculos para la cosecha de agua.

Recuadro 2.3. Cómo calcular volúmenes de escorrentía

Puedes obtener un estimado aproximado del volumen de escorrentía de cualquier superficie inclinada multiplicando el volumen de lluvia que cae sobre esa superficie por su "coeficiente de escorrentía", el porcentaje promedio de agua de lluvia que se escurre de ese tipo de superficie. Por ejemplo, para una azotea con un coeficiente de escorrentía de 0.95 se estima que el 95 % de la lluvia que cae sobre ese techo se escurrirá.

El coeficiente de escorrentía para cualquier superficie dada depende del material del cual esté compuesta la superficie. La intensidad de la lluvia también afecta el coeficiente: cuanto mayor es la intensidad de la lluvia, mayor es el coeficiente de escorrentía. Los rangos y promedios de varios coeficientes de escorrentía que utilizo en el suroeste de EUA son los siguientes:

- Un techo o pavimento impermeable (como una calle de asfalto): 0.80-0.95
- Tierras altas del desierto sonorense (paisaje nativo saludable): rango 0.20-0.70, promedio 0.30-0.50
- Tierra desnuda: rango 0.20-0.75, promedio 0.35-0.55
- Pasto/césped: rango 0.05-0.35, promedio 0.10-0.25
- Para la grava, usa el coeficiente del suelo debajo de la grava.

En cuanto al coeficiente de escorrentía para las superficies de tierra, influye mucho el tipo de suelo y la densidad de la vegetación. Los suelos arenosos y porosos de grano grueso tienden a tener coeficientes de escorrentía más bajos, mientras que los suelos arcillosos de grano fino permiten que se infiltre menos agua y, por tanto, tienen coeficientes de escorrentía más altos. Para cosechar la escorrentía en obras de tierra, sea cual fuere tu tipo de suelo, cuanta más vegetación haya mejor, ya que las plantas permiten que más agua se infiltre en el suelo.

CÁLCULO DE ESCORRENTÍA DEL TECHO: UN EJEMPLO EN UNIDADES MÉTRICAS

Determina el tamaño del área de captación del techo midiendo solo las dimensiones exteriores (o "huella") del borde del techo (si tu casa tiene un techo con aleros, la huella del techo será mayor que la huella del edificio). Ignora la pendiente del techo; no llueve más en un techo con picos que en un techo plano con la misma huella. (Ver la figura 2.5).

Para calcular la escorrentía en litros de la "huella" de un techo de metal de 9 metros x 10 metros (90 m^2) en un clima con un promedio de 304 milímetros de lluvia al año:

Techo de 90 metros cuadrados × 304 milímetros de precipitación anual promedio = 27 360 litros de lluvia que caen sobre el techo en un año promedio.

$$90 \text{ m}^2 \times 304 \text{ mm} = 27\,360 \text{ litros / año promedio}$$

Multiplica la cifra anterior por el coeficiente de escorrentía de la superficie del techo 0.95*:

27 360 litros × 0.95 = 25 992 litros que escurren del techo en un año promedio.

Nota*: del 5 % al 20 % de la escorrentía de las superficies de captación impermeables, como un techo, puede perderse debido a la evaporación, al viento, al desbordamiento de las canaletas y a una mínima infiltración en la superficie misma. En el volumen 3, el capítulo sobre componentes de tanques y cisternas incluye una tabla de coeficientes de escorrentía específicos por tipo de techo.

CÁLCULO DE LA ESCORRENTÍA DEL PATIO: UN EJEMPLO EN UNIDADES DEL SISTEMA INGLÉS

Supongamos que estamos en un sitio que recibe 18 pulgadas de lluvia en un año promedio y el patio del vecino tiene una sección de tierra desnuda de aproximadamente 25 pies por 12 pies que drena hacia nuestra propiedad ejemplo. El suelo es arcilloso y compactado.

Determina el agua de lluvia disponible que se escurre de esa sección del patio del vecino hacia nuestro terreno multiplicando su área de captación (300 pies cuadrados) por la precipitación anual promedio en pies (1.5) por 7.48 (para convertir la respuesta a galones):

$$\text{ÁREA DE CAPTACIÓN (ft}^2\text{)} \times \text{PRECIPITACIÓN (ft)} \times 7.48 \text{ gal / ft}^3 = \text{AGUA DE LLUVIA TOTAL (gal)}$$

300 × 1.5 × 7.48 = 3366 galones de lluvia que caen en esa sección del patio del vecino en un año promedio.

Multiplica esa cifra por el coeficiente de escorrentía de la superficie del suelo de 0.60:

3366 × 0.60 = 2019 galones que anualmente se escurren del patio con suelo compactado del vecino hacia el nuestro. Suma eso al balance anual de agua de lluvia de nuestro sitio.

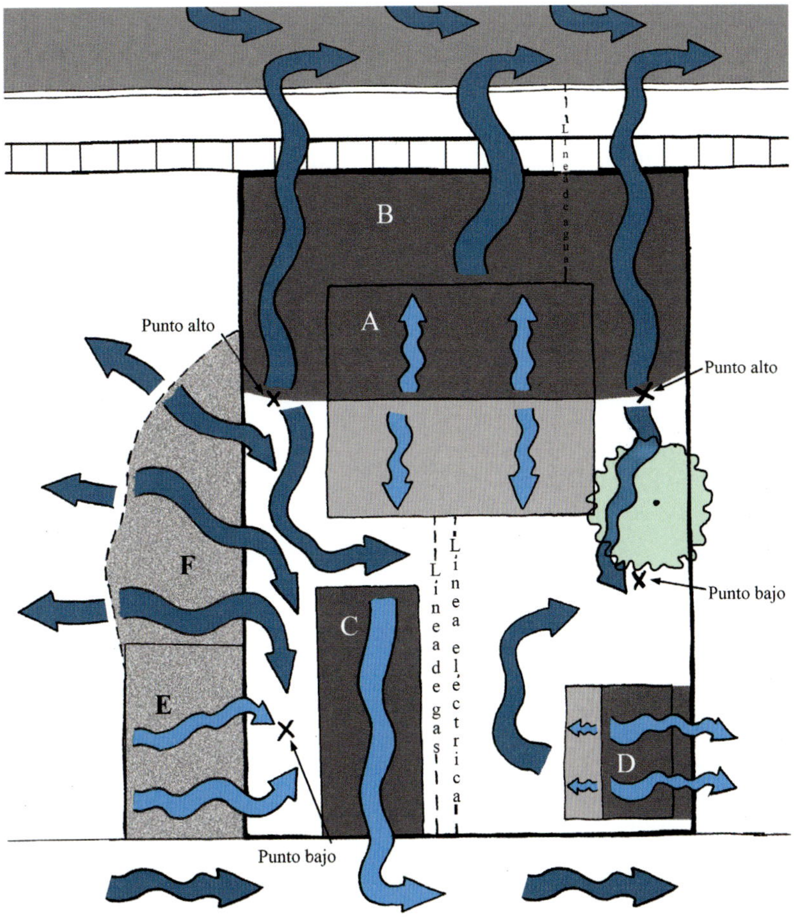

ESCORRENTÍA SALIENTE PERDIDA:

A. 12 424 litros (3283 galones) de escorrentía saliente perdida de los 42.9 m^2 (462 ft^2) que representan la mitad del techo de metal, con un coeficiente de escorrentía de 0.95.

B. 8502 litros (2246 galones) de escorrentía saliente perdida de los 79.7 m^2 (858 ft^2) de la sección de patio con grava que tiene un coeficiente de escorrentía de 0.35.

C. 6878 litros (1818 galones) de escorrentía saliente perdida de una entrada de concreto para autos que mide 25.1 m^2 (270 ft^2) con un coeficiente de escorrentía de 0.90.

D. 2037 litros (539 galones) de escorrentía saliente perdida de una sección de 7.4 m^2 (80 ft^2) del techo de teja asfáltica del cobertizo, con un coeficiente de escorrentía de 0.90.

ESCORRENTÍA ENTRANTE GANADA

E. 5379 litros (1421 galones) de escorrentía ganada procedente del techo de metal de 18.6 m^2 (200 ft^2) del cobertizo del vecino, con un coeficiente de escorrentía de 0.95.

F. 5943 litros (1571 galones) de escorrentía ganada proveniente de una sección de 32.5 m^2 (350 ft^2) del patio de tierra compactada del vecino, con un coeficiente de escorrentía de 0.60.

Las flechas azules más claras indican una escorrentía más limpia y libre de sedimentos.

Las flechas azules más oscuras denotan una escorrentía más sucia y rica en sedimentos.

Fig. 2.4. En un año promedio de 305 mm (12 in) de precipitación, este sitio recibe 124 572 litros (32 912 galones) de lluvia; gana 11 325 litros (2992 galones) de escorrentía entrante del patio y techo del cobertizo del vecino y pierde 29 845 litros (7885 galones) de escorrentía saliente, lo que da un balance total de agua de lluvia de 106 052 litros (28 019 galones). Si se cambiara el paisaje para cosechar tanto la escorrentía que entra como la que sale, los recursos anuales de agua de lluvia del terreno podrían aumentar hasta un total de 135 897 litros (35 904 galones). Se listan los volúmenes anuales estimados de escorrentía entrante y saliente para cada tipo de superficie de captación, junto con el material de la superficie y su coeficiente de escorrentía. Se podría cosechar aún más escorrentía de las aceras, de la calle y del callejón en el derecho de vía para cultivar árboles en la calle y callejón públicos (consulta el capítulo 8 del volumen 2 para conocer las estrategias sugeridas para cosechar la escorrentía de la calle). En el recuadro 2.3 se pueden ver los cálculos de los volúmenes de escorrentía entrante y saliente.

Recuadro 2.4. Recursos de la cuenca hidrográfica

Los mapas de contorno topográfico, a veces llamados mapas topográficos, pueden ser muy útiles para determinar los límites de las cuencas hidrográficas, ya que ilustran las diferentes elevaciones que hay en un paisaje. En EUA estos mapas están disponibles con el United States Geological Survey (USGS) http://nationalmap.gov/ustopo/; para México se pueden encontrar en https://www.inegi.org.mx/temas/topografia/ y https://www.inegi.org.mx/temas/hidrologia/. Para entornos urbanos, a menudo se pueden obtener mapas topográficos detallados, o fotos aéreas con líneas de contorno superpuestas, con las agencias gubernamentales. Los departamentos de transporte, mapeo o control de inundaciones suelen ser buenos lugares para comenzar. Puedes crear tus propios mapas topográficos con Google Earth Terrain y Sketch Up.

La Agencia de Protección Ambiental de los Estados Unidos (EPA, por sus siglas en inglés) tiene un sitio web dedicado a las cuencas hidrográficas. Puedes encontrar "How's My Waterway" en https://www.epa.gov/waterdata/hows-my-waterway. Ahí puedes ubicar la cuenca hidrográfica regional de la que forma parte tu ciudad o terreno (en los Estados Unidos) y obtener información sobre esa cuenca, aunque no tiene el nivel de detalle necesario para mostrar los límites de cuencas más pequeñas.

Una vez que hayas definido y mapeado los límites de tu terreno, utiliza los cálculos que aparecen en el recuadro 2.2 para determinar el volumen promedio de lluvia que cae en tu terreno cada año. Este es el lado de "ingresos" de tu "balance hídrico". (Nuevamente, revisa las figuras 2.3 y 2.5).

MAPEA LAS SUPERFICIES DE CAPTACIÓN DE AGUA DE TU TERRENO Y CALCULA SUS VOLÚMENES DE ESCORRENTÍA

Los techos, las superficies pavimentadas tales como las entradas para automóviles y los patios, así como las superficies de tierra compactada como los senderos, son superficies de captación útiles para cosechar agua de lluvia. Señala en tu plano cualquier superficie de captación que drene agua *hacia afuera* de tu terreno (por ejemplo, una entrada para autos que se inclina

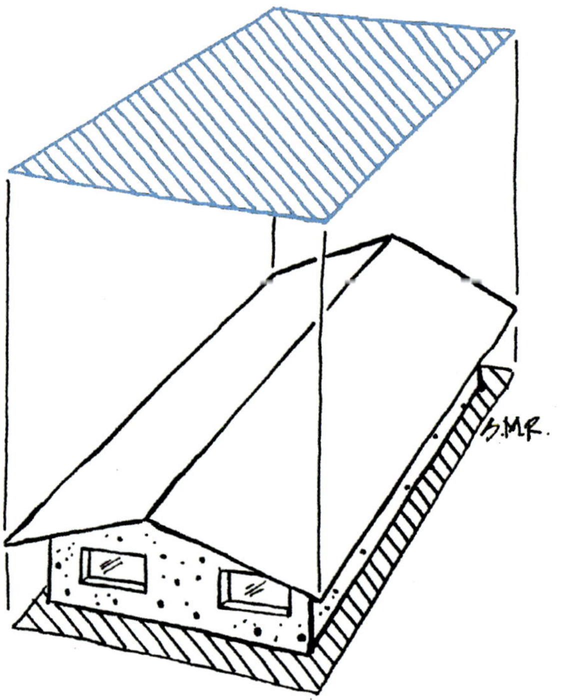

Fig. 2.5. Tamaño del área de captación en un techo: mide solo las dimensiones exteriores, o la "huella", del borde del techo. Ignora la pendiente del techo; no llueve más en un techo con picos que en un techo plano con la misma huella.

hacia la calle) y *resta* este volumen de escurrimiento perdido a los recursos de agua de lluvia promedio anuales que hayas calculado para tu terreno. (Más adelante puedes idear estrategias para recuperar esa escorrentía perdida).

Marca en tu plano cualquier superficie de captación que drene agua hacia tu terreno desde afuera (por ejemplo, la escorrentía del patio de tu vecino que se drena *hacia* tu patio). *Suma* este volumen adicional de escorrentía (o "escorrentía entrante") a los recursos de agua de lluvia promedio anuales que hayas calculado para tu terreno. Consulta en el recuadro 2.4 las instrucciones para calcular los volúmenes de escorrentía. Consulta las figuras 2.4 y 2.16 para ver ejemplos de mapas de sitio con volúmenes de escorrentía y coeficientes de escorrentía.

Nota: Este libro y los principios de cosecha de agua de lluvia enfatizan la cosecha y utilización de la escorrentía localizada y la escorrentía que entra desde la parte alta en la cuenca antes de que ingrese a una vía de drenaje. Una vez que el agua está en una vía de drenaje, no se debe desviar de la misma, aunque su

Recuadro 2.5. El gasto de agua del sitio del ejemplo

Consulta la figura 2.4.

El "gasto" o las necesidades anuales estimadas de agua del balance hídrico para el terreno de Tucson (Arizona) de la figura 2.4 es de 30 283 litros (8000 galones) por año para el jardín (un árbol cítrico adulto) y 394 622 litros (104 248 galones) para los requerimientos del interior del hogar donde viven cuatro personas (lavado, baño, cocina, bebida, inodoro, enfriador de aire por evaporación, con usos basados en datos de h2ouse.org para un hogar que no conserva agua).

Entonces, todas las necesidades de agua del jardín actual o de uno más denso podrían satisfacerse fácilmente con los 135 911 litros (35 904 galones) de lluvia y escorrentía entrante cosechable y la densidad del jardín se podría aumentar aún más con la reutilización de aguas grises del sitio y la cosecha de la escorrentía de la calle.

De las necesidades actuales de agua al interior del hogar, el 6 % podría satisfacerse cosechando los 24 855 litros (6566 galones) de escorrentía del techo. Mediante la implementación de estrategias simples de conservación de agua recomendadas por h2ouse.org (uso de inodoros de bajo flujo, aireadores de grifo, lavadoras eficientes y enfriadores por evaporación sin válvula de alivio), la familia podría reducir sus necesidades anuales de agua al interior del hogar a 237 284 litros (62 684 galones) y la escorrentía del techo proporcionaría el 10 % de eso. Se podrían conservar entre 27 600 y 78 000 litros (7300 a 20 600 galones) adicionales con estrategias tales como sembrar árboles de sombra para reducir el uso de enfriadores y usar un baño seco ecológico para eliminar el uso de agua para las descargas del inodoro. Hacer cambios en el estilo de vida y aprender a vivir con menos puede ayudar a una mayor conservación del agua.

Al combinar todas estas estrategias de conservación y expandir la superficie del techo (tal vez con un pórtico cubierto en los lados este y oeste de la casa, así como por donde da la sombra en invierno) este hogar podría satisfacer *todas* sus necesidades de agua con lluvia en un año promedio. Sigue leyendo para ver qué estrategias serían apropiadas para tu terreno y tus necesidades. Cada sitio es único y tú decides hasta dónde quieres llegar, utilizando las estrategias que se encuentran en este y en los siguientes dos volúmenes de esta serie.

flujo se puede ralentizar o retener para permitir una mayor infiltración, como sucede con las represas de una piedra de altura (RUPAs).

ESTIMAR LAS NECESIDADES DE AGUA DE TU SITIO

Determina el lado del "gasto" en tu balance hídrico estimando las necesidades de agua de tu hogar y jardín. Tu factura o cuenta de agua refleja tu uso actual del agua. Consulta los recuadros 2.6 a 2.9 para ver estimados de uso y desecho de agua en hogares. En la oficina de extensión agrícola de tu localidad puedes encontrar información sobre las necesidades estimadas de agua de las plantas; también puedes consultar el apéndice 4. Mejor aún, sal a caminar para observar las plantas nativas que crecen en tu área de manera natural y que se sostienen solo con agua de lluvia. Las necesidades de agua de las plantas variarán ampliamente dependiendo de cada planta y su tamaño, así como de los suelos, el clima y el microclima en los que se siembre. Teniendo esto en cuenta, en Tucson (Arizona) un árbol de mezquite nativo de 6.1 m (20 pies) de altura y ancho usará aproximadamente 11 356 litros (3000 galones) de agua al año, mientras que un árbol cítrico adulto, no nativo y exótico de 4.9 m (16 pies) de altura y ancho consumirá alrededor de 30 283 litros (8000 galones) por año.[5]

Compara las necesidades de agua de tu terreno con el volumen de lluvia que le cae directamente encima o que fluye a través de él. ¿Cuántas de tus necesidades domésticas de agua podrías satisfacer cosechando la escorrentía del techo en uno o más tanques? ¿Cuánta vegetación podrías mantener cosechando lluvia directamente en tu suelo? ¿Cómo puedes equilibrar tu balance hídrico utilizando el agua de lluvia cosechada como tu fuente primaria de agua?

CALCULA LA FUENTE SECUNDARIA DE AGUA DE TU SITIO: LAS AGUAS GRISES

El agua gris es el agua que drena de los fregaderos, bañeras, duchas y lavadoras de tu hogar. *No* incluye el agua que drena del inodoro, llamada *aguas negras*. Idealmente, la fuente original de las aguas grises es el

Recuadro 2.6. Estimados de los recursos de aguas grises del hogar[6]

Basado en cifras de *Create an Oasis with Graywater* de Art Ludwig (ver también OasisDesign.net y Greywater.com)

Dispositivo	Frecuencia de uso	Volumen usado	Uso semanal por persona	Uso anual por persona
Lavadora de carga superior	1.5 usos/persona/semana	114 L/uso 30 gal/uso	170 L/semana/persona 45 gal/semana/persona	8858 L/año/persona 2340 gal/año/persona
Bañera	1.5 usos/persona/semana	76 L/uso 20 gal/uso	114 L/semana/persona 30 gal/semana/persona	5905 L/año/persona 1560 gal/año/persona
Ducha	5 usos/persona/semana	49 L/uso 13 gal/uso	246 L/semana/persona 65 gal/semana/persona	12 795 L/año/persona 3380 gal/año/persona
Lavabo	21 usos/persona/semana	1.9 L/min 0.5 gal/min	40 L/semana/persona 10.5 gal/semana/ persona	2067 L/año/persona 546 gal/año/persona
TOTAL			570 L/semana/persona 150.5 gal/semana/persona	29 625 L/año/persona 7826 gal/año/persona

Recuadro 2.7. Estimados de recursos de aguas grises de lavadoras de carga frontal de bajo consumo de agua

Basado en cifras de *Create an Oasis with Graywater* de Art Ludwig (ver también OasisDesign.net y Greywater.com)

Dispositivo	Frecuencia de uso	Volumen usado	Uso semanal por persona	Uso anual por persona
Lavadora de carga frontal	1.5 usos/persona/ semana	38 L/uso 10 gal/uso	57 L/semana/persona 15 gal/semana/persona	2953 L/año/persona 780 gal/año/persona

Recuadro 2.8. Estimados de los recursos de agua de desagüe del fregadero en la cocina del hogar

Basado en cifras de *Create an Oasis with Graywater* de Art Ludwig (ver también OasisDesign.net y Greywater.com)

NOTA: Algunos entes reguladores consideran el agua del fregadero o pileta como aguas negras debido a que contiene niveles más altos de sólidos orgánicos y bacterias coliformes que otras fuentes de aguas grises. Si quienes descargan el agua por el desagüe son jardineros respetuosos con el medio ambiente y el suelo optando por usar jabones apropiados, prefiero la clasificación de Art Ludwig de "aguas grises oscuras". Para ver recomendaciones de jabón y estrategias seguras para cosechar el agua de desagüe del fregadero del sitio, consulta el capítulo 12 y el apéndice sobre desagüe de recursos de la cocina en *Rainwater Harvesting for Drylands and Beyond, Volume 2.*

Dispositivo	Frecuencia de uso	Volumen usado	Uso semanal por persona	Uso anual por persona
Fregadero o pileta	Diario	11 a 55 L/día 3 a 15 gal/día	79 a 397 L/semana/persona 21 a 105 gal/semana/persona	4015 a 20 725 L/año/persona 1095 a 5475 gal/año/persona

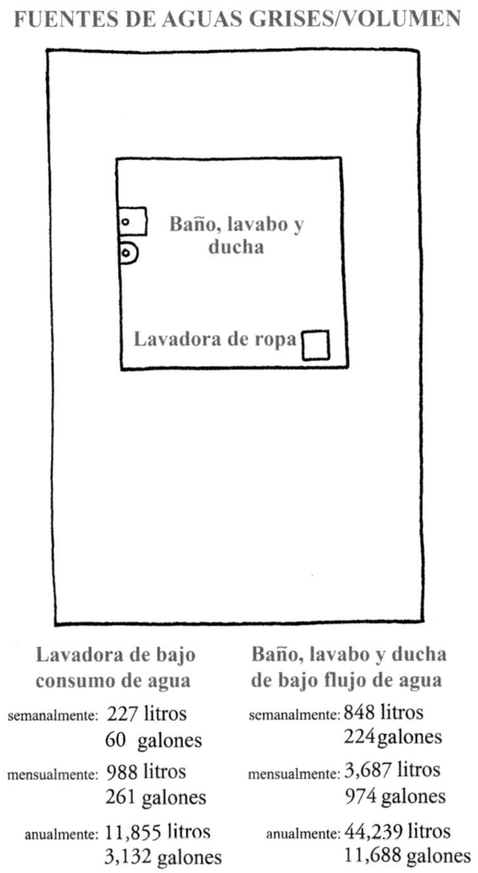

Fig. 2.6. Ejemplo de los recursos de aguas grises promedio estimados de una casa que se descargan a través del uso de agua de cuatro residentes. La instalación de un sistema de aguas grises permitiría el acceso y reciclaje de estas aguas grises, en el sitio mismo. Nota: Un mes equivale a 4.35 semanas.

agua de lluvia cosechada, pero con mayor frecuencia es agua municipal o de pozo tomada del grifo. Cualquiera que sea la fuente, puedes convertir estas aguas residuales domésticas en un recurso utilizándolas para regar tu paisaje de manera segura y productiva. El volumen de aguas grises domésticas disponibles depende de la cantidad de agua que se va por los desagües. Cada hogar es diferente, pero la información en el recuadro 2.6 ofrece estimaciones aproximadas de los volúmenes típicos utilizados. Suma el volumen estimado de aguas grises de cada fuente que hay en tu sitio (consulta el ejemplo de la figura 2.6). Luego utilizarás esta información en el capítulo 4 para crear un plan conceptual integrado de cosecha de agua de lluvia y aguas grises para tu sitio. En el volumen 2 hay un capítulo con información más específica sobre los sistemas de cosecha de aguas grises.

CALCULA LAS AGUAS "RESIDUALES" ADICIONALES DEL SITIO QUE PUEDAN UTILIZARSE COMO UN "RECURSO" DE AGUA

Los filtros de agua de ósmosis inversa (OI) a menudo descargan más de la mitad del agua de grifo que purifican. Y aunque el agua de descarga contiene las sales y otros sólidos disueltos totales (SDT) filtrados, se puede usar para regar las plantas.

Los enfriadores de aire por evaporación, comunes en climas cálidos y secos, descargan agua aún más salada. Su agua salada de purga se puede usar para regar vegetación tolerante a la sal (como el cenizo o *Atriplex canescens*), particularmente si el suelo se enjuaga ocasionalmente con agua de lluvia o con agua condensada, las cuales no contienen sal.

El agua condensada es la que se descarga de los aires acondicionados (AC, por sus siglas en inglés). Al igual que el agua de lluvia, es básicamente agua destilada ideal para regar plantas (aunque yo no bebería el condensado de un AC). Entre más caluroso y húmedo sea el clima, más agua condensada descargará el aire acondicionado.

Revisa el recuadro 2.9 para estimar los volúmenes de descarga de estas fuentes de agua. Consulta los costos energéticos del agua en el apéndice 9 para conocer el consumo de energía y las emisiones de carbono asociadas con el agua condensada, aguas grises, aguas pluviales y demás.

Una vez que tengas una idea más clara del agua de lluvia, aguas grises y otras aguas potencialmente "desperdiciadas" que se pudieran convertir en agua cosechada, podrás considerar algunas de las estrategias presentadas en el capítulo 3 con las que puedes cosechar dicha agua. Sin embargo, primero amplía la evaluación de tu sitio para ver las oportunidades y desafíos de cosechar otros recursos además del agua. De esa manera, contarás con mejor preparación para aprovechar al máximo las estrategias del capítulo 4 que aumentan exponencialmente tu cosecha de agua al

Recuadro 2.9. Estimados de los volúmenes de descarga de enfriadores por evaporación, aires acondicionados y filtros de ósmosis inversa de uso residencial

Fuente de agua	Ejemplo de tasas de descarga	Factores que afectan el volumen de descarga	Calidad del agua	Vegetación compatible
Descarga de válvula de alivio de enfriador de aire por evaporación (cooler)	Los enfriadores por evaporación son más efectivos en condiciones de alta temperatura y baja humedad relativa. Ejemplo de descarga en las condiciones secas de Phoenix (Arizona): la descarga de la válvula de alivio del enfriador es de 3.7 a 18.9 L/hora (1 a 5 gal/hora)[a] para el uso promedio estimado de enfriadores en residencias unifamiliares.	- Humedad relativa - Temperatura - Cantidad de horas de tiempo de uso	El agua típica de la válvula de alivio tiene un alto contenido de sales que varía de 375 a 4043 mg/L, con un promedio de 1580 mg/L.[b] Algunos enfriadores por evaporación tienen una descarga tipo "descarga de resumidero", que a menudo contiene niveles más altos de sólidos disueltos totales (SDT) que el agua de la válvula de alivio.	Utiliza el agua de la válvula de alivio solo en vegetación tolerante a la sal. Si los SDT son <5000 mg/L, puedes regar el pasto bermuda y el zacate salado que son tolerantes a la sal. Si los SDT son <2000 mg/L puedes usar el agua en plantas con baja tolerancia a la sal, como los árboles cítricos y los almendros, manzanos, duraznos y perales.[b]
Condensado del aire acondicionado	Ejemplo de descarga en condiciones de la temporada *seca* de Phoenix (Arizona):[c] 0.04 a 0.09 litros (0.01 a 0.02 galones) de agua condensada/hora para el uso estimado de un aire acondicionado unifamiliar promedio, con capacidad de 2-3 toneladas. El condensado de una unidad comercial grande puede alcanzar los 1895 litros (500 galones)/día.[c] Ejemplo de descarga en condiciones de *humedad* en Austin (Texas):[d] 0.3 a 0.7 litros (0.1 a 0.2 galones) de condensado/hora para el uso estimado de un aire acondicionado unifamiliar promedio, con capacidad de 2-3 toneladas. El condensado de una unidad comercial grande puede llegar hasta los 7580 litros (2000 galones)/día.[d]	- Humedad relativa - Temperatura - Toneladas-horas de tiempo de uso: un aire acondicionado residencial típico de 2 a 3 toneladas de capacidad puede operar del 60 % al 70 % del tiempo en los días más calurosos y húmedos.[d] - Frecuencia del intercambio de aire dentro del edificio. Los edificios comerciales generalmente intercambian aire con mayor frecuencia que las unidades residenciales de tamaño similar, por lo que pueden producir más condensado. - Cantidad de humedad producida dentro del edificio por diversas actividades.	El condensado de un AC típicamente es agua de riego de alta calidad producida cuando el aire húmedo se condensa en el evaporador o bobina fría de una unidad de aire acondicionado.	Usa condensado sin sales como fuente de riego para todo el jardín y huertos, tanto en paisajes húmedos como secos. Puedes usar condensado para ayudar a lixiviar las sales acumuladas en la zona de la raíz primaria en los 0.6 m (2 ft) superiores del suelo.
Descarga de filtro de agua de ósmosis inversa (OI)	Descarga de 7.58 a 18.95 litros (2 a 5 galones) por galón de agua purificada. Suponiendo que se necesitan 3.79 litros (1 gal)/persona/día de agua para beber y cocinar, la descarga sería de 7.58 a 18.95 litros (2 a 5 galones)/persona/día.		El agua de descarga del filtro OI tiene aproximadamente un 25 % más de concentración de SDT que el agua del grifo de la cual se alimenta.[e] No tiene sólidos en suspensión.	Úsala para riego en áreas ajardinadas y huertos.

Notas: Estas aguas no son aguas gratuitas suministradas por el ciclo hidrológico natural y/o la gravedad, sino aguas de alta energía incorporada bombeadas hacia o en el sitio, o condensadas en un aparato de alto consumo de energía. Si estas aguas están presentes en un sitio, deberíamos reutilizarlas a través de ciclos beneficiosos adicionales, como el riego de árboles de sombra, adecuadamente ubicados, para proporcionar enfriamiento pasivo, en lugar de desperdiciarlas enviándolas a la alcantarilla.

Al hacerlo, sería prudente al mismo tiempo ser más conscientes sobre los verdaderos costos de estas aguas y así impulsar prácticas que sean mejores y más eficientes. Consulta el apéndice 9 y su tabla A9.1 y las tablas de Costo energético del agua, Costo hídrico de la energía y Costo carbónico de la energía para ver algunos de estos costos ocultos.

integrarla con recursos adicionales gratuitos como sol, viento y vegetación, entre otros.

EVALUACIÓN DE SITIO EN UNA HOJA Y CÓMO USARLA

¿Deseas ampliar la evaluación de tu sitio? Te presento una herramienta para hacerlo. La información sobre cuenca, clima, sol, viento, agua, hidroenergía (*watergy*, término que describe la relación entre agua y energía en los sistemas municipales de suministro de agua) y especies indicadoras que aparece en la figura 2.7 constituye una Evaluación "inicial" del lugar que, en este caso, describe Tucson (Arizona). Tu Evaluación de sitio en una hoja (también conocida como Evaluación del lugar) desarrolla más del contexto del *lugar* en el que se encuentra tu sitio (no el sitio en sí) al centrarse en algunos de sus parámetros generales. Te recomiendo que amplíes la información de la figura 2.7 haciendo una observación más específica *en el sitio* para identificar, por ejemplo, la dirección hacia la que se orientan las pendientes de tu terreno, las condiciones de tus suelos, dónde están los microclimas más fríos y más calientes, así como la forma en la que el viento, el agua y los patrones de vida silvestre de tu sitio difieren de los que son promedios en la comunidad. El resumen simple y conciso de estas observaciones contextuales y la información estadística contenida en la Evaluación del lugar te ayudan a integrar la evaluación, cosecha y regeneración del agua y otros recursos del sitio y de la comunidad. Esta evaluación va mucho más allá del agua, abriendo una puerta a una mayor percepción y comprensión de dónde estás, qué puedes hacer y qué debes hacer. El objetivo es conocer y trabajar con el lugar de una manera en la que tanto el sitio como tú mejoren de forma continua y sostenible. La Evaluación del lugar en una hoja debe evolucionar a medida que tus observaciones, comprensión y raíces se hagan más profundas. La cuarta sección, "Agua", se refiere directamente a este capítulo, mientras que las otras secciones se refieren más directamente al capítulo 4 (Diseño integrado) y los apéndices.

Consulta la página de Evaluaciones de sitio en una hoja HarvestingRainwater.com/one-page-place-assessments/ para ver ejemplos de Evaluaciones del lugar para una variedad de comunidades y orientarte sobre cómo encontrar la información que necesitas para crear una sobre tu comunidad.

A continuación te presento algunos consejos sobre cómo usar tu Evaluación de sitio.

Cuenca hidrográfica

Lo que hacemos y cómo vivimos en una cuenca afecta a todos los demás en esa misma cuenca; y lo que los demás hacen y cómo viven nos afecta a nosotros. Estar concientes de esto, y tener conciencia de la cuenca en la que vivimos, puede ayudar a fortalecer nuestra comprensión, conexiones y manejo de nuestra tierra, agua, comunidad, ecologías y ecosistemas compartidos. Consulta el blog "Watershed Maps are Community Maps" (Los mapas de cuencas hidrográficas son mapas comunitarios) en mi sitio web para ver estrategias que destacan las cuencas locales.

Sol

Para aprovechar los beneficios del sol y de la sombra, debes comprender el flujo cambiante de la luz solar y de la sombra del lugar donde vives, de modo que la "Evaluación de sitio" registre la ubicación del sol cuando sale, cuando se pone y al mediodía

EVALUACIÓN DE SITIO EN UNA HOJA: TUCSON, ARIZONA

UBICADA EN LA SUBCUENCA DEL RÍO SANTA CRUZ DENTRO DE LA CUENCA DEL RÍO COLORADO

SOL ⚐ 1

LATITUD: 32.2°

ELEVACIÓN: 779 m / 2555 PIES

	21 MAR	21 JUN	21 SEP	21 DIC
GRADOS N o S HACIA EL ESTE, POR DONDE SALE EL SOL[1]	0°	29°N	0°	27°S
GRADOS N o S HACIA EL OESTE, POR DONDE SE PONE EL SOL[1]	0°	29°N	0°	27°S
ÁNGULO DE ELEVACIÓN AL MEDIODÍA SOLAR (POR ENCIMA DEL HORIZONTE)[a,1,2]	58°	81°	58°	34°

PROPORCIÓN OBJETO : SOMBRA EN EL SOLSTICIO DE INVIERNO AL MEDIODÍA SOLAR[b]: 1 : 1.46 ...Y ACIMUT[c]: 0°

PROPORCIÓN OBJETO : SOMBRA EN EL SOLSTICIO DE INVIERNO A LAS 9AM Y 3PM SOLARES[b,1]: 1 : 2.79 ...Y ACIMUT[c,1]: 44°

CLIMA ⚐ 2

TEMPERATURAS MÁXIMAS Y MÍNIMAS PROMEDIO[3] *1946 – 2022*

	ENE	FEB	MAR	ABR	MAY	JUN	JUL	AGO	SEP	OCT	NOV	DIC	ANUAL
°C MÁX	18.6	20.3	23.4	27.9	32.6	37.9	37.4	36.3	34.7	29.6	23.3	18.6	28.4
°C MÍN	3.9	5.2	7.6	10.9	15.2	20.6	23.6	22.8	20.2	14.1	7.8	4.1	13.0
°F MÁX	65.4	68.6	74.1	82.2	90.7	100.3	99.4	97.4	94.4	85.2	73.9	65.5	83.1
°F MÍN	39.1	41.3	45.6	51.6	59.3	69.0	74.4	73.0	68.4	57.3	46.0	39.4	55.4

TEMP. MÁX. HISTÓRICA[4]: 47.8° C | 118° F | *27/6/1990*

TEMP. MÍN. HISTÓRICA[4]: -14.4° C | 6° F | *7/1/1913*

VIENTO ⚐ 3

VELOCIDAD MÁX.[8]: 129 km/h | 80 Mi/H

DIRECCIÓN PREDOMINANTE DEL VIENTO (DESDE DÓNDE)[6] Y VELOCIDAD PROMEDIO[7]

	ENE	FEB	MAR	ABR	MAY	JUN	JUL	AGO	SEP	OCT	NOV	DIC	ANUAL
	ESE	ESE	OSO	OSO	OSO	OSO	SE	ESE	ESE	ESE	ENE	ESE	
km/h	12.1	12.4	13.4	14.0	13.8	13.7	13.4	12.6	13.0	12.7	12.4	11.7	12.9
Mi/H	7.5	7.7	8.3	8.7	8.6	8.5	8.3	7.8	8.1	7.9	7.7	7.3	8.0

AGUA ⚐ 4

PRECIPITACIÓN PROMEDIO (GANANCIA)[3] *1946 – 2022*

	ENE	FEB	MAR	ABR	MAY	JUN	JUL	AGO	SEP	OCT	NOV	DIC	ANUAL
mm	21.8	18.3	16.0	7.1	4.3	6.1	62.2	54.6	34.5	20.8	14.7	24.1	284.7
PULG.	0.86	0.72	0.63	0.28	0.17	0.24	2.45	2.15	1.36	0.82	0.58	0.95	11.21

EVAPORACIÓN PROMEDIO (PÉRDIDA POTENCIAL)[d,9] *1894 – 2005*

	ENE	FEB	MAR	ABR	MAY	JUN	JUL	AGO	SEP	OCT	NOV	DIC	ANUAL
mm	82.6	116.1	176.5	251.0	326.9	378.7	334.5	295.9	262.9	198.4	120.1	85.6	2629.2
PULG.	3.25	4.57	6.95	9.88	12.87	14.91	13.17	11.65	10.35	7.81	4.73	3.37	103.51

LLUVIA AÑO MÁS HÚMEDO[4]: 666 mm | 26.22 PULG. | *1983*

LLUVIA AÑO MÁS SECO[5]: 106 mm | 4.17 PULG. | *2020*

PERIODO MÁS LARGO SIN PRECIPITACIÓN MENSURABLE[10]: 155 DÍAS: *27/12/1971 – 29/5/1972*

GANANCIA DE LLUVIA[e]: 844 lpcd | 223 GPCD

ÁREA[f,11]: 587 km² | 226.7 Mi²

POBLACIÓN[f,11]: 542 629 | *2020*

USO DE AGUA MUNICIPAL[12]: 311 lpcd | 82 GPCD

PROFUNDIDAD DEL NIVEL FREÁTICO[g,13]: HISTÓRICO 9.25 m | 30 PIES | *1950* — 36.49 m | 120 PIES | *2011* ACTUAL

EXTRACCIÓN ACTUAL DE AGUA SUBTERRÁNEA > RECARGA NATURAL DE AGUA SUBTERRÁNEA[h,i,14,15]

HIDROENERGÍA ⚐ 5

PORCENTAJE DE ENERGÍA MUNICIPAL UTILIZADA PARA MOVER Y TRATAR EL AGUA[k,16]: 44%

ESPECIES INDICADORAS ⚐ 6

MAMÍFEROS: Murciélago trompudo[17] AVES: Zacatonero hombros canela[j,17]

ANFIBIOS: Rana leopardo de Yavapai[j,17] REPTILES: Culebra de agua nómada mexicana[j,17] PLANTAS: Tumamoc globeberry[17]

MEGAFAUNA: Lobo gris mexicano,[j,18] jaguar,[j,19] oso grizzly (montañas Catalina-Rincon)[j,20] PECES: Matalote de Sonora[j,17]

Disponible en www.CosechaDeAguaDeLluvia.com

Fig. 2.7. "Evaluación de sitio en una hoja" para Tucson, Arizona. Para obtener una versión descargable (que incluye evaluaciones de muchas otras comunidades) consulta la página "One-Page Place Assessment" en HarvestingRainwater.com. Notas en la página siguiente.

NOTAS SOBRE LA EVALUACIÓN DE TUCSON
a. El ángulo de elevación del mediodía solar (también conocido como ángulo de altitud del mediodía solar) se refiere al número de grados a los que el sol se localiza por encima del horizonte cara al ecuador en la fecha dada. En el hemisferio norte, el horizonte cara al ecuador está hacia el sur. En el hemisferio sur, el horizonte cara al ecuador está hacia el norte.
b. La proporción objeto:sombra del mediodía solar en el solsticio de invierno es la altura del objeto:largo de la sombra arrojada por el objeto el 21 de diciembre al mediodía. (Esta es la sombra del mediodía más larga del año). La proporción es 1:x, donde x = 1 ÷ tangente (90 – (latitud + 23.44)).
c. El acimut es el ángulo formado entre una dirección de referencia dada (aquí, hacia el sur) hasta un punto en el horizonte directamente debajo de un objeto dado. El mediodía solar es la hora de cualquier día en la que el acimut es 0°. El acimut de las 9 am y las 3 pm en el solsticio de invierno indica la desviación del sol, en grados, hacia el sureste o suroeste a esas horas del día (–/+ 3 horas del mediodía solar) el 21 de diciembre.
d. Un evaporímetro es una tina que se llena de agua y cuya profundidad se mide diariamente conforme el agua se va evaporando. Esta información permite determinar la tasa de evaporación en una localidad dada. Para comparar la precipitación promedio (ganancia de agua) con la pérdida potencial por evaporación, revisa las tasas de evaporación dadas por el evaporímetro para tu área. Si las tasas de evaporación exceden las tasas de precipitación, estás en un ambiente árido en donde son muy importantes las estrategias para reducir la evaporación, tales como el uso de acolchado, rompevientos, sombreado y almacenamiento de agua en contenedores cubiertos.
e. Se calcula en el sitio con la precipitación promedio, el área y la población.
f. Extensión del municipio
g. Las profundidades del agua subterránea pueden variar en los pozos de la cuenca de Tucson. Este pozo de agua en Tucson (ID local d-14-13 13CBC) está muy cerca del centro de Tucson y del río Santa Cruz y forma parte de sus historias. Se ubica a 547 m (600 yardas) de un pozo cavado a mano en South Main Street (cerca del santuario El Tiradito) del cual en la década de 1870 Adam Sanders y Joseph Phy sacaban agua que vendían a USD 0.05 por cubeta. Según *The Lessening Stream: An Environmental History of the Santa Cruz* de Michael F. Logan, "Los dos empresarios llenaban con agua de su pozo un tanque de hierro colocado sobre un vagón y recorrían el pueblo a diario vendiendo agua. En 25 años el uso de agua municipal en Tucson cambió de agua de pozo vendida en cubetas a un suministro entubado que se abastecía del acuífero. Cuando las líneas de agua se abrieron por primera vez en septiembre de 1882, casi de inmediato bajó el nivel del acuífero aguas abajo".
h. Debido a que tanto el acuífero como las aguas superficiales asociadas se estaban agotando rápidamente en zonas de Arizona que dependían mucho del agua extraída del acuífero, el *Código para la gestión del agua subterránea* de 1980 identificaba y designaba 5 de esas áreas como Áreas de Manejo Activas (AMA) y ordenaba que lograran una *producción segura*, con base en todas las AMAs, para el año 2025. De acuerdo al BORRADOR de la Evaluación de oferta y demanda del Área de Manejo Activa de Tucson elaborada por el Departamento de Recursos Hídricos de Arizona, la producción segura es "un balance entre la cantidad de agua subterránea que se bombea del AMA anualmente y la cantidad de agua que se recargó de manera natural o artificial. Sacar más agua de la que se recarga de manera natural y artificial genera una sobreexplotación del acuífero". Todas las proyecciones de la Evaluación predicen que Tucson no va a lograr una producción segura para 2025. Ninguna de las proyecciones que se presentan en la Evaluación considera el beneficio potencial de promover y adoptar ampliamente la cosecha de aguas en el sitio que se plantea en este libro.
i. Los niveles del acuífero están aumentando en algunas partes del Área de Manejo Activa (AMA) de Tucson debido a que existe una menor extracción de agua del acuífero en los lugares donde el agua comprada del CAP (agua importada del río Colorado y que se transporta más de 483 km (más de 300 millas) a través del canal y estaciones de bombeo del Proyecto de Arizona Central) se usa en lugar del agua del acuífero o lo recarga de manera artificial. También se puede reducir la extracción de agua del acuífero con la cosecha de las aguas que caen el sitio de manera gratuita tal como se promueve en este libro. Además, conservar energía y producir energía renovable en el sitio puede reducir la extracción de agua del acuífero asociada con la producción de energía termoeléctrica. Revisa el apéndice 9 para comparar los costos de nuestras opciones de agua y energía.

CRÉDITOS: Brad Lancaster, concepto del recurso / Megan Hartman, creación / Azucena Garza, traducción

en diferentes épocas del año. Usa esta información para colocar objetos como árboles y tanques para que arrojen sombra refrescante donde desees y necesites en las estaciones calurosas, sin bloquear el calor y luz gratuitos del sol de invierno donde sea necesario.

Para ayudarte más con ese objetivo, la Proporción de sombras del solsticio de invierno te indica la distancia a la que se proyectará la sombra de un objeto durante el solsticio de invierno, que es el día con las sombras más largas del año, para que no des sombra a las ventanas de cara al sol invernal durante el invierno ni a los paneles solares ni a los calentadores de agua. Por ejemplo, si la proporción es de 1:1.46, un objeto arrojará una sombra 1.46 veces más larga que la altura del objeto: un árbol de 3 m (10 pies) de altura proyectará una sombra de 4.4 m (14.6 pies) de largo (la sección “Mantener el acceso al sol de invierno” del capítulo 4 incluye ilustraciones, una mayor explicación y proporciones para otras latitudes).

El acimut indica el ángulo de la ubicación del Sol al este o al oeste del sur verdadero en una fecha y hora dadas, lo que permite determinar la dirección en la que se proyectarán las sombras. Por ejemplo, a las 3 p.m. en el solsticio de invierno en Tucson, el Sol está a 44° al oeste del sur verdadero, por lo que las sombras se proyectarán a 44° al este del norte verdadero en esa fecha y hora (una vez más, consulta la sección "Mantener el acceso al sol de invierno" del capítulo 4 para ver ilustraciones y una mayor explicación).

La latitud y la elevación muestran dónde encaja tu sitio en los patrones circulatorios atmosféricos y de exposición solar en la escala global que afectan fuertemente el clima de un sitio. A mayor elevación, mayor radiación solar, pero más baja temperatura. En promedio, las temperaturas bajan 1.94 °C o 3.5 °F por cada 304 m o 1000 pies de elevación.[7]

Junto con la información sobre el agua y el clima, conocer tu latitud y elevación ayudan a crear evaluaciones climáticas análogas. Como lo describe Dave Boehnlein de Bullock's Permaculture Homestead (finca de permacultura de Bullock, en PermaculturePortal.com), el proceso implica:

> … crear un perfil del clima para el cual estamos creando un diseño. Esto se basa en la precipitación, temperaturas, estacionalidad, etc. Luego tratamos de encontrar otros lugares en todo el mundo con perfiles que coincidan muy estrechamente: climas análogos. Una vez que hayamos encontrado estos diferentes lugares, podemos comenzar a analizarlos en términos de vegetación nativa, productos agrícolas, medicinas, estilos arquitectónicos, cocina y una variedad de otros factores (especialmente con respecto a los pueblos tradicionales o indígenas). Ya que estas personas generalmente viven de modos altamente sensibles a su entorno (por ejemplo, en lugar de drenar su agua local, la cosechan; y diseñan edificios inteligentes que se enfrían pasivamente en lugar de edificios mal diseñados que requieren acondicionar su aire de manera mecánica), podemos considerar lo que cultivan y la manera en que viven como una fuente de inspiración para los tipos de características de diseño que podríamos utilizar para abordar mejor la sostenibilidad.[8]

Clima

La sección sobre clima en la Evaluación del lugar enumera las temperaturas promedio altas y bajas para cada mes del año, junto con las temperaturas récord altas y bajas para determinar cuáles plantas pueden sobrevivir/prosperar en tu área en función de sus tolerancias al calor y al frío. Estas temperaturas también resaltan las oportunidades para aprovechar o modificar dichas temperaturas dentro de los microclimas de tu sitio utilizando estrategias de calentamiento y enfriamiento pasivas, sencillas, de bajo costo y sin consumo de energía.

Por ejemplo, observa la *diferencia de 10 °C (20 °F)* entre las temperaturas en septiembre (equinoccio de otoño) y marzo (equinoccio de primavera). En el otoño, los días de Tucson son calurosos y las noches frescas, mientras que la primavera tiene los días cálidos y las noches frías. Cuando se extienden sobre las ventanas que dan al ecuador, los toldos retráctiles, las cortinas de tela o las persianas exteriores generan sombra que puede bloquear ese sol caliente directo en verano y otoño, y si se retraen en invierno y primavera para no generar sombra permiten utilizar el calor y la luz solar gratuitos según sea necesario. Consulta el capítulo 4, "Diseño integrado", para obtener más información.

Podemos aprovechar el contraste entre los días calurosos y las noches frescas a fines de la primavera y principios del otoño, e incluso en verano, abriendo ventanas y puertas (protegidas con malla mosquitera) por la noche para refrescar el ambiente interior de manera gratuita y luego cerrándolas durante el día para mantener el aire fresco adentro. Esto reduce el consumo de energía de los sistemas mecánicos de calefacción y enfriamiento, reduciendo así el consumo de agua y la contaminación de las plantas generadoras de energía. Consulta el apéndice 9, "Nexo agua-energía-carbono" para más información sobre la conexión agua-energía.

Las temperaturas de invierno en Tucson pueden caer por debajo del punto de congelación, y de hecho lo hacen, como lo muestra la temperatura récord más baja. Las plantas tropicales y subtropicales intolerantes a las heladas morirán a menos que se les proteja de acuerdo con la estación y se coloquen en microclimas más cálidos. Puede ser debajo de las copas protectoras de plantas abiertas a la luz solar invernal de ángulo bajo. En los meses calurosos, estas plantas tiernas, así como las de elevaciones y latitudes más altas/más frías, a menudo requieren protección/sombra del sol del mediodía y de la tarde.

Viento

Si conocemos las variaciones mensuales en la dirección del viento predominante (la dirección de la que provienen los vientos) y las velocidades promedio y máxima de los vientos, podemos colocar y diseñar correctamente los cortavientos, ventanas, carreteras, edificios y otras características para cosechar, desviar o bloquear los vientos y lo que estos traigan consigo.

Los cortavientos y las desviaciones de viento, junto con los accidentes geográficos, pueden concentrar, acelerar y mejorar la cosecha de viento para bombeo o generación de energía.

Técnicas sencillas de cosecha de viento pueden reducir la velocidad de modo que la nieve transportada por el viento caiga dentro de cortinas rompevientos que son irrigadas por esa nieve, manteniendo las carreteras y caminos libres de ventisca. La ligera brisa de verano se puede desviar a través de las ventanas para refrescar espacios de manera gratuita. Los cortavientos pueden bloquear los vientos fríos de invierno alrededor de los edificios y, a veces, pueden bloquear los incendios alimentados por el viento. Los cortavientos también reducen la pérdida por evaporación y evapotranspiración de las plantas, suelos y cuerpos de agua protegidos; pueden además filtrar el polvo y reducir la velocidad del viento que sopla a través de los asentamientos humanos. Ver apéndice 8, "Cosechar el viento", para conocer más detalles.

Las formas más complejas de cosecha de viento pueden bombear agua o generar energía. Los molinos de viento necesitan una velocidad de viento mínima de 5 a 6.5 km/h o 3-4 mi/hora para bombear agua.[9] Las turbinas eólicas necesitan una velocidad promedio del viento de entre 16 y 22 km/h o 10 a 14 mi/hora para generar energía; entre más alta sea la velocidad, mayor será la producción de electricidad.[10]

Agua

La precipitación promedio se proporciona por mes, así puedes saber cuándo esperar la lluvia y cuánta recibirás normalmente en el largo plazo. Esto te ayuda a planificar el tamaño de techos, construcciones y otras áreas de captación que cosechan agua en tanques o la concentran en el suelo. También te ayuda a calcular y dimensionar los tanques y/o jardines de lluvia para retener el agua de lluvia.

La evaporación total es una medida de la pérdida de agua de un cuerpo de agua abierto o de un recipiente de agua. El potencial de evaporación refleja los efectos combinados de la temperatura, la humedad, la lluvia, la dispersión de la sequía, la radiación solar y el viento sobre los cuerpos de agua y sobre el suelo desnudo. También indica el nivel de estrés al que están sometidas las plantas, que pierden agua a través del proceso de evapotranspiración de sus hojas. Esta información se puede utilizar para ayudar a determinar la demanda de agua de las plantas, si es necesario regarlas y cuánto, y cómo reducir esas necesidades de riego.

Si las tasas anuales de evaporación total exceden las tasas de precipitación, te encuentras en un ambiente de zonas áridas. Si las tasas de evaporación total exceden las de precipitación solo durante ciertas épocas del año, posiblemente solo experimentas temporadas de secas. En cualquier caso, las estrategias para reducir la evaporación como utilizar acolchado, instalar cortavientos, crear sombreado y tener áreas cubiertas para el almacenamiento de agua son muy importantes.

Las precipitaciones pueden variar enormemente de un año a otro y de un lugar a otro, particularmente en ambientes de zonas áridas. La lluvia del año más húmedo te ayuda a planificar para extremos de humedad de tal forma que tengas suficiente capacidad en el suelo, tanques y rutas de sobreflujo para convertir las posibles inundaciones en cosechas. La lluvia del año más seco junto con el período más largo sin precipitaciones medibles te permite planificar con anticipación la capacidad de almacenamiento, los suministros de agua de respaldo, un reciclado y reutilización del agua más eficientes, así como otras medidas de mitigación para enfrentar los años extremos. Si solo consumes agua de lluvia, querrás suficiente en tus tanques desde el primer día de la sequía para que te dure hasta que vuelva a llover.

¿Cuál es el potencial de cosechar agua de lluvia en tu comunidad? Comparar el ingreso de agua de lluvia contra el uso de agua municipal en litros per cápita/ por persona diarios (Lpcd) y en galones per cápita/ por persona diarios (gpcd) te ayuda a ver precisamente eso. Observa cómo la cantidad de lluvia que cae en la superficie de Tucson es más que la cantidad de agua municipal que usa la comunidad. Este es el caso de la mayoría de las comunidades.

Las profundidades históricas y actuales del agua subterránea, así como la información sobre si la extracción actual de agua subterránea *excede* o *es menor que* la recarga natural de agua subterránea son indicadores del deterioro o mejora de la salud de los sistemas hidrológicos de la comunidad. La cosecha de agua de lluvia, el tratamiento y reuso de aguas grises, así como la infiltración de la escorrentía de la calle pueden ayudar a mejorar el volumen y la calidad de nuestras aguas subterráneas.

Otras mediciones que quizás debas investigar y agregar a tu propia Evaluación son los flujos históricos y actuales de arroyos y ríos, además de varios parámetros de calidad del agua. Empieza a llevar registros ahora, ya que estos son puntos de referencia que puedes volver a medir en el futuro para determinar si se da un avance o deterioro.

Por ejemplo, el contenido de sólidos disueltos totales (SDT), o contenido de minerales, es un parámetro importante de la calidad del agua en el suministro de agua de una comunidad. Los SDT del agua subterránea suministrada por el servicio de agua municipal de Tucson de 1978 a 1990 fueron de 280 mg/L, en su mayoría sales que pueden dañar a las plantas y la suelo. Para 2012, las concentraciones de SDT habían aumentado a 460 mg/L debido, en gran parte, a la importación de agua del río Colorado a Tucson a partir de 1990 a través del canal del Proyecto de Arizona Central (CAP, por sus siglas en inglés), que suministra agua con SDT de 605mg/L.[11] Las centrales eléctricas que operan con combustibles fósiles suministran gran parte de la energía que bombea esta agua cuesta arriba hacia Tucson, por lo que el agua del CAP no solo degrada la calidad de nuestro suministro de agua, sino que también contamina nuestro aire (y por tanto, nuestra agua de lluvia) con esta costosa importación de agua de ese río en un intento por compensar la sobrexplotación de agua subterránea por parte de la comunidad.

Nosotros, los habitantes de Tucson, como millones de personas en todo el mundo, debemos usar una amplia gama de estrategias, como las descritas en este libro, para administrar mejor nuestro valioso suministro de agua. Debemos hacer el mejor uso posible de nuestra agua de lluvia local (que no contiene sal); reducir la pérdida excesiva de agua por evaporación; y recargar el manto acuífero con el exceso de escorrentía de la calle. Solo así podremos elevar los niveles de agua subterránea a medida que reducimos la extracción de la misma sin deteriorar la calidad y cantidad de agua disponible para otros y, al hacerlo, extender la duración de los flujos de agua superficial. También debemos reducir nuestra demanda de suministros de energía que consumen agua y de aguas importadas de baja calidad que consumen energía, la conexión *hidroenergía.*

Hidroenergía (watergy)

Hidroenergía es la relación entre el agua bombeada y tratada (para adecuarla para el uso humano) y el consumo de energía resultante. La ciudad de Tucson gasta el 44 % de su consumo energético en mover y tratar el agua. Dicho consumo de energía generalmente conlleva un mayor consumo de agua y emisiones de la central eléctrica que contaminan el agua y el aire, y que alteran el clima. Consulta el capítulo 5 y el apéndice 9, "Nexo agua-energía-carbono", para conocer las formas en que esto se puede remediar en la escala individual y comunitaria.

Especie indicadora

Una especie indicadora es una planta, mamífero, insecto, ave, pez, anfibio o reptil nativo cuyo papel en tu comunidad es muy similar al de un canario en una mina de carbón. La disminución o aumento de sus números refleja el deterioro o mejora de la salud de una cultura, una comunidad de cuenca y el ecosistema del que forma parte. El cambio en los números de las especies indicadoras nos alerta sobre nuestra necesidad de ayudar a regenerar nuestro hábitat y comunidad ecológicos mutuos, o proporciona evidencia de éxito en esta regeneración. De esta forma, salvamos y mejoramos la diversidad de vida de la que todos dependemos y disfrutamos. Todas las especies enumeradas para Tucson solían ser más comunes en los hábitats ribereños y humedales que filtran e infiltran el agua de nuestros cauces efímeros y perennes en desaparición. Sin embargo, la *globeberry Tumamoc* (*Tumamoca macdougalii Rose*), una planta comestible de la familia de las calabazas, empieza a reaparecer donde se ha sembrado, bajo árboles de sombra nativos productores de alimentos, que crecen en cuencas cosechadoras de escorrentía de las calles.

USO DE LA EVALUACIÓN DEL LUGAR EN UNA HOJA PARA EL DISEÑO DEL SITIO

El clima, sol, viento, agua, *hidroenergía* y especies indicadoras descritas en la Evaluación del lugar interactúan continuamente en tu entorno para crear las condiciones física y energéticamente complejas y sinérgicas en las que vives. Comprender la interacción entre estos elementos y otros es clave para crear un sitio sostenible o, mejor aún, regenerativamente integrado. El capítulo 4 ofrece más detalles sobre los elementos de la Evaluación del lugar en una hoja y sus relaciones; el capítulo 5 ofrece un ejemplo de un sitio que aprovecha estas relaciones, mientras que el apéndice 5 incluye notas, preguntas y hojas de trabajo para ayudarte a profundizar en la Evaluación del lugar y relacionarla con el diseño de tu propio lugar. Consulta el apéndice 5 cuando sea tu momento de desarrollar y utilizar una Evaluación del lugar para tu terreno.

EJEMPLOS DE LA VIDA REAL

ISLA URBANA, COSECHANDO LLUVIA PARA UNA MAYOR RESILIENCIA Y CALIDAD DE VIDA EN MÉXICO

Por Delfin Montañana Palacios

Fig. 2.8. Beneficiarios de un sistema de cosecha de agua de lluvia de Isla Urbana en San Gregorio, Xochimilco (Ciudad de México). Más de 10 millones de mexicanos no tienen acceso a los servicios de agua. Solamente en la Ciudad de México, al menos 250 000 personas viven sin conexión a la red de agua y millones más tienen un servicio intermitente o reciben agua contaminada. Sin embargo, un sistema de cosecha de agua de lluvia de 2500 litros (660 galones) como este puede captar la escorrentía de alta calidad de los techos y abastecer de agua a una familia durante un periodo de 5 a 12 meses al año.
Fotografía de Cate Cameron, cortesía de Isla Urbana

"Es inconcebible que aquí, donde nos estamos ahogando en lluvia e inundando, al mismo tiempo nos estamos quedando sin agua para beber".

—José Luis Luege Tamargo, director de CONAGUA, Comisión Nacional del Agua (México) (2006-2012)

Nacida en la Ciudad de México en 2009, Isla Urbana es una empresa social dedicada a promover e implementar proyectos de sostenibilidad hídrica en México. Isla Urbana es un espacio de desarrollo transdisciplinario en el que profesionistas del diseño industrial, ingeniería, antropología, arquitectura, biología, urbanismo y comunicación, entre otras, apuestan por la construcción de un futuro hídrico que sea adecuado con el medio ambiente y que propicie condiciones de vida digna para toda la población.

Isla Urbana ha forjado su experiencia trabajando en el desarrollo tecnológico y en la investigación, experimentación y mejora de proyectos de cosecha de lluvia, manejo de agua y autonomía hídrica para hogares, escuelas y clínicas de salud. Opera en zonas urbanas, semirrurales y rurales en muchos estados de

Fig. 2.9. Mujer llevando agua a su casa. San Gregorio, Xochimilco (Ciudad de México) Fotografía de Mariana Balderas, cortesía de Isla Urbana

Fig. 2.10. Sistema urbano de cosecha de agua de lluvia, Comunidad de Yuguelito en Iztapalapa (Ciudad de México) donde la precipitación media anual es de 800 mm (31.5 pulgadas). Estos sistemas de cosecha de agua de lluvia de 2500 litros (660 galones) proporcionan agua de calidad domiciliar a las familias durante periodos de hasta 8 meses por año, lo que evita que tengan que depender de la red de agua (que además no llega a sus hogares).
La primera descarga de agua más sucia que viene del techo se desvía al Tlaloque, el tanque azul de primeras descargas. Una vez que el Tlaloque se llena, la escorrentía del techo más limpia continúa hacia la cisterna negra que se ve en primer plano y que abastece de agua a la vivienda. Después de cada lluvia, el Tlaloque debe vaciarse a través de la válvula blanca situada en la parte de abajo del mismo y esa agua de primera descarga puede utilizarse para usos no potables, como el riego.
Fotografía de Celsa Calderoni, cortesía de Isla Urbana

México, donde ha instalado más de 20 000 sistemas de captación pluvial (fig. 2.8).

Cosecha urbana de agua

Gran parte del trabajo de cosecha de agua de lluvia de Isla Urbana se ha centrado en las regiones altas de los municipios del sur de la Ciudad de México. Estas regiones presentan los mayores índices de viviendas sin conexión a la red de agua potable de la ciudad, aunque paradójicamente reciben la mayor cantidad de precipitación dentro del Valle de México (la precipitación media en la Ciudad de México es de 800 mm [31.5 pulgadas] al año, con un máximo de 1430 mm [56 pulgadas] en las partes altas al sureste de la cuenca). (Figs. 2.9 y 2.10).

Los beneficios de la cosecha de lluvia van mucho más allá de la resiliencia hídrica e incluyen…

- **Reducción de inundaciones.** Las inundaciones son un problema importante cuando llueve, ya que la mayor parte de la lluvia se dirige a los desagües pluviales que no pueden manejar el volumen de la escorrentía; este volumen aumenta conforme se pavimenta y sella cada vez más superficie de suelo poroso con edificios, calles y concreto. El drenaje de esa agua de lluvia ha contribuido a que la Ciudad de México ocupe el tercer lugar en la lista de las principales ciudades del mundo que enfrentan un estrés hídrico extremo.[12]

  Cuando el agua de lluvia se mantiene en el sitio, en lugar de salir del mismo, se reducen tanto el drenaje de agua como las inundaciones.

- **Un alto al hundimiento de la ciudad y al agotamiento de sus acuíferos.** El 70 % del agua que se utiliza en la Ciudad de México se bombea del acuífero que se encuentra directamente debajo de ella.[13] La ciudad se está hundiendo debido al drenaje de sus aguas pluviales y a la sobreextracción (se extrae más agua de la que se recarga naturalmente) de las aguas del acuífero. Esta sobreextracción ha sido tan extrema que ha provocado un hundimiento de más de 10 metros en los últimos 100 años, ¡lo cual ha provocado grandes daños en la infraestructura de la ciudad![14]

Al cosechar la lluvia que cae sobre nosotros, podríamos ayudar a recargar el acuífero y reducir la cantidad de agua que tenemos que extraer de él, haciendo más lento –y quizás en algún momento incluso deteniendo– el hundimiento de la ciudad.

- **Ahorro de energía y reducción de la contaminación.** El otro 30 % del agua suministrada a la red de agua de la Ciudad de México proviene del sistema Lerma-Cutzamala.[15] Esta agua se bombea desde fuentes externas al Valle de México a una distancia de 150 km (93 millas) y a lo largo de un tramo vertical de 1 km (0.6 millas) sobre las montañas. La energía necesaria para bombear toda esta agua al año equivale al consumo anual total de electricidad de la ciudad de Puebla, ¡que tiene más de 1.5 millones de habitantes![16]

  Al cosechar la lluvia que cae sobre nosotros de forma gratuita podríamos reducir o eliminar la necesidad de bombear o transportar en camiones cisterna el agua desde otros lugares; y reducir o eliminar el consumo de energía y la contaminación de las plantas eléctricas que alimentan a las bombas, así como los gases de escape resultantes de las decenas de miles de entregas de camiones de agua.

Cosecha de agua en zonas rurales

Desde sus inicios, Isla Urbana ha mantenido un enfoque especial en proyectos rurales en comunidades indígenas de difícil acceso, ubicadas en la sierra Tarahumara y la sierra Norte de Jalisco, donde habitan las naciones rarámuri y wixárica respectivamente (fig. 2.11).

Muchas de las zonas rurales de México, especialmente las habitadas por poblaciones indígenas, sufren una preocupante falta de agua potable. Las fuentes de agua no son de fácil acceso y pedir agua a través de *pipas* (camiones cisterna) es muy caro,

Fig. 2.11. Sistema de cosecha de agua de lluvia de 15 000 litros (4000 galones) instalado con Isla Urbana en la comunidad de La Laguna, municipio de Mezquitic, en la sierra Wixárica (México). La precipitación media anual oscila entre 600 y 650 mm (23.6 a 25.6 pulgadas) al año. De este techo de 20 metros cuadrados (215 pies cuadrados), la familia de cinco miembros (dos adultos y tres niños) cosecha anualmente alrededor de 19 000 litros (5019 galones) de agua de calidad domiciliar, lo cual satisface todas sus necesidades de agua doméstica durante 10 meses del año.
Antes de la instalación de este sistema de cosecha de agua de lluvia, los miembros de la familia tenían que acarrear el agua en un cubo de 20 litros (5 galones) desde el manantial más cercano, en un viaje de ida y vuelta de 40 minutos; hacían entre 400 y 600 viajes al año.
Foto de Mariana Balderas, cortesía de Isla Urbana

además de que estas a menudo no pueden llegar a las zonas altas. Dado que las comunidades rurales están muy marginadas, deben caminar largas distancias para llegar a una fuente y luego transportar el agua por senderos empinados. En algunos casos, la gente sobrevive con solo 6 o 7 litros (1.5-1.8 galones) de agua al día. La combinación de estas situaciones provoca problemas de salud, abandono escolar y menos oportunidades para las mujeres, ya que ellas y los niños pasan gran parte de su tiempo buscando agua. Desde la instalación de los sistemas de cosecha de agua de lluvia, la salud ha mejorado gracias a una disminución significativa en la presencia de enfermedades de la piel, gastrointestinales y diarreicas entre quienes utilizan el agua de lluvia.[17]

Diseño del sistema de cosecha de agua

Uno de los logros más destacados de Isla Urbana es el diseño de un sistema de captación de agua de

Fig. 2.12. La primera descarga de agua más sucia que se escurre de un techo se dirige al Tlaloque (tanque azul de primeras descargas), de modo que gran parte del polvo y otros contaminantes que se han acumulado en el techo desde la última lluvia no llegan al tanque de agua más grande situado aguas abajo (no aparece en la imagen). Una vez que el Tlaloque se llena, la escorrentía más limpia del techo se desvía y pasa a través de un filtro de malla, lo que garantiza que hojas, animales o insectos no lleguen al tanque de agua doméstico situado aguas abajo y queden atrapados ahí. Lo ideal es que el tanque de primeras descargas y el filtro de malla estén situados en un lugar donde puedan inspeccionarse y vaciarse o limpiarse con regularidad después de cada lluvia. El agua de la primera descarga, así como el sobreflujo del tanque de agua y las aguas grises del hogar, junto con los materiales capturados en el filtro de malla pueden utilizarse para regar y fertilizar vegetación tal como árboles adyacentes productores de alimentos, sembrados en obras de tierra de jardines de lluvia y que podrían brindar protección a la casa y al tanque de agua (ver el capítulo 4 para saber cómo hacerlo de forma más eficaz), al tiempo que se reducen aún más las inundaciones. ¡Haz que el mantenimiento sea fácil, gratificante y divertido! Foto de Isla Urbana

lluvia (SCALL) que proporciona agua de calidad domiciliar (apta para el contacto humano pero que debe ser purificada –hervida o filtrada con un filtro purificador– para consumo humano) y que se adapta a viviendas unifamiliares en zonas de alta precariedad hídrica, es decir, lugares donde el acceso al agua es extremadamente escaso e irregular. Los componentes de los SCALL incluyen un filtro con un cartucho de malla de acero inoxidable para retener los sólidos mayores de 50 micras que arrastra el agua. Este dispositivo es resistente a la corrosión, reutilizable y fácil de limpiar. Para desinfectar el agua y mantenerla libre de microorganismos, se utilizan pastillas de cloro que son liberadas dentro del tanque de agua o cisterna poco a poco a través de un dispensador. Esto mantiene la concentración adecuada de cloro durante un periodo de 15 días.

Los SCALL van acompañados de una capacitación técnica para las familias beneficiarias. En la capacitación se enseñan las prácticas adecuadas para el uso y mantenimiento del sistema, como la limpieza profunda anual del techo y del tanque de agua antes y al comienzo de la temporada de lluvias, la limpieza de los filtros, el barrido del techo y el mantenimiento de los niveles de desinfectante biológico del agua cada 15 días, así como el vaciado diario del Tlaloque o tanque separador de primeras descargas (estas aguas pueden utilizarse para regar las plantas o limpiar los patios exteriores de la casa). El SCALL genera un suministro de agua de hasta 8 meses al año para las familias que sufren escasez durante todo el año (fig. 2.12).

El sistema es barato (el costo medio de un sistema instalado es de aproximadamente USD 1060 o MXP 21 000). Isla Urbana recomienda una capacidad mínima de almacenamiento de 2500 litros (660 galones) para un sistema urbano en la Ciudad de México y sus alrededores. En contextos rurales, la capacidad recomendada depende de la situación del agua, pero en general se instalan sistemas con almacenamiento de 15 000 litros (4000 galones).

El sistema es fácil de instalar (se adapta al sistema de tuberías y tanques domésticos ya existentes en la mayoría de los hogares) y proporciona a las viviendas individuales alrededor del 40 % de su suministro anual de agua. Si se implementa a gran escala en toda la Ciudad de México, esta sencilla tecnología podría proporcionar el 30 % del agua de la ciudad y contribuir a ofrecer una fuente sostenible de agua a los habitantes que carecen de acceso al agua potable.[18]

Isla Urbana compra todos los materiales localmente y establece relaciones con tiendas locales de suministros de herramientas para asegurar el acceso de los clientes a los materiales necesarios para el mantenimiento de los sistemas.

Diseño de sistemas sociales

Debido a que el éxito de un proyecto de cosecha de agua de lluvia no solo depende de la instalación adecuada de sistemas duraderos y funcionales, todos los proyectos de Isla Urbana integran el diseño de un proceso social. A través de juntas comunitarias, espacios de diálogo y capacitaciones técnicas se explora la transformación de la realidad de las personas, sus familias y sus comunidades en torno al agua.

Isla Urbana trabaja sobre tres ejes estratégicos para incentivar un manejo sostenible del agua en las cuencas hidrológicas donde opera…

1) Cosecha y gestión de lluvia, a través de sistemas de captación de agua y los procesos sociales necesarios para el éxito y permanencia de los proyectos.

2) Ahorro de agua, a través de soluciones para reducir el consumo de agua en todo tipo de inmuebles y alcanzar mayor resiliencia y autosuficiencia.

3) La educación socioambiental como herramienta para el desarrollo de capacidades individuales y comunitarias que transformen la cultura y la narrativa hídrica imperante hacia una de aprovechamiento de lluvia y sostenibilidad hídrica.

Isla Urbana también colabora con otras organizaciones y universidades para realizar investigaciones y estudios en el ámbito hidrosocial. En su trabajo con las comunidades, fomenta la reflexión compartida y el desarrollo de un nuevo entendimiento común mediante actividades artísticas y culturales: creación de murales comunitarios, presentación de obras de teatro, proyecciones de cine, visitas a bosques cercanos

Fig. 2.13. Como parte de los esfuerzos por fomentar una cultura del agua, el programa Carpa Azul de Isla Urbana ofrece charlas y talleres centrados en el medio ambiente y el agua, capacitación para el mantenimiento de sistemas técnicos y actividades artísticas y culturales como murales comunitarios, teatro, música y noches de cine que se centran en promover una comprensión más profunda de los ciclos del agua e incentivan una gestión responsable y sostenible del agua. Foto de Delfín Montañana, cortesía de Isla Urbana

y participación en talleres de sensibilización ambiental (fig. 2.13).

La comunicación y la educación son pilares del trabajo de Isla Urbana, los vehículos que le permiten magnificar su impacto y alcance, no solo con las personas que ya cuentan con un SCALL, sino con la población en general. Por ello, dedica grandes esfuerzos al desarrollo de materiales de comunicación como videos y publicaciones, además de tener una intensa actividad en redes sociales y participar semanalmente en dos de los programas de radio de mayor audiencia en el centro de México.

Programa Escuelas de Lluvia

Seis de cada diez escuelas en México carecen de acceso a agua potable.[19] Por tanto, en 2018 Isla Urbana inició el programa Escuelas de Lluvia para implementar sistemas de cosecha de agua de lluvia que provean a las escuelas públicas de agua de alta calidad y en abundancia. Además de instalar los sistemas, el programa implementa talleres educativos y participativos con maestros, alumnos y padres

Fig. 2.14. Instalación del programa Escuelas de Lluvia. Los tanques azules, o Tlaloques, captan la primera descarga del agua más sucia que se escurre del techo de la escuela. Esta agua de primera descarga se drena (a través de las válvulas blancas situadas debajo de los tanques) después de cada lluvia y puede utilizarse (junto con el sobreflujo de los tanques de agua y las aguas grises generadas en el sitio) para el riego de plantas que pueden ayudar a alimentar, dar sombra y protección a la escuela, a los estudiantes y al personal. El tanque negro capta la escorrentía más limpia del techo una vez que el sistema de primera descarga haya recibido el agua más sucia. También podrían instalarse obras de tierra vegetadas cosechadoras de agua o jardines de lluvia a lo largo del interior de las paredes del recinto escolar para utilizar la escorrentía de las superficies a nivel del suelo y el sobreflujo de los tanques. Foto de Isla Urbana

de familia. Estos talleres educan y empoderan a la población escolar para que se haga responsable del mantenimiento del sistema y difunda el conocimiento de una cultura positiva del agua, tanto en la escuela como en el hogar. Con un sistema de cosecha de agua de lluvia, una escuela puede captar entre 500 000 litros (132 000 galones) y 1 millón de litros (264 000 galones) al año de agua de lluvia, lo que puede cubrir las necesidades de una escuela durante un periodo de 6 a 9 meses al año (fig. 2.14).

Resultados que crecen

Al año 2020, Isla Urbana ha instalado más de 20 000 sistemas de cosecha de agua de lluvia, utilizados por más de 120 000 personas. Estos sistemas combinados captan más de 807 millones de litros (213 millones de galones) de agua de lluvia gratuita al año, eliminando así la necesidad de más de 80 000 entregas de camiones cisterna cada año.

En sus primeros 10 años de existencia, Isla Urbana ha conseguido transformar la política interna de la Ciudad de México, cambiando el discurso y el enfoque del gobierno local sobre los problemas del agua hasta el punto de que la cosecha de agua de lluvia está empezando a incorporarse de forma efectiva a la infraestructura hídrica de la Ciudad de México. También ha logrado construir y poner en marcha proyectos de política pública centrados específicamente en la cosecha de agua de lluvia a nivel doméstico, así como en la construcción de un mercado comercial en torno a la captación de lluvia. Isla Urbana visualiza un país donde toda la población tiene acceso sostenible al agua y la sobreexplotación de sus fuentes y la descarga excesiva de contaminantes del agua son recuerdos del pasado.

Para aprender más sobre Isla Urbana, visita IslaUrbana.org

VIVIR DE ACUERDO AL BALANCE DE AGUA DE LLUVIA DE UN HOGAR EN UNA ZONA ÁRIDA

Matthew Nelson y Mary Sarvak viven, casi, solo de su balance de agua de lluvia. A mitad de la sala de su casa se puede ver gran parte de su suministro anual de agua de lluvia. Una cisterna de ferrocemento de 9450 litros (2500 galones) se eleva casi un metro (3 pies) a partir de un agujero en el piso (fig. 2.15). Parece una *tinaja*, un pozo de agua tallado en la roca madre del desierto. Si te asomas hacia adentro de la cisterna descubierta te encuentras cara a cara con el agua de lluvia que se ha drenado desde la bajante situada en el medio de su techo de 139.4 m^2 (1500 pies cuadrados). Ese suministro de agua de lluvia satisface todas sus necesidades domésticas menos la de agua potable. A medida que usan su agua, ven como baja el nivel. "Te vuelves más conservador cuando notas cómo baja el nivel", dice Matt. Aunque cuando el nivel del agua es alto en medio de la temporada de lluvias, se sienten libres de usar un poco más. Hablando sobre el agua de lluvia que han cosechado,

Fig. 2.15. Matt y Mary junto a su cisterna interior

Mary dice: "Durante el intenso calor de julio y agosto, podemos cruzar la puerta de nuestra casa y salpicarnos de agua fría. ¡O simplemente podemos meternos al agua!".

El sistema fue diseñado para satisfacer las necesidades promedio de agua de una familia de tres personas durante cuatro meses entre las lluvias típicas del lugar, considerando una precipitación promedio de 356 mm (14 pulgadas) al año. Una bomba de agua para vehículos recreativos (casas rodantes), con capacidad de 37.85 litros (10 galones) presuriza el agua y la envía por toda la casa a los fregaderos y lavabos, al baño y a la lavadora.

En el exterior, el agua de lluvia cubre el 100 % de las necesidades de agua del paisaje. Cuando se construyó la casa, se tuvo muchísimo cuidado para evitar perturbar o destruir la vegetación nativa existente más allá de la superficie de desplante de la casa. Como resultado, no se gastó nada en paisajismo dado que ya existía. Además, el 98 % del paisaje nunca ha necesitado riego suplementario porque ya estaba bien establecido y perfectamente adaptado a la lluvia natural. El 2 % del paisaje que requiere de riego incluye un manzano sembrado después de la construcción de la casa y algunas plantas en macetas. Este riego se hace completamente con agua de lluvia reciclada en forma de aguas grises de los desagües de su lavadora y fregadero.

El oasis de agua de lluvia de Matt y Mary en las montañas Sierrita, en el suroeste de Arizona, se encuentra en un desarrollo inmobiliario un tanto fraudulento de la década de 1970 que vendió los terrenos a las personas sin antes mostrarles el lugar. No se instalaron servicios públicos municipales y pocos terrenos llegaron a desarrollarse. En los terrenos que finalmente se desarrollaron, los vecinos obtienen su electricidad operando generadores día y noche, y casi todos traen su agua en pipas, ignorando la lluvia que cae del cielo de forma gratuita. Matt y Mary generan la mayor parte de su electricidad con paneles solares en su techo y, aparte del agua potable, solo han tenido que comprar agua una vez, en una sequía que duró cinco meses.

Diseñar en función de los recursos de lluvia y sol que se evaluaron en su terreno es lo que ha permitido que Matt y Mary vivan con las comodidades modernas consumiendo y pagando por solo una fracción de los recursos que vienen de fuera de su sitio y que son los que sus vecinos consumen. Además, los dos están conectados directamente con sus hermosos alrededores desérticos, la fuente de sus recursos, y con su necesidad de mantener su consumo en equilibrio. Estas son las ideas que invito a otros a imitar y la razón por la que presento a Matt y a Mary aquí. Sin embargo, dos de las técnicas específicas utilizadas en su sitio deben ser modificadas y no simplemente duplicadas. Primero, un tanque exterior cerrado sería mucho mejor que el tanque abierto de la sala de estar. Esto se debe a que si bien el agua al descubierto refresca la casa en verano, también la enfría en invierno a medida que entra durante los helados aguaceros (las mallas mosquiteras en ventanas y puertas, junto con diez peces que se alimentan de mosquitos, resuelven el problema potencial de tener la presencia de insectos asociada con tener el agua descubierta). Segundo, a Matt y a Mary les preocupa que la pintura elastomérica en su techo pueda contaminar el agua. Esta es la razón por la que transportan agua potable desde la ciudad. Recientemente les conté acerca de varias pinturas elastoméricas y revestimientos de techos aprobados para su uso con sistemas de captación de agua de lluvia potable (ver el apartado sobre techos en la sección de materiales y proveedores de la pestaña del menú RainWater Harvesting [cosecha de agua de lluvia] en HarvestingRainwater.com). Con la aplicación de uno de estos recubrimientos (y enfriando sus cuerpos con agua de lluvia en la ducha en lugar de sumergirse en la cisterna), se quitarán de preocupaciones y llenarán sus arcas de agua de lluvia (aunque los inviernos seguirán siendo fríos).

Esfuérzate por vivir en equilibrio con tu sitio como lo hacen Matt y Mary evaluando primero tus recursos y necesidades, el primer principio de la cosecha de agua: *Observación larga y reflexiva*. Y a medida que planificas las estrategias y técnicas que utilizas para cosechar los recursos del sitio, piensa constantemente en cómo funcionará el sistema como un todo, el último principio de la cosecha de agua: *Reevalúa continuamente tu sistema: el "bucle de retroalimentación"*. Cuanto mejor sea tu evaluación, mejor será tu sistema; y los siguientes capítulos te brindan más herramientas para hacerlo.

EXTRA: USO DE UNA FOTO AÉREA PARA EVALUAR EL VOLUMEN Y FLUJO DE LLUVIA Y ESCORRENTÍA URBANA DE UN SITIO.

Las superficies de mi sitio y el ingreso promedio anual por lluvia (basado en una precipitación promedio anual de 290.6 milímetros)
Las flechas **azules** indican el flujo de agua.

Captación del **techo en la propiedad**:	207.5m²	= 60,299.5 litros
Captación del **techo del vecino** (la escorrentía llega a mi sitio):	33.4m²	= 9,706 litros
Captación de la **propiedad** (incluye captación del techo de la propiedad):	443.6m²	= 128,910.1 litros
Captación de **derecho de vía**:	378.1m²	= 109,875.8 litros
Captación de drenaje de **calles**:	404.6m²	= 117,576.7 litros
CAPTACIÓN TOTAL DE LA PROPIEDAD:	**1259.7m²**	**= 366,068.6 litros**

Fig. 2.16. Para saber cómo hacer esto, consulta los recuadros 2.2 y 2.3, y las figuras 2.2, 2.3 y 2.4, y busca "Cómo usar Google Maps o Google Earth Pro para determinar las áreas de captación de agua de lluvia y los ingresos por lluvia de un sitio" en CosechaDeAguaDeLluvia.com.

CAPÍTULO 3

Panorama general: Cosecha de agua con obras de tierra, tanques o ambos

La humanidad, a pesar de sus pretensiones artísticas, su sofisticación y sus múltiples logros, debe su existencia a una capa de seis pulgadas (quince centímetros) de suelo fértil y al hecho de que llueve.

— Autor desconocido

Una vez que hayas calculado los recursos y necesidades de agua de tu sitio (como se propone en el capítulo anterior), el paso siguiente es responder: ¿Cómo planeas usar tus recursos de agua? La forma en que contestes determinará en gran medida la que será la mejor estrategia para cosechar esa agua, ya sea con modificaciones al terreno (obras de tierra) para la cosecha de agua, en tanques o ambos. Este capítulo compara estas estrategias y describe brevemente algunas de sus técnicas y aplicaciones más detalladas para ayudarte a visualizar y decidir cuáles son las más apropiadas para tu sitio en particular (*estas estrategias se cubren con detalle en los volúmenes 2 y 3*). También se dan recomendaciones básicas para cosechar agua dentro de un terreno residencial. El capítulo concluye con la historia de una pareja que cosecha agua en su propiedad, en obras de tierra y en tanques. El próximo capítulo ("Diseño integrado") muestra cómo integrar estas estrategias con otros aspectos de tu sitio para que con tus esfuerzos de cosecha de agua puedas capitalizar otros recursos gratuitos adicionales, como la luz, energía y calor en invierno que proporciona el sol; o privacidad, refugio y enfriamiento de espacios durante el verano; filtración de ruido, luz y contaminación del aire; además de control de inundaciones y erosión. En otras palabras, ¡cómo maximizar el potencial de tu sitio!

¿CÓMO PLANEAS UTILIZAR TU AGUA COSECHADA?

USO EN JARDINES Y HUERTOS

Si planeas utilizar tu agua cosechada en jardines y huertos, conviene empezar por cosecharla en el suelo usando modificaciones al terreno. Las obras de tierra para la cosecha de agua, a veces denominadas *jardines de lluvia, infraestructura verde* o estrategias de desarrollo de bajo impacto (DBI), son estructuras y estrategias sencillas que cambian la topografía y la superficie del suelo para captar agua y aumentar la rapidez con la que se infiltra al suelo; en esencia, "sembrar" el agua. Generan un aumento en la materia orgánica, la vida y la fertilidad en la superficie y dentro del suelo, incrementando aún más la humedad del suelo y la disponibilidad de nutrientes. Las obras de tierra maximizan la densidad y la diversidad de la vegetación, que funciona como una "bomba viva" que utiliza agua para generar más recursos (alimento, sombra, barreras cortavientos, hábitats de vida silvestre, etc.) multiplicando las ganancias de la siembra de agua y el cultivo de nutrientes. Una vez que la vegetación se establece, los paisajes que cosechan agua en el suelo y se siembran con plantas nativas de bajo uso de agua no solo subsisten, sino que también prosperan exclusivamente con agua de lluvia sin necesidad de riego suplementario de un tanque o del grifo. Sin embargo, los tanques te dan la opción de aplicar riego suplementario en tiempos de sequía (sin lluvia), particularmente si se siembran hortalizas o vegetación no nativa menos resistente.

USO POTABLE Y LAVADO

Si planeas destinar tu agua cosechada para uso de consumo potable y lavado, comienza a cosechar agua en *tanques*. Pero no te olvides del suelo y sigue dirigiendo el sobreflujo del tanque, las aguas grises de tu casa y la escorrentía del paisaje general hacia las obras de tierra para la cosecha de agua. Si bien se puede instalar un tanque para regar un huerto o reforzar el riego de un jardín en tiempos de sequía, mientras más agua se pueda cosechar y retener en el suelo, se necesitará menos riego adicional con tanques.

HAZ QUE LA CALIDAD DEL AGUA QUE SE COSECHA CORRESPONDA CON LA ESTRATEGIA UTILIZADA PARA COSECHARLA

El agua de lluvia con la más alta calidad en tu sitio generalmente es la que se escurre de techos fabricados con materiales limpios, como metal, teja o mosaico, o recubiertos con pinturas elastoméricas aprobadas para sistemas de captación de agua de lluvia; y es la más adecuada para el almacenamiento en tanques, consumo doméstico o uso en huertos. Las aguas pluviales que escurren por superficies más sucias, como laderas de tierra, calles o aceras deben dirigirse hacia árboles y arbustos dentro de obras de tierra para la cosecha pasiva de agua. Las aguas grises del hogar deben dirigirse hacia y utilizarse dentro de cuencas acolchadas y sembradas con árboles y arbustos. No almacenes aguas grises en tanques.

Ten en cuenta la pregunta "¿Cómo planeas utilizar tu agua cosechada?" mientras lees las comparaciones de estas estrategias para la cosecha de agua que aparecen en el recuadro 3.1.

RECOMENDACIONES PARA COSECHAR AGUA PARA UN PAISAJE ALREDEDOR DE UNA CASA

Recomiendo *comenzar* con *obras de tierra* para la cosecha de agua, que no deben costar más allá del precio de una pala si uno mismo hace el trabajo. Recalco la importancia de situar las obras de tierra y las plantas que sustentan, en áreas donde servirán para funciones beneficiosas, como en los lados este y oeste de una casa para dar enfriamiento pasivo con árboles de sombra. Insisto en usar una paleta de plantas nativas/vegetación de la región de bajo consumo de agua que se encuentre en un radio de 40 km (25 millas) del lugar y a 150 m (500 pies) por encima o por debajo de la elevación del mismo. Para algunos lugares quizás sea necesario definir *nativas* con un radio mayor para atraer más diversidad, pero comienza con un radio pequeño para asegurarte de no pasar por alto a las especies locales superiores. Dichas plantas suelen ser las más beneficiosas para la vida silvestre nativa y crean un "sentido de lugar" arraigado en nuestra biorregión local. Estas plantas se adaptan a las condiciones locales de crecimiento y pueden dejar de recibir riego suplementario una vez que la vegetación está bien establecida o ha crecido a la altura deseada. Dichos paisajes de plantas nativas son hermosos y de bajo mantenimiento.

Recomiendo también el uso de *tanques o cisternas para complementar* la base de obras de tierra para la cosecha de agua establecidas por todo el paisaje o jardín. Las cisternas prolongan la disponibilidad de la lluvia hasta muy avanzada la estación de secas, especialmente para los jardines y huertos que más agua requieren. Las obras de tierra utilizan el sobreflujo de los tanques y permiten que toda el agua utilizada dentro del jardín o huerto se aproveche mejor.

Si se siembran, los árboles frutales u otra vegetación que requiera mucha agua deben colocarse cerca de la casa para crear un efecto oasis alrededor del hogar. Así, las plantas se sustentan con el agua de lluvia del techo; las aguas grises de los lavabos, duchas, bañeras y lavadora; y el cuidado de quienes viven dentro. *La meta es seleccionar y plantar la vegetación de tal manera que la lluvia sea la fuente principal de agua para huertos*

Recuadro 3.1. Comparación de obras de tierra y tanques

CARACTERÍSTICAS	OBRAS DE TIERRA QUE *SIEMBRAN LLUVIA*	TANQUES QUE *ALMACENAN LLUVIA*
Usos del agua	Proporcionan grandes cantidades de agua de lluvia de alta calidad para huertos y jardines.	Proporcionan agua para beber, lavar, control de incendios, inodoros (pero primero considera los baños secos) y riego suplementario. La calidad del agua variará de acuerdo con la superficie de captación, la construcción del tanque, el filtrado, el mantenimiento y el sistema interceptor de primeras descargas. El agua de lluvia tiene una dureza muy baja.
Áreas de captación de agua	Pueden captar agua de techos, calles, vegetación, tierra desnuda, desagües de aguas grises, condensado de aire acondicionado, etc.	Necesitan una superficie de captación relativamente limpia (típicamente un techo de metal, tejas o loza) ubicada más arriba que el tanque.
Capacidad de almacenamiento de agua	Enorme potencial para almacenar agua en el suelo.	Capacidad de almacenamiento limitada por el tamaño del tanque.
Costo	Baratas en su construcción y mantenimiento. Se pueden construir con herramientas de mano, aunque utilizar maquinaria para mover tierra puede hacer más rápido el proceso.	Mucho más caros en su construcción y mantenimiento que las obras de tierra. El costo varía según el tamaño, el material de construcción, si se instalan en la superficie o debajo del suelo, si los construye uno mismo o si son prefabricados, etc.
Ubicación	No las coloques a menos de 3 m (10 pies) de la pared o de los cimientos del edificio. Pueden ser difíciles de usar en patios muy pequeños con techos grandes adyacentes.	Pueden ubicarse a menos de 3 m (10 pies) de la pared o los cimientos del edificio, pero debes poder caminar alrededor de todo el tanque a nivel del piso para inspeccionar y reparar las fugas. Los tanques aumentan el potencial de almacenamiento de agua en patios muy pequeños.
Período de tiempo en que el agua está disponible	Agua disponible durante períodos limitados o prolongados después de la lluvia, dependiendo del tipo de suelo, acolchado, clima y absorción de plantas.	El agua está disponible durante períodos prolongados después de la lluvia.
Mantenimiento	Las obras de tierra funcionan de manera pasiva; requieren algo de mantenimiento después de lluvias fuertes.	Requieren mantenimiento; es necesario girar la válvula para tener acceso al agua y puede ser necesaria una bomba para extraer el agua.
Control de la erosión	Muy eficaces para el control de la erosión.	Pueden ayudar con el control de la erosión.
Captación de aguas grises	Muy eficaces en la cosecha de aguas grises de los desagües domésticos.	No es apropiado cosechar aguas grises en tanques debido a problemas con la calidad del agua. Nunca almacenes aguas grises en un tanque de agua de lluvia.
Impactos de la calidad del agua en el medio ambiente	Los contaminantes en aguas grises y escorrentía de calles que se interceptan y biorremedian en el suelo permanecen fuera de los cauces de agua regionales.	Menor impacto en el medio ambiente general que las obras de tierra.
Impactos en la infraestructura urbana e inundaciones	Pueden captar grandes volúmenes de agua, reduciendo la necesidad de agua municipal, desagües pluviales y tratamiento de aguas pluviales, además de reducir las inundaciones.	Pueden captar volúmenes de agua bajos a moderados, reduciendo la demanda de agua municipal, desagües pluviales y tratamiento de aguas pluviales, además de reducir las inundaciones.
Recarga de aguas subterráneas	Pueden recargar directamente los mantos freáticos poco profundos. El uso de agua de lluvia y aguas grises almacenadas en obras de tierra en lugar de usar agua municipal/de pozo para riego reduce el agotamiento del agua subterránea.	No es un uso eficiente del agua del tanque. Sin embargo, el uso de agua de tanque en lugar de agua municipal/de pozo reduce el agotamiento del agua subterránea.

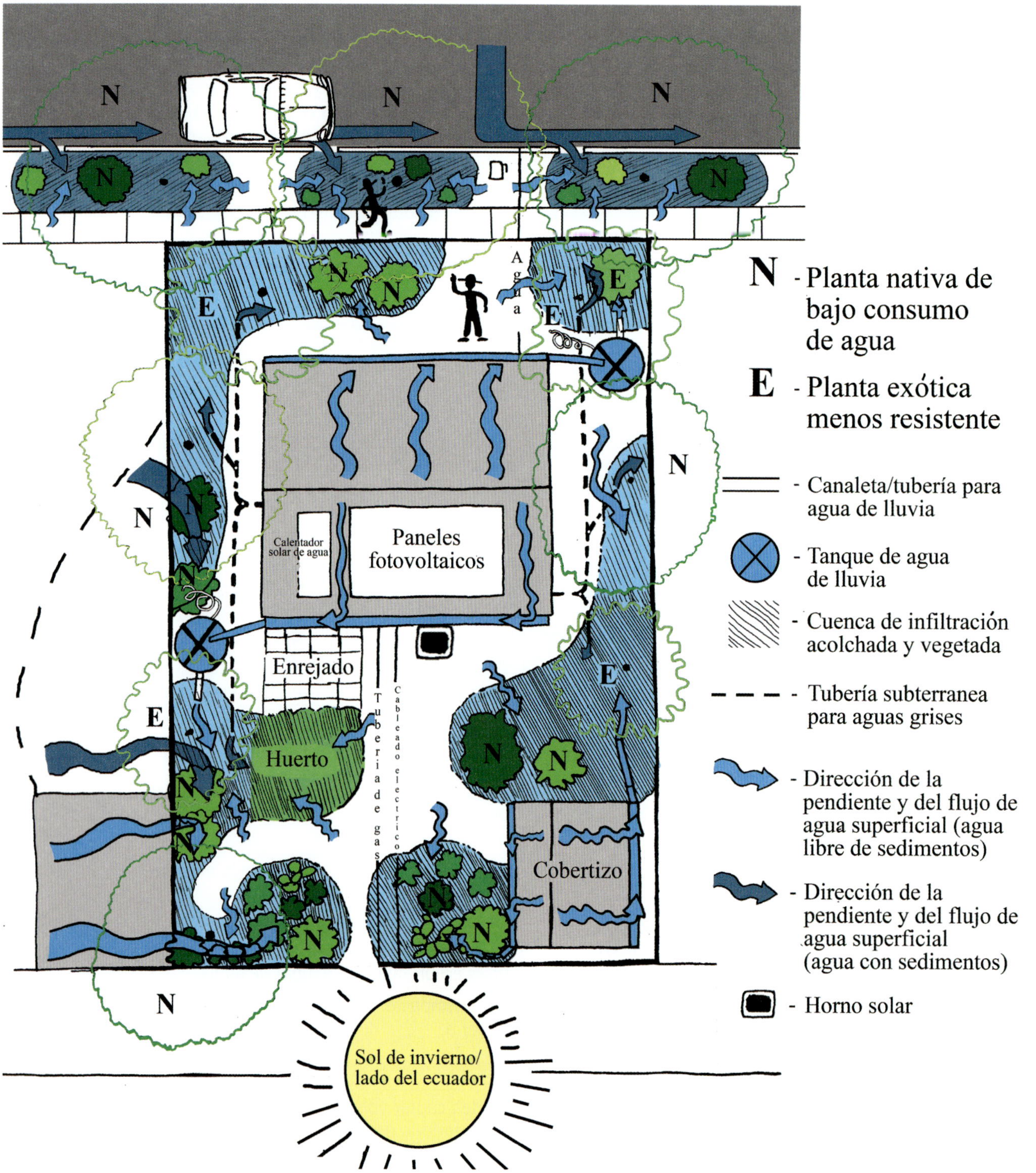

Fig. 3.1. Paisaje que enfatiza la vegetación nativa de bajo consumo de agua en la periferia, en áreas menos accesibles y en áreas con menos agua. Las plantas exóticas que necesitan más agua se colocan cerca de la casa donde es fácil prestarles atención y que les llegue la escorrentía del techo y las aguas grises del hogar. Sin embargo, un paisaje que requiera menor mantenimiento podría conformarse por completo de plantas nativas de bajo consumo de agua. Para aumentar la producción de recursos en tu sitio, utiliza vegetación nativa de usos múltiples y que produzca alimentos o una que sea apropiada para el clima. Compárala con la imagen de antes de cosechar agua que aparece en la figura 2.4.

y jardines, las aguas grises su fuente secundaria y el agua importada (municipal o de pozo) solo se utilice como fuente suplementaria en tiempos de necesidad. Ubicar lejos de la casa la vegetación que necesita mucha agua y que además se dispersa dificulta mucho más el logro de esta meta. Como no estarán a la vista, será fácil olvidarse de estas plantas que yacerán descuidadas, subutilizadas y potencialmente demasiado lejos para regarlas fácilmente con la escorrentía del techo o las aguas grises del hogar. En cambio, la vegetación nativa, que es más resistente, va en la periferia de la propiedad y se siembra dentro de las obras de tierra para la cosecha de agua. Esta vegetación puede proteger a las plantas menos resistentes, tales como los árboles frutales, del exceso de sol o de viento. Las plantas nativas resistentes colocadas a lo largo de la periferia sustentan más vida silvestre nativa, la cual agradece tener menos interferencia de nuestra parte (ver la figura 3.1). Y, por supuesto, es fácil y económico establecer y mantener un paisaje nativo de bajo consumo de agua ubicado en obras de tierra para la cosecha de agua (consulta el apéndice 4 para ver un ejemplo de una lista de plantas para Tucson (Arizona) y también en el volumen 2 el capítulo sobre vegetación, para más consejos sobre la siembra de plantas).

EJEMPLOS DE ESTRATEGIAS/TÉCNICAS

Ahora que ya tienes una idea de cómo deseas cosechar el agua de lluvia: en el suelo, en tanques o en ambos, ¡está todo listo para entrar en detalles! En el volumen 2 de *Cosecha de agua de lluvia para zonas áridas y más allá* (disponible solo en inglés), los capítulos describen con detalle cómo cosechar agua de lluvia en el suelo utilizando diversas técnicas de obras de tierra. La sección sobre tanques y cisternas que aparece más adelante en este capítulo aborda la cosecha de agua de lluvia en tanques. Las ilustraciones de este capítulo son para que conceptualices las obras de tierra y el almacenamiento de agua a medida que formulas un plan integrado de cosecha de agua para tu lugar; y para despertar tu apetito por la información incluida en los volúmenes 2 y 3, además de los recursos que hay en mi sitio web, disponible en inglés, HarvestingRainwater.com.

PANORAMA GENERAL DE LAS OBRAS DE TIERRA PARA LA COSECHA DE AGUA

Las técnicas descritas a continuación se analizan con detalle en el volumen 2. Además, el apéndice 1 de este volumen tiene más ilustraciones y consejos sobre cómo colocar y usar estas estructuras para que funcionen con los flujos naturales de agua y sedimentos, en lugar de contra ellos.

Berma y cuenca

Una berma y cuenca es un tipo de obra de tierra para la cosecha de agua que se posiciona en forma perpendicular a la pendiente del terreno y está diseñada para interceptar el agua de lluvia que baja por la pendiente e infiltrar esta agua en un área localizada, generalmente el suelo y la zona de las raíces de la vegetación que ya existe o que se planea sembrar. Por lo general consta de dos partes: una excavación o depresión del terreno con forma de cuenca y una elevación o murete (berma) de tierra ubicada justo pendiente abajo de la excavación o depresión. La berma puede estar hecha con la tierra que se excavó para formar la cuenca o con matorrales, rocas o tierra adicional. La cuenca retiene agua; agregar la berma te permite cosechar aún más agua. Usa esta estrategia en terrenos inclinados de hasta 20:1, 2.9° o 5 % de pendiente.[1] Determina el tamaño en función del evento más extremo de aguas pluviales que puedas anticipar. Esta estrategia no es apropiada en vías de drenaje (ver las figuras 3.2, 3.3 y 3.4).

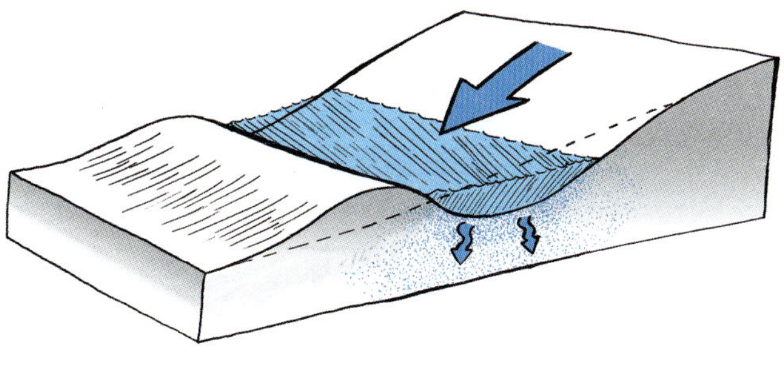

Fig. 3.2. Una berma y cuenca que retiene agua de escorrentía y la infiltra en el suelo.

Fig. 3.3. Una berma perpendicular a la pendiente que hace las veces de sendero elevado.

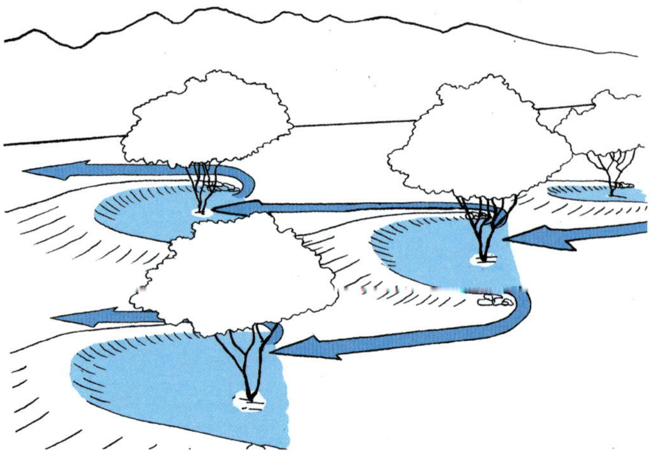

Fig. 3.4. Una serie de bermas en bumerán que se desbordan una hacia la otra.

Terrazas

Una terraza, a veces llamada *banca*, es un "estante" de suelo relativamente plano construido paralelamente al contorno de una pendiente. A diferencia de la berma y cuenca, las terrazas no tienen depresiones incorporadas, por lo que para retener el agua de lluvia y acumular material orgánico, deben estar bordeadas por bermas o muros bajos. Las terrazas se pueden usar para jardines, huertas y otras plantaciones en tierras áridas. Las terrazas bien construidas también ayudan a controlar la erosión en las pendientes. Utilízalas en

Fig. 3.5. Terrazas estabilizadas con urbanita (pedacería de aceras de concreto) apilada en seco (sin mortero) hechas por La Loma Development Company en Pasadena (California). Solamente con esta obra se sacaron 500 000 kg (1.1 millones de libras) de concreto del basurero y se convirtieron en un hermoso recurso para la cosecha de agua. Sumando todos los proyectos que La Loma hizo con urbanita entre 2005 y 2012, se han eliminado un total de 7 millones de kg (16 millones de libras) o más de 3000 m^3 (4000 yardas cúbicas) de concreto del sistema municipal de gestión de desechos.[2] Para otra vista de esta instalación, revisa el interior de la contraportada.

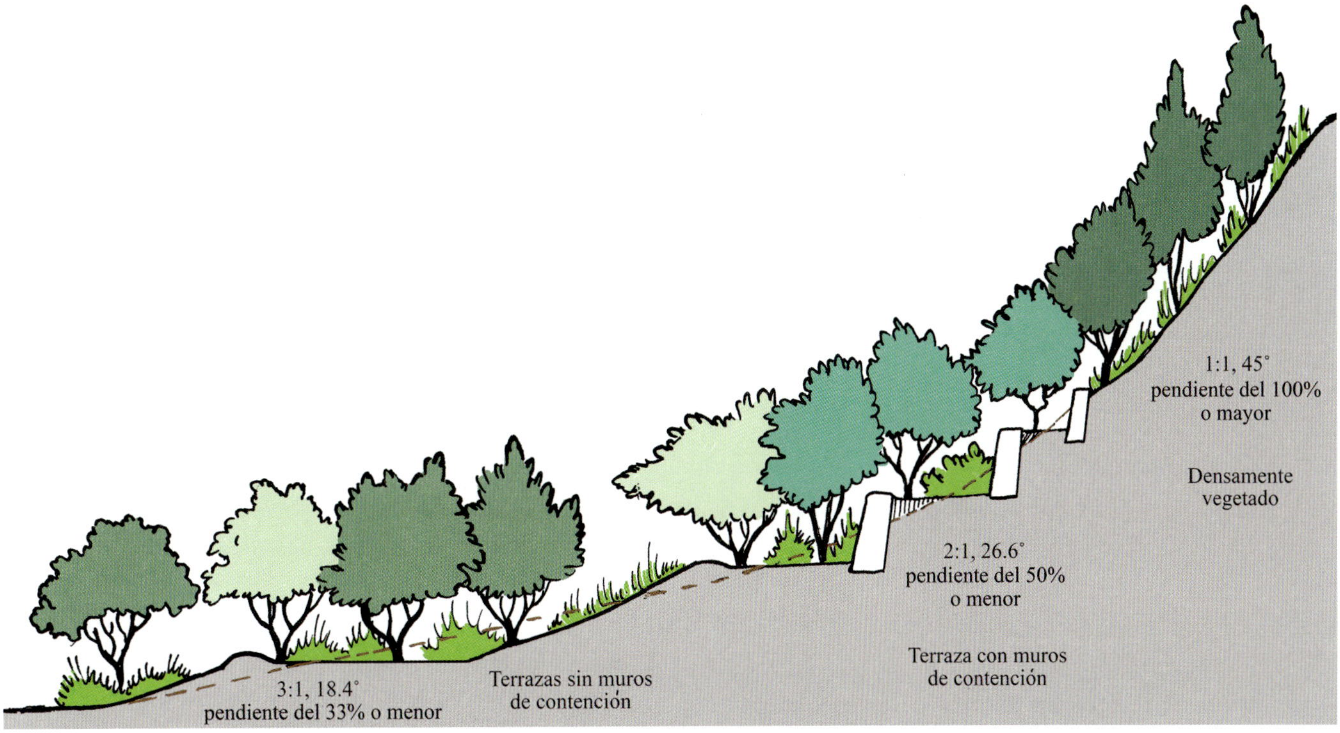

Fig. 3.6. Diferentes estrategias de terrazas para diferentes grados de pendiente.

terrenos inclinados de hasta 2:1, 26.6° o 50 % de pendiente. Las terrazas en terrenos inclinados con una pendiente mayor de 3:1 probablemente van a requerir de un muro de contención para estabilizarlas. Define el tamaño de acuerdo con el evento de tormenta máximo posible. Las terrazas no son apropiadas en suelos propensos a la acumulación de agua donde la infiltración de agua de lluvia podría crear condiciones de saturación en el subsuelo debido a la presencia de capas, como la arcilla, que impiden el movimiento del agua hacia niveles más bajos a través del suelo (ver las figuras 3.5 y 3.6).

Zanja de infiltración

Una zanja de infiltración, a veces llamada drenaje francés o pozo seco, intercepta el agua de lluvia en una zanja o cuenca llena de materiales porosos, como grava, piedra pómez o materia orgánica rugosa. Estos materiales tienen amplios espacios de aire entre ellos que permiten que el agua se infiltre rápidamente en el drenaje y se percole a la zona radicular del suelo circundante, al tiempo que crea una superficie estable sobre la cual se puede caminar. La zanja de infiltración se puede construir con o sin un tubo perforado que por lo general se coloca horizontalmente, aunque a veces también de manera vertical, dentro del material poroso que llena el dren. Usa estas zanjas en terrenos planos o con pendientes suaves; las zanjas de infiltración son apropiadas en sitios donde los paisajes necesitan un riego profundo debajo de la superficie. Es importante que la zanja de infiltración solo capte agua de escorrentía que contenga relativamente pocos sedimentos; por ejemplo, de la bajante de un techo

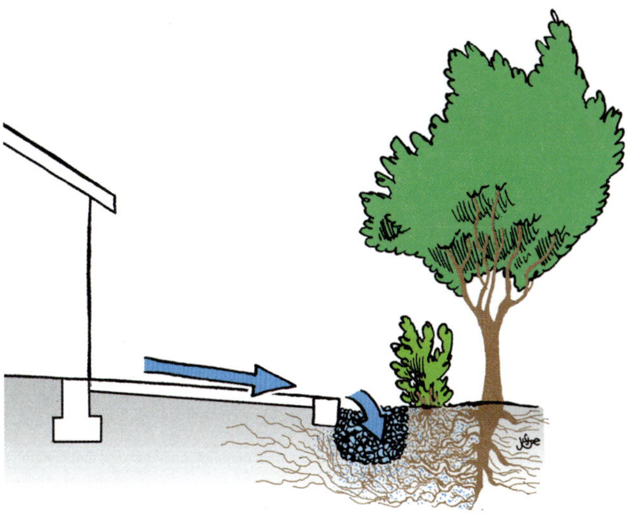

Fig. 3.7. Zanja de infiltración infiltrando escorrentía interceptada desde un techo y patio.

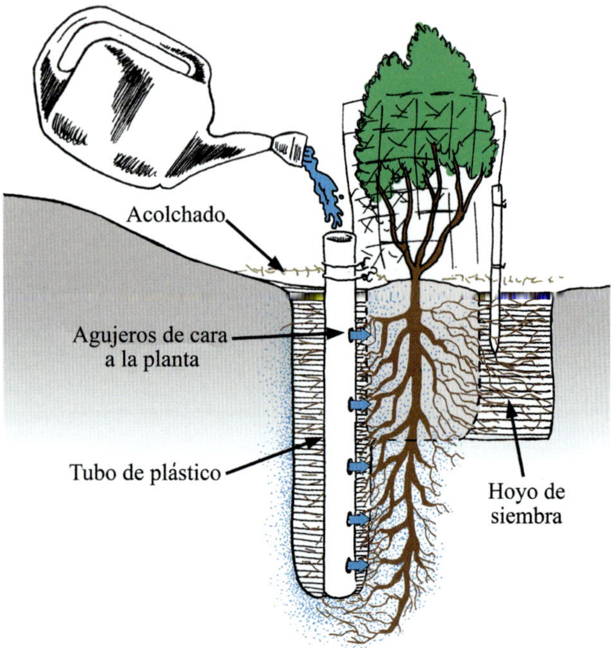

Fig. 3.8. Variación de tubería profunda de una zanja de infiltración en la cual un tubo de plástico dirige el agua hacia una mayor profundidad en el suelo, reduciendo el crecimiento de malezas y fomentando un crecimiento de raíces más profundo y resistente a la sequía. Esto puede aumentar la supervivencia/establecimiento de las plantas en las cuencas hasta en un 65%. Ver la figura 3.15 para una opción sin plástico.

Fig. 3.9. Una serie de cuencas de infiltración que interceptan e infiltran la lluvia y la escorrentía de la calle y del sendero adyacentes. Si se diseñan correctamente, estas cuencas pueden ser el único sistema de riego para la vegetación asociada, además de servir también como sistema para control de inundaciones y recarga del acuífero. Para más información, busca *"study finds the pooling effect of rain garden basins essential to drought-proofing water-conserving and water-harvesting landscapes"* (estudio muestra que el efecto de encharcamiento en los cuencos de los jardines de lluvia es esencial para los paisajes o áreas de protección contra sequías, conservación de agua y cosecha de agua) en HarvestingRainwater.com.

o el borde de un patio pavimentado, para evitar el azolvamiento prematuro de la estructura. Las zanjas de infiltración no son apropiadas en las vías de arroyos, áreas con agua cargada de sedimentos, ni tampoco debajo o a través de las carreteras (ver las figuras 3.7 y 3.8).

Cuenca de infiltración

Una cuenca de infiltración, también conocida como jardín de lluvia, *no* está llena de materiales porosos. Entonces, tiene mucha más capacidad que una zanja de infiltración del mismo tamaño. Una cuenca de infiltración es una depresión excavada en la tierra, relativamente poco profunda y con fondo nivelado que intercepta e infiltra lluvia, escorrentía o aguas grises en la cuenca de siembra que genera. Esta técnica funciona mejor en paisajes planos donde no tendrá bermas, por lo que toda la escorrentía circundante puede drenar en ella. En pendientes

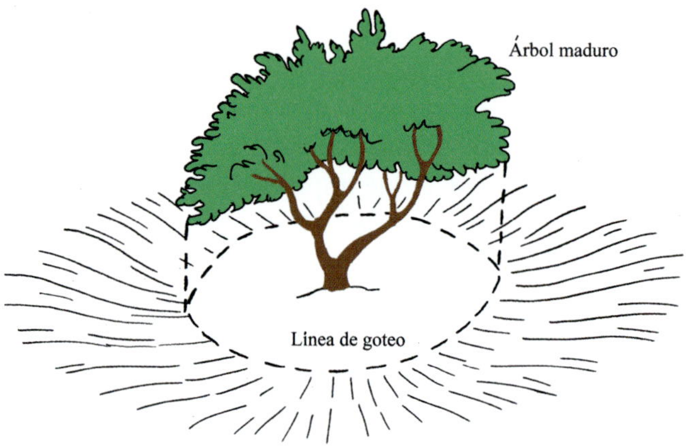

Fig. 3.10. Idealmente, el diámetro de la cuenca de infiltración es al menos 1.5 veces (y hasta 3 veces) el diámetro de la línea de goteo del dosel de la planta *adulta* asociada, ya que las raíces se extienden y *la mayor parte* del agua utilizada por las plantas se extrae de la zona radicular fuera de la línea de goteo del dosel.[3] Sin embargo, tener una cuenca de menor tamaño es mejor que no tener nada. Múltiples cuencas más pequeñas pueden funcionar tan bien como una cuenca grande.

Fig. 3.11A. *Sin* esponja. La lluvia se acumula en las cuencas de infiltración recién construidas minutos después de una gran tormenta de verano. Las cuencas aún no han sido cubiertas con acolchado ni se han sembrado. Milagro Cohousing, Tucson (Arizona). Fotografía: Natalie Hill
Compara esta fotografía con la figura 3.11B.

Fig. 3.11B. *Con* esponja. Las mismas cuencas con acolchado y vegetación. Las cuencas están diseñadas para infiltrar el agua rápidamente y evitar problemas con mosquitos o suelos anaeróbicos. Estas cuencas, con su acolchado esponjoso y las raíces de sus plantas que abren espacios en el suelo, infiltran toda el agua en 20 minutos.

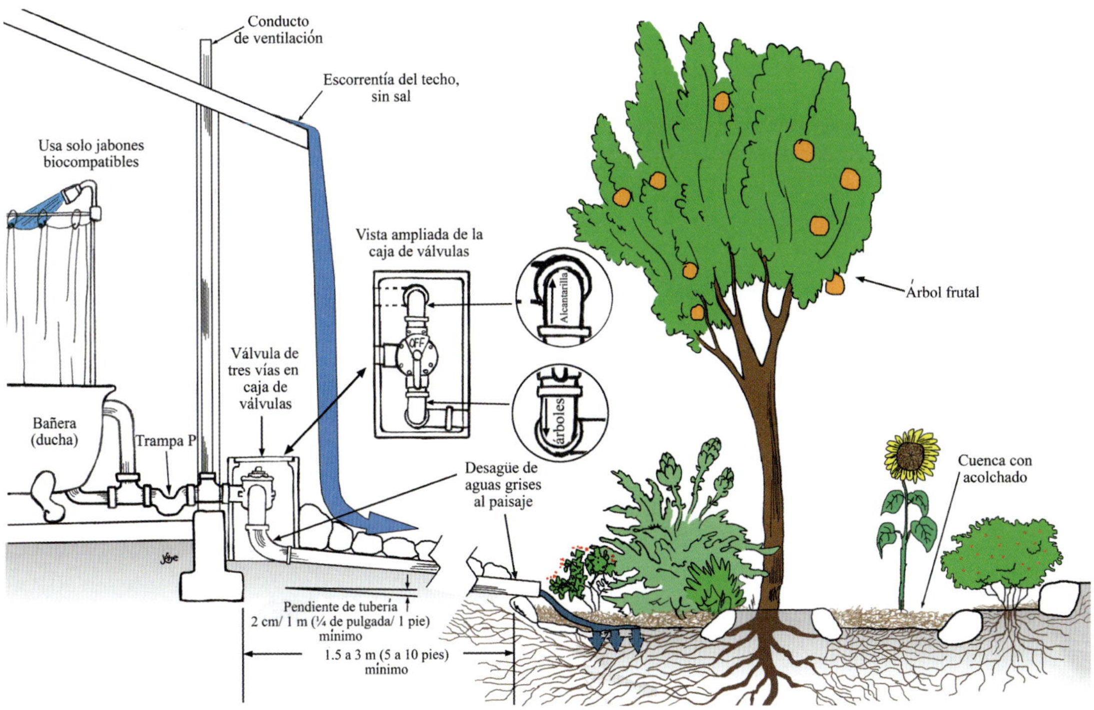

Fig. 3.12A. La escorrentía del techo y las aguas grises de la bañera/ducha se dirigen a una cuenca de infiltración bien acolchada y vegetada. Observa la trampa P y el conducto de ventilación entre el drenaje interior y el desagüe exterior de aguas grises, lo que evita la entrada potencial de olores e insectos en la casa. Una válvula de tres vías (aguas abajo de la trampa P y del conducto de ventilación) dentro de una caja de válvulas permite la distribución de aguas grises al paisaje o a la alcantarilla (compara con la fig. 3.12B). El extremo de la tubería de aguas grises se descarga a 7.5 cm por encima del acolchado en la cuenca para evitar que las raíces crezcan hacia adentro de la tubería y que los sólidos se acumulen y la obstruyan. Las aguas grises se infiltran de inmediato debajo de la superficie del acolchado para ser utilizadas por las plantas.

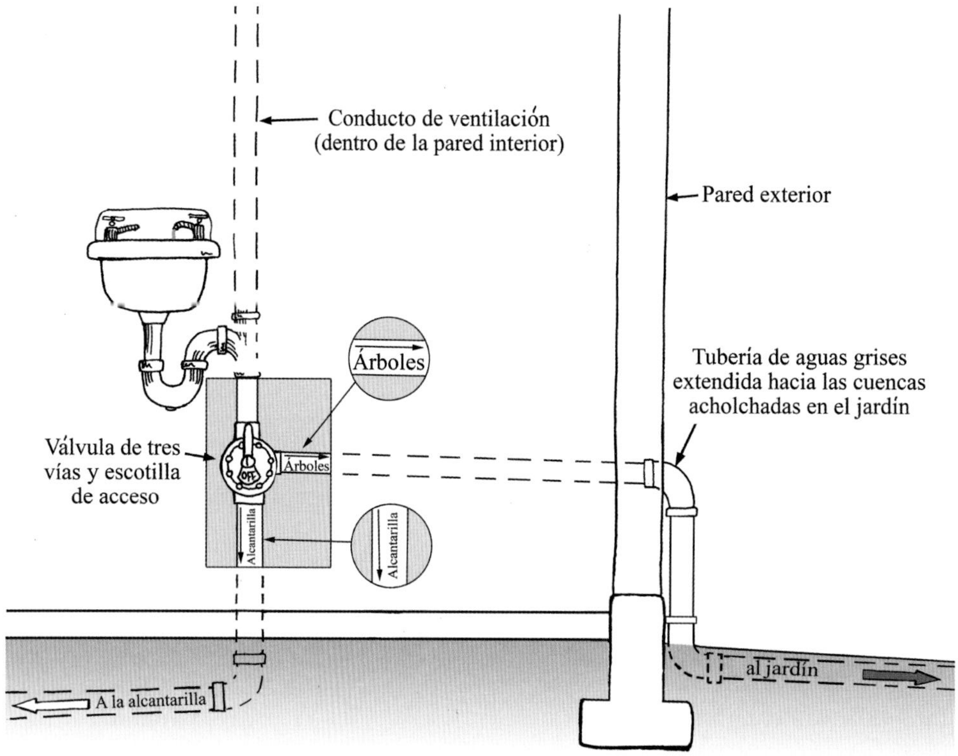

Fig. 3.12B. Una válvula de tres vías te permite dirigir las aguas grises al jardín o a la alcantarilla, dependiendo de lo que se vaya por el desagüe y si el suelo puede dar uso al agua o está demasiado saturado o congelado para infiltrarla. Idealmente, la válvula de tres vías (con los destinos de flujo marcados) debe estar accesible *en la misma habitación* donde se generan las aguas grises para maximizar su comodidad, facilidad y probabilidad de uso. Sin embargo, la válvula de tres vías también puede funcionar fuera de la habitación (fig. 3.12A); y el reacondicionamiento de las tuberías existentes a menudo lo requiere. Lo óptimo es que la válvula de tres vías y la tubería de registro de aguas grises (que dirige las aguas grises hacia fuera del edificio), se instalen en el momento de construir.

Nota: la línea de aguas grises debe salir del edificio a la mayor altura posible (incluso más arriba de la pendiente) para permitir la cantidad máxima y la distancia más larga de opciones de distribución de agua dentro del jardín que sean de bajo costo, sin consumo de energía y alimentadas por gravedad. Consulta el capítulo sobre aguas grises en el *volumen 2* y busca "*stub outs*" (registros) en mi sitio web para obtener más información.

moderadas también puede funcionar como una cuenca en terrazas, pozos arbolados para la cosecha de agua o cuencas de escorrentía interconectadas. El tamaño deberá ser suficiente para un evento de tormenta extremo y un pico de drenaje de aguas grises. Las cuencas de infiltración no son apropiadas en las vías de arroyos, en zonas de aguas subterráneas poco profundas donde podrían convertirse en agua estancada o sobre campos de drenaje séptico (ver las figuras 3.9 a 3.12).

Impresiones en suelo

Las impresiones en el suelo son una técnica de cosecha de agua utilizada para acelerar la revegetación de terrenos perturbados o desnudos con una precipitación anual de 76 mm a 356 mm (3 a 14 pulgadas) al crear numerosas depresiones pequeñas y bien formadas en el suelo donde se recolectan semillas, agua de lluvia, sedimento y hojarasca, además de proporcionar microclimas protegidos para germinar semillas y establecer plántulas. Idealmente, cada huella o impresión captura suficiente agua para germinar una o más semillas y mantener su crecimiento. Las huellas tienen suficiente capacidad de almacenamiento de agua para aumentar la infiltración a niveles por encima de la mayoría de las tasas de lluvia en zonas áridas, eliminando así casi toda la escorrentía y la erosión asociada. Las huellas tienen forma de "V" y se hacen con un rodillo de impresión, aunque las huellas

Fig. 3.13A. Un rodillo de impresión tirado por un tractor que va creando y sembrando impresiones o huellas sobre tierra compacta y estéril. Marana (Arizona)

Fig. 3.13B. Vegetación nativa que restaura el terreno y el suelo, después de que se hicieron impresiones en el suelo. Fotografía: Bob Dixon

de pezuñas, las llantas de huella ancha moviéndose lentamente o el tren de rodaje de un buldócer o trascabo pueden crear efectos algo similares. Los lugares deben tener una extensión mínima de 0.4 hectáreas (1 acre) para justificar el uso de maquinaria. La inclinación puede ser de hasta 2:1, 26.6° o 50 % de pendiente. Las huellas individuales son de aproximadamente 10 cm a 18 cm (4 a 7 pulgadas) de profundidad, 25 cm (10 pulgadas) de largo y 20 cm (8 pulgadas) de ancho. La técnica de impresiones en el suelo no es apropiada para usarse en las vías de arroyos (ver la figura 3.13).

Acolchado

Acolchar es poner material orgánico o inorgánico sobre la superficie del suelo, no mezclado con el suelo. El acolchado orgánico está conformado por materiales porosos, vivos o que alguna vez lo estuvieron, como vegetación, composta, estiércol maduro, paja o triturados de ramas. El acolchado orgánico rico en carbono colocado en la superficie del suelo se descompondrá lentamente, mejorando en lugar de agotar el nitrógeno del suelo. El acolchado inorgánico puede consistir en una capa delgada de grava o una sola capa de roca tamaño adoquín.

Tanto el acolchado orgánico como el inorgánico ayudan a formar una alfombra esponjosa o porosa para atraer agua al suelo y crear una cubierta protectora que reduce la pérdida de humedad del suelo por evaporación, aunque el arrope con materia orgánica es el más efectivo (ver las figuras 3.14 y 3.15). El acolchado, además, protege el suelo de la fuerza erosiva de las gotas de lluvia que caen y mitiga las temperaturas extremas en la superficie del suelo. Nota: Nunca uses plástico inhibidor de malezas sobre el suelo o debajo del acolchado. El plástico impermeable desvía la lluvia impidiendo que penetre en el suelo y puede crear condiciones anaeróbicas ideales para las enfermedades de las plantas.

La materia orgánica que se utiliza como acolchado aumenta rápidamente el contenido de materia orgánica de tu suelo a medida que se descompone y se transporta hacia dentro del mismo. Esto alimenta directamente a los microorganismos beneficiosos del suelo, que a su vez aumentan de manera directa la fertilidad y la capacidad de retención de agua de este. Estos microorganismos del suelo también ayudan a biorremediar el lugar, disminuyendo la presencia de materiales como jabón proveniente de aguas grises, y aceite y nitratos de la escorrentía de la calle. También trabajan directamente con las plantas. Por ejemplo, las "raíces" ramificadas de un tipo de hongos beneficiosos o micorrizas aprovechan las raíces de las plantas para obtener carbohidratos a cambio de nutrientes y agua. Este vínculo entre las raíces y los hongos puede aumentar la superficie efectiva de las raíces de una planta hasta 700 veces, mejorando drásticamente la absorción de nutrientes y agua de las plantas en condiciones extremadamente húmedas, condiciones

Fig. 3.14A. Una cuenca sin acolchado que pierde la mayor parte de la humedad del suelo por acción capilar y evaporación. Observa el arbolito estresado.

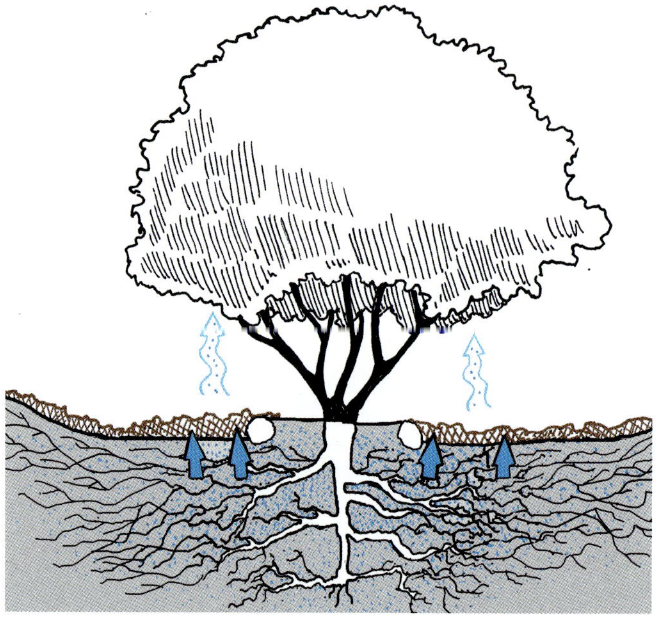

Fig. 3.14B. La cuenca con acolchado para una mejor infiltración y retención de agua en el suelo.

extremadamente secas y todos los puntos intermedios.[4] Para lograr todo esto, necesitas materia orgánica para alimentar a los microorganismos beneficiosos y la puedes obtener usando acolchado orgánico.

Refina aún más el proceso dándole a los diferentes tipos de plantas su tipo preferido de acolchado orgánico para atraer los microorganismos del suelo que mejor se adaptan a esa planta. A las plantas leñosas, duraderas y perennes, como los arbustos y los árboles (y sus microorganismos de suelo preferidos) les convienen los acolchados leñosos y de mayor duración, como triturados de ramas y corteza de madera. A las plantas anuales de vida corta como los vegetales y las flores (y sus microorganismos de suelo preferidos) le convienen los acolchados más ligeros y efímeros como la paja. Básicamente, el mejor acolchado para cualquier planta es el propio tejido de esa planta. Así que cosecha las hojas caídas y las podas, y colócalas debajo y al lado de la planta de la que provienen en lugar de quitarlas con rastrillo o soplador.

Las modificaciones al terreno para la cosecha de agua son buenísimas para retener materia orgánica súper esponjosa, lo cual mejora la capacidad de cosecha de agua de estas obras de tierra. El acolchado orgánico también define las cuencas en los senderos y limita el crecimiento de malezas. Este acolchado

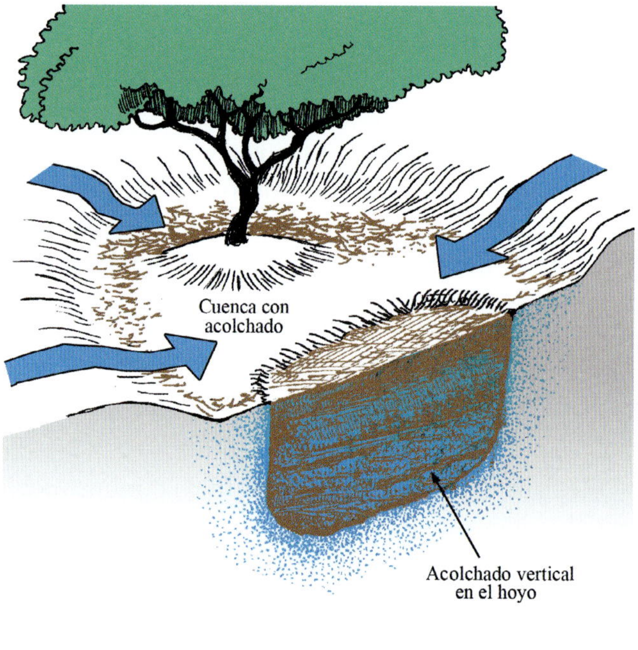

Fig. 3.15. Variación de acolchado vertical (hoyo o zanja llena de acolchado) que fomenta la infiltración y retención de agua más profundamente en la zona radicular del suelo.

funciona mejor en áreas planas y de pendiente suave donde el agua se acumula e infiltra tranquilamente, aunque se puede colocar en pendientes más pronunciadas cuando se combina con obras de tierra que lentifican o detienen la escorrentía del agua. El acolchado orgánico por sí solo no es apropiado para ser usado en las vías de desagüe ni en los sistemas de rebosadero ya que se lo llevaría la corriente.

El acolchado de piedra es mucho más pesado que el acolchado orgánico, por lo que se puede usar en áreas de mayor flujo de agua, como dentro de los sistemas de rebosadero o en lugares donde hay un flujo laminar pesado. La superficie rugosa del acolchado de piedra atrapa sedimentos y materia orgánica que ayudan a retener la humedad, lo que a su vez favorece el crecimiento de vegetación estabilizadora. Los acolchados inorgánicos deben ser lo suficientemente delgados como para permitir que entre luz solar adecuada para el crecimiento de plántulas que hayan germinado debajo del acolchado. Las piedras utilizadas para el acolchado deben colocarse a una profundidad de una sola piedra. La grava debe aplicarse en una capa poco profunda de no más de 2.5 cm (1 pulgada) de profundidad. Además de permitir que las plantas crezcan a través de ellos, los acolchados inorgánicos delgados permiten que el rocío de la mañana que se condensa en las piedras y grava frías escurra hacia el suelo.

La luz del sol calienta el acolchado inorgánico más de lo que calienta el orgánico, por lo que el acolchado inorgánico calentado por el sol se puede usar en climas más fríos para ayudar a iniciar el crecimiento de las plantas más temprano al inicio de la primavera de lo que ocurriría con el acolchado orgánico. Sin embargo, hasta que las plantas crezcan lo suficiente como para sombrear el acolchado inorgánico en la temporada de calor, el acolchado inorgánico de piedra y grava puede tener el efecto negativo de calentar sustancialmente el aire que está encima de la piedra.

Fig. 3.16. Una entrada de doble huella para vehículos puede reducir el área de superficie impermeable en un 60 % en comparación con las entradas convencionales de concreto. Acortar la entrada reduce aún más la superficie impermeable.

Fig. 3.17. Calles más estrechas y árboles de mezquite nativos jóvenes que producen alimento, irrigados por la cosecha de escorrentía de la calle. Civano, Tucson (Arizona). La flecha denota el flujo de agua.

Reducir el paisaje duro y crear pavimentos permeables

Reducir las zonas de paisaje duro es una estrategia para minimizar la necesidad de pavimento utilizando la planificación y diseño creativos y, donde sea posible, eliminar el pavimento impermeable. Al reducir el paisaje duro impermeable (y ubicarlo con inclinación hacia obras de tierra contiguas), puedes aumentar las áreas adyacentes permeables para mejorar la infiltración de la escorrentía del paisaje duro y reducir la escorrentía de salida que de otro modo contribuiría a inundaciones y contaminación aguas abajo, así como disminuir el efecto de isla de calor causado por un exceso de paisaje duro expuesto (ver las figuras 3.16, 3.17 y 4.23 a 4.26).

La pavimentación permeable es un término amplio para referirse a las técnicas de cosecha de agua que utilizan materiales de pavimentación porosos para permitir que el agua pase a través del pavimento y se infiltre en el suelo, regando pasivamente las plantas contiguas, disipando el calor del sol, reduciendo

Fig. 3.18. Un pequeño patio con paisaje duro se mantuvo permeable mediante la instalación de trozos de acera reciclados con amplios espacios para la infiltración de agua. Residencia de la familia Amado, Tucson (Arizona). Diseñado por Blue Agave Landscape Design.

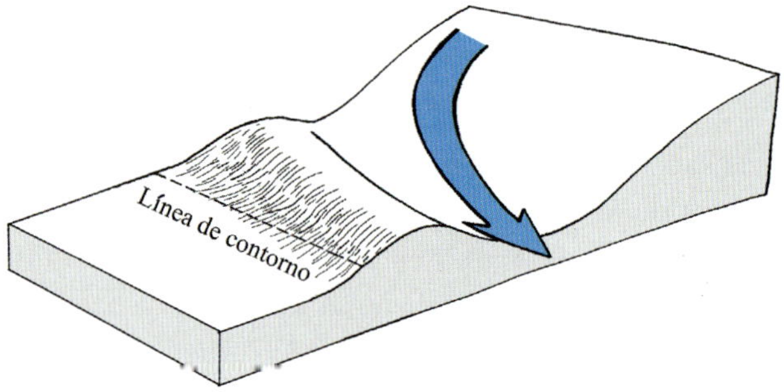

Fig. 3.19. Zanja de desvío

Fig. 3.20. Una serie de zanjas de desvío como ruta de cosecha de agua de sobreflujo de una cuenca de infiltración a otra.

Fig. 3.21. Vado y bordo tipo regulador de velocidad que dirige la escorrentía del camino hacia una zanja de desvío regando de manera gratuita la vegetación que está a la orilla del camino.

la compactación del suelo, permitiendo que las raíces de los árboles debajo del pavimento puedan respirar, filtrando contaminantes y disminuyendo la necesidad de una costosa infraestructura de drenaje. Como técnica de cosecha de agua, es más útil en sitios densamente desarrollados con poca superficie sin pavimentar. La pavimentación permeable es más efectiva cuando solo cosecha el agua de lluvia que cae directamente sobre ella, sin la escorrentía adicional de las zonas altas. No es apropiada en vías de arroyos. Eleva el pavimento permeable por encima el paisaje circundante para evitar el asentamiento o el desplazamiento del pavimento debido al mal drenaje del subsuelo y evitar que la escorrentía de las calles cargada de sedimentos obstruya los poros del pavimento permeable.

Zanjas de desvío

Una zanja de desvío es una vía de desagüe con pendiente gradual que mueve el agua lentamente de un punto a otro. Al igual que la berma y cuenca, por lo general consta de una cuenca lineal con la tierra excavada colocada en pendiente descendiente para formar una berma. A diferencia de una berma y cuenca, que se construye perpendicular a la pendiente para contener y permitir que el agua penetre en la tierra ahí mismo, una zanja de desvío se construye de forma ligeramente sesgada a la pendiente, lo que permite que una parte del agua penetre en el suelo de manera local mientras que el agua excedente se mueve lentamente cuesta abajo de un lugar a otro, infiltrándose a lo largo del camino.

Las zanjas de desvío se utilizan para interceptar, infiltrar y redirigir tanto el flujo laminar como el agua canalizada. Pueden domar la fuerza del agua que sale de un drenaje transversal o de un canal de drenaje de carreteras, transformando esa agua concentrada y de rápido movimiento en un recurso valioso al esparcir y calmar el flujo. Las zanjas de desvío pueden dirigir la escorrentía hacia una berma y cuenca para la cosecha de agua, a una cuenca de infiltración, a un estanque o a otro destino final.

Las zanjas de desvío pueden funcionar bien como dren o cauce de agua en los ambientes construidos (no naturales). Sin embargo, no son apropiadas para usarse en las vías de arroyos naturales y no deben usarse en suelos alcalinos propensos a la acumulación de sal o al anegamiento (ver las figuras 3.19 a 3.21).

Cama esparcidora

Una cama esparcidora, también conocido como media luna, es una estructura de acolchado de piedra con forma de media luna, de una piedra de altura, que se usa para lentificar, extender e infiltrar el flujo laminar que de otra manera aceleraría su velocidad causando erosión o se concentraría y escurriría como flujo de canal que es más destructivo. Es común que las camas esparcidoras se construyan con piedras pero también se pueden hacer con ramas. El innovador Van Clothier fue quien me enseñó la media luna y cómo se colocan las piedras en forma de un arco predominantemente nivelado a lo largo del contorno del terreno de un área plana o con forma de abanico aluvial. Los extremos del arco apuntan pendiente arriba para captar y enfocar el flujo de agua sobre el medio de la estructura y evitar que el agua corte alrededor de los extremos. Aunque en las topografías de abanico aluvial a menudo las camas esparcidoras tienen la forma de una media luna con los cuernos hacia arriba, la dirección hacia donde apuntan los extremos del arco la determina el terreno. Esta estructura funciona muy bien en lugares donde el agua transporta muchos sedimentos. Con suficiente agua de escorrentía cargada de sedimentos y el espacio para esparcirla, una cama esparcidora puede ayudar a inducir la formación de un abanico aluvial. Cosechará gran parte del sedimento dándole más fuerza a la estructura y retendrá más agua en ese sedimento, lo que favorecerá el crecimiento de vegetación que estabiliza el suelo y que ralentiza, esparce e infiltra el flujo del agua (figuras 3.22 a 3.23 C).

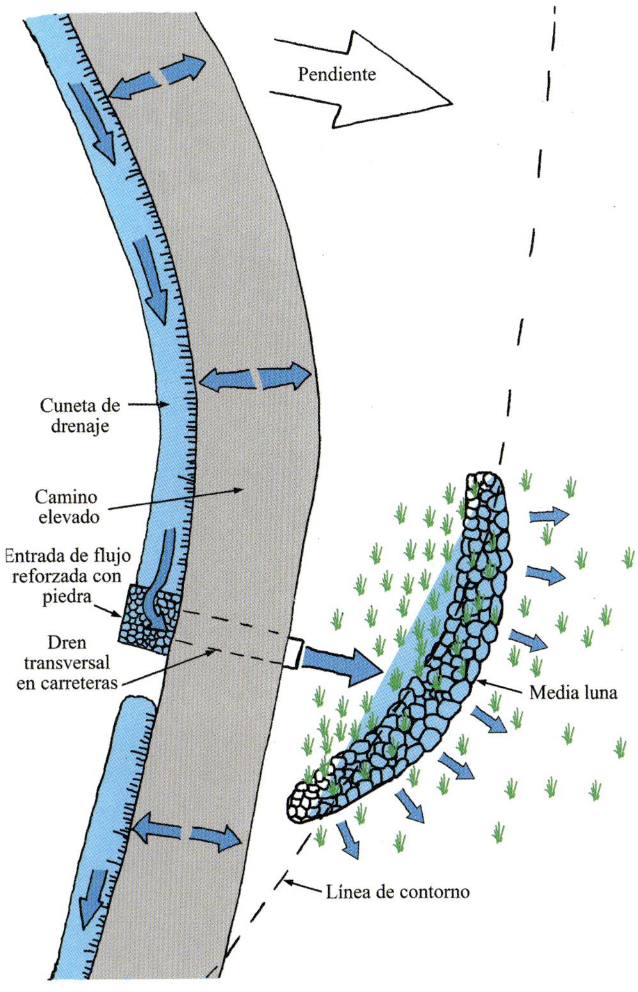

Fig. 3.22. *Una cama esparcidora*, o *media luna*, que baja la velocidad del flujo de un dren, distribuyéndolo e infiltrándolo para transformar ese flujo canalizado y erosivo en un flujo laminar productivo.

Fig. 3.23A. Cama esparcidora recién construida para esparcir el flujo concentrado de un dren aguas arriba. Southern Crescent, reserva de la Cuenca de Galisteo, norte de Nuevo México. Las flechas denotan el flujo de agua.

Fig. 3.23B. Cama esparcidora a dos o tres meses de su construcción, con vegetación cosechadora de sedimentos y estabilizadora del suelo brotando entre la sola hilera de piedras.

Fig. 3.23C. Media luna dos años después de su construcción, oculta por la abundante hierba nativa a la que permitió crecer. Fotos y obra: Craig Sponholtz

Represa de una piedra de altura (RUPA)

Una represa de una piedra de altura (RUPA) es una estructura baja de barrera o de control de grado colocada perpendicular al flujo de agua dentro de un arroyo. Su altura es de una sola piedra y su ancho es de cinco o más hileras de piedras estrechamente colocadas una a lado de la otra; por lo general no excede los 30 cm (un pie) de altura. Tiene la forma de un reductor de velocidad o banda de frenado con una pendiente gradual y la parte superior de las piedras que están en la hilera de lado aguas abajo se coloca al mismo nivel que el lecho del canal. A diferencia de una cortina de piedra, no tiene un declive angulado hacia el lado pendiente abajo que provocaría la fuerza erosiva del agua al caer. Es deliberadamente permeable o "tiene fugas". La represa es básicamente una bajada de agua construida que *hace más lento*, pero no detiene, el flujo de agua. Ayuda a estabilizar el lecho del canal al aumentar su aspereza, reclutando vegetación dentro y alrededor de la represa, captando sedimento y aumentando *gradualmente* el nivel del lecho del canal con el paso del tiempo.

El agua y el sedimento lentifican su flujo y se acumulan detrás de la represa, distribuyéndose sobre el lecho del canal antes de fluir a través de y sobre la represa. Al desacelerar y distribuir el flujo de agua, las RUPAs ayudan a que la humedad se infiltre en el suelo, reducen las inundaciones aguas abajo moderando el flujo pico de agua y retienen el suelo y la materia orgánica aguas arriba y dentro de la represa, además de reducir la erosión. Las RUPAs solo deben construirse atravesando un flujo intermitente o efímero, no en un flujo perenne. A menudo se usan para ayudar a sanar un arroyo o cárcava que se hace cada vez más profunda. Cuando se construyen en el lado aguas abajo del cruce, estas represas pueden mejorar las veredas o caminos que atraviesan flujos efímeros. Se puede colocar un "pavimento" de piedra plana en la superficie del camino o sendero ubicado cuesta arriba de la represa para evitar que el cruce se ponga pantanoso cuando está mojado. Coloca las RUPAs en las secciones rectas de una vía de arroyo, no en las curvas (ver las figuras 3.24 - 3.26, más las bajadas de cruce en el apéndice 1).

Fig. 3.24. Es muy fácil construir una represa de una piedra de altura (RUPA), además de que es muy estable debido a su perfil bajo. Tiene una altura de una piedra con cinco o más filas paralelas apretadas entre sí que cruzan el arroyo y suben hasta parte de las orillas. El tamaño mínimo de las piedras en esta ilustración es de 20 a 30 cm (8 a 12 pulgadas) de diámetro. Colocar las piedras bien apretadas entre sí es más importante que su tamaño, por lo que muchas piedras hacen las veces de unas cuantas piedras grandes y medio planas. Coloca la estructura en la bajada de cruce o en el cauce de un arroyo donde el sedimento se acumula de manera natural.

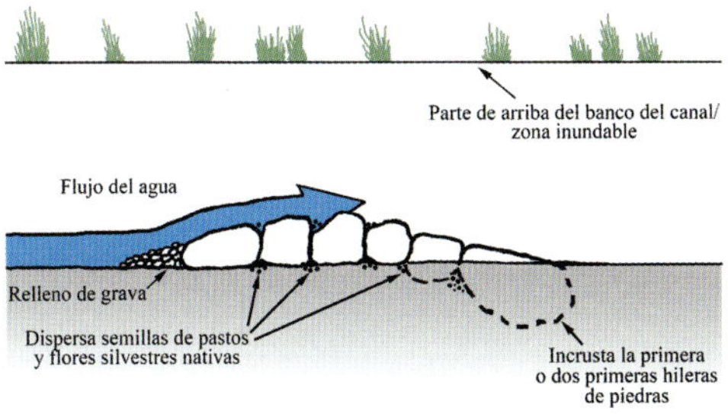

Fig. 3.25A. Incrusta la primera o las dos primeras hileras de piedras pendiente abajo de la RUPA para anclar la estructura y evitar una caída en forma de cascada desde la piedra hasta el suelo desnudo que pudiera crear socavaciones. La piedra más grande se usa en el lado aguas abajo para anclar aún más todo aguas arriba. Siembra la estructura con pastos nativos para acelerar el establecimiento de vegetación que sirva de anclaje y ayude a la desaceleración y esparcimiento del agua.

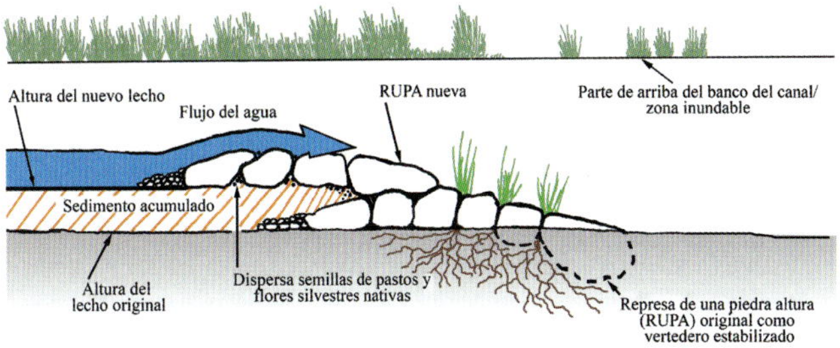

Fig. 3.25B. Se puede construir otra RUPA partiendo de la primera una vez que se le haya acumulado de manera natural el sedimento y se haya estabilizado con vegetación.
La RUPA original sirve entonces como un vertedero estabilizado para la segunda.

Fig. 3.26A. RUPA antes de las lluvias de verano, Red Windmill Draw, rancho Malpai, cerca de Douglas (Arizona). Las RUPAs tienen la altura de una sola piedra y se colocan en 5 o más hileras paralelas apretadas entre sí atravesando el arroyo. Reproducido con permiso de An Introduction to Erosion Control de Bill Zeedyk y Jan-Willem Jansens. Foto: Van Clothier de Stream Dynamics

Fig. 3.26B. Dos meses más tarde, *después* de las lluvias de verano, ha crecido nueva vegetación río arriba de la represa estabilizadora. Debido a que la estructura tiene la altura de una sola piedra, la vegetación crecerá con facilidad entre las piedras para estabilizar aún más la estructura y ralentizar el flujo de agua. Haber incrustado más profundamente en el suelo la hilera de piedras que está sobre la pendiente descendiente podría haber minimizado la aparición de socavaciones justo debajo de la estructura.
Esto se puede remediar colocando piedras dentro de la depresión socavada, esta vez con la parte superior de la piedra al ras o nivelada con el lecho del arroyo. Reproducido con permiso de *An Introduction to Erosion Control* por Bill Zeedyk y Jan-Willem Jansens. Foto: Van Clothier de Stream Dynamics

Rampa de piedra

Una rampa de piedra es una capa de piedra que sirve para controlar la erosión, se construye con una altura de una piedra y se utiliza para blindar una ubicación inclinada con un flujo de agua de poca energía. Su propósito principal no es cosechar agua, sino dirigir el agua que fluye hacia un lugar potencialmente menos erosivo donde el agua se pueda cosechar e infiltrar de manera más fácil y efectiva. La bajante de piedra funciona muy bien para dirigir el agua desde una salida de bajante hacia una obra de tierra para la cosecha de agua (fig. 3.27); y como una salida de sobreflujo que transporta el agua de una obra de tierra cosechadora de agua a otra.

La rampa de piedra también se puede usar para controlar la erosión en la cabecera de cárcava, pero

Fig. 3.27. Vertedero de bajante estabilizado por una rampa de piedra que dirige el agua hacia el fondo de una cuenca acolchada de infiltración. La rampa de piedra se construye mucho más baja en la parte central de su recorrido descendente que en los lados para dirigir el flujo de agua de manera contenida y estabilizada.

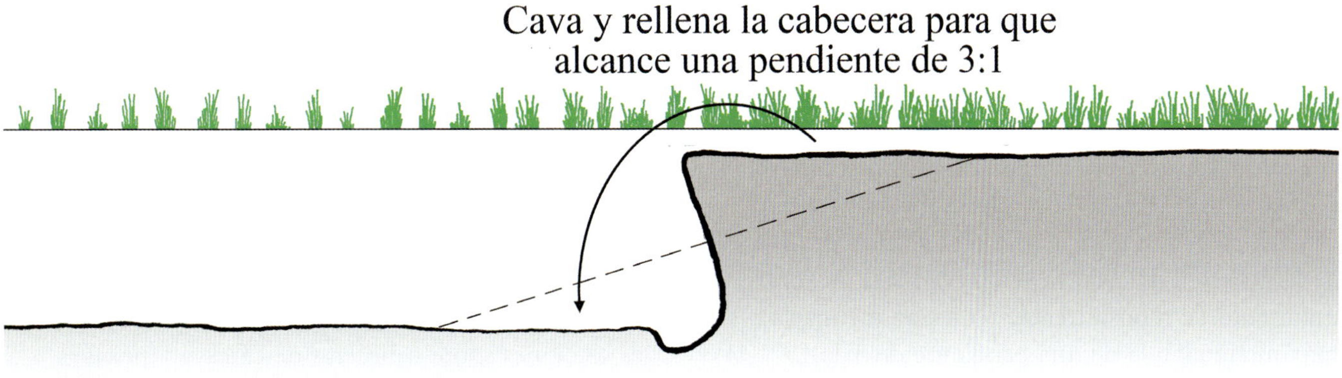

Fig. 3.28A. Vista lateral o elevada de una cabecera de cárcava donde el flujo laminar se convierte en flujo canalizado. La línea punteada representa la pendiente más gradual a la que la cabecera debe cortarse, rellenarse y compactarse antes de que se construya la rampa de piedra.

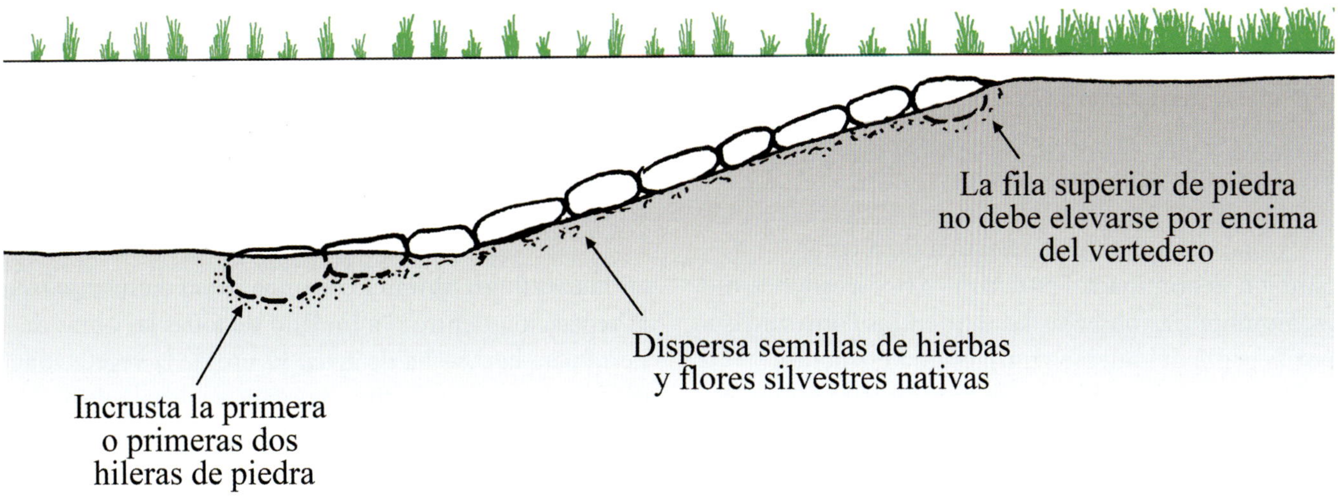

Fig. 3.28B. Vista lateral o de elevación de la rampa de piedra. Para anclar la estructura, fija la primera o las primeras dos filas de la pendiente descendente, usando por lo general las piedras más grandes de la estructura. Asegúrate de que el borde descendente de la parte superior de la piedra esté nivelado con respecto al lecho del canal para evitar crear una caída erosiva de agua similar a una cascada. Justo antes de colocar el resto de la hilera de piedras, esparce semillas de pasto nativo sobre la sección de la ladera en la que colocarás las piedras para acelerar el crecimiento de vegetación de anclaje entre ellas. La hilera superior de piedras no debe elevarse por encima de la ubicación del vertedero de la cabecera, ya que esto haría que el agua fluya alrededor de la estructura, en lugar de hacia abajo.
Coloca todas las piedras juntas y llena los huecos con piedras más pequeñas y grava.
Adaptado de *Erosion Control Field Guide* de Craig Sponholtz y Avery C. Anderson, Quivira Coalition, 2012.

SOLO en cabeceras de baja energía como aquellas con pequeñas áreas de captación que se encuentran en la parte superior de surcos y cárcavas ubicadas en tierras altas donde el flujo laminar tranquilo se concentra en un flujo canalizado más destructivo (ver la figura A1.6 en la sección sobre cabeceras de cárcava en el apéndice 1). La cara vertical erosiva de la cabecera de cárcava se excava hasta alcanzar un ángulo de reposo estable (con una inclinación máxima igual a la de una pendiente de 3:1, 19°, 33 %) y luego se cubre con una única capa de acolchado de piedra firmemente compactada (fig. 3.28). La rampa *debe ser más baja en la parte central que en las orillas* para garantizar que el agua fluya por el medio de la estructura y no alrededor de la misma causando erosión. Como la estructura no tiene mortero y su altura es de una sola piedra, el agua puede infiltrarse entre las rocas y sostener el crecimiento de la vegetación que ayuda a estabilizarla y ralentizar el flujo del agua. Las rampas de piedra NO se usan dentro de canales que tienen flujos con energía de moderada a alta, como aquellos situados debajo de las cabeceras de cárcava. En esos casos, fíjate si las RUPAs o las pozas escalonadas revestidas de piedra son adecuadas para el sitio.

Poza escalonada revestida de piedra

Una poza escalonada revestida de piedra, también denominada "poza zuni" (Bill Zeedyk le dio ese nombre tras observar las estructuras construidas por la gente del pueblo zuni), es una estructura construida en las cabeceras de cárcava para controlar la erosión de las mismas. Consiste en una rampa de piedra en forma de arco que conduce a una poza de inmersión (construida) donde el agua acumulada disipa la energía del agua que cae sobre la rampa. La poza se construye colocando hileras de piedras alrededor del interior y en los taludes de una cárcava hasta la mitad de la altura de la cabecera de cárcava original. El agua se acumula en la poza recubierta de piedra, luego se vierte por el extremo inferior. El agua acumulada hidrata el suelo arriba, abajo y dentro de la estructura. Así se sostiene el crecimiento, entre las piedras de la estructura, de más vegetación estabilizadora y acumuladora de sedimento. Al igual que las rampas de piedra, las pozas escalonadas revestidas de piedra pueden usarse para estabilizar o evitar que se forme una cabecera de cárcava en el punto donde el flujo laminar se concentra en un flujo canalizado. A diferencia de las rampas de piedra, estas pozas también se pueden usar dentro de un canal o arroyo existente para detener la erosión en la cabecera que hace más profundo dicho canal (ver las figuras 3.29A y B, y más información en las secciones sobre cabeceras de cárcava y pozas escalonadas en el apéndice 1). La erosión provocada por las cabeceras de cárcava se extiende pendiente arriba, en dirección opuesta al flujo del agua. Hay que tomar en cuenta que por lo general se construye una RUPA corriente abajo de una poza escalonada revestida de piedra, a una distancia de 4 a 6 veces la altura de la cabecera de cárcava que dicha poza estabiliza. Esto crea un encharcamiento de agua secundario en la RUPA que disipa aún más la energía del caudal.

Vegetación

La vegetación es la vida que emerge de un sistema de cosecha de agua. Aumenta la infiltración del agua y la estabilización del suelo gracias a la penetración de las raíces, además de proporcionar múltiples recursos y beneficios (busca recursos regionales en "Multiple-Use Plant Lists" [Listas de plantas de usos múltiples] en HarvestingRainwater.com). Se recomienda y se usa la vegetación dentro o a un lado de todas las obras de tierra para la cosecha de agua. El uso de la vegetación es apropiado en todo tipo de cuencas hidrológicas, independientemente de la pendiente del terreno. Es importante plantar especies apropiadas para el clima a densidades que, una vez determinadas, puedan subsistir de manera primaria o exclusivamente de la lluvia cosechada en el sitio. Ubica y siembra todas las plantas de acuerdo con su tamaño adulto esperado, no con su tamaño al momento de sembrarlas; y con su zona ideal de ubicación en un *jardín de lluvia* (ver las figuras 3.30A-C y 3.31; hay más información sobre el uso de la vegetación en el diseño integrado en el capítulo siguiente).

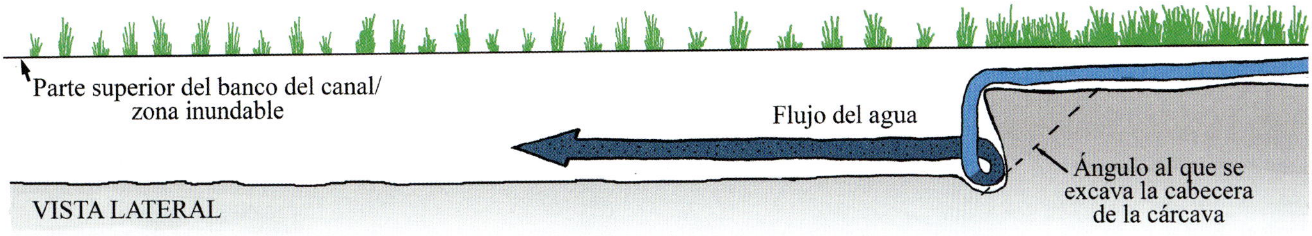

Fig. 3.29A. Vista lateral o de elevación de una cabecera de cárcava. La flecha representa el flujo de agua sobre la cabecera de cárcava. La línea punteada representa la pendiente más gradual a la que se debe excavar la cabecera antes de colocar las piedras.

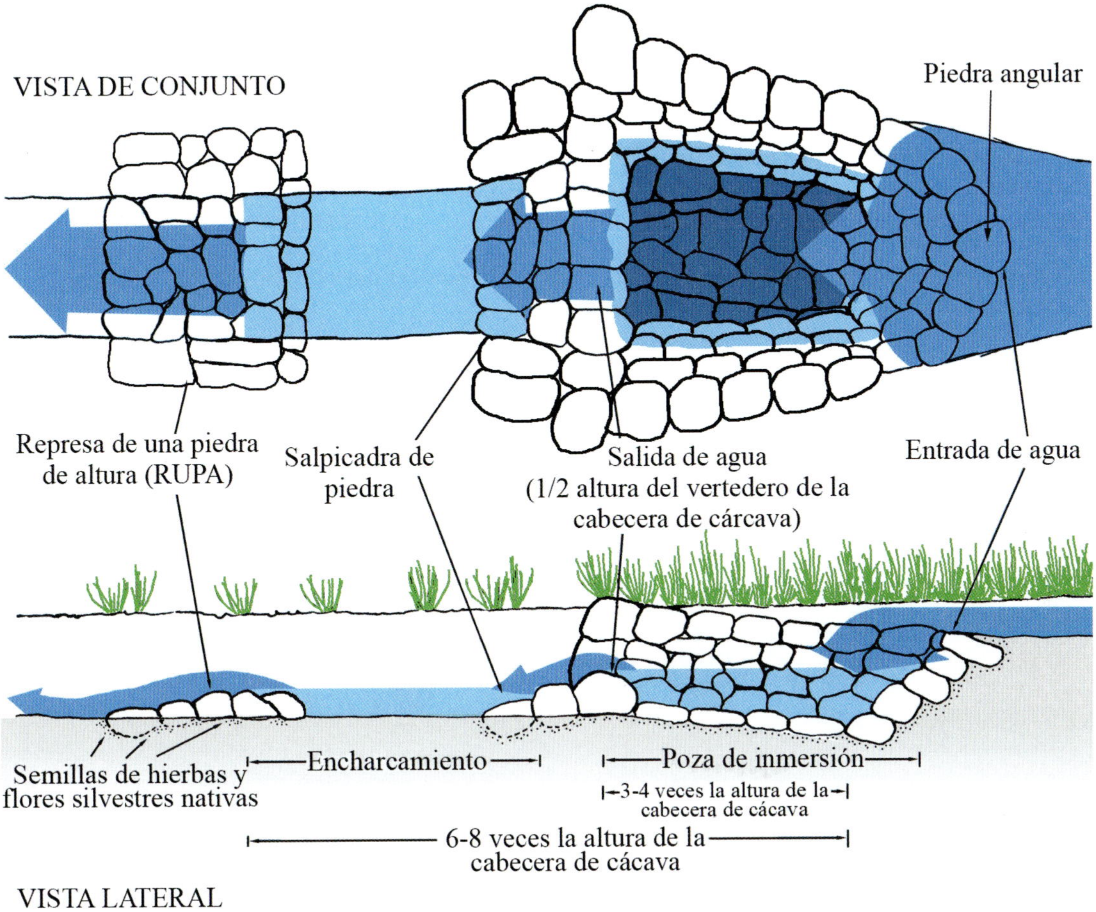

Fig. 3.29B. Vista en planta y lateral de una poza escalonada revestida de piedra con una RUPA debajo. La flecha representa el flujo de agua. Aguas abajo de la base de la cabecera de cárcava excavada a una menor pendiente, mide y marca un punto a una distancia igual a 3 a 4 veces la altura de la cabecera. Coloca las piedras más grandes de la estructura ahí para crear el talud de la pendiente descendente de la poza, haciendo que la profundidad de la poza sea aproximadamente la mitad de la altura de la cabecera. Justo pendiente abajo de la poza, construye una salpicadera de piedra con un ancho aproximado de dos hileras de piedra para dispersar el agua que se derrama de la poza. Para evitar caídas de agua erosivas, incrusta la piedra más baja de la salpicadera de piedra en el suelo de tal forma que la parte superior de las piedras que están en el lado de la pendiente descendente esté nivelada con el lecho del canal (como en el caso de las RUPAs y las rampas de piedra). Para mantener la estructura estable, nunca pongas más de una hilera de piedras de altura. Todas las piedras que están estabilizando la rampa que va a dar a la poza deben estar en ángulo hacia la pendiente, como lo harías con un muro de contención de roca apilada en seco. La hilera superior de piedra debe ser más alta en los extremos ladera abajo del arco y más baja en el medio de la ubicación del vertedero de la cabecera para garantizar que el agua fluya sobre, y no alrededor de, la estructura. Adaptado de *Erosion Control Field Guide*.

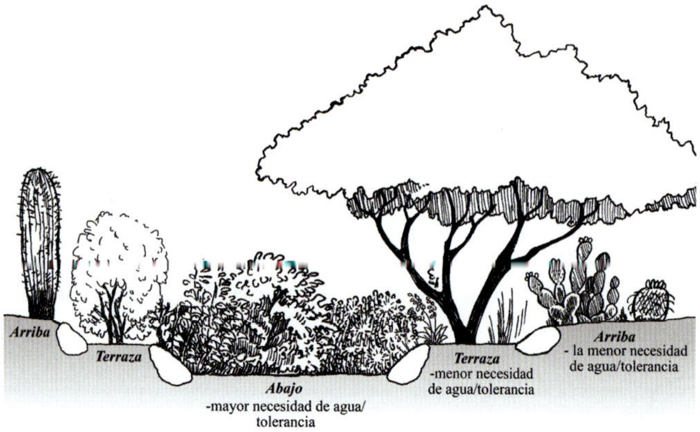

Fig. 3.30A. Sembrar de acuerdo con las necesidades de agua y la tolerancia de las plantas es lo que determina el área ideal para un jardín de lluvia. Consulta las listas de plantas en el apéndice 4 y busca "*Rain Garden Planting Zones*" (Zonas de siembra en jardines de lluvia) en HarvestingRainwater.com para obtener más información. Observa cómo la roca apilada en seco se puede usar para estabilizar las orillas de las cuencas de cosecha de agua.

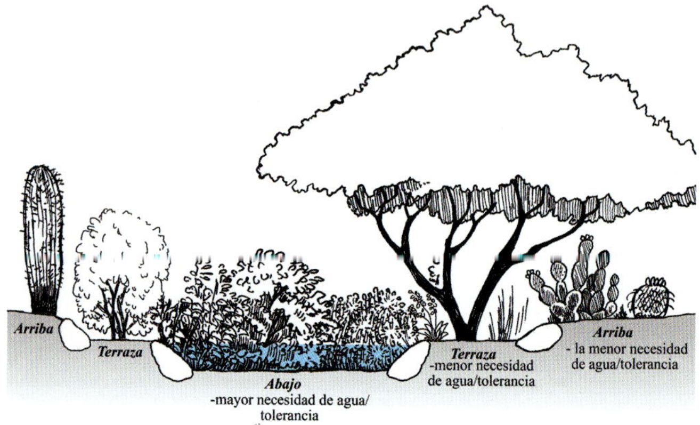

Fig. 3.30B. Jardín de lluvia lleno hasta la parte de arriba de la *Zona de abajo* durante un evento de lluvia pequeño, antes de que el agua se infiltre rápidamente en el suelo. Captar la escorrentía aumenta el agua cosechada (ver la figura 5.24).
Ten en cuenta que puedes usar troncos en lugar de piedras para estabilizar las orillas de la cuenca.

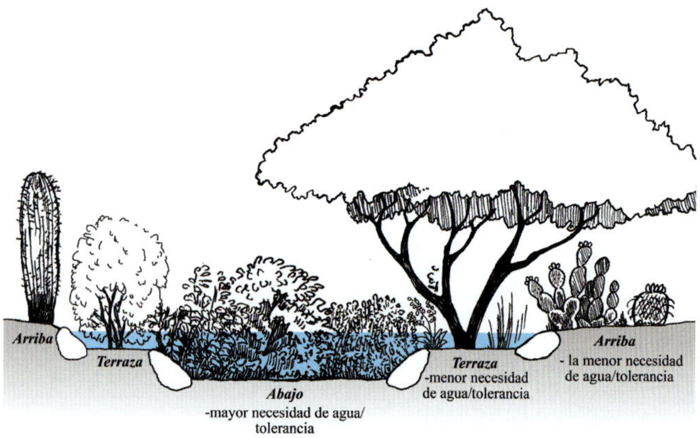

Fig. 3.30C. Jardín de lluvia lleno hasta la parte de arriba de la *Zona de terrazas* durante una tormenta fuerte, antes de que el agua se infiltre rápidamente en el suelo. Amplía la red viva de agua: las raíces de las plantas a menudo se extienden desde su cuenca hasta las cuencas adyacentes.

Fig. 3.31. Un árbol que necesita un mejor drenaje (a menudo un árbol frutal) sembrado al lado de una cuenca (en la zona de *arriba* del jardín de lluvia) donde las raíces del árbol pueden aprovechar fácilmente el agua cosechada, mientras que la base del árbol (corona de la raíz) está bien drenada y seca, para disminuir la posibilidad de pudrición de la corona.

INFORMACIÓN GENERAL SOBRE SISTEMAS DE TANQUES Y CISTERNAS

Los sistemas de tanques y cisternas deben seguir los principios de cosecha de agua de lluvia descritos en el capítulo 1, pero debido a que almacenan un cuerpo de agua fácilmente accesible, también deben seguir un conjunto adicional de principios específicos para tanques. En el volumen 3 se analizan en detalle los principios y componentes de los sistemas de tanques y cisternas descritos a continuación, al igual que

Fig. 3.32. Componentes básicos de un sistema de tanques o cisternas

CLAVE:
1. Superficie de captación
2. Canaletas y bajantes
3. Filtrado de sólidos de tanque y bajante
4. Sistemas de primera descarga (opcional): salida donde el agua de descarga es un recurso conveniente
5. Tanque
6. Ventilación: a prueba de luz, a prueba de animales y a prueba de insectos
7. Desagüe: a otro tanque, a obras de tierra con vegetación o a un dren natural
8. Llave/válvula de bola
9. Filtros y bombas (opcional y sin imagen)
10. Equipo de mantenimiento: Tú

varias opciones de tanques (prefabricados o fabricados en el sitio). En la sección "Water Tanks/Cisterns" (Tanques de agua/cisternas) en HarvestingRainwater.com puedes encontrar enlaces a algunos tanques prefabricados disponibles y sus costos actuales (la información está disponible solo en inglés).

DIEZ COMPONENTES BÁSICOS DE UN SISTEMA SENCILLO DE TANQUE DE ALMACENAMIENTO A NIVEL DE PISO PARA USO RESIDENCIAL (FIG. 3.32)

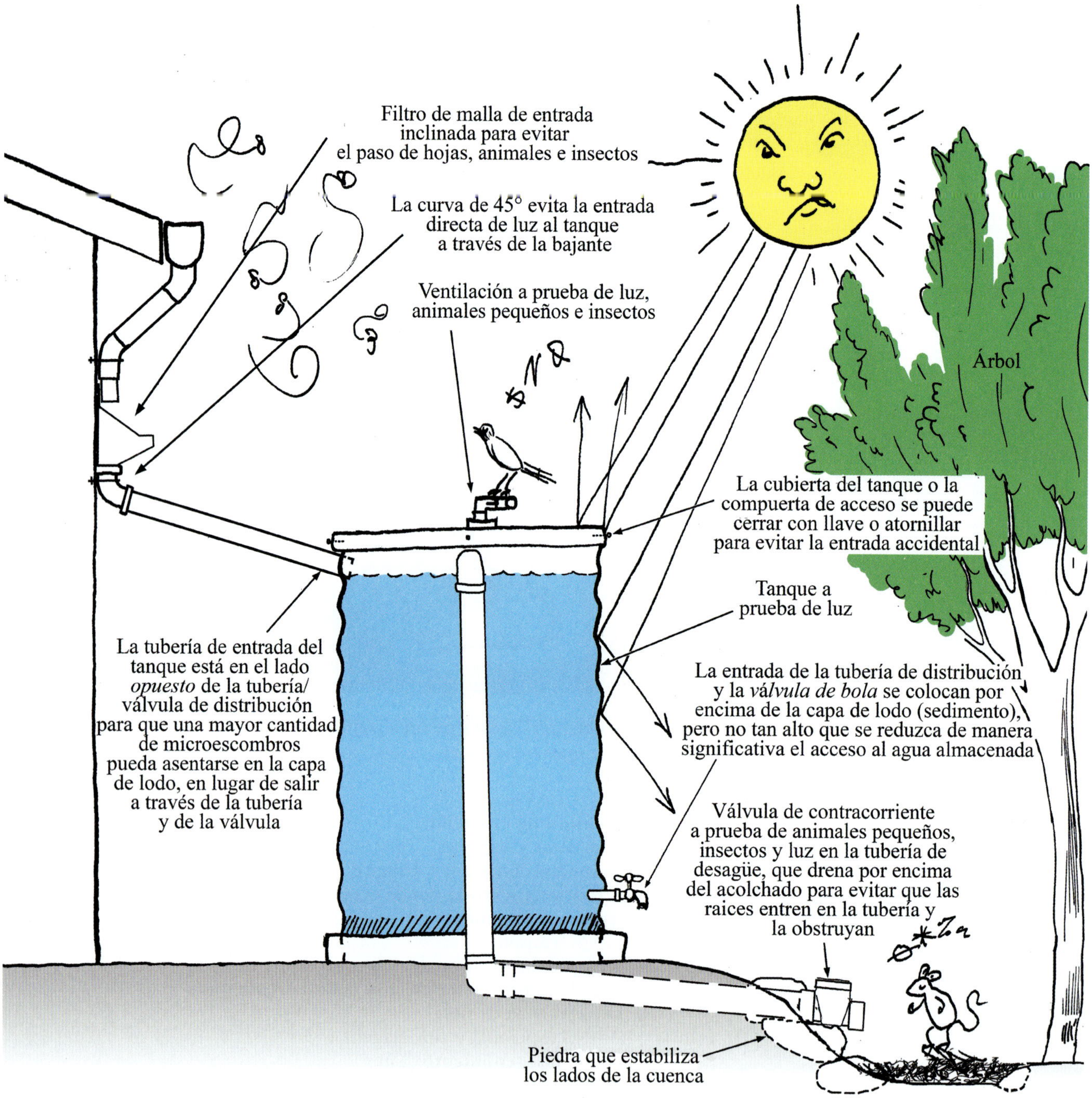

Fig. 3.33. Un sistema de tanque cerrado.
Para ver el video de esta configuración y más, consulta la página de videos en HarvestingRainwater.com.

Fig. 3.34. Tanque galvanizado y bajante de *sistema mojado*, Tank Town de Texas. La tubería de la bajante de un sistema mojado siempre tiene agua, por lo que no se puede usar en climas fríos. El tramo horizontal de la tubería está apoyado en el suelo y luego se eleva (pero no más alto que su punto de entrada en la canaleta) para entrar en un tanque u obra de tierra.

Fig. 3.35. Un mural/ tanque de acero de 37 850 litros (10 000 galones) y una bajante de *sistema seco* que capta la escorrentía del techo para riego, Museo de los Niños, Santa Fe (Nuevo México). Una bajante de sistema seco drena toda el agua de la tubería, dejándola seca entre lluvias. No recoge lodo ni es propensa a daños por congelamiento.

Fig. 3.36. Tanques corrugados con cubiertas a prueba de luz, insectos y animales pequeños. El desagüe se mueve de un tanque al siguiente, luego sale hacia cuencas vegetadas que no se muestran en la imagen. Milagro Cohousing, Tucson (Arizona)

Fig. 3.37. Un tanque marca WATERHARVEST SLIMLINE® de acero corrugado con capacidad de 1135 litros (300 galones). Reproducido con permiso de BlueScope Water. Los tanques delgados funcionan muy bien para espacios pequeños y patios estrechos, y los hay con capacidades de hasta 6000 litros (1500 galones) en metal, plástico o fibra de vidrio. Pueden servir también como paredes de jardín o vallas de privacidad.

Fig. 3.38. Tanque de polietileno de 1135 litros (300 galones) con un filtro de sólidos en la bajante que capta la escorrentía del techo del pórtico para riego del jardín del patio, oficinas de Nature Conservancy, Tucson (Arizona). Dos codos de 45° en el tubo de la bajante evitan el paso de la luz directa al tanque. La cubierta del hoyo de acceso incluye una ventilación sutil. En la parte de abajo del tanque hacia el lado izquierdo, hay una llave de paso que da acceso al agua del tanque; a un lado de la llave de paso hay un grifo para el agua municipal. Al lado del grifo se encuentra la válvula de contraflujo que dirige el sobreflujo de agua hacia una cuenca acolchada.

Fig. 3.39. Una cisterna de concreto subterránea de 4542 litros (1200 galones) diseñada para soportar el peso de vehículos encima. Solo son visibles las cubiertas de acceso. La cisterna capta la escorrentía del techo de la casa. Santa Fe (Nuevo México)

Fig. 3.40. Un tanque de ferrocemento de 22 700 litros (6000 galones) que almacena la escorrentía del techo para uso doméstico y riego, residencia de la familia Meuli. Tijeras (Nuevo México). La pieza cuadrada de metal corrugado encima del tanque es la tapa del hoyo de acceso.

Fig. 3.41. Un tanque de concreto vertido en el lugar con capacidad de 26 460 litros (7000 galones) con fachada de piedra cumple una doble función como patio que capta la escorrentía del techo para el riego alimentado por gravedad de los árboles cítricos y otras plantas pendiente abajo. Observa cómo la masa del tanque crea un microclima más cálido para los cítricos sensibles a las heladas en el lado cara al sur de este tanque del hemisferio norte. Tucson (Arizona)

DIEZ PRINCIPIOS DEL SISTEMA DE TANQUES Y CISTERNAS

Consulta las figuras 3.34 a 3.42 para ver ejemplos de tanques/cisternas. Consulta el volumen 3 de *Cosecha de agua de lluvia para zonas áridas y más allá* (disponible solo en inglés) para obtener más detalles sobre cómo aplicar los principios de tanques y cisternas.

1. **Asegura una entrada adecuada para el agua.** No pierdas agua. Adapta el tamaño de tus canaletas, bajante y tubería de entrada para que puedan manejar la intensidad máxima de lluvia que pueda caer en tu área (busca "Downspout & Gutter Sizing" [Tamaño de la bajante y canaleta] en HarvestingRainwater.com).

2. **Cerciórate de tener un flujo saliente adecuado y úsalo como recurso.** El diámetro del tubo de desagüe del tanque debe ser igual al diámetro de la tubería de entrada del mismo para que el sistema no se atasque. Dirige ese recurso de desagüe a otro tanque o a cuencas de infiltración acolchadas y vegetadas.

3. **Diseña tu sistema para captar agua de alta calidad.** Cuanto mayor sea la calidad del agua cosechada, más opciones tendrás para su uso potencial, así que no contamines tu agua con un sistema fabricado con materiales tóxicos o contaminados. Los materiales clasificados para el contacto con agua potable proporcionan agua de la más alta calidad.

4. **Diseña un sistema cerrado que se filtre pasivamente.** Diseña o instala tanques o cisternas "cerrados" protegidos de la luz solar, insectos y animales para que no crezcan algas verdes y bacterias, los mosquitos no se propaguen y los desechos de animales o sus cuerpos ahogados no contaminen tu agua. Utilizar cubiertas en los tanques también reduce la pérdida de agua por evaporación. Instala el tubo de salida del tanque (tubería de "suministro") a una altura mínima de 10 cm (4 pulgadas) del fondo del tanque para evitar que el lodo de sedimentos (hojarasca, polvo, etc.) sea arrastrado hacia la tubería de suministro. Consulta la figura 3.33 para ver un ejemplo.

5. **Asegúrate de tener fácil acceso a tu tanque y a su interior.** Necesitas poder verificar los niveles de agua, limpiar el tanque y hacer reparaciones. Instala los tanques y cisternas a nivel de piso de tal forma que haya suficiente espacio para caminar por completo alrededor de ellos a fin de verificar (y reparar) fugas y realizar inspecciones, especialmente si están cerca de un edificio. Todos los tanques deben tener orificios de acceso que permitan la entrada para su inspección, limpieza o reparación. Instala tapas o cubiertas seguras y que se puedan cerrar con candado para evitar que los niños entren por accidente.

6. **Ventila tu tanque.** Todos los tanques con cubiertas o tapas ajustadas deben ventilarse para evitar que se forme un vacío dentro del tanque cuando se extraen rápidamente grandes cantidades de agua.

7. **Usa la fuerza de gravedad a tu favor.** Instala tu tanque en un lugar donde puedas utilizar la elevación de la superficie de captación y la energía gratuita de la gravedad para captar agua de lluvia y distribuirla alrededor de tu terreno. Quizás los tanques subterráneos no puedan aprovechar la gravedad para distribuir el agua almacenada, pero deben estar diseñados para que el sobreflujo se de por gravedad. Puedes agregar una bomba para aumentar la presión del agua y mejorar el desempeño del sistema cuando se requiera, pero no permitas que tu sistema dependa de la bomba para funcionar.

8. **Haz que el uso del agua de lluvia sea práctico.** Siempre que sea posible, elige la ubicación de tu tanque para que esté cerca tanto de la fuente de agua (techo) como del destino de la misma (jardín, huerto, fregadero, etc.). De esa manera se logra minimizar la longitud necesaria de las bajantes, tuberías y mangueras, lo cual ahorrará dinero y materiales y es de ayuda para mantener

la presión del agua. Como mínimo, conecta o instala el grifo del tanque de tal forma que esté convenientemente cerca de tu lugar de uso, incluso si el tanque está en una ubicación incómoda y distante. En los sistemas de baja presión alimentados por gravedad, el tubo de distribución del tanque debe tener un diámetro interior de 25 mm (1 pulgada) para reducir la pérdida de presión del agua que ocurre cuando hay una mayor fricción en la superficie en los tubos de diámetro menor. Además, usa válvulas de bola que no se estrechan a diámetros interiores más pequeños (para obtener más información, busca "Full-Port Valves" [Válvulas de bola] en HarvestingRainwater.com).

9. **Selecciona y ubica tu tanque o cisterna para que haga más que solo almacenar agua.** Cuantas más funciones desempeñe tu tanque, más rentable será. Al diseñar un tanque de almacenamiento para que también sirva como parte de una valla de privacidad, cerca, muro de contención o pilar de soporte para un porche techado, eliminas el costo de comprar otros materiales para hacer esa sección de valla, cerca, muro o pilar.

10. **Dale mantenimiento a tu sistema.** Inspecciona y limpia las canaletas antes de la temporada de lluvias y en épocas de caída de hojas, flores o frutos de los árboles que hay alrededor. (Podar las ramas que crecen sobre el techo y la canaleta puede disminuir el trabajo de limpieza). Si tienes un interceptor de primeras descargas, drénalo después de las tormentas. (Sin embargo, si por lo general las lluvias en tu área son muy ligeras, puedes drenar las primeras descargas con menor frecuencia para reducir la pérdida de agua debido a la interceptación de la primera descarga). Utiliza el agua que captes en tu tanque. Un tanque de agua de lluvia lleno de agua que nunca se usa suele ser un desperdicio de recursos (excepto un tanque de agua reservado para usos de emergencia). Revisa periódicamente tu sistema para asegurarte de que no haya fugas o filtros rotos en las conexiones de entrada de agua, ni acumulación excesiva de sedimentos en el tanque (hasta el nivel del tubo de salida) y para verificar que todas las cubiertas estén bien cerradas.

EJEMPLO DE LA VIDA REAL

THE RUNNING RAIN SOCIETY

Termino este capítulo con la historia de una pareja que cosecha agua de lluvia en su sitio, tanto en el suelo como en tanques. Aunque viven en un terreno de 16.2 ha (40 acres), los principios que aprendieron al vivir muchos años con un sistema en evolución pueden aplicarse de igual manera a un lote urbano de 400 m^2 (1/10 de acre aproximadamente), a una comunidad entera y a cualquier lugar entre estos dos extremos.

VIVIR DEL AGUA DE LLUVIA COSECHADA EN TANQUES Y SUELO

En 1972, Dan Howell encontró la oportunidad para cambiar la vorágine de la vida moderna en el sur de California por una vida en el campo. Allí, en el tablón de anuncios de la lavandería, una tarjeta de 8 x 13 cm (3 x 5 pulgadas) decía: "terreno de 40 acres en el hermoso y rural estado de Nuevo México, barato".

Dan lo compró sin verlo primero y se fue a buscar su terreno en la parte centro poniente de Nuevo México. A una elevación de 2134 m (7000 pies), el aire estaba fresco bajo el horizonte de un cielo azul. El terreno era muy hermoso pero se estaba erosionando. Resistentes pinos piñoneros, enebros y pastos delgados salpicaban el terreno mostrando la evidencia de extremos climáticos. En el verano la temperatura durante el día subía a más de 38°C (100°F) y en las noches de invierno llegaba muy por debajo de cero. Pero sobre todo, estaba seco. La precipitación anual promedio era de solo 356 mm (14 pulgadas). El agua subterránea yacía tan profunda que casi todos en el área traían su agua en pipas. Los suelos estaban desnudos debido a un mal manejo del pastoreo de ganado y a la tala excesiva de árboles. Sin el efecto de anclaje de la vegetación, el viento y las aguas de lluvia torrenciales corrían sobre la tierra, llevándose consigo la capa superior del suelo. Dan estaba decidido a mudarse a esta tierra y vivir de una mejor manera.

Fig. 3.42. La casa de los Howell y su tanque de acero galvanizado de 1895 litros (500 galones).

Regresó a Los Ángeles para prepararse. Cinco años más tarde, en 1977, armado con una copia del libro sobre investigaciones en cosecha de agua, *The Negev: The Challenge of a Desert*, él y su flamante esposa Karen partieron al terreno con sus ahorros y con determinación.

Dan y Karen estacionaron su remolque y construyeron un pequeño cobertizo con un techo de metal corrugado de 18.6 m^2 (200 pies cuadrados). Tenía una canaleta que drenaba el agua de lluvia a diez tambores de plástico sellados de 208 litros (55 galones). Cuando llegaron las lluvias de julio, los barriles de agua se llenaron instantáneamente, con lo que Dan y Karen pudieron tomar un descanso de acarrear agua. Sus vecinos no juntaron una sola gota de lluvia y al día siguiente estaban de vuelta transportando agua sobre el largo camino a la ciudad.

Dan y Karen sabían que la lluvia y la nieve serían erráticas, variando de 178 mm a 762 mm (7 a 30 pulgadas) de precipitación al año, con un promedio anual de 356 mm (14 pulgadas). En sus 16.2 hectáreas (40 acres) de terreno ¡este rango de lluvia produciría de 28 856 000 a 123 669 000 de litros (7 623 000 a 32 670 000 de galones) de lluvia por año!

Los Howell se dieron cuenta de que la lluvia era mucho más abundante que el volumen de agua municipal local que podían transportar. También era gratis ¡y llegaba sola! Así que decidieron hacer de la lluvia la principal fuente de agua para todas sus necesidades y llamaron a su propiedad "Running Rain Society".

Una vez que conectaron un tanque de acero galvanizado de 1900 litros (500 galones) a la canaleta del techo de metal de su casa recién construida, la pipa de agua descansó. Ese tanque y el nuevo techo de 37.2 m^2 (400 pies cuadrados) fueron suficientes para satisfacer todas las necesidades de agua doméstica de los Howell para beber, lavar, bañarse y cocinar ¡durante un año entero! (Ver la figura 3.42).

VIVIR DE LA LLUVIA: ALMACENAMIENTO EN TANQUES

Los Howell han estado viviendo de agua de lluvia por más de 30 años. Tiene muy buen sabor y nunca ha sido necesario filtrarla, aunque hace tres años instalaron un "filtro de malla tipo Y" para riego por el bien de sus invitados, ya que habían empezado a aparecer en el agua pequeñas partículas de óxido del tanque. Hay muy poca contaminación del aire en la zona donde viven, pero lo más importante es que el techo de metal y el sistema entero de captación de agua de Dan y Karen se mantienen limpios y libres de toxinas de principio a fin. Han estado atentos para evitar posibles fuentes de toxinas como las tejas de asfalto o tapajuntas de plomo. Y se aseguran de que su tanque esté cerrado, impidiendo el paso de la luz solar y todo tipo de insectos o animales que pudieran introducir o reproducir bacterias o enfermedades no deseadas.

Con respecto al uso del agua, los Howell han hecho cambios drásticos en su estilo de vida. Dan y Karen usan solo 18.9 litros (5 galones) de agua cada uno, al día, dentro de la casa. Toda el agua que baja por el lavabo o la bañera se drena hacia las plantas. Construyeron un baño seco para eliminar el consumo de agua para el tratamiento de aguas negras y utilizan la composta de estiércol humano para mejorar la fertilidad de sus tierras. Ya que viven dentro de los límites de los recursos hídricos de su terreno, los Howell no empobrecen su sitio sobreexplotándolo, ni tampoco necesitan trabajar de tiempo completo para satisfacer sus necesidades básicas.

Como construyeron una cabaña para invitados y un taller, la superficie de captación del techo creció de 37.2 m^2 a 185.8 m^2 (de 400 a 2000 pies cuadrados). Dos tanques adicionales aumentaron la capacidad de

Recuadro 3.2. El sistema requiere poco mantenimiento, pero sí lo requiere.

En 2002, una tubería rota en el sistema de riego provocó la pérdida de 26 550 litros (7000 galones) de agua de lluvia cosechada. A diferencia de un sistema municipal donde hay reservas de agua para casos de emergencia, el sistema de Dan y Karen es limitado y las fugas deben arreglarse de inmediato. Pudieron sobrevivir durante toda la temporada, pero tuvieron que ser mucho más cautos en su consumo hasta que las lluvias reabastecieron su agua almacenada. Por ello, siempre es muy buena idea inspeccionar tu sistema con frecuencia.

almacenamiento de agua doméstica de la *Running Rain Society* a 17 000 litros (4500 galones). Dan y Karen comenzaron poco a poco y resolvieron los problemas de su sistema antes de expandirse, que es como recomiendan que otros lo hagan.

CÓMO LOS HOWELL LIDIAN CON EL AGUA CONGELADA EN SUS TANQUES

En invierno, los Howell drenan suficiente agua de sus tanques de 1900 litros (500 galones) para que el 20 % de cada uno esté vacío. Esto asegura que haya suficiente espacio para que el agua se expanda si se llega a congelar. El periodo más largo que Dan y Karen han pasado sin acceso al agua congelada en sus tanques exteriores es de uno a dos días. Siempre tienen una reserva de agua dentro de la casa para tales ocasiones. En sí, eso es todo lo que hacen los Howell para prepararse para el almacenamiento de agua en invierno y les funciona bien.

(En condiciones más frías se pueden necesitar diferentes estrategias. Para prepararte para un clima helado, pregúntale qué hace a la gente que cosecha agua en la localidad e investiga los reglamentos locales para la instalación del tanque de agua y plomería en tu área).

COSECHAR AGUA DE LLUVIA EN EL SUELO

Mientras los Howell instalaban su sistema de captación de agua de lluvia en el techo, trabajaban de manera simultánea en el paisaje para cosechar el agua de escorrentía para sus plantas.

Dan y Karen usaban toda la escorrentía de su techo para sus necesidades domésticas de agua, por lo que decidieron establecer un huerto grande en un lugar donde el paisaje concentraba de manera natural el agua de escorrentía en un pequeño arroyo (dren) a unos 45.7 m (150 pies) del remolque y de la casa. Para estabilizar el arroyo y asegurar que huertos y jardines estuvieran a salvo de la erosión por lluvias torrenciales, Dan y Karen construyeron una serie de cortinas de piedra y gaviones en el arroyo. Las cortinas de piedra son barreras permeables colocadas *dentro* de un arroyo, perpendicular al flujo del agua. Los gaviones de piedra se estabilizan aún más con una envoltura de cerca de alambre, pero son propensos a fallar cuando el alambre inevitablemente se oxida o se rompe.

Colocaron los gaviones y cortinas de piedra dentro del arroyo de tal forma que al acumularse detritos y sedimentos detrás de la pequeña estructura, se fueran formando una serie de terrazas niveladas que bajan desde la parte superior hasta el fondo del arroyo. El flujo de agua se distribuía sobre una superficie amplia, lo que reducía su velocidad y permitía que se infiltrara suavemente en el suelo. Otras obras de tierra desaceleraron el flujo de agua más arriba en la cuenca local que drena hacia el arroyo. Con la erosión bajo control y el agua cosechada en el suelo, comenzó a crecer nueva vegetación en el lecho del arroyo que antes se estaba deteriorando. Como Dan señala: "Si tienes socavaciones en un arroyo y no tienes vegetación, es claro que la situación no está controlada. Si hay vegetación establecida en las orillas o incluso en el fondo, es señal de que la situación está más estabilizada".

Dentro de estas terrazas niveladas ya estabilizadas Dan y Karen sembraron 55.7 m^2 (600 pies cuadrados) de hortalizas que satisfacen entre el 15 % y el 25 % de sus necesidades alimentarias. Lo que mejor se les dio fueron espárragos, ajos, cebollas egipcias y alcachofas. Los huertos se riegan principalmente con agua de lluvia almacenada en el suelo, pero para las plantas menos tolerantes a la sequía los Howell querían una fuente de agua para riego superficial en la temporada seca. Para lograrlo, excavaron a mano dos reservorios de agua con capacidad de 75 700 litros (20 000 galones) en lo alto de su terreno. ¡Estos reservorios se llenan por completo con una buena lluvia y proporcionan toda el agua de riego necesaria durante todo un año! Una vez que los reservorios están llenos, el agua se bombea a un tanque de fibra de vidrio con capacidad de 37 850 litros (10 000 galones) y a un tanque usado de acero de 18 950 litros (5000 galones) que también se encuentran en la parte alta del terreno. El agua entonces se distribuye desde los tanques hacia los huertos utilizando el flujo por gravedad.

Para las verduras que necesitan más agua, Dan y Karen colocaron mangueras de riego por exudación a varias pulgadas debajo de la superficie de la tierra y cubrieron el suelo con acolchado para retener la humedad. Se necesitan diez libras por pulgada cuadrada (psi) de presión de agua para que funcionen las líneas de riego y esto se logra fácilmente gracias a que los tanques están ubicados más arriba de la elevación del huerto: *por cada pie que una fuente de agua (tanque) se eleve por encima de su destino (huerto), la gravedad proporciona 0.43 psi de presión.* Como dice Dan, "Sin bombas, sin servicios públicos y sin contaminación". (Consulta el capítulo sobre los principios para sistemas de tanques y cisternas en el volumen 3 para ver un sistema de riego por goteo alimentado por gravedad que puede funcionar con menos de 10 psi de presión).

Después de cada temporada de lluvias, el agua excedente en los reservorios se vacía sobre el paisaje donde se necesita. El limo acumulado se saca del fondo del reservorio y se transporta en carretilla colina abajo para hacer bermas en curvas de nivel para la cosecha de agua. A veces se excava una cuenca a lo largo de estas bermas, del lado pendiente arriba, formando una berma y cuenca. Estas estructuras están dispuestas en líneas de igual elevación a lo largo del terreno, donde interceptan e infiltran rápidamente el agua de lluvia en el suelo, al alcance de la vegetación.

Dan y Karen siempre están experimentando para tratar de incrementar la productividad de su sitio y la eficacia con la que cosechan agua. Un huerto de temporal dentro de un sistema de cuencas en red tuvo un éxito limitado. A partir de esto, descubrieron que debían hacer más grandes las microcuencas para cosechar más agua, y que los climas extremos limitaban la diversidad de cultivos productivos que podían cultivar. Tuvieron más éxito con la creación de diferentes estilos de bermas y cuencas que aceleraron su trabajo de revegetación en las orillas de sus caminos de tierra donde el acceso, la inspección y el mantenimiento son fáciles (para más información sobre las técnicas de modificaciones al terreno para hacer las obras de tierra mencionadas en este párrafo y el anterior, consulta el capítulo sobre bermas y cuencas en el volumen 2).

El trabajo de los Howell aún no ha terminado. Aunque su vida es muy distinta a la de las personas que trabajan en una oficina, no es una vida de ocio. El sistema necesita mantenimiento, y tienen planes para excavar más represas y fomentar el crecimiento de más pastos nativos que puedan recolectar los sedimentos en el flujo de escorrentía antes de que lleguen a los reservorios. Planean usar el agua cosechada adicional para cultivar plantas nativas y medicinales. Cuando las nubes de tormenta avanzan sobre su terreno, los tanques y las obras de tierra se llenan de agua, las cortinas de piedra atrapan limo fértil y la vegetación irrumpe en un nuevo crecimiento. Ahora se generan más recursos en su sitio que los que se drenan. Han pasado más de veinte años desde aquel determinante día en la lavandería de California cuando Dan decidió tomarse en serio una idea descabellada: ¿quién habría adivinado que los llevaría a ambos a tomar agua de lluvia?

NOTICIAS SOBRE *THE RUNNING RAIN SOCIETY* EN 2021

Dan Howell nos informa, "Treinta y dos años después de empezar nuestra aventura llamada *Running Rain Society* tuvimos que partir para atender a los padres de Karen, quienes son de edad avanzada; sin saber cuánto tiempo estaríamos lejos, tomamos la decisión de vender nuestra propiedad en lugar de dejarla vacía. Los nuevos dueños querían un estilo de vida más convencional y perforaron pozos, descuidando los sistemas de cosecha de agua que teníamos en el terreno. Hicieron un pozo que les costó mucho dinero, instalaron sanitarios convencionales y una fosa séptica. La salud de los nuevos dueños se deterioró y los jardines y huertos se murieron. Después de gastar tanto dinero para perforar en busca de agua, los nuevos dueños se dieron cuenta de que el agua de su pozo era tóxica. Contenía altos niveles de fluoruro, el cual es venenoso para plantas y animales como nosotros. A partir de entonces, los nuevos dueños empezaron a reconstruir los sistemas de cosecha de agua que nosotros instalamos".

Al principio, los pequeños esfuerzos pueden parecer poco más que una gota en un balde. Sin embargo, *es estupendo* si son gotas que nos llevan hacia una abundancia regenerativa. ¡Con suficientes gotas llenaremos el balde y tendremos excedentes para compartir!

CAPÍTULO 4

Diseño integrado

Este capítulo plantea cómo maximizar el potencial de los recursos hídricos de tu terreno al integrar el agua cosechada con el sol, la sombra y la vegetación que hay en tu sitio para así ayudar a refrescar, de manera pasiva, los edificios en verano; calentarlos en invierno; permitir el aprovechamiento de la luz del sol para generar energía y calentar agua; así como mejorar las plantas y jardines. Al hacerlo, cumples el séptimo principio de la cosecha de agua: maximizar las relaciones benéficas y la eficiencia mediante la "multifuncionalidad".

Utiliza la estrategia de "diseño integrado" para satisfacer las necesidades del sitio (como son el agua, refugio, alimento, estética) con elementos del lugar (por ejemplo, escorrentía de la calle, aguas grises, sombra refrescante, sol que calienta, vegetación, composta). Su combinación permite crear un diseño eficiente que ahorra recursos (como pueden ser energía, agua, transporte, dinero) a la par que mejora la función y la sostenibilidad del terreno.[1] El diseño integrado ayuda a convertir los "problemas" en soluciones. Por ejemplo, la escorrentía erosiva de las aguas de inundación se puede cosechar en cuencas y usarse para regar árboles de sombra, lo que ayuda a controlar las inundaciones y la erosión. La clave es *ver, comprender* y *combinar* elementos del sitio, como la escorrentía de la calle, la vegetación y la exposición solar, y así maximizar su uso benéfico.

Para ayudarte a lograrlo, este capítulo muestra cómo desarrollar un diseño integrado para tu terreno. Una vez más comenzamos con la observación, esta vez centrándonos en la trayectoria del sol a través de tu sitio y mapeándola junto con las otras observaciones que hayas trazado en el plano de tu sitio que creaste en el capítulo 2. ¿Por qué hablar del sol en un libro sobre cosecha de agua? Para que puedas orientar las construcciones, plantaciones y demás de tal forma que se maximice su capacidad de *producir* recursos, en lugar de consumirlos, calentando, refrescando, suministrando energía, cultivando y manteniéndose a sí mismos de manera pasiva y gratuita para que todos tus recursos hídricos (además de tiempo y dinero) se aprovechen mejor. En ese sentido, en este capítulo se presentan *siete patrones básicos* de diseño integrado para ayudarte a desarrollar un diseño conceptual a partir de tus observaciones, con obras de tierra para la cosecha de agua, tanques, jardines, árboles y edificios; un diseño que aproveche los recursos existentes en tu sitio y ayude a mitigar los desafíos que implica. Cuantos más patrones incorpores a tu diseño, más integrado se vuelve. (En el apéndice 5 se incluyen hojas de trabajo que se llenan con información relacionada con los siete patrones). El capítulo cierra con consejos sobre cómo refinar aún más el diseño conceptual integrado de tu sitio y da un ejemplo de un plan integrado.

Muchos de ustedes, sobre todo quienes son fanáticos de las anécdotas, tal vez quieran pasar directamente al capítulo 5, la historia de cómo mi hermano y yo creamos e implementamos un plan integrado para nuestro lote urbano usando los patrones de diseño descritos en este capítulo y cómo después trabajamos con otros para extender este enfoque en nuestro vecindario. El capítulo 5 muestra lo poderoso y divertido que es integrar la información y las estrategias contenidas en este libro, por lo que se estimulará tu hambre de conocimiento y el entendimiento de toda la información importante que contiene este capítulo.

NOTA: Todas las referencias de hora utilizadas en este libro y capítulo son de *tiempo solar* basado en la ubicación real del sol en el cielo, la cual varía a lo largo del año. Por lo contrario, la hora del reloj se basa en una ubicación imaginaria del sol resultado de dividir el tiempo en días iguales de 24 horas durante todo el año.

Dado que el mediodía *solar* o *verdadero* (la hora del día en que el sol está más alto en el cielo y que divide las horas de luz diurna para ese día exactamente a la mitad) cambia a lo largo del año, puede diferir en más de una hora del mediodía del *reloj*. Otras horas solares del día se relacionan directamente con el mediodía solar. Por ejemplo, las 11 a.m. solar es una hora antes del mediodía solar. La fecha exacta, tu ubicación en una zona horaria y la consideración del horario de verano afectarán la hora que marca el reloj al mediodía solar local y a otras horas solares.

Los sitios web donde puedes buscar el mediodía solar son:

• SunriseSunset.com (Estados Unidos + Canadá)

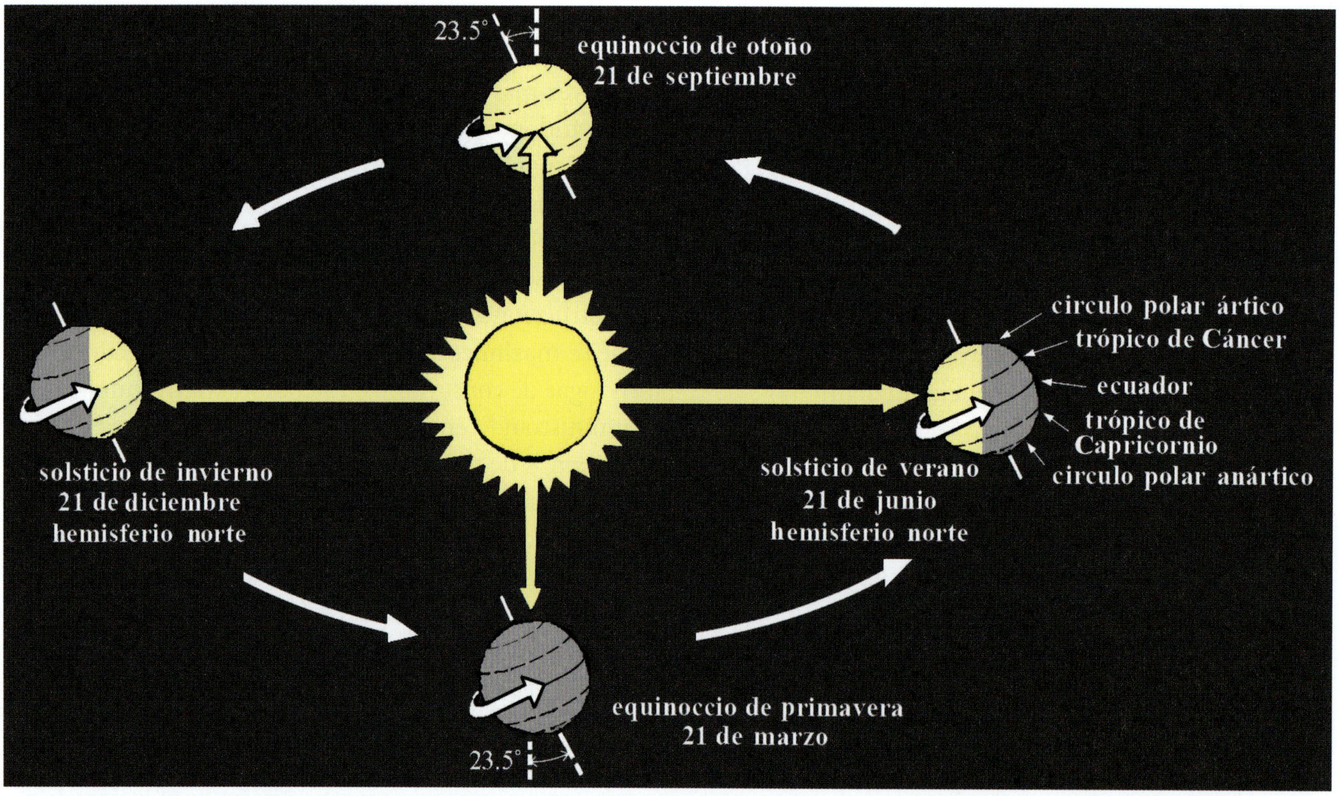

Fig. 4.1. La inclinación del eje de la Tierra genera un cambio gradual de los ángulos del sol sobre el horizonte a lo largo del año. Estos ángulos cambiantes de los rayos del sol dan como resultado las diferentes estaciones. Entre más elevado está el sol, hace más calor. Entre más difuso es el ángulo del sol, hace más frío.

Durante el solsticio de invierno en el hemisferio norte, el sol está bajo en el cielo al mediodía y ni siquiera se eleva por encima del círculo polar ártico. Al mismo tiempo en el hemisferio sur, el sol del mediodía está directamente encima del trópico de Capricornio.

En el solsticio de verano en el hemisferio norte, el sol está alto en el cielo al mediodía; el sol nunca se pone dentro del círculo polar ártico y el sol del mediodía está directamente encima del trópico de Cáncer.

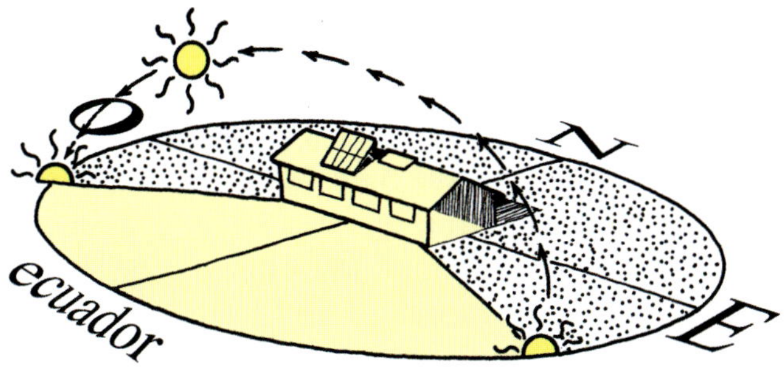

Fig. 4.2A La trayectoria del sol durante el solsticio de *invierno* a 32° latitud norte. Sombra de la casa proyectada al mediodía. El sombreado de puntos representa la sección del cielo que el sol NO atraviesa. Consulta el apéndice 7 para ver imágenes de la trayectoria del sol en otras latitudes.

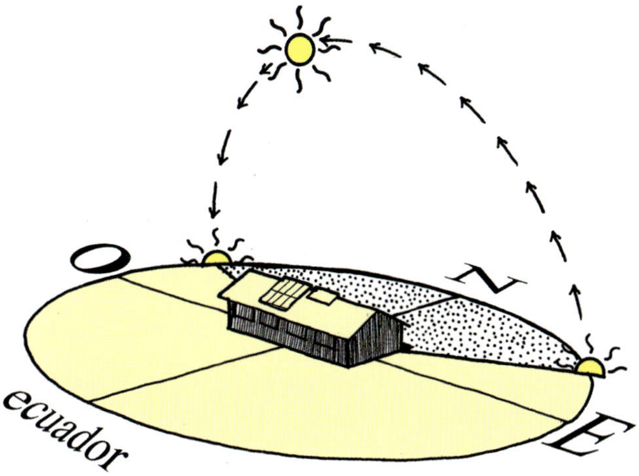

Fig. 4.2B. La trayectoria del sol durante el solsticio de *verano* a 32° latitud norte. Sombra de la casa proyectada al mediodía.
Ver en las figuras 4.5A y B las sombras proyectadas a lo largo del día y a lo largo del año.
Para ver los videos de estas trayectorias cambiantes del sol y de las sombras, y para ver ilustraciones de las trayectorias solares en el hemisferio *sur*, consulta SunAndShadeHarvesting.com.

- TimeAndDate.com (ubicaciones del mundo)
- ESRL.noaa.gov/gmd/grad/solcalc
- *Winter Solstice Shadow Ratio Calculator* (Calculadora de relación de sombras durante el solsticio de invierno) en la sección "Sun & Shade Harvesting" (Cosecha de sol y sombra) de HarvestingRainwater.com

LA TRAYECTORIA DEL SOL

Vivimos en un planeta con una inclinación de aproximadamente 23.5° (en realidad, más cercana a 23.44°) que hace un viaje completo alrededor del sol cada año. Estas características dan como resultado un cambio gradual a lo largo del año en la dirección y hora del día a la que el sol sale y se pone, así como el ángulo del sol por encima del horizonte. El grado de cambio depende de la latitud de tu sitio en la Tierra (ver la figura 4.1).

En el hemisferio norte, durante el invierno, el sol sale hacia el *sureste* y se pone hacia el *suroeste*, mientras que en el verano sale y se pone hacia el *noreste* y *noroeste*, respectivamente (ver las figuras 4.2A y 4.2B).

En el hemisferio sur es todo lo contrario: el sol sale y se pone hacia el noreste y noroeste en su invierno (que ocurre mientras el hemisferio norte está en verano) y sale y se pone hacia el sureste y suroeste en su verano. Durante el equinoccio de primavera y otoño (21 de marzo y 21 de septiembre en el hemisferio norte; 21 de septiembre y 21 de marzo en el hemisferio sur) el sol sale y se pone exactamente en el este y en el oeste.

ORIÉNTATE CON EL "FLUJO" DEL SOL A LO LARGO DEL AÑO

Para aquellos que viven en el hemisferio norte, el lado de las edificaciones, paredes y árboles que da cara al *sur* o al ecuador, es el "lado del sol invernal" y el lado orientado hacia el norte es el "lado de la sombra de invierno". Se debe a que el sol de invierno permanece en el cielo del *sur* todo el día. Al mediodía, el ángulo del sol en el horizonte sigue siendo bajo (entre más al norte sea tu latitud, más bajo será el ángulo. Ver la figura 4.3 y las figuras A7.1A a A7.7B en el apéndice 7).

En el hemisferio sur sucede lo opuesto. El lado de las edificaciones, paredes y árboles que da cara al *norte* o hacia el ecuador es el "lado del sol de invierno" y el lado orientado hacia el sur es el "lado de la sombra invernal". El sol de invierno permanece en el cielo del *norte*.

Recuadro 4.1. No te quedes a oscuras

"Sé consciente del sol" y "no te quedes a oscuras". Cuando le pregunto a la gente en los Estados Unidos de qué lado de su casa le pega directamente el sol cuando sale y cuando se pone en el *verano*, la mayoría me muestra que "no tiene consciencia del sol" diciendo "al este y al oeste" o "el lado sur". En realidad, el sol de verano sale en el *nor*este y se pone en el *nor*oeste, pegando directamente en el lado norte de las casas. Saberlo es importante cuando se está planeando dónde sembrar árboles de sombra refrescante para regarlos con el agua de lluvia cosechada.

Observa el efecto del sol en *tu* sitio. Sal a primera hora de la mañana, ya entrada la tarde y al mediodía. Observa cómo cambia la posición del sol a lo largo del año. ¿Cómo se alargan y se acortan las sombras? ¿Dónde están los puntos cálidos y fríos en invierno? ¿Dónde están los lugares calientes y frescos en verano? ¿Qué áreas dentro de tu casa reciben sol directo por la mañana y por la tarde, en verano e invierno? ¿Tienes sol y sombra en tu jardín y zonas de estar al aire libre cuando y donde los quieres? Crea un mapa de los puntos fríos y calientes de tu terreno a lo largo de las estaciones del año.

En la sección 2 del apéndice 7 encontrarás una herramienta sencilla que muestra exactamente dónde estará la posición del sol en cualquier momento del día, cualquier día del año, para cualquier lugar del mundo. Echa un vistazo a la aplicación *Sun Seeker* (disponible solo en inglés).

¡Ahora identifica el "lado del sol invernal" de cara al ecuador y el "lado de la sombra invernal" de tu hogar! El resto de este capítulo se refiere continuamente a esa orientación, ¡así que de una vez prepárate y oriéntate!

En verano, al norte de los 23.5° latitud norte (trópico de Cáncer), el sol sale y se pone en el noreste y noroeste, pero al mediodía el sol está en el cielo del sur (y más alto en el horizonte que en invierno). Así que el "lado de sombra de verano" de edificios, paredes y árboles es el que está cara al sur temprano en la mañana y ya entrada la tarde; al mediodía es el lado cara al norte (con una sombra mucho más corta de la que se proyecta en invierno). En el hemisferio sur sucede lo opuesto (consulta la figura 4.2, el recuadro 4.2 y el apéndice 7 para ver los ángulos del sol por latitud y estación del año, para los hemisferios norte y sur).

Los residentes de los trópicos (desde las latitudes 23.5° norte y sur hasta el ecuador) tienen una situación diferente. En verano, en las latitudes tropicales del norte, el sol también sale y se pone por el noreste y noroeste, pero a diferencia de las latitudes no tropicales, el sol permanece todo el día en la parte norte del cielo. Así que el "lado de sombra de verano" de los objetos en los trópicos es el lado sur/cara al ecuador durante todo el día. Lo opuesto sucede en las latitudes tropicales del sur (ver las figuras A7.1A y A7.2A en el apéndice 7).

¡Identifica el o los lados de "sombra de verano" de tu hogar!

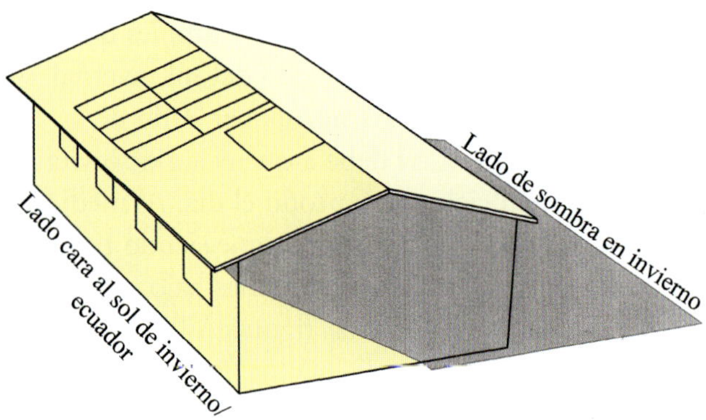

Fig. 4.3A. Exposición al sol *invernal* y sombra proyectada al mediodía en el solsticio de invierno a 32° de latitud. Calentador solar de agua y paneles solares en el techo.

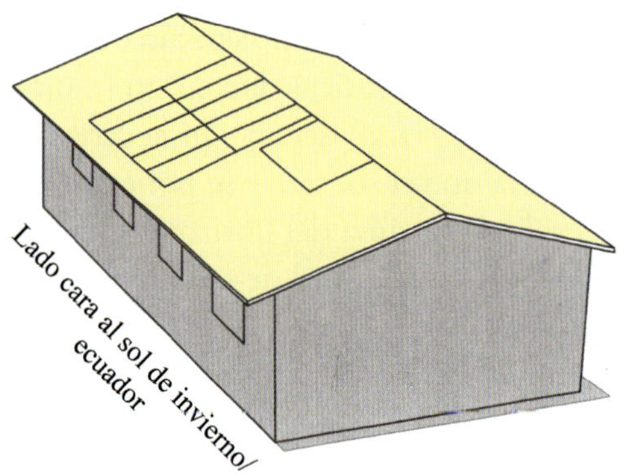

Fig. 4.3B. Exposición al sol de *verano* y sombra proyectada al mediodía en el solsticio de verano a 32° de latitud. Calentador solar de agua y paneles solares en el techo.

Recuadro 4.2. Ángulos del sol aproximados por latitud para el hemisferio norte en verano (21 de junio) e invierno (21 de diciembre) y para el hemisferio sur en invierno (21 de junio) y verano (21 de diciembre).

Encuentra la latitud de tu terreno en un globo terráqueo, atlas o mapa topográfico; o busca en internet "¿Cuál es la latitud de (tu ciudad, estado y país)?". Nota: Los ángulos de esta tabla se han redondeado para facilitar su lectura. Consulta el apéndice 6 y el apéndice 7 para ver más recursos sobre ángulos solares y diseño solar pasivo.

Latitud, N o S	Fecha	Ubicación de la salida del sol, NE o SE	Ubicación de la puesta el sol, NO o SO	Hemisferio norte: Ubicación del sol del mediodía, por encima del horizonte sur (ángulo de elevación)	Hemisferio sur: Ubicación del sol del mediodía, por encima del horizonte norte (ángulo de elevación)
0°	junio 21	23° N	23° N	113°	67°
	dic. 21	23° S	23° S	67°	113°
4°	junio 21	23° N	23° N	109°	63°
	dic. 21	23° S	23° S	63°	109°
8°	junio 21	24° N	24° N	105°	59°
	dic. 21	24° S	24° S	59°	105°
12°	junio 21	24° N	24° N	101°	55°
	dic. 21	24° S	24° S	55°	101°
16°	junio 21	24° N	24° N	97°	51°
	dic. 21	24° S	24° S	51°	97°
20°	junio 21	25° N	25° N	93°	47°
	dic. 21	25° S	25° S	47°	93°
24°	junio 21	26° N	26° N	89°	43°
	dic. 21	26° S	26° S	43°	89°
28°	junio 21	26° N	26° N	85°	39°
	dic. 21	26° S	26° S	39°	85°
32°	junio 21	28° N	28° N	81°	35°
	dic. 21	28° S	28° S	35°	81°
36°	junio 21	29° N	29° N	77°	31°
	dic. 21	29° S	29° S	31°	77°
40°	junio 21	31° N	31° N	73°	27°
	dic. 21	31° S	31° S	27°	73°
44°	junio 21	33° N	33° N	69°	23°
	dic. 21	33° S	33° S	23°	69°
48°	junio 21	36° N	36° N	65°	19°
	dic. 21	36° S	36° S	19°	65°
52°	junio 21	39° N	39° N	61°	15°
	dic. 21	39° S	39° S	15°	61°
56°	junio 21	44° N	44° N	57°	11°
	dic. 21	44° S	44° S	11°	57°
60°	junio 21	51° N	51° N	53°	7°
	dic. 21	51° S	51° S	7°	53°
64°	junio 21	63° N	63° N	49°	3°
	dic. 21	63° S	63° S	3°	49°
68°	A 68° de latitud el sol nunca sale en el solsticio de invierno y nunca se pone en el solsticio de verano. (Esto sucede en todas las latitudes arriba de los 66.5°, a partir de donde se definen los círculos polares ártico y antártico).				

Recuadro 4.2. (continuación)

Nota 1: Dentro de los trópicos (a menos de 23.5° de latitud), en el hemisferio *norte*, durante el solsticio de verano el sol sale por el *noreste* y permanece en la mitad norte del cielo todo el día. En los trópicos del hemisferio *sur*, durante el solsticio de verano el sol sale por el sureste y permanece en la mitad *sur* del cielo todo el día. Esto se muestra como una ubicación de sol del mediodía de verano a más de 90° en el gráfico de la página anterior (ten en cuenta que esto no ocurre todo el verano, sino solo durante un período de tiempo alrededor del solsticio, que varía con la latitud).

Nota 2: La diferencia entre la ubicación del sol del mediodía en el solsticio de verano y de invierno se muestra a 46° para cada latitud. Esto es aproximadamente el doble de la inclinación de la Tierra de 23.44°, en la que se basan todas las cifras de esta tabla.

Nota 3: El mediodía es el mediodía *solar* (el punto en el que el sol está más alto en el cielo en ese día dado), no el mediodía del reloj.

Calculadora solar de la NOAA: Recurso disponible en internet que sirve para identificar el amanecer, el atardecer, el mediodía solar y la posición solar para cualquier lugar de la Tierra (disponible solo en inglés).

http://www.esrl.noaa.gov/gmd/grad/solcalc/

AGREGA LA UBICACIÓN O LA DIRECCIÓN DEL FLUJO DEL SOL Y OTRAS OBSERVACIONES AL PLANO DE TU SITIO

Mapea la ubicación de la salida y puesta de sol en el solsticio de verano e invierno; los puntos donde te gustaría tener más sombra o más exposición al sol; la dirección o el lugar de donde provienen los vientos, el ruido o la luz prevalecientes; los patrones de tráfico de personas, mascotas o vida silvestre; y cualquier otro recurso o desafío que quieras considerar o abordar en tu diseño (fig. 4.4). Al registrar los recursos y desafíos que hay en tu terreno, puedes mejorar la disposición y diseño de las obras de tierra para la cosecha de agua, tanques, jardines, árboles de sombra, senderos y edificaciones para que cosechen más recursos y dispersen o desvíen los desafíos.

SIETE PATRONES DE DISEÑO INTEGRADO

Utiliza los siguientes patrones de diseño integrado para tener varias ideas sobre cómo puedes organizar eficientemente los elementos de tu diseño con las condiciones y necesidades únicas de tu terreno. Ten a la mano el mapa de tu sitio (y las hojas de trabajo del apéndice 5) para que puedas anotar ahí cualquier información adicional. Todos los descubrimientos y cálculos derivados de los "Pasos a seguir" deben quedar escritos en las hojas de trabajo para que sirvan de referencia. Estos patrones, como verás, tienen una secuencia.

PATRÓN DE DISEÑO INTEGRADO NÚMERO UNO

ORIENTAR LAS EDIFICACIONES Y JARDINES HACIA EL SOL

Integra con el sol la orientación de edificios y áreas comunes, así como la de las obras de tierra y áreas de siembra cosechadoras de agua para maximizar el calentamiento y enfriamiento pasivos, además de reducir las necesidades de agua y de energía. En un estudio de un año de duración en Davis (California) se monitorearon las temperaturas en dos edificios de apartamentos idénticos con diferentes orientaciones al sol. Durante este año no se utilizaron sistemas de calefacción ni de enfriamiento. Los resultados del estudio mostraron que las unidades de apartamentos en el edificio con una ***orientación este-oeste*** (paredes largas cara al sur y al norte) y con pequeños aleros de techo tenían temperaturas ***más cálidas en invierno*** de hasta 9.4°C (17°F) y ***más frescas en verano*** por 13.3°C (24°F) que los apartamentos en un edificio similar con una orientación norte-sur (paredes largas cara al este y al oeste; ver la figura 4.5).[2] ¡Es una gran

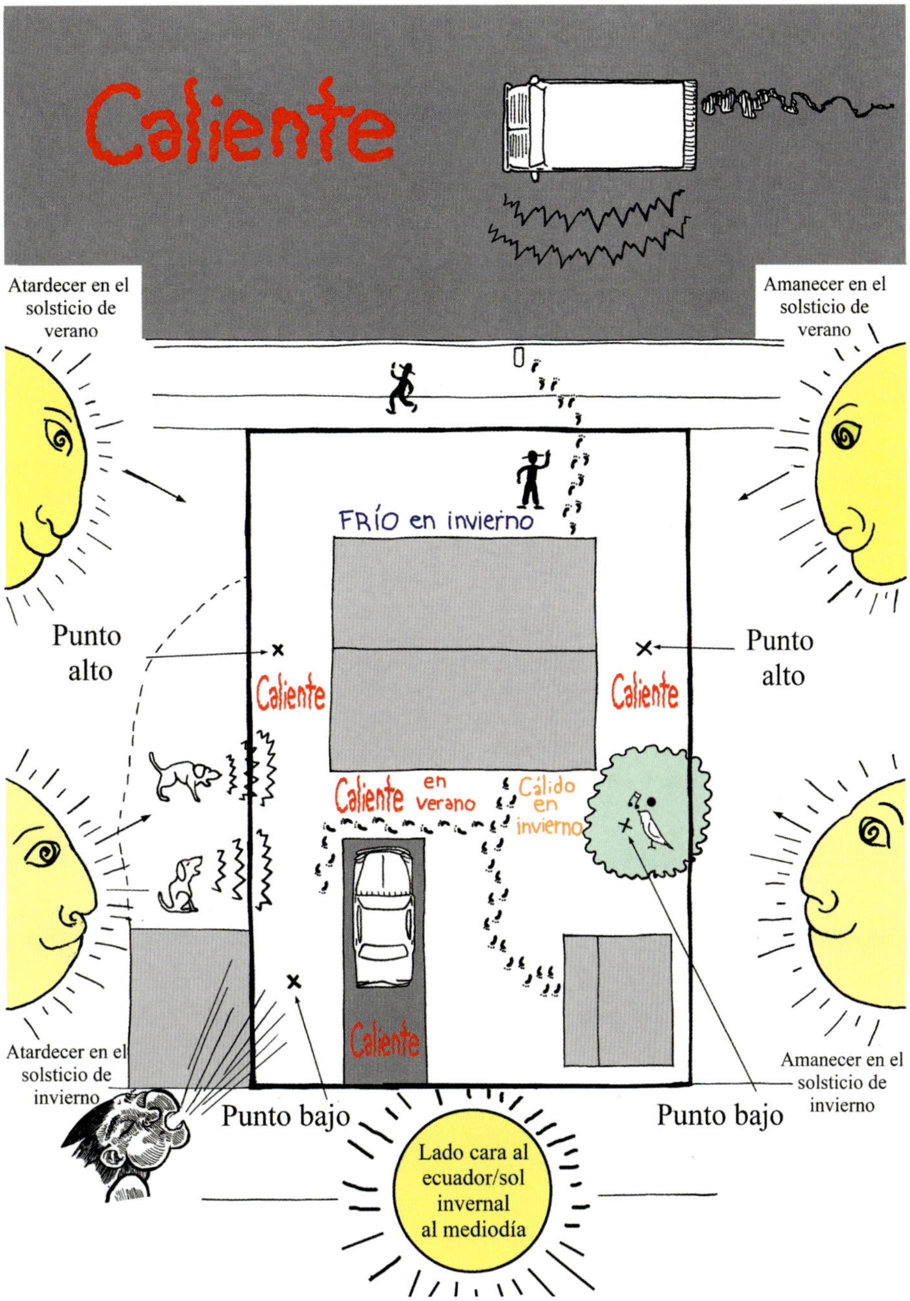

Fig. 4.4. Mapea en el plano de tu sitio los recursos para cosechar y los desafíos a desviar o dispersar. Consulta el apéndice 5 para ver las hojas de trabajo. Incorpora estas observaciones con las del flujo de agua (fig. 2.4) y haz un plan integrado que te permita cosechar múltiples recursos mientras dispersas múltiples desafíos (fig. 4.27).

diferencia! Construir, comprar o alquilar una casa con la orientación solar correcta no tiene costo adicional y puede reducir drásticamente los costos de los servicios públicos a la par de aumentar el nivel de confort al maximizar la calidez del sol de invierno y minimizar el calor del verano.

Al enterarse de esto, unos amigos en Boulder (Utah) cambiaron la orientación de su casa móvil de norte-sur (figura 4.5B) a este-oeste (figura 4.5A), con lo que más superficie de pared y ventanas quedó expuesta al sol de invierno; como resultado se redujo la cuenta de la calefacción en el invierno de más de USD 300 al mes a menos de USD 50 al mes. La

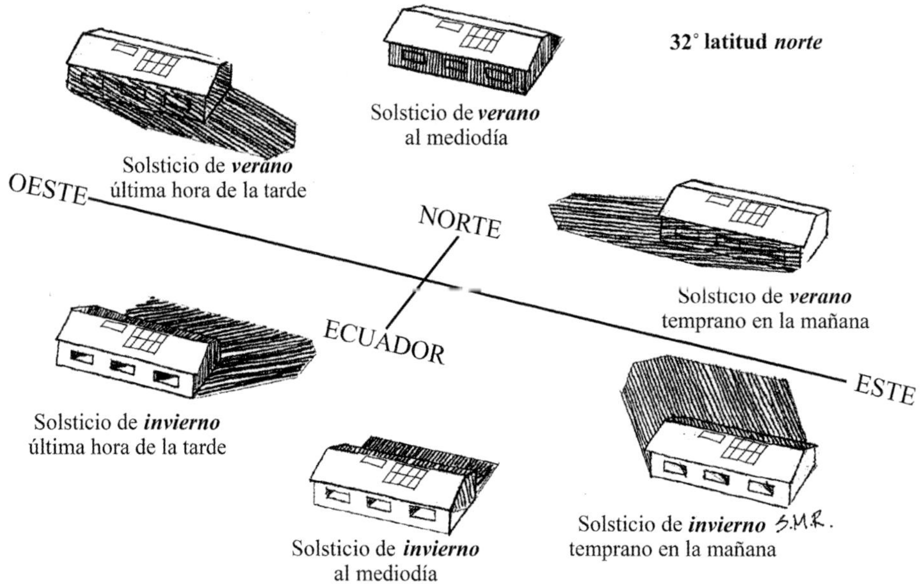

Fig. 4.5A. Esta orientación es *más cálida* en invierno y *más fresca* en verano. Exposición solar sobre, y sombra proyectada por, un edificio orientado al este-oeste a 32° latitud norte. Vista del lado del edificio cara al sol invernal/ecuador. Observa cómo el lado cara al sol de invierno está sombreado por el alero del techo durante el solsticio de verano, pero no en el solsticio de invierno.
Esta orientación ideal del edificio y la pendiente del techo son perfectas para la instalación conjunta y de bajo costo de paneles solares fotovoltaicos y un calentador solar de agua en el techo sin la necesidad de usar rieles especiales de montura.

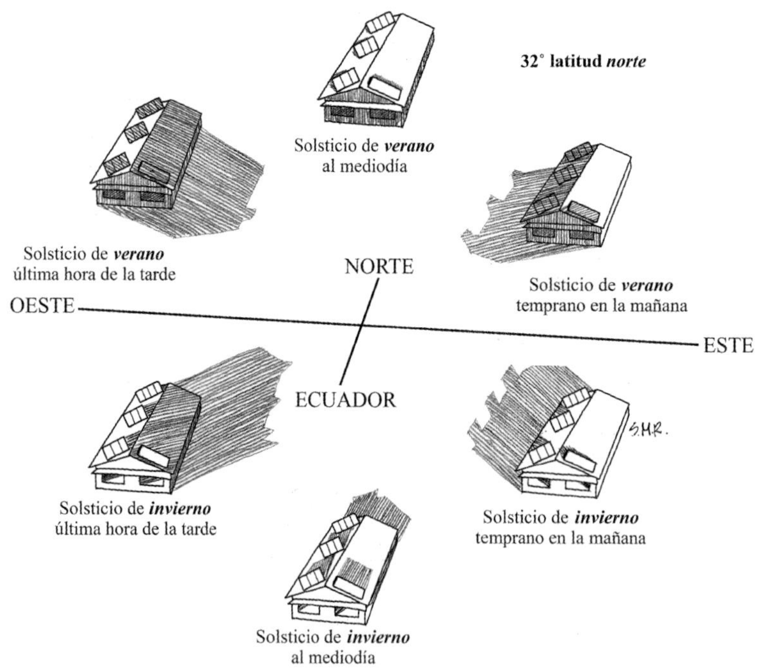

Fig. 4.5B. Esta orientación es *más fría* en invierno y *más caliente* en verano. Exposición solar en, y sombra proyectada por, un edificio orientado al norte-sur a 32° latitud norte. Vista del lado del edificio cara al sol invernal/ecuador. Esta mala orientación de edificio/techo requiere una instalación más costosa de paneles fotovoltaicos y calentadores de agua solares que estén más separados entre sí para que no se sombreen unos a otros en invierno. Además, se necesitan rieles de montaje especiales para inclinar los paneles solares y el calentador de agua al ángulo correcto hacia el sol. También se necesitan más paneles fotovoltaicos para satisfacer las mayores necesidades de energía del sistema mecánico de calefacción/enfriamiento de la casa.

temperatura en el interior también bajó en el verano debido a que había menos superficie de pared y ventanas expuesta al sol caliente de la mañana (este) y de la tarde (oeste), lo que aumentó de manera importante el confort durante todo el año.[3]

Las edificaciones y árboles que hay en tu paisaje proyectan sombra que refresca durante el día y el dosel de la vegetación reduce la pérdida de calor radiante por la noche, creando una amplia gama de microclimas. Cuando siembres dentro de las obras de tierra para la cosecha de agua, identifica estos microclimas, lo que te permitirá seleccionar y colocar la vegetación apropiada para ellos. Las plantas sensibles al frío van en lado cálido cara al sol invernal/ecuador de un árbol o edificio. Las plantas resistentes a la sequía y al calor van en el lado oeste donde el sol de la tarde es más caliente y la evapotranspiración es mayor. Las plantas tolerantes al frío van en el lado fresco de la sombra invernal. La vegetación que necesita más agua va en el lado este donde las plantas tendrán sol en las mañanas frescas y sombra en las tardes calurosas.

Pasos a seguir

- ¿Cómo está orientado tu sitio y/o tu hogar? Si no lo sabes, consigue una brújula o pregúntale al sol o a las estrellas. El sol te orientará sobre la ubicación de los puntos cardinales si utilizas la información en el recuadro 4.2 y en el apéndice 7, y si prestas atención a dónde está el sol a lo largo del día. Consulta el final del apéndice 7 para encontrar el norte usando el sol y otras estrellas. Integra esa información en el mapa de tu sitio.

- Cuando vayas a hacer una ampliación a una edificación existente, trata de orientar la nueva construcción hacia el sol, incluso si el edificio existente no está orientado de manera ideal. Por ejemplo, a un edificio con un eje norte-sur (figura 4.5B) se le podría añadir una habitación en el lado cara al este o al oeste (en lugar de sus lados cara al sur o al norte) para alargar/aumentar la exposición del edificio cara al sol invernal sin alargar su exposición cara al este o al oeste.

- Cuando sepas la orientación de tu edificación y entiendas bien dónde están el norte, el sur, el este y el oeste con relación a tu sitio, sigue con los patrones siguientes. Te ayudarán a mejorar el rendimiento de tu hogar y paisaje, incluso si su orientación no es la ideal.

PATRÓN DE DISEÑO INTEGRADO NÚMERO DOS

DISEÑO DE ALEROS Y TOLDOS PARA OPTIMIZAR EL SOL DE INVIERNO Y LA SOMBRA DE VERANO

Al igual que un sombrero de ala ancha, los aleros del techo y los toldos de un edificio pueden mejorar tu nivel de confort. Los aleros del techo pueden mejorar la calefacción y el enfriamiento pasivos de un edificio, independientemente de la orientación del mismo, además de aumentar el área del techo lo cual genera más escorrentía. Los aleros de un tamaño adecuado colocados en el lado orientado al ecuador, cara al "sol invernal" de un edificio, dejan entrar el sol de invierno en un ángulo bajo mientras que bloquean el sol de verano que se proyecta desde una mayor elevación. Los aleros colocados en los lados este, oeste y de sombra invernal de los edificios mejoran el sombreado en el verano. Si combinas el uso de aleros con una correcta orientación solar, lograrás mayor confort y pagarás mucho menos por los servicios públicos. (Ver la figura 4.6).

Dada tu latitud, ¿hasta dónde deben extenderse los aleros de las ventanas colocados en el lado cara al sol invernal/ecuador de un edificio? Aquí te presento dos maneras de averiguarlo.

Una es con una ecuación. La otra es con un dibujo a escala.

El método de la ecuación

La siguiente ecuación viene de *The Passive Solar Energy Book* de Edward Mazria.[4] (Toma en cuenta que la ecuación solo sirve para las ventanas orientadas al ecuador).

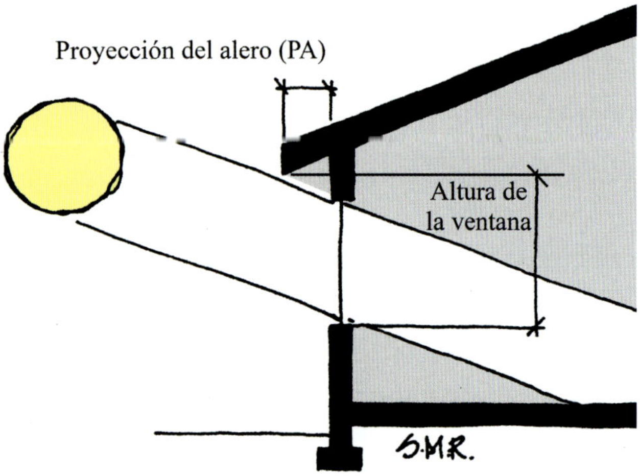

Fig. 4.6A. Un alero del techo en el lado cara al sol invernal que permite la exposición al sol de invierno para una ventana a 32° de latitud.

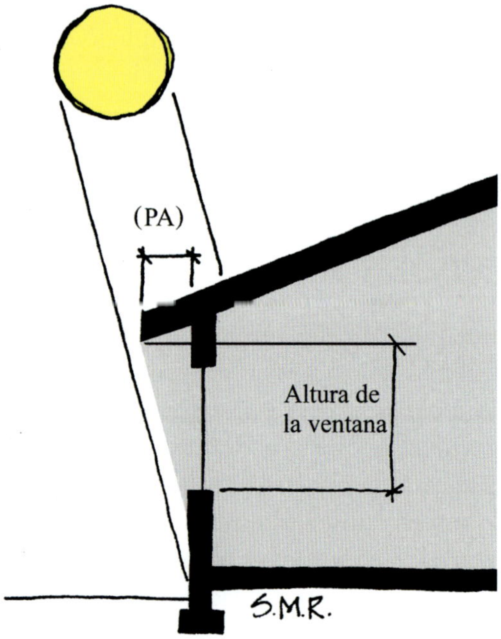

Fig. 4.6B. Un alero de techo en el lado cara al sol invernal que proporciona sombra de verano para una ventana a 32° de latitud.

Recuadro 4.3. Latitud y factor F

Latitud norte o sur	Factor F
28°	5.6–11.1
32°	4.0–6.3
36°	3.0–4.5
40°	2.5–3.4
44°	2.0–2.7
48°	1.7–2.2
52°	1.5–1.8
56°	1.3–1.5

El uso de factores F más bajos proporciona más sombra durante más tiempo en el verano. Quienes viven en un clima con veranos calurosos e inviernos suaves probablemente querrán utilizar el número más bajo en el rango de factor F al calcular la longitud del alero. Quienes viven en climas de veranos frescos e inviernos fríos probablemente querrán utilizar el número más alto en el rango del factor F.

Altura de la ventana ÷ F = Proyección de alero (PA)

La altura de la ventana se determina midiendo la distancia vertical desde el antepecho hasta la altura inferior de la extensión del alero (ver la figura 4.6), mientras que F es un factor seleccionado de la tabla en el recuadro 4.3 según la latitud y clima de tu ubicación. (Nota: Si vas a instalar canaletas, asegúrate de incluir su anchura como parte de la extensión del alero, ya que extenderán el alero y la sombra que proyecta).

Método del dibujo a escala

Este es mi método favorito porque puedo ver con mayor exactitud dónde estarán el sol y las sombras en cualquier época del año y puedo ajustar rápidamente el alero/toldo propuesto y las ubicaciones de las ventanas con lápiz y borrardor según se requiera.

Dibuja tu edificación a escala.

A continuación, busca la ubicación del sol por encima del horizonte (conocido como su ángulo de altitud o ángulo de elevación) al mediodía solar tanto en el solsticio de invierno como en el solsticio de

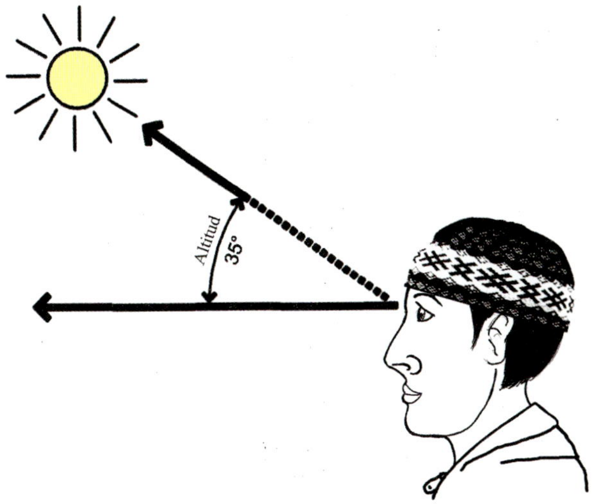

Fig. 4.7A. El ángulo de altitud o de elevación para la ubicación del sol del mediodía por encima del horizonte del lado del ecuador durante el solsticio de *invierno* a 32° de latitud es de 35° (ver el recuadro 4.2).

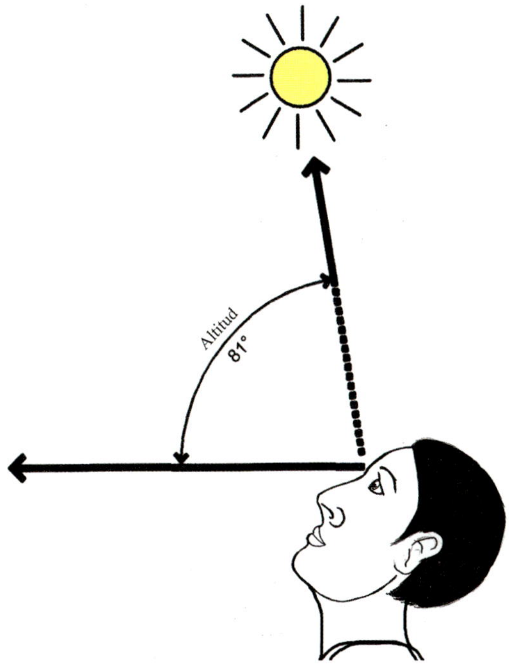

Fig. 4.7B. El ángulo de altitud o de elevación para la ubicación del sol del mediodía por encima del horizonte del lado del ecuador durante el solsticio de *verano* a 32° de latitud es de 81°.

verano (ver las figuras 4.7A y 4.7B). Puedes buscar el ángulo de elevación del sol para tu lugar en función de la latitud más cercana a tu terreno en el recuadro 4.2, los *diagramas de la trayectoria del sol* en el apéndice 7, o puedes calcularlo utilizando las dos ecuaciones siguientes (en las que 23.44° es la declinación o inclinación de la Tierra):

- ángulo de elevación del sol en el solsticio de invierno al mediodía = 90° – (latitud + 23.44°)
- ángulo de elevación del sol en el solsticio de verano al mediodía = 90° – (latitud – 23.44°)

Haz una búsqueda web de "latitud y longitud para tu ciudad y estado" para encontrar la latitud de tu terreno en formato decimal. Por ejemplo, la latitud de Tucson (Arizona) es 32.22°.

Utiliza un transportador para dibujar esos ángulos solares con relación a los elementos clave de diseño (aleros/toldos, marcos de ventana) que podrían bloquear el sol directo (figuras 4.8A y 4.8B). Busca que los aleros/toldos y ventanas tengan longitudes, tamaños y ubicaciones que permitan la entrada directa de la máxima cantidad de sol a través de las ventanas orientadas al ecuador en invierno (a menos que estés en los trópicos calientes y húmedos donde no necesitas calefacción invernal), y que bloqueen el sol en el verano. Para obtener el efecto deseado, intenta mover diferentes elementos extendiendo, acortando, subiendo o bajando los aleros/ toldos, y/o subiendo o bajando las ventanas o haciéndolas más altas o más cortas.

Refina aún más tu dibujo/diseño añadiendo el ángulo de elevación del sol al mediodía para los equinoccios de primavera y otoño (21 de marzo y 21 de septiembre).

Puedes utilizar la siguiente ecuación en la que 0° es la declinación o falta de inclinación de la Tierra durante los equinoccios:

- ángulo de elevación al mediodía durante el equinoccio de primavera/otoño = 90° – tu latitud

Intenta dar sombra a la mayoría o a todas las ventanas orientadas al ecuador durante los equinoccios de primavera y otoño en climas donde las temperaturas ambientales son altas en esos días. Deja entrar casi todo el sol por las ventanas en climas

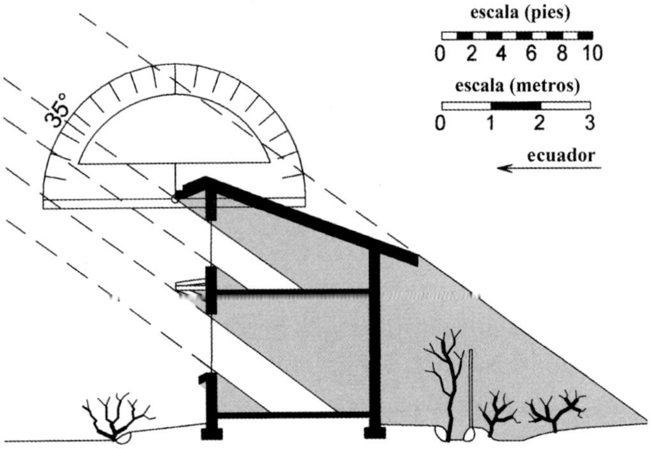

Fig. 4.8A. Acceso del sol, calor y luz durante el solsticio de *invierno* ilustrado con un dibujo a escala para 32° de latitud. El toldo inferior es más fácil de acceder, es ajustable y se retrae durante la temporada de frío para dejar entrar más sol y calor.

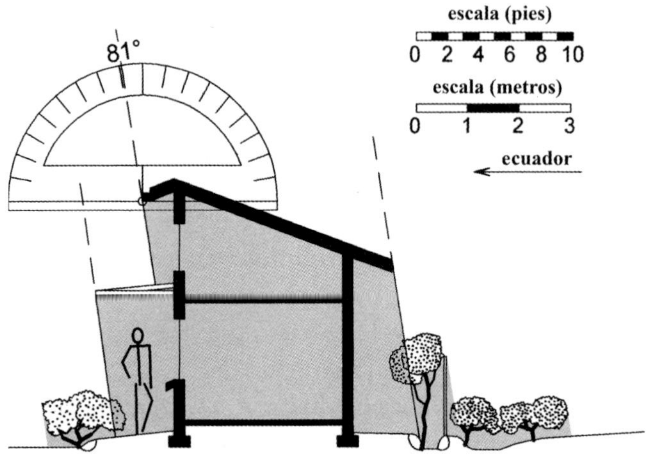

Fig. 4.8B. Sombra y frescura durante el solsticio de *verano* ilustradas con un dibujo a escala para 32° de latitud. El toldo inferior ajustable se ha extendido para maximizar la sombra durante la temporada de calor. Para ver un video de este toldo, visita SunAndShadeHarvesting.com.

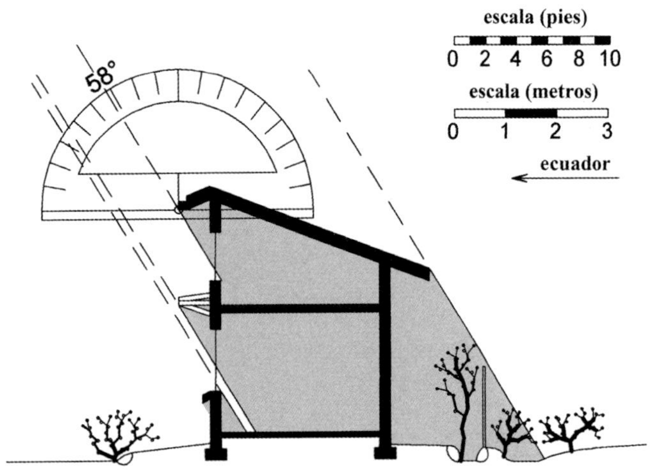

Fig. 4.8C. Dibujo a escala para el equinoccio de *primavera.*
Las temperaturas se están calentando rápidamente en este sitio a 32° de latitud, por lo que se necesita menos exposición solar directa que en el invierno, pero se sigue generando algo de calentamiento pasivo directo al mantener el alero inferior retraído.
Para quienes viven en climas más fríos puede ser mejor un diseño con mayor acceso solar directo.

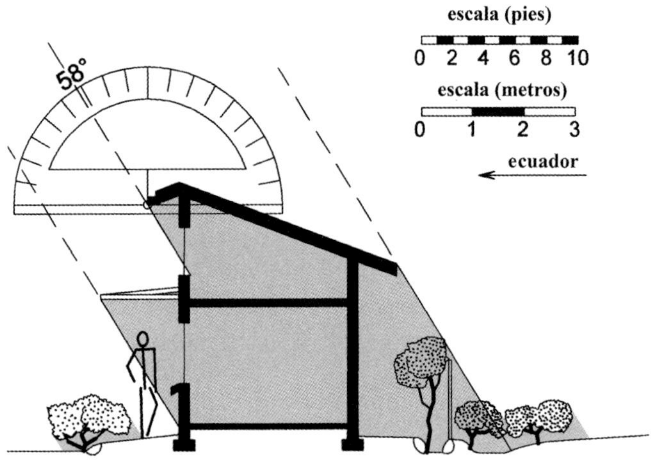

Fig. 4.8D. Dibujo a escala para el equinoccio de *otoño.* Las temperaturas suelen ser de 11 °C a 16 °C (de 20 °F a 30 °F) más cálidas que en el equinoccio de primavera (consulta la fig. 2.7 para ver las fluctuaciones de temperatura entre los equinoccios en Tucson, Arizona).

Este sitio a 32° de latitud tiene veranos calurosos que persisten hasta el otoño, por lo que el toldo inferior se mantiene extendido para proporcionar la sombra y frescura necesarias.

que tienen temperaturas ambiente frías durante los equinoccios.

Ten en cuenta que en muchas áreas puede haber una diferencia de hasta 16°C (30°F) entre las temperaturas medias de los equinoccios de primavera y otoño, y que el equinoccio de primavera es mucho más fresco que el de otoño (consulta la figura 2.7 para ver un ejemplo sobre esto en Tucson, Arizona). Los protectores solares exteriores, aleros o toldos retráctiles del lado cara al sol invernal o al ecuador pueden ser muy útiles para ajustar la exposición al sol de acuerdo a las estaciones (ver las figuras 4.8A, 4.8B, 4.8C y 4.8D en las que el alero superior está fijo porque es difícil de alcanzar, pero el alero/toldo inferior se puede ajustar de acuerdo a la estación). Se puede guiar el crecimiento de las enredaderas caducifolias de invierno sobre un entramado para generar un efecto parecido.

El costo del calentamiento y enfriamiento pasivos varía de bajo a gratuito. Los aleros, toldos y protectores solares hechos de vegetación no consumen ni energía ni agua externas al sitio, no crean contaminación y no hacen ruido. Su efecto se puede mejorar todavía más con cortinas o persianas que puedas abrir cuando quieras tener luz diurna y calor gratuitos o cerrar si deseas bloquear el calor en días calurosos o mantenerlo dentro en las noches frías. Del mismo modo, las ventanas operables se pueden abrir o cerrar para dar ventilación y para funcionar como entradas y salidas para el calor o el fresco de interiores o exteriores. Estas prácticas te permiten navegar tu como si fuera un barco aprovechando los vientos, es decir, los recursos gratuitos que hay en tu terreno.

Revisa el ejemplo de la vida real del capítulo 5 que describe cómo mi hermano y yo aplicamos todo esto en nuestro sitio. Para maximizar aún más el potencial, lee el recuadro 4.4 para elegir las ventanas correctas y el recuadro 4.5 para determinar el tamaño de ventana que permita el mejor rendimiento de acuerdo al clima en el que vives. Si quieres conocer más a detalle, consulta la sección sobre ángulos del sol y diseños solares pasivos del apéndice 6 de recursos de este libro en HarvestingRainwater.com para obtener información sobre estrategias adicionales a escala de edificios, barrios y ciudades.

Aleros para jardines

Aquí, en el desierto del sur de Arizona, los aleros vivos pueden permitir la entrada del sol invernal de ángulo bajo y crear una sombra difusa en el verano, condiciones que los huertos necesitan. Para lograr esto, excava camas para siembra hundidas bajo árboles de mezquite nativos (*Prosposis velutina*), que son caducifolios en invierno y fijadores de nitrógeno además de que permiten que el sol de invierno llegue al huerto. Coloca las plantas a las que más les gusta el sol en las camas situadas al sur y sureste. Este diseño me permite cosechar hortalizas de hoja verde, hierbas de olor, chícharos chinos, ajos, cebollas, papas, zanahorias, alcachofas y flores comestibles durante el otoño, invierno y primavera. En el calor extremo del verano, cuando las tasas de evapotranspiración aumentan, la sombra difusa de las ramas colgantes del mezquite evita que los chiles, los tomates, la albahaca, las berenjenas, las calabacitas, las calabazas y las hortalizas de hoja verde que se dan en verano se marchiten prematuramente por la exposición al sol.

Pasos a seguir

- Apaga los sistemas mecánicos de calefacción y enfriamiento una vez en cada estación del año para observar cómo la exposición solar directa, o la falta de ella, afecta el confort de tu hogar. Sin embargo, no hagas esto cuando las tuberías interiores pudieran congelarse (tal vez debido en parte a una inadecuada exposición al sol de invierno).

- Usa el cálculo de proyección de alero o el método de dibujo a escala para determinar los tamaños adecuados para los aleros en tu espacio. Compara los aleros que ya tienes con los que recomienda el cálculo o el dibujo. Observa cómo los aleros afectan tu nivel de confort.

- Cuando vayas a instalar o extender un alero, considera las siguientes opciones:

    - Un alero que se extienda a lo largo de todo el lado con cara al sol de *verano* (lado orientado hacia el ecuador en latitudes *arriba* de 23.5°, o el lado opuesto al ecuador en latitudes *abajo* de 23.5°) de tu edificación para beneficiar a la pared, así como a las ventanas.

    - Toldos para tus ventanas y/o pared cara al sol de verano (fig. 4.9).

    - Un toldo que se pueda retraer o extender de acuerdo a la estación del año, ubicado del lado del sol de verano (ver las figuras 4.8A a 4.8D).

Fig. 4.9. Los toldos sobre las ventanas dan sombra/ refrescan las ventanas y pared en el verano.

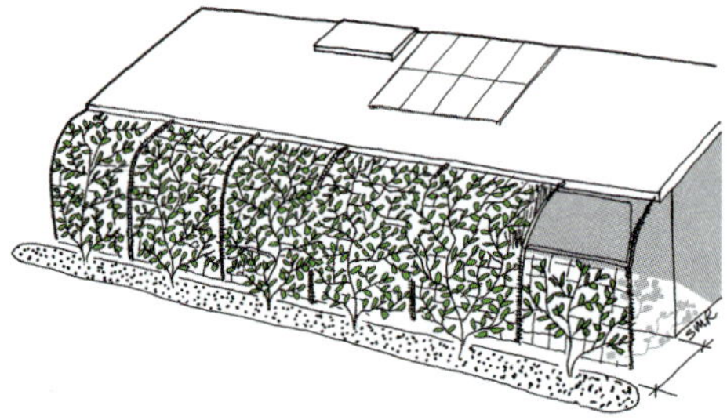

Fig. 4.10A. Enrejado en el lado cara al sol invernal durante el *verano*.

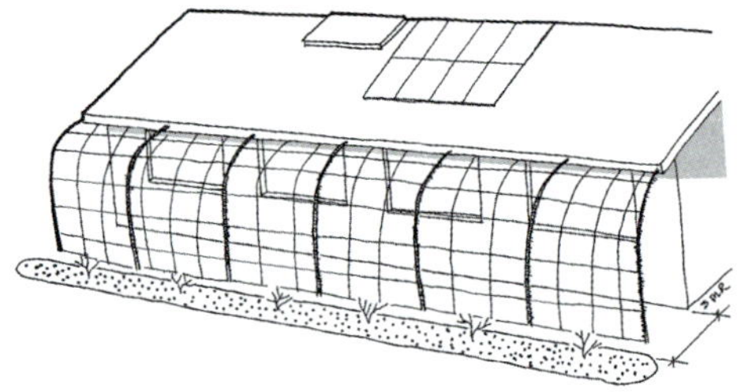

Fig. 4.10B. Enrejado en el lado cara al sol invernal en el *invierno*.

- Considera instalar un enrejado con una trama muy abierta para que crezcan en él enredaderas densas caducifolias en invierno que den sombra frondosa durante el verano (ver la figura 4.10). En invierno, poda las partes superiores de las enredaderas desnudas y conviértelas en acolchado para que tus ventanas reciban directo el sol de invierno (consulta "Patrón de diseño integrado número cinco: Mantener el acceso al sol de invierno"). Utiliza la escorrentía del techo para regar las enredaderas. (Nota: Mientras que las obras de tierra para la cosecha de agua deben colocarse a una distancia mínima de 3 m (10 pies) de la casa, la vegetación se puede sembrar más cerca de los edificios. Solo tienes que entrenar a las raíces de las plantas para que encuentren el agua cosechada en las obras de tierra más distantes. Para ello, aplica el agua de riego en el lado de la planta más cercano a las obras de tierra. Luego, cada uno o dos meses durante la temporada de crecimiento, aleja tu emisor por goteo o manguera unos 30 cm (1 pie) de la planta, moviéndolo hacia las obras de tierra, hasta que finalmente termines regando la planta a través de sus raíces extendidas hasta las obras de tierra).

- Coloca postigos o persianas *exteriores* en las ventanas orientadas al este y al oeste para ayudar a bloquear el sol de verano directo antes de que entre y caliente el edificio (fig. 4.11).

Fig. 4.11. Las persianas exteriores cara al este cumplen la doble función de hábitat de polinizadores. Hay abejas carpinteras benéficas que viven en los tallos de la yuca roja (*hesperaloe*) con los que están hechas las persianas. ¡Observa cómo la sombra veteada de los árboles al este ayuda a refrescar aún más!

Recuadro 4.4. El tipo de ventana utilizada afectará dramáticamente el calentamiento y enfriamiento pasivos/gratuitos

Elegir la ventana incorrecta puede disminuir drásticamente el potencial de calentamiento y enfriamiento pasivos, incluso si la edificación tiene la orientación perfecta y aleros ideales. He estado parado detrás de ventanas cara al ecuador, recibiendo el pleno sol de invierno sin sentir su calor. El problema es el uso de ventanas inadecuadas de bajo coeficiente de transferencia de calor (*Low-E*).

Las ventanas con recubrimiento *Low-E* tienen una película transparente que reduce el flujo de calor a través del vidrio al reflejar el calor radiante en la dirección de la cual proviene. Las cualidades de aislamiento mejorado de estas ventanas pueden contener el calor generado dentro de un edificio, pero también mantienen fuera el calor radiante del sol de invierno.

Algunas ventanas *Low-E* están diseñadas para permitir una mayor ganancia de calor solar para el calentamiento pasivo. Sin embargo, estas son difíciles de encontrar porque la mayoría de los fabricantes y constructores se centran en la conservación de la energía mediante el uso de ventanas con mayor valor de reflexión. Este enfoque ignora el potencial de integrar la conservación y la producción de energía a través de ventanas cara al ecuador con un menor valor de reflexión y que cosechen calor invernal.

Antes de instalar cualquier ventana cara al ecuador, revisa su etiqueta del National Fenestration Rating Council (NFRC, por sus siglas en inglés), que enumera sus características de transmitancia. Ten cuidado con las ventanas recuperadas que pueden ya no tener las etiquetas NFRC. Si se va a instalar una ventana de cara al ecuador con el objetivo de aprovechar el calentamiento solar pasivo, la ventana debe cumplir los siguientes criterios:

- Un coeficiente de ganancia de calor solar (SHGC, por sus siglas en inglés) mayor que 0.60. Cuanto mayor sea el número (1 es el más alto), mayor será la ganancia solar.
- Una clasificación del factor U por pérdida potencial de calor de 0.35 o menos. Cuanto menor sea el número, la ventana mantendrá mejor el calor dentro.
- Una transmitancia de luz visible (VT, por sus siglas en inglés) mayor a 0.65.[5] Por debajo de 0.40 se considera una ventana polarizada.

Para alcanzar el máximo potencial de calentamiento pasivo en mis proyectos en el suroeste de los Estados Unidos, que tienen aleros bien diseñados, elijo ventanas operables, no *Low-E*, sin tratar, transparentes de doble vidrio (también conocidas como ventanas de doble acristalamiento) para todas las ventanas *cara al ecuador*. Para lograr el máximo valor de aislamiento para las ventanas que miran hacia todas las demás direcciones, elijo ventanas operables de doble vidrio y de baja emisividad. Para reducir la pérdida de calor en las noches de invierno a través de las ventanas que no son *Low-E*, no instalo una cantidad excesiva de vidrio cara al ecuador (ver el recuadro 4.5) y cierro las cortinas de estas ventanas por las noches invernales para luego abrirlas por la mañana.

Sin importar qué tipo de recubrimiento (o la falta de él) tenga tu vidrio, no hay que pasar por alto el potencial de ventilación de tu ventana. Elije ventanas operables que puedas abrir y cerrar para dejar entrar aire exterior más cálido o más fresco según sea necesario. La sección sobre ventanas del apéndice 5 abunda más en este tema, mientras que el apéndice 8 muestra cómo puedes dirigir o desviar más flujo de aire hacia adentro y hacia afuera a través de las ventanas.

Para una mayor resistencia al fuego, elige vidrio *templado*.

- Instala pórticos techados y/o árboles de sombra en los lados este, oeste y cara al sol de verano de tu edificación, tal como se presenta en el siguiente patrón.

- Busca diseñar, comprar, reacondicionar, alquilar o utilizar edificaciones cuyas habitaciones orientadas hacia el ecuador tengan ventanas de cara al ecuador y con tamaño adecuado (recuadro 4.5), en función de la superficie del edificio y de las necesidades de calefacción en invierno. Además, asegúrate de que las habitaciones que más se utilizan durante el día se encuentren en el lado del edificio que da cara al sol invernal, o al ecuador, para aprovechar la calefacción e iluminación pasiva de invierno. Las habitaciones que se usan por la noche deben ubicarse en el lado de los edificios orientado hacia la *sombra* invernal, ya que puedes usar mantas y cosas similares para calentarte.

Recuadro 4.5. Elije el tamaño de tus ventanas cara al ecuador para maximizar el calentamiento y enfriamiento gratuitos

Para edificios en climas diversos que utilizan los sistemas de ganancia directa/masa distribuida, la siguiente tabla ofrece pautas sobre las áreas superficiales óptimas en ventanas con cara al ecuador, así como áreas superficiales óptimas de masa interior para reducir el sobrecalentamiento diurno y el sobreenfriamiento nocturno.

Los *edificios de ganancia directa* utilizan la entrada directa de sol invernal a través de las ventanas con cara al ecuador para calentar el espacio interior y la masa que contiene. La masa térmica absorbe y retiene el calor, reduciendo las fluctuaciones en la temperatura interior.

La *masa distribuida* es una masa térmica que se distribuye por toda un área grande interior en forma de pisos de concreto expuesto, mampostería, tierra o piedra (que funcionan mejor si están aislados de la tierra que está abajo de ellos), paredes y enjarre (que funcionan mejor si están aislados del exterior). El enjarre de yeso o los paneles de yeso de masa baja se pueden utilizar incluso como masa distribuida cuando se instalan en dos capas de 15 mm (5/8 pulgada) de espesor. Sin embargo, debido a su menor capacidad de almacenar calor, es necesario dividir el área de los paneles entre cuatro para determinar el área de masa por área de ventana cara al ecuador (abertura) en la tabla siguiente.[6]

Los ejemplos que aparecen después de la tabla ilustran cómo usarla.

Tabla reimpresa con permiso de *Passive Solar Architecture: Heating, Cooling, Ventilation, Daylighting, and More Using Natural Flows*, de David A. Bainbridge y Ken Haggard, Chelsea Green Publishing, 2011.

Clima	**Muy frío**	**Frío**	**Templado**			**Tropical seco**	**Tropical húmedo**
Carga térmica/ Necesidades de calentamiento y enfriamiento	Solo calentamiento	Solo calentamiento	Calentamiento y algo de enfriamiento	Calentamiento y enfriamiento equilibrados a lo largo del año	Enfriamiento y algo de calentamiento	Enfriamiento con un poco de calentamiento	Solo enfriamiento
Porcentaje del área del piso requerida para igualar el área total de ventanas orientadas al ecuador	10–20%	10–25%	14–20%	9–15%	8–13%	6–11%	0%
Área de masa interior expuesta (en m^2 o ft^2) requerida por área de vidrio orientado al ecuador (en m^2 o ft^2)	0.46– 0.92 m^2 (5–10 ft^2)	0.5– 1.02 m^2 (6–11 ft^2)	0.74– 1.11 m^2 (8–12 ft^2)	0.83– 1.3 m^2 (9–14 ft^2)	0.83– 1.3 m^2 (9–14 ft^2)	0.83– 1.3 m^2 (9–14 ft^2)	0.83– 1.3 m^2 (9–14 ft^2)

PATRÓN DE DISEÑO INTEGRADO NÚMERO TRES

ARCOS SOLARES

Un arco solar se crea utilizando una serie de elementos que dan sombra, como árboles, tanques de agua, enrejados, porches techados y aleros dispuestos *en forma de C*, como si fueran unos brazos abiertos acogiendo todo el potencial del sol de invierno (fig. 4.12). Al mismo tiempo, bloquea gran parte del sol de verano usando la “espalda, hombros, brazos y manos” del arco. Las obras de tierra cosechadoras de agua son la base de los arcos solares cuando se utiliza vegetación como elemento

Recuadro 4.5. (continuado)

Transformé una vieja cochera de 18.5 m^2 (200 pies cuadrados), hecha de bloques de concreto, en una pequeña "casa" de ganancia directa/masa distribuida que ahora llamo garottage (casa-cochera). Usando la tabla anterior, calculé el área de ventana de masa distribuida/ganancia directa de la siguiente manera:

- Vivo en un clima donde las casas generalmente necesitan enfriamiento y algo de calefacción. Según la tabla, esto requiere un área total de ventanas orientadas hacia el ecuador equivalente de 8-13 % del área del piso.
- El área de piso de mi casa-cochera es de 18.5 m^2 (200 pies cuadrados) y utilicé el 12 % de esta área superficial como objetivo para el área de las ventanas. Por tanto, 18.5 × 0.12 = 2.2 m^2 (24 pies cuadrados) es el área que se necesita de ventanas cara al ecuador.

  Logré esto usando...

  - Una ventana de 0.76 m (2.5 ft) × 1.06 m (3.5 ft) = 0.81 m^2 (8.75 ft^2)
  - Una ventana de puerta de 0.45 m (1.5 ft) × 0.91 m (3 ft) = 0.41 m^2 (4.5 ft^2)
  - Dos ventanas de 0.7 m (2.3 ft) × 0.7 m (2.3 ft) = 0.98 m^2 (10.58 ft^2)
  - Superficie total de vidrio cara al ecuador = 2.2 m^2 (23.83 ft^2)

  Nota: Solo medí la superficie de vidrio y no incluí ninguna parte del marco ni del bastidor de las ventanas.

Según la tabla, el área recomendada de masa interior para mi sitio es de 0.8 –1.3 m^2 de masa/m^2 (9 -14 pies cuadrados de masa/pie cuadrado) del área de ventana cara al ecuador. Dentro del rango, utilicé 1.3 m^2 (14 pies cuadrados) por lo que mi objetivo era 1.3 × 2.2 = 2.86 m^2 (en unidades del sistema inglés, 14 × 23.83 = 333.62 pies cuadrados) de masa interior expuesta necesaria.

Excedí esa cantidad con el área de la pared interior de bloques de concreto expuesta menos el área de ventanas, puertas, gabinetes, etc. = 3.8 m^2 (343 pies cuadrados) de masa. La pared de concreto está aislada térmicamente por el exterior.

Una losa de piso de concreto expuesta térmicamente (no cubierta por alfombras, armarios, etc.) podría contar como más masa, pero en climas como el mío lo ideal sería que estuviera aislada del suelo que está por debajo, y en climas más fríos debe estar aislada para contar como masa térmica.

Si hubiera puesto dos capas de enjarre o de paneles de yeso de 15 mm (5/8 pulgada) de espesor sobre paredes aisladas y con marco, podría haber contado como masa esos 33.3 m^2 (359 pies cuadrados) de área de paneles expuesta. Sin embargo, debido a su menor capacidad para almacenar calor, tendría que dividir el área de los paneles entre 4 (33.3 ÷ 4 = 8.3 m^2 [89.75 pies cuadrados] de masa). Esto en si no es suficiente masa, pero si añadiera 18.5 m^2 (200 pies cuadrados) de piso de losa de concreto expuesto térmicamente, tendría 1.1 m^2 (12 pies cuadrados) de masa interior expuesta por cada 1.1 m^2 (12 pies cuadrados) de vidrio cara al ecuador, lo que cae dentro del rango recomendado.

Para ver más sobre la casa-cochera, revisa el ejemplo de la vida real del capítulo 5.

de resguardo y protección (la figura 4.13 muestra el crecimiento del arco solar de cuenca a árboles jóvenes, a árboles adultos). Coloca las obras de tierra y los árboles lo suficientemente cerca de los edificios para que puedas utilizar la escorrentía del techo como fuente primaria de agua de riego y las aguas grises domésticas como fuente secundaria. Conforme van creciendo, los árboles de sombra embellecen tu patio, limpian el aire y refrescan dramáticamente las temperaturas veraniegas (ver los recuadros 4.6 y 4.7).

Durante el verano, los arcos solares dan sombra a edificaciones, jardines y lugares de reunión en el patio, bloqueando el sol matutino del noreste y este, y vespertino del oeste y noroeste. En los brazos este y oeste del arco solar, siembra árboles que pierdan sus hojas en invierno para permitir que el sol filtrado penetre en el arco a principios de la primavera y a finales del otoño. Los árboles de hoja perenne funcionan bien en la banda norte del arco para bloquear el sol de verano y en invierno desviar el viento frío del norte. El mismo principio funciona en el hemisferio sur, solo cambian las direcciones.

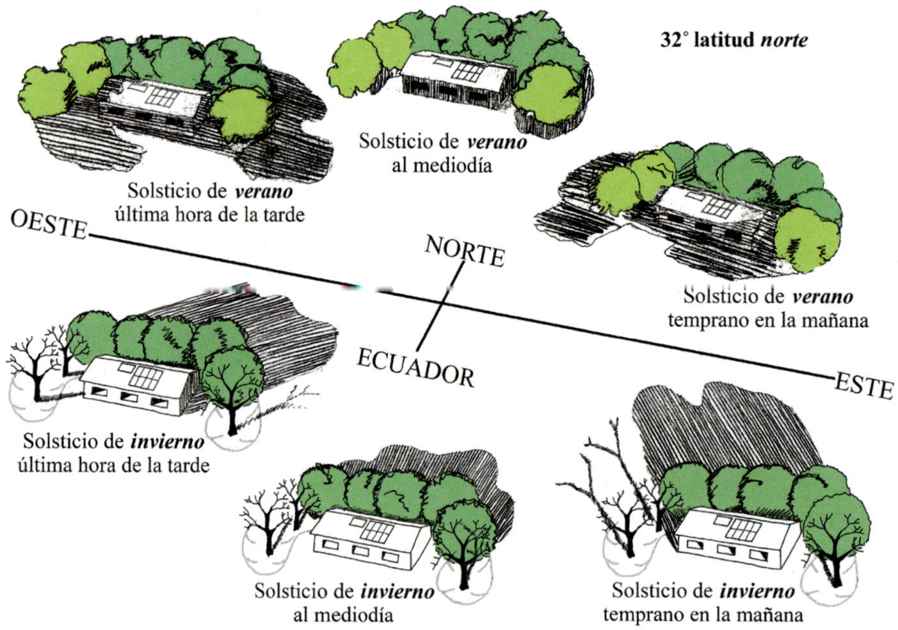

Fig. 4.12A. Arco solar de árboles con un edificio orientado de *este a oeste* a 32° latitud norte. Vista del lado del edificio cara al sol invernal. Los paneles solares y el calentador solar de agua montados en el techo reciben pleno sol durante todo el año. Los árboles caducifolios de invierno en los lados este y oeste del edificio lo exponen a más calor y luz invernal por las mañanas y por las tardes en contraste con los árboles perennes. Compara con la figura 4.5A. Para ver un video de esto visita SunAndShadeHarvesting.com

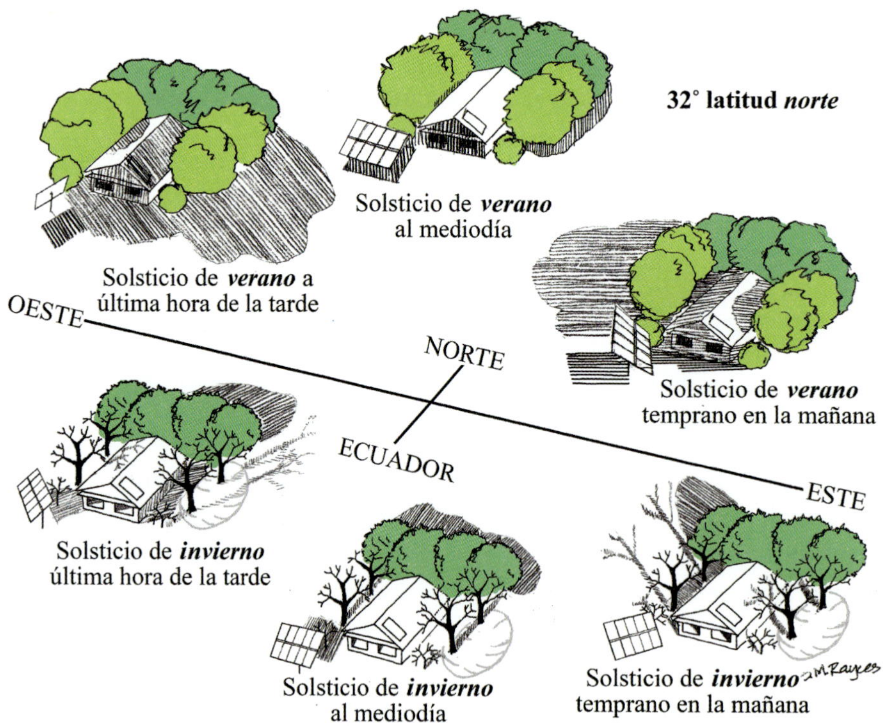

Fig. 4.12B. Arco solar de árboles con un edificio orientado de *norte a sur* a 32° latitud norte. Vista del lado del edificio cara al sol invernal. Los paneles solares se montan en unos rieles especiales para seguir al sol en el lado sur de los árboles y así recibir pleno sol durante todo el año. Los árboles caducifolios de invierno en los lados este y oeste del edificio lo exponen a más calor y luz invernal por las mañanas y por las tardes que los árboles perennes. Compara con la figura 4.5B.

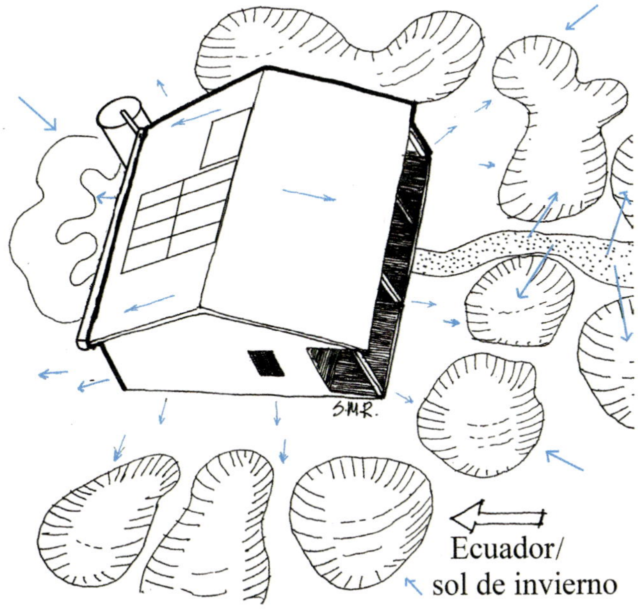

Fig. 4.13A. Cuencas cosechadoras de agua colocadas para ayudar a crecer un arco solar de árboles y una cuenca en el lado de la casa cara hacia el sol invernal para cultivar un huerto hundido en invierno (32° latitud norte).

Fig. 4.13B. Árboles jóvenes y huerto sembrados dentro de las cuencas y regados con escorrentía cosechada del techo.
Las líneas punteadas representan la tubería de aguas grises suplementarias.
Para facilitar el riego y permitir la cosecha de fruta, las aguas grises se dirigen hacia los árboles frutales donde la gente se reúne.

Fig. 4.13C. Los árboles adultos forman un arco solar vivo y un próspero huerto de invierno.
Los paneles solares y el calentador solar de agua tienen acceso completo al sol todo el año.

Recuadro 4.6. "Fresco y limpio" o "Fresco y contaminado"

La generación de la electricidad utilizada para el acondicionamiento mecánico del aire de un hogar promedio produce emisiones anuales de alrededor de 1587 kg (3500 libras) de dióxido de carbono y 14 kg (31 libras) de dióxido de azufre que salen de las columnas de humo de las centrales eléctricas.[7] Los arcos solares de árboles que refrescan el ambiente consumen dióxido de carbono y producen oxígeno, hasta 2.2 kg (5 libras) de oxígeno por día por árbol.[8] Según National Arbor Day Foundation, en un período de 50 años un árbol de sombra bien ubicado puede generar el equivalente a USD 31 250 de oxígeno y USD 62 000 en control de la contaminación del aire.[9]

Busca en línea "el valor de los árboles" para ver otros beneficios.

Recuadro 4.7. Cultiva tu acondicionador de aire

Según resultados de una investigación realizada en Phoenix (Arizona), el uso de agua en enfriadores evaporativos promedia los 246 litros (65 galones) por enfriador por día, o aproximadamente 50 725 litros (13 400 galones) durante la temporada de marzo a octubre, cuando más se usa el enfriamiento.[10] Esa misma cantidad de agua podría satisfacer todas las necesidades de agua de cuatro árboles de mezquite nativos con alturas y doseles de seis metros (20 pies).[11] Si se colocan en los lados este, oeste, noreste y noroeste de una casa, estos árboles de sombra podrían reducir las temperaturas de verano alrededor del edificio hasta en 11 °C (20 °F) en comparación con las temperaturas que tendría el mismo edificio sin sombra.[12]

Otro estudio concluyó que tan solo tres árboles caducifolios en invierno, de 7.6 m (25 pies) de alto y 7.6 m de ancho (dos situados al oeste de una casa, uno en el este) redujeron el uso anual de energía para enfriamiento 10-50 % y el consumo pico de electricidad hasta en un 23 % sin sombrear las ventanas cara al ecuador, evitando así el aumento en las necesidades de calefacción en invierno.[13] Un arco solar de árboles puede aumentar aún más estos beneficios (ver la figura 4.14).

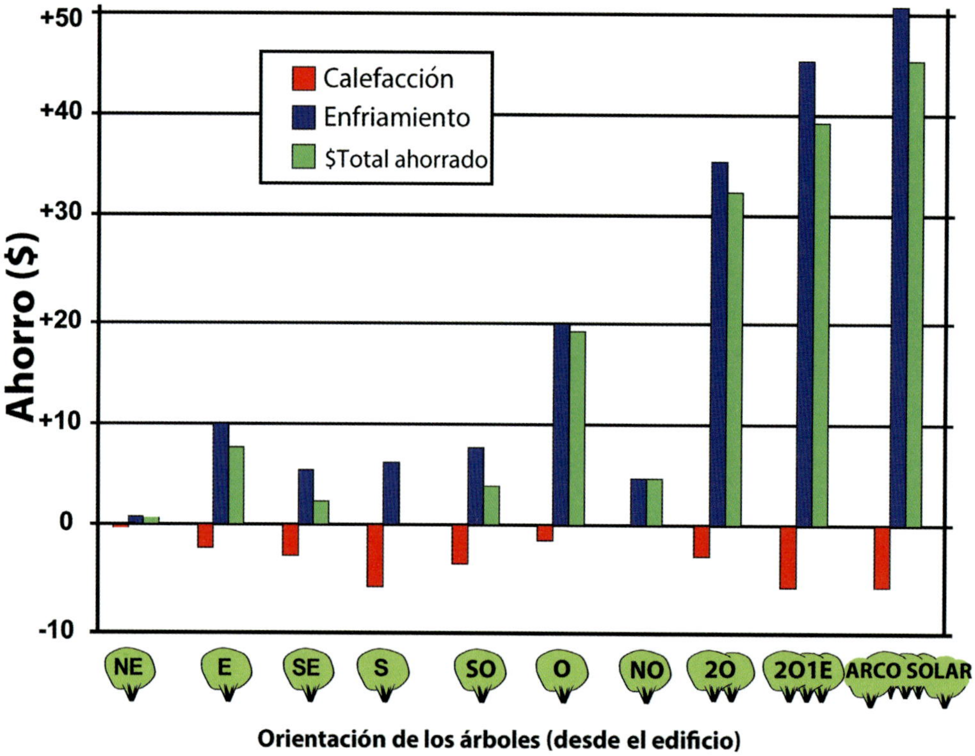

Fig. 4.14. Ubica sabiamente los árboles. La gráfica ilustra las diferencias en el uso de energía para calefacción y enfriamiento, así como en el uso total de energía (los ahorros de energía son positivos, los aumentos de uso de energía son negativos) para un edificio orientado de este a oeste en Sacramento (California) de acuerdo con la presencia de árboles caducifolios en invierno colocados en forma contigua.
Los ahorros se expresan como un porcentaje de energía (kWh) ahorrada para un edificio sombreado en comparación con un edificio sin sombra, con un solo árbol que aporte sombra situado en únicamente uno de los puntos cardinales (E, S, O) e intercardinales (NE, SE, SO, NO) alrededor del edificio.
También se dan resultados para dos árboles de sombra al oeste combinados con un árbol de sombra al este (2O1E), y para un arco solar de árboles: uno al este, uno al noreste, uno al noroeste y dos hacia el oeste, pero NINGÚN árbol al sur (ARCO SOLAR).
Observa cómo un árbol de sombra fuera de lugar en el lado sur puede generar aumentos en calefacción que neutralizan los ahorros en enfriamiento (esto aumenta en climas más frescos/más fríos).
Adaptado de "Potential of Tree Shade for Reducing Residential Energy Use in California", de James R. Simpson y E. Gregory McPherson, *Journal of Arboriculture* 22(1), 1996.

Pasos a seguir

- Identifica si tienes alguno de los elementos de un arco solar en tu casa o jardín, como un árbol de sombra o un edificio.

- Marca en un plano los lugares donde deberían ubicarse las piezas faltantes del arco solar para completarlo y beneficiar a tu casa o jardín. Crea obras de tierra cosechadoras de agua y/o instala tanques para suministrar a los árboles de sombra.

- Considera un diseño de arcos solares *en capas*. Una capa puede estar cerca de la casa para protegerla. La siguiente capa puede ser a lo largo de la cerca limítrofe del patio para proteger el patio, las verduras tiernas que hayas sembrado afuera o los árboles frutales plantados dentro del arco. Cuanto más lejos estén de la casa y de sus recursos (escorrentía del techo, aguas grises, las personas que viven en el hogar y cuidan del sitio), más resistentes (tolerantes a la sequía, al calor y al frío) deberán ser las especies de plantas del arco. Las plantas perennes nativas por lo general son muy resistentes y por ello son las mejores para el arco periférico.

PATRÓN DE DISEÑO INTEGRADO NÚMERO CUATRO

TRAMPAS DE SOL Y SOMBRA

Una trampa de sol y sombra crea un lugar agradable para sembrar un jardín o tomar una siesta *al aire libre*. Los elementos para hacer esta trampa pueden incluir tanques de agua, vegetación alta de bajo consumo de agua, una casa, un enrejado, un cobertizo u otros elementos que generen sombra. Una trampa de sol y sombra está más abierta al sol de la mañana que un arco solar. En el hemisferio norte la trampa *en forma de L* está abierta al este y al sur, y cerrada hacia el norte y el oeste. En el hemisferio sur está abierta al este y al norte, y cerrada al sur y al oeste (ver la figura 4.15). Las trampas de sol y sombra crean microclimas ideales para jardines, plantas delicadas, acogedoras áreas de reunión al aire libre y espacios para colgar hamacas.

Mi trampa de sol y sombra *captura el sol de invierno por las mañanas* para desvanecer la escarcha y calentar las cosas, pero *da sombra protegiendo del sol en las tardes calientes*. En mi huerto desértico, esto extiende por dos meses la temporada fría de cultivo. Puedo sembrar un mes antes y obtener un mes adicional de crecimiento si evito que mis verduras florezcan (echen semilla). La sombra de la tarde reduce la evapotranspiración de las plantas, así como su estrés por calor y sequía, además de reducir los problemas de plagas. Me gusta pasar el rato en mi jardín de trampa de sol y sombra porque al igual que las plantas, recibo calor por las mañanas, justo cuando lo quiero, y sombra por las tardes cuando necesito un descanso del sol.

Pasos a seguir

- Antes de sembrar, identifica y asigna las áreas de tu terreno donde tendría sentido poner una trampa de sol y sombra; mapea los elementos con los que ya cuenta tu sitio.

- Cosecha agua de lluvia para sostener a los elementos vegetativos de la trampa del sol y sombra. Como dice el Sr. Phiri, "Siembra el agua *antes* de sembrar los árboles".

- Determina si podrías colocar un nuevo tanque de agua para ayudar a crear una trampa de sol y sombra para un jardín o patio.

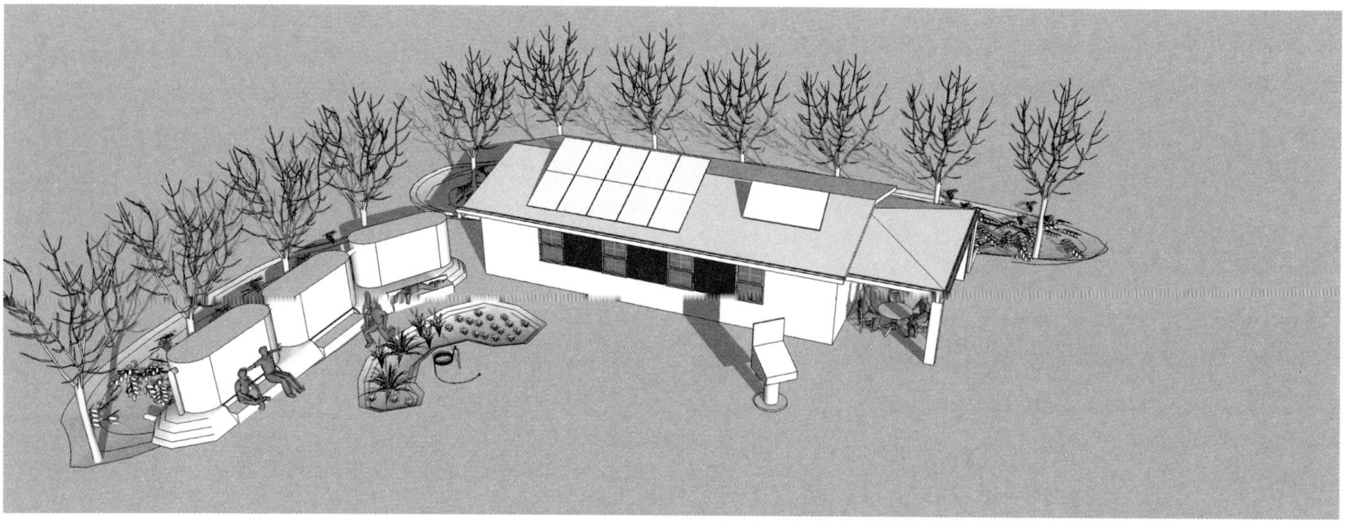

Fig. 4.15A. La casa, cisternas y árboles a 32° latitud norte forman una trampa de *sol* de la mañana para el huerto hundido, las bancas en los tanques/cisternas y el horno solar; mientras, la casa y los árboles forman una segunda trampa de *sol* para el porche orientado al este a las 9 a.m. durante el solsticio de *invierno* cuando se desea tener el calor y la luz del sol. El horno solar está cara al sol.

Observa cómo la orientación del edificio hacia el sol y los aleros del techo también optimizan el acceso del *sol invernal* en sus ventanas orientadas al ecuador y los muros Trombe (secciones negras y cuadradas de muro entre las ventanas).

Ilustración realizada con la versión gratuita del programa SketchUp, una herramienta práctica para representar los ángulos de sol y longitudes de sombra para cualquier fecha y hora.

Fig. 4.15B. La misma casa, tanques y árboles forman una trampa de *sombra* por la tarde para el huerto hundido y las bancas en los tanques/cisternas; mientras, la casa y los árboles forman una segunda trampa de *sombra* para el porche a las 4 p.m. durante el solsticio de *verano* cuando es deseable tener sombras que refresquen en las tardes calientes. El horno solar está cara al sol.

Observa cómo la orientación del edificio hacia el sol y los aleros del techo también optimizan el acceso de la *sombra de verano* en sus ventanas y muros cara al ecuador.

El efecto de trampa de sol y sombra ilustrado en estas dos figuras funciona todos los días del año, y los ángulos de sol y sombras cambian con cada estación. En climas o situaciones donde se desee más sombra, particularmente por la mañana, se podría utilizar el patrón de arco solar en lugar del patrón de trampa de sol y sombra.

Fig. 4.16A. *9 a.m.*, trampa de sol en el huerto, residencia de la familia Lancaster, Tucson (Arizona), 22 de febrero. En las frías horas de la mañana, el huerto de invierno y las ventanas y paneles solares de la casa cara al ecuador están a pleno sol para poder calentarse rápidamente, cultivar alimentos y producir energía.

Fig. 4.16B. *Mediodía*, trampa de sol en el huerto, Tucson (Arizona), 22 de febrero. A medida que las temperaturas han ido aumentando, gran parte del huerto de invierno sigue bajo el sol directo, aunque el árbol de mezquite (caducifolio en invierno), todavía sin hojas, arroja un poco de sombra difusa sobre una tercera parte del huerto. El sol se ha puesto en la cara este de los dos tanques (cisternas) de ferrocemento de 4920 litros (1300 galones) ubicados detrás de las sillas al oeste del huerto.

Recuadro 4.8. Tanques de agua de una trampa de sol y sombra que sirven como cortavientos, cortafuegos, parasoles, malla de privacidad, cerca de colindancia y estímulo económico

La creación de innumerables relaciones benéficas (el séptimo principio de la cosecha de agua) hace que un tanque de agua estático se vuelva dinámico. Así, los tanques que aparecen en las figuras 4.16A, 4.16B y 4.16C fueron seleccionados y colocados para transformarlos en mucho más que contenedores de agua. Seleccionamos y compramos tanques fabricados en la localidad para apoyar nuestra economía local de cosecha de agua. Luego pusimos los tanques en el lindero oeste de nuestra propiedad para que sirvieran como una sección de la cerca de colindancia. En esta ubicación, los tanques desvían los vientos predominantes, calientes y secos que vienen del suroeste; dan sombra al jardín y a un rincón para sentarse, protegiéndolos del sol caliente de la tarde; ofrecen una malla de privacidad para nuestros vecinos y para nosotros; simultáneamente, sirven como un cortafuego de concreto, que bloquea el ruido y almacena agua.

Fig. 4.16C. *3 p.m.*, trampa de sombra en el huerto, Tucson (Arizona), 22 de febrero. Durante las horas más calurosas del día, el huerto de invierno recibe la fresca sombra proyectada por la trampa de sol y sombra creada por los tanques, el naranjo y la estructura de enramada/sombra (cuya esquina noreste se muestra en la esquina superior izquierda de la foto) al oeste del huerto. Este sombreado reduce el estrés térmico y la evapotranspiración de las plantas, haciendo que la única fuente de agua (agua de lluvia cosechada) rinda más.

PATRÓN DE DISEÑO INTEGRADO NÚMERO CINCO

MANTENER EL ACCESO AL SOL DE INVIERNO

Así como aprovechas todo el potencial de la lluvia, haz lo mismo con el sol de invierno para reducir el consumo de energía y al mismo tiempo reducir el agua consumida para generar esa energía (como se explica en el apéndice 9). Mantén abierta la exposición solar para ventanas, jardines y huertos, calentadores de agua solares, paneles solares y hornos solares orientados hacia el sol de invierno. El desarrollo inmobiliario Village Homes en Davis (California) encontró que si mantienen el acceso al sol de invierno, los hogares solares sencillos pueden satisfacer 40-50 % de sus necesidades de calefacción con el sol invernal, mientras que los diseños más sofisticados pueden satisfacer hasta el 85 % de sus necesidades de calefacción.[14]
Yo dependo de las ventanas orientadas al sur/ecuador para satisfacer la mayor parte de las necesidades de calefacción de mi hogar. Un calentador solar de agua me proporciona toda el agua caliente que necesito y diez paneles solares satisfacen todas mis necesidades de energía. Pero los árboles mal ubicados podrían afectar seriamente este rendimiento, ya que incluso *la sombra proyectada por un árbol sin hojas podría bloquear más del 50 % del calor y luz potenciales* (ver las figuras 4.17A y 4.17B).[15]

Al planear dónde colocar tanques de agua, cisternas a nivel del suelo o árboles, así como las obras de tierra cosechadoras de agua que los alimentarán, ten en cuenta las sombras que van a proyectar. Colócalos a una distancia adecuada de la casa para que no bloqueen el lado de tu hogar cara al sol invernal/ecuador, ni los calentadores de agua solares o paneles solares fotovoltaicos (figuras 4.17C y 4.17D).

Colocados aún más lejos de la casa, permitirán el acceso a todo lo anterior, así como a muros Trombe de menor altura, colectores solares de aire caliente, hornos solares (figuras 4.17E y 4.17F) y huertos de invierno e invernaderos/mini invernaderos solares.

Proporción de sombras en el solsticio de invierno: determinar las longitudes de las sombras

Puedes determinar la sombra más larga que un objeto proyectará durante el solsticio de invierno (21 de diciembre en el hemisferio norte, 21 de junio en el sur) buscando tu latitud en el recuadro 4.9 y multiplicando la altura del objeto por el factor asociado de la proporción de sombras en el solsticio de invierno. Por ejemplo, a 32° latitud norte, la proporción del sol al mediodía es 1:1.45, por lo que por cada metro (o pie) de altura de un objeto, la sombra proyectada al mediodía del 21 de diciembre será de 1.45 metros (o pies) de largo. Multiplica la altura de un árbol adulto de 6 m (20 pies) por 1.45 para obtener 8.7 m (29 pies), la longitud de la sombra del mediodía proyectada hacia el norte en esta latitud (ver las figuras 4.18A y 4.18B).

Se dan las proporciones de sombra para las horas de referencia de las 9 a.m. y 3 p.m. Dado que el sol está mucho más bajo en el cielo a esas horas, las sombras serán mucho más largas que las del mediodía. Las horas entre las 9 a.m. y las 3 p.m. son ideales para el acceso al sol invernal destinado a calefacción pasiva, cocina solar, producción de energía solar y calentamiento solar de agua. Antes de las 9 a.m. y después de las 3 p.m. se reduce en gran medida el uso potencial y la eficiencia del sol ya que este se encuentra más bajo en el cielo, lo que hace que sus rayos viajen a través de más atmósfera que difumina el calor y la luz.

En el recuadro 4.9 también se incluyen las proporciones de sombra para las 10 a.m. y las 2 p.m. para latitudes más altas con sombras invernales más largas donde aumenta el reto de mantener el acceso solar, particularmente en entornos urbanos densos. Debido a este mayor desafío, algunos requisitos de derechos solares, como el Living Building Challenge Imperative 18: Rights to Nature, solo requieren que se mantenga el acceso solar directo entre estas horas solares de invierno.[16] Curiosamente, investigaciones han demostrado que la zonificación solar que mantiene este tipo de acceso al sol invernal no reduce las altas densidades urbanas deseadas.[17]

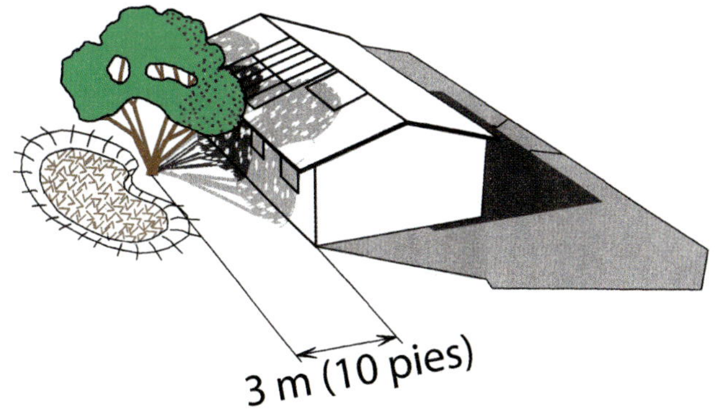

Fig. 4.17A. Se perdió la mayor parte del acceso al sol invernal.
A 32° de latitud, de las 9 a.m. a las 3 p.m. durante el solsticio de invierno, un árbol *perenne* adulto mal ubicado bloquea la exposición al sol invernal de las ventanas cara al sol de invierno/ecuador y del calentador solar de agua y paneles solares que están en el techo.
Las sombras se muestran en gris para las 9 a.m. y las 3 p.m.
Las sombras del mediodía solar son negras.

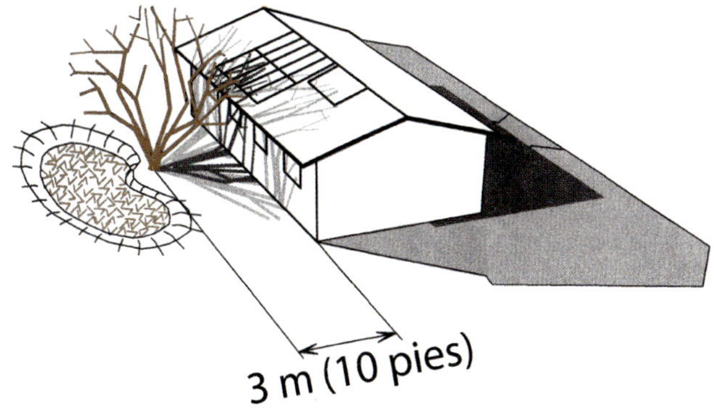

Fig. 4.17B. Se perdió más de la mitad del acceso al sol invernal.
A 32° de latitud, desde las 9 a.m. hasta las 3 p.m. durante el solsticio de invierno, las ramas desnudas de un árbol *caducifolio* adulto mal ubicado bloquean más del 50 % de la exposición al sol de invierno, aumentando los costos de calefacción y obstruyendo seriamente la producción de energía solar.

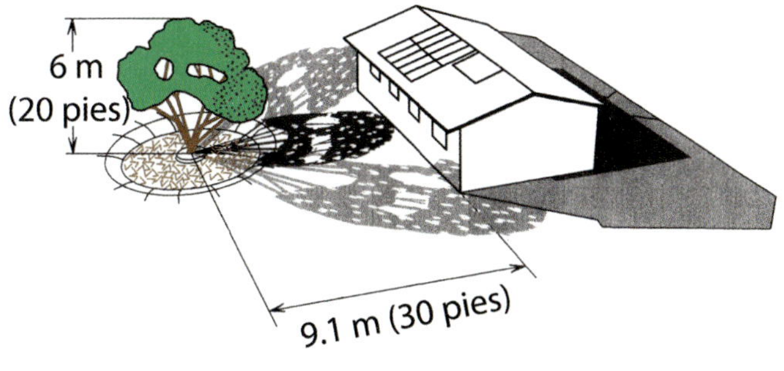

Fig. 4.17C. Se mantuvo el acceso solar en el invierno.
A 32° de latitud desde las 9 a.m. hasta las 3 p.m. durante el solsticio de invierno; hay un árbol perenne plantado lo suficientemente lejos de la casa por lo que se mantiene el acceso solar desde la parte de abajo de las ventanas cara al sol invernal/ecuador hasta el alero del techo con cara al ecuador.
Consulta el recuadro 4.9 para estimar las longitudes de las sombras de invierno.

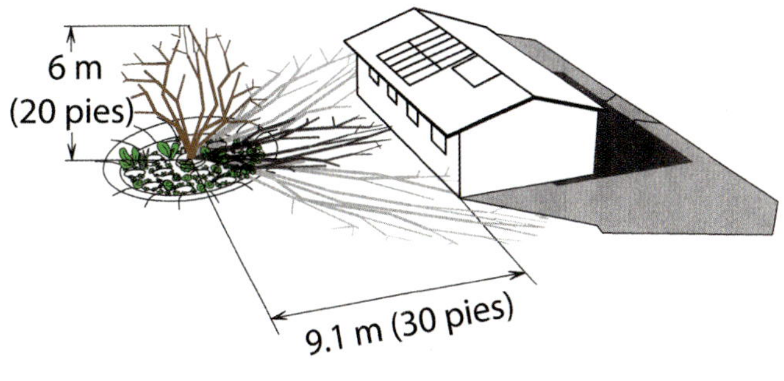

Fig. 4.17D. Se mantuvo el acceso solar en el invierno.
A 32° de latitud desde las 9 a.m. hasta las 3 p.m. durante el solsticio de invierno, un árbol caducifolio en invierno permite que más luz invernal cálida llegue hasta el suelo que un árbol perenne, lo que genera mejores condiciones de crecimiento para un huerto de invierno debajo del árbol.

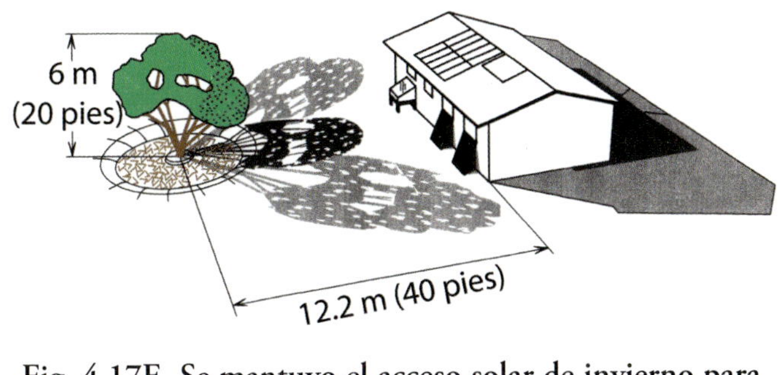

Fig. 4.17E. Se mantuvo el acceso solar de invierno para toda la pared con cara al sol invernal/ecuador, más el horno solar, los colectores solares de aire caliente situados bajo las ventanas y el techo, a 32° de latitud.

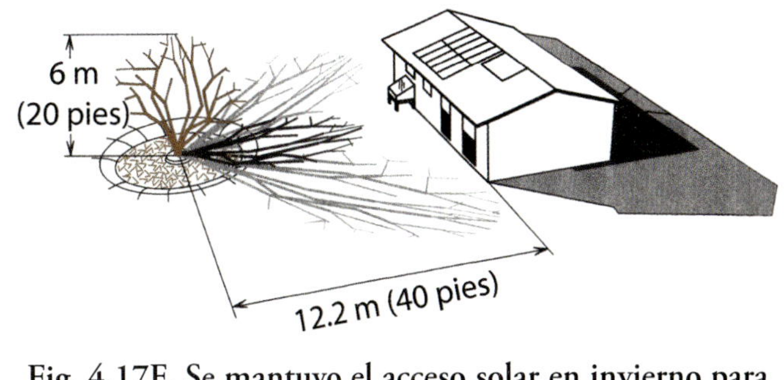

Fig. 4.17F. Se mantuvo el acceso solar en invierno para toda la pared orientada al sol invernal/ecuador, el horno solar, los muros Trombe debajo de las ventanas y el techo, a 32° de latitud.
Si no calculas bien la distancia al árbol desde el edificio, sería peor tener un árbol perenne que uno caducifolio de invierno.

Recuadro 4.9. Proporción de sombras en el solsticio de invierno

Determina las longitudes y la dirección de las sombras de los objetos en el día con las sombras más largas del año usando las siguientes proporciones de sombra y los ángulos acimutales del sol para tu latitud.

Utiliza la proporción 1:x para obtener la *longitud* de la sombra proyectada por un objeto (árbol, tanque de agua, casa) para cada metro (o pie) de altura. Multiplicar la altura del objeto por × te dará la longitud de la sombra en metros (o pies).

Para obtener la *dirección* de la sombra proyectada por un objeto, mira el ángulo acimutal, el ángulo de la ubicación del sol al este o al oeste del sur verdadero en el hemisferio norte o del norte verdadero en el hemisferio sur. (Ver las figuras 4.19 y 4.20).

	9 A.M. y 3 P.M.		*10 A.M. y 2 P.M.*		*Mediodía*	
Latitud °N o °S	**Proporción de sombras en el solsticio de invierno**[1]	**Ángulo acimutal**[2]	**Proporción de sombras en el solsticio de invierno**[1]	**Ángulo acimutal**[2]	**Proporción de sombras en el solsticio de invierno**[1]	**Ángulo acimutal**[2]
0°	1: 1.17	58°	1: 0.76	49°	1: 0.43	0°
4°	1: 1.27	56°	1: 0.84	45°	1: 0.52	0°
8°	1: 1.38	53°	1: 0.93	42°	1: 0.61	0°
12°	1: 1.51	51°	1: 1.04	40°	1: 0.71	0°
16°	1: 1.67	49°	1: 1.16	37°	1: 0.82	0°
20°	1: 1.86	47°	1: 1.30	35°	1: 0.95	0°
24°	1: 2.09	46°	1: 1.46	34°	1: 1.09	0°
28°	1: 2.38	45°	1: 1.66	32°	1: 1.25	0°
32°	1: 2.76	44°	1: 1.91	31°	1: 1.45	0°
36°	1: 3.27	43°	1: 2.23	30°	1: 1.69	0°
40°	1: 4.00	42°	1: 2.64	29°	1: 2.00	0°
44°	1: 5.12	41°	1: 3.22	29°	1: 2.41	0°
48°	1: 7.04	41°	1: 4.09	28°	1: 2.98	0°
52°	1: 11.2	41°	1: 5.55	28°	1: 3.85	0°
56°	1: 26.15	40°	1: 8.50	27°	1: 5.36	0°
60°	Sol debajo del horizonte en el solsticio de invierno[1]		1: 17.56	27°	1: 8.70	0°
64°			Sol en el horizonte en el solsticio de invierno[1]		1: 22.37	0°
68°	En los círculos polares ártico y antártico (66.56° N/S) y más allá de ellos, el sol nunca brilla durante el solsticio de invierno.[3]					

El mediodía es mediodía *solar*, las **9 a.m. y las 3 p.m.** son 3 horas antes y después del mediodía solar, las **10 a.m. y las 2 p.m.** son 2 horas antes y después del mediodía solar.

Ángulo acimutal: Grados en los que el sol está al este (a.m.) o al oeste (p.m.) del sur (en latitudes septentrionales) o del norte (en latitudes meridionales) durante el solsticio de invierno a horas dadas. El ángulo acimutal es de 0° en todas las latitudes al **mediodía solar** en *todas las fechas*.

Proporción de sombras en el solsticio de invierno: Proporción de la altura de un objeto con respecto a la longitud de su sombra proyectada durante el solsticio de invierno a horas determinadas.

Las proporciones de sombras y los ángulos acimutales durante el solsticio de invierno para las **10 a.m. y las 2 p.m. son más importantes en latitudes más altas** donde las sombras son más largas, y es menos probable que el acceso al sol a las 9 a.m. y a las 3 p.m. sea práctico en comparación con las latitudes más bajas.

Para ver las proporciones de sombras y los ángulos acimutales para *cada grado de latitud*, consulta la tabla "Winter-Solstice Shadow Ratio & Azimuth" (proporción de sombras y acimut en el solsticio de invierno) en la sección sobre cosecha de sol y sombra en HarvestingRainwater.com.

1. Proporción de sombras = 1 ÷ la tangente del ángulo de elevación. Al mediodía en el solsticio de invierno, el ángulo de elevación = 90° – (latitud + 23.44°).
2. http://www.esrl.noaa.gov/gmd/grad/solcalc/, consultado el 5 de julio de 2012
3. http://en.wikipedia.org/wiki/Arctic_Circle, consultado el 16 de julio de 2012

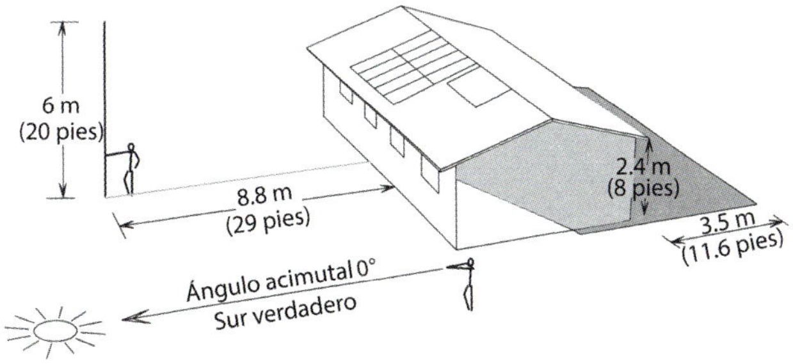

Fig. 4.18A. Usando la proporción de sombras del mediodía en el solsticio de invierno de 1:1.45 para 32° latitud norte que aparece en el recuadro 4.9 para determinar la longitud de las sombras proyectadas durante el mediodía solar, multiplica la altura del árbol adulto de 6 m (20 ft) por 1.45 y eso te da una longitud de su sombra al mediodía solar de 8.7 m (29 ft). Párate en la ubicación propuesta para el árbol (con o sin una vara de la altura de dicho árbol) y camina por la longitud estimada de su sombra para determinar en cuál lugar el árbol proyectará, o no, sombra perjudicial sobre el edificio.

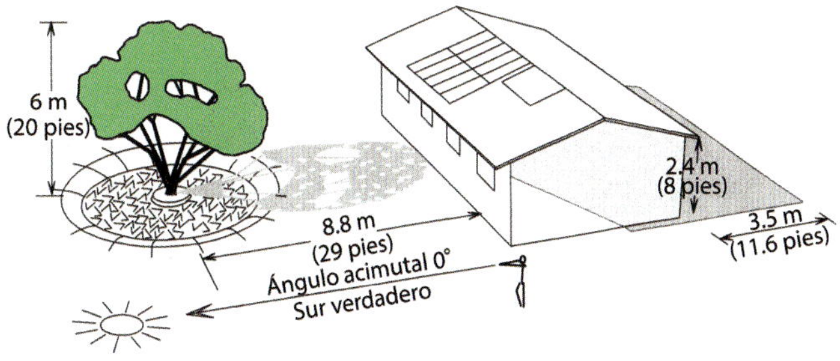

Fig. 4.18B. Sombras proyectadas al mediodía durante el solsticio de invierno a 32° latitud norte una vez que el árbol alcance su tamaño adulto. Para ver un video sobre esto, visita SunAndShadeHarvesting.com

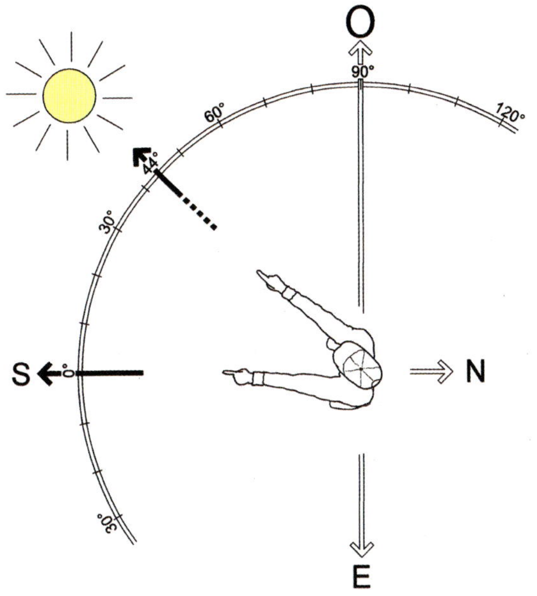

Fig. 4.19. Ángulo acimutal del sol a las 3 p.m. durante el solsticio de invierno a 32° latitud norte. El acimut es la ubicación del sol en grados al este o al oeste del sur verdadero en el hemisferio norte o del norte verdadero en el hemisferio sur.

Acimut: determinar los ángulos del sol y de las sombras

El recuadro 4.9 también incluye el ángulo acimutal del sol, que es el ángulo de la ubicación del sol al este o al oeste del sur verdadero en el hemisferio norte o del norte verdadero en hemisferio sur, ya que las sombras se proyectan en la dirección opuesta del acimut. Por ejemplo, a 32° latitud norte al mediodía, el acimut es de 0°, entonces el sol está en el sur verdadero y la sombra se proyectará hacia el norte verdadero. Mientras que a las 3 p.m., el sol está 44° al oeste del sur verdadero, por lo que a esa hora la sombra se proyectará 44° al este del norte verdadero (ver las figuras 4.19 y 4.20).

Usando la proporción de sombras y los ángulos acimutales del recuadro 4.9 puedes determinar qué tan lejos de tu casa, en dirección hacia el ecuador y con respecto al sol de invierno, necesitas colocar ese árbol (o cisterna a nivel del suelo o edificación propuestos) para que no bloquee el acceso necesario al sol invernal una vez que alcance su tamaño como árbol adulto.

Pasos a seguir

- Usa la proporción de sombras del recuadro 4.9 para predecir cómo la vegetación y las estructuras existentes podrían afectar tu ganancia solar de invierno (y la de tu vecino) y observa lo que sucede.

- Utiliza el cálculo de la proporción de sombras para colocar correctamente las nuevas estructuras o vegetación en el lado cara al sol invernal de tus edificaciones o jardín de invierno. Haz tu plan de acuerdo con el tamaño de las plantas cuando sean adultas, no en el momento de la siembra. Consulta con personal de un vivero y en libros de plantas para obtener información sobre tamaños.

- Planifica colocar obras de tierra para la cosecha de agua y sistemas de cisternas o tanques para suministrar a la vegetación correctamente ubicada.

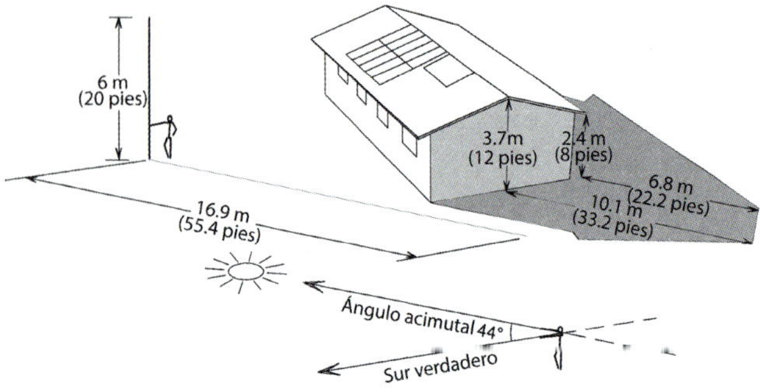

Fig. 4.20A. Para determinar la longitud de la sombra proyectada a 32°latitud norte se utilizó la proporción de sombras de 1:2.77 a las 3 p.m. durante el solsticio de invierno que aparece en el recuadro 4.9; para determinar la dirección de la sombra se usó el ángulo acimutal de la ubicación del sol desde el sur verdadero.

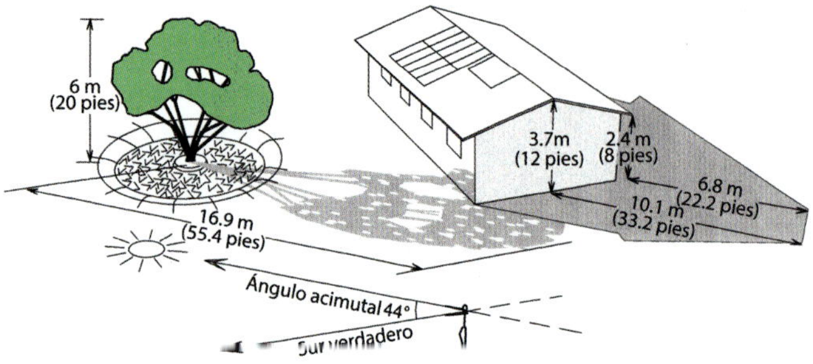

Fig. 4.20B. Sombras proyectadas a las 3 p.m. durante el solsticio de invierno a 32° latitud norte una vez que el árbol alcance su tamaño adulto.

Recuadro 4.10. Acceso solar, servidumbres y derechos

Los derechos solares son el derecho a acceder y aprovechar los rayos del sol.[18] Debemos mantener estos derechos para nuestros vecinos y para nosotros mismos a fin de que podamos, de manera regenerativa y no contaminante, calentar e iluminar pasivamente los espacios donde vivimos, jugamos, cultivamos alimentos y trabajamos; así como generar de forma gratuita la energía que necesitamos.

En 1977, el estado de Nuevo México promulgó la Ley de Derechos Solares, la primera ley de los Estados Unidos que reconoce el recurso natural de la energía solar como derecho de propiedad. El dueño de la propiedad que primero reclama los derechos solares puede evitar que los dueños de propiedades colindantes usurpen el derecho o invadan servidumbres con nuevos edificios o árboles.

En Arizona, la Ley de Derechos Solares ARS 33-439 prohíbe que cualquier convenio, restricción o condición impida la instalación o el uso de un dispositivo de energía solar.

Las comunidades progresistas de Village Homes en Davis (California) y Milagro Cohousing en Tucson (Arizona) establecen en su Declaración de Convenios, Condiciones y Restricciones (CCR) que los residentes tienen prohibido interferir con los derechos solares de los vecinos. Sin embargo, se permite que el propietario de una casa infrinja sus propios derechos.[19, 20] En lugar de prohibir el uso de secadoras solares de ropa (tendederos de ropa) como hacen algunos CCR, más bien fomentan su uso.

En la sección sobre acceso solar, servidumbre solar y derechos solares en el apéndice de recursos en mi sitio web encontrarás más información, incluyendo la forma en la que el arquitecto Ralph Knowles (a través de una zonificación solar de "envolturas solares") y otros muestran cómo se pueden conservar los derechos solares en ciudades enteras sin reducir la densidad de una manera desfavorable.

Consulta el capítulo 5 para ver cómo mantenemos el acceso solar para nosotros y para nuestros vecinos (figuras 5.12A y B), a la par que ejercemos los derechos solares para la comunidad en general.

Recuadro 4.11. Podar para recibir el sol de invierno

Si actualmente tienes árboles adultos que bloquean el calor y luz invernales puedes podarlos para recuperar el acceso al sol invernal. Usa el recuadro 4.2 para determinar qué parte de la trayectoria del sol podrías reabrir con la poda; luego, haz la poda si es necesario; revisa también la figura 4.21.

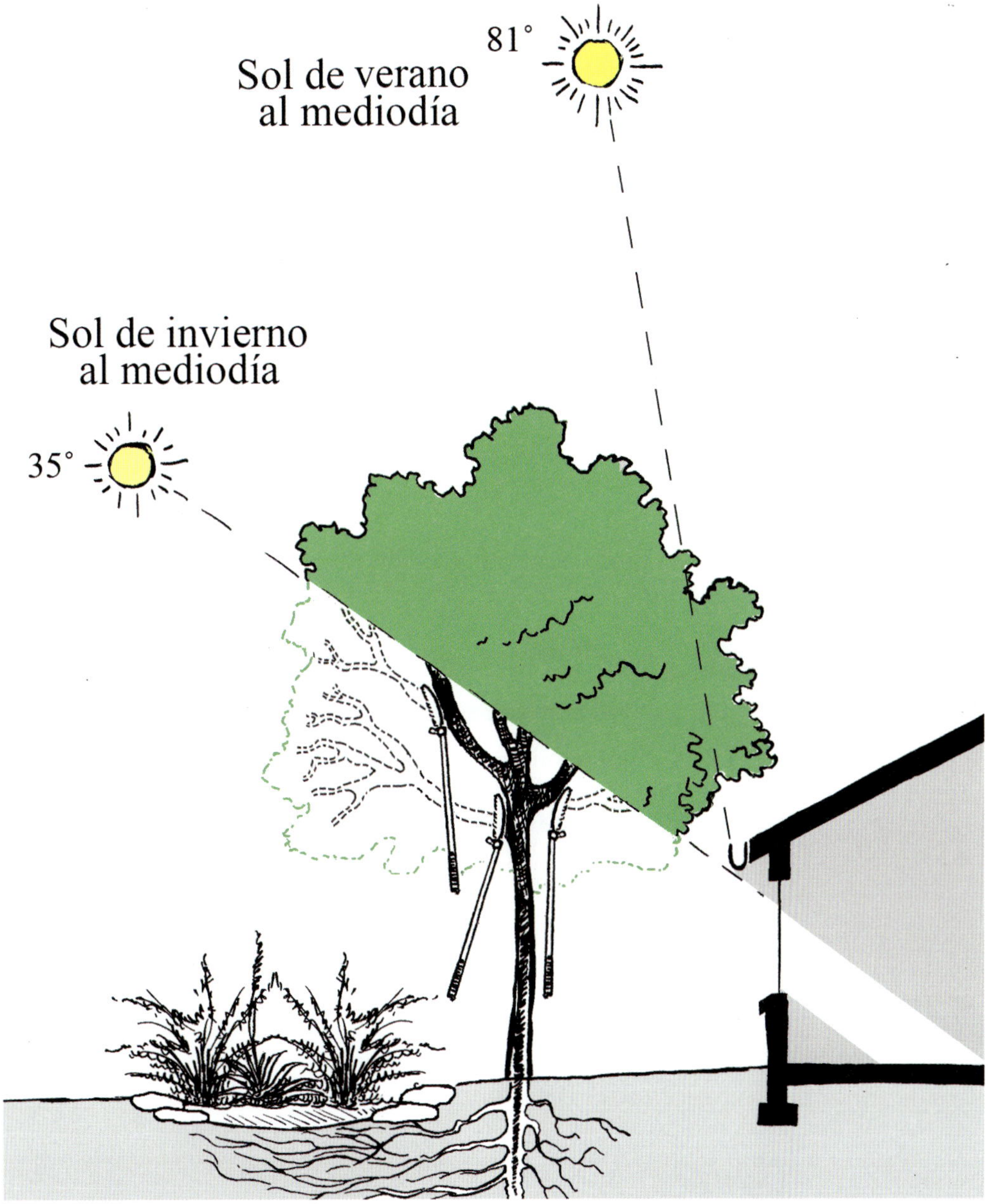

Fig. 4.21. Un árbol podado para permitir el acceso directo del sol de invierno a través de las ventanas cara al sol invernal/ecuador, mientras que bloquea el sol de verano a 32° de latitud.
Adaptado de *Designing and Maintaining your Edible Landscape – Naturally*, de Robert Kourik, Metamorphic Press, 1986.

PATRÓN DE DISEÑO INTEGRADO NÚMERO SEIS

SENDEROS ELEVADOS, CUENCAS HUNDIDAS

Mantén los caminos de acceso "elevados y secos" y las áreas sembradas "hundidas y húmedas". Siempre empareja un sendero elevado con una cuenca hundida para capturar la escorrentía y cultivar refugio y belleza para el camino o sendero (fig. 4.22B). Los árboles sembrados en estas cuencas cosechadoras de agua sombrean y embellecen las calles, senderos y patios adyacentes. Esto reduce la exposición solar excesiva y, a su vez, el riesgo de cáncer de piel, el tipo de cáncer de más rápida proliferación en los Estados Unidos,[21, 22] además de crear un lugar cómodo para conducir, caminar, andar en bicicleta o conversar. En climas fríos, elevar los caminos y senderos también ayuda a mantenerlos libres de hielo.

Los árboles de sombra absorben gran parte de la lluvia que cae dentro del diámetro de su dosel y la escorrentía que fluye alrededor de sus bases. Esto crea un sistema vivo de control de inundaciones y filtra contaminantes transmitidos por la escorrentía como nitratos, fósforo y potasio, que los árboles consideran alimento.[23]

En un estacionamiento se puede plantar una "cochera viviente" de árboles de sombra nativos que controlan las inundaciones y filtran contaminantes, irrigados únicamente por la escorrentía del estacionamiento. Si se siembran árboles que consumen poca agua y producen alimentos, como el mezquite aterciopelado, entonces se convierte en una "huerta para estacionarse" (ver las figuras 4.23A y 4.23B).

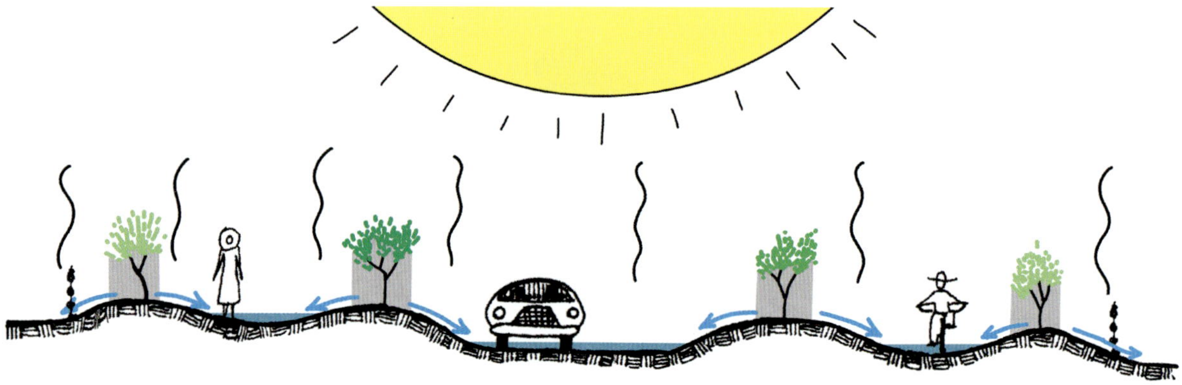

Fig. 4.22A. Plantas a elevación, senderos hundidos.
Un paisaje deshidratado, sobrecalentado y debilitado que *drena* agua y *provoca* inundaciones.
Compara esta ilustración con la figura 4.22B

Fig. 4.22B. Senderos elevados, cuencas hundidas.
Un paisaje hidratado, fresco y vigorizado que *cosecha* agua y *controla* inundaciones.

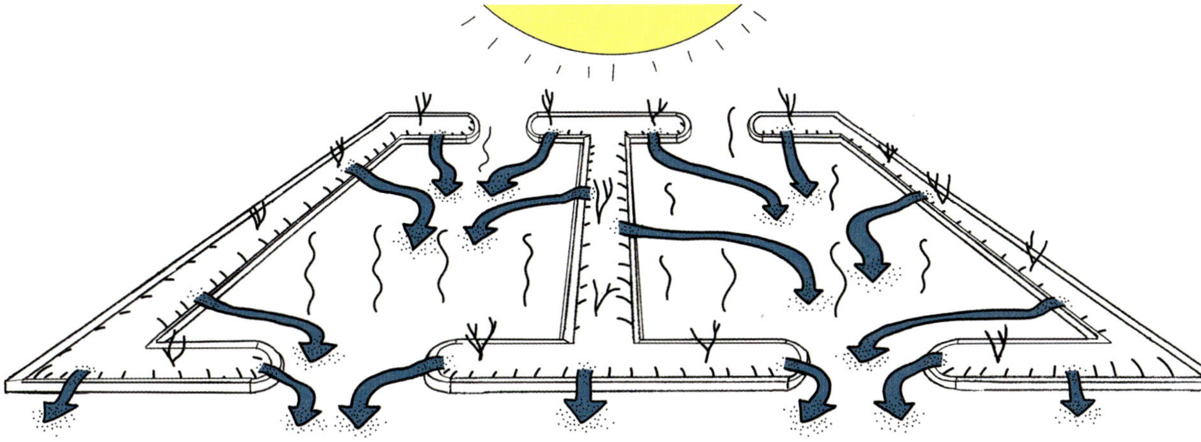

Figura 4.23A. Un estacionamiento sobrecalentado y sucio que *drena* agua y *provoca* inundaciones. Las plantas deshidratadas y sembradas sobre montículos, drenan las aguas pluviales y los sedimentos hacia el área de estacionamiento. Compara esta ilustración con la figura 4.23B.

Fig. 4.23B. Una huerta con estacionamiento fresca y limpia, que *cosecha* agua y *controla* inundaciones. Las aguas pluviales y las hojas caídas en el área del estacionamiento drenan libremente para regar y acolchar los árboles de sombra, de bajo consumo de agua y productores de alimentos, sembrados en cuencas hundidas.

Pasos a seguir

- Observa la altura relativa de los senderos, aceras, entradas para automóviles y calles en comparación con las áreas de siembra adyacentes en tu hogar y comunidad. ¿Ves el patrón de "sendero elevado, cuenca hundida" o uno de sendero hundido, área elevada de siembra? ¿Se está dirigiendo el escurrimiento urbano a la vegetación, al asfalto o a los drenajes pluviales?

- Observa las áreas naturales no perturbadas. Lo más probable es que te encuentres la vegetación más grande y densa en áreas deprimidas y a lo largo de flujos donde se concentra el agua.

- Identifica y mapea las áreas donde puedes desarrollar el patrón de sendero elevado, cuenca hundida en tu casa. Haz modificaciones al terreno para cosechar agua excavando cuencas hundidas y luego utiliza la tierra removida para crear los senderos elevados.

PATRÓN DE DISEÑO INTEGRADO NÚMERO SIETE

REDUCIR LA PAVIMENTACIÓN Y HACERLA PERMEABLE

El agua de lluvia es como una persona desnuda: si la pones sobre pavimento caliente en el verano se levanta y se va. Por tanto, debemos reducir la cantidad

Fig. 4.24A. Un lote residencial deshidratado y expuesto, en el que predominan el pavimento impermeable, una vegetación escasa con tierra desnuda y compactada, termina por drenar toda la escorrentía hacia la calle.

Fig. 4.24B. Un lote residencial hidratado y protegido en el que predominan obras de tierra cosechadoras de agua, vegetación nativa de bajo consumo de agua y una pavimentación permeable para minimizar la escorrentía y utilizarla en el mismo terreno.
Revisa las figuras 3.16 a 3.18 para conocer más estrategias.

Fig. 4.25A. Creación del efecto de isla de *calor* en verano, que puede *aumentar* las temperaturas hasta en 5.5 °C (10 °F). Una calle amplia y expuesta, parecida a un horno solar, en Tucson (Arizona). No hay árboles en la vía pública.

Fig. 4.25B. Creación del efecto de isla *fresca* en verano, que puede *reducir* las temperaturas hasta en 5.5 °C (10 °F). Una calle estrecha, sombreada y bordeada por árboles adultos en Village Homes, en Davis (California). Los árboles se siembran en la vía pública a menos de un metro de la orilla de la banqueta para dar sombra sobre una porción más grande de la calle. En invierno estos árboles perderán sus hojas para dejar entrar más calor y luz cuando sea necesario. Revisa la fig. 3.17 para ver una calle estrecha y arbolada en Tucson (Arizona).

Fig. 4.26. Cultiva un aula en lugar de construirla, y haz crecer un aire acondicionado en lugar de comprarlo. Estas personas admiran a las aves en el dosel de los robles que forman un aula al aire libre, viva y que se mantiene fresca por sí sola, en el Wildflower Center en Austin (Texas).

de pavimentación impermeable en nuestros terrenos y vecindarios, y aumentar la vegetación que produce sombra (comparar las figuras 4.24A y 4.24B).

Gran parte del calor almacenado durante el día en el concreto y asfalto urbanos se libera a última hora de la tarde y por la noche, manteniendo altas las temperaturas. En Davis (California) se ha observado que las calles excesivamente anchas y sin sombra, así como el denso desarrollo urbano no sombreado contribuyen directamente al efecto de isla de calor, además de que aumentan las temperaturas máximas diurnas en 5.5 °C (10 °F).[24] (La figura 4.25A presenta un ejemplo de una calle amplia de casas en serie).

Aunque las típicas calles residenciales en el oeste de los Estados Unidos tienen hasta 12.2 m (40 pies) de ancho, hay alternativas. En el innovador desarrollo residencial Village Homes en Davis (California) las calles miden 6.1 m (20 pies) de ancho.[25] Al hacer las calles más estrechas, usar calles cerradas y limitar el tamaño de las entradas de automóviles a la medida del largo de un vehículo, Village Homes hizo disponible 15 % más de terreno para jardines comunitarios, huertos, corredores bordeados de árboles y rutas para bicicletas.[26] Los árboles adyacentes crean un dosel sobre las calles estrechas, sombreando el 80 % de las calles de la zona, reduciendo las temperaturas de verano y la necesidad de ruidosos aires acondicionados, creando un vecindario mucho más tranquilo y agradable (fig. 4.25B).

Dirige la escorrentía de la calle a las obras de tierra cosechadoras de agua contiguas, intenta reducir la cantidad de pavimentación y mira a ver si parte del pavimento restante debe/podría ser permeable. En el volumen 2, el capítulo sobre reducir el paisaje duro y crear pavimentación permeable presenta una serie de pavimentos permeables que pueden reducir la escorrentía hasta en un 90 % y producir escurrimientos urbanos significativamente más limpios en comparación con los pavimentos impermeables.[27]

Pasos a seguir

- Busca ejemplos de pavimentación permeable e impermeable cerca de tu hogar y comunidad.

- Determina cómo puedes reducir la pavimentación en tu terreno y hacer que el pavimento restante sea más permeable. Implementa estos cambios.

- Considera convertir tu entrada para automóviles en entrada ajardinada limitando su tamaño a la longitud y anchura de tu vehículo.

- Considera usar ladrillos porosos, adoquines o grava estabilizada en lugar de materiales de pavimentación impermeables.

- Planifica colocar obras de tierra cosechadoras de agua y vegetación apropiada en las áreas de donde se retire la pavimentación y en las zonas adyacentes en donde aún haya pavimento.

- Considera la posibilidad de sembrar "habitaciones" al aire libre con árboles de sombra para reemplazar o reducir la necesidad de más edificios (fig. 4.26).

- Desentierra vías fluviales que estén bajo tierra para que les de la luz del día y así se vea su flujo.

- En el volumen 2, lee el capítulo sobre cómo reducir el paisaje duro y crear pavimentación permeable.

INTEGRAR LOS ELEMENTOS Y PATRONES DE TU SITIO PARA CREAR UN DISEÑO REGENERATIVO DEL PAISAJE

Los patrones de diseño integrado que se presentaron anteriormente deben hacerte pensar, mapear y planificar *dónde* puedes aplicar estrategias de cosecha de agua, sol y sombra para crear un diseño más integrado, eficiente y productivo. El propósito de estos patrones es ofrecerte un marco conceptual para crear "diseños regenerativos". Los diseños regenerativos surgen de la integración reflexiva de elementos con flujos naturales de recursos locales para que puedan mejorarse y recrearse sin depender de insumos importados mediante tuberías y bombas, como el combustible y el agua. Una vez establecidos, estos diseños regenerativos hacen la mayor parte del trabajo, para que tú no tengas que hacerlo. Maximizan el retorno de tus inversiones en la cosecha de recursos en tu lugar.

Con el fin de desarrollar continuamente un entendimiento propio de lo que es posible a través del diseño, considera la siguiente pregunta y sus tres criterios para evaluar el éxito del diseño:

¿Los elementos, sistemas y patrones de las relaciones de diseño que creaste son **degenerativos**, **generativos** o **regenerativos**? Compara sus características a continuación y aplica estos conceptos a tus ideas y diseño.

Una inversión **degenerativa**:

- Comienza a degradarse o descomponerse tan pronto como se hace.
- Requiere inversiones continuas de energía e insumos exteriores para mantenerla funcional.
- Consume más recursos de los que produce.
- Degrada la salud de su entorno y/o del mundo.
- Normalmente cumple solo con una función.
- Algunos ejemplos incluyen céspedes y jardines ornamentales dependientes de pesticidas y fertilizantes químicos, así como de agua de riego que consume energía pues se importa de pozos, aguas superficiales o del servicio público de agua municipal, lo cual contribuye a tasas de extracción de agua que exceden las tasas de recarga naturales; edificios con calefacción, enfriamiento, ventilación e iluminación mecánicas y alimentadas por energía importada y contaminante; y estacionamientos convencionales de un solo uso.

Una inversión **generativa**:

- Comienza a degradarse tan pronto como se hace, pero se puede utilizar para hacer o reparar otras inversiones (como es el caso de las herramientas).
- Requiere inversiones continuas de energía e insumos externos para mantenerla funcional.
- Produce más recursos de los que consume.
- Conserva otros recursos.
- Típicamente tiene múltiples funciones.
- Algunos ejemplos incluyen paisajes multiusos (que producen múltiples recursos como alimentos, belleza y hábitats para la vida silvestre); edificios con calefacción, enfriamiento, ventilación e iluminación pasivas; productos energéticos duraderos, renovables y no contaminantes, como los sistemas solares, microhidroeléctricos y eólicos (que convierten edificios y comunidades en productores de energía limpia, en lugar de consumidores de energía sucia); estacionamientos en los que se siembran huertas de árboles de sombra productores de alimentos que se riegan con aguas pluviales cosechadas; y obras de tierra, tanques, cisternas y tuberías de aguas grises alimentadas por gravedad para cosechar agua, que aumentan el múltiple reciclado y la accesibilidad de los recursos hídricos del lugar, al tiempo que conservan las aguas regionales y otros recursos.

Una inversión **regenerativa**:

- Puede repararse, reproducirse y/o regenerarse a sí misma.
- Comienza a crecer o mejorar una vez que se hace.
- No requiere inversiones continuas de energía importada ni de insumos externos para mantenerla funcional.
- Produce más recursos de los que consume.
- Mejora la salud de su entorno y del mundo.
- Normalmente cumple con varias funciones.
- *Está viva* o es parte de una cultura viva, que evoluciona/regenera continuamente la inversión.
- Los ejemplos incluyen paisajes de usos múltiples que se sostienen únicamente con la lluvia natural y la escorrentía de aguas pluviales y no requieren recursos externos adicionales después de su establecimiento; acolchados, suelos, bosques y ecosistemas naturales que se regeneran a sí mismos; infraestructura, leyes y culturas que mantienen para todos el mismo acceso y derechos sobre (y manejo de) los recursos naturales tales como el sol, los vientos predominantes, las lluvias y las aguas superficiales; fondos revolventes para préstamos comunitarios que desarrollen las capacidades de los individuos, su comunidad y su cuenca hidrográfica; bancos de semillas de los cultivos más resistentes y productivos de cada año (luego sembrar y volver a guardar semillas año tras año) para desarrollar un inventario de semillas cada vez más resistentes y productivas específicamente adaptadas a las condiciones únicas de tu sitio y clima; estructuras vegetativas cosechadoras de agua de lluvia que crecen y se reparan después de establecerse; y las canciones e historias que ayudan a garantizar la continuación de estas prácticas e inversiones en evolución.

Esmérate por hacer que todos tus esfuerzos de cosecha de agua sean regenerativos y como decía el agricultor de agua, el Sr. Phiri: "Estarás entonando con la naturaleza". Es muy posible que no lo logres de inmediato, pero con tan solo cosechar pasivamente agua, sol, viento y sombra tal como lo sugiere este libro, pasarás del nivel degenerativo al generativo.

ARMAR LAS PIEZAS PARA CREAR UN DISEÑO INTEGRADO

Utiliza el mapa de tu terreno, que incluya sus recursos y desafíos, como base para seleccionar y colocar estructuras cosechadoras de agua para crear un diseño integrado que aumente la eficiencia del sitio y maximice su potencial (consulta la figura 4.27 para ver un plano de sitio idealizado).

Para hacerlo:

1. Haz varias copias del plano de tu terreno (dibujado a escala) para usarlas como mapas base sobre los cuales bosquejar tus observaciones e ideas.

2. Juega con diferentes diseños conceptuales de tu plan de cosecha de agua. Recomiendo dos opciones:

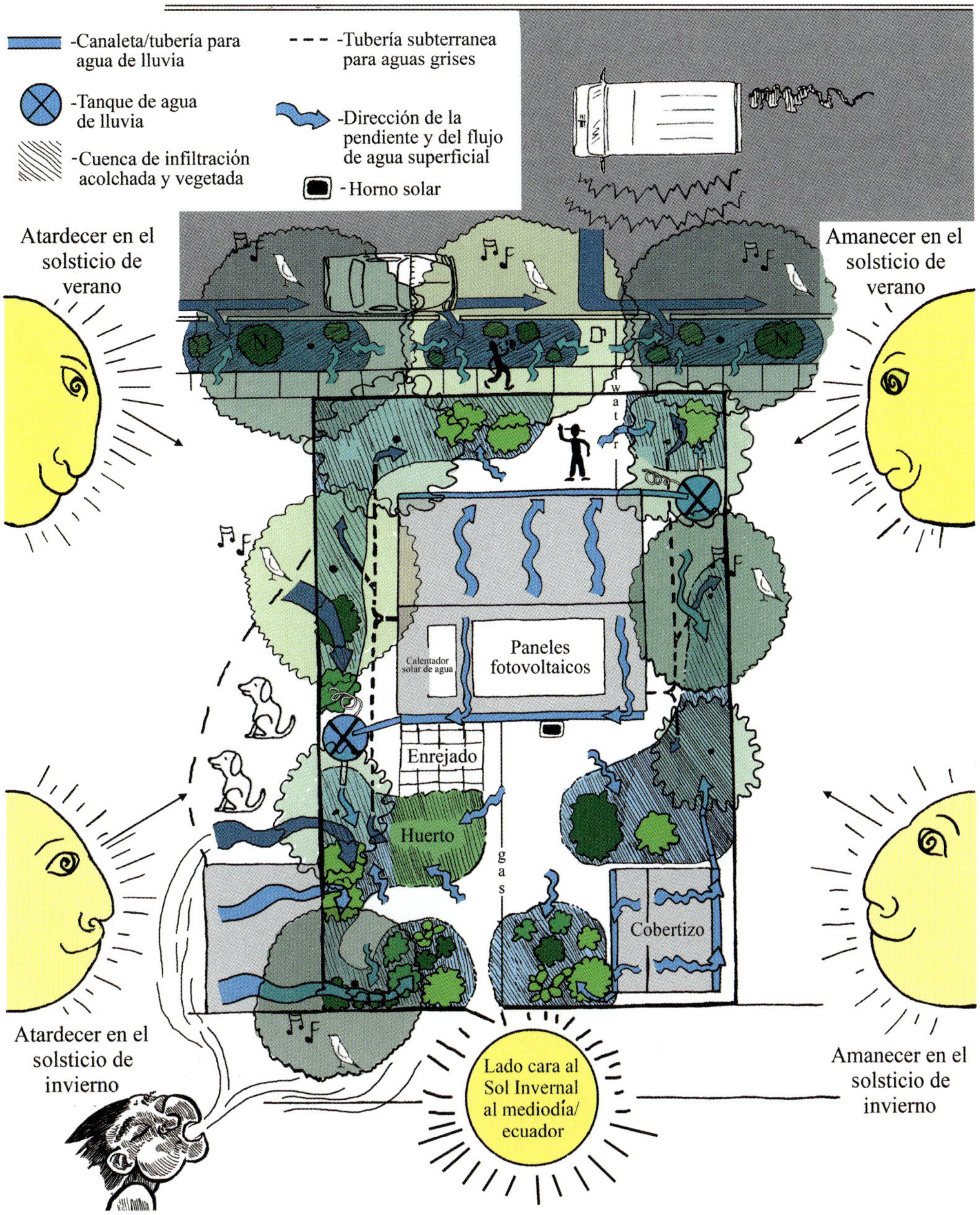

Fig. 4.27. Un plan paisajístico integrado para la cosecha de agua de lluvia y aguas grises.
En un arco solar que refresca las temperaturas alrededor de la casa, se colocaron árboles que producen sombra y alimentos y que se riegan con aguas grises y agua de lluvia. Se mantiene el acceso solar en invierno como fuente de calefacción, calor para cocinar, electricidad y luz. Se redujo la extensión del paisaje duro impermeable al eliminar una entrada para automóviles, sembrar un huerto y estacionar el auto en la calle. El huerto se colocó en una trampa de sol y sombra protegida donde recibe riego de un tanque que forma parte de la misma.
En unas cuencas ubicadas en el perímetro del terreno se colocaron barreras contra el viento y el ruido hechas de vegetación resistente, de bajo consumo de agua y atractiva para las aves que difumina y refresca el viento.
La vegetación y un tanque le bloquean la vista al perro ruidoso para que deje de ladrar.
Los senderos están elevados para dirigir la escorrentía hacia la vegetación adyacente en las cuencas. Las tuberías de aguas grises y las instalaciones subterráneas de los servicios públicos están enterradas en los senderos elevados para evitar conflictos con la vegetación. Los desagües de aguas grises van a dar a cuencas hundidas. Los techos tienen canaletas y hay secciones en el terreno reniveladas o con bermas para poder utilizar la escorrentía que fluye desde fuera del sitio y retener toda el agua de lluvia que cae en el terreno. Los árboles de sombra regados con la escorrentía de la calle y banqueta ofrecen una zona de amortiguamiento entre la casa y la calle.
Todo esto invita a los amigos a llegar de visita.

- Recorta imágenes (en la misma escala que el plano de tu terreno) de los árboles, tanques o cisternas, patios, jardines y otros elementos que deseas agregar a tu sitio. Mueve estos recortes alrededor del plano de tu terreno imaginando cómo sería la interacción con los flujos de recursos en tu sitio (agua de lluvia, aguas grises, sol, viento, etc.).

- Pon papel calca sobre el plano de tu terreno y boceta los lugares donde podrías colocar los elementos (árboles, tanques o cisternas, patios, jardines y demás) que deseas introducir y luego mira cómo interactúan con los flujos de recursos en tu sitio.

Mientras sigues jugando con varios acomodos, pregúntate "¿Dónde necesito agua, dónde la tengo, cuánta tengo y cómo/dónde puedo utilizarla mejor?". Recuerda que tu objetivo es aumentar la eficiencia del sitio y maximizar su potencial. Consulta las secciones anteriores de este capítulo para ver ideas conceptuales. Consulta el apéndice de recursos en HarvestingRainwater.com para obtener más información sobre patrones de diseño integrados.

3. *Refina tu diseño planificando los detalles de la cosecha de agua.* Después de averiguar dónde deseas cosechar agua, es momento de ver cómo lo vas a hacer. Vuelve a leer el capítulo 3 para determinar qué estrategias específicas de cosecha de agua son las más adecuadas para tus necesidades, ya sea para cosechar agua en el suelo, en tanques o en ambos. (El volumen 2 presenta una visión más completa de las estrategias de obras de tierra para la cosecha de agua y su uso adecuado, implementación detallada e información adicional que incorpora la cosecha y aprovechamiento de aguas grises).

Ahora, recorre otra vez tu terreno, imaginando la forma en que varias estrategias podrían funcionar dentro del contexto único de tu sitio. Juega más con ideas y diseños en papel; es mucho más fácil hacer cambios con un lápiz y borrador que con una pala. Cuando sientas que ya tienes tu plan establecido, marca con estacas o de alguna otra manera las ubicaciones de senderos, árboles, estrategias de cosecha de agua y otros elementos en el suelo de tu sitio. Camina por tu terreno, sintiendo cómo sería habitar ese sistema. ¿Hay ajustes que podrían volverlo más generativo o incluso regenerativo? ¿Podrías integrar más cosecha de sol y sombra en tu proyecto? Haz los cambios necesarios y cuando ya te sientas bien con el diseño, ¡pon manos a la obra!

CAPÍTULO 5

Reacondicionamiento integrado de un hogar y barrio urbanos

¡Este lugar me gusta! ¡Así quiero vivir!

—Sam, alumno de 4to grado de la Escuela Primaria Davis en una visita a nuestra casa como parte de un paseo escolar.

Este capítulo narra la historia (en tres partes) de las experiencias que la familia de mi hermano y yo hemos tenido al esforzarnos por incorporar todas las diferentes estrategias y conceptos establecidos en los capítulos anteriores de este libro. Como verás, no necesitas ninguna experiencia o conocimiento previo para comenzar. Nosotros, de verdad, no los teníamos. Y sin embargo, los resultados generales han sido increíbles.

UN EJEMPLO DE LA VIDA REAL

PRIMERA PARTE – NUESTRO COMIENZO: *LLEVAR A CABO LOS PRINCIPIOS DE LA COSECHA DE AGUA*

Justo después de que mi hermano Rodd y yo compramos nuestra desvencijada casa con orientación este-oeste en 1994, las lluvias de verano cayeron del cielo. Abrí la puerta principal, se le zafaron las bisagras y se desplomó sobre un piso mojado. Con preocupación recorrí el espacio, observando todas las goteras del techo; luego, fui a sentarme en el inodoro (el único asiento en la casa vacía) para ordenar mis pensamientos. Tan pronto me senté, me caí a través del piso de madera podrida junto con el inodoro. Sorprendido, pero no lastimado, miré a mi alrededor desde mi nueva ubicación y vi todas las tuberías de agua oxidadas debajo del piso. Fue entonces cuando me di cuenta de que iba a tener que leer muchas más guías prácticas de "hágalo usted mismo" de lo que originalmente había supuesto. Haciendo memoria, me hubiera encantado tener en aquel entonces el libro que estás leyendo ahora.

Rodd y yo compramos esta casa juntos porque ninguno de los dos podía pagar una casa propia. Nuestra única opción financiera eran las propiedades severamente deterioradas, pero esta era perfecta porque había bastante potencial para mejorar las cosas y adquirir nuevas habilidades. Ambos habíamos asistido recientemente a un curso de permacultura en el que aprendimos todo tipo de conceptos de diseño y vida sostenible que estábamos ansiosos por poner en práctica. Aunque nos faltaba experiencia y conocimientos prácticos, la casa y el patio pronto se convirtieron en nuestro laboratorio, terreno de juego y escuela vocacional, donde nosotros mismos hicimos el 90 % del trabajo, aprendiendo y ahorrando dinero durante todo el proceso.

Nuestro primer paso fue hacer un inventario de lo que ocurría en el sitio para determinar, con base en eso, lo que era necesario hacer: *una observación larga y reflexiva.* Rodd y yo tomamos nota de dónde se encharcaba la escorrentía contra el exterior de la casa y dónde había daños severos causados por termitas. También vimos cómo la mayor parte de la lluvia que caía en nuestro sitio arrastraba consigo la escasa capa de tierra fértil del suelo al escurrir hacia la calle. Al

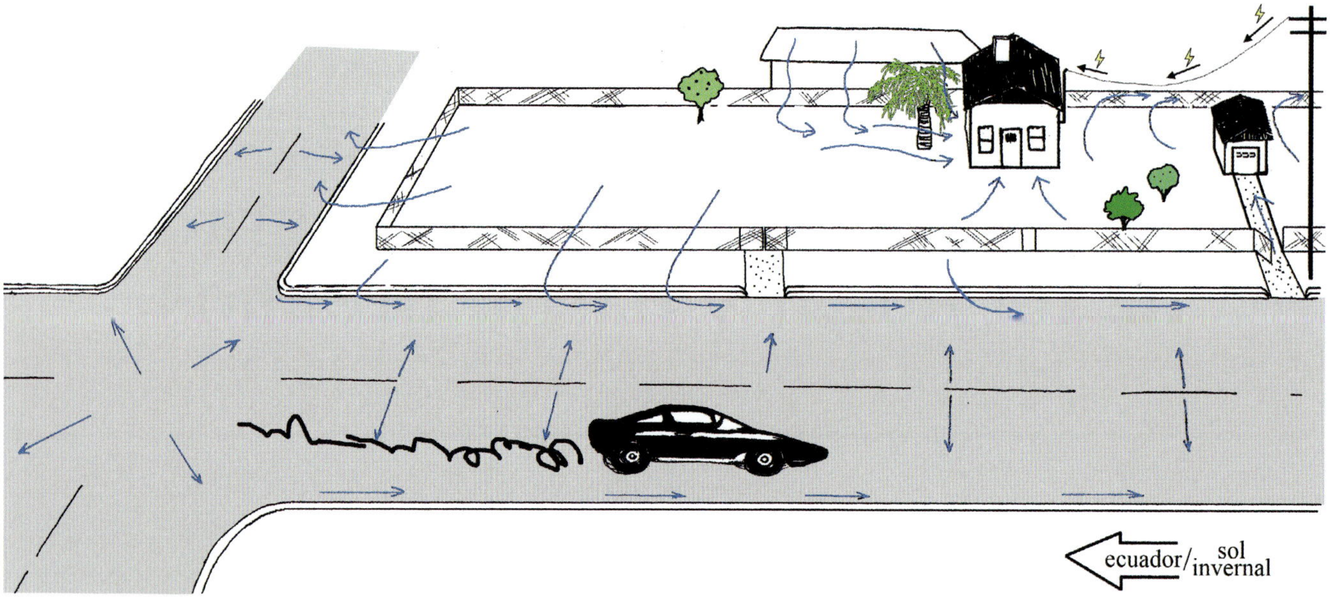

Fig. 5.1A Nuestro sitio cuando lo compramos en 1994. La mayor parte de la lluvia se drena hacia afuera del sitio. La escorrentía fluye contra la casa, hacia la calle o a través del garaje. Todas las aguas grises se van a la alcantarilla. La palmera bloquea el acceso solar de invierno para la casa. La calle y vía peatonal, expuestas y nada acogedoras, se calientan como un horno solar la mayor parte del año.

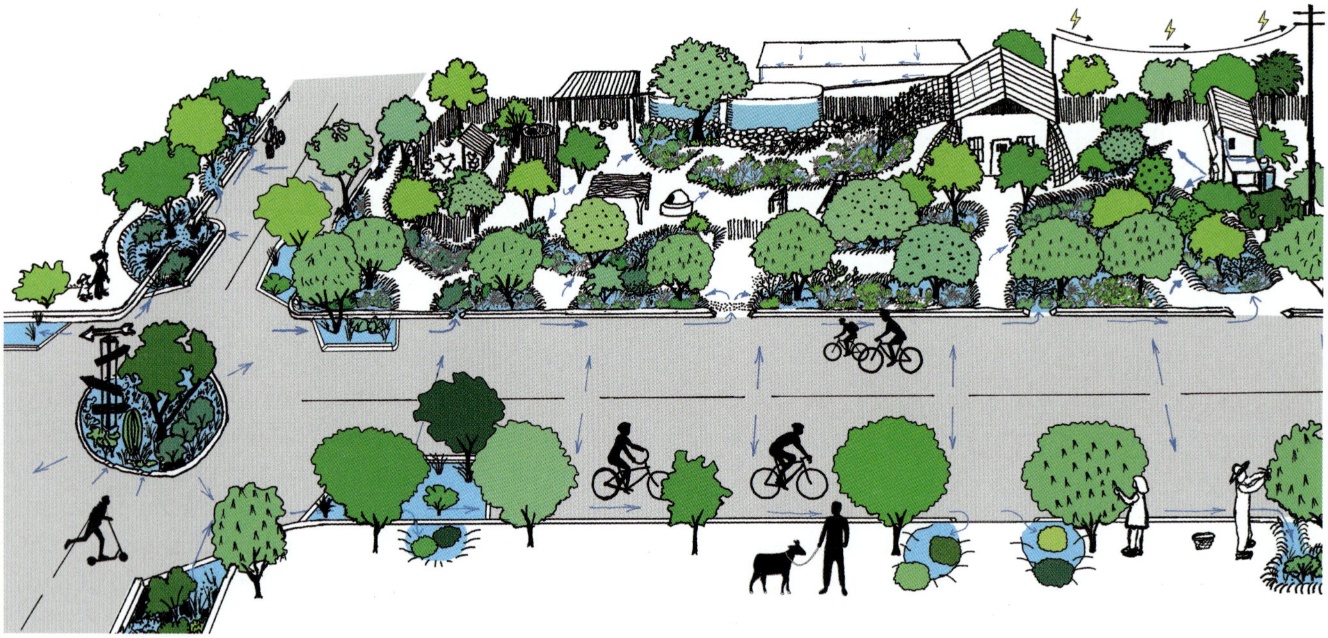

Fig. 5.1B Nuestro terreno en 2025. Nada de lluvia abandona el terreno. La escorrentía del sitio se infiltra en el suelo antes de que pueda llegar a la casa o al garaje, y el agua ya no drena hacia los edificios. La escorrentía de la calle se dirige a cuencas y árboles a lo largo de la acera. Todas las aguas grises se dirigen hacia el paisaje y se reciclan dentro de él. El acceso solar de invierno se recuperó después de quitar la palmera. Se instalaron paneles solares en el techo, una secadora solar de ropa (tendedero) a lo largo de la cerca y un horno solar y un calentador solar de agua en el suelo al sur del enrejado que está de cara al sur. (El calentador solar de agua se instaló en el suelo porque el techo viejo no podía soportar su peso). Junto con nuestros vecinos salimos a las calles. En el derecho de vía público sembramos más árboles nativos productores de alimentos. Se hicieron cortes de guarnición en el borde de la acera para dirigir la escorrentía de la calle hacia las cuencas de los árboles. Se instalaron glorietas y salientes para reducir el tráfico, cosechar agua y cultivar sombra. Todas las estrategias crean comunidad a medida que mejoramos y disfrutamos de nuestra comunidad juntos.

mismo tiempo, la escorrentía de la calle fluía hacia nuestra entrada para autos, pasaba a través del garaje para un solo automóvil y salía por la puerta lateral para inundar las propiedades de los vecinos. Sin embargo, la mayor parte del año nuestra propiedad y las calles adyacentes estaban muy calientes, secas, polvorientas y expuestas. En un plano que trazamos de la propiedad, mapeamos estas observaciones y otras: el ruido, los faros de los autos y la contaminación provenientes del tráfico a gran velocidad que circulaba por la calle; dónde queríamos privacidad; dónde necesitábamos sombra; y dónde necesitábamos mejorar la exposición solar para las ventanas orientadas al ecuador/sur, etc.

A medida que pasamos más tiempo en el terreno añadimos más observaciones y al día de hoy seguimos agregando detalles que notamos. Pasamos muchas horas imaginando cómo podíamos mejorar el sitio convirtiendo en recursos sus desafíos, tales como las inundaciones, su sobreexposición al sol y la ubicación en una concurrida intersección, mediante el cultivo de sombra y alimentos utilizando las aguas de inundación, aprovechando el poder del sol y trabajando con nuestros vecinos para crear un proyecto de demostración de alta visibilidad que mejorara nuestra comunidad (ver las figuras 5.1A y B, "antes" y "después").

Rodd y yo *comenzamos en la parte superior de nuestra cuenca*: el techo (desafortunadamente) poroso. Quitamos el deteriorado techo de asfalto y lo llevamos al basurero; no caímos en la cuenta de que se podía reciclar. Luego ampliamos el área del techo instalándole una extensión al alero, calculando su longitud a ojo de buen cubero para que pudiera generar más sombra en verano, pero también permitir la entrada del calor y la luz del sol invernal gratuitos por las ventanas orientadas al sur. Los resultados fueron bastante buenos, pero para nada perfectos, ya que nos faltaban las herramientas que se presentan en el capítulo 4 para calcular el tamaño correcto de los aleros. Cuando determinamos la longitud del alero, también se nos olvidó incluir el ancho de la canaleta que íbamos a instalar. Con la canaleta ya instalada, el sol de invierno se sombrea un poco más de lo ideal. Pero hicimos una excelente elección de material para el techo. Instalamos techos de acero galvanizado calibre 26 que deben durarnos el resto de nuestras vidas. Es un material muy durable, fácil de instalar, estructuralmente fuerte y, sobre todo, el agua que derrama no es tóxica, lo que permite darle más usos a la escorrentía de lluvia de alta calidad.

Ya que habíamos arreglado el techo, empezamos a anhelar las tormentas en lugar de temerles. Y queríamos saber cuánta lluvia podíamos cosechar. Nuestros cálculos nos sorprendieron. Calculamos que con una tasa media anual de precipitación de 282 mm (11.12 pulgadas), la cantidad de lluvia que cae en la cuenca de nuestro sitio en un año promedio ¡es de más de 362 500 litros (95 800 galones)! Esta cifra anual es la suma de lo siguiente:

•más de 22 700 litros (6000 galones) de lluvia que se escurren de nuestro techo de 92 m^2 (990 ft^2);

•132 400 litros adicionales (35 000 galones) que caen sobre nuestro patio de 40 x 14 m (132 x 46 pies);

•102 200 litros (27 000 galones) que caen en el derecho de vía público que tiene 6.1 m (20 pies) de ancho y se ubica justo del otro lado de la cerca de nuestra propiedad, por los lados sur y este de nuestro lote en esquina;

•98 400 litros (26 000 galones) cosechados de las calles adyacentes;

•6800 litros (1800 galones) de escorrentía de una sección de 25.1 m^2 (270 ft^2) del techo de nuestro vecino que drena hacia nuestro patio.

"¡Es increíble!", pensamos. Nos pusimos a trabajar para tratar de captar y utilizar el agua de lluvia lo más cerca posible de los lugares donde necesitábamos plantas y el agua para regarlas (ver el recuadro 5.1). Sin embargo, pasaría otro año antes de encontrarme con los cálculos sencillos (se muestran en el apéndice 4) que me permitieron determinar qué tanto de los "gastos" de agua de nuestras plantas podrían satisfacerse con nuestros "ingresos" de agua de lluvia de 362 500 litros (ver recuadro 5.2).

Comenzamos a utilizar la precipitación que recibíamos cavando a mano obras de tierra simples

Recuadro 5.1. Priorizar la cosecha local de agua sobre las costosas importaciones de agua suministrada por los servicios públicos

Rodd y yo nos comprometimos con un simple pero poderoso cambio que sería el principal impulsor del diseño de nuestros paisajes y jardines, ampliando radicalmente su potencial sostenible:

A diferencia de la tendencia en los Estados Unidos donde entre el 30 y el 70 % del agua potable consumida en un hogar unifamiliar típico es la fuente *primaria* de agua para el riego de jardines,[1] nosotros no usaríamos agua potable del servicio público municipal (ni de un pozo) como nuestra fuente única, primaria o incluso secundaria de agua de riego.

En su lugar, usaríamos:

- agua de lluvia y escorrentía de las calles como nuestras fuentes ***primarias*** de agua para riego,
- aguas grises como nuestra fuente ***secundaria*** de riego, y
- agua potable solo como fuente de riego de respaldo ***suplementaria*** reservada para usarse estrictamente cuando las fuentes primarias y secundarias se sequen.

Hacer este compromiso significaba que diseñaríamos toda nuestra siembra en torno a la disponibilidad de agua de lluvia y de aguas grises en lugar de agua potable entubada. Por tanto, colocamos todas nuestras plantas en asociación con obras de tierra para la cosecha de agua y de acolchado, en lugar de ponerlas sobre montículos que drenan agua y tierra o sobre la tierra plana y desnuda. Colocamos las plantas nativas de bajo uso de agua en áreas que solo reciben agua de lluvia. A las plantas de alto consumo de agua las ubicamos dentro de las cuencas cosechadoras de agua, o a un lado de ellas, donde reciben lluvia, escorrentía de aguas pluviales y/o aguas grises. Los árboles frutales exóticos susceptibles a la sequía se colocaron exclusivamente junto a la casa, donde podían aprovechar el flujo de aguas grises que durante todo el año generamos nosotros, los "comedores de frutas" del hogar.

en los puntos altos de nuestro patio y en aquellos puntos donde la escorrentía concentrada de las aguas pluviales del techo y de los bordes de la calle entraba en nuestro jardín. Con esto combinamos los

Recuadro 5.2. Balancear los gastos de agua (riego) con los ingresos de agua en el sitio (lluvia)

Partiendo de nuestra larga y reflexiva observación, calculamos que los 362 500 litros (95 800 galones) de agua de lluvia que en promedio caen cada año en nuestro terreno –más el flujo de aguas pluviales disponibles–, serían suficientes para satisfacer la demanda de riego anual promedio de aproximadamente 30 árboles nativos de bajo uso de agua, 10 árboles frutales exóticos de alto consumo de agua o un huerto que mide aproximadamente 138 m^2 (1500 pies cuadrados) (consulta el apéndice 4 para ver las listas de árboles y los cálculos exactos de las necesidades de agua). Optamos por una mezcla de plantas que se ajustan al presupuesto de los ingresos de agua en nuestro terreno, a la par que reducimos nuestros gastos generales de agua mediante el uso de acolchado, sombra de la tarde, barreras cortavientos y fuentes de aguas grises en el sitio.

principios de empezar *en el punto más alto* y *comenzar con acciones pequeñas y sencillas*; así resolvimos la mayor parte de nuestros problemas de inundación. Con una berma redirigimos la escorrentía de la calle para que no llegara al garaje y la concentramos en una gran cuenca lineal situada a lo largo de nuestro lindero. Aquí plantamos árboles que forman una cortina rompeviento y que de manera natural bombeaban agua de las crecidas hasta sus doseles productores de alimentos mientras dan sombra sobre el sendero público. Otra berma impidió que la escorrentía de la mitad sur y más alta de nuestro lote drenara pendiente abajo hacia nuestra casa ubicada en la mitad inferior norte. Esto proporcionó más agua para un naranjo que estaba en la mitad más alta de nuestro lote y para nuestro futuro huerto. Renivelamos el área alrededor de la casa y del garaje para asegurar que hubiera un drenaje positivo de la escorrentía del techo alejado de los edificios. Colocamos cuencas para la cosecha de agua a una distancia mínima de 3 m (10 pies) de las estructuras para evitar el riesgo de saturar el suelo debajo y cerca de nuestras paredes; luego las sembramos y acolchamos. El agua de sobreflujo se dirigía desde las cuencas superiores hacia las cuencas inferiores en largos patrones zigzagueantes para *utilizar el sobreflujo como recurso* y para *esparcir e infiltrar* todavía más el agua.

Al poco tiempo, una gran tormenta puso a prueba nuestras primeras obras de tierra. Ya no se encharcó la escorrentía contra los muros de la casa, todas las cuencas se llenaron rápidamente y se desbordaron unas en otras de forma segura hasta que el último desbordamiento fluyó a la calle. ¡Funcionó! Pero nos disgustó perder el sobreflujo que fue a dar a la calle. Entonces, Rodd y yo cavamos nuestras cuencas más profundas y más anchas para ampliar su capacidad de cosecha de agua. Y mi consejo es el siguiente: Si te preguntas si tus obras de tierra son lo suficientemente profundas y anchas, siempre es mejor equivocarte por un exceso de capacidad de cosecha de agua (consulta en el volumen 2 las reglas generales y cálculos para determinar tamaños).

La cosecha se volvió todavía más divertida y dinámica a medida que nos desafiamos a nosotros mismos a considerar todos los materiales en nuestro terreno como recursos potenciales para cosechar y utilizar. Por ejemplo, el suelo que cavamos para hacer las cuencas lo usamos para formar nuestras bermas, senderos elevados cosechadores de agua colocados respecto a las curvas de nivel y áreas de reunión elevadas que drenan agua hacia los sembradíos adyacentes. Centramos las obras de tierra y el agua en lugares donde queríamos *multifuncionalidad* y *maximizar la cobertura de tierra viva* con vegetación multiusos. Estas áreas incluían obras de tierra en los lados este, norte y oeste de nuestra casa para sostener un arco solar hecho de árboles que dan sombra refrescante; a lo largo del lindero donde formaron un hermoso cerco vivo de plantas nativas y un hábitat para la vida silvestre; y alrededor de un árbol cítrico que ya estaba en la propiedad y que formaría parte de una trampa de sol y sombra para sombrear el futuro huerto orgánico por las tardes.

Instalamos un huerto de 18.6 m^2 (200 pies cuadrados) hecho con cuencas hundidas y acolchadas justo al sur de nuestra casa, donde las hortalizas de poca altura permitirían que el sol de invierno entrara por las ventanas orientadas al ecuador/sur. Primero tuvimos que quitar una palmera que estaba bloqueando el paso del sol de invierno por las ventanas. Cortamos el árbol, lo trituramos y pusimos el acolchado resultante dentro de nuestras cuencas. Ya que quitamos la palma tuvimos una exposición al sol invernal ideal para la jardinería de invierno y de temporada fresca (la temporada de cultivo más productiva y menos consumidora de agua en Tucson), la calefacción solar pasiva de nuestro hogar, el calentamiento solar de agua y el potencial de poner en el futuro paneles solares en nuestro techo para generar nuestra propia electricidad.

Entre el jardín y la casa construimos una estructura de enrejado de trama ancha. Cultivamos enredaderas caducifolias de invierno en el enrejado para crear una sombra densa en el verano. Estas mismas enredaderas mueren en invierno, y entonces quitamos la biomasa que está sobre el suelo y la hacemos acolchado para que el sol de invierno de ángulo bajo pueda proporcionar calor y luz a nuestra casa. Los árboles y una enramada proyectan más sombra de verano; la enramada está colocada lo suficientemente al sur de la casa y del huerto para poder mantener la ganancia solar beneficiosa del invierno en y cerca de la casa (gracias a que usamos nuestra proporción de sombras de solsticio de invierno del recuadro 4.9 que aparece en el capítulo 4).

Después de haber ampliado y retenido nuestro acceso de sol invernal, la principal fuente de calor invernal de nuestra casa orientada al este-oeste es el sol que entra a través de las ventanas con cara al sur/ecuador. El sol también ayuda a cultivar abundantes hortalizas de hoja verde de invierno, calienta nuestro horno solar y el calentador solar de agua (nuestra única fuente de agua caliente) y, con la instalación de paneles solares, es nuestra principal fuente de electricidad. Nuestras principales fuentes de enfriamiento son el alero extendido del techo, el arco solar de vegetación de sombra y estrategias pasivas como la ventilación nocturna a través de ventanas operables y puertas con malla mosquitera. Ya no recibimos facturas por el servicio de electricidad y nuestras facturas de gas y agua son por poco más de los cargos de servicio, ya que nuestro consumo es insignificante (ver la figura 5.2).

Junto con el sol y el agua, también cosechamos la fuerza gratuita de la gravedad. En el pasado, el agua se vertía de nuestro techo y del techo de nuestro vecino, encharcándose en un punto bajo entre nuestras casas

Fig. 5.2. El lado de nuestra casa cara al ecuador/sol invernal al mediodía durante el solsticio de invierno de 2012. Los paneles solares (en el techo), el calentador solar de agua (en el suelo a la derecha de la casa), el horno solar casero (frente al calentador de agua) y el huerto de invierno se colocaron dentro de la misma envoltura solar que mantiene el acceso abierto al sol de invierno para las ventanas orientadas al sur/ecuador. Donde no se necesita mantener la exposición solar en invierno, sombreamos el sitio con árboles. Observa cómo la canaleta extiende el alero y proyecta más sombra de invierno en las ventanas de lo que pretendíamos.

(separadas por solo 1 metro [3 pies] de distancia) donde la humedad acumulada estaba deteriorando nuestras paredes. Solucionamos esto con nuestras nuevas obras de tierra y utilizando la elevación de cada techo para nuestra ventaja. Con el permiso de nuestro vecino, pusimos canaletas en su techo, inclinándolas para redirigir su escorrentía desde el punto bajo entre las edificaciones hacia un árbol cítrico ubicado en el punto alto de nuestro patio. El agua que solía terminar lejos del árbol ahora drena pasivamente hacia él.

También pusimos canaletas en nuestro techo, dirigiendo la escorrentía hacia un tanque situado junto a ese mismo árbol cítrico. Dado que pusimos el tanque en el punto alto del patio, podemos usar la gravedad para mover el agua de la canaleta del techo al tanque y del tanque al jardín, o a cualquier otro lugar en la propiedad. ¡No se necesitan bombas costosas! Para aumentar aún más el rendimiento del tanque, construimos una plataforma de tierra de 30 cm (1 pie) de altura para colocar el tanque. Cuanto más alto esté el tanque, mayor será la presión de agua alimentada por gravedad que sale del mismo. (Por cada metro de elevación en el nivel del agua dentro del tanque por encima del destino del agua ganamos 9.7 kilopascales de presión de agua alimentada por gravedad [por cada pie ganamos 0.43 libras por pulgada cuadrada de presión]).

No hace falta decir que la presión de la gravedad se reduce cuando el nivel del agua dentro del tanque es bajo. Por tanto, mantenemos un flujo de agua óptimo en nuestro sistema evitando las mangueras o tuberías de diámetro excesivamente estrecho, las mangueras largas o las válvulas constrictivas ya que producen una fricción interna que reduce el flujo de agua. Poner el tanque (o la válvula o grifo extendido que se conecta al tanque) justo al lado del huerto nos permite usar mangueras cortas, con una longitud de unos 7.6 m (25 pies) y solo utilizamos válvulas de bola no restrictivas. El resultado es un flujo del tanque que es rápido, constante y se alimenta por la gravedad, siempre gratuito, práctico y disfrutable. (Ver la figura 5.3 y consultar el blog "Garden Hose Dangers and

Fig. 5.3. Huerto de invierno tardío cultivado solamente con lluvia y escorrentía del techo cosechada en un tanque de 4920 litros (1300 galones) en 2005.

Recommendations" [Peligros y recomendaciones sobre mangueras de jardín] en mi sitio web para ver recomendaciones y fuentes de mangueras, tuberías y válvulas).

Nuestro tanque original tiene una capacidad de 4920 litros (1300 galones). Seleccionamos este tamaño después de calcular la escorrentía anual promedio del techo, evaluar nuestras necesidades de agua y determinar los recursos que queríamos destinar al sistema. Sabíamos que no teníamos suficiente escorrentía para satisfacer tanto las necesidades de agua doméstica como las del huerto y del jardín, por lo que redujimos la demanda de agua y aumentamos el suministro mediante la implementación de estrategias de conservación: instalamos un baño seco y un sistema de aguas grises para reutilizar el agua del drenaje en el jardín (ver las figuras 5.4 a 5.7 y el capítulo sobre aguas grises en *Rainwater Harvesting for Drylands and Beyond, Volume 2*) y sustituimos algunas muy sedientas plantas exóticas por nativas tolerantes a la sequía. Esto ayudó, pero seguíamos sin tener suficiente escorrentía del techo para satisfacer todas nuestras necesidades de agua. Así que decidimos usar el agua del techo solo para riego como parte de un nuevo sistema experimental de tanques. Como queríamos que el tanque no fuera muy caro y que tuviera una capacidad menor a los 5700 litros (1500 galones), decidimos elegir un tamaño de tanque para capturar solo la escorrentía de la sección de 60.4 m^2 (650 pies cuadrados) del techo que se inclinaba hacia el jardín, en lugar de la escorrentía de todo el techo. Con esa sección del techo queríamos poder almacenar al menos toda la escorrentía de un evento de lluvia de 76 mm (3 pulgadas) (o dos tormentas de verano de 38 mm [1.5 pulgadas] que cayeran en el lapso de una semana o semana y media). Usando esta información, calculamos que necesitábamos un tanque de 4920 litros (1300 galones) (ver este cálculo en la ecuación 6 en el apéndice 3).

Sabiendo el tamaño del tanque que necesitábamos, la siguiente pregunta era qué tipo de tanque queríamos usar. Los tanques prefabricados disponibles localmente incluían tanques sépticos de metal, plástico, fibra de vidrio o prefabricados. También teníamos la opción de hacer nuestro propio tanque de ferrocemento o de acero galvanizado. (Para obtener más información sobre opciones de tanques, busca "Water Tanks/Cisterns" [Tanques de agua/cisternas]

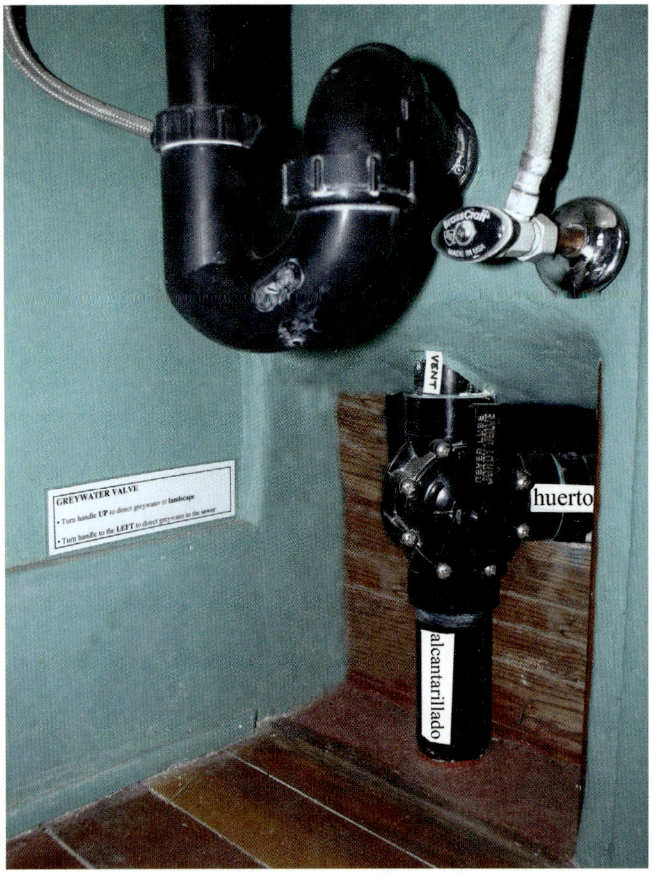

Fig. 5.4. La válvula de desvío de tres vías bajo el fregadero ofrece la cómoda opción de enviar las aguas grises al huerto o al alcantarillado dependiendo de lo que se vaya por el desagüe. Revisa la figura 3.12B.

Fig. 5.5. Desagües de aguas grises (marcados con el destino: olivo + granada, naranjo, higo o zapote blanco) convenientemente situados junto a la lavadora. La manguera de desagüe de la lavadora se coloca en una tubería diferente con cada carga de ropa.

Nota: Incluir un tubo marcado de desagüe adicional que vaya a la alcantarilla (se tapa cuando no esté en uso) como una opción para los hogares que ocasionalmente utilizan detergentes no biocompatibles o que tienen suelos que se saturan o congelan durante algunas estaciones del año.

en HarvestingRainwater.com). Optamos por un tanque séptico prefabricado por las siguientes razones:

1. En cuanto a tanques prefabricados disponibles localmente, esta era nuestra opción más barata para el volumen, las dimensiones y el material que necesitábamos.

2. El tanque séptico de 1.5 m (5 pies) de alto, 3 m (10 pies) de largo y 1.2 m (4 pies) de ancho tenía las dimensiones adecuadas para nuestro espacio. Para asegurarnos de que la entrada del tanque estuviera más abajo que el borde del techo, el tanque no podía tener más de 2 m (6.5 pies) de altura para caber sobre la base que le construimos. Las dimensiones de este tanque séptico cabían dentro de esos límites de altura y nos permitieron mantener un flujo de entrada al tanque directo, gratuito y alimentado por gravedad.

3. Queríamos usar el tanque como parte de nuestra cerca de colindancia al oeste, de la malla de privacidad y de la pantalla de sombra ubicada también al oeste. La longitud de 3 m (10 pies) del tanque funcionó bien para estos usos (ver las figuras 4.16A, B, C y 5.3).

4. El concreto es relativamente resistente al fuego por lo que el tanque podría actuar como un cortafuego en caso de que hubiera un incendio en la propiedad del vecino del lado oeste, y el agua en el tanque podría ayudar a combatir el fuego. (En Estados Unidos, muchas compañías de seguros ofrecen descuentos en seguros contra incendios a propietarios que tienen un tanque para protección contra incendios con una válvula del tamaño adecuado para las mangueras de incendios estándar del departamento local de bomberos).

5. Queríamos jugar con la idea de utilizar un tanque séptico de fabricación local para almacenar agua con el fin de conocer sus ventajas y desventajas, así como para ayudar a que los fabricantes locales tuvieran una mayor conciencia sobre la cosecha de agua y la promovieran. Pensamos que podría ser un sistema viable, listo para usarse y que potencialmente pudiéramos instalar para futuros clientes.

Fig. 5.6. La salida del desagüe de aguas grises se vacía en una cuenca de infiltración acolchada y vegetada que también cosecha agua de lluvia y escorrentía. El tubo de salida descarga a 7.6 cm (3 pulgadas) por encima de la superficie del acolchado para evitar que las raíces crezcan hacia adentro del tubo y lo obstruyan. Las aguas grises se infiltran inmediatamente a través del acolchado hasta el suelo que está debajo. Las aguas grises se dispersan a múltiples cuencas lo que evita que todo el flujo vaya a una sola, mejorando bastante más la infiltración. Las cuencas están dimensionadas para contener e infiltrar la descarga pico de aguas grises que potencialmente podrían ser drenadas en un período corto. (Para obtener más información y variaciones adicionales, consulta el capítulo sobre aguas grises del volumen 2).

El tanque séptico fue hecho a la medida para su uso como tanque para agua. Queríamos solo materiales de construcción no tóxicos, así que evitamos el concreto con agregados volátiles, que podría contener metales pesados tóxicos. Se reforzó el concreto con acero para permitir su instalación sobre el suelo (más detalles en el volumen 3). El costo en 1996 fue de USD 600, que incluía entrega y colocación.

En 2009 pusimos un segundo tanque séptico para almacenar agua (idéntico al primero, con las mismas dimensiones), junto al tanque original a lo largo del lindero y conectamos los dos con tubería. Luego dirigimos más flujo hacia los tanques añadiendo la escorrentía del techo con canaletas de una enramada contigua de 11 m^2 (120 pies cuadrados). Esta vez el costo del tanque fue de USD 1200 y bien valió la pena. El almacenamiento adicional de agua ha extendido nuestra temporada de cultivo durante las sequías y añade capacidad de control de inundaciones en los años húmedos. Lección aprendida: diseña los puntos de sobreflujo, elevaciones y ubicaciones del sistema de tanques de tal forma que puedas ampliar estos sistemas más adelante en caso de ser necesario.

El sistema ampliado funciona muy bien y hoy más del 95 % de las necesidades de agua de nuestro huerto se satisfacen con agua de lluvia cosechada (figura 5.8). Además, los deliciosos frutos que da el huerto a menudo nos hacen ganar el título de "Los reyes de los convivios" cuando llevamos a las reuniones del vecindario nuestras ensaladas mixtas hechas con vegetales tradicionales regados con agua de lluvia y adornadas con flores comestibles.

Ya no siento que la familia de Rodd y yo estamos viviendo completamente fuera de equilibrio con los recursos hídricos de nuestro ambiente de zonas áridas.

Fig. 5.7A. La manguera de vinilo está adherida mediante succión con una ventosa a la parte inferior de la bañera y corre a través del marco de la ventana para llevar las aguas grises al jardín, lo que evita tener que usar la tubería inaccesible de desagüe de la bañera. Ten en cuenta que este tipo de sistema no es muy cómodo, pues debes salir y bombear para iniciar la transferencia de agua (consulta la figura 5.7B), aunque es útil para poder aprovechar las aguas grises que de otra manera serían inaccesibles. Para un sistema más cómodo, busca "Hand-Pump & Siphon Greywater System" (sistema de bomba manual de transferencia para aguas grises) en HarvestingRainwater.com

Fig. 5.7B. La bomba manual de transferencia (a la venta en tiendas de autopartes) saca las aguas grises de la bañera a través del tubo de vinilo. Una vez que el agua fluye, la bomba se retira, la manguera se coloca al lado de la higuera y el efecto sifón continúa jalando el agua. Compra una manguera con el diámetro correcto par a que le quede a la bomba (consulta el volumen 2 para ver otras variaciones).

En lugar de obtener toda nuestra agua de forma degenerativa de las aguas subterráneas sobreexplotadas y del agua del río Colorado importada de cuencas hidrográficas distantes, cada vez más vivimos con nuestro presupuesto de agua de lluvia y los límites naturales de nuestro entorno local.

En nuestro paisaje generativo, el agua de lluvia se ha convertido en la fuente primaria de agua, las aguas grises en nuestra fuente secundaria y el agua municipal se utiliza estrictamente y con poca frecuencia como una fuente suplementaria para la vegetación multiusos. La mayor parte de nuestro paisaje compuesto por plantas nativas establecidas es ahora regenerativo: subsiste y se extiende solamente con agua de lluvia. Cuanto más avanzamos, más fácil y divertido se vuelve el proceso, ya que con creatividad obtenemos cada vez más de nuestro sitio mientras que retribuimos más de lo que recibimos. Con ese afán, instalamos duchas al aire libre que dan la opción de bañarse con agua de lluvia o con agua de la ciudad. Todas las aguas grises de la ducha van directamente a la vegetación que forma las "paredes" que rodean las duchas. (Ver figura 5.9).

Colaborando con nuestros vecinos, establecimos en nuestro patio trasero una "lavandería" de una sola máquina alimentada por energía solar, utilizada hasta por siete hogares vecinos. Cosechamos tanto las aguas grises de la lavandería como la fruta de los árboles que se riegan con estas. Hemos reducido los paisajes duros e impermeables reemplazando nuestra entrada para autos hecha de asfalto con abundantes plantas colocadas dentro de cuencas de infiltración. Trabajamos con el gobierno local para eliminar el 26 % del pavimento en el centro de la intersección adyacente a nuestra propiedad y reemplazarlo con

Fig. 5.8. Alimentos cultivados y procesados en el sitio y regados con agua de lluvia.

una glorieta sembrada con plantas nativas que calma el tráfico y cosecha agua. Cortamos aberturas en los bordes de las aceras para poder dirigir la escorrentía de la calle hacia las cuencas acolchadas que pusimos de lado de la calle en las que crece un cinturón verde de árboles que dan sombra y se riegan con esta escorrentía. (Ver las figuras que aparecen en el capítulo "Reducing Hardscape, Harvesting Its Runoff and Creating Permeable Paving" [Reducir el paisaje duro, cosechar su escorrentía y crear pavimentación permeable] del volumen 2). El paisaje regado con la escorrentía de la calle está creciendo rápidamente y produce en abundancia. Ahora están surgiendo paisajes similares de cosecha de agua en los patios de nuestros vecinos y a lo largo de sus secciones de la calle. En nuestra comunidad, lo que está disminuyendo constantemente no es el manto freático, sino el calentamiento en el verano, el uso de energía

Fig. 5.9. Ducha exterior con "paredes" hechas de materiales recuperados y vegetación. La vegetación de alrededor, que sirve de refugio y hábitat para las gallinas, se riega libremente con las aguas grises de la ducha a través de un sistema de desagüe ramificado alimentado por gravedad que distribuye el agua de drenaje a múltiples cuencas con acolchado dentro del corral de gallinas contiguo (para más detalles, ver el volumen 2).

de los servicios públicos y el costo de vida. El valor de esto fue reconocido cuando ganamos los premios "Primer Lugar – *Homeowner Landscape Under 10 000* (Jardín residencial de menos de USD 10 000)", "Mejor Cosecha de Agua" y "Arte en Paisajismo J.D. DiMeglio" en el concurso de paisaje xerófilo del Departamento de Recursos Hídricos de Arizona /Parque Tohono Chul de 2005.

Siempre estamos buscando mejorar el rendimiento, la comodidad y el disfrute de nuestro sistema. *Reevaluamos continuamente lo que hemos hecho* al tiempo que nos esforzamos por implementar todos los principios, la ética y los patrones de diseño integrado para hacer que nuestro trabajo sea más eficaz. Como parte de este proceso, hemos ampliado o modificado cuencas donde ha sido necesario, hemos reemplazado o reubicado vegetación mal seleccionada o mal sembrada y hemos hecho que nuestros sistemas de tanques y aguas grises sean más simples y accesibles de usar. También estamos avanzando para lograr que el agua de lluvia sea la fuente primaria de agua *dentro* de nuestro hogar.

Con ese propósito, periódicamente hacemos pruebas del agua de nuestro tanque (es lo que recomendamos que hagan todos los que van a beber el agua de sus tanques) y gracias a que seguimos

Fig. 5.10A. ***Antes*** **de la siembra de lluvia y árboles de 1996.**
Derecho de vía público adyacente a la propiedad, con la entrada de asfalto recién retirada, 1994.

cada uno de los "Diez principios del sistema de tanques y cisternas" descritos en el capítulo 3, los resultados generalmente han mostrado que el agua es segura para beber directamente del grifo del tanque (aunque los resultados de la última prueba mostraron niveles de plomo más altos de lo que nos gustaría). Hacemos pruebas del agua de nuestro tanque inmediatamente que cae la primera lluvia después de un largo período de sequía. Nuestra expectativa es que el agua del tanque tenga la calidad más baja en ese momento porque el número máximo de contaminantes potenciales se habría acumulado en el techo entre lluvias y posiblemente habría fluido hacia adentro del tanque con la primera precipitación. Para estar más seguros aún,

Fig. 5.10B. ***Después*** **de la siembra de lluvia y árboles.**
Sendero arbolado que revivió el otrora estéril derecho de vía, 2006.
La flecha azul muestra el flujo de la escorrentía de la calle.

Fig. 5.11A. Chi Lancaster sosteniendo el filtro de agua hecho de cerámica de Potters for Peace que solíamos usar. El filtro cabe dentro de la parte superior del cubo y el agua filtrada se acumula en la parte inferior.

Fig. 5.11B. Chi Lancaster vertiendo agua de lluvia cosechada en el filtro de carbón activado Big Berkey que ahora usamos, mientras su hijo Vaughan bebe un poco del agua de lluvia filtrada. El agua se mueve a través del filtro por la fuerza de gravedad y se acumula en el recipiente con grifo que está debajo.

utilizamos un filtro grande de agua marca Berkey, de carbón activado y que funciona por gravedad, para tratar nuestra agua de lluvia para beber y cocinar (ver el recuadro 5.3 y la figura 5.11). A nuestros huéspedes les encanta porque tiene muy buen sabor, es por esto que en la mayor parte del mundo el agua de lluvia que está naturalmente libre de sal y químicos se conoce como "agua dulce".

Crear, vivir y evolucionar estos sistemas nos ha dado la experiencia y el conocimiento de la vida real que nos faltaban cuando comenzamos y nos ha conducido a nuestras vocaciones. Rodd es ahora Supervisor de Restauración en Campo para los proyectos de restauración de cuencas hidrográficas y hábitats de vida silvestre de la Sociedad Audubon de Tucson. Basándome en las lecciones aprendidas en casa, inicié un negocio diseñando e implementando estas estrategias, luego escribí este libro y ahora viajo por el mundo enseñando los contenidos del libro y aprendiendo de otras personas que están cosechando y mejorando los recursos locales de maneras que están bien adaptadas a su entorno y cultura locales.

Cada vez más personas en todo el mundo están desarrollando sus sistemas y adquiriendo experiencias de la misma manera que Rodd y yo lo hicimos. Nos ayudamos, nos enseñamos y nos animamos unos a otros, a menudo visitándonos durante las lluvias torrenciales que tanto nos alegran para ver cómo están funcionando las cosas y ampliar las obras de tierra durante el aguacero, ¡cuando este trabajo es más divertido! El movimiento crece a medida que la práctica, los ejemplos y el conocimiento que obtenemos en cada una de nuestras microcuencas en nuestros patios traseros comienzan a desbordarse y nutrir a las comunidades y cuencas que nos rodean. Te invito a

Recuadro 5.3. Un filtro de agua simple que utiliza materiales locales para mejorar las condiciones locales

Potters for Peace (PottersForPeace.org y GoodFoundationsInternational.org) es una organización sin fines de lucro que muestra a los alfareros locales de todo el mundo cómo utilizar arcillas locales para hacer filtros de agua de cerámica simples, cocidos a menores temperaturas, de bajo costo y alimentados por gravedad. Además, están pintados con plata coloidal para filtrar la contaminación bacteriana como los *coliformes fecales* y ahorrar a los usuarios el tiempo y el combustible que de otro modo usarían para hervir agua potable. Estos filtros pueden durar toda la vida, a diferencia de los filtros desechables de un solo uso, los cartuchos de filtro desechables o el agua embotellada que generan basura y consumen dinero. También mejoran las condiciones locales —y las economías locales cuando los hacen fabricantes locales— al beneficiar la salud de las personas que los utilizan. Esto es particularmente cierto en áreas con agua de mala calidad, y donde la infraestructura de agua tiene una construcción inadecuada o ha sufrido daños temporales por tormentas, fallas, rotura de tuberías, etc.

Nota: A diferencia de los filtros de carbón activado, estos filtros de cerámica no están diseñados para filtrar solventes, pesticidas o contaminantes químicos hechos por los humanos y que se encuentran en áreas afectadas por emisiones industriales y/o agrícolas y contaminación. En esos lugares, utiliza filtros diseñados para eliminar estos contaminantes del agua y trabaja para eliminar y remediar las fuentes de contaminación que la están afectando.

Los filtros de agua de la marca Berkey de carbón activado y alimentados por gravedad son una opción cuando necesites filtrar metales pesados como el plomo.[2]

que hagas lo mismo. Empieza desde la parte más alta. Empieza con pasos pequeños. Empieza ya.

SEGUNDA PARTE – NUESTRA EVOLUCIÓN: IR MÁS ALLÁ CON LOS *PATRONES DE DISEÑO INTEGRADO*

Las cosas iban muy bien después de publicar la primera edición de este libro. El interés por la cosecha de agua estaba creciendo más que nunca. Sin embargo, mi malestar también crecía. Rodd y yo habíamos comenzado a transformar nuestra propiedad con la esperanza de probar, aprender y ayudar a crear el tipo de ambiente abundante y regenerativo –para nosotros mismos, nuestro hogar, nuestro vecindario y nuestro entorno local– que ocurre cuando todo y todos trabajan *juntos* para el mejoramiento del conjunto. Llegamos muy lejos cosechando la lluvia, pero no lo suficientemente lejos como para comprender más plenamente y asociarnos con el mayor y más integrado potencial de este Lugar. ¿Con qué otras cosas nos podríamos involucrar que también confieren el carácter único y la calidad de vida de Tucson? Pude ver que como mínimo necesitaba profundizar mi relación con el sol e integrar este elemento de manera más consciente a la cosecha de agua. En las tierras áridas, el sol aparentemente abundante es el socio natural del agua aparentemente escasa; sin embargo, en todo el mundo ambos pueden ser igualmente abundantes o escasos dependiendo de cómo interactuemos con ellos. Así que yo, un tipo de piel clara, ojos azules, propenso a quemaduras de sol y al cáncer de piel, me comprometí con el sol, aunque no estaba seguro de lo que iba a resultar de esa relación.

Durante esa misma época nuestra familia estaba creciendo. Rodd se casó con Chi y Chi dio a luz a Vaughan, mi risueño sobrino, convirtiéndonos en una familia extendida muy feliz. El nacimiento de Vaughan, y la idea de mis propios hijos aún no nacidos, nos motivaron cada vez más a vivir la vida que ayudaría a generar el mundo que queríamos para él y otros niños. Sin embargo, con la llegada de los nuevos miembros de nuestra familia, el espacio se iba reduciendo en nuestra casa compartida de $68m^2$ (740 pies cuadrados), donde además mi asistente Megan y yo también operábamos mi negocio.

Por fortuna, vendí mi camioneta en 1996 y compré una bicicleta de carga Xtracycle y desde entonces no he tenido auto. Rodd y Chi estacionan su pequeña camioneta en la calle y por lo regular andan en bicicleta con Vaughan. Así, nuestro garaje sin uso, de $18.5m^2$ (200 pies cuadrados) con capacidad para un solo auto y construido en 1962, era un potencial espacio de trabajo/habitación esperando materializarse. Inicialmente no vi ese potencial y me deprimía la idea de mover mi espacio de trabajo al garaje oscuro, sofocante y lleno de cachivaches. Sin embargo, cuando comencé a pensar en ideas sobre el espacio y cómo su transformación podría aumentar mi comprensión y capacidad de vivir en mejor equilibrio con mi familia y vecinos en este Lugar, me di cuenta de que esta era una fantástica oportunidad para aplicar todo el diseño integrado de sitio que había aprendido desde que comenzamos a hacer este trabajo. Esta sería mi oportunidad de rehacer algunas cosas y corregir errores que cometí la primera vez (*reevalúa tu sistema continuamente: el "bucle de retroalimentación"*); pero lo que realmente me motivó fue darme cuenta de que esta era mi oportunidad de entender mejor y aprovechar la relación de este planeta –y la mía propia–, con el sol.

Convertir el garaje en un espacio de trabajo/habitación implicaría muchos desafíos inesperados, como por ejemplo cómo aumentar la altura y el espacio interior del edificio, así como su ganancia solar de invierno, sin arrojar sombra a mis vecinos (figuras 5.12A y B), y darme cuenta de que una mala elección de ventanas podría eliminar la mayoría de los beneficios de calefacción pasiva que se obtienen por la orientación solar ideal y los aleros del edificio (recuadro 4.4). Pero estos desafíos generaron muchos nuevos descubrimientos y desarrollos, incluyendo los recursos y herramientas de diseño que he incorporado a la revisión de este libro a lo largo del capítulo 4 y los apéndices 5, 6, 7, 8 y 9.

Me volví a sumergir en *una observación larga y reflexiva*, así como en más investigaciones sobre temas que van desde el diseño solar-pasivo intensivo, hasta la integración de la cosecha de agua con la cosecha de sol y sombra, el diseño y construcción de casas chicas y viviendas mínimas, el Living Building Challenge, y la manera en que nuestras elecciones y acciones diarias convergen en el impacto acumulativo del nexo agua-energía-carbono (apéndice 9). Cuanto más me esforzaba, más emocionante se ponía todo.

Meses más tarde ya tenía un diseño para adaptar el garaje y convertirlo en un espacio de trabajo/habitación calentado y refrescado de manera pasiva/gratuita en un 90 %, iluminado con luz del día y abastecido con agua de lluvia cosechada (ver el recuadro 5.4). La gran mayoría de la mano de obra y materiales vinieron de nuestra comunidad, ya que unos amigos muy habilidosos nos ayudaron con el trabajo y más del 80 % de los materiales utilizados fueron rescatados de la ciudad o de nuestro propio sitio; gran parte de ellos, de hecho, estaban almacenados en el edificio. Y así es como un garaje convertido en "casa de campo" se convirtió en nuestra casa-cochera, o *garottage*.

Empezar con el sol para maximizar el calentamiento y el enfriamiento pasivo integrado

Diseñamos e implementamos la conversión del garaje para preservar y generar recursos para nosotros, nuestros vecinos y las generaciones futuras, incluida la de Vaughan. Elevamos el techo para aumentar el espacio sin incrementar la huella del edificio, preservando así la tierra para el cultivo de alimentos y sombra, irrigados con las aguas cosechadas en el lugar. El ángulo y la altura del techo fueron diseñados para aumentar nuestro acceso solar en invierno, manteniendo los derechos y acceso solares para nuestro vecino del lado norte. Esto aseguró que ellos también pudieran calentar y refrescar su hogar de manera pasiva y gratuita, sin utilizar combustibles fósiles que contaminan y consumen agua y dinero. Además, nos permite a todos *producir* energía solar renovable y sin uso de agua para nosotros y para la comunidad, y alimentar la energía excedente a la red eléctrica comunitaria a través de un sistema solar fotovoltaico instalado en los techos y conectado la red (ver el recuadro 4.10 y las figuras 5.12A y B).

La zonificación de la ciudad nos habría permitido elevar el techo del *garottage* de los 3.2 m (10 pies 7 pulgadas) originales a 7.6 m (25 pies), pero esto habría bloqueado casi todo el acceso solar de invierno por la mañana y al mediodía para las ventanas orientadas al sur/ecuador de nuestro vecino del norte. En lugar de hacer eso, conservamos la abundancia de luz, calor y electricidad solar invernal de nuestro vecino elevando el techo a solo 4.8 m (15 pies 9 pulgadas), con la altura máxima colocada tan lejos de la del vecino como pudimos. (Mira cómo hacerlo en el recuadro 4.9, *Patrón de diseño integrado número cinco, mantener el acceso al sol de invierno*, y en las figuras 4.17 a 4.20 del capítulo 4).

Usé "el método de dibujo a escala" *del Patrón de diseño integrado número dos, aleros en edificios* (ver el capítulo 4) para determinar los ángulos y largos ideales de los aleros del techo del *garottage* con cara al ecuador/sol invernal, así como las alturas y ubicaciones de las ventanas asociadas. Los resultados son una gran mejoría con respecto a mi primer intento en nuestra casa original, que hice antes de aprender el método de dibujo a escala. Ahora la relación entre ventanas, aleros del techo, canaletas y toldos retráctiles permite la entrada de todo el sol, calor y luz directos y gratuitos que deseamos durante el invierno, y maximiza la sombra refrescante en el verano (ver las figuras 5.13A a C y el recuadro 5.4).

Trabajé con un amigo para crear y colgar una escultura afuera del lado sur/ecuador del *garottage* para hacer visible durante todo el año la trayectoria del sol y las sombras del alero (ver la figura 5.14). La idea es *mostrar el flujo y la cosecha* de sol y sombra con esta escultura destacando las relaciones entre los aleros del techo y las ventanas, tal como *mostramos el flujo y la cosecha* de agua con estrategias de cosecha de agua en el nivel de la superficie. Ahora, cuando alguien nos visita y les encanta el espacio y su comodidad, si quieren entender cómo funciona todo, les enseñamos. Así observan, entienden y pueden hacer lo mismo en sus propios sitios.

Este enfriamiento y calefacción sin costo se potencian con siete estrategias integradas pasivas o gratuitas adicionales (los patrones de diseño integrados que aparecen entre paréntesis se describen en el capítulo 4):

1. *Orientar los edificios y paisajes hacia el sol (patrón de diseño integrado número uno).* El *garottage* tiene la orientación ideal hacia el sol pues las paredes largas están con cara al sur y al norte, y las paredes cortas están ubicadas al este y al oeste (ver las figuras 4.5A y B). Esto hace que todo lo que sigue sea mucho más fácil y eficiente.

Recuadro 5.4. Darle prioridad a la cosecha local de sol, sombra y viento por encima de las energías costosas procedentes de los servicios públicos

Para maximizar el potencial sostenible de nuestros edificios y reducir drásticamente sus costos de operación, Rodd, Chi y yo nos comprometimos a:

No utilizar sistemas mecánicos tales como una calefacción o aire acondicionado, o incluso una estufa de leña, como estrategias *únicas o primarias* de calefacción o enfriamiento de nuestras edificaciones (90 % de la energía consumida en un hogar típico estadounidense se usa para operarlo, no para construirlo).[3]

Más bien nos comprometimos a:

•Utilizar el sol cosechado pasivamente (de múltiples maneras beneficiosas, redundantes e integradas) como la fuente *primaria* de calefacción y utilizar la sombra y las brisas (cosechadas de múltiples maneras beneficiosas, redundantes e integradas) como las principales fuentes de enfriamiento.

•Utilizar estrategias de conservación, como poner aislamiento en las edificaciones, usar sandalias y mangas cortas (en verano) o pantuflas y suéteres (en invierno), y cocinar al aire libre (en verano) o adentro (en invierno), como fuentes *secundarias*.

•Utilizar pequeños sistemas de respaldo, como una estufa de leña, un ventilador alimentado por energía solar o un enfriador por evaporación para una habitación, solamente para proporcionar calefacción y enfriamiento *suplementarios* cuando dichas necesidades no puedan ser satisfechas por completo con las fuentes primarias y secundarias.

Al hacer este compromiso nos aseguramos de diseñar y adaptar nuestras edificaciones para aprovechar al máximo el potencial gratuito que hay en el sitio (como con el aprovechamiento del sol, sombra y brisa) con el fin de crear edificios que sean naturalmente confortables. Esto contrasta drásticamente con la práctica frecuente de ignorar este potencial gratuito y hacer que los edificios sean artificialmente confortables, con una dependencia casi total en costosos electrodomésticos y energía importada de los servicios públicos.

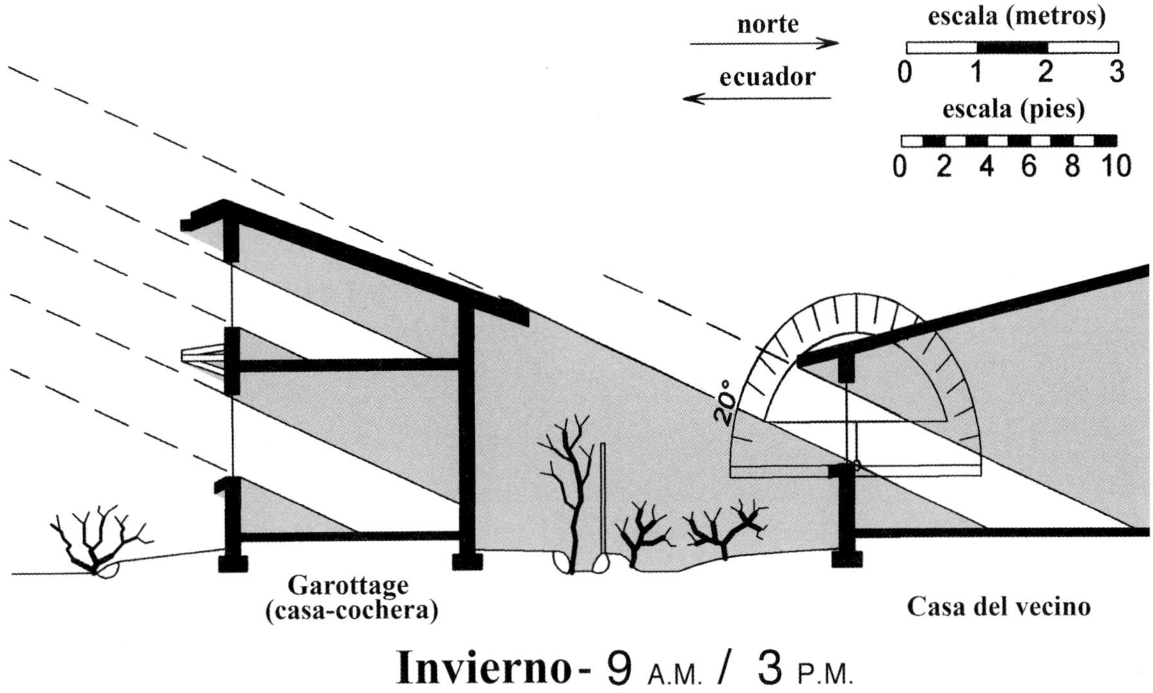

Fig. 5.12A. Derecho/acceso solar para todos. La sombra proyectada por el *garottage* en la casa del vecino a las 9 a.m. y a las 3 p.m. durante el solsticio de invierno no se extiende por encima del alféizar de la ventana del vecino, conservando el acceso fundamental del vecino al sol invernal.

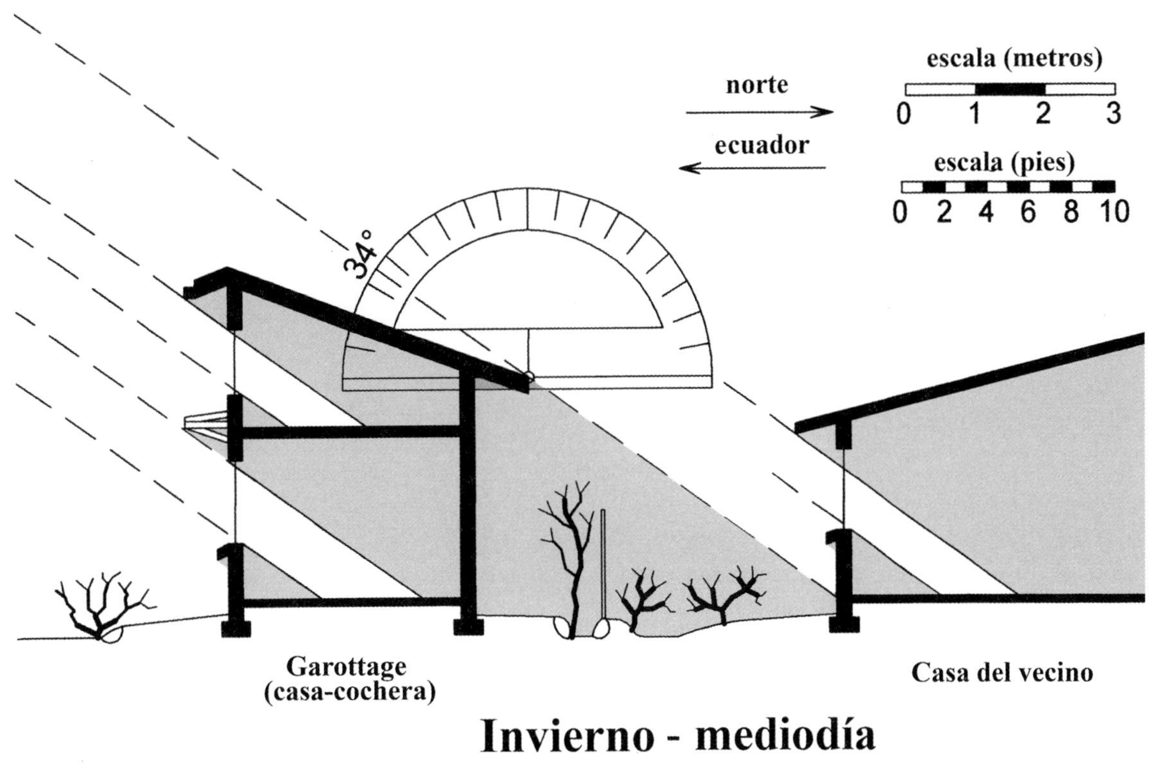

Fig. 5.12B. Sombra proyectada por el *garottage* en la casa del vecino al mediodía durante el solsticio de invierno. Observa cómo el sol está más alto y las sombras son más cortas al mediodía que en la mañana y por la tarde (figura 5.12A).

**Fig. 5.13A Mediodía durante el solsticio de *invierno*.
El acceso completo al sol invernal proporciona calor y luz gratuitos cuando más lo necesitamos.
La escultura en la figura 5.14 está junto a la ventana superior izquierda orientada al sur. La flecha denota el ángulo de los rayos del sol y la sombra resultante proyectada por el alero del techo.**

**Fig. 5.13B Mediodía durante el equinoccio de *primavera*.
La exposición directa al sol está diseñada para disminuir a medida que aumentan las temperaturas y se necesita menos ganancia solar directa.**

2. *El arco solar (patrón de diseño integrado número tres).* Mejoramos la orientación ideal este-oeste del edificio mediante la construcción de un porche profundo y cubierto en el lado este del *garottage*. Esto funge como el lado este del arco solar, que arroja sombra sobre el 90 % de las ventanas con cara al este y bloquea el sol caliente en las mañanas de verano. El techo del porche sirve como terraza y mirador para observar estrellas, un área de juego para Vaughan y sus amigos y un espacio para dormir en el verano (figura 5.15 y recuadro 5.5). Un cobertizo en forma de armario en el *exterior* de la pared del lado oeste sirve como el extremo oeste del arco solar, desviando el sol caliente de las tardes de verano con el aislamiento exterior adicional creado por el cobertizo y las cosas que hay en su interior.

El arco solar se mejora aún más con los grandes árboles de sombra nativos, caducifolios en invierno y productores de alimentos que tenemos sembrados al este y al norte del porche, y con árboles más bajos sembrados al oeste y al norte del cobertizo, todos posicionados para mantener *la exposición al sol invernal* de los vecinos ubicados al norte *(patrón de diseño integrado número cinco)*. Como resultado, nosotros tenemos sombra de verano cuando la necesitamos y nuestros vecinos del norte reciben sol de invierno cuando lo necesitan.

**Fig. 5.13C Mediodía durante el solsticio de *verano*.
La sombra completa durante el verano proporciona enfriamiento gratuito cuando más lo necesitamos.
El toldo se ha extendido durante la temporada de calor para maximizar la sombra refrescante.
Toldo de Allen Reilley y Henry Jacobson.
Ver video en SunAndShadeHarvesting.com**

3. *Trampas de sol y sombra (patrón de diseño integrado número cuatro).* Al *nor*este del porche del *garottage*, a lo largo de la cerca del norte, pusimos dos tanques de agua de lluvia de 3785 litros (1000 galones). Esto refresca el porche al sombrear el sol de las mañanas de verano que sale por el *nor*este. Estos mismos tanques mejoran la captura de calor y

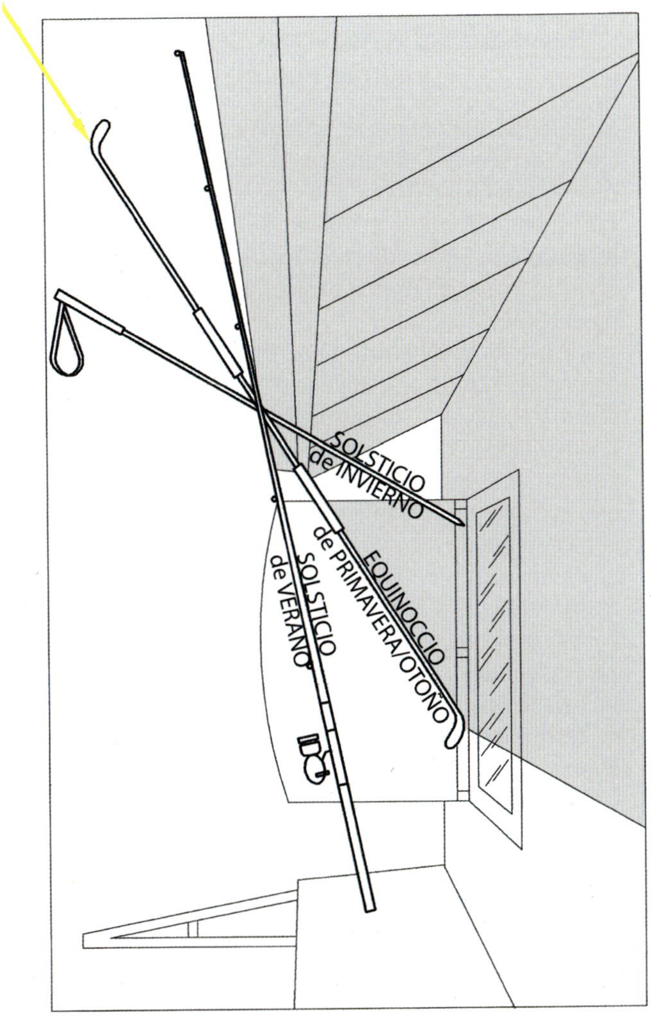

Fig. 5.14. Escultura que *muestra el flujo y la cosecha* de sol y sombra. Además, también crea una malla de privacidad justo al oeste de la ventana superior del *garottage* que da cara al ecuador, bloqueando nuestra vista del patio del vecino hacia el oeste. El equipo deportivo de temporada denota el ángulo del sol y la línea de sombra subsiguiente proyectada al mediodía por el alero y la canaleta del techo durante el solsticio de invierno (palo para esquiar), equinoccios de primavera/otoño (palo de golf) y solsticio de verano (caña para pescar). Dejamos entrar el sol cuando lo necesitamos y cuando no, lo sombreamos. La sombra mostrada se proyecta durante el equinoccio de primavera/otoño. Escultura de Allen Reilley.

Fig. 5.15. Cama en la azotea del porche del *garottage*. Noche de verano. Debido a la dramática pérdida de calor radiante durante la noche en nuestro clima seco, en el verano las temperaturas nocturnas en el techo son 5.5 °C (10 °F) más frescas que abajo del techo y 2.7 °C (5 °F) más frescas que en el suelo al descubierto. Así, la cama en la azotea del porche ofrece noches de sueño cómodas y frescas. Observa que todas las ventanas y puertas (detrás de las mallas de seguridad) se abren para fomentar la ventilación gratuita con aire fresco nocturno.

luz invernal al formar una trampa solar abierta hacia el sol matutino de invierno que sale en el *sur*este. Estos tanques también proporcionan una malla de privacidad durante todas las estaciones del año (figura 5.16).

Recuadro 5.5. El beneficio inesperado de dormir al aire libre

La idea de la cama en azotea (figura 5.15) nos la dio nuestro vecino Thomas Lewis, un adulto mayor que me contó historias de lo genial que fue crecer en nuestro vecindario antes de que hubiera aire acondicionado, y cómo no había crimen. "¿Por qué no había crimen?", pregunté. "Porque todos dormían juntos", respondió. "¡¿Qué?!". "No, así no", explicó. "En el verano todos dormíamos afuera en el aire fresco de la noche. Uno lo oía todo. Así que nadie podía cometer un crimen sin que otros se dieran cuenta". Y por supuesto, tiempo después, mientras dormía en la azotea me despertó (y pude detener) un intento de robo en un automóvil en la calle abajo de donde yo estaba.

4. *Techo fresco y no tóxico.* Utilizamos un techo metálico reflectante Galvalume de calibre 26 en la estructura principal del *garottage* y pintura elastomérica blanca Safecoat en la azotea del porche, que no solamente calificaban para un crédito fiscal por ser un techo fresco que cumple con la certificación Energy Star (recuadro 5.6), sino que también ofrecen superficies no tóxicas de las cuales se puede captar escorrentía de techo de alta calidad. Aprovechamos todavía más el enfriamiento pasivo al utilizar colores claros y materiales reflectantes en las paredes exteriores del edificio. Adicionalmente, el techo y revestimiento metálicos son resistentes al fuego, lo que califica para reducciones en la prima del seguro contra incendios del hogar. El techo de metal tiene el beneficio adicional de captar fácilmente el rocío en las noches y madrugadas húmedas, y drenarlo directamente en los tanques. (Para obtener más información, consulta la página "Roofing" [techos] en la sección de materiales en la página sobre cosecha de agua de lluvia de mi sitio web).

5. *Aislamiento térmico por el exterior.* Instalamos espuma para aislamiento libre de clorofluorocarbonos (CFC) y de hidroclorofluorocarbonos (HCFC) en el exterior de las paredes de ladrillo del *garottage* y la recubrimos con estuco. Esto protege la masa del ladrillo –que absorbe y luego vuelve a irradiar calor y frío– de temperaturas exteriores extremas no deseadas, a la par que permite que la masa del ladrillo retenga mejor las temperaturas moderadas de los interiores.

Fuimos cautelosos en nuestra selección de la espuma de aislamiento. Aunque en general se han eliminado los CFCs que agotan la capa de ozono, los HCFCs todavía se utilizan y, si bien su vida atmosférica es más corta, siguen liberando cloro y contribuyen a la destrucción de la capa de ozono.[6] Una capa de 30 cm (12 pulgadas) de aislamiento de algodón reciclado R-42 en el techo y otra capa de 20 cm (8 pulgadas) de aislamiento de algodón reciclado R-30 en los muros divisorios hechos de madera recuperada puestos encima del ladrillo original bloquean todavía más las temperaturas extremas del exterior.

6. *Ventilación de ventana completa.* Todas las ventanas son batientes, y todas las puertas se abren por completo para permitir una máxima ventilación y la entrada de aire fresco. Las mallas mosquiteras controlan lo que entra. En los meses calurosos, abrimos las puertas y ventanas por la noche para liberar aire caliente y dejar entrar aire fresco de la noche (figura 5.15). En invierno, las cerramos por la noche, pero las abrimos en los días cálidos y soleados. Los termómetros interiores y exteriores nos indican cuándo abrirlas y cuándo cerrarlas (ver la figura 5.17).

Recuadro 5.6. Los techos de color claro ahorran energía

Florida Solar Energy Center encontró que las casas con techos reflectantes de color claro veían una reducción del 10 % al 43 % en sus facturas por enfriamiento durante el verano en comparación con las casas con techos de color más oscuro; los mayores ahorros se dieron en hogares con menos aislamiento en el techo.[4]

Un estudio de Fort Myers (Florida) comparó el rendimiento de enfriamiento y los costos de seis materiales para techos instalados en hogares contiguos idénticos. Durante el estudio de cuatro meses de duración, los termostatos de aire acondicionado se fijaron a una temperatura constante de 25 °C (77 °F). El techo de metal galvanizado blanco tuvo el mejor rendimiento, ahorrando USD 128 o 23 % de los costos anuales de enfriamiento para un hogar de 164 m^2 (1770 pies cuadrados), comparado con un techo de tejas de asfalto gris oscuro. Los ahorros para otros tipos de techos incluyeron el 20 % para el de cemento blanco en forma de S, 17 % para baldosas planas de cemento, 4 % para techos de asfalto blanco y 3 % para baldosas de terracota en forma en S.[5]

7. *Límites del área de ventanas.* Nuestra zona de ventanas orientada al ecuador tiene el tipo correcto de vidrio (recuadro 4.4) y arroja luz solar sobre el 12 % del área del suelo, por lo que está dentro de las especificaciones generales para climas templados que necesitan enfriamiento y algo de calefacción (ver el recuadro 4.5). La correcta selección del tipo y tamaño de las ventanas, junto con aleros de techo o toldos bien diseñados *(patrón de diseño integrado número dos)*, nos permite evitar un exceso de enfriamiento en las noches de invierno y de calentamiento durante los días de verano, al tiempo que amplificamos el

Fig. 5.16. Colocados a lo largo del lindero norte, los dos tanques de polietileno para agua de lluvia del *garottage* fungen como cerca de colindancia y malla de privacidad. El agua de primera descarga (escorrentía del techo sucia/fértil desviada antes de que llegue a los tanques) se dirige de manera conveniente hacia las sabrosas pitahayas. El sobreflujo del tanque se dirige a las cuencas en cascada que comienzan en el punto más alto del patio (no se ven en la foto). El agua de lluvia de los tanques alimentada por gravedad se entuba para llegar hasta el grifo del fregadero. Las aguas grises del fregadero se dirigen hacia plantas en el jardín a través de la tubería negra de desagüe ramificado.

Nota: La tubería que entra en la canaleta de la azotea del porche es parte de una bajante/tubo de transporte de "sistema húmedo" que cae desde la canaleta del techo de la casa principal, viaja bajo tierra y luego sube hasta la canaleta del *garottage*. Esto nos permite alimentar por gravedad la escorrentía adicional del techo desde la casa principal hasta los tanques del *garottage*. Este sistema funciona muy bien porque el punto de entrada en el tubo de la bajante en la canaleta de la casa es más alto que la salida del tubo en la canaleta del porche del *garottage*. Ten en cuenta que un sistema húmedo es apropiado para nuestro clima caliente; sin embargo, no debe utilizarse en climas o estaciones frías en las que se congelan las tuberías, donde/cuando son mejores las bajantes de "sistema seco". (Para ver el video de este sistema húmedo, consulta la sección de videos en HarvestingRainwater.com).

enfriamiento, calefacción y luz de día deseados. Por ejemplo, las directrices del recuadro 4.5 me permitieron determinar el tamaño correcto, ampliar (a razón de tres veces) y reemplazar una de las ventanas de la casa principal que está de cara al ecuador y que no tenía el tamaño suficiente, con lo que aumentó dramáticamente la iluminación y el confort de la sala de estar. Mis clientes han logrado beneficios similares al utilizar estas pautas para dimensionar e instalar

Fig. 5.17. Los termómetros interior y exterior en ambos lados de la ventana junto a la puerta principal nos permiten saber cuándo abrir ventanas para dejar entrar el calor o la frescura del exterior y cuándo cerrarlas para mantener fuera las temperaturas exteriores no deseadas. Los termómetros máximos/mínimos monitorean los extremos.

correctamente ventanas orientadas al ecuador en habitaciones y edificios donde antes no las había.

El compromiso de maximizar las relaciones beneficiosas del *garottage* con el sol hizo que para mí el proyecto cobrara vida y profundizó mi comprensión sobre cómo aplicar patrones de diseño integrado de manera más efectiva. Así como la cosecha de agua aumenta mi conciencia sobre los flujos de agua a mi alrededor, la cosecha de sol aumenta mi conciencia sobre los flujos de sol y sombra. Ahora, cuando estoy afuera, busco indicios de lluvia, siento la dirección del viento y compruebo la posición del sol. Ha sido muy divertido ampliar mi observación, comprensión y aprendizaje a lo largo de este proceso de construcción; ha dado como resultado una estructura cómoda que no requiere que yo pague para calentarla o refrescarla mecánicamente. Mientras que en el pasado pude haber encendido un ruidoso aire acondicionado, ahora simplemente abro una ventana o extiendo un alero en dichoso silencio.

Mejor aún, soy mucho más consciente de cómo el sol se mueve a través del cielo y cambia con las estaciones, y cómo puedo danzar con ese movimiento en la forma en que diseño, construyo, cultivo y vivo. Me arraiga en el Lugar de una manera increíble. Inmediatamente recuerdo cuál estación del año es, el lugar donde me encuentro en el planeta, cómo mi posición actual se relaciona con la inclinación y rotación de la Tierra alrededor del sol, y cómo yo, este puntito en este pequeño planeta en este enorme sistema solar, puedo trabajar y vivir en armonía con el todo. Y cuanto más vivo en concierto con el todo, más beneficio al todo, así como el todo me beneficia a mí y a todos los demás...

Nexo agua-energía-carbono: el panorama general

Todas estas estrategias integradas de calefacción, enfriamiento e iluminación pasivas, así como de cosecha y conservación de agua en todo nuestro sitio han ahorrado recursos y reducido nuestros impactos negativos en el agua, la energía y el carbono, además de nuestros costos generales.

- Hemos reducido el *consumo de electricidad* de nuestro sitio a aproximadamente una décima parte (10 %) de los 1095 kWh/mes que consume un hogar típico de Arizona. (Esto más tarde nos permitió instalar un sistema de energía solar mucho más pequeño y asequible que sigue satisfaciendo todas nuestras necesidades).

- Hemos reducido nuestro *consumo de agua municipal* a aproximadamente una sexta parte (17 %) del consumo de un hogar típico estadounidense de 29 208 litros (7716 galones) por mes.

- Hemos reducido las emisiones *de dióxido de carbono* (CO_2) de nuestro hogar en aproximadamente 952 kg (2100 libras) al mes debido solamente a la reducción en nuestro consumo de energía y agua municipal. (Esta cifra no incluye las reducciones adicionales de CO_2 debidas a la instalación y uso de nuestro sistema fotovoltaico solar de techo). Sin nuestra conservación de energía y agua, estos 952 kg de CO_2 hubieran sido emitidos a través de las centrales eléctricas de carbón y gas que usan las compañías de servicios públicos para producir el agua y electricidad que suministran. Esta reducción es el equivalente a estacionar/no utilizar poco más de dos automóviles con motor de gasolina que hubieran recorrido 1600 km (1000 millas) por mes, o sembrar mensualmente 345 árboles para capturar carbono y que todos esos árboles crecieran hasta hacerse adultos.

Así como nuestros cambios a escala del hogar ahorran *mucho* dinero, agua y energía, al tiempo que reducen sustancialmente las emisiones de CO_2 y otros contaminantes del aire, agua y suelo, todos podemos aumentar la escala de nuestros esfuerzos de manera colectiva para mejorar en gran medida nuestra calidad de vida y la de la comunidad en general. Por ejemplo, si 100 000 hogares en Tucson redujeran su *consumo de energía importada* en un volumen similar, colectivamente ahorraríamos entre 149 y 218 *millones* de litros (39-57 millones de galones) de *agua* al mes que se hubieran consumido en la planta eléctrica. Cada mes, estos ahorros de energía, junto con los ahorros de agua correspondientes, reducirían las emisiones de las centrales eléctricas en cantidades equivalentes a las que se evitarían por estacionar 207 000 automóviles con motor de gasolina que normalmente recorrerían 1600 km (1000 millas) al mes, o sembrar y cultivar más de 31 millones de árboles.

Además, si 100 000 hogares de Tucson cosecharan y reciclaran el agua en sus terrenos para reducir su consumo de agua municipal en un volumen similar al de nuestra casa, esto ahorraría alrededor de 2500 *millones* de litros (670 *millones* de galones) de agua municipal al mes. A su vez, esto reduciría las emisiones de CO_2 producidas en la central eléctrica para generar la energía necesaria para bombear y tratar esa agua, en una cantidad equivalente a estacionar entre 19 000 y 23 000 automóviles, o sembrar casi 3 millones de árboles adicionales cada mes.

En el apéndice 9 están las gráficas sencillas que nos ayudaron a Rodd, a Chi y a mí a entender esto; revísalo para ver cómo puedes hacer lo mismo; también encontrarás ejemplos adicionales, incluyendo la cantidad de agua, energía y carbono que puedes ahorrar si eliges cuidadosamente tus fuentes de agua y energía.

TERCERA PARTE – NUESTRO VECINDARIO: COLABORAR PARA APROVECHAR EL POTENCIAL QUE EXISTE EN LA COMUNIDAD EN GENERAL

Lo que me parece realmente emocionante es que nuestras acciones y cosechas integradas de manera consciente *aumentan* nuestros impactos *positivos* y la producción de recursos renovables, y al mismo tiempo reducen los impactos negativos y el consumo.

Por ejemplo, nuestro hogar se ha convertido en una planta productora de energía renovable, no contaminante, basada en el vecindario. Gracias a la reducción de nuestro consumo energético, el sistema solar de diez paneles fotovoltaicos que tenemos en el techo *produce* más de tres veces la energía que consume nuestro hogar, lo que reduce bastante más el consumo de agua y las emisiones de carbono en las centrales eléctricas de los servicios públicos. Dado que hemos conectado nuestros paneles solares a la red eléctrica municipal (sistema fotovoltaico conectado a red), nuestro excedente de energía se alimenta de nuevo en la red y va directamente a nuestros vecinos más cercanos para ayudar a compensar su parte del consumo de electricidad y agua municipales generados mediante la quema de carbón. Obtenemos crédito por esta producción de energía por lo que no recibimos una factura por consumo de electricidad. (En México también existe un esquema legal de interconexión bidireccional a la red para sistemas fotovoltaicos residenciales). A otros productores de energía solar excedente que viven en comunidades que ofrecen *compensación por excedentes de autoconsumo*, como Los Ángeles, (California), Gainesville (Florida), Oahu (Hawái) y las que se encuentran por toda Alemania incluso se les paga por el excedente de energía renovable que proporcionan a sus compañías de servicios públicos locales.[7]

Reducimos el consumo de agua y energía utilizando nuestras obras de tierra y tanques integrados para la cosecha de agua, que no consumen energía, para transformar el escurrimiento de aguas pluviales que deshidrata en una *infiltración* de aguas pluviales que rehidrata. Hacemos esto al cosechar, filtrar, reutilizar y mejorar el total del 100 % de la lluvia que cae en nuestro terreno y en el derecho de vía público no pavimentado contiguo, a la que se suma la lluvia que corre hacia nuestra propiedad desde la propiedad del vecino. Adicionalmente, más del 90 % de la escorrentía que fluye por nuestro lado de la calle se cosecha en las cuencas cosechadoras de agua que están ahí mismo en la calle (*patrón de diseño integrado número seis*). En estas cuencas, las aguas pluviales cosechadas riegan árboles de sombra que dan frutos alimenticios y medicinales, enriquecen los hábitats para la vida silvestre y el suelo, además de dar sombra que refresca la calle, las banquetas y los lugares por donde pasan los peatones; sombrean también el vecindario, reduciendo así la cantidad de energía generada y el agua bombeada necesarias para refrescar los hogares vecinos. De esta manera nuestro sitio se ha convertido en un *multiplicador de beneficios netos*. Escribo esto mientras me como unas deliciosas galletas de harina de mezquite, hechas con vainas de un árbol nativo de mezquite aterciopelado que crece en el derecho de vía público frente a mi casa, ¡regado solamente con escorrentía de aguas pluviales de la calle! (Ver las figuras 5.18 y 5.19).

Estas cosechas integradas están generando nuevas economías basadas en la comunidad e incrementando las ya existentes, como el turismo, la educación y la agricultura. En mi vecindario se ha creado una nueva economía del mezquite en la que nuestros vecinos y nosotros podemos ganar USD 25 por hora

Fig. 5.18. Galletas de mezquite. Fotografía: Christian Timmerman

cosechando y procesando vainas de mezquite nativo de árboles sembrados por la comunidad en nuestras calles y patios, regados pasivamente con agua de lluvia. Estas ganancias se materializan cuando molemos esas vainas para hacer una harina altamente nutritiva y naturalmente dulce, que vendemos en nuestra exitosa y cada vez más grande fiesta de la molienda y venta de repostería con harina de mezquite, *Mesquite Milling Fiesta and Bake Sale*. ¡No hay que trasladarse a ninguna parte para hacer este trabajo! (Ver el recuadro 5.7, NeighborhoodForesters.org, DesertHarvesters.org y el capítulo sobre vegetación del volumen 2 para obtener más información al respecto).

Aunque solo hacemos esto en temporada, algunos de nuestros amigos venden harina de mezquite local de temporal durante todo el año en los mercados agrícolas, a empresas y restaurantes locales y a través de sus sitios web. La demanda de este y otros alimentos locales atrae a un número cada vez mayor de personas de todo Estados Unidos de América y de México para participar junto con los residentes de Tucson en la *Desert Harvesters' Fiesta* (fiesta de los cosechadores del desierto) y eventos similares patrocinados por un número creciente de grupos en Tucson y el sur de Arizona. En las fiestas, los participantes pueden asistir a demostraciones ofrecidas por empresas locales y organizaciones sin fines de lucro sobre cosecha de agua, alimentos silvestres, conservación de semillas, cocina solar y compostaje. También se pueden ver ejemplos de estrategias integradas de cosecha de agua, sol, viento y sombra en sitios cercanos ubicados en los barrios donde se llevan a cabo las fiestas. Un número cada vez mayor de talleres y conferencias relacionadas también promueven estas estrategias, atrayendo a más lugareños y viajeros a la comunidad y al movimiento, lo que les permite generar transformaciones, habilidades y empleos similares en sus lugares de origen. Se trata de conectar a las Personas con el Lugar de una manera que mejore la capacidad de ambos.

Lo llevamos a las calles

Fig. 5.19. Cosecha de vainas de mezquite

Fig. 5.20. Garth Mackzum disfruta panqueques de mezquite con miel de tuna durante una fiesta del mezquite de los Desert Harvesters.

Animados por estos rotundos éxitos, nuestros vecindarios están llevando la cosecha y el enriquecimiento integrado de recursos a las calles, el terreno público primario, o "bien comunal", del entorno urbano. Desde 1996, cuando comenzamos el proyecto anual de siembra de agua y árboles del vecindario Dunbar/Spring, nuestros vecinos han sembrado más de 1800 árboles nativos productores de alimentos, cientos de plantas de sotobosque nativas de uso múltiple y han infiltrado anualmente millones de litros (cientos de miles de galones) de agua pluvial en las obras de tierra cosechadoras de agua ubicadas en el lado de la calle. Estas mejoras, principalmente a lo largo de calles que antes estaban desnudas y quemadas por el sol, han reducido las temperaturas de verano hasta en 5 °C (10 °F) en áreas ahora sombreadas y han reducido de manera importante las inundaciones. (Ver las figuras 5.10A y B, y en el volumen 2 los capítulos sobre cómo reducir el paisaje duro y sobre vegetación). Lo mejor de todo es que cada vez más vecinos se reúnen, trabajan y hacen actividades recreativas juntos. Hablamos entre nosotros. Nos conocemos. Nuestro barrio y los vecindarios adyacentes ahora forman una comunidad más fuerte.

Hoy día es fácil establecer conexiones. Cuando necesito ayuda para mover un objeto pesado, cuando quiero compartir una idea o anhelo reconectarme con los vecinos después de un largo viaje, hago una pequeña sesión de poda de árboles y acolchado de suelo en una calle o glorieta del vecindario. En cuestión de minutos ya estoy hablando con los vecinos que pasan por el lugar caminando o en bicicleta (ver la figura 5.21).

Para aprovechar aún más esta poda pública, nuestro vecindario se asoció con la organización local sin fines de lucro Watershed Management Group para convertir las *podas voluminosas y de arbustos* desechadas por la comunidad en *materiales reaprovechados triturados astillosos* que se pueden usar como acolchado. Esto ayuda a cosechar nuestra parte del 12 % al 14 % de los desechos sólidos municipales típicos de Estados Unidos que están hechos de podas de jardín ricas en nutrientes.[8,9] En el pasado la gente apilaba todos sus desechos de jardín y podas de arbustos en la calle donde los camiones de basura los recogían y los transportaban al vertedero.

Ahora, en lugar de deshacernos de este recurso orgánico, lo cosechamos y lo mejoramos con talleres de poda en el vecindario dos veces al año, donde los

Recuadro 5.7. Las semillas de la comunidad germinan y las raíces se hacen más profundas cuando platicas, trabajas y te diviertes con tus vecinos

Cuando Rodd y yo nos mudamos al barrio Dunbar/Spring, queríamos conocer tanto el Lugar, como a las personas que lo hicieron lo que es, para descubrir su esencia, obtener nuevas perspectivas y encontrar la mejor manera de aportar a nuestra nueva comunidad. Saludábamos a todas las personas que veíamos, repartíamos panes y repostería caseros durante los días festivos y ayudábamos a los vecinos con reparaciones y otras necesidades. Chi más tarde involucró a los niños del vecindario coordinando los recorridos para pedir dulces en Halloween y las búsquedas de los huevos de Pascua. Los esfuerzos comenzaron a forjar relaciones. A través de las conversaciones individuales y durante las reuniones y festejos del vecindario, profundizamos estas conexiones y escuchamos historias descabelladas que nos abrieron ventanas hacia el pasado de la comunidad.

Por ejemplo, nos enteramos de la vez que un vecino estaba trabajando en el semisótano de su casa, se cayó a través de la tapa podrida de un ataúd y fue a dar encima del esqueleto que había dentro. Luego, al gritar, echó la cabeza hacia atrás, se golpeó contra la parte inferior de los tablones del suelo, colapsó encima del esqueleto otra vez y finalmente pudo salir después de recuperar la conciencia. Resulta que muchas de las casas que hay aquí fueron construidas sobre un antiguo cementerio del que supuestamente habían sacado todos los cuerpos, pero todavía nos encontramos algunos cuando cavamos trincheras y hoyos para árboles.

Las historias sobre el pasado de la comunidad nos hicieron plantearnos preguntas y tener conversaciones sobre el presente y el futuro de la comunidad. ¿Cuáles eran los problemas de nuestro vecindario? ¿Cómo podríamos solucionarlos? ¿Qué queríamos como comunidad? ¿Cuáles eran nuestros sueños? ¿Cómo podríamos hacerlos realidad? Y, al hacerlo, ¿cómo podríamos ser mejores? ¿Cómo podríamos producir algo mejor? ¿Cómo podríamos hacerlo de una mejor manera? Esto nos llevó a generar lluvias de ideas, y si surgía alguna idea interesante que resonara con el grupo, posiblemente luego hacíamos estrategias alrededor de la misma. ¿Cómo podrían el diseño, la implementación y los resultados aprovechar y hacer crecer la motivación de todos los involucrados? ¿Cómo podría el proyecto maximizar el potencial de la comunidad? ¿Cómo podría hacerse más dinámico, divertido y eficaz? ¿Más regenerativo?

Si las cosas tenían sentido y eran interesantes, las hacíamos. No se necesita mucho para empezar. Una siembra comunitaria de árboles, por ejemplo, solo requiere de unas cuantas personas que siembren y una o dos plántulas. Pero nos hemos dado cuenta de que llegan más personas (¡y a veces también donan dinero!) cuando trabajas a partir de lo que la gente ama. Así que reclutamos a cocineros increíbles para preparar comida, panes y repostería para los sembradores de árboles; a observadores de aves para ayudar a seleccionar árboles nativos que atraen aves canoras; y a entusiastas de la bicicleta para transportar los árboles, herramientas, aperitivos y acolchado en remolques para bicicletas. Esto generó más entusiasmo y más gente la promovió hablando cosas positivas sobre la experiencia. Más gente se apuntó para participar. Como resultado, la siembra produjo algo mejor que solamente árboles: la gente se dio cuenta de otras prácticas y habilidades que había en el barrio, se establecieron nuevos lazos y amistades en la comunidad, a la par que se generaron más recursos para la siembra de agua de lluvia y alimentos.

Aprovechando todavía más el potencial, nos aseguramos de que todos pudieran contribuir. Cuadrillas de voluntarios que incluían y capacitaban a jóvenes locales ayudaban a sembrar árboles para residentes con menores capacidades físicas. Estos residentes, a su vez, compartían con los sembradores limonada casera e historias sobre el vecindario. Esta actividad y las conversaciones que se generaron demostraron de manera activa cómo estos esfuerzos aparentemente pequeños estaban revitalizando el barrio y estimulando la evolución de nuestra comunidad conforme se fueron integrando otras personas con nueva (o renovada) empatía, ideas y habilidades.

Nos dimos cuenta de que esto también ocurría en torno a la molienda de mezquite en nuestro barrio. El primer año comenzamos con una sola trituradora de molino del tamaño que se usa en las granjas (utilizada para moler rápidamente vainas de semillas de mezquite cultivadas localmente y transformarlas en harina), entre 20 y 30 pioneros apasionados que molían sus vainas de mezquite recolectadas a mano, y tres excelentes cocineros que preparaban panqueques de mezquite en tres estufas para campamento con el fin de que todos probaran lo sabrosa que puede ser la harina de mezquite.

Ocho años más tarde, se había corrido la voz y más gente sabía sobre la manera en que hacíamos las cosas; nuestra fiesta del mezquite pasó de ser un evento de barrio a una celebración regional única arraigada en las plantas de alimentos regadas por la lluvia que crecen en el desierto sonorense y en las culturas que desarrollaron

Recuadro 5.7. (continuado)

estos alimentos. Se necesitaron tres trituradoras (dos pertenecientes a otros grupos que hacen un trabajo similar) operando durante todo el día para moler todas las vainas cosechadas; servimos más de 1500 panqueques de harina de mezquite (ver la figura 5.20). Para entonces estábamos ofreciendo información bilingüe sobre cómo sembrar la lluvia y los árboles de alimentos, además de cómo cosechar y preparar la comida. Se invitaron a muchos voluntarios, organizaciones sin fines de lucro y empresas emergentes para que mostraran las formas únicas en las que emplean el mezquite así como otros alimentos y medicamentos silvestres nativos. Música en vivo y espectáculos de marionetas inyectaron una buena dosis de diversión a nuestro huerto comunitario/parque de naturaleza/espacio para eventos, que el vecindario y sus socios de la comunidad habían creado doce años atrás en lo que había sido ¡el estacionamiento de tierra de una escuela cerrada!

Un año más tarde el evento fue todavía mejor, ya que el desayuno de panqueques organizado por unos cuantos había evolucionado hasta convertirse en una venta de pasteles apoyada por la comunidad. Muchas personas trajeron y compartieron sus creaciones favoritas con alimentos silvestres; nos alegró bastante el volumen, la diversidad y la delicia de las aportaciones que iban desde galletas de mezquite para perros, galletas de bellota y edamame de palo fierro, ¡hasta pan naan de harina de mezquite con chutney de tuna! Todo el mundo iba conociendo nuevas formas de utilizar alimentos silvestres cultivados en el vecindario, además de la información e inspiración para hacer más todavía. Instructores apasionados ofrecieron talleres cada hora sobre cultivo y procesamiento de alimentos silvestres y sobre agricultura de temporal. ¡La gente se llevó a casa muchas de las recetas favoritas del día en el recetario *Eat Mesquite!*, generado íntegramente con recetas desarrolladas en cocinas caseras y por chefs de fama regional (que habíamos probado y aprobado a conciencia en los festejos de degustación comunitarios).

Consulta NeighborhoodForesters.org y DesertHarvesters.org para obtener más información.

miembros de la comunidad podan sus propios árboles con la ayuda de voluntarios, despejan las obstrucciones a los senderos peatonales públicos y ponen las podas en la acera. Luego, una empresa tritura las podas y las regresa a las aceras en forma de acolchado que los vecinos pueden aplicar a la superficie de sus obras de tierra para la cosecha de agua. Allí, esta materia orgánica se descompone de manera natural para convertirse en acolchado y humus que absorben agua y alimentan al micelio, componentes fundamentales del suelo, la fertilidad, la hidrología y los sistemas alimentarios (ver el recuadro 5.8 y la figura 5.22).

Las glorietas y las salientes cosechadoras de agua situadas *dentro de los bordes de las aceras* de nuestro vecindario ayudan a construir el suelo, calmar el tráfico, reemplazar el pavimento impermeable con esponjas vivas de vegetación (*patrón de diseño integrado número siete*), así como a fomentar el andar en bicicleta y a pie en lugar de conducir (ver las figuras 5.1B y 5.23, A4.5A, B, y C). Cuando caminamos y andamos en bicicleta en nuestras calles más tranquilas y más sombreadas, nos encontramos, saludamos y conocemos a más vecinos. El sentido de comunidad crece en todos, los índices de criminalidad bajan, tenemos menos accidentes de tránsito y somos más activos y saludables.

Los que viven en los vecindarios de los alrededores y la comunidad general también disfrutan de todo esto, ya que nuestras mejoras han permitido que dos de las calles de nuestro barrio sean designadas por la ciudad como bulevares para bicicletas. Estos bulevares son corredores de calles residenciales amigables para ciclistas y peatones, de poco tráfico y de baja velocidad, que interconectan a muchos vecindarios de la ciudad con cruceros seguros para bicicletas y peatones en las intersecciones de calles principales. Si agregamos la vegetación nativa productora de alimentos que se riega con la escorrentía cosechada de la calle, entonces estos espacios se convierten en corredores *vivos* de personas, agua, vida silvestre, sombra y comida.

Estos corredores vivos de bicicletas están tan llenos de vida, que se están convirtiendo aceleradamente en los modos de transporte preferidos para un número creciente de residentes y visitantes que están

Fig. 5.21. Las actividades y espacios públicos fomentan la interacción pública. Vaughan Lancaster cosecha tunas en el jardín de lluvia junto a la calle mientras su mamá Chi y su vecino Jon conversan.

Recuadro 5.8. El acolchado de materia orgánica es mejor que la grava o piedra para retener la humedad del suelo y capturar carbono

Según los hallazgos de una investigación de Mitch Pavao Zuckerman y C. Sookhdeo, en la comunidad semiárida de Tucson (Arizona) las cuencas de infiltración vegetadas ubicadas en la orilla de la calle, que cosechan escorrentía de agua pluvial y que están acolchadas con material orgánico, tenían *el doble de humedad del suelo* y el doble de materia orgánica del suelo que cuencas similares acolchadas con roca o grava, a pesar de que en el estudio se drenaban áreas impermeables de captación más pequeñas hacia las cuencas con acolchado orgánico.[10]

La materia orgánica del suelo consiste en residuos vegetales y animales frescos y parcialmente descompuestos, así como la biomasa viva de los microorganismos del suelo y el humus: el material orgánico totalmente descompuesto.[11] A medida que aumentan los niveles de materia orgánica del suelo (MOS), también aumenta la capacidad del suelo para capturar más carbono que altera el clima de la atmósfera, ya que por lo general se estima que la MOS contiene 58 % de carbono.[12] Además, la MOS ayuda a la biorremediación de contaminantes.

Fig. 5.22. Cosecha de materia orgánica y más. Las podas se cortan y se dejan caer por debajo de la planta de la que salieron para reciclar los nutrientes y regresarlos al suelo y a sus microorganismos beneficiosos, que a su vez alimentan y riegan la planta.

experimentando travesías diarias que son igual de interesantes e inspiradoras que sus lugares de destino.

¡Toma fuerza!

¡Esto está tomando fuerza! En 1993, cuando comencé a *hablar* de cosechar y mejorar el agua, el sol, la sombra, el acolchado/suelo y el viento de los sitios utilizando principios y técnicas de diseño integrado, a menudo me sentía como un fenómeno solitario; había tan pocos ejemplos. Así que me centré en *hacer*: crear ejemplos, corregir errores, mejorar e integrar todavía más mis sistemas, enseñar, trabajar con colegas y escribir este libro para mostrar el camino. Pronto otros hicieron lo mismo, entre ellos los grupos sin fines de lucro Watershed Management Group y Sonoran Permaculture Guild. Ahora, todo tipo de personas, junto con empresas e instituciones, incluyendo nuestra ciudad, el servicio de extensión agrícola y la universidad, han comenzado a cosechar agua de

Fig. 5.23. Una saliente cosechadora de agua recién construida (y una glorieta cosechadora de agua detrás) a lo largo de un bulevar para bicicletas justo después de una tormenta de verano en el vecindario de Dunbar/Spring, Tucson (Arizona), 2012.
Desde entonces, la vegetación ya creció exuberante dentro de la saliente.

Fig. 5.24. Vaughan Lancaster juega cerca de un jardín de lluvia, lleno de escorrentía de la calle que fluye sobre el punto bajo de un bordo de acera donde alguna vez hubo una entrada para autos.
Hay un segundo jardín de lluvia justo afuera del lado derecho de la foto (2011).

Fig. 5.25 Se hizo un corte de guarnición de 40 cm (16 pulgadas) en el bordo de la acera para dirigir la escorrentía de la calle hacia el árbol.

Fig. 5.26 Una perforación de 10 cm (4 pulgadas) en el bordo de la acera para dirigir la escorrentía de la calle hacia un árbol joven y otra vegetación, centro de un jardín de lluvia recién construido.

una manera que *ralentiza, disemina e infiltra el agua* conforme *muestra su flujo.* Hace quince años, nuestra casa era la única en nuestra cuadra que cosechaba agua de lluvia. Hoy en día, más del 80 % de los vecinos de nuestra cuadra lo hacen, aún no al máximo o más integrado potencial, pero ya están en camino de hacerlo.

Dentro de mi barrio toda esta actividad positiva se debe a muchos esfuerzos individuales y de la comunidad aunado a un gran impulso derivado de una subvención de reinversión en vecindarios del condado de Pima. A finales de 2012, esta subvención ya había financiado la instalación de otras tres glorietas cosechadoras de agua y calmantes de tráfico (de un total de 10); 37 salientes cosechadoras de agua (figura 5.23); 50 cuencas cosechadoras de agua en el derecho de vía público (de un total actual de más de 160 en el vecindario); 50 cortes de guarnición para la cosecha de agua y 35 perforaciones en bordos de acera que dirigen las aguas pluviales hacia cuencas asociadas en las calles (de un total actual de más de 103) (figuras 5.25 y 5.26) ; y la siembra de 150 árboles y arbustos nativos adicionales (de un total de más de 3000) que convirtieron esas cuencas acolchadas en verdaderos jardines de lluvia. Estas estrategias combinadas de cosecha de agua en el derecho de vía público cosechan anualmente más de *3.7 millones de litros (un millón de galones) de aguas pluviales* que solían contribuir a la inundación de nuestras calles (figura I.9). Aunque esto es solo el comienzo, ya que con más esfuerzos de siembra de lluvia podríamos cosechar fácilmente este volumen otras 30 veces dentro de los derechos de vía del vecindario.

Fig. 5.27. Banca de monstruo de Gila junto a una caja de intercambio de libros de la comunidad en el derecho de vía público. El monstruo de Gila (una lagartija nativa) está leyendo un poema de Paul Laurence Dunbar en un libro que mantiene abierto con su pata. Nuestro vecindario Dunbar/Spring lleva el nombre de la escuela Dunbar (llamada así por el poeta) construida aquí en 1918. Escultura/banca de los artistas Hiro Tashima y Jason Butler. Caja de libros de los vecinos Bill Moeller, Gavin Troy, Turtle e Ian Fritz.

Fig. 5.28. Vaughan Lancaster dentro de una escultura de Joseph Lupiani que muestra al pez matalote de Sonora, extinto localmente, y a una lagartija cornuda texana cosechadora de agua (frente a Vaughan) dentro de una saliente cosechadora de agua y pacificadora de tráfico en el vecindario Dunbar/Spring, Tucson (Arizona).

El arte público, creado por artistas locales y financiado por la subvención, ayuda a celebrar estos logros, conectando con y mejorando a las Personas y al Lugar. Este arte también genera pequeñas áreas de juego que se convierten en los espacios para las conversaciones y paseos diarios de las familias, a pie o en bicicleta (ver las figuras 5.27 y 5.28). Por ejemplo, dentro de una saliente cosechadora de agua y calmante de tráfico hay una escultura de Joseph Lupiani del pez nativo matalote de Sonora encima de una lagartija cornuda texana, simbolizando nuestro pasado y nuestro potencial (figura 5.28).

El pez esculpido nos recuerda su presencia otrora abundante (¡incluso se pescaba!) en el río Santa Cruz, situado a menos de 1 km (media milla) al oeste de nuestro vecindario. Pero para 1937, estos peces ya se habían extinguido en esta zona[13] porque los flujos del río habían disminuido debido a la sobreexplotación degenerativa de las aguas subterráneas y a la mala gestión del río y su cuenca hidrológica.

La lagartija cornuda texana ejemplifica una estrategia regenerativa que evolucionó en respuesta a condiciones secas. Esta lagartija puede cosechar agua de lluvia en su amplia espalda y dirigirla a su boca a través de canales similares a canaletas entre sus escamas.[14] Y nosotros, al cosechar la lluvia local a nuestra manera disminuimos la "necesidad" de bombear agua subterránea, perdemos menos lluvia por escurrimiento y evaporación, y nos acercamos a tasas sostenibles de uso y reutilización del agua. Empezamos a *devolver agua* a nuestro Lugar.

Esto conduce a un camino de abundancia en acción. Cuando todos los que compartimos este río y cuenca vivamos de una manera que devuelva más de lo que tomamos, que administre y regenere nuestro ecosistema compartido nuestro hogar compartido— entonces nuestro río, sus peces y toda su abundancia podrán volver a fluir de maneras completamente nuevas.

La siembra de lluvia local y la magnificación de su potencial han comenzado en los vecindarios de nuestra ciudad, país y planeta. Me da gran esperanza el ver que a tanta gente le importa e interesa. Cuando traducimos este cuidado en una acción inteligente y adecuada, todos se benefician. Cuando creas, vives y evolucionas ejemplos que dan frutos y que otros pueden ver, recorrer, experimentar, entender y reproducir, las personas no pueden evitar notar, inspirarse, hacer lo mismo y/o lanzar nuevos esfuerzos. A medida que te embarcas en este camino, empéñate continuamente por hacer que tus esfuerzos sean lo más integrados y regenerativos posibles; así, el potencial dinámico de tu trayectoria se disparará. Son los ejemplos que siempre están creciendo y mejorando los que siguen detonando y germinando una evolución más positiva. Involúcrate y colabora con tu entorno natural y con tu comunidad: ¡siembra la lluvia, danza con el sol, cultiva la sombra, alimenta el suelo, navega con el viento y conviértete en una fuerza detonadora en tu comunidad!

Para ver más fotografías de nuestro trabajo comunitario, consulta el final del Apéndice 4 y NeighborhoodForesters.org

Fig. 5.29. El arborista certificado Aleck Mackinnon imparte un taller práctico de poda y cuidado de árboles para la comunidad.

Fig. 5.30. Participantes de la fiesta de poda del vecindario después de podar árboles para conservar el acceso a la calle y a los senderos públicos. Las podas se triturarán ahí mismo para usarlas como acolchado.

Apéndice 1

Patrones de flujo de agua y sedimentos con su respuesta potencial de cosecha de agua

Una cosa está bien cuando tiende a preservar la integridad, estabilidad y belleza de la comunidad biótica. Está mal cuando hace lo contrario.

—Aldo Leopold, de "La ética de la tierra"
en *Un año en Sand County*

PATRONES O HUELLAS

Los patrones o "huellas" dejadas por el flujo de agua y sedimentos son excelentes guías para la selección y colocación de estrategias apropiadas de cosecha de agua. Tanto la erosión como la deposición son ocurrencias naturales que producen patrones característicos. La erosión crea formas de tierra cóncavas cuando el sedimento es arrastrado por la escorrentía, dejando atrás depresiones como surcos y cárcavas. Cuando la escorrentía cargada de sedimento se ralentiza o se esparce, pierde la energía (o "la fuerza") necesaria para transportar sedimentos. Los sedimentos de mayor tamaño son los primeros en salir del flujo cuando el agua empieza a ir más lento. Si el agua continúa disminuyendo su velocidad, se deposita el sedimento más pequeño. Por tanto, en lugares donde el flujo de agua se ha hecho más lento, el sedimento depositado crea relieves convexos como abanicos aluviales y barras de sedimentación.

En cuencas hidrográficas saludables la erosión y la deposición se mantienen en equilibrio de manera natural por la presencia de vegetación, suelos vivos porosos y una erosión que se produce lentamente como parte normal de un equilibrio dinámico, y que de manera gradual mueve los sedimentos hacia la parte baja de la pendiente. A medida que los componentes de los sedimentos (materia orgánica, suelo y material inorgánico) migran y se depositan cuesta abajo, son reemplazados pendiente arriba por la caída de hojas de la vegetación en el sitio, así como por las hojas caídas, la tierra y el material inorgánico que migra hacia abajo desde lugares más altos. Al mismo tiempo, el material "migra cuesta arriba" en forma de excremento de animales que contiene material orgánico y semillas que construyen el suelo y hacen crecer la vegetación.

En las cuencas no saludables, la erosión supera por mucho la deposición de sedimentos y puede producir cortes profundos en la tierra, lo que genera una rápida pérdida de agua, materia orgánica, suelo y material inorgánico. Un corte de erosión profundo es señal de un paisaje inestable que está perdiendo valiosos recursos orgánicos e inorgánicos. Aprender a reconocer los patrones de erosión y comprender sus causas es esencial para planificar estrategias efectivas de cosecha de agua que rompan el triángulo de erosión que se muestra en la figura A1.1.

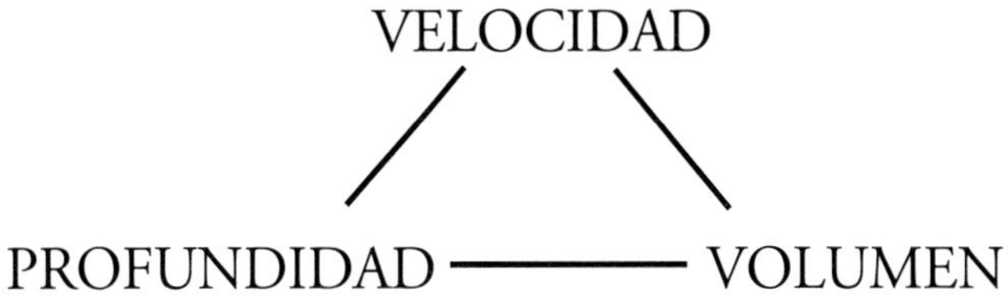

Fig. A1.1. Triángulo de la erosión

VELOCIDAD, PROFUNDIDAD y VOLUMEN se refieren a tres características del agua que fluye sobre la superficie amplia de la tierra, así como dentro de canales. Reduce cualquiera de las tres al BAJAR LA VELOCIDAD, ESPARCIR o INFILTRAR el flujo del agua, y así comenzarás a romper el ciclo de la erosión. En cuantos más lugares rompas el ciclo, más reducirás la erosión. Si instalas una estructura para la cosecha de agua, como una berma y cuenca, una RUPA o una cuenca de infiltración en el paso por donde fluye el agua, reducirás la erosión al *reducir* la VELOCIDAD del flujo del agua y aumentar el tiempo que el agua tiene para permanecer en un lugar, circular e INFILTRARSE en la tierra que está debajo donde luego queda disponible para apoyar el crecimiento de las plantas. Cuanta más vida vegetal sostenga el agua cosechada, habrá más raíces que retengan el suelo, más dosel vegetal que lo proteja y más biomasa que lo atrape y construya. Tus esfuerzos ayudarán a generar muchos "reguladores de velocidad" vivos a lo largo de la vía rápida de la erosión.

Cuanto mayor sea la PROFUNDIDAD del agua que fluye en un punto dado, mayor será el poder del agua para erosionar los sedimentos en comparación con agua menos profunda que se mueve a la misma velocidad. Si se colocan numerosas estrategias de cosecha de agua para ESPARCIR el flujo del agua de arriba hacia abajo por toda una cuenca, entonces la erosión disminuirá al *reducirse* la PROFUNDIDAD del agua que fluye. Al mismo tiempo, ESPARCIR el agua aumenta el período de *tiempo* y el *área espacial* de contacto entre el agua y la tierra, *aumentando* el VOLUMEN total de agua que se infiltra en el subsuelo. El agua que se INFILTRA en el subsuelo migra lateralmente y hacia abajo a través de la fuerza de la acción capilar y la gravedad. Esto hace que el almacenamiento de agua dure más y haya una mayor disponibilidad de humedad en el suelo que cuando el agua fluye con velocidad a través de la superficie terrestre o dentro de los canales y se evapora rápidamente.

Cuanto mayor sea el VOLUMEN de agua que fluye sobre la tierra o dentro de un canal, más sedimento puede transportar. Si colocas una serie de estrategias para la cosecha e infiltración de agua empezando en la parte superior de la cuenca, INFILTRARÁS un mayor VOLUMEN de agua en las partes altas de la cuenca, lo que reducirá la erosión al disminuir el VOLUMEN total del flujo superficial de agua no controlado en toda la cuenca. Con más tiempo y área de contacto entre el agua y la tierra, se absorberá más agua en el subsuelo. Esto es el equivalente a colocar reguladores de velocidad desde la parte superior de una cuenca hasta la parte inferior de la misma para que el agua nunca tenga la oportunidad de acelerar su velocidad de una manera destructiva y acumularse en un VOLUMEN no manejable.

A continuación se describen varios patrones de flujo de agua, erosión y deposición de sedimentos y la manera en que estos patrones podrían cambiar en respuesta a la construcción de obras de tierra para la cosecha de agua (ver los capítulos 10 y 12 en el Volumen 2 para más información). Muchas de las técnicas de obras de tierra se presentan e ilustran en el capítulo 3 de este libro y se tratan con más detalle en *Rainwater Harvesting for Drylands and Beyond, Volume 2: Water-Harvesting Earthworks*, junto con las publicaciones *Let the Water Do the Work: Induced Meandering, an Evolving Method for Restoring Incised Chanels* de Bill Zeedyk y Van Clothier (disponible en QuiviraCoalition.org y StreamDynamics.us) y *Erosion Control Field Guide de* Craig Sponholtz y Avery C. Anderson (disponible en QuiviraCoalition.org y WatershedArtisans.com). Bill Zeedyk y Van Clothier mejoraron enormemente este apéndice con sus revisiones, edición e imágenes, así como con su aportación de las estrategias y conocimientos que siguen desarrollando sobre la cosecha de agua y sedimentos; por otra parte, Craig Sponholtz también contribuyó con gran parte de la redacción.

PATRONES Y RESPUESTAS

TAMAÑO Y TRANSPORTE DEL SEDIMENTO

PATRÓN: El sedimento se mueve, o "fluye", junto con los flujos de agua. En el diseño, siempre considera tanto el flujo de agua como el flujo de sedimentos. Cuanto menor sea la velocidad o energía del flujo, menor será el tamaño de los sedimentos que el agua puede transportar. La velocidad se reduce cuando la pendiente de la trayectoria del flujo se vuelve más gradual, la anchura del flujo aumenta a medida que disminuye su profundidad y/o cuando el lecho y los márgenes del canal se vuelven más irregulares. Los ríos escarpados y de rápido movimiento tienen suficiente energía para transportar piedras grandes con facilidad. Los arroyos de pendiente suave y movimiento lento posiblemente solo puedan transportar granos de arena y partículas más pequeñas. La velocidad del agua que fluye a través del paisaje extenso también afecta el tamaño del sedimento que puede transportar, pero el rango de tamaño de los materiales transportados es mucho menor. El agua estancada y encharcada no tiene energía para contener partículas, excepto las más finas partículas de arcilla en suspensión.

RESPUESTA: El tamaño del sedimento que observas que se ha movido con el agua corriente indica la velocidad de los flujos de agua que se han producido ahí, principalmente durante la última inundación. Determinar la velocidad típica del flujo del agua, junto con la cantidad y los posibles tamaños de sedimento que el flujo transportará, es fundamental para seleccionar, colocar y dimensionar las estructuras apropiadas de cosecha de agua y control de la erosión. Casi siempre es mejor mantenerse alejado de los drenes cubiertos de piedras grandes, que tienen flujos potencialmente intensos. Más bien, enfoca tus esfuerzos de cosecha de agua y control de la erosión en pendientes más suaves en el paisaje extenso y en los drenes más pequeños. Las estructuras de roca colocadas dentro de los canales deben construirse utilizando piedras que sean más grandes que el 90 % de las piedras típicas depositadas de manera natural. Si estás construyendo una estructura de piedra en un canal lleno de arena y sin rocas depositadas de manera natural, es recomendable que importes y utilices piedras de tamaño promedio (ni las más anchas ni las más angostas) que midan aproximadamente 1/8 del ancho total del canal (por ejemplo, en un canal de 1.8 m [6 pies] de ancho apropiado para el trabajo manual, se usarían piedras de 20 a 25 cm [8 a 10 pulgadas] para construir una RUPA a lo ancho del canal). Las rocas en estas estructuras deben colocarse firme y cuidadosamente para que el agua no las arrastre con facilidad. Las nuevas estructuras de piedra son estructuralmente más débiles durante el período de tiempo antes de que el sedimento transportado por flujos de agua más pequeños se deposite en y alrededor de ellas. Para evitar los impactos de grandes tormentas que ocurran poco después de la construcción, se pueden rellenar con grava y/o sedimento más pequeño los espacios entre las rocas y en el lado aguas arriba de las estructuras de piedra, para imitar la deposición que ocurriría con flujos más pequeños.

Cuando cosechamos o manejamos agua corriente, también cosechamos y manejamos el sedimento transportado en esa agua. Esto es especialmente cierto en las cuencas de las zonas áridas, donde la relativa escasez de vegetación da como resultado un entorno rico en sedimentos. Un amplio suministro de sedimentos es el compañero inevitable de cualquier agua cosechada en paisajes erosivos. La cosecha de agua rica en sedimentos puede ser un desafío, pero también puede generar recursos.

El sedimento se convierte en un recurso en las estructuras de cosecha de sedimento que se colocan dentro del canal, como las represas de una piedra de altura (RUPA), cuando llena los espacios entre las piedras y forma un depósito de sedimento en el lado corriente arriba de la estructura, que absorbe y retiene agua para las plantas. Es un recurso para los abanicos aluviales y el paisaje extenso en los lugares donde bermas de piedra/camas esparcidoras en forma de media luna (luna creciente), o franjas densas de pasto nativo, ralentizan el agua y acumulan sedimentos para proporcionar un medio de crecimiento bien hidratado para sustentar más vegetación (consulta las figuras en la sección sobre *camas esparcidoras* del capítulo 3). Aquí, las raíces estabilizadoras de la vegetación y su crecimiento sobre el suelo ralentizan, esparcen y cosechan aún más agua y sedimentos. Para obtener más información, revisa las secciones sobre zonas inundables, canales con incisión, bajadas de cruce y abanicos aluviales que aparecen más adelante.

La cosecha de agua cargada de sedimentos puede ser un desafío cuando las obras de tierra cosechadoras de agua, tales como cuencas, zanjas de infiltración y otras estructuras de tierra que "estancan" el agua, se llenan de sedimentos. Esto puede reducir la capacidad de retención de agua, crear un sobreflujo inesperado y reducir la vida útil efectiva de las obras de tierra para la cosecha de agua, además de requerir el trabajo constante de eliminar el sedimento. Para reducir la sedimentación no deseada de las obras de tierra, repuebla con vegetación la cuenca que está arriba de las obras de tierra utilizando el sedimento como un recurso para construir suelo, especialmente si se compone de partículas finas, materia orgánica y tierra fértil. Siempre que sea posible, dirige la trayectoria de flujo del agua cargada de sedimentos a través de relieves bien vegetados y con pendiente suave antes de que el flujo entre en las cuencas y zanjas de infiltración (consulta la sección sobre el patrón de abanicos aluviales más adelante). Esto permitirá que el sedimento fértil se deposite y se utilice en lugar de que se acumule en obras de tierra donde se encharca el agua.

Puedes incorporar trampas de sedimento en el diseño de estructuras de cosecha de agua si no resulta posible interceptar el sedimento antes de que la escorrentía entre en una cuenca u otra obra de tierra. Las trampas de sedimento son cuencas diseñadas para estancar escorrentía y recoger sedimentos, al tiempo que permiten que el agua de escorrentía relativamente clara se desborde hacia otras cuencas cosechadoras de agua. Las trampas de sedimento deben ser fácilmente accesibles y deben limpiarse con frecuencia entre tormentas. No se debe sembrar vegetación en las trampas de sedimento. Dependiendo de su tamaño, el sedimento captado puede satisfacer una variedad de necesidades que van desde material de grano fino para hacer revoque hasta un útil suministro de grava. El Sr. Phiri utilizaba de manera similar la arena recogida en sus represas (capítulo 1).

FLUJO LAMINAR

El flujo laminar es la distribución relativamente uniforme del agua de escorrentía que fluye por la pendiente del terreno en lugar de concentrarse en canales definidos. Si después de una gran lluvia no se ven canales definidos en un área de terreno inclinada, el agua ha fluido a través del paisaje como flujo laminar. Dicho flujo es beneficioso a menos que el paisaje esté tan perturbado o degradado que el flujo laminar genere erosión laminar. Las bermas de microdetrito y los pedestales son indicadores del flujo laminar y la erosión laminar respectivamente, y se describen a continuación.

Bermas de microdetrito

PATRÓN: Las bermas de microdetrito son pequeñas líneas curvas compuestas de hojarasca, heces de animales, ramas y otra materia orgánica que fueron transportadas por el flujo laminar y luego depositadas en forma perpendicular a la dirección del flujo. La parte externa de la curva normalmente apunta pendiente abajo. Típicamente tienen menos de 51 mm (2 pulgadas) de alto y a menudo permanecen cuando mucho unas cuantas semanas después de una lluvia. Se pueden encontrar en el paisaje extenso y en laderas suaves en los patios, pero no se encuentran en los drenes. (Ver la figura A1.2).

RESPUESTA: Estas pequeñas bermas de materia orgánica indican un flujo laminar reciente. Su presencia normalmente indica que no hay necesidad apremiante de control de la erosión. Sin embargo, sí ayudan a señalar la dirección de la pendiente del terreno y del flujo del agua, información que es útil al colocar bermas y cuencas perpendiculares a la pendiente, bermas en bumerán, bermas de acolchado y camas esparcidoras, y al sembrar en contorno.

Pedestales

PATRÓN: A medida que la vegetación estabilizadora en un área se ve afectada por el pastoreo excesivo, los cambios en el uso del suelo u otros factores desestabilizadores, el flujo laminar otrora benigno puede comenzar a causar erosión laminar. Los pedestales son montículos aislados de tierra que quedan después de que el suelo expuesto fuera del perímetro de los pedestales se erosiona (fig. A1.3). Observando de cerca se puede ver que un tapón de piedritas o las raíces de una planta y un dosel de hojas y ramas evitaron que el golpeteo de las gotas de lluvia y la escorrentía resultante se llevaran el pedestal de tierra.

Fig. A1.2. Berma de microdetrito después de que ha cesado el flujo laminar. El flujo laminar corrió desde la parte superior de la foto hacia la parte inferior de la foto. Fotografía: Craig Sponholtz

RESPUESTA: La presencia de pedestales indica que falta cubierta vegetal para proteger y anclar el suelo durante todo el año, y que el flujo laminar se ha convertido en erosión laminar. Para responder a esta situación, utiliza estrategias que restablezcan el flujo laminar disperso, en lugar de un flujo concentrado, que reduzcan la velocidad y la profundidad de la escorrentía, que aumenten la infiltración y que permitan que haya más vegetación. También puedes proteger la superficie del suelo del impacto de las gotas de lluvia utilizando acolchado, además de cambiar las prácticas de manejo de la tierra. Quizás sea necesario cambiar las prácticas de pastoreo, bloquear el acceso a vehículos todoterreno, e incluso reducir o redirigir el tráfico peatonal, si estas actividades impiden el restablecimiento de la cubierta vegetal perenne.

Para estabilizar las áreas de flujo laminar erosionadas en jardines residenciales y terrenos pequeños, puede ser apropiado construir cuencas de infiltración y bermas perpendiculares a la pendiente o en bumerán usando tierra, ramas, acolchado, o estructuras de una sola hilera de piedras hechas con las rocas disponibles en el sitio. Las impresiones en el suelo y/o la hidrosiembra son más adecuadas para aplicaciones a gran escala en áreas con mucha perturbación.

Monitorea la erosión laminar colocando una línea de clavos grandes enterrados hasta la cabeza. Si con el tiempo se forman pedestales debajo de las cabezas de los clavos, entonces sigue ocurriendo erosión laminar. La tasa de pérdida de suelo se puede medir en milímetros o pulgadas por año.

Fig. A1.3. Patrón de pedestal en Empire Ranch en el sureste de Arizona

CAUDAL DEL CANAL

El caudal del canal consiste en agua concentrada dentro de canales o drenes definidos. El origen del agua puede ser lluvia localizada, lluvia remota, manantiales, aguas subterráneas poco profundas, derretimiento de nieve de montañas u otras fuentes. El agua puede fluir todo el tiempo (flujo perenne), puede dejar de fluir periódicamente (flujo intermitente) o puede fluir solo en respuesta a eventos de tormenta (flujo efímero). Al tratar de encontrar patrones de erosión y deposición en los canales, mira el tamaño y el transporte de sedimentos (mencionado anteriormente), y busca cabeceras de cárcavas, surcos, cárcavas, zonas inundables, canales con incisión, cauces de agua que forman meandros, erosión y encharcamiento en los márgenes, bajadas de cruce y otros patrones que se discuten a continuación.

Cabeceras de cárcava

PATRÓN: Una cabecera de cárcava es una característica de erosión que corta una profunda ranura en la tierra, que drena rápidamente el agua lejos de la zona y da como resultado que el paisaje se

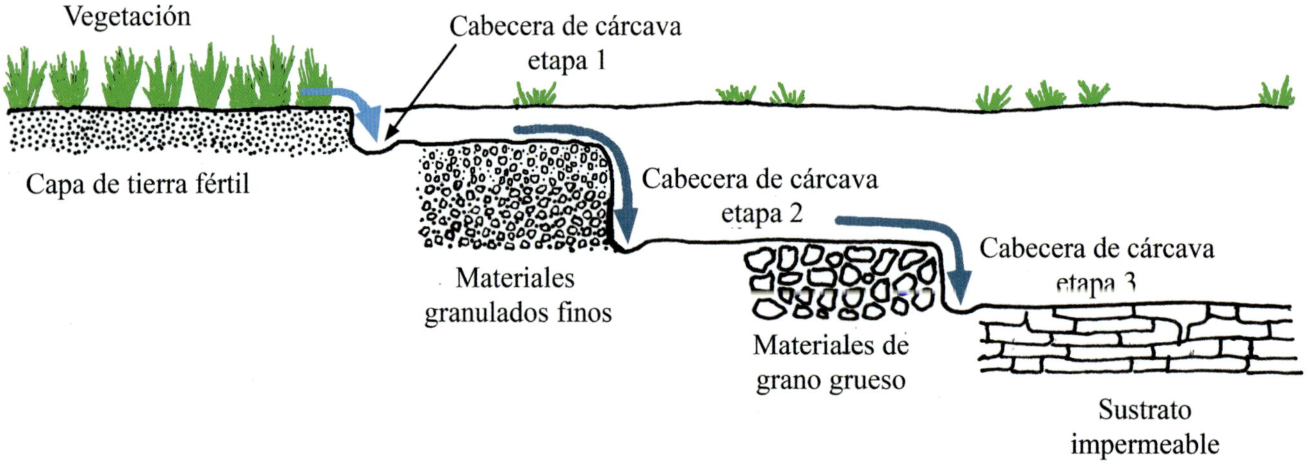

Fig. A1.4. Avance de la cabecera de cárcava. Las cabeceras de cárcava en las zonas altas tienden a avanzar en series u ondas de cortes escalonados y se propagan hacia la cabecera/pendiente arriba. Normalmente vemos las cabeceras de cárcava de la etapa 2 pero no detectamos las demás. Pero debemos encontrar y mitigar las tres. Adaptado de *Let the Water Do the Work* de Bill Zeedyk y Van Clothier, Coalición Quivira, 2014.

seque. Las cabeceras de cárcavas pueden ocurrir en las tierras altas y dentro de canales. Las cabeceras de cárcava empiezan siendo pequeñas, pero pueden llegar a ser severas. Aquellas que se encuentran dentro de los canales cortan aguas arriba o "hacia la cabeza" en dirección al nacimiento de la corriente, en dirección contraria al flujo del agua. A continuación se describen las *cabeceras de cárcava en tierras altas* y *las que ocurren dentro del canal.*

Una cabecera de cárcava en tierras altas se encuentra en el punto, a menudo dentro de un relieve con pendiente suave, donde el flujo laminar se ha congregado en un flujo concentrado profundo y erosivo, como en los bordes principales en erosión de surcos y cárcavas. Las cabeceras de cárcava en tierras altas a menudo ocurren en una serie de cortes escalonados u "olas". Comienzan en la capa superior de tierra fértil, pero una vez que el corte se extiende hasta la primera capa del subsuelo, con frecuencia otra cabecera de cárcava erosiona una capa aún más profunda de subsuelo que a menudo se compone de material más grueso que la capa anterior. Esto puede crear otra cabecera de cárcava más, que finalmente llega hasta una capa menos permeable como la roca madre. De esta manera, una pequeña cabecera de cárcava en la capa superior de suelo fértil se extiende debido a otras cabeceras de cárcava en las capas del subsuelo y se hace más profunda con cada ola de cabeceras de cárcava. Las cabeceras de cárcava en tierras altas siguen cortando en dirección pendiente arriba mientras haya tierra por donde cortar, o hasta que se corrigen y estabilizan (fig. A1.4).

Las cabeceras de cárcava dentro de los canales pueden deberse a perturbaciones que cambian la estabilidad y/o elevación de una parte de un canal, como cruces de carreteras que hacen que baje el lecho de un dren, pérdida de vegetación estabilizadora porque fue removida o se secó, o una presa fallida que crea una socavación erosiva, entre otras causas. Una vez que empieza, la cabecera de cárcava dentro de un canal se encuentra dentro del mismo en el borde de salida de la cabecera de cárcava, que es el lugar donde la elevación del canal cambia abruptamente en el punto de perturbación o incluso un poco más aguas abajo (posiblemente hasta oculto a la vista) de la perturbación original. El resultado puede ser un descenso del lecho del cauce (ver la sección sobre canales con incisión a continuación) hasta el punto donde las pequeñas inundaciones ya no lleguen hasta la parte superior de los márgenes del canal y se esparzan en la zona inundable del arroyo (ver la sección sobre zonas inundables más abajo). El hundimiento del lecho del canal provocado por la cabecera de cárcava inicial puede generar otras cabeceras de cárcava que migren aguas arriba de cada tributario que fluye hacia el canal. A medida que se hunden los lechos de estos afluentes, detonan a su vez la aparición de cabeceras de cárcava en cada tributario que fluye hacia ellos. Durante eventos de escorrentía, las cabeceras de cárcava en tierras altas y dentro del canal son de las partes más húmedas del paisaje o canal; el agua fluye sobre el borde de salida o zonas de declive, arrastrando consigo material del borde superior del corte, cayendo como una cascada que causa un barrido turbulento en la base del corte (ver la figura A1.5A). Todo esto erosiona la cabecera de cárcava más hacia arriba. Al disminuir la escorrentía, la cabecera de cárcava sigue siendo uno de los lugares más húmedos porque ahí es donde se gotea el agua, que se drena gradualmente de los sedimentos y suelos adyacentes y se acumula en la zona baja. Sin embargo, después de que el evento de escorrentía termina y el goteo del agua se detiene, la cabecera de cárcava puede convertirse en la parte más seca del paisaje porque el corte abre, o expone, el sustrato del lecho del canal y el subsuelo de las tierras altas a una pérdida más rápida de humedad por evaporación. A medida que esto sucede, el borde de salida puede colapsarse aún más por la resequedad y las cuarteaduras que se generan conforme van muriendo las raíces de las plantas alrededor (fig. A1.5B). Estos son puntos clave que se deben tener en cuenta al considerar estrategias de respuesta.

RESPUESTA: Las cabeceras de cárcava son un indicador de problemas de erosión graves. Necesitan atenderse rápidamente para detener la incisión del canal. Dentro de un relieve con pendiente suave, una manera de detener una cabecera de cárcava en las partes elevadas es quitarle el agua redirigiendo el flujo hacia otro lugar, teniendo sumo cuidado de no mandar el problema a una nueva ubicación. El flujo laminar superficial debe calmarse, esparcirse e infiltrarse en el suelo en la mayor medida posible antes de que llegue a la cabecera de cárcava. Las estrategias de cosecha de agua, como el acolchado, la vegetación, las cuencas de infiltración, las bermas y cuencas, así como las camas esparcidoras pueden funcionar bien en jardines residenciales, huertos y terrenos pequeños. Las impresiones en el suelo, la hidrosiembra y el incremento en vegetación son mejores estrategias para áreas severamente perturbadas con muchas hectáreas de extensión, ubicadas pendiente arriba de una cabecera de cárcava y afuera del canal. Tal vez la cabecera de cárcava está en una zanja o camino de tierra que ha concentrado el flujo en un nuevo trayecto erosivo. Busca una oportunidad para redirigir el agua de regreso a su trayectoria de flujo histórica más estable.

Dentro del canal que se está erosionando, estabiliza la cabecera de cárcava en sí, al tiempo que esparces e infiltras el flujo de agua con barreras permeables adecuadas a la escala del canal. Durante los eventos de escorrentía, *una rampa de piedra* (en una cabecera de cárcava situada en la parte más alta de una zona elevada), *una poza de inmersión revestida de piedra* (o poza escalonada revestida de piedra en las cabeceras de cárcava situadas dentro del canal) o

Fig. A1.5A. El flujo de agua vertiéndose sobre una cabecera de cárcava.
Fotografía: Craig Sponholtz, WatershedArtisans.com

Fig. A1.5B. Cabecera de cárcava seca mucho después de que el flujo de agua ha cesado.
Fotografía: Craig Sponholtz, WatershedArtisans.com

Fig. A1.5C. Poza escalonada revestida de piedra que estabiliza la cabecera de cárcava de la fig. A1.5B, justo después de la construcción de la poza. Durante los flujos de agua, el agua se acumulará en la poza y se infiltrará entre las piedras para prolongar el riego gratuito de la vegetación que crecerá a través de las rocas y ayudará a estabilizar la estructura. Las flechas denotan el flujo de agua. Fotografía: Craig Sponholtz, WatershedArtisans.com

Fig. A1.6. Rampa de piedra que estabiliza una cabecera de cárcava que solía ser erosiva donde el flujo laminar se convertía en un flujo erosivo de canal en el corte. Observa que la gente está caminando sobre una RUPA que está abajo de la rampa y que hay una segunda RUPA a la derecha de la cintura de la persona de atrás. Norte de Nuevo México. Instalación hecha por Craig Sponholtz

una paleta de cruce evita la erosión hacia la cabecera al evitar la migración del borde de entrada o descarga. A medida que la escorrentía disminuye, una poza de

Fig. A1.7. Una paleta de cruce (insertada en la roca madre del lado izquierdo de la foto, y del lado derecho en piedras grandes nativas) que controla una cabecera de cárcava que solía erosionar el borde de la carretera, mientras crea una poza de deslave que drena sedimentos y capta agua para la vida silvestre. Diseñado por Bill Zeedyk. Construido a mano por el personal de carretera del condado de Pima en 2007. Altar Valley (Arizona)

inmersión recubierta de piedra permanece llena de agua, sobresaturando de agua las proximidades de la cabecera de cárcava, prolongando el tiempo que la humedad del suelo está disponible para las plantas, y maximizando el crecimiento estabilizador de las mismas. Ver las figuras A1.5C, A1.6 y A1.7.

Varios tipos diferentes de estructuras pueden ser apropiados dado que las cabeceras de cárcava a menudo avanzan hacia la cabecera en olas de diferentes alturas. Una rampa de piedra solo es apropiada en cabeceras de cárcava de baja energía donde el flujo laminar se acumula y entra por primera vez en un canal. Las pozas escalonadas revestidas de piedra se pueden utilizar para controlar tanto la cabecera superior de una cárcava, justo en el punto donde el flujo laminar entra en un canal, así como la cabecera que se forma dentro de un canal a la mitad de la caída en una cárcava de tres etapas. Una represa de una piedra de altura (RUPA) podría controlar una tercera caída menos profunda en el extremo inferior de la secuencia de corte.

Erosión en surcos o arroyos pequeños

PATRÓN: Los surcos o arroyos pequeños son diminutos drenes erosivos de los cuales se ha deslavado

A1.8. Surcos de erosión. Fotografía: Craig Sponholtz

Fig. A1.9 Una cárcava cada vez más profunda justo debajo de una cabecera de cárcava. Avra Valley (Arizona)

la tierra suelta. Son la primera etapa de la formación de canales localizados y se crean cuando el flujo laminar se acumula para formar un flujo canalizado debido a la pérdida de la cubierta vegetal y/o al aumento en la inclinación de la pendiente. Son muy comunes en laderas erosionadas pendiente arriba y pendiente abajo de carreteras construidas sobre cortes en laderas, o en entradas o caminos de tierra desnuda con una inclinación cuesta abajo (fig. A1.8). Los surcos son una etapa temprana del tipo de erosión de canal que ocurre pendiente arriba de cabeceras de cárcava pequeñas, y tienden a convertirse en tributarios de las cárcavas.

RESPUESTA: Los surcos son un precursor de las cárcavas más erosivas. Para evitar una mayor degradación del sistema, primero esparce e infiltra el flujo laminar arriba del surco o arroyo pequeño. Las bermas y cuencas, en particular su variación de camas esparcidoras, junto con una mayor vegetación y la adición de acolchado, pueden romper eficazmente la continuidad del flujo de la cuenca al surco. A continuación, utiliza maleza para esparcir e infiltrar el flujo dentro del propio surco. Llena el surco con maleza colocada longitudinalmente, en forma paralela con el mismo. Esto evita las socavaciones que se forman comúnmente cuando se colocan barreras de manera perpendicular al flujo. Coloca la base de corte de la maleza apuntando pendiente arriba y las ramas apuntando pendiente abajo para que el flujo del agua ayude a empujar y anclar las ramas en el lecho y orillas del surco. Este efecto de anclaje se puede mejorar aún más podando las ramas y tallos que van a quedar posicionados contra las orillas y cuenca del surco para formar "ganchos" rígidos de 2.5 a 10 cm (1 a 4 pulgadas) que anclen la maleza cuando se acomode en su lugar con la fuerza del agua. Evita poner capas muy gruesas de maleza. Es recomendable que llegue un poco de luz solar directa al suelo debajo de la maleza para germinar las semillas y permitir que la vegetación crezca a través de la maleza para atrapar sedimentos y estabilizar el suelo.

Cárcavas

PATRÓN: Las cárcavas se forman como resultado del flujo de agua canalizado, concentrado y acelerado. Las cárcavas son grandes drenes erosionados que resultan de un corte extenso en la cabecera (fig. A1.9). Una cárcava se está erosionando activamente si se está socavando y haciéndose más profunda (fig. A1.10).

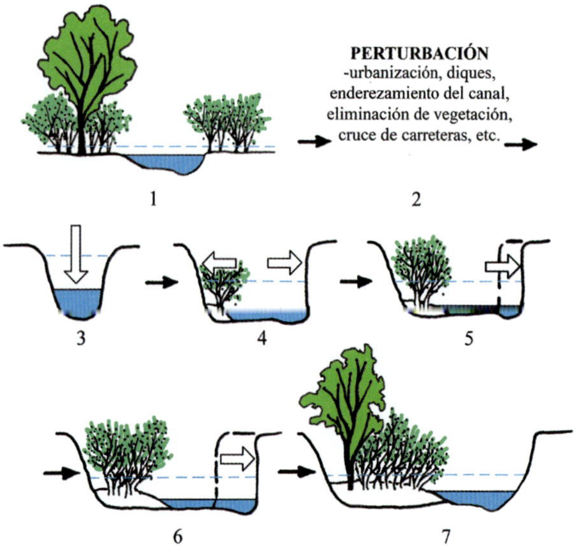

Fig. A1.10. Las condiciones estables se deterioran y se vuelven inestables, luego evolucionan para volver a ser condiciones estables.
Una cárcava de erosión vertical sin acceso a la zona inundable (3) evoluciona para convertirse en un canal de agua más tranquilo y que se ensancha creando una nueva zona inundable accesible, vegetada y que atrapa sedimentos mediante la erosión beneficiosa de sus propios márgenes, conforme establece un cauce con más meandros (7). El área azul representa el flujo de caudal máximo o flujos normales de canal completo justo antes de que empiecen a desbordarse sobre los márgenes del canal hacia la zona inundable, mientras que la línea horizontal punteada representa la profundidad de las crecidas típicas.
Adaptado de *Let the Water do the Work*

Es probable que una cárcava se esté estabilizando si se está haciendo más ancha en lugar de más profunda, si el flujo se está desacelerando y se está volviendo más superficial, y si la vegetación está creciendo dentro del canal y en sus orillas (fig. A1.10). Así es como la naturaleza sana una cárcava y nuestra respuesta debe imitar a la de la naturaleza.

RESPUESTA: Las cárcavas son a menudo precursoras de barrancos aún más severos y profundamente erosionados. El flujo superficial que drena hacia el canal debe calmarse, esparcirse e infiltrarse en el suelo tanto como sea posible antes de llegar al canal. En lugares donde zanjas, senderos o caminos más inclinados han desviado la trayectoria del flujo, busca oportunidades para redirigir el flujo de regreso hacia una trayectoria más gradual e histórica. Arriba de la cárcava puede ser apropiado cambiar la gestión de la tierra e instalar camas esparcidoras, hacer impresiones en el suelo, sembrar vegetación, aplicar acolchado y colocar cuencas de infiltración.

Monitorea la cárcava para ver si se está haciendo más profunda o si se está ensanchando y estabilizando. Si se está haciendo más profunda, coloca con cuidado una serie de RUPAs construidas de manera perpendicular al flujo en los lugares de *bajada de cruce* para ayudar a estabilizar el dren. Al tiempo que haces esto, repara el paisaje general. Consulta la sección sobre cabeceras de cárcava que aparece más atrás para ver la respuesta para cabeceras de cárcava, la sección sobre bajadas de cruce más adelante para ver cómo se colocan las represas de una piedra de altura (RUPAs) y la sección sobre zonas inundables y canales con incisión a continuación para obtener más información sobre el proceso natural y su respuesta.

Zonas inundables

PATRÓN: Una zona inundable es el área de terreno adyacente sobre la cual un canal derrama y dispersa el exceso de flujo durante los eventos de inundación. La profundidad promedio y la fuerza erosiva de las crecidas se reducen cuando el agua sube lo suficiente como para salir del canal y extenderse por el área más amplia, y por lo general vegetada, de la zona inundable (fig. A1.11). De esta manera, las crecidas se transforman en un flujo laminar más tranquilo que se absorbe en el suelo de la zona inundable, reduciendo la intensidad de la inundación.

RESPUESTA: Las zonas inundables son la válvula de escape de un canal de agua. Debemos mantener las zonas inundables alrededor de los canales para permitir el flujo natural de las crecidas por encima de las orillas y sus efectos de reabastecimiento. Debemos evitar la canalización, estrechamiento o enderezamiento artificial de los canales de agua y sus zonas inundables, ya que provocan la incisión del canal y la desecación del terreno circundante. No construyas una casa sobre una zona inundable o un abanico aluvial, como se indica a continuación. Utiliza prácticas y estrategias de manejo de la tierra que mejoren la cobertura vegetal que absorbe agua e hidrata la cuenca, en lugar de

Fig. A1.11. Cauce de agua saludable y con meandros durante el flujo normal de caudal máximo. En las crecidas el flujo de agua se derramará de manera beneficiosa sobre los márgenes hacia la zona inundable bien vegetada y accesible. Los pastos de la zona inundable ayudarán a estabilizar el suelo y a cosechar sedimento, al tiempo que calman, limpian e infiltran gran parte del flujo de agua. Fotografía: Craig Sponholtz

Fig. A1.12. Cauce de agua con meandros y fácil acceso a una zona inundable amplia y vegetada. Norte de Nuevo México. Fotografía: Craig Sponholtz

estrategias que denuden, pavimenten, compacten y deshidraten la cuenca.

Canales con incisión

PATRÓN: Un canal con incisión es aquel cuyo lecho se ha erosionado a tal profundidad que el exceso de flujo ya no puede derramarse sobre la zona inundable. Un canal con incisión a menudo sigue haciéndose más profundo porque los grandes flujos que ya no pueden derramarse y dispersarse en la zona inundable se abren espacio cortando hacia abajo. Y entonces bajan los niveles del manto freático porque las aguas subterráneas poco profundas adyacentes al canal fluyen hacia el corte profundo y se drenan, en lugar de reabastecerse por la infiltración de agua superficial como ocurre en arroyos con lechos poco profundos. A medida que el nivel del flujo de agua baja en el canal con incisión, la zona capilar más alta que está en las orillas, y que se utiliza para sostener la vegetación a lo largo del cauce del agua, se seca y desaparece. Las plantas ribereñas mueren y las condiciones se vuelven más áridas y frágiles.

RESPUESTA: Dentro de los canales con incisión, usa estrategias de control de nivel como las represas de una piedra de altura (RUPAs) para ayudar a detener la erosión hacia abajo, al tiempo que permites que el canal corte lateralmente para ensanchar sus márgenes en un patrón serpenteante natural. Esto recrea una zona inundable en un nivel inferior dentro del canal que se está ensanchando y permite que las crecidas del canal vuelvan a conectarse con la nueva zona inundable del canal (fig. A1.10). Consulta la sección sobre cauces de agua con meandros.

Cauces de agua con meandros

PATRÓN: En los cauces de agua que fluyen por pendientes graduales (pendiente menor a 4 %) la energía del agua que fluye tiende a esparcirse debido a los patrones de flujo serpenteantes (fig. A1.12). Esto ilustra el cuarto principio de la cosecha de agua de ralentizar, esparcir e infiltrar el agua (fig. 1.16B en el capítulo 1). Cuantos más meandros tengan los cauces, mayor será la distancia que debe fluir el agua para llegar de la parte superior a la parte inferior del cauce. Esto reduce la gradiente o pendiente del lecho del cauce de agua, con lo que disminuye la velocidad erosiva del flujo al tiempo que aumenta su duración. El agua entra en contacto con una mayor parte del área superficial del lecho del canal, lo que permite que más agua se infiltre en el subsuelo para recargar pozos, manantiales y acuíferos, y para proporcionar humedad para más plantas a lo largo del cauce. Estas plantas estabilizan los canales y orillas adyacentes, ralentizan los flujos de las crecidas, atrapan sedimentos, construyen suelo y enfrían y dan protección al agua, mejorando el hábitat de los peces y la calidad del agua.

RESPUESTA: Los meandros son buenos. Déjalos ser. Es un proceso natural en el que la fuerza erosiva del flujo del agua en cauces con incisión se disipa a medida que el flujo excava de manera alternada las orillas del canal, induciendo la redistribución de los materiales del lecho y la evolución gradual a cauces más anchos con trayectorias de flujo más largas. Durante este proceso natural, los canales estrechados se "sanan" con el tiempo mediante la creación de una zona inundable más ancha y saludable. Aunque está fuera del alcance de este libro, una estrategia a considerar para canales anormalmente rectos que se están erosionando son los "meandros inducidos" que aceleran el ensanchamiento de cárcavas y canales estrechos con incisión, alargando la trayectoria del flujo y reduciendo la profundidad del canal conforme se van erosionando sus márgenes en un patrón zigzagueante natural. Para obtener más información, consulta el libro *Let the Water Do the Work: Induced Meandering, an Evolving Method for Restoring Incised Channels* de Bill Zeedyk y Van Clothier (figs. A1.28A y B).

Pozas y cortes en márgenes

PATRÓN: Los cortes en los márgenes de las curvas de los meandros ocurren donde el agua canalizada que fluye alrededor de una curva excava la orilla exterior del dren debido a la fuerza centrífuga del agua, formando con la socavación resultante un cuenco o poza en la base del corte. En los cauces de agua arenosos y efímeros de las zonas áridas, esta poza se oculta cuando se llena de arena al final de un evento de escorrentía. El corte del margen y la socavación de la poza en las curvas del meandro crean relieves cóncavos y erosivos. El agua que se mueve más lentamente en el interior de la curva permite que el sedimento de grano más fino que fue arrastrado del margen exterior se deposite en la curva interior, formando una *barra de meandro* convexa donde la vegetación se pueda afianzar. Inmediatamente aguas abajo de las curvas, el sedimento más grande se deposita en las *bajadas de cruce* situadas en los tramos rectos del canal entre las curvas. En la figura A1.13, observa la pendiente más cóncava del lado del flujo que va excavando la tierra. Después observa la forma convexa que tiene el lado donde ocurre la deposición, que por lo general es un margen con una pendiente suave.

El lecho ondulante de las pozas más bajas y de las bajadas de cruce más elevadas del cauce de agua aumenta la capacidad del cauce de retener e infiltrar agua, controla el flujo y mejora microhábitats diversos, incluido el hábitat para peces en flujos perennes.

RESPUESTA: El corte en los márgenes puede ser muy útil o muy perjudicial dependiendo del grado de incisión del canal y la sinuosidad relativa. En lugares donde el canal tiene incisión y carece de sinuosidad, puede ser útil. Puede ser perjudicial en lugares donde el canal no tiene incisión y muestra la sinuosidad adecuada. (Consulta la sección sobre barras de sedimentación que aparece a continuación para ver un ejemplo de un corte de márgenes no beneficioso, y el libro *Let the Water Do the Work* para obtener más información sobre cómo evaluar la salud y la sinuosidad de un canal).

El corte de márgenes en una curva y la ubicación de las pozas en las curvas del meandro pueden ayudar a "esparcir e infiltrar" el agua cuando con el tiempo se ensancha y alarga la trayectoria de flujo en un canal que cada vez serpentea más/tiene más meandros. Esto puede reducir la pendiente de un canal y disminuir la velocidad del flujo. Por lo general, no se debe intentar controlar esta curvatura de un canal. Más bien, usa tu reconocimiento de la curvatura para colocar correctamente las represas de una piedra de altura (RUPAs) si es necesario controlar la erosión/nivel dentro del canal.

Las RUPAs son trampas de sedimento que controlan el nivel, así que colócalas donde los sedimentos se acumulan de manera natural. Las secciones rectas de los canales en las bajadas de cruce son los lugares ideales para la acumulación de sedimentos. No las pongas en secciones curvas de los canales donde el agua probablemente cortaría alrededor de los bordes exteriores de las RUPAs. Las

RUPAs colocadas en las bajadas de cruce ayudan a subir la elevación de dichas bajadas, al tiempo que aumentan la profundidad de las pozas corriente arriba con relación a las bajadas de agua, aumentando así el potencial que tiene el cauce de cosechar agua. Ten en cuenta que todas las bajadas de cruce dentro de un tramo de un canal determinado deben elevarse en la misma cantidad de altura (si elevas una en 30 centímetros, levanta todas las demás 30 centímetros también). De lo contrario, la pendiente de ese tramo del cauce se hará más pronunciada y aumentará la velocidad del flujo, lo que probablemente aumentaría la erosión. Consulta la sección sobre bajadas de cruce para obtener más información.

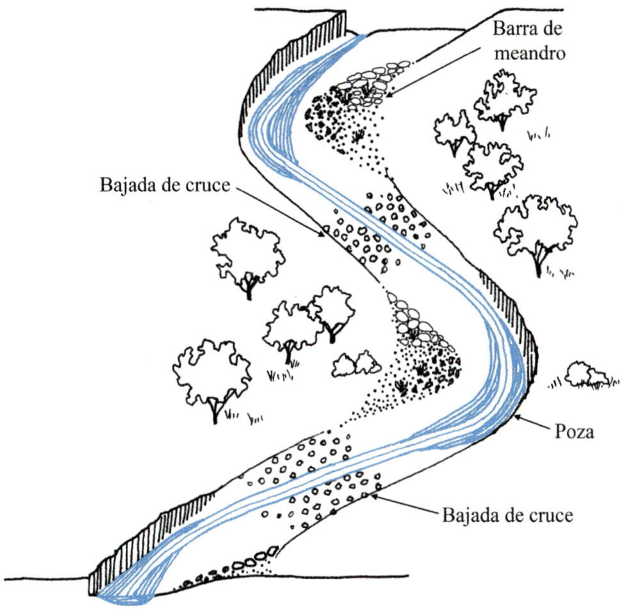

Fig. A1.13. Corte erosivo de márgenes y pozas en curvas exteriores, barras de sedimentación en meandros al interior de las curvas y bajadas de cruce donde se deposita el sedimento entre meandros

Bajadas de cruce

PATRÓN: Las bajadas de cruce son los tramos poco profundos de un canal que se encuentran en los segmentos rectos entre las curvas de meandro y sus pozas (figs. A1.13, A1.14). Las bajadas de agua son elementos de deposición que se forman en el lecho

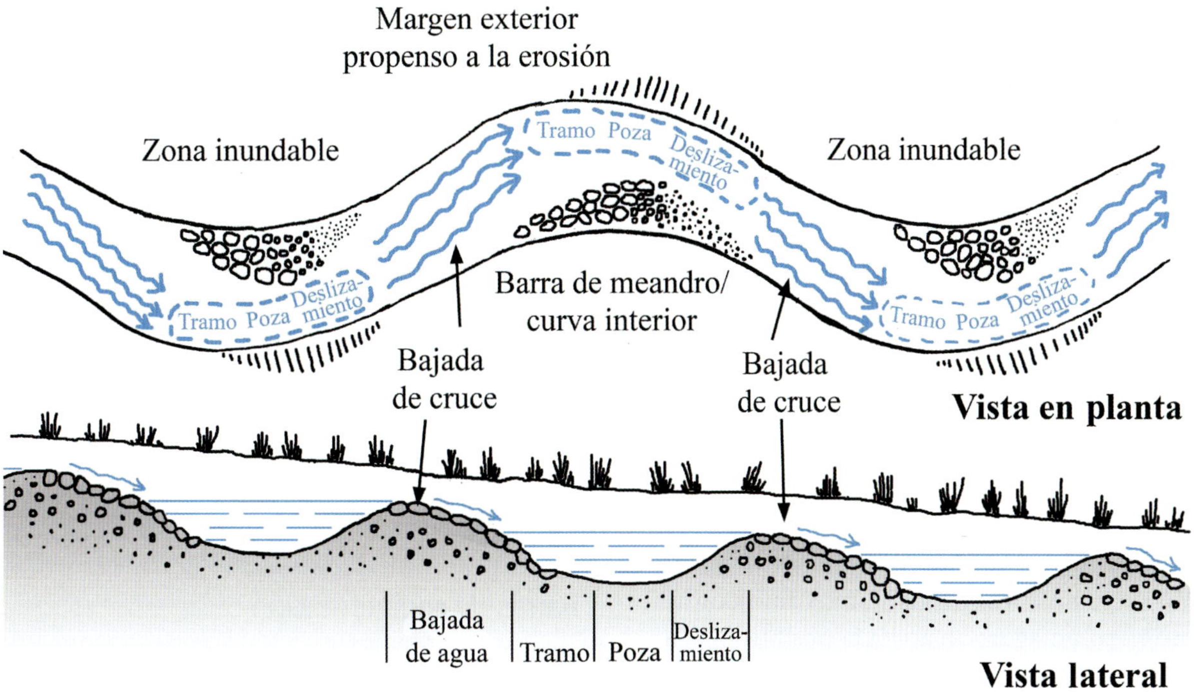

Fig. A1.14. Las bajadas de cruce son lugares donde el flujo de agua cruza de una curva de meandro y su poza a otra. El sedimento se acumula de manera natural en esas bajadas de agua; por tanto, son los lugares perfectos para RUPAs que atrapan sedimentos. Observa que la escala vertical está un poco exagerada en esta ilustración para mostrar con mayor facilidad los patrones de cambio en las elevaciones. Adaptado de *Erosion Control Field Guide* y *Let the Water Do the Work*.

del canal con el sedimento grande que es arrastrado de las pozas, pero que es demasiado pesado para ser transportado hasta la siguiente poza. La bajada de cruce recibe su nombre porque cuando el flujo del cauce se proyecta hacia al exterior de la curva de un meandro, el agua debe "cruzar" el centro del canal en su viaje hacia el exterior de la siguiente curva de meandro. Esto sucede en la ubicación de la bajada de cruce. En el proceso de cruce, gran parte de la energía de flujo necesaria para transportar sedimentos más grandes se pierde y el material se deposita. Esto aumenta la rugosidad del lecho del canal, ralentizando aún más el agua y fomentando una mayor deposición.

RESPUESTA: Las bajadas de cruce se forman de manera natural y funcionan como estructuras de control de nivel en los canales. Es poco probable que los sedimentos de tamaño grande que componen la bajada de agua se muevan durante el flujo normal del agua (flujo base) y en pequeñas inundaciones, sin embargo, se transportan y reemplazan durante las grandes inundaciones. El resultado es un equilibrio dinámico en la profundidad del lecho del canal. Identificar bajadas de cruce es el paso más crítico a la hora de elegir la ubicación adecuada para construir correctamente una estructura de control de nivel duradera y eficaz, como una RUPA (fig. A1.14). Por lo general es más fácil ubicar las bajadas de cruce en canales con patrones de meandros bien desarrollados y sedimentos de tamaño variable. La mejor manera de localizar la bajada de cruce es encontrar el punto intermedio aproximado entre dos curvas de meandro que se encorvan en direcciones opuestas. Si el patrón del meandro está mal definido o si el lecho del canal está compuesto de arena, quizás sea necesario buscar sedimentos más grandes que se distribuyen uniformemente a través del lecho del canal. Esta pista sutil puede indicar la ubicación de la bajada de agua. Para asegurarte de que este sea el caso, busca depósitos de sedimentos de grano muy fino tanto aguas arriba como aguas abajo de la posible bajada de agua. Estos sedimentos de grano fino a menudo indican lugares donde el agua se encharca al final de una inundación, lo que permite que estos sedimentos más pequeños se asienten.

Fig. A1.15. Una serie de RUPAs justo después de su construcción e hidrosiembra de los márgenes. La flecha indica el flujo de agua. Jardines Botánicos de Santa Fe, Santa Fe (Nuevo México). Diseño de Steve Vrooman de Restoration Ecology. Trabajo con las piedras y fotografía de Craig Sponholtz. Hidrosiembra por San Isidro Permaculture.

Las estructuras de control de nivel, como las represas de una piedra de altura (RUPAs, descritas e ilustradas en el capítulo 3), imitan las funciones de las bajadas de cruce cuando se colocan correctamente en serie entre las curvas de meandro. Cada RUPA debe tener una altura similar, pero de no más de 30 cm (1 pie). Colocar represas de una piedra de altura en cada lugar donde haya una bajada de cruce puede subir de manera eficaz la elevación del lecho de un canal en toda la longitud del segmento tratado. Las RUPAs colocadas como tales dentro de un cauce de agua erosionado y socavado (dependiendo de la profundidad del lecho del canal) pueden reconectar el caudal con su zona inundable, lo que aumenta drásticamente la cantidad de humedad y sedimentos que el caudal puede reciclar de manera beneficiosa a través del cauce del agua y su ecología (fig. A1.15).

Barras de sedimentación

PATRÓN: Las barras de sedimentación son depósitos de sedimento dentro del canal formados cuando el agua que se mueve de manera relativamente lenta suelta las cargas de sedimento que son demasiado pesadas para ser movidas con la cantidad de energía disponible. Las barras de sedimentación tienen una forma convexa creada por el acomodo natural de sedimentos de varios tamaños. Las partículas más pequeñas se depositan en la parte superior de las barras y más cerca de las orillas donde el agua es poco profunda y se mueve más lento. Los materiales más grandes se depositan en los bordes de las barras donde el agua más profunda lleva la mayor velocidad. Existen numerosos tipos de barras de sedimentación, cada una el resultado de procesos hidráulicos y de transporte de sedimentos que difieren ligeramente.

Las *barras de meandro* se forman en las orillas interiores de las curvas de meandro e indican un patrón zigzagueante en formación o bien formado (ver las barras de meandro etiquetadas en las figuras A1.12, A1.13 y A1.14). Las *barras laterales* se forman a lo largo de las orillas y pueden convertirse en barras de meandro si continúan expandiéndose hacia la orilla opuesta y crean una curva de meandro. En un canal relativamente recto, estas pueden indicar las primeras etapas de un patrón de meandros en desarrollo. *Las barras longitudinales* se forman en el canal sin ningún contacto con las orillas adyacentes y pueden ser una indicación del exceso de sedimento que un canal no puede transportar. Este tipo de barra de sedimentación hace que el flujo en un canal se divida alrededor de la barra y a menudo conduce a la erosión no deseada de las orillas. La erosión de los márgenes causada por barras longitudinales no crea un patrón de meandros estable y puede ser una señal de erosión y degradación severa del terreno aguas arriba.

RESPUESTA: Las barras de sedimentación de todo tipo son excelentes indicadores de las condiciones aguas arriba en la cuenca. Nos muestran que el sedimento que se erosiona desde lugares aguas arriba está siendo transportado por la corriente y depositado más abajo. Una combinación de deposición reciente en numerosas barras de meandro, normalmente con poco o ningún crecimiento de vegetación, acompañada de la erosión de las orillas exteriores del meandro, puede ser una señal de que un gran volumen de sedimentos se está moviendo a través del sistema. También puede indicar que el canal tiene algo de incisión y ha perdido el acceso a la zona inundable, y que la erosión de los márgenes los está ensanchando y creando una nueva zona inundable.

La respuesta depende del tipo de barras de sedimentación que observemos y de la tendencia general en la salud de la cuenca que afecta a la ubicación que estamos observando. Un canal bastante recto con incisión en el que se están formando barras laterales puede indicar que se está formando y evolucionando un patrón de meandros que dará como resultado la sanación natural del canal con incisión. Las barras laterales se pueden convertir en barras de meandro mediante la construcción de deflectores que erosionan la orilla opuesta y fomentan la deposición de barras de meandro. (Consulta el libro *Let the Water Do the Work* de Bill Zeedyk y Van Clothier para ver información sobre cómo colocar y construir deflectores). Esto creará más espacio para una zona inundable y acelerará el proceso natural de sanación. La presencia de barras longitudinales puede ser un síntoma de degradación activa y exceso de producción de sedimentos causada por la erosión en partes más altas de la cuenca. En este caso lo recomendable sería encontrar la ubicación de la erosión que está generando el sedimento y tratar el problema en su origen.

Pozas escalonadas en drenes escarpados

PATRÓN: En general, los arroyos con una pendiente de más del 4 % disipan la energía de manera vertical a través de pozas escalonadas en lugar de hacerlo de forma lateral a través de meandros y el desbordamiento de las crecidas hacia las zonas inundables. El efecto de caer-encharcarse-bajar la velocidad-caer-encharcarse-bajar la velocidad producido por múltiples pozas escalonadas evita que el agua alcance una velocidad extrema. El aumento de la rugosidad del canal, creado, por ejemplo, por rocas de varios tamaños que sobresalen del lecho del cauce, también puede disipar la energía del cauce.

RESPUESTA: Las pozas escalonadas crean un patrón natural que difumina la energía de los flujos de agua más escarpados. Si hay una sección empinada en un canal que se está erosionando y hay piedras disponibles ahí mismo, puedes usar el patrón de poza escalonada

Fig. A1.16. Pozas escalonadas construidas por el Dr. David Rosgen y asociados en un afluente del río Three Forks, en Colorado. Reproducido con permiso de *Let the Water Do the Work* de Bill Zeedyk y Van Clothier. Fotografía: Van Clothier

(fig. A1.16). Puedes utilizar pozas escalonadas revestidas de piedra y RUPAs para crear una serie de pozas escalonadas (fig. A1.17).

NOTA: Si el lecho de un canal efímero es de roca madre, podría ser apropiado crear las condiciones para un manantial efímero mediante la construcción de RUPAs bien hechas o incluso cortinas de piedra con rocas sueltas o de piedras apiladas en seco que tengan más de una roca de altura, aunque esta altura puede debilitar la estructura. La represa de una piedra de altura o una cortina de piedra no envuelta en alambre puede acumular sedimentos gruesos porosos en su lado aguas arriba en los que el agua se infiltra rápidamente. Esta agua se gotea lentamente como un manantial de filtración que sale del sedimento en la base de la represa. Una estructura de más de una piedra de altura podría ser apropiada en este caso solo porque la roca madre puede soportar la fuerza del agua que cae sobre la estructura sin que se forme una socavación que debilitaría la represa (figs. A1.18, A1.19). Una serie de estructuras de acumulación de sedimentos como esta podrían elevar el lecho de sedimentos a lo largo del canal y mantener el agua infiltrada moviéndose aguas abajo por debajo de la superficie, reduciendo la pérdida de agua por evaporación. La ubicación ideal para estas estructuras por lo general es en la bajada de cruce.

Fig. A1.17. Vista río abajo del agua captada dentro de una poza escalonada revestida de piedra, junto con otras pozas detrás de dos RUPAs aguas abajo. Un año después de que se tomó esta foto crecían abundantes pastos nativos a través de las piedras de las estructuras y en los suelos por encima y por debajo de ellas. Jardines Botánicos de Santa Fe, Santa Fe (Nuevo México). Diseño de Steve Vrooman de Restoration Ecology. Instalación por Craig Sponholtz

Raíces expuestas

PATRÓN: La exposición de las raíces de árboles y arbustos a lo largo de drenes grandes o pequeños (fig. A1.20) indica que se ha producido una erosión significativa. La corona del tallo expuesta, el punto donde el tronco emergió del suelo y bajo el cual las raíces comenzaron a crecer, revela el nivel original del suelo antes de que se produjera la erosión y se expusieran las raíces. Las raíces en forma de hamaca expuestas que se extienden por el lecho del dren son huellas del *efecto hamaca* que indican que, antes de la erosión, el nivel del canal estaba por encima de este

Fig. A1.18. Una RUPA sobre roca madre, acumulación de sedimentos arriba y una filtración efímera por debajo. Norte de Nuevo México. Obra de Craig Sponholtz

Fig. A1.19. Un filtro/cortina de piedra construida sobre roca madre por el Cuerpo Civil de Conservación en la década de 1930, y el manantial que surgió como resultado. Observa cómo se colocó material vez más pequeño, desde pequeñas rocas hasta grava, contra el lado pendiente arriba de las piedras grandes de la cortina para asegurar que el sedimento más pequeño no se deslave de manera erosiva entre las piedras grandes. Montañas Tucson al oeste de Tucson (Arizona)

entramado estabilizador de raíces tejidas que crecen de los árboles en los márgenes (fig. A1.21).

RESPUESTA: La presencia y magnitud de las raíces expuestas indican el grado de erosión del canal y márgenes de un dren. ¿Cuál es la naturaleza y composición del sedimento y del suelo, y su resistencia a la erosión? ¿El material es arcilla que es un poco estable o arena y grava que son menos cohesivas? Cuanto menos cohesivo y más propenso a la erosión sea el material, más importantes son las raíces de los árboles y otras plantas para dar estabilidad. Si ves el efecto hamaca en las raíces expuestas, las condiciones de erosión son malas y la necesidad de reparación es urgente. Pon un freno a la erosión vertical construyendo estructuras de control de nivel, como represas de una piedra de altura entrelazadas con las

Fig. A1.20. Bill Zeedyk en un dren severamente erosionado en el sur de Arizona. Observa la corona del tallo expuesta del árbol de mezquite justo a la izquierda de la cabeza de Bill, y las raíces colgantes debajo. Ahí donde está sentada la persona que se ve al fondo, se acaba de construir un deflector de piedra de color blanco para inducir la formación de un meandro más pronunciado en el margen opuesto. Mira el efecto del deflector de piedra y otras estructuras en la figura A1.28B.

Fig. A1.21. Hamaca de raíces de árboles expuestas en el sureste de Arizona. Reproducido con permiso de *Let the Water Do the Work* de Bill Zeedyk y Van Clothier. Fotografía: Van Clothier

raíces en forma de hamaca y sembradas con pastos nativos para agregar más masa radicular.

Busca la causa de la erosión vertical y trabaja para solucionarla. Si el lecho del dren se ha hundido por causa de un cruce de camino, vuelve a levantar el lecho construyendo una estructura de control de pendiente, como una RUPA, en el lado pendiente abajo del camino (figs. A1.28). Se pueden utilizar piedras y grava para rellenar la pendiente ascendente de la represa de tal forma que la superficie elevada del camino esté dura y se pueda manejar sobre ella en condiciones húmedas. Eleva los canales con incisión para reconectarlos con sus zonas inundables. Si la cuenca que drena en el canal ha perdido su cobertura de vegetación perenne, toma medidas para que vuelvan a crecer esas plantas que son como esponjas sembrando esquejes de plantas que echan raíces rápidamente como el sauce, pasto en rollo o semillas.

PATRONES GENERALES DE AGUA, PENDIENTE Y FLUJO

Los siguientes patrones no se limitan únicamente al flujo laminar o al flujo en canal. Son causados por diversos flujos de agua y sedimentos, las formas de vida a las que sostienen y las laderas a las que ayudan a dar forma. Estos patrones también te ayudan a leer el paisaje y sus flujos. Busca pendientes de deposición y de erosión, marcas de crecidas de agua, vegetación y señales de la presencia de animales. Todo esto se describe a continuación.

Pendientes empinadas/que causan erosión y pendientes suaves/de deposición

PATRÓN: En paisajes con topografía variada, especialmente colinas y valles ondulantes, identifica estas condiciones:

- las zonas más planas en las cimas de las colinas, donde tanto la erosión (pérdida de suelo y sedimentos) como la deposición (ganancia de suelo y sedimentos) son relativamente pequeñas;
- las pendientes más pronunciadas, donde se pierde más suelo por erosión del que se gana por la deposición;
- las pendientes más suaves colina abajo de pendientes más empinadas, donde se deposita más sedimento del que se pierde por erosión;
- el punto, líneas o zonas de transición entre las áreas descritas anteriormente.

En el nivel micro, podrías ver una pendiente gradual cubierta de vegetación, materia orgánica y limo, que luego se convierte en un parche más empinado de tierra inclinada y desnuda, que posteriormente cambia otra vez a ser una pendiente más gradual donde la vegetación, el limo y la materia orgánica se acumulan de nuevo (fig. A1.22).

RESPUESTA: Las áreas con pendientes graduales podrían ser buenos lugares para la siembra ya que reciben agua y materia orgánica fértil, y no se están degradando. Las pendientes graduales ubicadas en puntos más bajos en el paisaje tienden a tener las mejores condiciones para la siembra ya que reciben escorrentía tanto de las áreas graduales como de las empinadas de más arriba.

En el nivel macro, las cimas de las montañas y de las colinas pueden ir de pendientes empinadas a otras más graduales. Las laderas más pronunciadas con una erosión sustancial pueden pasar a ser zonas con

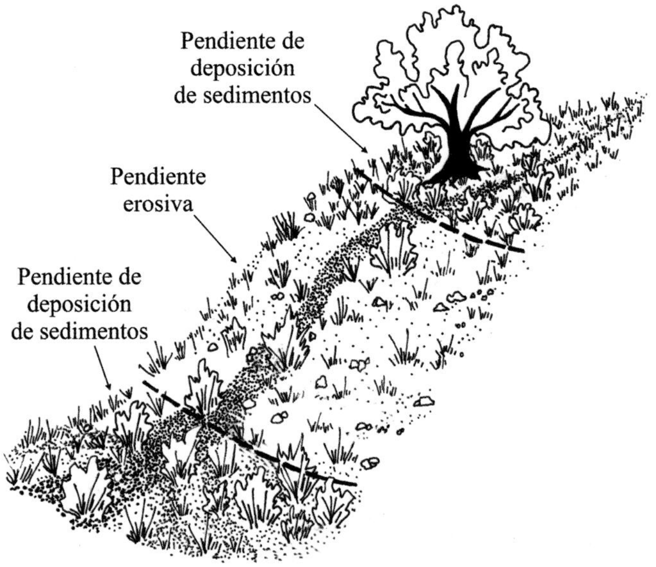

Fig. A1.22. Pendientes graduales/de deposición de sedimentos intercaladas con pendientes empinadas/erosivas

inclinaciones más graduales donde los sedimentos se depositan para formar abanicos aluviales.

No importa si trabajas en la escala macro o micro, concentra tus esfuerzos de cosecha de agua y revegetación en áreas de deposición con pendientes graduales donde se requiere menos esfuerzo. Trabajar en un área de deposición que se encuentra arriba de una pendiente más empinada podría ayudar a repoblar con vegetación dicha pendiente conforme las semillas y la humedad se mueven cuesta abajo. Sin embargo, ten mucho cuidado al rehidratar las zonas de deposición ubicadas sobre pendientes pronunciadas en regiones propensas a deslizamientos de lodo. En estas áreas, lo recomendable es que enfoques tus esfuerzos de cosecha de agua exclusivamente en áreas de deposición situadas abajo de las laderas pronunciadas, y no en las que quedan arriba.

Las obras de tierra como bermas y cuencas o zanjas de desvío solo deben utilizarse en pendientes de deposición donde son más fáciles de construir porque es necesario mover menos tierra, son más estables y funcionan de manera más eficiente.

Si vas a construir una pequeña represa o estanque de tierra, asegúrate de no acumular agua por encima de la pendiente gradual/de deposición. Mantener el nivel del agua por debajo de las pendientes más empinadas/propensas a la erosión te permite dirigir el sobreflujo a través de pendientes graduales/de deposición más suaves y de más fácil manejo.

Abanicos aluviales

PATRÓN: Las laderas de los canales afluentes son siempre más inclinadas que las laderas de los cauces a los que desembocan. Los abanicos aluviales son relieves de deposición creados cuando los canales afluentes cargados de sedimentos se ensanchan y su pendiente se reduce de manera importante, como ocurre cuando los canales se cruzan con fondos de valle extensos y de pendiente suave. Conforme el agua se ralentiza y se esparce, se empiezan a depositar los sedimentos más pesados primero. La deposición de los sedimentos más pesados en el ápice (lado de la pendiente ascendente) del abanico aluvial hace que la escorrentía se ralentice y se esparza aún más. A medida que la escorrentía continúa disminuyendo su velocidad y esparciéndose, se van depositando sedimentos de tamaño cada vez más fino. El resultado es un relieve amplio, convexo y en forma de abanico compuesto de depósitos aluviales profundos (figuras A1.23 y A1.24).

Los abanicos aluviales proporcionan importantes funciones de cosecha de sedimentos y de agua en cuencas hidrológicas. Son depósitos de sedimentos y humedad almacenados que amortiguan la cantidad de sedimentos y escorrentía que reciben los canales aguas abajo. El mecanismo natural de clasificación de sedimentos, que deposita los sedimentos más grandes en el lado pendiente arriba del abanico y las partículas más finas en el lado pendiente abajo, crea un perfil de suelo que infiltra rápidamente grandes cantidades de escorrentía. A menudo la escorrentía se infiltra profundamente en los estratos del suelo, minimizando la disponibilidad de humedad superficial y la consiguiente pérdida por evaporación. Sin embargo, la humedad almacenada en lo profundo y los ricos suelos aluviales crean un ambiente ideal para el crecimiento de plantas y árboles de raíces profundas. Desde hace mucho tiempo, las culturas indígenas han utilizado los abanicos aluviales como áreas de cultivo intenso. El aporte regular de sedimentos y escorrentías ricos en nutrientes rejuvenece constantemente la fertilidad del abanico aluvial.

Fig. A1.23. Un abanico aluvial que se forma donde una pendiente pronunciada se vuelve más gradual y el flujo se esparce. Las flechas denotan el flujo de agua y sedimentos. Fotografía: Craig Sponholtz

Fig. A1.24. Un abanico aluvial donde el flujo más pronunciado y canalizado se esparce sobre una pendiente más gradual. Las flechas punteadas y los óvalos sombreados denotan un flujo cambiante y serpenteante de agua y sedimentos. Las líneas punteadas y arqueadas denotan las líneas de contorno del abanico (con la misma forma que una cama esparcidora). Crédito: Craig Sponholtz

RESPUESTA: Los abanicos aluviales se crean y se mantienen por la ralentización y el esparcimiento recurrente de escorrentía cargada de sedimentos. Los abanicos aluviales con grandes suministros de sedimentos pueden tener una inclinación muy pronunciada, pero la dispersión y ralentización de la escorrentía y la deposición de sedimentos resultante mantienen un flujo laminar a pesar de la relativa inclinación del terreno. Los abanicos aluviales pueden ser relieves frágiles ya que se componen de depósitos de sedimentos sueltos. Cualquier cosa que reduzca la capacidad de la escorrentía de disminuir su velocidad y esparcirse por todo el abanico hará que la escorrentía se concentre y fluya con mayor velocidad, y causará erosión severa y la formación de cárcavas.

La escorrentía debe ralentizarse y extenderse lo más cerca posible del ápice del abanico, especialmente si se están formando cárcavas en el abanico. Entre más alto en la pendiente ocurra la ralentización y dispersión, mayor capacidad de almacenamiento de sedimentos y humedad tendrá el abanico. Las medias lunas (camas esparcidoras) construidas con acolchado de piedra o de maleza son ideales para establecer y mantener la ralentización y dispersión de la escorrentía (ver las figuras en la sección sobre *camas esparcidoras* del capítulo 3).

Los abanicos aluviales fragmentados por uno o más canales se erosionan y se degradan de manera activa. En este caso es importante esparcir la escorrentía fuera de cada canal lo más cerca posible del ápice del abanico. Las represas de una piedra de altura (RUPA) se pueden utilizar donde el canal es más profundo y las medias lunas se pueden utilizar donde el canal es muy superficial. Ten cuidado de no concentrar la escorrentía que se ha esparcido fuera de un canal que se está erosionando.

Los abanicos aluviales se pueden construir en lugares donde un canal con márgenes bajos está transportando un exceso de sedimentos a través de una pendiente suave. Se puede utilizar una cama esparcidora de piedra o maleza para ralentizar y esparcir la escorrentía en un relieve relativamente amplio y plano adyacente al canal. Localiza el ápice previsto para el futuro abanico donde la pendiente y los contornos del terreno ofrecen la primera oportunidad para esparcir escorrentía fuera del canal poco profundo. Una cama esparcidora construida en esta ubicación esparcirá y ralentizará la escorrentía para crear un flujo laminar y ayudar a la sedimentación del canal. Con el tiempo, el depósito de sedimentos recién formado seguirá desacelerando y esparciendo la escorrentía para crear un flujo laminar.

Marcas de crecidas de agua

PATRÓN: Las marcas de las crecidas de agua son los puntos más altos en drenes o zonas inundables donde se puede ver evidencia de flujos pasados de agua y sedimentos. Busca líneas descoloridas en piedras y vegetación junto con madera muerta o acumulaciones de ramas, ramitas, hierba y otros detritos que indiquen la altura máxima que alcanzó el agua durante una inundación. A veces estas acumulaciones se pueden ver en puntos sorprendentemente altos en una cerca o en las ramas de un árbol (fig. A1.25).

Fig. A1.25. Detrito en álamo joven por crecida de agua

RESPUESTA: Las marcas de las crecidas de agua indican el potencial de futuros eventos de flujos de agua elevados en drenes y zonas inundables. No construyas dentro del área de posibles inundaciones, y asegúrate de que no aparezcan marcas de crecidas de agua por encima o cerca del nivel de los cimientos de las edificaciones que ya tienes. Si encuentras evidencia de que el agua se está acumulando en los cimientos de un edificio, trata de desviarla y cosecharla con obras de tierra antes de que llegue al edificio. Además, asegúrate de que el nivel alrededor del edificio drene el agua a un punto a 3 m (10 pies) de distancia de la edificación. Los picos de inundación pueden volverse más intensos a medida que el terreno vegetado que hay en la cuenca, y que funciona como una esponja, es reemplazado por techos, calles y estacionamientos, o conforme la tierra se va quedando desnuda debido a otras perturbaciones como el pastoreo excesivo, la tala excesiva o el uso excesivo de vehículos todoterreno. No es prudente comprar o construir una casa en tierras propensas a inundaciones, ni manejar la cuenca hidrográfica de una manera que aumente los flujos pico de inundación.

Vegetación

PATRÓN: La vegetación generalmente aumenta en densidad cuando hay más agua presente. La presencia de diferentes tipos de plantas indica cuánto tiempo hay agua disponible para el crecimiento de las plantas: el *hidroperiodo*. Las especies hídricas perennes (vegetación hidrorriparia) son plantas de larga vida que se adaptan a los suelos anegados y su presencia indica que hay suministros de agua constantes cerca de la superficie terrestre. En el suroeste, las plantas de hoja ancha y alto consumo de agua como los álamos (*Populus fremontii*), el sicómoro de Arizona (*Platanus wrightii*), los sauces (*Salix* spp) y la cola de gato (*Typha latifolia*) suelen indicar la presencia de manantiales, un flujo de agua perenne o aguas subterráneas poco profundas. Por lo contrario, los arbustos resistentes con hojas en forma de triángulo (*Ambrosia deltoidea*) se encuentran en zonas áridas altas y con buen drenaje. Sin embargo, todo es relativo. A veces ni los chamizos pueden crecer en las zonas extremadamente áridas de un paisaje extenso; entonces dichas plantas se encuentran a lo largo de drenes y otras áreas de mayor concentración de agua. Los indicadores de mayor disponibilidad de humedad del suelo en el corto plazo, como los que se encuentran en el fondo de una pendiente o a lo largo de los bordes de áreas ribereñas, incluyen la presencia de plantas anuales nativas como el *Lepidium thurberi* (conocido en inglés como peppergrass o pepperweed) y arbustos perennes nativos como el cenizo (*Atriplex* spp) que han crecido enormes en comparación con sus contrapartes de tierras más altas.

RESPUESTA: Diferentes especies de plantas son indicadoras del momento o la duración de la disponibilidad de humedad del suelo. Familiarízate con las plantas locales y sus tolerancias y necesidades de agua. Toma nota de lo que crece en asociación con flujos de agua perennes, intermitentes y efímeros, y en tierras más altas y secas. ¿Qué plantas crecen en microclimas calientes, secos y expuestos, como las laderas orientadas al ecuador? ¿Qué plantas crecen en laderas frescas, húmedas y protegidas en el lado de la sombra de invierno de las crestas? ¿Qué crece en suelos profundos y ricos en materia orgánica con alta capacidad de almacenamiento de humedad? ¿Qué crece en suelos poco profundos y menos fértiles con menor capacidad de retención de humedad? Las plantas te dirán cuánta agua hay en el suelo y son un indicador de los otros tipos de vegetación con necesidades y tolerancias de agua similares que pueden crecer en varias zonas del paisaje. Los cambios en la cantidad, vigor y densidad de las plantas también pueden alertarte sobre la mejora o deterioro de la salud de la cuenca y sus ecosistemas.

Animales

PATRÓN: La presencia de animales, insectos y aves que necesitan agua fácilmente disponible puede significar la proximidad o fiabilidad de una fuente de agua. Las libélulas (*Odonata*) se encuentran cerca de cuerpos de agua abiertos, pero son altamente móviles. Las especies indicadoras menos móviles y dependientes del agua incluyen los plecópteros (*Plecoptera*) y los tricópteros (*Trichoptera*), cuya presencia a menudo también indica una buena calidad

A1.26 Mosca de piedra adulta (*Eurekapnia maculata*), Chalone Creek, Parque Nacional Pinnacles, California. Fotografía de Michael Bogan

(recuadro) Larva de mosca de piedra (*Mesocapnia arizonensis*) en la sierra de Santa Rita, Arizona. Fotografía: Michael Bogan

Fig. A1.27 Tricóptero adulto (*Phylloicus mexicanus*), Garden Canyon, montañas Huachuca, Arizona. Fotografía: Michael Bogan

(recuadro) Larva de tricóptero (*Neophylax* sp.) en Olema Creek, Costa Nacional Point Reyes, California. La larva se cubre/protege a sí misma con piedras diminutas y partículas de arena. Fotografía: Michael Bogan

del agua (figuras A1.26 y A1.27). Un gran número de sapos probablemente indica una fuente de agua que es efímera o demasiado pequeña para sostener peces depredadores.

Las especies indicadoras de la *Evaluación de tu sitio en una hoja* (fig. 2.7) suelen ser buenas especies a las que hay que prestar atención.

RESPUESTA: Familiarízate con las necesidades de agua de los animales, insectos y aves locales. Al evaluar un sitio, utiliza avistamientos directos u otras señales de la presencia de animales, insectos y aves como indicadores de la naturaleza de las fuentes de agua locales. Al igual que las diferentes especies de plantas, el número y variedades crecientes o decrecientes de animales, insectos y aves pueden alertarte sobre la mejoría o el deterioro de la salud de la cuenca y de los ecosistemas. Sin embargo, en entornos urbanos con fuentes de agua artificiales y piscinas, la presencia de más organismos, animales, insectos y aves dependientes del agua no siempre indica la presencia de suministros naturales de agua y condiciones saludables de las cuencas hidrográficas.

EXTRA: una RESPUESTA de estructuras que causan la formación de meandros y controlan el nivel del fondo del canal de agua para crear y conectarse a una zona inundable en una vía fluvial que solía estar erosionada y en malas condiciones por no tener curvas.

Fig. A1.28A. Un canal de agua efímero que se está degradando y deshidratando. Enero de 2012. Valle de Altar (Arizona).

La flecha verde muestra el nivel del suelo *antes* de que se erosionara el lecho del canal de agua. Parte del árbol de mezquite aterciopelado debajo de la flecha verde tiene todas las raíces expuestas.

El lecho del canal de agua se ha erosionado tanto que el agua de los eventos de flujo más grandes ya no puede alcanzar, extenderse y ayudar a hidratar la zona inundable adyacente original en el nivel de la flecha verde.

La flecha roja muestra la ubicación de un cruce de camino erosionado aguas abajo del canal de agua, donde la cárcava del cruce de camino será estabilizada posteriormente con una estructura de piedra para controlar la pendiente.

Las flechas azules muestran cómo el deflector de una piedra de altura (la mujer debajo de la flecha roja está sentada sobre él) causará que haya un flujo de agua más serpenteante, erosionará la orilla exterior (generando más sedimento para elevar el lecho del canal) y hará crecer la barra de sedimentación en el meandro del deflector de piedra para generar una nueva zona inundable donde crecerá más vegetación.

Fig. A1.28B. Nivelación, hidratación y revegetación del mismo canal de agua en octubre de 2016 gracias a deflectores de una piedra de altura que ayudan a crear un canal más serpenteante (con más meandros), represas de una piedra de altura (RUPAs) que capturan sedimento y controlan la pendiente, y un rampa de piedra que estabiliza el cruce del camino.

Bill Zeedyk señala dónde estaba el nivel del suelo antes de que el lecho del canal de agua se erosionara. La parte del árbol de mezquite aterciopelado que se encuentra debajo de la flecha verde tiene todas las raíces expuestas. Compare con la profundidad del canal en la Fig. A1.28A.

En comparación con la foto anterior de 2012, observa cuánto más sedimento fino se ha acumulado en el lecho del canal. Las piedras más grandes, el deflector de piedra y la represa de una piedra de altura (RUPA) ya no se pueden ver, ya que están enterradas bajo el sedimento acumulado. La vegetación ahora es mucho más densa en la creciente zona inundable dentro del arroyo.

El sedimento que se junta en el lado de aguas arriba de las estructuras de piedra para el control de pendientes se ha acumulado hasta este punto, elevando el lecho del canal al menos 0.3 metros (un pie).

Para obtener más información sobre este proyecto, busca *"Shifting dehydrating, degrading ephemeral water channels"* (cambiar canales de agua efímeros que se están deshidratando y degradando) en HarvestingRainwater.com.
Para obtener más información sobre estas estrategias, consulte *Rainwater Harvesting for Drylands and Beyond, Volume 2, 2nd Edition.*

Apéndice 2

Tradiciones de cosecha de agua en el suroeste desértico (EUA)

Por Joel Glanzberg
Ilustrado por Roxanne Swentzell

Este artículo apareció por primera vez en el Permaculture Drylands Journal *de agosto de 1994 y se reimprime con el permiso del Permaculture Drylands Institute.*

Antes del advenimiento de la tecnología de riego moderna, los pueblos indígenas del suroeste de los Estados Unidos dependían de una serie de técnicas de cosecha y conservación de agua para cultivar sus alimentos. Estas técnicas no solo siguen siendo apropiadas, sino que su uso, su escala y a veces sus fracasos tienen mucho que enseñarnos. A continuación se describen e ilustran varios de los sistemas utilizados por los pueblos tradicionales.

CORTINAS DE PIEDRA

Las cortinas de piedra se construyen a través de arroyos que solo fluyen de manera periódica. Se construyen con rocas y pueden variar en tamaño de pequeño a grande. Estas represas de roca captan tierra y agua, y a menudo se construían más alto a medida que se acumulaba más tierra detrás de ellas. Eran una excelente manera de fertilizar el suelo y estabilizar los arroyos, y se utilizaban para todo tipo de cultivos. Hay buenos ejemplos en Colorado, Utah y Nuevo México, en los Parques Nacionales Mesa Verde y Hovenweep, en numerosas represas pequeñas en los arroyos de la parte alta del río Bravo y del río Chama, y en toda la meseta del Pajarito (fig. A2.1).

Fig. A2.1. Cortinas de piedra

TERRAZAS O BORDES LINEALES

Las terrazas en sí se construían ocasionalmente, pero los bordes lineales o líneas bajas de piedra a través de las laderas de las colinas eran más comunes. En Point of the Pines en Arizona, los asentamientos indígenas (pueblos) ubicados en las cimas de las colinas estaban rodeados de anillos concéntricos hechos de piedras recolectadas en toda la ladera y colocadas en forma perpendicular a las pendientes. La tierra arrastrada por las laderas desnudas quedaba atrapada detrás de las paredes de piedra, acumulándose hasta alcanzar una profundidad de 406 mm (16 pulgadas). Esa tierra suelta habría sido muy fértil y absorbente de agua (fig. A2.2).

HUERTOS RETICULADOS

Los huertos reticulados (conocidos como *waffle gardens* en inglés) pueden ser camas hundidas con bermas a nivel del suelo o camas a nivel del suelo rodeadas de bermas de tierra elevadas. Los lechos

Fig. A2.2. Bordes lineales

Fig. A2.3. Huertos reticulados

con bermas captan y retienen agua de lluvia, además de almacenar también el agua traída a mano. Los huertos reticulados se construían a una escala muy pequeña para cultivos especialmente valiosos. Son más conocidos históricamente en Zuni (fig. A2.3).

HUERTOS RETICULADOS DE PIEDRA

Los huertos reticulados de piedra (conocidos en inglés como *grid gardens*) son similares a los huertos reticulados, pero tienen paredes hechas de piedra en lugar de tierra. Por lo general, tienen camas mucho más grandes que los huertos reticulados convencionales. Las camas rodeadas por paredes ayudan a retener el suelo y a menudo se colocaban

Fig. A2.4. Huertos reticulados de piedra

para capturar la escorrentía del agua de pendientes moderadas. Se utilizaron extensamente durante la era prehistórica en los drenes de la parte alta del río Bravo, el río Chama y el río Ojo Caliente. Probablemente no se regaban a mano, y parece posible que hayan sido utilizados para sembrar cultivos importantes como maíz y frijoles (fig. A2.4).

CAMPOS DE GRAVA Y PIEDRA

Al proteger la superficie del suelo, el acolchado de cualquier tipo hace que la evaporación sea más lenta. Los anasazis claramente lo sabían. Por toda la parte alta de los drenes de los ríos Bravo y Chama, vastas áreas estaban acolchadas con grava. Los huertos reticulados de piedra a menudo estaban cubiertos de acolchado. El acolchado de grava no solo conserva la humedad, sino que también reduce la erosión del viento y del agua. El acolchado de grava oscura aumenta la temperatura del suelo y del aire, lo que reduce la amenaza de heladas tempranas y tardías. En Wupatki, en el norte de Arizona, el pueblo sinagua pudo cultivar alimentos sin agua suplementaria en gran parte debido a la cobertura natural de cenizas creadas por la erupción del cráter Sunset. Esta erupción, y la capa de materia quemada resultante que cubría la ceniza volcánica de enorme fertilidad y capacidad de retención de agua, fue responsable

Fig. A2.5. Campos acolchados con grava y piedra

de que los indígenas anasazi, hohokam y mogollon se mudaran a esta zona para vivir, creando la cultura sinagua alrededor del año 1000 d. C. (fig. A2.5).

SIEMBRA EN EL FONDO DE BARRANCAS

Con frecuencia se utilizaban las superficies de captación de agua de los barrancos para proporcionar agua para los cultivos. Al sembrar donde el agua se escurría y concentraba, aumentaban la humedad y la fertilidad disponibles.

Esta técnica fue utilizada ampliamente en el cañón del Chaco. Se desarrolló un complejo sistema de riego utilizando la escorrentía de los barrancos. Había huertos reticulados de piedra, cortinas de piedra y terrazas en varios lugares para captar esta escorrentía (fig. A2.6).

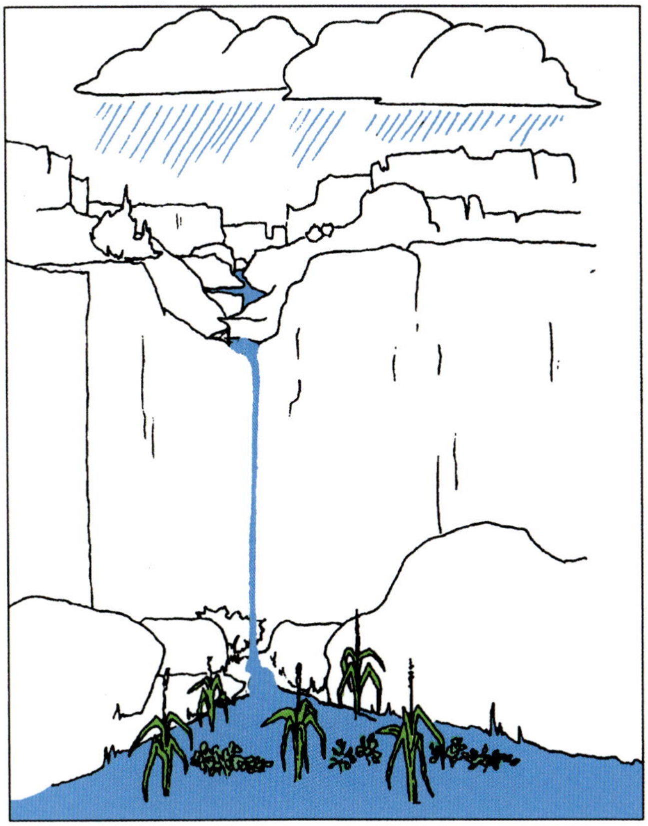

Fig. A2.6. Siembra en el fondo de barrancos

LABRANZA EN ZONAS INUNDABLES

La tierra que está dentro de o cerca de un canal con agua que fluye por lo general es húmeda y fértil. Por esta razón, los campos de labranza en zonas inundables se situaban a lo largo de los márgenes de ríos permanentes o efímeros, en las terrazas bajas de los ríos o dentro de los fondos de los ríos (fig. A2.7). El principio es similar a la mejora de la humedad y la fertilidad utilizada por la agricultura en cortinas de piedra ubicadas en arroyos más escarpados. En este caso, se sembraron áreas más planas en los arroyos, donde los altos niveles freáticos también resultaban útiles para los agricultores.

Fig. A2.7. Labranza de zonas inundables

Una desventaja de estos sitios es el drenaje de aire frío hacia el fondo de los cañones. La acumulación de aire frío hace que estos sitios sean susceptibles a las heladas tardías de primavera y tempranas de otoño, limitando la duración de la temporada de crecimiento. Otras desventajas que limitan el uso de estas áreas son el peligro de inundaciones que arrasen con los campos de cultivo y la dificultad de limpiar la espesa vegetación ribereña.

A menudo se utilizaban azudes de maleza o paredes de tierra para ralentizar o esparcir el agua a través de los campos. Esto condujo al riego, que esparcía el agua sobre más tierra, permitiendo que más cultivos se cultivaran con un mayor control.

LABRANZA DE INUNDACIÓN

A menudo se sembraban los abanicos de tierra debajo de arroyos o pequeños cañones para utilizar las aguas de inundación que bajaban por estos drenes. Esto se conoce a veces como la agricultura ak-chin que los o'odham y hopi todavía practican. En algunos casos, el campo de labranza se encuentra junto a la trayectoria del cauce. Se construyen azudes de maleza atravesando el lecho del arroyo para dirigir el agua hacia afuera del cauce y en dirección al campo de cultivo. Una inundación destructiva revienta el azud pero no destruye el campo. La destrucción del campo de cultivo por una inundación es un problema muy real de la agricultura de ak-chin para los campos situados directamente en la trayectoria de los arroyos (fig. A2.8).

RIEGO

Es claro que ya había riego antes de la llegada de los españoles. Lo que no es claro es su magnitud exacta y su naturaleza. Lo que sí sabemos es que en el pasado no era un rasgo tan universal de la agricultura pueblo como lo es ahora, y era solo una más de una amplia gama de técnicas agrícolas utilizadas.

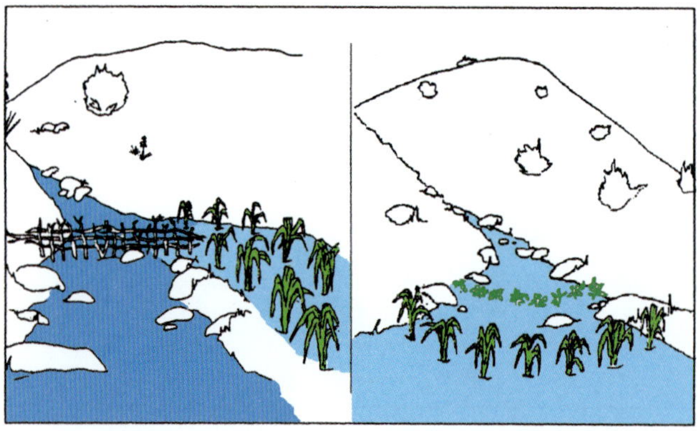

Fig. A2.8. Labranza con aguas de inundación

No está claro hasta qué punto el Bravo y otros grandes ríos en el norte de Nuevo México fueron utilizados prehistóricamente para el riego. La agricultura moderna elimina la evidencia de sistemas de riego anteriores y los académicos no se ponen de acuerdo sobre la evidencia documental. En el pueblo Santa Clara, los suelos menos consolidados en el cañón y los que rodean de manera inmediata al poblado parecen haber sido lugares preferidos para el riego. Estas áreas eran regadas por el río Santa Clara.

Ya en 1940, casi todos los campos de regadío se encontraban en las cercanías del río Santa Clara. Parece haber habido solo un cambio gradual en la tenencia de la tierra, de la zona alrededor del poblado al fondo del río, lo que indica que en Santa Clara el cultivo en el fondo del río era una pequeña parte de la agricultura pueblo. Típicamente, los campos estaban dispersos por todo el paisaje en diferentes elevaciones y en diferentes entornos para evitar que un desastre destruyera todos los cultivos. Los hohokam del sur de Arizona construyeron numerosos canales de riego para desviar el agua de los grandes ríos, pero el fracaso final de estos proyectos contribuyó a la destrucción de su civilización "avanzada". En la zona anasazi, la agricultura de temporal parece haber sido la regla, y el riego era pequeño en escala en comparación con el de los hohokam (fig. A2.9).

SIGUIENDO A LOS ANASAZIS A TRAVÉS DEL TIEMPO

La aparición de las diversas técnicas agrícolas a través del tiempo nos da una visión de los efectos ambientales de la agricultura anasazi y sus respuestas a estos efectos. Originalmente se practicaba la agricultura simple de tala y quema. La tierra se limpiaba, se quemaba y se sembraba. A medida que el terreno se agotaba, se desmontaban nuevas tierras. Con el tiempo, la parcela original se recuperaba y podía volverse a sembrar. Esta limpieza excesiva de las tierras aumentó la erosión. Se construyeron cortinas de piedra y bordes lineales durante la parte tardía de las ocupaciones de Chaco, el área de

Fig. A2.9. Riego

Mimbres, la cuenca de San Juan y otros sitios, como el asentamiento indígena (pueblo) Pot Creek cerca de Taos. Estas estructuras fueron aparentemente un intento por detener la grave erosión causada por la deforestación y la limpieza, la sobreexplotación de plantas silvestres y el tránsito a pie. A pesar de estos intentos de conservación, estas áreas fueron finalmente abandonadas. Cuando hubo una prolongada sequía en 1276-1299 d.C., los sistemas de producción de alimentos ya estaban bajo estrés por las altas densidades de población. La combinación de la sequía con la degradación ambiental causada por el uso agrícola residencial intensivo probablemente condujo al abandono final de los asentamientos.

Los refugiados de estas zonas construyeron huertos reticulados de piedra, técnicas diseñadas para evitar el inicio de la erosión. En lugar de esperar a que empezara la erosión, los agricultores intentaban detener el proceso en su origen antes de que comenzara, un ejemplo de cómo los agricultores anasazis aprendieron de los errores del pasado y se adaptaron a sus entornos.

Como ya se mencionó, en una época anterior, los anasazis practicaban la rotación de sus campos, cultivando uno hasta que se agotara, y luego limpiando otro, y así sucesivamente hasta que regresaban al primero, muchos años más tarde. Sin embargo, a medida que aumentaban las poblaciones, los habitantes tuvieron que utilizar todas las tierras de cultivo disponibles en las proximidades de sus aldeas. Esto obligó a los anasazis a ser algo nómadas, moviéndose cada 60 a 100 años cuando habían agotado el suelo y otros recursos naturales de un sitio. Después de un período de tiempo, el grupo original u otro grupo podía volver a habitar una zona, una vez que se hubieran recuperado la fertilidad del suelo y los recursos naturales deteriorados por el uso anterior. Esta es una parte fundamental de los patrones de uso de la tierra de los indígenas pueblo en la época precolombina. Incluso después de que la adopción del maíz, calabaza y frijol los llevó a un estilo de vida sedentario en las aldeas, continuaron siendo seminómadas a un ritmo mucho más lento.

La residencia continua y las poblaciones a gran escala, los sistemas de riego, los proyectos de construcción, la deforestación y el agotamiento del suelo asociados fue lo que contribuyó a las migraciones forzadas de 1300. La tierra le enseñó a los anasazis a mantener las cosas a pequeña escala y a moverse de vez en cuando para permitirle descansar. Al permanecer fluidos dentro de su entorno, usando muchas técnicas en diversos lugares, microclimas y elevaciones, y manteniendo una escala apropiadamente pequeña, los anasazis pudieron sobrevivir donde el crecimiento y la urbanización anteriores habían fallado. Es irónico que en lugar de aprender de lo que ha fallado antes y adoptar lo que ha tenido éxito, hemos hecho lo contrario. Al igual que los chacoanos y hohokam, nosotros creemos que nuestros "avances", poder y grandeza técnicas nos hacen excepciones a las limitantes de nuestro entorno. Y al igual que a ellos, nuestro fracaso nos tomará por sorpresa.

Joel Glanzberg es un maestro y máster de permacultura y diseñador que vive en el norte de Nuevo México y trabaja con el Grupo Regenesis (RegenesisGroup.com). Es el autor de The Permaculture Mind (PatternMind.org).

Roxanne Swentzel (RoxanneSwentzell.net) es una artista excepcional y cocreadora (con Joel) del floreciente sitio de permacultura Flowering Tree (FloweringTreePermaculture.org) en el pueblo Santa Clara (Nuevo México).

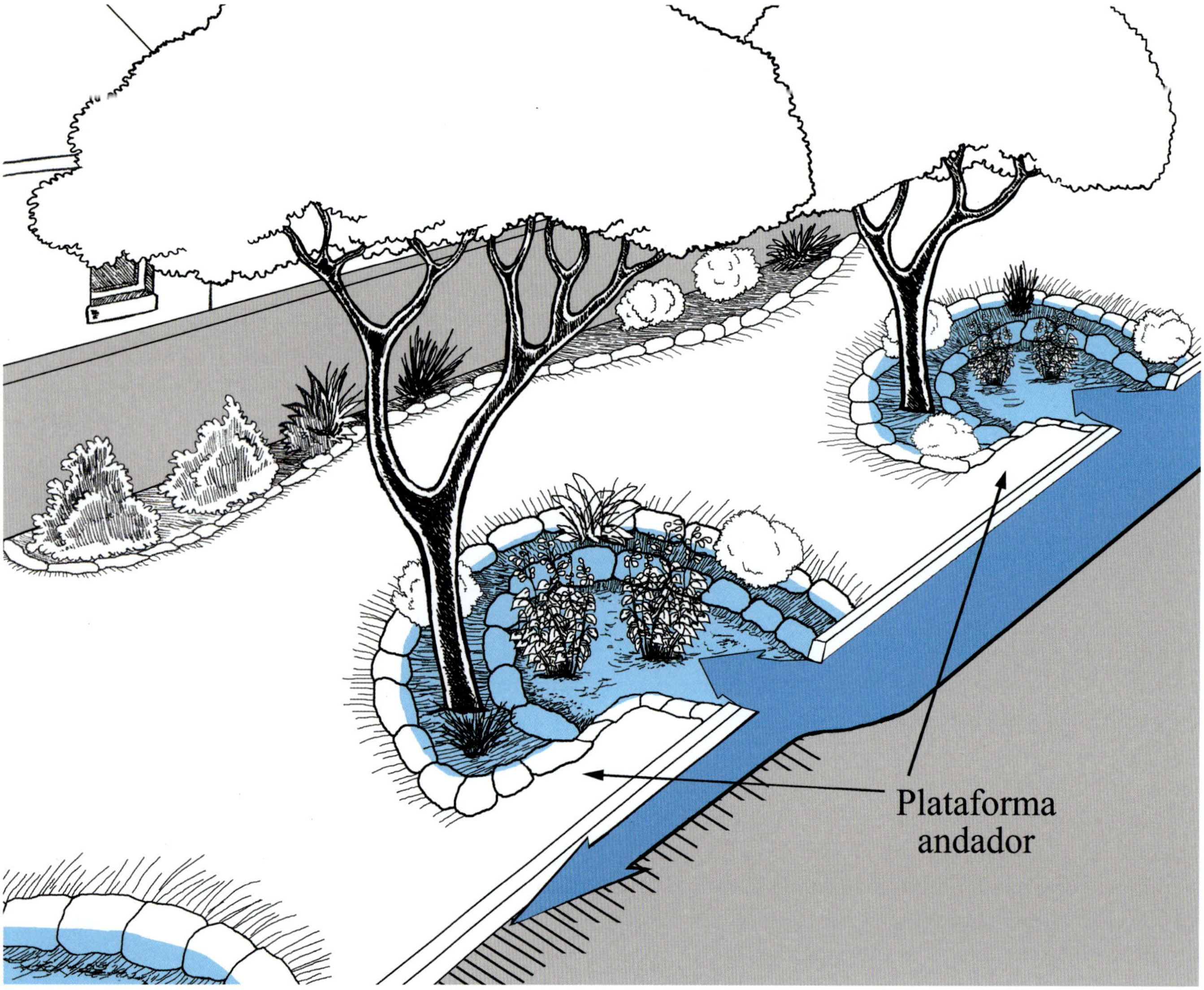

A2.10. Cosecha tradicional de agua de lluvia ak-chin (fig. A2.8) hibridada en un contexto urbano moderno.

Aquí, una cuenca de "corriente inducida" en la calle recoge los escurrimientos urbanos (a través de un corte en la acera) para regar de forma gratuita la vegetación de lado de la calle, en una cuenca a un nivel más bajo que el de la calle. La plataforma andador está al nivel de la parte superior del borde de la acera y tiene un ancho mínimo de 0.6 metros (2 pies). Esto crea un espacio nivelado sobre el cual los pasajeros de vehículos estacionados en paralelo al borde de la acera puedan caminar para llegar hasta la acera o andador principal.

Si deseas más información consulta *Rainwater Harvesting for Drylands and Beyond, Volumen 2, 2.ª edición* y la página "Stormwater & Street Runoff Harvesting" (escurrimientos urbanos y cosecha de escorrentía de la calle) en HarvestingRainwater.com.
Ilustración de Joe Marshall

Apéndice 3

Cálculos para la cosecha de agua

Lista de ecuaciones y otra información

Recuadro A3.1. Abreviaturas, conversiones y constantes para unidades del sistema inglés y del sistema métrico

Nota: * cantidades aproximadas o redondeadas
† La densidad del agua cambia ligeramente con la temperatura.

ABREVIATURAS PARA UNIDADES DEL SISTEMA INGLÉS

pulgadas = in
pies = ft
pies cuadrados = ft^2
pies cúbicos = ft^3
galones = gal
libras = lb
libras de presión por pulgada cuadrada = psi
acre = a
pies acre = AF

CONVERSIONES PARA UNIDADES DEL SISTEMA INGLÉS
Para convertir pies cúbicos a galones, multiplica los pies cúbicos por 7.48 gal/ft^3 *
Para convertir pulgadas a pies, divide las pulgadas entre 12 in/ft
Para convertir galones de agua a libras de agua, multiplica los galones por 8.32 lb/gal *†
Para convertir pies cúbicos de agua a libras, multiplica los pies cúbicos por 62.23 lb/ft^3 *†
Para convertir pies acre de agua a galones, multiplica los pies acre por 325 851 gal/AF
Para convertir pies acre de agua a pies cúbicos, multiplica los pies acre por 43 560 ft^3/AF

CONSTANTES
Libras de presión por pulgada cuadrada de agua por pie de altura = 0.43 psi/ft *†
La proporción entre el diámetro de un círculo y su circunferencia se expresa como $\pi = 3.14$ *

ABREVIATURAS PARA UNIDADES MÉTRICAS
milímetros = mm
centímetros = cm
metros = m
litros = L
kilogramos = kg
hectárea = ha
kilopascales = kPa

CONVERSIONES PARA UNIDADES MÉTRICAS
1 litro de agua pesa 1 kilogramo
1 metro cúbico = 1000 litros

Para convertir grados Fahrenheit (°F) a grados Celsius (°C) para medir la temperatura *real* en interiores y en exteriores ("hoy estamos a 70 °F"), resta 32 de la temperatura en grados Fahrenheit. A continuación, multiplica el resultado por 5 y divide entre 9. Para convertir de °C a °F, multiplica por 9, luego divide entre 5 y finalmente suma 32.

Para convertir grados Fahrenheit (°F) a grados Celsius (°C) para expresar *la diferencia* de temperatura ("hoy está 20 °F más caliente que ayer"), multiplica los grados Fahrenheit por 5, luego divide entre 9. Para convertir de °C a °F, multiplica por 9 y luego divide entre 5.

CONVERSIÓN ENTRE UNIDADES DEL SISTEMA INGLÉS Y UNIDADES MÉTRICAS
Para convertir pulgadas a milímetros, multiplica las pulgadas por 25.4 mm/in
Para convertir pulgadas a centímetros, multiplica las pulgadas por 2.54 cm/in
Para convertir pies a metros, multiplica los pies por 0.30 m/ft *
Para convertir pies cuadrados a metros cuadrados, multiplica los pies cuadrados por 0.093 m^2/ft^2 *
Para convertir pies cúbicos a metros cúbicos, multiplica los pies cúbicos por 0.028 m^3/ft^3 *
Para convertir galones a litros, multiplica los galones por 3.79 L/gal *
Para convertir libras a kilogramos, multiplica las libras por 0.45 kg/lb *
Para convertir acres a hectáreas, multiplica los acres por 0.405 ha/a *
Para convertir millas a kilómetros, multiplica las millas por 1.6 km/mi *

La mejor técnica para medir la lluvia: compra un pluviómetro o medidor de lluvia sencillo que cuesta aproximadamente USD 10 en una ferretería, vivero o una tienda de insumos y accesorios científicos. Un pluviómetro que es más estrecho en la parte inferior facilita la lectura de pequeñas cantidades de lluvia.

Para ver recursos que documentan las tasas de lluvia locales y otra información climática, consulta el apéndice 6.

Ecuación 1A.
Área de captación de una superficie rectangular (unidades del sistema inglés)

longitud (ft) × ancho (ft) = área de captación (ft^2)

EJEMPLO:

Una casa mide 47 pies de largo por 27 pies de ancho en la línea de goteo del techo. Toma en cuenta que no importa si el techo es plano o de pico; las dimensiones del techo en la línea de goteo son las mismas. Lo importante es la "huella" de la línea de goteo del techo (ver fig. 2.5).

47 ft × 27 ft = 1269 ft^2
1269 ft^2 = área de captación

Si el techo consta de dos o más rectángulos, calcula el área para cada rectángulo y súmalas. Una vez más, asume la perspectiva de una gota de lluvia que cae y solo mira la "huella" de la línea de goteo del techo. El grado de inclinación del techo no se puede ver desde arriba y no importa. Igualmente, si el techo tiene forma cónica, octogonal u otra no estándar, calcula el área en función de *la línea de goteo* (fig. 2.5).

Ecuación 1B.
Área de captación de una superficie rectangular (unidades del sistema métrico)

longitud (m) × ancho (m) = área de captación (m^2)

EJEMPLO:

15 m × 9 m = 135 m^2
135 m^2 = área de captación

Una vez más, todas las consideraciones de la Ecuación 1A son válidas en este caso.

Ecuación 2A.
Área de captación de una superficie triangular (triángulo recto)

Multiplica las longitudes de los dos lados más cortos del triángulo y luego divide entre 2 = área de captación

EJEMPLO:

Una sección triangular del techo mide 9 pies por 12 pies por 15 pies. Se trata de un triángulo recto, con el ángulo de 90 grados entre los lados de 9 y 12 pies. Tomando las medidas de los dos lados más cortos:

(9 ft × 12 ft) ÷ 2 = área de captación (ft^2)
108 ft^2 ÷ 2 = 54 ft^2

54 ft^2 = área de captación

Ecuación 2B.
Área de captación de una superficie triangular (fórmula matemática estándar)

Multiplica la base del triángulo por su altura y luego divide entre 2 = área de captación
donde la base puede ser cualquier lado, y la altura se mide perpendicularmente desde la base hasta el vértice opuesto.

EJEMPLO:

Quieres saber cuál es el área de una sección triangular de patio. La longitud de la sección frente a ti es de 20 pies (base del triángulo) y mide 4 pies perpendicularmente al vértice opuesto del triángulo.

$(20\ ft \times 4\ ft) \div 2$ = área de captación (ft^2)
$80\ ft^2 \div 2 = 40\ ft^2$

$40\ ft^2$ = área de captación

Ecuación 2C.
Área de captación de una superficie triangular (fórmula de Herón)

Esta fórmula, atribuida a Herón de Alejandría (siglo I d. C.), no requiere trigonometría. Solo se necesita la función de raíz cuadrada (√) que se encuentra en la mayoría de las calculadoras electrónicas o de computadora. Puede ser útil cuando se trata de triángulos no rectos en los que puedes medir (o saber cuánto miden) todos los lados del triángulo.

Paso 1: Determina las longitudes de los lados del triángulo. Estos son a, b, c.

Paso 2: Calcula s.
$(a + b + c) \div 2 = s$

Paso 3: Calcula S, usando:
$s \times (s - a) \times (s - b) \times (s - c) = S$

Paso 4: Calcula el área de captación, que es la raíz cuadrada de S.
$\sqrt{S}$ = área de captación

Ecuación 3.
Área de captación de una superficie circular

$\pi \times r^2$ = área de captación

Nota: r = radio del círculo. El radio de un círculo es la mitad del diámetro del círculo.

EJEMPLO:

Un techo circular tiene un diámetro de 25 pies. Divide el diámetro entre 2 para obtener el radio de 12.5 pies.

$\pi \times (12.5\ ft \times 12.5\ ft)$ = área de captación (ft^2)
$3.14 \times 156.25\ ft^2 = 490.62\ ft^2$

$490.62\ ft^2$ = área de captación

Ecuación 4A.
Volumen posible de escorrentía de un techo u otra área impermeable de captación (unidades del sistema inglés)

área de captación (ft^2) × lluvia (ft) × 7.48 gal/ ft^3 = escorrentía máxima (gal)

Nota: Para obtener un estimado más realista y conservador, consulta la Ecuación 5.

EJEMPLO DE CÓMO CALCULAR LA ESCORRENTÍA *ANUAL*:

Calcula los galones de lluvia que se escurren en un año promedio del techo de una casa que mide 47 pies de largo y 27 pies de ancho en la línea de goteo del techo. (En el ejemplo siguiente, las dimensiones del techo en la línea de goteo se incluyen en el cálculo; el área de captación es la misma sin importar si el techo es plano o en pico). La precipitación en esta ubicación promedia 10.5 pulgadas por año, por lo que hay que dividir esto entre 12 pulgadas de lluvia por pie para convertir pulgadas a pies para su uso en la ecuación. (Nota: Puedes utilizar la misma ecuación para calcular la escorrentía de una sola tormenta, simplemente usando la lluvia de esa tormenta en lugar de la precipitación media anual). Dado que el techo es un área rectangular, utiliza el siguiente cálculo para el área de captación:

[longitud (ft) × ancho (ft)] × lluvia (ft) × 7.48 gal/ ft^3 = escorrentía máxima (gal)
(47 ft × 27 ft) × (10.5 in ÷ 12 in/ft) × 7.48 gal/ ft^3 = escorrentía máxima (gal)
1269 ft^2 × 0.875 ft × 7.48 gal/ ft^3 = 8306 gal

8306 gal = escorrentía

EJEMPLO DE CÓMO CALCULAR LA ESCORRENTÍA DE *UN SOLO EVENTO DE LLUVIA*:

Calcula la cantidad máxima de galones de lluvia que se escurren del techo en un solo evento de lluvia en una casa que mide 47 pies de largo y 27 pies de ancho en la línea de goteo del techo. No es inusual que durante las tormentas fuertes en la zona del ejemplo caigan tres pulgadas de lluvia. Para determinar la escorrentía de un evento de lluvia de este tipo, divide las 3 pulgadas de lluvia entre 12 pulgadas de lluvia por pie para convertir pulgadas a pies para su uso en la ecuación. Dado que el techo es un área rectangular, utiliza el siguiente cálculo para el área de captación:

[longitud (ft) × ancho (ft)] × lluvia (ft) × 7.48 gal/ ft^3 = escorrentía máxima (gal)
(47 ft × 27 ft) × (3 in ÷ 12 in/ft) × 7.48 gal/ ft^3 = escorrentía máxima (gal)
1269 ft^2 × 0.25 ft × 7.48 gal/ ft^3 = 2373 gal

2373 gal = escorrentía máxima

Ecuación 4B.
Volumen posible de escorrentía de un techo u otra área impermeable de captación (unidades métricas)

área de captación (m^2) × lluvia (mm) = escorrentía máxima (L)

Los cálculos para precipitaciones anuales, una temporada de lluvias o un solo evento serían similares a los de las unidades del sistema inglés.

Ecuación 5A.
Escorrentía neta estimada de una superficie de captación ajustada con su coeficiente de escorrentía (unidades del sistema inglés)

área de captación (ft^2) × lluvia (ft) × 7.48 gal/ft^3 × coeficiente de escorrentía = escorrentía neta (gal)

Las superficies de captación impermeables, como los techos o el pavimento no poroso, pueden perder entre el 5 % y el 20 % de la lluvia que cae sobre ellos debido a la evaporación y a una infiltración mínima en la propia superficie de captación. Cuanto más porosa o áspera sea la superficie del techo, más probable es que retenga o absorba el agua de lluvia. En promedio, los techos de metal con inclinación pierden el 5 % de la lluvia, lo que permite que el 95 % restante fluya al tanque o cisterna. Los techos de concreto o asfalto retienen alrededor del 10 %, mientras que los techos de asfalto y grava pueden retener 15-20 %. Sin embargo, el porcentaje de retención es una función del tamaño y la intensidad del evento de lluvia, por lo que las superficies de techo más porosas podrían absorber hasta el 100 % de los eventos de lluvia pequeños y ligeros. Para considerar esta posible pérdida, determina el coeficiente de escorrentía adecuado para tu área y su superficie de captación impermeable (0.80 a 0.95).

EJEMPLO DE CÓMO CALCULAR LA ESCORRENTÍA *ANUAL* NETA DE UN *TECHO*:

Calcula los galones netos de lluvia que en un año promedio escurren del techo de una casa que mide 47 pies de largo y 27 pies de ancho en la línea de goteo del techo. La precipitación en este lugar promedia 10.5 pulgadas por año, por lo que hay que dividir esta cifra entre 12 pulgadas de lluvia por pie para convertir pulgadas a pies para su uso en la ecuación. (Nota: Puedes utilizar la misma ecuación para calcular la escorrentía de una sola tormenta, simplemente usando la lluvia de esa tormenta en lugar de la precipitación media anual). Asume que la pérdida de agua que se produce en la superficie de captación está en el extremo superior del rango para obtener un estimado conservador de la *escorrentía neta*. Esto significa que debes seleccionar un *coeficiente de escorrentía* del 80 %, o 0.80. Dado que el techo es un área rectangular, utiliza el siguiente cálculo para el área de captación:

[longitud (ft) × ancho (ft)] × lluvia (ft) × 7.48 gal/ ft^3 × coeficiente de escorrentía = escorrentía neta (gal)
(47 ft × 27 ft) × (10.5 in ÷ 12 in/ft) × 7.48 gal/ ft^3 × 0.80 = escorrentía neta (gal)
1269 ft^2 × 0.875 ft × 7.48 gal/ ft^3 × 0.80 = 6644 gal

6644 gal = escorrentía neta

Con base en esto, un estimado realista del volumen de agua que se podría captar del techo de 47 pies por 27 pies en un año promedio es de 6644 galones.

Las superficies permeables, como las superficies de tierra o los paisajes vegetados, pueden infiltrar hasta el 100 % de la lluvia que cae sobre ellas. Su coeficiente de escorrentía está muy influenciado por el tipo de suelo y la densidad de la vegetación. Los suelos arenosos y porosos de grano grande tienden a tener coeficientes de escorrentía más bajos, mientras que los suelos arcillosos de grano fino permiten que menos agua se infiltre y, por tanto, tienen coeficientes de escorrentía más altos. Cualquiera que sea el tipo de suelo, cuanta más vegetación haya menor será el coeficiente de escorrentía ya que las plantas permiten que más agua se infiltre en el suelo. A continuación se presentan algunos coeficientes de escorrentía para el suroeste de los Estados Unidos, aunque se trata de cálculos aproximados pues las tasas de escorrentía también se ven afectadas por la intensidad y la duración de las precipitaciones. Cuanto más intensa o larga sea la lluvia, mayor será la escorrentía, ya que una mayor cantidad de lluvia se infiltra en el suelo antes de que este se sature. Una lluvia muy ligera puede evaporarse y no escurrir ni infiltrarse en absoluto.

Recuadro A3.2. Estimado de la escorrentía de lluvia usando reglas generales

REGLA GENERAL PARA CALCULAR EL VOLUMEN DE LLUVIA EN UNA SUPERFICIE DE CAPTACIÓN (UNIDADES MÉTRICAS):

Puedes recolectar 1000 litros de agua por cada 10 milímetros de lluvia que caigan en 100 metros cuadrados de superficie de captación.

A GRAN ESCALA:

Puedes recolectar 100 000 litros de agua por cada 10 milímetros de lluvia que caigan sobre una hectárea de superficie de captación.

REGLA GENERAL APROXIMADA PARA CALCULAR EL VOLUMEN DE ESCORRENTÍA DE LLUVIA EN UNA SUPERFICIE DE CAPTACIÓN (UNIDADES DEL SISTEMA INGLÉS):

Puedes recolectar 600 galones de agua por pulgada de lluvia que caiga en 1000 pies cuadrados de superficie de captación.

A GRAN ESCALA:

Puedes captar 27 000 galones de agua por pulgada de lluvia que caiga sobre 1 acre de superficie de captación.

- Tierras altas del desierto sonorense (paisaje nativo saludable): rango 0.20 a 0.70, promedio 0.30 a 0.50
- Tierra desnuda: rango 0.20 a 0.75, promedio 0.35 a 0.55
- Pasto/césped: rango 0.05 a 0.35, promedio 0.10 a 0.25
- Grava: usa el coeficiente del suelo debajo de la grava

EJEMPLO DE CÓMO CALCULAR LA ESCORRENTÍA *ANUAL* NETA DE UNA SECCIÓN DE *TIERRA DESNUDA EN UN PATIO*:

En un área que recibe 18 pulgadas de lluvia en un año promedio, calcula la escorrentía de una sección de un patio de tierra desnuda que mide 12 pies por 12 pies y que drena a una cuenca de infiltración contigua. El suelo es arcilloso y compactado, y se estima que su coeficiente de escorrentía es del 60 % o 0.60.

área de captación (ft^2) × lluvia (ft) × 7.48 gal/ ft^3 × coeficiente de escorrentía = escorrentía neta (gal)
12 ft × 12 ft × (18 in ÷ 12 in/ft) × 7.48 gal/ ft^3 × 0.60 = escorrentía neta (gal)
144 ft^2 × 1.5 ft × 7.48 gal/ ft^3 × 0.60 =969 gal

969 gal = escorrentía neta

Con base en esto, un estimado realista del volumen de escorrentía que podría ser captado de la sección de 12 pies por 12 pies de tierra desnuda adyacente a la cuenca de infiltración es de 969 galones en un año promedio.

EJEMPLO DE CÓMO CALCULAR LA ESCORRENTÍA NETA DE *UNA TORMENTA* EN *CÉSPED ESTABLECIDO (PASTO)*:

Se asume que el coeficiente de escorrentía para este césped establecido es del 20 % o 0.20 y el evento de tormenta máximo es de 3 pulgadas:

12 ft × 12 ft × (3 in ÷ 12 in/ft) × 7.48 gal/ ft^3 × 0.20 = escorrentía neta (gal)
144 ft^2 × 0.25 ft × 7.48 gal/ ft^3 × 0.20 = 54 gal

54 gal = escorrentía neta

Ecuación 5B.
Escorrentía neta estimada de una superficie impermeable de captación ajustada con su coeficiente de escorrentía (unidades métricas)

área de captación (m^2) × lluvia (mm) × coeficiente de escorrentía = escorrentía neta (litros)

EJEMPLO:

En un área que recibe 304 milímetros de lluvia al año, tienes una superficie de captación en el techo de 15 metros de largo y 9 metros de ancho, y quieres saber realistamente cuánta lluvia se puede captar de ese techo en un año promedio. Quieres un estimado conservador de la *escorrentía neta* anual, por lo que utilizas un *coeficiente de escorrentía* del 80 % o 0.80. (Dado que el techo es un área rectangular, utiliza el siguiente cálculo para el área de captación como lo hiciste en la Ecuación 1B—área de captación (m^2) = longitud (m) × ancho (m)—que se incluye en el cálculo que aparece a continuación).

[longitud (m) × ancho (m)] × lluvia (mm) × coeficiente de escorrentía = escorrentía neta (litros)
(15 m × 9 m) × 304 mm × 0.80 = escorrentía neta (litros)
135 m^2 × 304 mm × 0.80 = 32 832 L

32 832 L = escorrentía neta

Un estimado realista del volumen de agua que se podría captar de este techo de 15 metros por 9 metros en un año de lluvia promedio es de 32 832 litros.

Ecuación 6.
Capacidad de tanque necesaria para cosechar la escorrentía del techo en un evento grande de tormenta

área de captación (ft^2) × lluvia esperada en una tormenta local de alto volumen (ft) × 7.48 gal/ ft^3 × coeficiente de escorrentía = escorrentía del área de captación (gal)

EJEMPLO:

Una persona que cosecha agua en un techo de 1200 pies cuadrados vive en un área donde una sola tormenta (o dos tormentas que ocurren con pocos días de diferencia) puede descargar 3 pulgadas de lluvia.

1200 ft^2 × (3 in ÷ 12 in) × 7.48 gal/ ft^3 × 0.80 = escorrentía del área de captación (gal)
1200 ft^2 × 0.25 ft × 7.48 gal/ ft^3 × 0.80 = 1795 gal

1795 gal = escorrentía del área de captación

Este es el *volumen mínimo de tanque* necesario para captar la escorrentía del techo durante una tormenta de este tamaño.

Nota: El cálculo anterior no se basa en las necesidades estimadas de agua. Más bien, su propósito es estimar el tamaño/capacidad aproximada de un tanque que reduzca la pérdida de agua por sobreflujo y extienda la disponibilidad de una gran cantidad de agua de lluvia mucho después del evento de lluvia. Es un cálculo rápido y fácil para aquellos que simplemente quieren complementar su uso de agua con un almacenamiento eficiente del agua de lluvia en un tanque. A menudo recomiendo que los cosechadores de agua principiantes empiecen con un tanque que tenga una capacidad máxima de 1500 galones. El sistema se puede ampliar más adelante. Para empezar en pequeño no es necesario comenzar con un tanque que coseche toda la escorrentía del techo; más bien empieza con un tanque que tenga la capacidad de captar el agua de una sección del techo solamente.

Ecuación 7.
Capacidad de almacenamiento de agua necesaria para un hogar que se compromete a utilizar el agua de lluvia cosechada como fuente primaria de agua (unidades del sistema inglés)

número de personas × consumo diario de agua (gal/persona/día) × período de sequía más largo (días) = capacidad de almacenamiento necesaria (gal)

EJEMPLO:

Si tres personas viven en un hogar, cada persona consume un promedio de 50 galones por día (estimados con base en la información incluida en los recuadros 2.6-2.8 u obtenida de h2ouse.org), y la estación seca típica en su área dura 140 días, entonces:

3 personas × 50 gal/persona/día × 140 días = 21 000 gal

21,000 gal = capacidad de almacenamiento necesaria

Si las personas de este hogar están planeando vivir principalmente del agua de lluvia con su tasa actual de consumo de agua, sería prudente que planifiquen al menos 21 000 galones de captación de agua y una capacidad de almacenamiento que les permita aguantar hasta 140 días de temporada de secas.

Si la capacidad necesaria de almacenamiento de agua (y el área de captación necesaria) parece demasiado grande para ser factible, mira cuánto puedes reducir de manera realista tu consumo de agua y luego haz el cálculo de nuevo. Si el hogar del ejemplo pudiera reducir su consumo diario de agua a 20 galones/persona/día, solo se necesitaría una capacidad de captar y almacenar 8400 galones.

Nota: El cálculo anterior dará un estimado aproximado de la capacidad mínima del tanque necesaria para satisfacer la demanda de agua durante la temporada seca en la sequía esperada. También se necesita suficiente captación que dirija agua al tanque para asegurar que el tanque esté lleno o casi lleno el primer día de la estación seca. Consulta el volumen 3 de *Cosecha de agua de lluvia para zonas áridas y más allá* (disponible solo en inglés), para ver cálculos y consideraciones adicionales.

Ecuación 8A.
Presión potencial de agua de tu tanque alimentada por gravedad (unidades del sistema inglés)

altura del agua por encima de su destino (ft) × presión de agua por pie de altura (psi/ft) = presión pasiva del agua (psi)

Por cada pie que tu fuente de agua está por encima de la elevación del lugar donde se utilizará el agua, se generan 0.43 psi/pie de presión pasiva del agua (la gravedad es la única fuerza que se utiliza para crear esa presión). La fuente de agua puede estar en un tanque o en una canaleta y su bajante asociada. El lugar donde se utiliza el agua puede ser una cama de siembra, una cuenca de árboles frutales o cualquier otro lugar donde se necesite agua suplementaria.

EJEMPLO:

La gente con el nuevo tanque de 8 pies de altura quiere averiguar cuánta presión pasiva de agua estará disponible para llevar agua desde el tanque hasta sus plantas de calabaza colocadas en cuencas ubicadas a 6 pulgadas (0.5 pies) por debajo de la superficie del terreno circundante. La altura del agua en el tanque de 8 pies es de 4 pulgadas por debajo de la parte superior del tanque debido a la presencia de un tubo de sobreflujo o desagüe que permite que el exceso de agua de lluvia fluya de forma segura fuera del tanque durante tormentas grandes. Con base en esta información, la altura del agua por encima de su destino es de alrededor de 8.1 pies. Utilizando la Ecuación 8, calcula la presión pasiva del agua de la siguiente manera:

8.1 ft × 0.43 psi/ft = 3.48 psi

3.48 psi = presión pasiva del agua

A medida que se utiliza el agua del tanque, la presión del agua bajará con la caída del nivel del agua en el tanque. Además, ten en cuenta que la fricción entre el agua y las paredes de una manguera, tubería o línea de riego reducirá la presión del agua, por lo que para mantener la presión trata de utilizar el agua cerca del tanque, reduciendo la longitud de la tubería o manguera. Por ejemplo, siembra un huerto en el lado este de tu tanque donde la sombra arrojada por gran parte del tanque protegerá a tus verduras del sol caliente de la tarde, y no necesitarás una manguera que mida más de 25 pies (7.6 m) de largo.

EJEMPLO:

A menudo coloco los tanques de tal manera que su base esté al menos 2.5 pies por encima del huerto o cuenca que recibe el agua almacenada. Esto me garantiza al menos 1 psi de presión alimentada por gravedad incluso cuando el tanque está casi vacío.

altura del agua por encima de su destino (ft) × presión de agua por pie de altura (psi/ft) = presión pasiva del agua (psi)

2.5 ft × 0.43 psi/ft = 1.08 psi

1.08 psi = presión pasiva del agua

Ecuación 8B.
Presión potencial de agua de tu tanque alimentada por gravedad (unidades métricas)

altura del agua por encima de su destino (m) × presión de agua por metro de altura (9.7 kPa/m) = presión pasiva de agua (kilopascales)

Consulta las notas de la Ecuación 8A.

Ecuación 9A.
Capacidad de almacenamiento de un cilindro (se puede aplicar tanto para un tanque cilíndrico como para la longitud de la tubería de primera descarga) (unidades del sistema inglés)

π × (radio del cilindro [ft])^2 × altura efectiva del cilindro* (ft) × 7.48 gal/ft^3 = capacidad (gal)

Nota: r = radio del círculo

*La altura efectiva es la altura del agua que se puede sacar del tanque cuando está lleno, a diferencia de la altura total de agua en el tanque que incluye varias pulgadas de agua que nunca se pueden drenar debido a que la tubería de salida del agua está por encima del fondo del tanque.

EJEMPLO:

Los miembros de la casa mencionada anteriormente están considerando el uso de un tanque cilíndrico para almacenar su agua de lluvia. Quieren determinar la capacidad de un tanque que tiene un diámetro de 3 pies y una altura de 8 pies. El radio del tanque es la mitad del diámetro, por lo que es de 1.5 pies. Como saben que la altura efectiva de almacenamiento del tanque se va a reducir en 4 pulgadas debido al tubo de salida que está 4 pulgadas por encima del fondo del tanque, y en otras 5 pulgadas por la tubería de sobreflujo que está 5 pulgadas por debajo de la parte superior del tanque, la altura efectiva va a ser 7.25 pies.

Usando la Ecuación 9A, calculan la capacidad utilizable del tanque de la siguiente manera:

$\pi \times (1.5 \text{ pies})^2 \times 7.25 \text{ ft} \times 7.48 \text{ gal/ft}^3 = \text{capacidad (gal)}$

$3.14 \times 2.25 \text{ ft}^2 \times 7.25 \text{ ft} \times 7.48 \text{ gal/ ft}^3 = 383 \text{ gal}$

383 gal = capacidad

Ecuación 9B.
Capacidad de almacenamiento de un cilindro (se puede aplicar tanto para un tanque cilíndrico como para la longitud de la tubería de primera descarga) (unidades del sistema métrico)

$\pi \times (r\ [\text{m}])^2 \times \text{altura efectiva del cilindro (m)} \times 1000 \text{ L/m}^3 = \text{capacidad (litros)}$

Consulta las notas de la Ecuación 9A.

Ecuación 10A.
Capacidad de almacenamiento de un tanque cuadrado o rectangular (unidades del sistema inglés)

$\text{longitud (ft)} \times \text{ancho (ft)} \times \text{altura efectiva (ft)} \times 7.48 \text{ gal/ft}^3 = \text{capacidad (gal)}$

EJEMPLO:

Los habitantes de un hogar deciden instalar un tanque rectangular que tiene las siguientes dimensiones interiores: 8 pies de alto, 6 pies de largo y 4 pies de ancho. El grifo de salida del tanque se encuentra 4 pulgadas por encima del fondo del tanque. La parte inferior del tubo de sobreflujo o desagüe se encuentra 5 pulgadas por debajo de la parte superior del tanque. Estiman que la altura efectiva del agua es de 7.25 pies, por lo que el cálculo es el siguiente:

$6 \text{ ft} \times 4 \text{ ft} \times 7.25 \text{ ft} \times 7.48 \text{ gal/ ft}^3 = 1302 \text{ gal}$

1302 gal = capacidad

Ecuación 10B.
Capacidad de almacenamiento de un tanque cuadrado o rectangular (unidades del sistema métrico)

longitud (m) × ancho (m) × altura efectiva (m) × 1000 L/m^3 = capacidad (litros)

Ver las notas de la Ecuación 10A.

Ecuación 11A.
Precio por capacidad de almacenamiento del tanque, pagado una sola vez, en dólares estadounidenses (unidades del sistema inglés)

precio de cisterna (USD) ÷ capacidad de almacenamiento (gal) = precio de la capacidad de almacenamiento (USD/gal)

EJEMPLO:

El tanque de la Ecuación 10A almacena 1302 galones de agua y su precio más el costo de instalación sería de alrededor de USD 1300:

USD 1300 ÷ 1302 gal = USD 0.99/gal

USD 0.99/gal = precio de la capacidad de almacenamiento

Ecuación 11B.
Precio por capacidad de almacenamiento del tanque, pagado una sola vez, en dólares estadounidenses (unidades del sistema métrico)

precio de la cisterna ÷ capacidad de almacenamiento (litros) = precio de la capacidad de almacenamiento (precio/litro)

Ver las notas de la Ecuación 11A. Para otras monedas diferentes del dólar estadounidense (USD), sustituye la moneda adecuada en la ecuación.

Ecuación 12A.
Peso del agua almacenada (unidades del sistema inglés)

agua almacenada (gal) × 8.32* lb/gal = peso del agua almacenada (lb)

EJEMPLO:

Un tambo de 55 galones ubicado debajo de una bajante se llenó hasta arriba con agua de lluvia y necesitas averiguar cuánto pesa para decidir si lo puedes mover o no.

55 gal × 8.32* lb/gal = 457.6 lb

457.6 lb = peso del agua almacenada

El agua es extremadamente pesada. No subestimes la fuerza con la que estás lidiando cuando la almacenas. ¡Las plataformas que sostienen a los tanques de almacenamiento deben tener la capacidad de soportar el peso del agua!

*Nota: La densidad del agua cambia ligeramente con la temperatura.

Ecuación 12B. Peso del agua almacenada (unidades del sistema métrico)

1 litro de agua pesa 1 kilogramo

así que:
agua almacenada (L) × 1 kg/L = peso del agua almacenada (kg)

Apéndice 4

Listas de plantas de uso múltiple para comunidades del desierto sonorense (y una plantilla para cualquier otro lugar), cálculos para estimar la demanda de agua de las plantas, un calendario de cosecha de alimentos del desierto sonorense, y silvicultores del barrio

Para desarrollar un paisaje, jardín, huerto, viñedo o pastizal sostenible o, mejor aún, regenerativo que pueda prosperar con los "ingresos" de agua cosechada en tu sitio (lluvias, escorrentía de la calle, aguas grises, aguas residuales con baja concentración de sales disueltas, etc.), tienes que estimar tus "gastos" de agua: cuánta agua necesitarán tus plantas, tanto las que ya tienes como las que planeas sembrar. Este apéndice te ofrece dos métodos para estimar estas necesidades de agua para que puedas balancear de manera consciente el presupuesto de agua de tu sitio.

El primer método está orientado hacia las comunidades del desierto sonorense, específicamente Tucson, aunque también funciona para Phoenix y Hermosillo. Y sus listas de plantas multiusos se pueden utilizar como plantillas para desarrollar listados similares para cualquier ubicación y clima. (Para ver una lista cada vez más larga de plantas multiusos para jardines de lluvia en otras regiones, consulta la sección "Plant Lists and Resources" [listados y recursos sobre plantas] en HarvestingRainwater.com).

El segundo método para estimar los requisitos de agua de las plantas funciona para cualquier lugar para el que puedas obtener tasas locales de evapotranspiración (ET). Puedes encontrar en línea las tasas de ET diarias, mensuales y/o anuales para muchas localidades.

Para inspirarte con la abundancia resiliente que podrías cultivar durante todo el año usando las aguas cosechadas, consulta la sección sobre calendarios de plantas silvestres y cultivadas basadas en el lugar, que aparece al final de este apéndice. El calendario al final de esta sección ilustra los períodos de cosecha del desierto sonorense para diversos alimentos silvestres y cultivados en todas las estaciones del año. Esto también se puede utilizar como una plantilla para otros lugares y climas.

Ahora elige un método para estimar las necesidades de agua de tus plantas. Como mínimo, hazlo para aquellas plantas (a menudo árboles) que probablemente serán tus mayores consumidores de agua. Una vez que hayas estimado las necesidades de agua de tus plantas, revisa si tu demanda/gastos/pérdida de agua está en equilibrio con tu suministro/ingresos/ganancia de agua cosechada. Si la demanda supera la oferta (consulta el capítulo 2 para saber cómo determinar tu suministro cosechado potencial), es probable que necesites…

- Reducir tu demanda de agua reemplazando plantas de alto consumo de agua con especies que consumen menos, mejorando la creación de microclimas que dan refugio ya sea con sombra o barreras cortavientos, limitando a las temporadas más húmedas la siembra de cultivos anuales que requieren mucha agua, implementando un riego más eficiente e identificando otras estrategias de ahorro de agua.

- Aumentar tu suministro cosechado al cosechar insumos de más superficies de captación, reciclando/reutilizando más veces las fuentes de agua cosechadas, aumentando la capacidad de cosecha de tu sitio al incrementar la capacidad de tus obras de tierra y tanques, e implementando otras estrategias para generar disponibilidad de agua.

- Usar una combinación de reducción de la demanda y aumento en la oferta (este volumen y otros volúmenes de esta serie te muestran cómo).

MÉTODO 1: ESTIMAR LOS REQUERIMIENTOS DE AGUA DE LAS PLANTAS EN EL SUR DE ARIZONA UTILIZANDO TABLAS ESTIMADORAS DE REQUERIMIENTOS DE AGUA

Este método estima las necesidades de agua para huertos anuales sembrados dentro de cuencas de cosecha de agua acolchadas y hundidas (recuadro A4.1), y para la vegetación perenne incluida en tres listas de plantas multiusos específicas para Tucson (Arizona) (recuadros A4.2, A4.3 y A4.4). Me parece que este método proporciona más información y es el más preciso de los dos si vives en el desierto sonorense. Puedes ver rápidamente cómo la demanda media de agua cambia mes a mes y puedes también diferenciar la demanda de agua de plantas perennes y caducifolias (recuadros A4.5A y A4.5B).

Sin embargo, las necesidades de agua fluctuarán dependiendo de la densidad de siembra; el tipo de suelo; la ubicación de las plantas; y la exposición al sol, al calor y al viento. Estas listas ofrecen una guía introductoria parcial: existe una gama mucho más diversa de plantas y variedades adecuadas disponibles para esta área que las que se presentan aquí.

Puedes calcular con facilidad las necesidades de agua anuales o mensuales estimadas para las plantas listadas si usas las tablas para buscar su tamaño adulto, sus necesidades de agua (baja, media, alta) y su naturaleza perenne o caducifolia, y luego usas estos números en las fórmulas sencillas que aparecen después de las listas.

En los recuadros A4.2–A4.4, en la columna denominada "Necesidades de agua", se listan **las necesidades aproximadas de agua de las plantas** (factores de uso de agua de las plantas) para cada planta y son las siguientes:

BA = uso bajo de agua de 250 a 500 mm (10 a 20 pulgadas) de agua al año
MA = uso medio de agua de 500 a 900 mm (20 a 35 pulgadas) de agua al año
AA = uso alto de agua de 900 a 1500 mm (35 a 60 pulgadas) de agua al año

Los números entre paréntesis en la columna "Necesidades de agua" representan la frecuencia aproximada con la que las plantas necesitan riego una vez establecidas (lo que a menudo toma de 2 a 3 años), de la siguiente manera:

(1) = Sin riego suplementario
(2) = Riego una vez al mes en la temporada de crecimiento
(3) = Riego dos veces al mes en la temporada de crecimiento
(4) = Riego una vez a la semana en la temporada de crecimiento

Por tanto, una planta listada como BA (1) sería una planta que *consume muy poca agua* y que no necesita riego suplementario una vez establecida.

Recuadro A4.1. Requisitos anuales de agua aproximados para huertos acolchados en Tucson (Arizona) sembrados en cuencas hundidas

Basado en "Economic Value of Home Gardens in an Urban Desert Environment", de David A. Cleveland, Thomas V. Orum y Nancy Ferguson, *HortScience* 20(4): 694-696.1985

4.5 m² 12 080 litros	9 m² 24 160 litros	13.5 m² 36 250 litros	18 m² 48 080 litros	22.5 m² 60 420 litros	27 m² 72 500 litros
50 ft² 3 180 galones	100 ft² 6 360 galones	150 ft² 9 540 galones	200 ft² 12 720 galones	250 ft² 15 900 galones	300 ft² 19 080 galones

Recuadro A4.2. Árboles nativos de usos múltiples para el área de Tucson (Arizona)

Especies en español (*latín/nombre científico*), inglés, o' odham	Necesidades de agua	Zona del jardín de lluvia	Tamaño	Tolerancia al frío	Rango de elevación	Tasa de crecimiento	Tipo de árbol	Usos humanos	Vida silvestre que usa la planta	Animales domésticos que usan la planta
Palo fierro / tésota, (*Olneya tesota*), Desert Ironwood, Ho'idkam	BA (1)	Terraza Arriba	7.6 x 7.6m (25 x 25')	SR -9°C (15°F)	750m (2 500') y más abajo	moderada	P	A, FN, M, S, CP	Aves, polinizadores, mamíferos grandes y pequeños	Pollos, cabras
Mezquite aterciopelado, (*Prosopis velutina*), Velvet Mesquite, Kui	BA (1)	Terraza Abajo	9 x 9m (30 x 30')	R -15°C (5°F)	300-1 500m (1 000–5 000')	rápida	SC	A, FT, M, FN, PT, S, ML	Aves, polinizadores, mamíferos grandes y pequeños	Pollos, cabras, reses, abejas melíferas, perros
Mezquite tornillo, (*Prosopis pubescens*), Screwbean Mesquite, Kuujul	BA (2–3)	Terraza Abajo	6 x 6m (20 x 20')	R -17°C (0°F)	1 200m (4 000') y más abajo	moderada	C	A, FN, FT, M, ML, PT, RV, S	Aves, polinizadores, mamíferos grandes y pequeños	Pollos, cabras, reses, abejas melíferas, perros
Uña de gato, (*Senegalia greggii*), Cat Claw Acacia, U:pad	BA (1)	Terraza Arriba	6 x 6m (20 x 20')	R -17°C (0°F)	Debajo de 1 500m (5 000')	moderada a rápida	C	CP, M, ML, PT, S	Aves, polinizadores, mamíferos grandes y pequeños	Reses, cabras, abejas melíferas
Chaparro prieto / huizache, (*Vachellia constricta*), Whitethorn Acacia, Giidag	BA (1)	Terraza Arriba	4.5 x 4.5m (10–15 x 10–15')	R -15°C (5°F)	750-1 500m (2 500–5 000')	moderada a rápida	SC	A, G, M, S	Aves, polinizadores, mamíferos grandes y pequeños	Reses, cabras
Mimbre, (*Chilopsis linearis*), Desert Willow, A:n	BA (2–3)	Terraza Abajo	7.6 x 7.6m (25 x 25')	R -23°C (-10°F)	450-1 500m (1 500–5 000')	rápida	C	FR, FT, M, ML, RV, S	Aves y polinizadores, tortugas	Reses, cabras, abejas melíferas
Palo blanco / garabato, (*Celtis reticulata*), Canyon Hackberry, Koom	MA (2–3)	Terraza Abajo	Hasta 10.6 x 10.6m (35 x 35')	R -28°C (-20°F)	450-1 800m (1 500–6 000')	moderada	C	A, ML, RV, S	Aves, polinizadores, mamíferos grandes y pequeños	Pollos, cabras
Palo verde, (*Parkinsonia microphyllum*), Foothills Palo Verde, Kuk Chehedagi	BA (1)	Terraza Arriba	7.6 x 7.6m (25 x 25')	R -9°C (15°F)	150-1 200m (500–4 000')	lenta a moderada	C	A, ML, S	Aves, polinizadores, mamíferos grandes y pequeños, tortugas del desierto	Reses, cabras, abejas melíferas
Palo verde azul, (*Parkinsonia floridum*), Blue Palo Verde, Ko' Okma Ki	BA (2)	Terraza Abajo	9 x 9m (30 x 30')	R -9°C (15°F)	150-1 200m (500–4 000')	rápida	C	A, ML, S	Aves, polinizadores, mamíferos grandes y pequeños, tortugas del desierto	Ovejas, cabras, abejas melíferas

Consulta la listas y recursos de plantas en HarvestingRainwater.com para obtener más información.

Las clasificaciones se basan en las Listas de plantas de bajo consumo de agua/tolerantes a la sequía del Departamento de Recursos Hídricos de Arizona y en la observación directa.

La *zona* preferida *de jardín de lluvia* para cada planta listada (en la columna "Zona de jardín de lluvia" en las listas de plantas) indica la zona(s) de siembra ideal para cada planta y el microclima de humedad dentro o al lado de un jardín de lluvia (fig. A4.1); la mejor ubicación es la que aparece primero. Las zonas de jardín de lluvia son las siguientes:

Abajo – típicamente el fondo de una cuenca, que es propenso a la acumulación temporal de agua y aire frío

Terraza – por lo general en lo alto de una terraza o pedestal en el margen o dentro de una cuenca o zanja, donde el encharcamiento temporal de agua es más superficial y menos frecuente que en la zona de abajo

Arriba – área al lado de una cuenca — que no está ni dentro de ni sobre los márgenes de la cuenca — donde la corona del tallo de la planta permanece seca, pero las raíces pueden acceder al agua cosechada en la cuenca; incluyendo la parte superior de una berma. Esta es la más seca y cálida de las tres zonas.

Recuadro A4.3. Arbustos nativos, cactáceas y cubierta vegetal de uso múltiple para el área de Tucson (Arizona)

Especies en español (*latín/nombre científico*), **inglés, o' odham**	**Necesidades de agua**	**Zona del jardín de lluvia**	**Tamaño**	**Tolerancia al frío**	**Rango de elevación**	**Tasa de crecimiento**	**Tipo de planta**	**Usos humanos**	**Vida silvestre que usa la planta**	**Animales domésticos que usan la planta**
Oreganillo, (*Aloysia wrightii*), Desert Oregano	BA (2)	Terraza Abajo Arriba	1.5 × 1.5m (5 × 5')	R -9°C (15°F)	450-2 000m (1 500-6 500')	moderada	Arbusto C	A, FR	Aves y polinizadores	Abejas melíferas, ganado
Chuparrosa / cola de gallo, (*Anisacanthus thurberi*), Desert Honeysuckle	BA (2)	Abajo Terraza	Hasta 1.5m (5')	R -3°C (25°F)	750-1 900m (2 500–5 000')	moderada	Arbusto C		Polinizadores, colibríes, mariposas, tortugas	Ovejas, reses
Cenizo, (*Atriplex lentiformis*), Quail-bush Edam	BA (1)	Terraza Arriba	Hasta 2.5 × 3.5m (8 × 12')	R -9°C (15°F)	Debajo de los 1 200m (4 000')	rápida	Arbusto P	A, CF, FN, J, M, MP	Aves, mamíferos grandes, mariposas	Abejas melíferas, ganado
Chiltepín / chiltipiquín, (*Capsicum annuum*), Chiltepine, A'al Ko'okol	BA (2)	Arriba Terraza	Hasta 1m (3')	Sensible a heladas	Debajo de los 1 200m (4 000')	lenta a moderada	Arbusto P, C c/ helada	A, M	Aves	Pollos
Garambullo / granjeno, (*Celtis pallida*), Desert Hackberry Ko:m / Kuwavul	BA (2)	Terraza Arriba	Hasta 3m (10')	R -6°C (20°F)	450-1 000m (1 500-3 500')	lenta a moderada	Arbusto SC	A, M, ML, MP	Aves, polinizadores, mamíferos, mariposas	Pollos, abejas melíferas, reses
Incienso, (*Encelia farinosa*), Brittle Bush, Tohaws / Tohawes	BA (1)	Arriba	1m (3')	SR -2°C (28°F)	Debajo de los 1 000m (3 000')	rápida	Arbusto P	G, M	Polinizadores, aves, mamíferos grandes	Cabras
Cola de zorra / canutillo, (*Ephedra trifurca*), Mormon Tea, Kubgam	BA (2)	Arriba Terraza	1-3m (3-12')	R	Hasta 1 300m (4 500')	lenta	Arbusto P	A, CP, M, P, PT	Polinizadores, aves, mamíferos grandes	Abejas melíferas, cabras
Ocotillo, (*Fouquiera splendens*), Ocotillo, Melhog	BA (1)	Arriba Terraza	Hasta 4.5m de altura (15')	R -12°C (10°F)	Debajo de los 1 500m (5 000')	lenta	"Arbusto" C	CV, M, P	Polinizadores, aves, mariposas, borregos cimarrones, venados	Cabras
Chuparrosa, (*Justicia californica*), Hummingbird Bush, Wipismal Je:j	BA (2–3)	Terraza	1.2m (4')	SR -2°C (28°F)	300-750m (1 000–2 500')	moderada a rápida	Arbusto C	A	Aves, polinizadores, mariposas, tortugas	Pollos
Gobernadora, (*Larrea tridentata*) Creosote, Segai	BA (1)	Arriba Terraza	Hasta 3.3m (11')	R -15°C (5°F)	Debajo de los 1 300m (4 500')	lenta a moderada	Arbusto P	G, M, ML	aves, polinizadores, mamíferos, mariposas	Abejas melíferas
Frutilla / tomatillo, (*Lycium fremontii*), Wolfberry, Kuáwul	BA (1)	Terraza Abajo Arriba	1-1.5m (3-5')	R	750m y más abajo (2 500')	moderada a rápida	Arbusto C	A, M, MP	Aves, polinizadores, mariposas	Pollos, abejas melíferas, ganado
Penstemon / pichelitos, (*Penstemon parryi*), Penstemon, Hewel Hiosig	BA (1)	Abajo Terraza	Hasta 1m (3')	R -9°C (15°F)	450-1 300m (1 500–4 500')	moderada	Arbusto rastrero P	M	Aves, polinizadores, mariposas	Pollos
Cachanilla, (*Pluchea purpurascens*), Arrowweed, Oas Haukmaki	MA (2)	Abajo Terraza	Hasta 3m (10')	R -25°C (-13°F)	Debajo de los 1 000m (3 000')	moderada	Arbusto P	A, FT, M, MP, S	Venados, polinizadores	Caballos, reses, abejas melíferas
Jojoba, (*Simmondsia chinensis*), Jojoba, Hohowai	BA (1)	Terraza Arriba	Hasta 2.1m (7')	R -6°C (20°F)	300-1 500m (1 000–5 000')	lenta a moderada	Arbusto P	CF, J, M, MP, RV	Mamíferos grandes y pequeños, aves	Reses, cabras
Sahuaro, (*Carnegiea gigantea*), Saguaro, Ha:sañ	BA (1)	Arriba	Hasta 12m de altura (40')	SR -6°C (21°F)	180-1 100m (600–3 600')	lenta	Cactácea P	A, CP, G, M, ML	Aves, murciélagos, búhos, polinizadores, tortugas	Pollos
Biznaga, (*Ferocactus wislizenii*), Barrel Cactus, Jiawul	BA (1)	Arriba Terraza	1-2.4m (4-8') de altura	R -9°C (15°F)	300-1 700m (1 000–5 600')	lenta	Cactácea P	A, AC, M, PT	Aves, polinizadores, mamíferos	Cerdos, Las cabras se comen los frutos
Choya cuerno de venado, (*Cylindropuntia versicolor*), Staghorn cholla, Ciolim	BA (1)	Terraza Arriba	1-3m (3-10') de altura	R	600-900m (2 000–3 000')	moderada a rápida	Cactácea P	A, M, MP	Aves, polinizadores, venados bura	Reses, cabras
Nopal, (*Opuntia engelmanii*), Prickly Pear, Naw / Na:k	BA (1)	Arriba Terraza	Hasta 1.5m (5') altura	R -12°C (10°F)	300-1 900m (1 000–6 500')	moderada	Cactácea P	A, CV, M, PT, RTE	Aves, polinizadores, mamíferos, tortugas	Ovejas, reses (cuando se les queman las espinas)

Recuadro A4.4. Árboles exóticos frutales, enredaderas y cactáceas de uso múltiple para el área de Tucson (Arizona)

Especies en español (*latín/nombre científico*), **inglés, o' odham**	**Variedad**	**Necesidades de agua**	**Zona del jardín de lluvia**	**Tamaño**	**Tolerancia o necesidad de frío**	**Tasa de crecimiento**	**Tipo de planta**	**Usos humanos**	**Vida silvestre que usa la planta**	**Animales domésticos que usan la planta**
Manzana, (*Malus pumila*), Apple, Mansáána	Anna, Ein Shemer	MA (3)	Terraza Arriba	4.5-6 x 4.5-6m (15-20' x 15-20')	150-250 Horas de frío	moderada	Árbol C	A, S	Aves, polinizadores, venados	Pollos
Chabacano, (*Prunus armeniaca*), Apricot, Wiilagōōki	Royal o Blenheim, Katy	MA (2-3)	Terraza Arriba	7.6 x 7.6m (25 x 25')	300-400 Horas de frío	moderada	Árbol C	A, CF, RV, S	Polinizadores	Pollos
Algarroba, (*Ceratonia siliqua*), Carob	Casuda, Santa Fe, Sfax	MA (3)	Terraza Arriba	7.6 x 7.6m (25 x 25')	SR -5°C (23°F)	moderada	Árbol P	A, CF, RV, S		Abejas melíferas, ovejas, cabras, cerdos, vacas, caballos
Asufaifa, (*Ziziphus jujuba*), Chinese Jujube	Lang, Li	BA (2)	Terraza Arriba	6 x 3m (20-30' x 10-20')	R -17°C (-0°F)	moderada	Árbol C	A, M		Pollos
Cítrico – toronja, Citrus – Grapefruit	Duncan, Ruby Red, Marsh	AA (3)	Arriba Terraza	4-6m (14-20')	SR -2°C (27°F)	moderada	Árbol P	A, AE, CF, M, S	Polinizadores	Abejas melíferas
Cítrico – limón, Citrus – Lemon, S-he'ekchu	Meyer mejorado, Lisboa	AA (3)	Arriba Terraza	Hasta 6 x 6m (20 x 20')	SR 0°C (31°F)	moderada	Árbol P	A, AE, CF, M, S	Polinizadores	Abejas melíferas
Cítrico – naranja dulce, Citrus – Sweet orange, Nalash / Olinj	Valencia, Trovita, Marrs, Sanguinelli, Roja	AA (3-4)	Arriba Terraza	5 x 5m (12-20' x 12-20')	SR -2°C (27°F)	moderada	Árbol P	A, AE, CF, FR, M, S	Polinizadores, colibríes	Abejas melíferas, cabras
Palma datilera, (*Phoenix dactylifera*), Date palm Chukuḍ shōsha	Medool, Khadrawy, Halawy, Zahidi, Maktoom. Solo las hembras producen frutos.	MA (3-4)	Terraza Abajo	Hasta 12m de altura (40')	SR -5.5°C (22°F)	moderada	Árbol P	A, FT, M, ML, RV, S	Aves	Pollos, perros, camellos, caballos
Uva, (*Vitis* spp.), Grape, Huuḍvis / Uuḍvis	Flame, Ruby, Lomanto, Black Manukka, Thompson	MA (4)	Terraza Arriba	1.5-27m de largo (5-90')	R -17°C (0-10°F)	moderada	Enredadera C	A, FT, S, (en enrejado)	Aves, polinizadores, mamíferos pequeños	Pollos, abejas melíferas
Higo, (*Ficus carica*), Fig, Suuna	Black Mission, Conadria	MA (3)	Terraza	4.5-9m (15-30')	R -9°C (15°F) >100 Horas de frío	rápida	Árbol C	A, CF, M, S	Aves, murciélagos, polinizadores	Pollos
Níspero, (*Eriobotrya japonica*), Loquat	Big Jim, Tanaka, Champagne, Gold Nugget	AA (4)	Terraza	6 x 6m (20 x 20')	Árbol R -12°C (10°F) Flores y fruto SR -2°C (28°F)	moderada	Árbol P	A, RV, S		Pollos, abejas melíferas
Nopal, (*Opuntia ficus-indica*), Nopal, Suuna / Na:k	Burbank, Quillota, Papaya, Honey Dew, Florida White	BA (1-2)	Terraza Arriba	Hasta 3m de altura (10')	R -6°C (20°F)	moderada a rápida	Cactácea P	A, CF, CV, M, MP, RTE	Polinizadores, tortugas del desierto, pecaríes de collar	Pollos, cerdos, ovejas, reses, cabras
Olivo / aceituna, (*Olea europaea*)*, Olive	Ascolano, Barouni, Haas, Manzanillo, Mission	MA (2)	Terraza Arriba	Hasta 9 x 9m (30 x 30')	Árbol R (-9°C) (15°F) Frutos verdes SR -2°C (28°F)	moderada	Árbol P	A, M, ML, RV, S	Aves	Pollos, cabras
Durazno, (*Prunus persica*), Peach, Ñulash / Julashan	Desert Gold, Mid Pride, Rio Grande	MA (3-4)	Terraza Arriba	4.5-7.6m (15-25')	R -26°C (15°F) 250-350 Horas de frío	moderada a rápida	Árbol C	A, CF, M, S	Aves, polinizadores	Pollos, abejas melíferas
Granada, (*Punica granatum*), Pomegranate, Galnáayo	Wonderful, Fleishman, Papago, Sweet	BA (2-3)	Terraza Arriba	5-4.5m (12-15')	R -9°C (15°F) 200 Horas de frío	moderada	Arbusto a árbol C	A, CF, CP, M, MP, PT	Aves	Pollos, abejas melíferas, cabras

Antes de sembrar estas plantas exóticas que necesitan más agua, siembra la lluvia Y las aguas grises (ya que las aguas grises te ayudarán aún más durante las épocas secas).

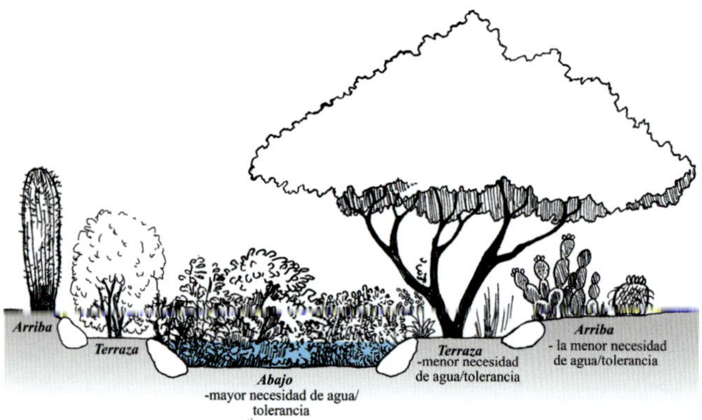

Fig. A4.1. Las tres zonas de siembra en un jardín de lluvia. Para obtener más información, ver las figuras 3.30-3.31.

Las abreviaturas en las columnas de las listas de plantas "Tolerancia al frío", "Tipo de planta" y "Usos humanos" significan:

A = alimento, AC = acondicionador para el cabello, AE = aceite esencial, C = caducifolio, CF = especies para cortafuegos, CP = curtido de pieles, CV = cerco vivo, FN = fijador de nitrógeno, FR = fragante, FT = material de fibra para tejido/canastas, G = goma/pegamento, J = jabón, M = medicinal, ML = madera/leña, MP = malla protectora, P = perenne, PT = pigmento/tinte, R = resistente, RTE = recubrimiento de tierra/estabilizador de pigmentos, RV = rompevientos S = sombra/refugio, SC = semicaducifolio, SR = semirresistente.

Los *polinizadores* en la columna "Vida silvestre" pueden incluir mariposas, abejas solitarias nativas y avispas depredadoras benéficas.

La sección sobre vegetación del apéndice de recursos del volumen 2 de *Cosecha de agua de lluvia para zonas áridas y más allá* (disponible solo en inglés) incluye algunos de los libros de los cuales recopilé la información utilizada en las listas de plantas. Complementé aún más las listas utilizando información de grupos locales de jardinería, personas que trabajan con herbolaria, entusiastas de las habilidades de supervivencia ancestrales, sociedades de plantas nativas, viveros de propiedad local y mis propias observaciones directas. Tú también puedes utilizar fuentes de información como estas para ayudarte a armar tus propias listas.

Cómo estimar los requerimientos de agua en **un mes determinado** para una planta de la lista en Tucson (Arizona)

Ten en cuenta que esta sección se desarrolló con base en el folleto "How to Develop a Drip Irrigation Schedule" (Cómo desarrollar un programa de riego por goteo) del programa LOW 4 de la Extensión de Cooperativas del Condado de Pima/Centro de Investigación de Recursos Hídricos de la Universidad de Arizona. Se puede crear un "estimador de requerimientos de agua para plantas" similar para otras áreas utilizando las tasas de evapotranspiración para esos sitios. Para obtener recursos adicionales, busca en línea las listas de plantas tolerantes a la sequía/de bajo consumo de agua del Departamento de Recursos Hídricos de Arizona. Tienen listas de plantas específicas para Tucson, Phoenix y las áreas de administración activa (AMA, por sus siglas en inglés) de Pinal, Prescott y Santa Cruz.

1. Identifica la planta como perenne o caducifolia, y por consumo de agua alto, medio o bajo. *Por ejemplo, un mezquite aterciopelado es caducifolio con un bajo consumo de agua.*

2. Determina el diámetro del dosel de la planta (el diámetro de la parte frondosa de la planta). Este puede ser el dosel actual de la planta, pero es mejor utilizar el tamaño esperado del dosel de la planta adulta porque cuanto más grande sea la planta, mayor será su demanda de agua. *Digamos que nuestro mezquite del ejemplo tiene un dosel de 20 pies de diámetro.*

3. Determina el requerimiento de agua de la planta en pulgadas durante un mes dado. Consulta las tablas de los recuadros A4.5A y A4.5B, que muestran cuántas PULGADAS de agua necesitan infiltrarse en el área del suelo debajo del dosel de la planta para mantener su salud. *Según la tabla del recuadro A4.5B, el requerimiento de agua durante el mes de junio para nuestro mezquite caducifolio y de bajo consumo de agua es de 3 pulgadas.*

4. Convierte el requerimiento de agua de la planta de pulgadas a galones. Encuentra el diámetro del dosel de la planta en el recuadro A4.5C. A continuación, encuentra el número correspondiente de galones por pulgada de agua debajo del dosel y multiplícalo por el número de pulgadas de agua necesarias en junio para obtener el total de GALONES de agua requeridos en ese mes.

Por ejemplo, el número de galones en una pulgada de agua aplicados bajo el área del dosel de un mezquite aterciopelado de 20 pies de diámetro es de 196 galones. El árbol necesita 3 pulgadas de agua en junio, por lo que multiplicar 196 × 3 = el requerimiento de 588 galones de agua para junio.

Cómo estimar los requisitos **anuales** de agua para una planta de la lista en Tucson (Arizona)

Usa las tablas del recuadro A4.5A o A4.5B para encontrar el requerimiento de agua ANUAL estimado de la planta en PULGADAS. Multiplica ese número por el número de galones por pulgada de agua debajo del área del dosel (tabla en el recuadro A4.5C) de acuerdo con el diámetro del dosel de la planta.

Por ejemplo, el mezquite aterciopelado de 20 pies de diámetro necesita 15 pulgadas de agua al año, y en la tabla A4.5C vemos que se aplican 196 galones por pulgada de agua debajo de un área de dosel de 20 pies de diámetro. Por tanto, multiplicar 15 × 196 = requerimiento anual de agua de 2940 galones.

Nota 1: Probablemente solo tendrás que tomar en cuenta las estimaciones anuales de los requerimientos de agua al diseñar un paisaje de plantas nativas locales que se basa en densidades y tamaños naturales de plantas silvestres. Dicha vegetación se adapta de manera natural a los patrones de lluvia locales y, una vez establecida, puede sobrevivir durante los períodos secos entre las lluvias.

Los cálculos mensuales de los requerimientos de agua son más adecuados para diseñar paisajes de plantas exóticas o de plantas nativas que se siembran a una

Recuadro A4.5A. Requerimiento mensual de agua en pulgadas – plantas perennes

Requerimiento de agua	E	F	M	A	M	J	J	A	S	O	N	D	Total anual
Bajo	0	0	2″	2″	3″	3″	3″	2″	2″	2″	1″	0	20″
Medio	0	0	3″	4″	5″	5″	5″	4″	4″	3″	2″	0	35″
Alto	0	3″	5″	6″	8″	9″	7″	6″	6″	5″	3″	0	58″

Recuadro A4.5B. Requerimiento mensual de agua en pulgadas – plantas caducifolias

Requerimiento de agua	E	F	M	A	M	J	J	A	S	O	N	D	Total anual
Bajo	0	0	0	2″	3″	3″	3″	2″	2″	0	0	0	15″
Medio	0	0	0	4″	5″	5″	5″	4″	4″	0	0	0	27″
Alto	0	0	0	6″	8″	9″	7″	6″	6″	5″	0	0	47″

Recuadro A4.5C. Tabla de conversión: Diámetro del dosel vs. galones/pulgadas debajo del dosel

Diámetro del dosel en pies	2	4	6	8	10	12	14	16	18	20	25	30
# de galones por pulgada de agua debajo del dosel	2	8	18	31	49	71	96	125	159	196	306	441

densidad superior a la normal o que se riegan para sostener tamaños de plantas más grandes de lo normal. Estas estimaciones te dan una mejor idea de qué estaciones o meses requieren más agua para que puedas planificar mejor el almacenamiento de agua necesaria y el momento del riego suplementario con agua de tanque o aguas grises.

Los requerimientos de agua para todas las plantas aumentarán a medida que estas crecen pues la cantidad de agua que transpiran a través de sus hojas aumenta con el aumento en la superficie acumulada de hojas. Por lo tanto, es importante planificar las necesidades de agua de tus plantas en su tamaño adulto. Sin embargo, minimizar la cantidad de agua disponible para las plantas nativas puede reducir su tamaño adulto, lo que reduce la necesidad de más agua. Por ejemplo, un mezquite aterciopelado que recibe aproximadamente 6600 galones de agua por año puede crecer hasta los 30 pies de alto y ancho, pero si solo hay 2940 galones de agua por año disponibles para el árbol, es probable que solo llegue a los 20 pies de alto y ancho.

MÉTODO 2: ESTIMAR LOS REQUERIMIENTOS DE AGUA PARA PLANTAS EN CUALQUIER LUGAR UTILIZANDO TASAS LOCALES DE EVAPOTRANSPIRACIÓN (ET)

Esta sección te ofrece un método para estimar la demanda de agua de tu vegetación existente y/o planificada dondequiera que vivas. Esto es un fragmento parcial y adaptación de la excelente guía *The Water-Wise Home* © de Laura Allen con permiso de Storey Publishing. En esta sección he cambiado los cálculos de Laura para estimar la demanda *mensual* de riego, en lugar de la demanda semanal como se hace en su libro, con el fin de alinearlos más estrechamente con el otro método de cálculo de requerimientos de agua para plantas presentado en este apéndice.

Como dice Laura, "La evapotranspiración, o ET, es el efecto combinado del agua al evaporarse del suelo y ser utilizada (transpirada) por las plantas. En climas relativamente cálidos y secos, las plantas pierden más agua que en climas más fríos y húmedos. Este método supone que toda la humedad perdida por la evapotranspiración será reemplazada a través del riego. Toma en consideración el tipo y tamaño de la planta, así como el clima. Necesitarás la siguiente información:"[1]

1. **El área de la(s) planta(s)** en pies cuadrados (o metros cuadrados) en su tamaño esperado como individuo adulto: cuanto mayor sea la planta, mayor será su demanda de agua.

Los libros y recursos informativos buenos sobre plantas incluyen el tamaño adulto promedio de las plantas, que como afirma Laura, "se mide por el área debajo del dosel de una planta adulta; para árboles y arbustos, esta área tiene la forma de un círculo. Las camas sembradas o setos vivos tienen un área rectangular. Calcula el área de un círculo multiplicando π (3.14) por el radio del círculo (r) al cuadrado (área = πr^2). Encuentra el área de un rectángulo multiplicando la longitud por el ancho.

Por ejemplo, aquí está el cálculo para un manzano que mide 1.2 m (4 pies) desde el tronco hasta las ramas exteriores:"

$\pi \times r^2$ = área del círculo
$3.14 \times 4^2 = 50$ pies cuadrados
$3.14 \times (4 \times 4) = 50$ pies cuadrados

O en unidades del sistema métrico:
$3.14 \times 1.2^2 = 4.5$ metros cuadrados
$3.14 \times (1.2 \times 1.2) = 4.5$ metros cuadrados

2. **El factor de uso de agua de la planta** (a veces llamado factor de la planta o factor de especie), que varía con diferentes tipos o especies de plantas. El factor de consumo de agua "indica un consumo alto (0.8), moderado (0.5), bajo (0.2) o muy bajo (0.1) de la planta. Los libros sobre plantas y jardines normalmente proporcionan esta información y a menudo la representan con gotas de agua; una gota completa representa alto consumo, una gota medio llena significa consumo moderado y una gota vacía es consumo bajo".[2]

Sin embargo, a menudo a estos libros les falta incluir un factor de consumo de agua muy bajo que normalmente se aplica a plantas nativas especialmente tolerantes a la sequía (con nativa me refiero a aquellas plantas autóctonas de tu área que crecen en

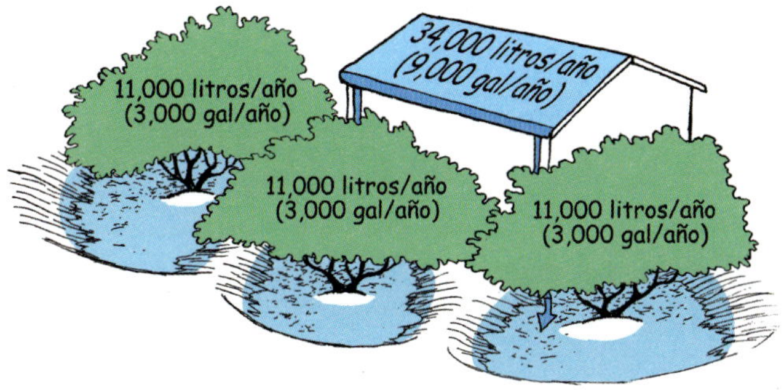

Fig. A4.2A. Demanda anual de riego en Tucson (Arizona) para árboles de mezquite nativos de bajo consumo de agua y adaptados a la temporada seca, que se cubre con el suministro de agua de lluvia de la escorrentía del techo. El agua se infiltra y se retiene en el suelo acolchado de las cuencas de infiltración; no se necesitan tanques.

Fig. A4.2B. Demanda anual de riego en Tucson (Arizona) para un árbol cítrico exótico de más alto consumo de agua y susceptible en la temporada seca, que se cubre con el suministro de agua de lluvia de la escorrentía del techo y se suplementa con aguas grises en épocas de seca.

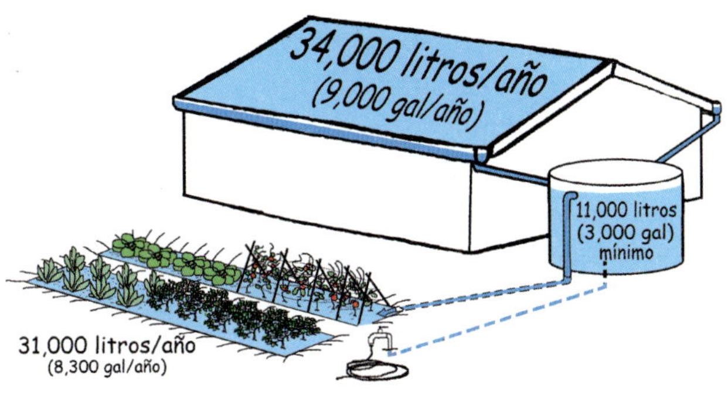

Fig. A4.2C. Demanda anual de riego en Tucson (Arizona) para un huerto de 12 m² (130 ft²) de alto consumo de agua y sembrado en cuencas hundidas y acolchadas. Tanque necesario para suministrar escorrentía del techo en temporadas largas de seca. El tanque también podría utilizarse para regar árboles frutales en la estación seca.

Fig. A4.3. Calcula el área (A) debajo del dosel de un árbol utilizando $A = \pi r^2$. El radio de un círculo es la mitad de su diámetro. Ilustración © por Steve Sanford para *The Water-Wise Home* de Laura Allen. Reproducido con permiso de Storey Publishing.

un microclima igual al de tu sitio). Laura dice: "La mayoría de los árboles frutales son plantas de consumo moderado de agua. Si no encuentras esta información en un libro de referencia general, consulta el sitio web en inglés Water Use Classification of Landscape Species" (Clasificación de uso de agua de especies de paisaje) (https://ucanr.edu/sites/WUCOLS/).[3]

3. **Tasa de ET para tu área.** Como lo explica Laura: "La tasa depende de las condiciones climáticas. Por lo general, la ET se da en milímetros (o pulgadas) por mes o por día". La cifra mensual es lo que se necesita para la fórmula que se presenta aquí. "Puedes encontrar las tasas de ET en línea, o preguntar a tu programa de extensión cooperativa o distrito local de gestión del agua".[4]

El sitio web Water Sense de la Agencia de Protección Ambiental de los Estados Unidos (EPA, por sus siglas en inglés) tiene una herramienta para buscar información sobre presupuestos de agua, Water Budget Data Finder, (https://www.epa.gov/watersense/water-budget-data-finder) que puedes utilizar para identificar tu mes de riego pico (el mes más caliente y más seco) y la tasa de ET de referencia. Visita la página web de la herramienta y, si vives en los Estados Unidos, simplemente ingresa el código postal de tu sitio. La herramienta está disponible solo en inglés.

Usa esta fórmula para calcular los requerimientos *mensuales* de agua para las plantas:

El consumo mensual de agua de las plantas en galones = Área de la planta en pies cuadrados × pico de ET en pulgadas/mes × Factor de consumo de agua de la planta × Factor de conversión de 0.62

Nota: El factor de conversión de 0.62 se usa para convertir pulgadas a galones.

O en unidades métricas:

Consumo mensual de agua de la planta en litros = Área de la planta en metros cuadrados × pico de ET en milímetros/mes × Factor de consumo de agua de la planta

Nota: No se necesita ningún factor de conversión para la ecuación en unidades métricas

Los ejemplos a continuación estiman el consumo de agua del árbol frutal que aparece en la figura A4.3 en cuatro ciudades/climas diferentes. Este árbol frutal tiene un área de dosel de tamaño adulto de 4.5 m^2 (50 pies cuadrados) y un factor de consumo de agua moderado (0.5) con diferentes tasas de ET para cada ciudad proporcionadas por la herramienta en línea de la EPA para buscar datos de presupuesto de agua (Water Budget Data Finder). Laura Allen nos recuerda: "Ten en cuenta que estos datos son para el mes de riego pico, por lo que no es necesario regar en esas cantidades durante todo el año. Por lo general, si te mantienes dentro del 30 por ciento de esta cifra, ya sea por arriba o por debajo dependiendo de tu agua disponible, tus plantas deberían estar contentas".[5]

CÁLCULOS PARA DIFERENTES CIUDADES EN LOS ESTADOS UNIDOS

Los Ángeles (California). La ET pico ocurre en julio, con 6.37 pulgadas/mes

El consumo mensual de agua más alto = 50 pies cuadrados × 6.73 pulgadas/mes × 0.5 × 0.62 = 105 galones/mes. (30 % menos de esto serían 74 galones/mes).

Tucson (Arizona). La ET pico ocurre en junio, con 12.42 pulgadas/ mes

El consumo mensual de agua más alto = 50 pies cuadrados × 12.42 pulgadas/mes × 0.5 × 0.62 = 194 galones/mes. (30 % menos que esto serían 136 galones/mes).

Seattle (Washington). La ET pico ocurre en julio, con 5.42 pulgadas/mes

El consumo mensual de agua más alto = 50 pies cuadrados × 5.42 pulgadas/mes × 0.5 × 0.62 = 85 galones/mes. (30 % menos de esto serían 59 galones/mes).

Miami (Florida). La ET pico ocurre en abril, con 6.65 pulgadas/mes

El consumo mensual de agua más alto = 50 pies cuadrados × 6.65 pulgadas/mes × 0.5 × 0.62 = 104 galones/mes. (30 % menos de esto serían 73 galones/mes).

Ten en cuenta que, como señala Laura, "Estos estimados no consideran la lluvia; obviamente las plantas no necesitarán tanta agua de riego si llueve. Por tanto, para este cálculo puedes restarle la precipitación media del mes a la tasa de ET".[6] La herramienta en línea de la EPA para buscar información sobre presupuestos de agua también incluye las precipitaciones promedio para el mes pico de demanda de riego para cada código postal en los Estados Unidos. La guía para las Evaluaciones de lugar de una hoja que aparece al final del capítulo 2 te muestra cómo obtener datos de lluvia, clima y evaporación para cualquier mes del año.

Por lo general, asumo una postura conservadora y no le resto la precipitación promedio, ya que la lluvia varía en volumen y frecuencia y no quiero subestimar la cantidad de agua de riego que mi huerto posiblemente necesitará, especialmente en un año de sequía.

CALENDARIOS DE PLANTAS ALIMENTICIAS SILVESTRES Y CULTIVADAS BASADAS EN EL LUGAR

Este calendario parte de las Evaluaciones de sitio en una hoja presentadas en el capítulo 2. Estas cuentan otro capítulo de la historia de los desafíos y potenciales de tu lugar, arraigados en el clima y el ecosistema donde vives.

La Figura A4.4 es un calendario de cosecha de alimentos del desierto sonorense para plantas nativas y exóticas, silvestres y cultivadas, anuales y PERENNES que crecen en el desierto sonorense. No es un listado completo, sino más bien te ofrece una muestra de la amplia diversidad de plantas alimenticias apropiadas para el clima (y sus variedades o subvariedades) cuyas diferentes temporadas de cosecha contribuyen a que haya cosechas resilientes durante todo el año. Por ejemplo, puede haber una diferencia de tres semanas entre la temporada de floración y cosecha de dos especies diferentes de árboles de palo verde. Por tanto, sembrar en un patio en el desierto sonorense tanto árboles palo verde azul (*Parkinsonia* [antes Cercidium] *floridum*) como árboles palo verde (*Parkinsonia microphyllum*) extiende el periodo de cosecha de palo verde por tres semanas ya que se tiene acceso a ambos. En este lugar, las exóticas naranjas Marrs están maduras de noviembre a febrero, mientras que las naranjas de Valencia están maduras de febrero a mayo, y se puede injertar la planta madre en floración de ambas especies en el mismo árbol. El posicionamiento de las plantas en diferentes microclimas (lugares más cálidos, más fríos, más húmedos, más secos) y los impactos del cambio climático pueden afectar dónde pueden crecer las plantas y sus períodos de cosecha.

Las plantas nativas del desierto sonorense, como los árboles de mezquite, palo fierro y palo verde, prosperan dentro o al lado de obras de tierra o jardines de lluvia que cosechan agua de manera pasiva. Las plantas exóticas, como los cítricos y los tomates, normalmente necesitan riego suplementario de tanques de lluvia, sistemas de aguas grises alimentados por gravedad y/o condensado de aire acondicionado. Calcula los requerimientos de agua de tus plantas para determinar si tienes suficiente agua en tu sitio para satisfacer de manera sostenible estas necesidades de riego suplementario. Las plantas con un asterisco, como el pistachero, el pino piñonero y el roble Emory nativo de Arizona (bellota), no crecen ni producen nueces en el desierto sonorense, pero sí crecen en áreas adyacentes en elevaciones más altas. Nos recuerdan que debemos mantenernos conscientes de nuestras conexiones con las comunidades vecinas de plantas, personas y ecosistemas enteros.

Te animo encarecidamente a preparar un calendario de cosecha para tu lugar, y actualizarlo y ampliarlo continuamente. Para hacer ese calendario, indaga con expertos locales como herbolarios, agricultores, jardineros, permacultores y *locávoros*; investiga el registro etnobotánico local; y haz tus propias observaciones. Descubre cuáles plantas que pueden crecer y producir en tu área faltan en tu sistema y en la comunidad. Siémbralas en lugares donde las fuentes de agua cosechada en el lugar y de manera sostenible les permitan producir de forma regenerativa. Y luego cuídalas, coséchalas y comparte su abundancia.

Consulta LorenziniWorks.com para ver otros calendarios más completos de la artista Jill A. Lorenzini.

Revisa el libro *Eat Mesquite and More: A Cookbook for Sonoran Desert Foods and Living* de Desert Harvesters y DesertHarvesters.org para ver información sobre la siembra, cosecha y procesamiento de alimentos silvestres nativos del desierto sonorense, además de sugerencias para cocinarlos y otros recursos.

Visite NeighborhoodForesters.org para obtener información sobre forestación de alimentos nativos irrigada por lluvia.

Fig. A4.4. Calendario de cosecha de plantas alimenticias que crecen en el desierto de Sonora. Ilustrado por Jill Lorenzini

SILVICULTORES DEL BARRIO

Fig. A4.5A. Antes de instalar la glorieta cosechadora de agua y calmante de tráfico, 4-2005.

Fig. A4.5B. Glorieta cosechadora de agua recién construida, con lluvia, 9-2005.

Fig. A4.5C. Vecinos sembrando plantas alimenticias nativas en la glorieta, 10-2005.

Fig. A4.5D. Vecinos cosechando alimentos de plantas regadas con lluvia y sembradas en la glorieta y en el lado de la calle, 2016.

Fig. A4.6A. Antes. Derecho de paso público 1994. Los escurrimientos urbanos se desperdician al fluir hacia la calle.
Las flechas azules indican el flujo de los escurrimientos urbanos.

Fig. A4.6B Después de hacer el corte en la acera. Derecho de paso público 2014.
Los escurrimientos urbanos se captan conforme van fluyendo hacia cuencas en el lado de la calle (a un nivel más bajo que la calle) a través de cortes de guarnición y la saliente cosechadora de agua o extensión de la acera en la calle a lado de la señal de "ceda el paso".
Esta vegetación se riega solamente con agua de lluvia y escurrimientos urbanos captados pasivamente de la calle.
Las flechas azules indican el flujo de los escurrimientos urbanos.

Visita DunbarSpringNeighborhoodForesters.org para más información sobre cómo puedes generar esa transformación en tu vecindario.

Apéndice 5

Hojas de trabajo y reflexión

Este apéndice pretende ser a la vez un resumen del proceso de diseño descrito en este libro y una lista de verificación de los pasos recomendados para crear un diseño de cosecha de agua conceptual e integrado.

Los profesores pueden usar estas hojas de trabajo para enseñar acerca de la cosecha integrada de agua.

En CosechaDeAguaDeLluvia.com puedes encontrar un plan de estudios adicional sobre cosecha de agua, diseñado para ser utilizado junto con este libro. Ve al sitio web y busca "curriculum".

Debido al aumento en el costo del papel y para mantener bajos los costos, el peso y gastos de envío de este libro, solo se incluye una parte de las hojas de trabajo. Puedes descargar de forma gratuita las versiones completas de todas las hojas de trabajo en CosechaDeAguaDeLluvia.com. Solo tienes que buscar "Apéndice 5 Hojas de trabajo y reflexión".

CAPÍTULO 2/PASO 2: TRABAJA A PARTIR DE UNA OBSERVACIÓN LARGA Y REFLEXIVA: EVALÚA LA CUENCA Y LOS RECURSOS HÍDRICOS DE TU SITIO

A. Camina por la cuenca hidrográfica de tu sitio.

Identifica sus crestas y fronteras y observa cómo fluye el agua dentro de ellas. Toma notas a continuación. Consulta la sección "Cuencas y subcuencas: determinar tu parte del ciclo hidrológico" para más información.

Si la escorrentía fluye a través de tu terreno, presta especial atención a la dirección de la que proviene, su volumen y la fuerza del flujo del agua. Mira sobre qué superficies fluye el agua para tratar de determinar la calidad de la misma. Anota tus observaciones a continuación. Busca también patrones de erosión cuando la tierra esté seca (ver el apéndice 1). Escribe tus observaciones.

B. Crea un plano del sitio y mapea tus observaciones.

Primero que nada, toma fotografías de tu sitio para que tengas fotos de "antes" con las que puedas documentar tu avance al compararlas con las futuras fotos de "después".

Ahora, en papel cuadriculado o una foto aérea de tu sitio obtenida de Google Earth o Google Maps, y utilizando la figura 2.3 como ejemplo, crea un plano "a escala" del sitio dentro de los límites de tu propiedad. Deja márgenes amplios para marcar las ubicaciones donde los recursos, como la escorrentía del patio de tu vecino, fluyen hacia, desde o a lo largo de tu sitio. Dibuja o identifica los edificios, calzadas, patios, vegetación existente, cauces de agua naturales, líneas de servicios públicos subterráneas y sobre la superficie, etc. A continuación, dibuja cualquier superficie de captación que drene agua hacia afuera de tu sitio (por ejemplo, una entrada para autos inclinada hacia la calle) y cualquier superficie de captación que drene agua hacia tu sitio desde afuera; indica la dirección y el flujo de cualquier escorrentía de agua entrante y saliente. Consulta las figuras 2.2 y 2.4 mientras haces todo esto. Haz apuntes adicionales a continuación.

Otras observaciones que pudieras registrar en este momento:

¿Qué vegetación vive únicamente del agua que hay en el sitio (agua de lluvia) y cuál depende del agua bombeada o del agua de riego importada? _______

¿Qué vegetación nativa que no necesita riego observas dentro de un radio de 40 km (25 millas) de tu sitio (en microclimas similares a los que existen en tu sitio) que podría crecer bien en tu sitio? _______

C. Calcula los recursos de agua de lluvia de tu sitio.

C1. "Ingresos" de lluvia de tu sitio

Determina el lado de "ingresos" del presupuesto de agua de tu sitio para que puedas compararlo con el lado de "gastos". Para esta sección consulta la sección "Calcula el volumen de precipitación pluvial de tu sitio" y los cálculos adicionales que se encuentran en el apéndice 3.

- ¿Cuál es la precipitación media anual del área en milímetros o pulgadas? ________
- ¿Qué área tiene tu sitio (terreno) en metros cuadrados, pies cuadrados, acres o hectáreas? _______
- ¿Cuál es el área de los techos de tu casa, garaje, cobertizos y otros edificios que hay en tu propiedad (ver los cálculos del apéndice 3, ecuaciones 1–3)? __________, __________, __________

Ahora, utiliza los cálculos del recuadro 2.3 o del apéndice 3 para determinar los recursos de lluvia de tu sitio. Te recomiendo responder a la siguiente pregunta: en un año promedio, ¿cuánta lluvia cae en tu sitio? Usa el área de tu sitio y la precipitación anual para obtener un cálculo aproximado de tus recursos anuales de agua de lluvia en litros o galones. Si se te dificultan las matemáticas, usa las cifras de "regla general" que aparecen en el recuadro A3.2 del apéndice 3.

Haz tus cálculos a continuación.

X. Recursos de lluvia anuales de tu sitio en litros o galones. ¿Cuánta agua cae sobre tu sitio?

X= ______

C2. "Pérdida" de lluvia de tu sitio

Ahora, consulta los cálculos en el recuadro 2.4 y en la figura 2.4 para determinar la cantidad de escorrentía que se drena de tus superficies de captación impermeables para su potencial almacenamiento/uso en tanques u obras de tierra adyacentes. No necesitas exactitud, solo un buen estimado.

Escorrentía del techo ________
Escorrentía de la entrada para autos ________
Escorrentía del patio __________
Escorrentía ________

Luego observa qué tanta de esa escorrentía (y de la escorrentía potencial adicional de otras superficies construidas o perturbadas, como secciones del paisaje donde haya montículos o áreas de tierra desnuda) actualmente drena hacia afuera de tu propiedad. Suma el total estimado y escríbelo a continuación.

Y. Pérdida/escorrentía que sale de tu sitio en litros o galones. ¿Cuánta escorrentía sale de tu sitio?

Y = _________

C3. Ganancia de agua de tu sitio

Ahora estima la cantidad de agua que entra a tu sitio (anualmente) proveniente de otras propiedades. Utiliza los mismos cálculos que usaste anteriormente.

Z. Ganancia/escorrentía entrante en litros o galones. ¿Cuánta escorrentía entra a tu sitio desde afuera? (Utiliza los mismos cálculos que usaste anteriormente).

Z = _______

C4. La suma de todo

X (lluvia que cae en tu sitio) - Y (escorrentía que drena fuera de tu sitio) + Z (escorrentía que entra a tu sitio) = T (TOTAL: CUÁNTA AGUA COSECHAS ACTUALMENTE)

X ________ - Y _______ + Z _______ = T

T = ___________

Esto equivale al total de recursos de agua de lluvia que hay en el sitio y que actualmente cosechas.

Mira cuánta más puedes cosechar reduciendo la pérdida de escorrentía saliente (Y).

Las hojas de trabajo continúan en CosechaDeAguaDeLluvia.com.

Apéndice 6

Recursos y multimedia en español

Los enlaces y publicaciones que se presentan aquí son una destilación de recursos enfocados en la cosecha de agua de lluvia en general, las obras de tierra para la cosecha de agua (capítulo 3), tanques y cisternas (capítulo 3), aguas grises (capítulo 3), ángulos solares y diseño solar pasivo (capítulo 4), diseño integrado (capítulo 4), la construcción del potencial de las comunidades (capítulo 5), cambio climático (apéndice 9) y suelos y vegetación. Primero se presentan recursos en español, seguidos por recursos en inglés.

RECURSOS DE COSECHA DE AGUA EN ESPAÑOL

Cosecha de agua de lluvia en tanques y cisternas

Manual de cosecha de agua de lluvia de la American Rainwater Catchment Systems Association (ARCSA). https://arcsastore.org/

www.IslaUrbana.org

Cosecha de agua de lluvia en tanques, filtros cerámicos, sistemas de tratamiento de aguas subterráneas:

www.CaminosDeAgua.org

Obras de tierra para la cosecha de agua

Control de erosión. Guía de campo de Craig Sponholtz y Avery C. Anderson https://quiviracoalition.org/erosion-control-fg/

"¡Cuéncamelo Todo! - Aprende a construir tu propia cuenca" de Watershed Management Group. https://watershedmg.org/document/byob-zine-spanish

"Restauración hidrológica de pastizales degradados en comunidades áridas y semiáridas/Hydrological restoration of degraded grasslands in arid and semi-arid communities" de Van D. Clothier y Ana Córdova http://www.revistavivienda.cuaad.udg.mx/index.php/rv/article/view/64

http://lanzaroteysusvolcanes.blogspot.com/2010/10/la-geria.html

Infraestructura verde (cosechar la escorrentía de la calle en obras de tierra)

Manual de lineamientos de diseño de infraestructura verde para municipios mexicanos https://www.implanhermosillo.gob.mx/wp-content/uploads/2019/06/Manual_IV3.pdf

Recursos para infraestructuras verdes de la Comisión de Cooperación Ecológica Fronteriza (COCEF) y el Banco de Desarrollo de América del Norte (NADBank) https://www.nadb.org/es/conocimientos-y-recursos/publicaciones-y-estudios?sector=.basic-urban-infrastructure

Infraestructura verde para comunidades del desierto sonorense de Watershed Management Group https://watershedmg.org/document/infraestructura-verde-para-communidades-del-desierto-sonorense

Cosecha de agua de lluvia, cosecha de aguas grises y baños secos ecológicos

Guía comunitaria para la salud ambiental de Jeff Conant y Pam Fadem. Hesperian, 2011. https://store.hesperian.org/mm5/merchant.mvc?Screen=PROD&Store_Code=HB&Product_Code=Community_Guide_to_Environmental_Health_Spanish

Cosecha de aguas grises

https://greywateraction.org/las-aguas-grises/

Permacultura y cosecha de agua

Introducción a la permacultura de Bill Mollison. Tagari, 1994.

Diseño ecológico

Maruata en el cruce de caminos: Diseños de sistemas ecológicos para una comunidad indígena de Art Ludwig. http://oasisdesign.net/design/examples/maruata/libro.htm

Cosecha de agua de lluvia en general

Guía para implementar experiencias de siembra y cosecha de agua para uso poblacional en el área rural, de Water for People (Perú). Junio 2019.

https://thewashroom.waterforpeople.org/wp-content/uploads/sites/2/2020/03/Gu%C3%ADa-Siembra-y-Cosecha-de-Agua.pdf

"Recursos y multimedia" en la página web de Euroclima+ (Perú y Costarica).

https://euroclimaplus.org/recursos-y-multimedia

"La Siembra y Cosecha del Agua en Iberoamérica; un sistema ancestral de gestión del agua que utiliza Soluciones Basadas en la Naturaleza", del Ilustre colegio oficial de geólogos. (España)

https://www.icog.es/TyT/index.php/2020/02/la-siembra-y-cosecha-del-agua-en-iberoamerica-un-sistema-ancestral-de-gestion-del-agua-que-utiliza-soluciones-basadas-en-la-naturaleza/

Arquitectura bioclimática y energía solar, de José Roberto García Chávez y Víctor Fuentes-Freixanet. Universidad Autónoma Metropolitana, 1985. (México)

https://www.researchgate.net/profile/Victor-Fuentes-Freixanet/publication/44363811_Viento_y_arquitectura_el_viento_como_factor_de_diseno_arquitectonico/links/55ce77f708ae6a8813849f66/Viento-y-arquitectura-el-viento-como-factor-de-diseno-arquitectonico.pdf

Investigaciones académicas sobre la crisis hídrica y sobre captación de lluvia, en la página web de Isla Urbana (México). https://islaurbana.org/pluvioteca/

RECURSOS QUE INFORMARON ESTE LIBRO

Cosecha de agua de lluvia en general

Making Water Everybody's Business: Practice and Policy of Water Harvesting, editado por Anil Agarwal, Indira Khurana y Sunita Narain. Centre for Science and Environment, 2001.

Dying Wisdom: Rise, Fall, and Potential of India's Traditional Water Harvesting Systems, editado por Anil Agarwal y Sunita Narain. Centre for Science and Environment, 1997.

The Negev: The Challenge of a Desert, 2nd ed., de Michael Evenari, Leslie Shanan y Naphtali Tadmor. Harvard University Press, 1982.

The Collection of Rainfall and Runoff in Rural Areas, de Arnold Pacey y Adrian Cullis. Intermediate Technology Publications, London.

Información sobre los sitios de demostración de cosecha de agua disponibles mediante la búsqueda de "*demonstration sites*" en HarvestingRainwater.com.

Cosecha de agua de lluvia con obras de tierra (capítulo 3)

Rainwater Harvesting for Drylands and Beyond, Vol. 2, 2nd Edition: Water-Harvesting Earthworks, de Brad Lancaster. Rainsource Press, 2020.

A Guide for Desert and Dryland Restoration: New Hope for Arid Lands, de David A. Bainbridge. Island Press, 2007.

Let the Water Do the Work: Induced Meandering, an Evolving Method for Restoring Incised Channels, de Bill Zeedyk y Van Clothier. Quivira Coalition, 2014.

Water Harvesting from Low-Standard Rural Roads, de Bill Zeedyk. Quivira Coalition, 2006.

Erosion Control Field Guide, de Craig Sponholtz y Avery C. Anderson. Quivira Coalition y Watershed Artisans, Inc., 2012.

Rain Gardens: Managing Water Sustainably in the Garden and Designed Landscape, de Nigel Dunnett y Andy Clayden. Timber Press, 2007.

Green Infrastructure for Southwestern Neighborhoods, de Watershed Management Group. PDF gratuito disponible en WatershedMG.org

Cosecha de agua de lluvia en tanques y cisternas (capítulo 3)

Rainwater Catchment Systems for Domestic Supply: Design, Construction, and Implementation, editado por John Gould y Erik Nissen-Petersen. Practical Action Publishing (anteriormente Intermediate Technology Publications), 1999.

Rainwater Harvesting: System Planning, de Billy Kniffen, Brent Clayton, Douglas Kingman y Fouad Jaber. AgriLife Extension, Texas A&M System, 2012.

Water Storage: Tanks, Cisterns, Aquifers and Ponds for Domestic Supply, Fire and Emergency Use, Includes How to Make Ferrocement Water Tanks, de Art Ludwig. Oasis Design, 2005.

Guidelines on Rainwater Catchment Systems for Hawaii, de Patricia S. H. Macomber. College of Tropical Agriculture and Human Resources, University of Hawaii en Manoa, 2001. http://www.ctahr.hawaii.edu/hawaiirain/guidelines.html

Roof-Reliant Landscaping: Rainwater Harvesting with Cistern Systems in New Mexico, Nate Downey, autor principal; Randall D. Schultz, editor. New Mexico Office of the State Engineer, 2009. Busca en línea el PDF descargable.

Aguas grises (capítulo 3)

Create an Oasis with Greywater: Choosing, Building and Using Greywater Systems, Includes Branched Drains, 6ta edición, de Art Ludwig. Oasis Design, copyright Art Ludwig, 1997-2015.

Rainwater Harvesting for Drylands and Beyond, Vol. 2, 2nd Edition: Water-Harvesting Earthworks, de Brad Lancaster. Rainsource Press, 2020.

OasisDesign.net, GreywaterAction.org, y HarvestingRainwater.com/greywater-harvesting

Essential Rainwater Harvesting: A Guide to Home-Scale System Design de Rob y Michelle Avis. New Society, 2018.

Ángulos solares y diseños solares pasivos (capítulo 4)

Sun, Wind & Light: Architectural Design Strategies, 2nd ed., de G. Z Brown y Mark DeKay. John Wiley & Sons, 2001.

Passive Solar Architecture Pocket Reference, de Ken Haggard, David A. Bainbridge y Rachel Aljilani. Earthscan Publications, 2009.

Passive Solar Architecture: Heating, Cooling, Ventilation, Daylighting, and More Using Natural Flows, de David A. Bainbridge y Ken Haggard. Chelsea Green Publishing, 2011.

Sun Rhythm Form, de Ralph L. Knowles. MIT Press, 1981.

Ritual House, de Ralph L. Knowles. Island Press, 2006.

Design with Climate: Bioclimatic Approach to Architectural Regionalism, de Victor Olgyay. Princeton University Press, 1963.

A Golden Thread: 2,500 Years of Solar Architecture and Technology, de Ken Butti y John Perlin. Cheshire Books, 1980.

Diseño integrado (capítulo 4)

Design with Nature, de Ian McHarg. John Wiley & Sons, 1995.

Introduction to Permaculture, de Bill Mollison con Reny Mia Slay. Tagari, 1991.

Gaia's Garden: A Guide to Home-Scale Permaculture, de Toby Hemenway. Chelsea Green Publishing Company, 2009.

Regenerative Development: A Framework for Design Beyond Resilience, de Ben Haggard y Pamela Mang. John Wiley & Sons, 2016.

Living Building Challenge, http://living-future.org/lbc

Understanding Soil Health and Watershed Function, de Didi Pershouse. SoilCarbonCoalition.org.

Construir el potencial de las comunidades (capítulo 5)

The City Repair Project, CityRepair.org

City of Portland, Oregon's Green Street Program, http://www.portlandoregon.gov/bes/45386

WalkScore.com y LivingStreetsAlliance.org

NeighborhoodForesters.org y DesertHarvesters.org

The Big Orange Splot, de Daniel Manus Pinkwater. Scholastic, 1977.

Cambio climático (apéndice 9)

The Weather Makers: How Man Is Changing the Climate and What It Means for Life on Earth de Tim Flannery. Atlantic Monthly Press, 2005.

An Inconvenient Truth: The Planetary Emergency of Global Warming and What We Can Do About It, de Al Gore. Rodale 2006.

Losing Our Cool: Uncomfortable Truths About Our Air-Conditioned World (and Finding New Ways to Get Through the Summer), de Stan Cox. The New Press, 2010.

A Great Aridness: Climate Change and the Future of the American Southwest, de William deBuys. Oxford University Press, 2011.

Climate: A New Story, de Charles Eisenstein. North Atlantic Books, 2018.

Suelos y vegetación (la base de los sistemas vivos de las obras de tierra cosechadoras de agua)

Teaming with Microbes: The Organic Gardener's Guide to the Soil Food Web, de Jeff Lowenfels y Wayne Lewis. Timber Press, 2010.

The Soil and Health: A Study of Organic Agriculture, de Sir Albert Howard, con una introducción de Wendell Berry. University Press of Kentucky, 2006.

Food from Dryland Gardens, de David Cleveland y Daniela Soleri. Center for People, Food, and Environment, 1991. CD-ROM, 2002.

Let it Rot!: The Gardener's Guide to Composting, de Stu Campbell. Storey Publishing, 1998.

Eat Mesquite and More: A Cookbook for Sonoran Desert Foods and Living, de Desert Harvesters. Rainsource Press, 2018.

Humanure Handbook: A Guide to Composting Human Manure, de Joseph C. Jenkins. Joseph Jenkins Inc., 2005.

HumanureHandbook.com

"Green Burials", de Brad Lancaster. Busca "green burials" (entierros verdes) en HarvestingRainwater.com.

There's a Hair in My Dirt! de Gary Larson. Harper Perennial, 1999.

Apéndice 7

Ángulos solares y trayectoria solar

Este apéndice te permite determinar dónde estará el sol en relación con tu sitio a cualquier hora de cualquier día del año. Úsalo como complemento de los patrones de diseño integrado uno al cinco del capítulo 4. El objetivo es comprender bien la relación entre el sol y sombra que cambia con cada estación para así diseñar edificios y paisajes que puedan ser calentados y refrescados de manera pasiva. Además, este apéndice te ayudará a colocar de manera óptima sistemas de energía solar, calentadores solares de agua, tanques o cisternas colocadas al ras del suelo, árboles y obras de tierra cosechadoras de agua en un diseño integrado que aumenta su potencial combinado en todas las estaciones. La sombra y enfriamiento de verano se maximizarán donde sea necesario, mientras que la exposición al sol invernal se conservará para aprovechar el calor, la luz y la energía solar de invierno. Reducirás tu consumo y aumentarás tu producción sostenible de recursos.

Este apéndice se divide en tres secciones:

La sección uno ofrece pautas básicas para la orientación de los edificios y sus variedades de energía solar para todas las latitudes, e ilustra cómo las trayectorias solares varían en todo el planeta de acuerdo a la época del año y la latitud.

La sección dos incluye diagramas de la trayectoria solar para numerosas latitudes que ayudan a mostrar dónde estará el sol a *cualquier hora* de *cualquier día* del año. Úsalos para diseñar de tal forma que tengas acceso solar directo donde y cuando necesites sol, y sombras donde y cuando las necesites.

La sección tres te muestra diferentes maneras de encontrar el norte verdadero usando las estrellas, el sol o una brújula.

SECCIÓN UNO

DIRECTRICES SOBRE ENERGÍA SOLAR Y TRAYECTORIAS SOLARES ESTACIONALES PARA MÚLTIPLES LATITUDES

Al igual que las edificaciones alimentadas por energía eólica y/o microhidroeléctrica, los edificios que están orientados correctamente hacia el sol para maximizar la generación pasiva/gratuita de energía solar, de enfriamiento en verano y de calefacción en invierno también ahorran agua. Esto se debe a que, como lo ilustra la tabla CHE (Costos hídricos de la energía) del apéndice 9, se consumen de 1.5 a 114 litros (0.5 a 30 galones) de agua por cada kilovatio-hora (kWh) de electricidad producida en centrales termoeléctricas convencionales como plantas de carbón y nucleares, y en las centrales hidroeléctricas que evaporan la mayor parte de esa agua del embalse ubicado detrás de su represa.[1]

La trayectoria del sol y la orientación de un edificio hacia el sol se utilizan para determinar los ángulos óptimos para la instalación de paneles solares o fotovoltaicos (FV) que se fijan al techo. Para una máxima eficiencia, tanto el eje largo de la casa como los paneles deben colocarse idealmente con cara al sur verdadero en el hemisferio *norte* y al norte verdadero en el hemisferio *sur* (ver las figuras 4.5A y B en el capítulo 4).

El norte verdadero y el sur verdadero apuntan directamente al Polo Norte y Polo Sur geográficos en los puntos del eje central de la Tierra y, por tanto, se relacionan directamente con el movimiento de la Tierra y la trayectoria del sol a través del planeta. Por ello, son direcciones solares más exactas que el norte y sur magnéticos/marcados por brújula y que apuntan hacia campos magnéticos cambiantes en el área general de los polos del planeta. El norte y sur magnéticos/marcados por brújula varían de un lugar a otro y a lo largo del tiempo debido a anomalías magnéticas locales y deben corregirse mediante declinaciones magnéticas específicas a cada lugar. La última sección de este apéndice muestra formas diferentes de encontrar el norte y sur verdaderos.

Una de las formas menos costosas de utilizar paneles solares es fijarlos al techo, de cara al sol. Una opción más cara es montar los paneles solares en un rastreador o seguidor solar para mantenerlos apuntando directamente al sol durante todo el día. Los rastreadores aumentan la luz solar que llega a los paneles en aproximadamente un 10% en invierno y alrededor de un 40% en verano[2] cuando el sol de verano en su trayectoria atraviesa una parte más grande de cielo durante un período de tiempo más largo.

Si utilizas paneles solares fijos montados en el techo, debes inclinarlos al mismo grado que el ángulo de tu latitud. Por ejemplo, si vives en 44° latitud, tus paneles deben estar en un ángulo de 44° cara al sol de invierno. Puedes aumentar la eficiencia de los paneles 5-10 % si los montas en el techo con un engrane u otro mecanismo que te permita cambiar su ángulo en las diferentes estaciones. El ángulo de verano debe entonces establecerse alrededor de 15° menos que el ángulo de latitud y el ángulo de invierno debe establecerse alrededor de 15° más.[3] Entonces, a una latitud de 44° el ángulo de verano de los paneles será de aproximadamente 29° y el ángulo de invierno será de unos 59°.

En algunos casos es recomendable que modifiques el ángulo de los paneles fijos para adaptarse al estado del tiempo en tu sitio y al clima en las diferentes estaciones del año, así como a tus patrones de uso de electricidad. Por ejemplo, en la costa de Oregon los inviernos son muy húmedos y nublados por lo que la producción de energía solar es mala. Por otra parte, los veranos son muy buenos porque hay mucho sol; entonces lo prudente es montar los paneles para maximizar la exposición al ángulo del sol de verano en lugar del escaso sol invernal. Si las necesidades de electricidad son mayores en determinadas estaciones del año, lo mejor sería montar los paneles en el ángulo deseado para favorecer la temporada en la que se consume más energía.

Siempre monta tus paneles en ángulos de 15° o más pronunciados, independientemente de tu latitud, clima o uso de energía, para que la lluvia y la gravedad puedan ayudar a la autolimpieza de los paneles. Los

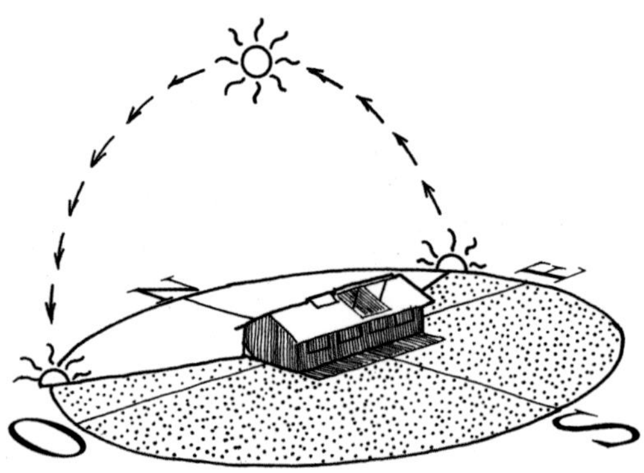

Fig. A7.1A. Trayectoria del sol en 0° latitud (el ecuador) durante el solsticio de *verano*. Paneles instalados a 15°. El sol sale y se pone a 23° N del este y oeste. Sol del mediodía a 67° por encima del horizonte *norte*.

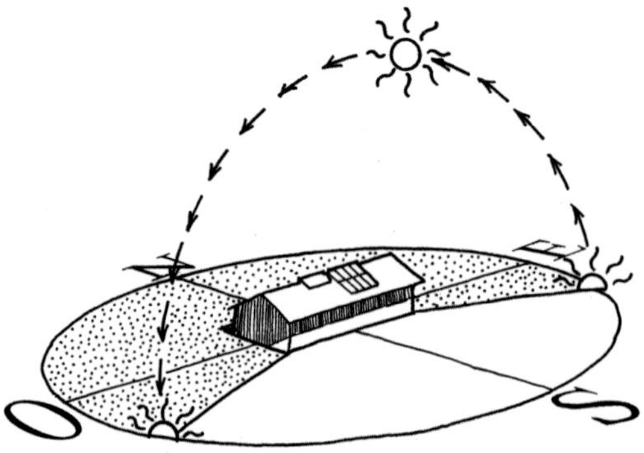

Fig. A7.1B. Trayectoria del sol en 0° latitud (el ecuador) durante el solsticio de *invierno*. Paneles instalados a 15°. El sol sale y se pone a 23° S del este y oeste. Sol del mediodía a 67° por encima del horizonte *sur*.

paneles con ángulos más planos tienden a acumular más polvo y otros materiales. Por ejemplo, en las figuras A7.1A y B los paneles están colocados en un ángulo estacional de 15° en lugar de 0° para facilitar su autolimpieza.

No te preocupes por tratar de captar toda la energía solar disponible durante el día. Más bien, coloca los paneles en ángulos que permitan captar lo que se pueda en las horas óptimas de luz solar entre las horas de *tiempo solar* de las 8 a.m. y 4 p.m. en verano, y 9 a.m. y 3 p.m. en invierno. El tiempo solar se basa en la ubicación real del sol en el cielo y cambia a lo largo del año, mientras que la *hora del reloj* divide el tiempo en días iguales de 24 horas durante todo el año y no refleja la ubicación del sol en el cielo.

Las figuras A7.2A a la A7.7B muestran las condiciones para el hemisferio *norte*; las áreas sombreadas denotan donde el sol no se desplaza. (Para ver las ilustraciones de la trayectoria solar del hemisferio *sur*, consulta SunAndShadeHarvesting.com). Los ángulos de los paneles montados que se muestran en las figuras se han ajustado a su ángulo estacional y de autolimpieza óptimo. Una instalación más sencilla pero algo menos eficiente es montar los paneles y dejarlos fijos en su lugar durante todo el año en el mismo ángulo que la latitud del sitio (a menos que sea necesario mantener un ángulo mínimo de 15° para su autolimpieza).

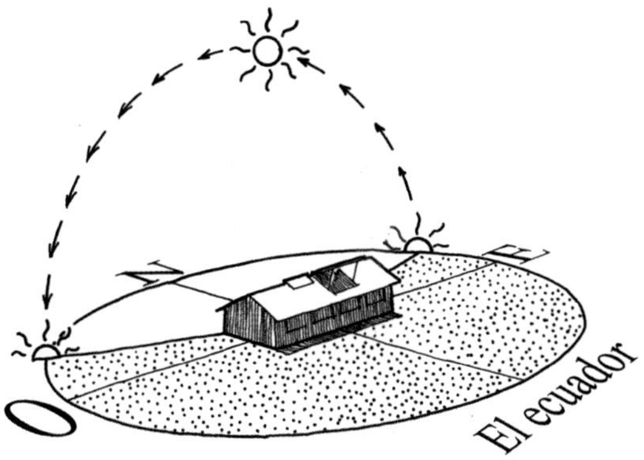

Fig. A7.2A. Trayectoria del sol a 12° latitud N durante el solsticio de *verano*. Paneles instalados a 15°. El sol sale y se pone a 24° N del este y oeste. Sol del mediodía a 79° por encima del horizonte *norte*.

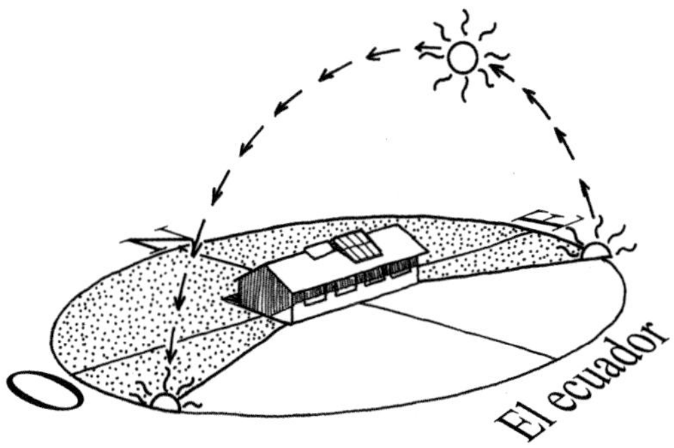

Fig. A7.2B. Trayectoria del sol a 12° latitud N durante el solsticio de *invierno*. Paneles instalados a 15°. El sol sale y se pone a 24° S del este y oeste. Sol del mediodía a 55° por encima del horizonte *sur*.

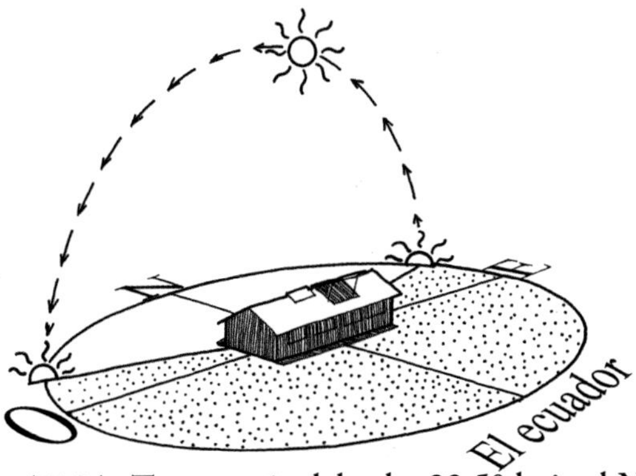

Fig. A7.3A. Trayectoria del sol a 23.5° latitud N (trópico de Cáncer) durante el solsticio de *verano*. Paneles instalados a 15°. El sol sale y se pone a 26° N del este y oeste. Sol del mediodía a 90° por encima del horizonte *norte*, directamente arriba.

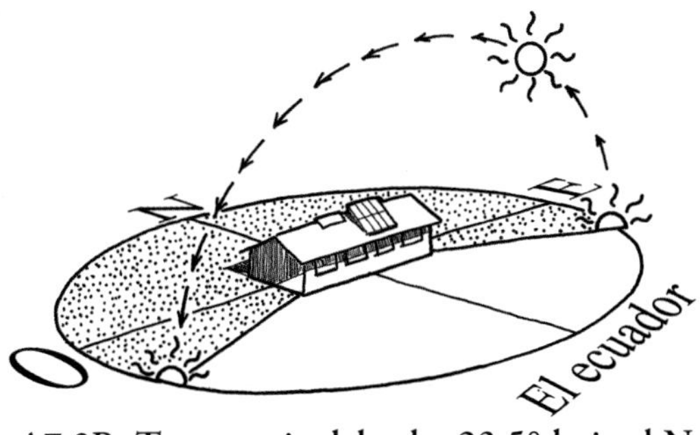

Fig. A7.3B. Trayectoria del sol a 23.5° latitud N (trópico de Cáncer) durante el solsticio de *invierno*. Paneles instalados a 39°. El sol sale y se pone a 26° S del este y oeste. Sol del mediodía a 43° por encima del horizonte *sur*.

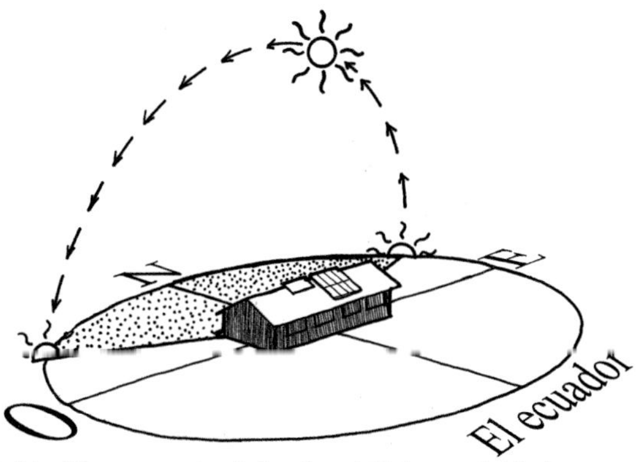

Fig. A7.4A. Trayectoria del sol a 32° latitud N durante el solsticio de *verano*. Paneles instalados a 20° (alineados con el ángulo de 20° del techo). El sol sale y se pone a 28° N del este y oeste. Sol del mediodía a 81° por encima del horizonte *sur*.

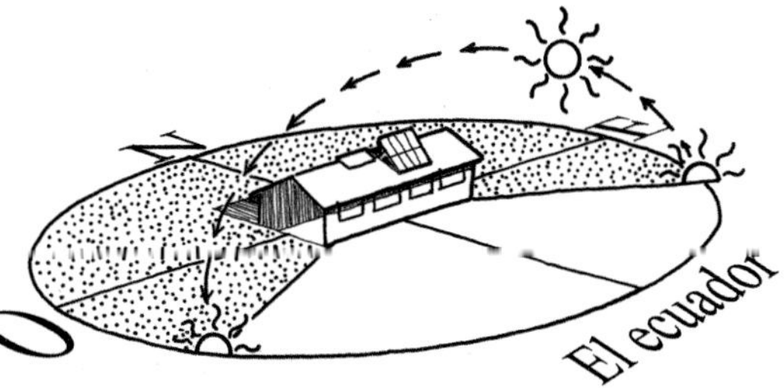

Fig. A7.4B. Trayectoria del sol a 32° latitud N durante el solsticio de *invierno*. Paneles instalados a 47°. El sol sale y se pone a 28° S del este y oeste. Sol del mediodía a 35° por encima del horizonte *sur*.

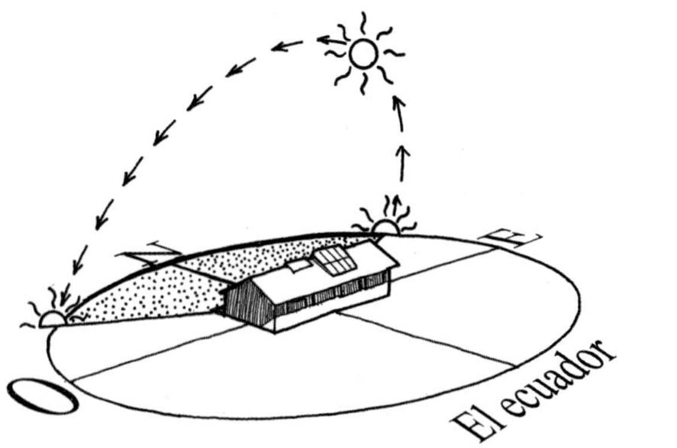

Fig. A7.5A. Trayectoria del sol a 44° latitud N durante el solsticio de *verano*. Paneles instalados a 29°. El sol sale y se pone a 33° N del este y oeste. Sol del mediodía a 69° por encima del horizonte *sur*.

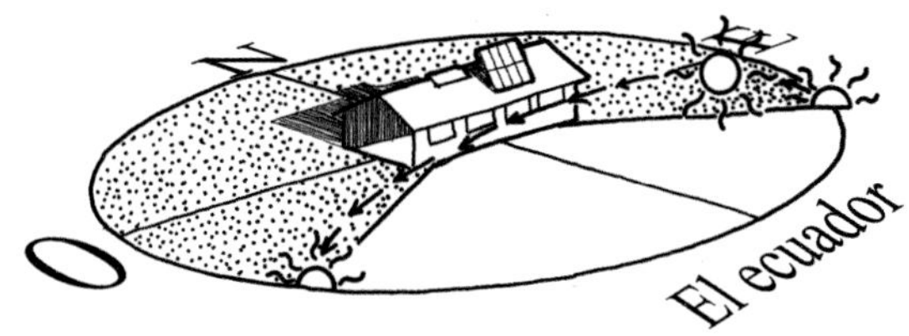

Fig. A7.5B. Trayectoria del sol a 44° latitud N durante el solsticio de *invierno*. Paneles instalados a 59°. El sol sale y se pone a 33° S del este y oeste. Sol del mediodía a 23° por encima del horizonte *sur*.

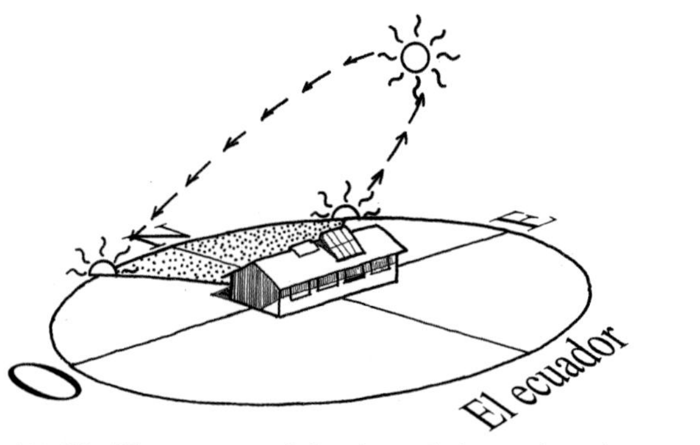

Fig. A7.6A. Trayectoria del sol a 56° latitud N durante el solsticio de *verano*. Paneles instalados a 41°. El sol sale y se pone a 44° N del este y oeste. Sol del mediodía a 57° por encima del horizonte *sur*.

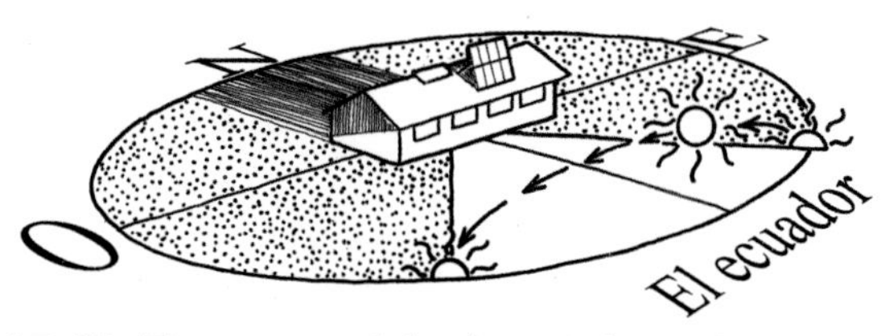

Fig. A7.6B. Trayectoria del sol a 56° latitud N durante el solsticio de *invierno*. Paneles instalados a 71°. El sol sale y se pone 44° al sur del este y oeste. Sol del mediodía a 11° por encima del horizonte *sur*.

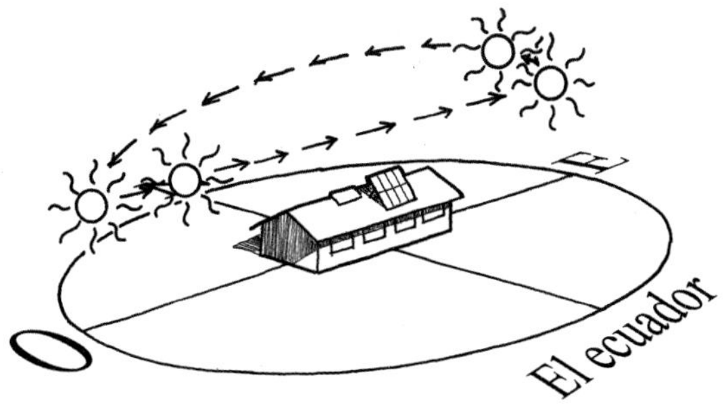

Fig. A7.7A. Trayectoria del sol a 68° latitud N durante el solsticio de *verano*. Paneles instalados a 53°. El sol nunca sale ni se pone, pero siempre está visible durante el solsticio de verano. Sol del mediodía a 46° por encima del horizonte *sur*.

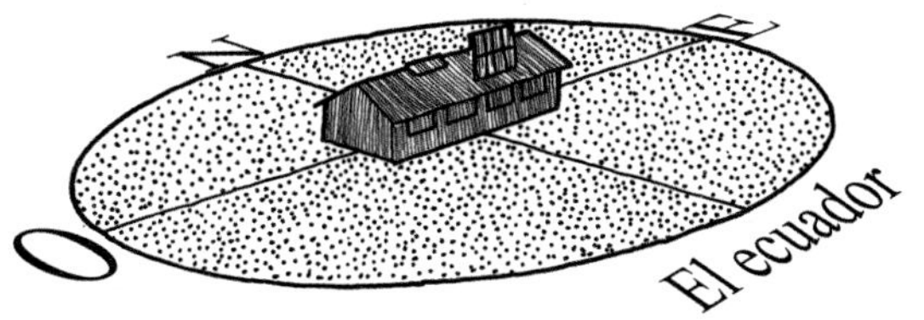

Fig. A7.7B. Trayectoria del sol a 68° latitud N durante el solsticio de *invierno*. Paneles instalados a 83°. El sol nunca sale ni se pone, más bien siempre está por debajo del horizonte sur en el solsticio de invierno pues está dentro del círculo polar ártico, que comienza a 66.5° N. El sol de mediodía está aproximadamente a 1° por *debajo* del horizonte *sur*.

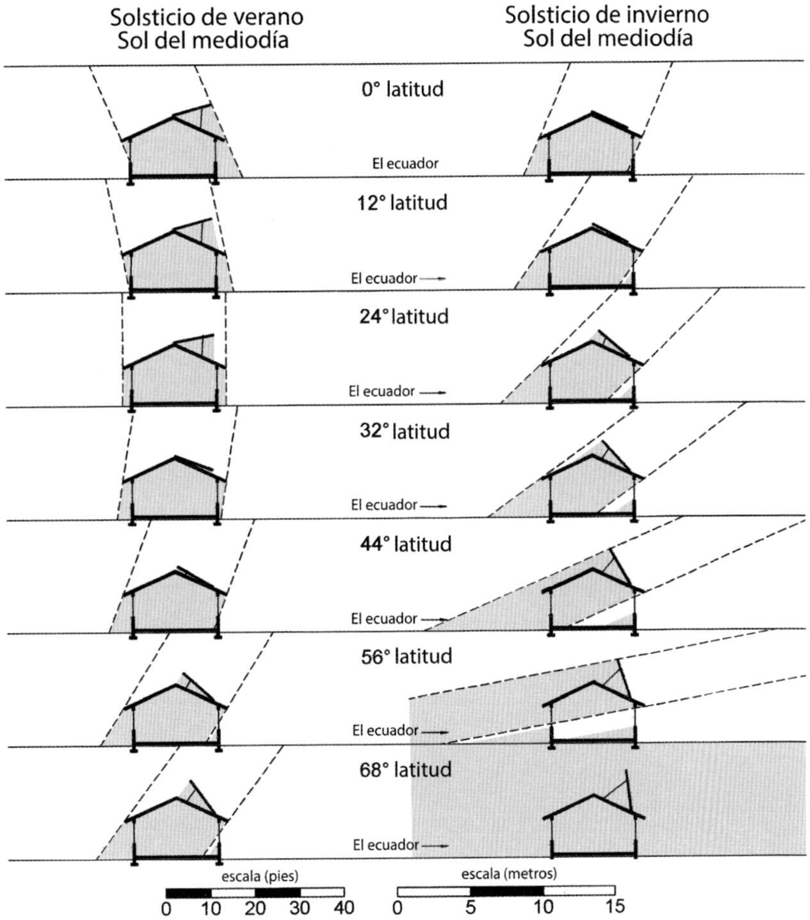

Fig. A7.8 Los ángulos del sol y las longitudes de las sombras afectados por la latitud y la estación (vista lateral). Las líneas punteadas muestran el ángulo del sol con relación a la sombra proyectada por el techo y los paneles solares montados en el techo que se ajustan de acuerdo a la estación del año para recibir un sol más directo. Los aleros son iguales en todas las imágenes para resaltar las diferencias en los ángulos del sol, pero se podrían diseñar para retraerse donde sea necesario y dejar pasar más sol de invierno para calentamiento o extenderse en el verano para refrescar proyectando una mayor sombra.

SECCIÓN DOS

DIAGRAMAS DE LA TRAYECTORIA SOLAR Y CÓMO USARLOS

Usa los diagramas de la trayectoria solar para determinar:

- Las horas de luz solar directa que un edificio, jardín o superficie recibirá en cualquier época del año
- En qué lugar en el cielo estará el sol en cualquier época del año
- Cómo los objetos sombrearán de manera beneficiosa o negativa un edificio, huerto u otra superficie en diferentes fechas a diferentes horas.

Definiciones de diagramas (adaptadas de *The Food and Heat Producing Solar Greenhouse* de Bill Yanda y Rick Fisher, 1980[4]):

- **Trayectoria solar** - Desde nuestro punto de vista en la Tierra, este es el movimiento aparente del sol a través del cielo. En nuestros diagramas, las extensas líneas que van de este a oeste son la trayectoria del sol el día 21 de cada mes, para corresponder con los solsticios de invierno/verano y los equinoccios de primavera/otoño (figuras A7.9 y A7.12).

- **Altitud** - A veces llamada ángulo de elevación. La altura del sol en grados por encima del horizonte verdadero, no afectada por montañas, edificios u otros elementos topográficos (figura A7.10). Las altitudes se muestran en los diagramas de trayectoria solar como círculos *concéntricos* a intervalos de 10° (figura A7.12).

- **Acimut** - La distancia del sol en grados al este o al oeste del sur verdadero (lado del ecuador) en el hemisferio norte, o la distancia en grados al este o al oeste del norte verdadero (lado del ecuador) en el hemisferio sur (figura A7.11). El acimut se muestra en los radios de los diagramas (figura A7.12).

- **Hora del día** - Las líneas curvas generalmente verticales en el diagrama de la trayectoria solar representan la hora *solar* (NO la zona horaria ni el horario de verano) del día. Se marcan a través de la parte superior de la línea de la trayectoria solar (figuras A7.9 y A7.12).

- **Mediodía solar** – Cuando uso el término "mediodía" en este libro, me refiero al mediodía solar o verdadero, el punto en el que el sol está más alto en el cielo en un día dado. A diferencia del mediodía del reloj, el mediodía solar es la hora del día que divide las horas de luz diurna para ese día *exactamente* a la mitad. Las otras horas solares del día se relacionan directamente con el mediodía solar. Por ejemplo, las 11 a.m. solar es una hora antes del mediodía solar.

El mediodía solar o verdadero no es lo mismo que el mediodía del *reloj*. De hecho, puede diferenciar en más de una hora. La hora del mediodía solar cambia a lo largo del año. La fecha exacta, tu ubicación en una zona horaria y la consideración del horario de verano afectarán la hora que marca el reloj en tu mediodía solar local.

Algunos sitios web donde puedes buscar el mediodía solar para tu área:

- SunriseSunset.com (Estados Unidos y Canadá). El mediodía solar es el tiempo medio entre los horarios dados para la salida y puesta del sol.
- TimeAndDate.com (ubicaciones alrededor del mundo). En la sección "Sun and Moon" haz clic en "Sun Calculator" (calculadora solar).

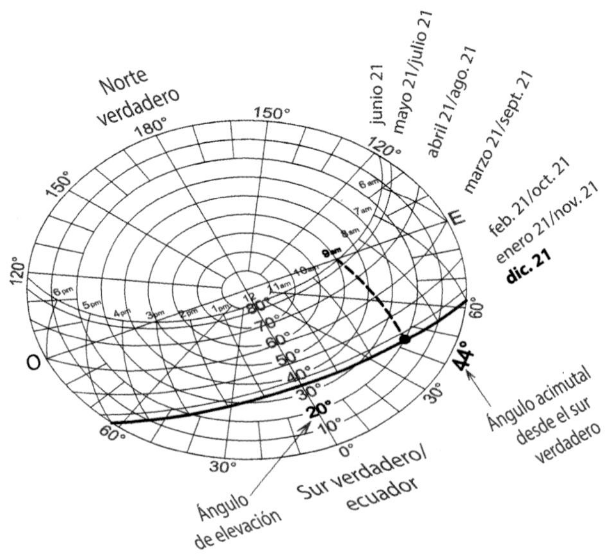

Fig. A7.9 Diagrama de la trayectoria del sol para la latitud 32° N. La línea que representa la trayectoria solar el 21 de diciembre se resalta en negrita. El punto en negrita representa el lugar donde estará el sol a las 9 a.m. en esa fecha. El punto marca el lugar de intersección de la línea de la fecha (negrita sólida) y la línea de la hora del día (negrita discontinua).

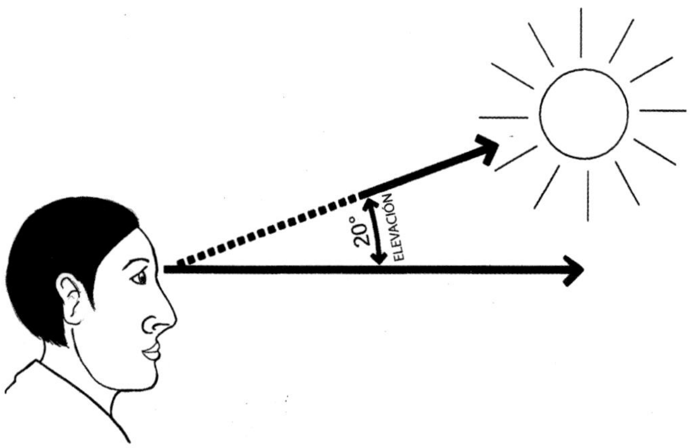

Fig. A7.10 Ángulo *de elevación* (20°) del sol por encima del horizonte a las 9 a.m. el 21 de diciembre a 32° latitud.
Adaptado de *The Passive Solar Energy Book* de Ed Mazria, Rodale Press, 1979.

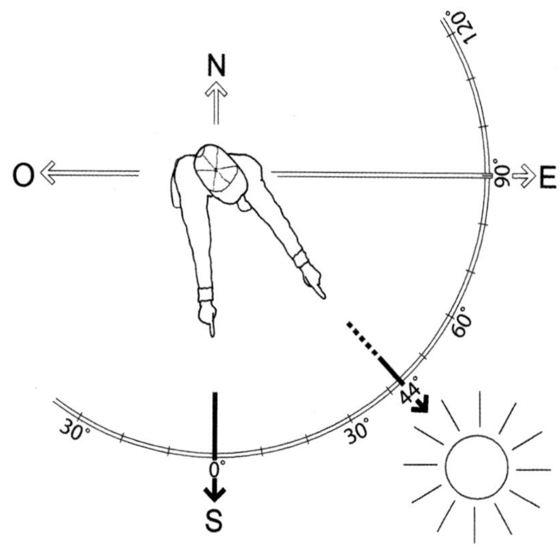

Fig. A7.11. Angulo *acimutal* (44°) del sol al este del sur verdadero a las 9 a.m. el 21 de diciembre a 32° latitud N. Adaptado de *The Passive Solar Energy Book* de Ed Mazria, Rodale Press, 1979.

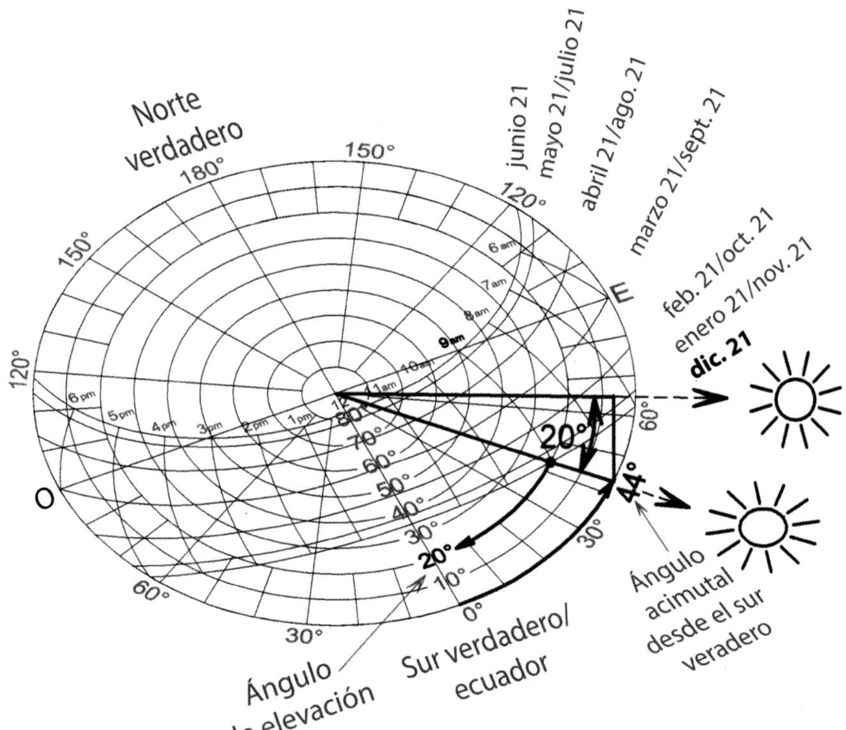

Fig. A7.12. Uso del diagrama de la trayectoria solar a 32° latitud N para encontrar el ángulo de elevación y el ángulo acimutal del sol para las 9 a.m. del 21 de diciembre. Encuentra el 21 de diciembre y sigue la línea curva de su trayectoria solar. Busca las 9 a.m. y sigue su línea hasta donde se intersecta con la línea del 21 de diciembre. Ahora traza una línea desde el centro del círculo hasta ese punto de intersección y hasta el anillo más exterior del círculo para ver que a las 9 a.m. del 21 de diciembre el sol estará a 44° (ángulo acimutal) al este del sur verdadero. Por último, mira de nuevo el punto de intersección de fecha y hora para ver que está en el círculo concéntrico de 20° (ángulo de elevación), lo que significa que el 21 de diciembre a las 9 a.m. el sol también estará a 20° por encima del horizonte.

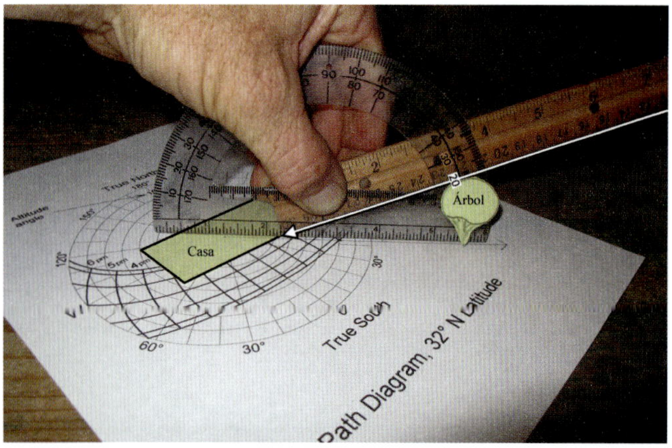

Fig. A7.13. Ejemplo de cómo encontrar el largo y la dirección de una sombra proyectada a las 9 a.m. el 21 de diciembre a 32° latitud N usando una figura de un árbol recortada y puesta en relación con una figura recortada de la huella de una casa, todo dibujado, cortado y colocado a escala uno del otro. La huella de la casa y el árbol se orientan en el diagrama utilizando las direcciones de la brújula, de la misma manera en que la casa y el árbol están orientados (o se planea que estén orientados) en el terreno.

El rayo de luz solar, simulado por la parte inferior de la regla, se muestra en un ángulo de elevación de 20° y va desde la parte superior del árbol hasta la parte inferior del lado sur de la casa para denotar la sombra proyectada por el árbol en esta fecha y hora.

El transportador que descansa en el ángulo acimutal de 44° demuestra que la ubicación del árbol y su sombra asociada no sombreará la casa a las 9 a.m. o durante el resto de horas clave de acceso solar entre las 9 a.m. y las 3 p.m.

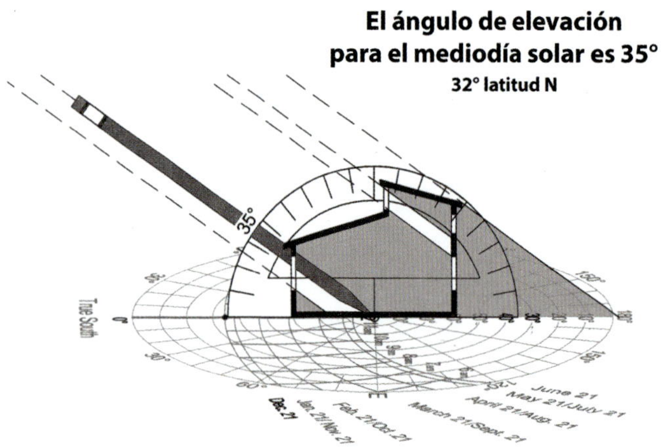

Fig. A7.14. En el diagrama de la trayectoria del sol se puede superponer un modelo a escala o un dibujo a escala de un edificio para ver cómo los ángulos del sol cambiantes interactuarán con las ventanas, las paredes y el interior del edificio. Este dibujo de vista lateral de una casa ilustra el ángulo de 35° de *elevación* del sol, el ángulo *acimutal* de 0°, y la ubicación de la luz solar directa y las sombras durante el mediodía solar del 21 de diciembre.

- ESRL.noaa.gov/gmd/grad/solcalc
- Página con información para calcular la proporción de sombras durante el solsticio de invierno, en la sección sobre cosecha de sol y sombra en HarvestingRainwater.com

ALGUNAS FORMAS DE USAR LOS DIAGRAMAS DE TRAYECTORIA SOLAR

DIAGRAMAS DE TRAYECTORIA SOLAR

Los diagramas de este apéndice se proporcionan para latitud 0°, 12°, 24°, 32°, 44°, 56° y 68° (figuras A7.15 a A7.21B). En el apartado "Sun Path Diagrams" de la sección sobre cosecha de sol y sombra de HarvestingRainwater.com puedes encontrar versiones más grandes de estos diagramas para cada cuatro grados de latitud. También puedes obtener un diagrama de la trayectoria solar para tu latitud exacta en http://solardat.uoregon.edu/PolarSunChartProgram.html, pero ten en cuenta que la orientación y el diseño del diagrama serán algo diferentes de los que yo te doy aquí. Para usar las figuras incluidas en este apéndice, consulta el diagrama más cercano a tu latitud.

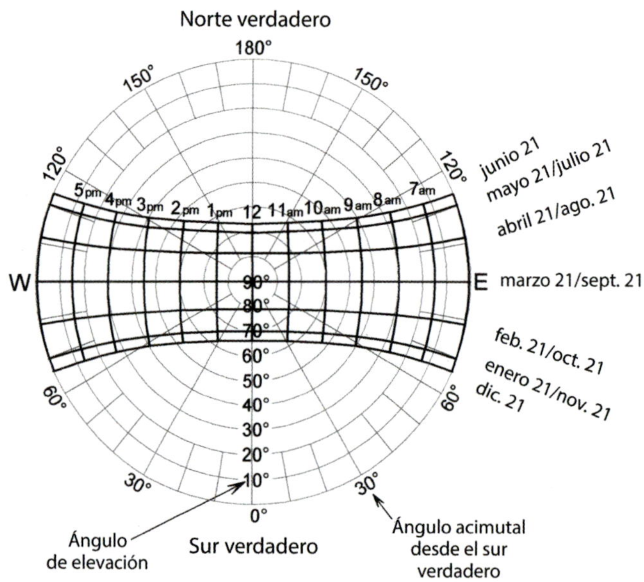

Fig. A7.15. Diagrama de la trayectoria del sol, latitud 0° (el ecuador). Las latitudes tropicales rodean el ecuador y comprenden todas las áreas de la Tierra donde el sol alcanza un punto directamente por encima de ellas al menos una vez durante el año solar. En el ecuador, esto ocurre al mediodía en los equinoccios de primavera y otoño.

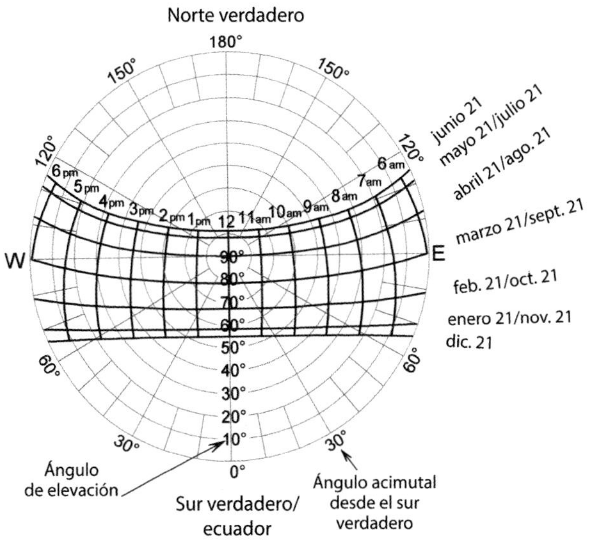

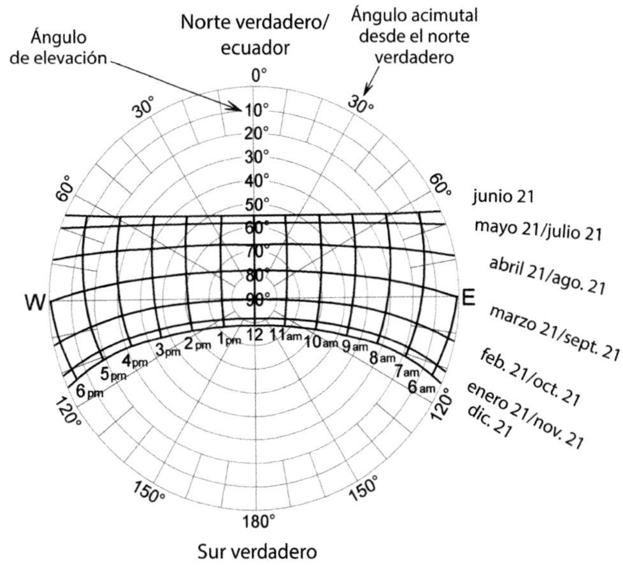

Fig. A7.16A. Diagrama de la trayectoria del sol a 12° latitud N. En esta latitud, el sol del mediodía del 21 de abril y del 21 de agosto está directamente por encima a 90° arriba del horizonte cara al ecuador/sur. El sol del mediodía del 21 de junio está a 103° por encima del horizonte orientado al ecuador/sur (77° por encima del horizonte cara al norte).

Fig. A7.16B. Diagrama de la trayectoria del sol a 12° latitud S. En esta latitud, el sol del mediodía del 21 de febrero y del 21 de octubre está directamente por encima a 90° arriba del horizonte con cara al ecuador/norte. El sol del mediodía del 21 de diciembre está a 103° por encima del horizonte con cara al ecuador/norte (77° por encima del horizonte cara al sur).

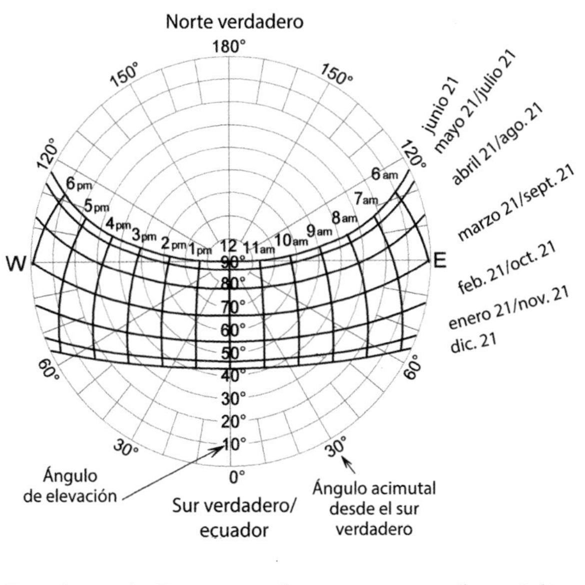

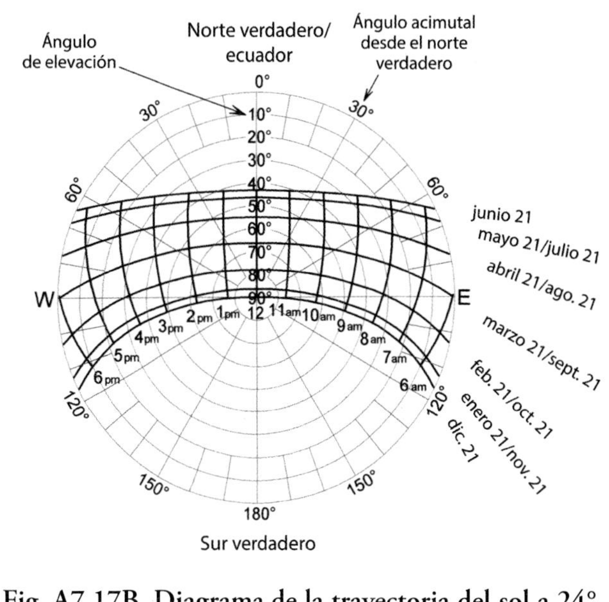

Fig. A7.17A. Diagrama de trayectoria solar a 24° latitud N (el trópico de Cáncer equivale a 23.5°). El trópico de Cáncer es el límite norte de las latitudes tropicales. Aquí el sol del mediodía durante el solsticio de verano está directamente encima, a 90° arriba del horizonte cara al ecuador/sur.

Fig. A7.17B. Diagrama de la trayectoria del sol a 24° latitud S (el trópico de Capricornio equivale a 23.5°). El trópico de Capricornio es el límite sur de las latitudes tropicales. Aquí el sol del mediodía durante el solsticio de verano está directamente encima, a 90° sobre el horizonte cara al ecuador/norte.

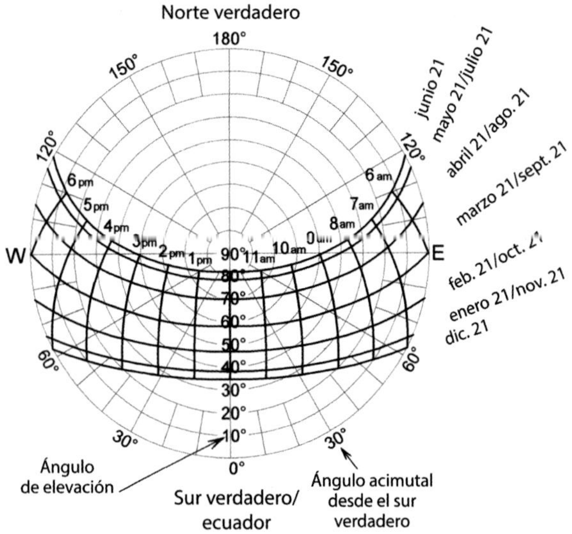

Fig. A7.18A. Diagrama de la trayectoria del sol, 32° latitud N

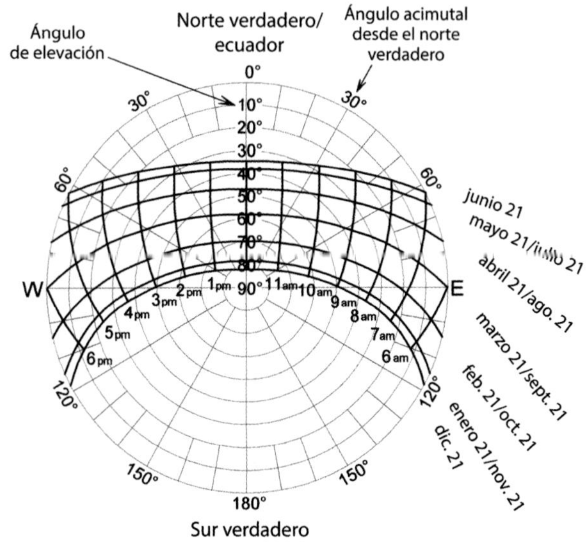

Fig. A7.18B. Diagrama de la trayectoria del sol, 32° latitud S

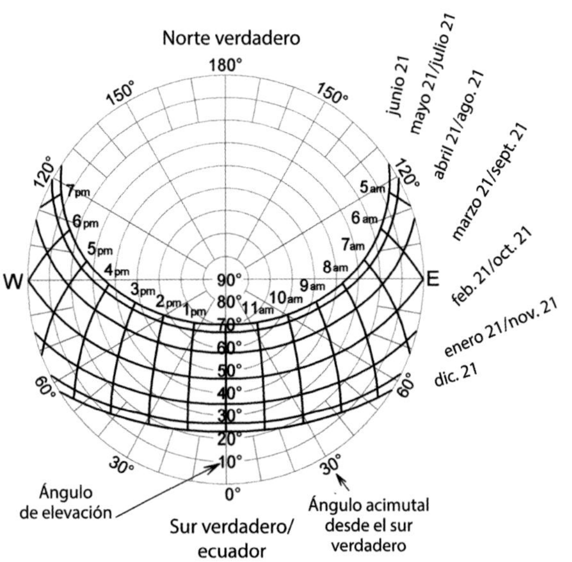

Fig. A7.19A. Diagrama de la trayectoria del sol, 44° latitud N

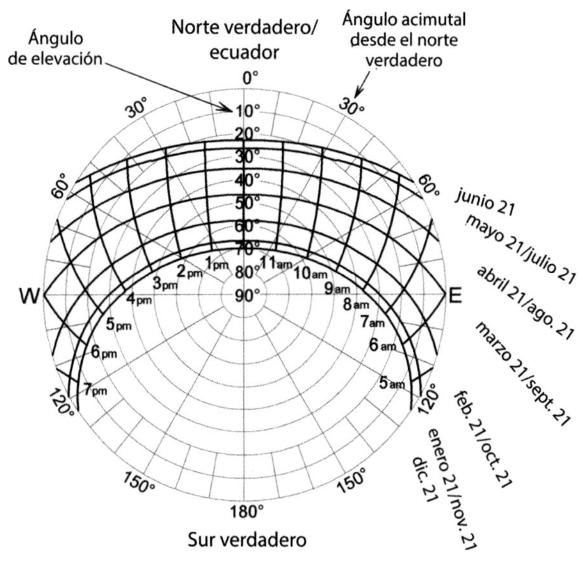

Fig. A7.19B. Diagrama de la trayectoria del sol, 44° latitud S

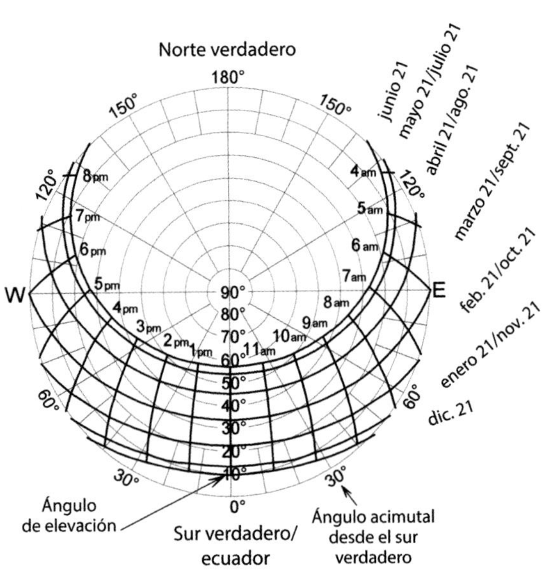

Fig. A7.20A. Diagrama de la trayectoria del sol, 56° latitud N

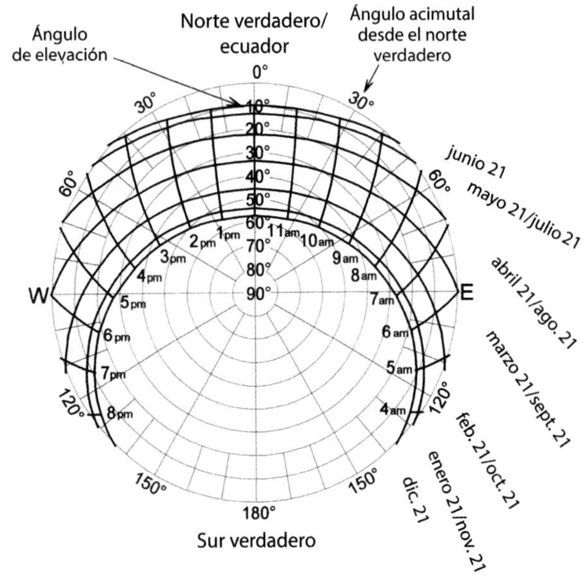

Fig. A7.20B. Diagrama de la trayectoria del sol, 56° latitud S

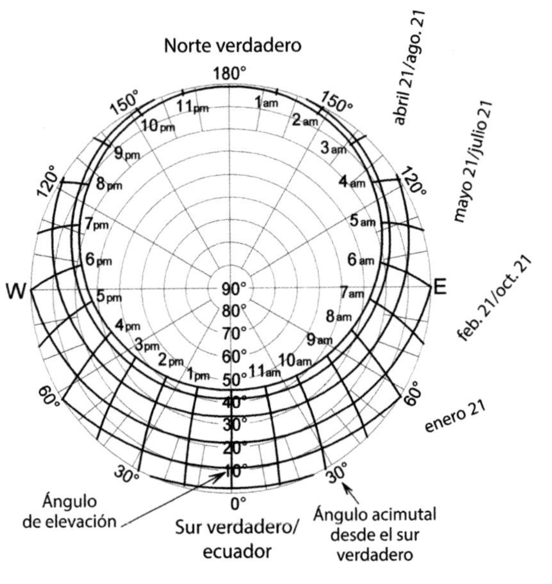

Fig. A7.21A. Diagrama de la trayectoria del sol, 68° latitud N (el círculo polar ártico comienza a 66.5° N)

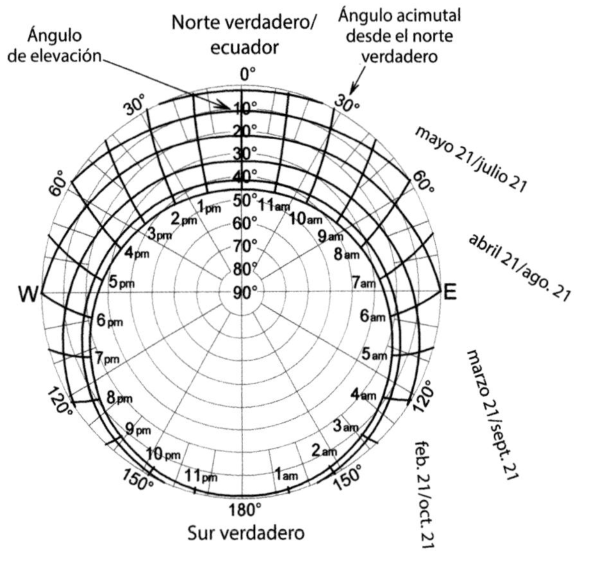

Fig. A7.21B. Diagrama de la trayectoria del sol, 68° latitud S (el círculo polar antártico comienza a 66.5° S)

REFERENCIAS DEL DIAGRAMA DE TRAYECTORIA SOLAR:

- Programa de gráficos de trayectoria solar en los polos, del Laboratorio de monitoreo de radiación solar de la Universidad de Oregón http:// solardat. uoregon.edu/PolarSunChartProgram.html
- *The Food and Heat Producing Solar Greenhouse* de Bill Yanda y Rick Fisher, John Muir Publications, 1980
- *Sun, Wind, and Light* de G.Z. Brown y Mark DeKay, John Wiley & Sons, 2001

SECCIÓN TRES

DIFERENTES MANERAS DE ENCONTRAR EL NORTE VERDADERO

Encontrar el norte verdadero te sirve para orientarte y para orientar de manera óptima hacia el sol un edificio o paneles solares con el objetivo de maximizar la producción de energía, así como el calentamiento, enfriamiento y luz diurna invernal pasivos/gratuitos.

Orienta un nuevo edificio, una ampliación a un edificio existente o una serie de paneles solares fijos de tal forma que su eje largo esté perpendicular a esta línea norte-sur y por tanto tenga una orientación este-oeste (para ver ilustraciones y más información, consulta el patrón de diseño integrado número uno en el capítulo 4).

A continuación se muestran tres maneras de encontrar el norte verdadero (además de saber que al mediodía solar el sol está exactamente en la línea del norte verdadero-sur verdadero).

Uno: Encontrar el norte verdadero utilizando la Estrella Polar (Polaris)

Esta es mi forma favorita de encontrar el norte verdadero. Me resulta fácil de usar y es más precisa que una brújula, para la cual también necesitaría saber la declinación. Además, me conecta con el cielo nocturno y me motiva a reducir la contaminación lumínica para poder seguir usando este método. Mi amigo y mentor David Omick (Omick.net) explica el proceso de la siguiente manera:

Fig. A7.22. La Estrella Polar se encuentra a medio camino entre la estrella central de Casiopea y la Osa Mayor. Extiende una línea unas 5 veces más larga que la distancia entre las estrellas Dubhe y Merak en la dirección hacia la que se abre el carro o cazo de sopa de la Osa Mayor para encontrar la Estrella Polar.

El uso de Polaris para encontrar el norte verdadero tiene algunas limitaciones. Evidentemente hay que hacerlo de noche y si hay mucha contaminación lumínica puede resultar difícil o imposible hacerlo (DarkSky.org, sitio web en inglés, ofrece estrategias para reducir la contaminación lumínica). No funciona en el hemisferio sur (no hay una estrella correspondiente que se pueda utilizar en el hemisferio sur) y no es un método completamente preciso, pero ofrece una aproximación muy cercana. Desde nuestra perspectiva aquí en la Tierra, Polaris parece girar en un círculo a unos 0.7° alrededor del norte verdadero. Esto significa que la estrella estará exactamente en el norte verdadero dos veces al día y dos veces al día estará en su punto más lejano del norte verdadero. Aun en su punto más lejano, a una distancia aproximada del norte verdadero equivalente a 1.5 veces el diámetro del disco lunar, sigue estando muy cerca.

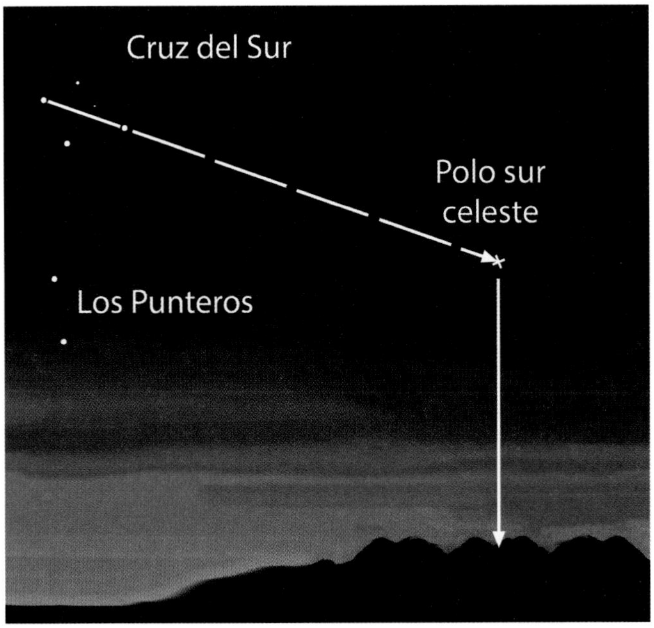

Fig. A7.23. En el hemisferio *sur* las dos estrellas que conforman el eje largo de la Cruz del Sur "señalan" a un punto imaginario, llamado polo sur celeste, que está por encima del Polo Sur. Extiende una línea imaginaria cuatro veces y media la longitud de la Cruz hasta el punto del polo sur celeste. Desde este punto, traza una línea descendiente verticalmente hacia el horizonte. Esto te da la dirección del sur verdadero.

Pasos para usar Polaris para encontrar el norte verdadero.

1. Encuentra a Polaris. Usa una guía de estrellas o este método: suponiendo que sabes dónde está la Osa Mayor (científicamente conocida como *Ursa Major*), imagina una línea que pasa a través de las dos estrellas (científicamente conocidas como *Dubhe* y *Merak*) que forman el lado de la figura del cazo de sopa opuesto al mango (el cazo es la parte donde estaría la sopa). Ahora imagina que extiendes esta línea (en la dirección hacia la que se sacaría la sopa del cazo). Polaris estará más o menos en esa línea y a una distancia aproximada de 4 o 5 veces la distancia que hay entre Dubhe y Merak (figura A7.22). Ten en cuenta que Polaris no es tan brillante como Dubhe o Merak y que aunque Polaris se puede ver todas las noches desde todas partes en el hemisferio norte (a menos que haya demasiada contaminación lumínica), la Osa Mayor no siempre es visible.

2. Ahora, clava una estaca en el suelo. Puede ser una estaca de madera, una varilla de acero, un tubo, etc. de 1.5 m (5-6 pies) de altura más o menos. La estaca debe estar lo más vertical posible.

3. Pon tu ojo cerca del suelo en el lado sur de la estaca (el lado alejado de Polaris) y a unos 3 metros (10 pies) de distancia de la estaca.

4. Ajusta tu posición hasta que tu ojo esté alineado con Polaris y con la estaca. Entierra otra estaca en el suelo en el lugar donde pusiste tu ojo. Las dos estacas están ahora en una línea norte-sur verdadero.

Dos: Usar la sombra proyectada por un palo para encontrar el norte y el sur verdaderos

Esta es la forma más precisa de encontrar el norte y el sur verdaderos. Al mediodía solar, la sombra proyectada por un objeto tendrá su longitud más corta para ese día. Para usar esta información, sigue los pasos a continuación:

1. Clava un palo de manera *vertical* en terreno *plano* y nivelado que estará a pleno sol durante todo el día. (El palo debe sobresalir del suelo unos 45 cm o 18 pulgadas). Este palo vertical será tu *gnomon*, una vara vertical que proyecta una sombra que se usa como indicador.

2. En el suelo (al menos una hora y media antes del mediodía), marca el punto donde termina la sombra del gnomon.

3. Aproximadamente cada 15 minutos, marca de nuevo el punto donde acaba la sombra del gnomon. La sombra se irá haciendo más corta (aunque la diferencia será leve). En un punto determinado, la sombra comenzará a cambiar de dirección y en vez de inclinarse un poco hacia el oeste, se irá inclinando un poco hacia el este y se irá haciendo más larga. Marca varias longitudes de sombra adicionales, después de la que creas que es la sombra más corta.

4. Dibuja una línea (probablemente curva) en el suelo que conecte a todas las marcas de longitud de sombra que hayas hecho.

5. Ahora ata una cuerda a la base del palo que usaste como gnomon. Asegúrate de que la cuerda sea lo suficientemente larga para que, una vez atada al gnomon, pueda cruzar la línea (que conecta a las marcas de longitud de sombra) que acabas de hacer en el suelo.

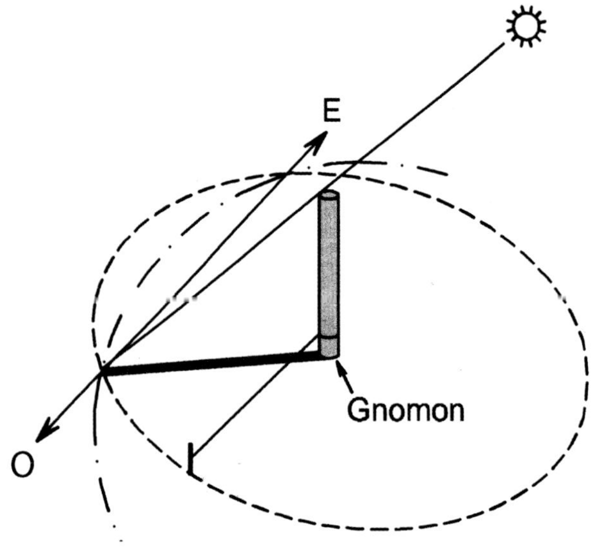

Fig. A7.24A. Encontrar la dirección con la sombra proyectada por un gnomon vertical.
La línea puntoguión denota el final de la sombra proyectada por el gnomon, marcada a lo largo del día.

La línea punteada denota un círculo dibujado alrededor del gnomon en un diámetro igual a la longitud de una cuerda atada a la base del gnomon.

Una línea dibujada entre los dos puntos donde la línea punto-guión (sombra) y la línea punteada (hilo) se intersectan es la *línea este-oeste* aproximada del sitio.

Adaptado de *A Guide to Prehistoric Astronomy in the Southwest*, de J. McKim Malville, Johnson Books, 2008.

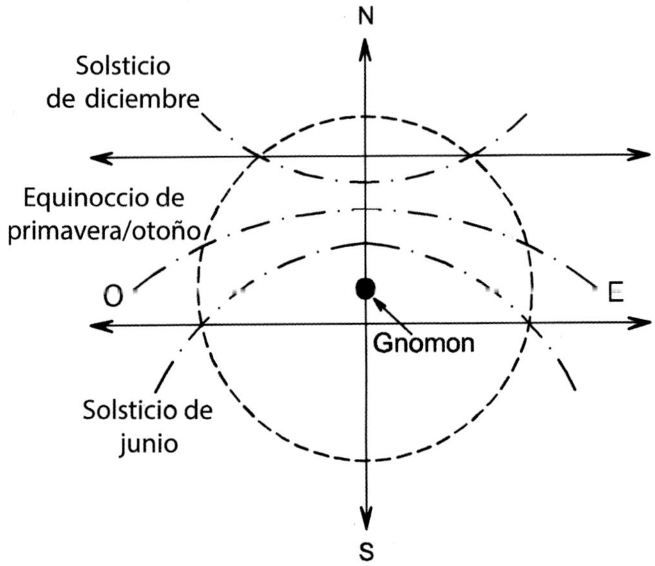

Fig. A7.24B. Vista de gnomon (en el hemisferio norte) desde arriba. Las líneas punto-guión denotan el final de la sombra proyectada por el gnomon, marcada durante todo el día, en los solsticios de diciembre y junio, y en los equinoccios de primavera y otoño. Estas líneas variarán un poco dependiendo de la latitud en donde se coloca el gnomon.

La línea punteada denota un círculo dibujado alrededor del gnomon en un diámetro igual a la longitud de una cuerda atada a la base del gnomon. Las líneas dibujadas entre los dos puntos donde la línea punto-guión (sombra) y la línea de puntos (hilo) se intersectan denotan la *línea este-oeste* aproximada del sitio, marcada durante los solsticios.

Adaptado de *A Guide to Prehistoric Astronomy in the Southwest*, de J. McKim Malville, Johnson Books, 2008.

6. Ata un palo más pequeño del tamaño de un lápiz al extremo suelto de la cuerda (el opuesto al que está atado al gnomon). Tira de la cuerda para que quede estirada y tensa, y marca un círculo en el suelo (con el lápiz que mantienes en posición vertical) alrededor del gnomon.

7. Ahora encuentra los dos puntos donde el círculo alrededor de tu gnomon se cruza con la línea que hiciste al conectar los puntos donde acaban las sombras del gnomon. Dibuja una línea recta entre estos dos puntos de intersección, esta es tu *línea este-oeste* aproximada (figura A7.24A).

8. Dibuja una línea recta perpendicular a la línea este-oeste. Esta es tu *línea norte-sur* aproximada (figura A7.24B).

Tres: Usar una brújula y la declinación magnética para encontrar el norte

Las brújulas leen el norte magnético, por lo que para encontrar el norte verdadero tendrás que ajustar la lectura de tu brújula unos grados al este o al oeste en función de la declinación magnética de tu ubicación. La declinación magnética es el ángulo en grados que debes corregir en la lectura de la brújula para encontrar el norte verdadero. La declinación magnética cambia de un lugar a otro y con el tiempo debido a cambios magnéticos en el núcleo de la Tierra.

Utiliza este sitio web para encontrar la declinación magnética de tu sitio: Magnetic-Declination.com

A continuación, haz la corrección necesaria en tu brújula para que pueda apuntar hacia el norte verdadero. Busca en línea "cómo ajustar la brújula a la declinación de tu sitio" para ver cómo hacerlo.

EJEMPLOS DE BUEN DISEÑO Y DE MAL DISEÑO CON TRAYECTORIAS DE SOL Y SOMBRA QUE CAMBIAN CON CADA TEMPORADA

Fig. A7.25A. Cosechando el sol de *invierno.*

Lado de la casa de cara al sol de invierno/el ecuador al mediodía del solsticio de invierno a 32° de latitud N.

Alero del techo y toldo diseñados para maximizar la cosecha pasiva de sol, calor y luz del invierno. El toldo se retrae para permitir más sol en los meses fríos/frescos.

El horno solar (sobre la mesa redonda) orientado e inclinado hacia el sol, utiliza el sol para cocinar pasivamente los alimentos.

La flecha amarilla indica el ángulo del sol.

Compara con la cosecha de sombra de verano en la Fig. A7.25B.

Fig. A7.25B. Cosechando sombra y sol de *verano.*

Lado de la casa con cara al sol de invierno/el ecuador al mediodía del solsticio de verano a 32° de latitud N.

Alero del techo y toldo diseñados para maximizar la cosecha pasiva de sombra y enfriamiento en el verano. El toldo se extiende para obtener más sombra en los meses calurosos.

El horno solar (sobre la mesa redonda) orientado e inclinado hacia el sol, utiliza el sol para cocinar pasivamente los alimentos. El tarro sobre la mesa utiliza el sol para preparar pasivamente té solar.

La flecha amarilla indica el ángulo del sol.

Fig. A7.26. Mal ejemplo — derechos/acceso a la energía solar denegados.

Las casas están ubicadas tan cerca unas de otras que impiden a sus vecinos el acceso al sol de invierno. Fotografía tomada en invierno. Tucson (Arizona). El sur, y el sol de invierno, están en el lado derecho de la fotografía. Los frentes de las casas miran al oeste.

La casa de la derecha hace sombra a las ventanas del primer piso de la casa del vecino que, de otro modo, tendría acceso al sol de invierno para recibir luz y calor gratuitos.

Una casa de dos pisos cubre con sombra todo el lado cara al sol de invierno de la casa del vecino del norte, incluyendo a su calentador solar de agua (en el techo), convirtiendo así un calentador solar de agua "sostenible" en un aparato insostenible que no funciona en el invierno.

Este desarrollo promociona sus viviendas como casas energéticamente eficientes con paneles fotovoltaicos que cosechan *activamente* el sol y calentadores de agua solares, pero esto no es tan eficiente como podría haber sido si también hubiera incorporado/integrado estrategias *pasivas* de aprovechamiento del sol y la sombra, tal como mantener el acceso total al sol de invierno para todas las viviendas.

Consulta el capítulo 4 para calcular la proporción de sombras en el solsticio de invierno para tu latitud y así determinar el espacio ideal que debe haber entre las edificaciones y otras cosas para mantener el acceso deseado al sol invernal.

Apéndice 8

Cosechar el viento: Relaciones básicas de flujo de aire, selección del sitio, energía eólica y bombeo de agua con energía eólica, ventilación natural, cortavientos y cosecha de ventisca de nieve y de biomasa

¿Estás considerando utilizar el viento para bombear agua y/o generar electricidad? ¿Quieres refrescar pasivamente tu casa o edificación mejorando la ventilación al colocar entradas y salidas de aire en las habitaciones? ¿Qué tal usar cortavientos para enfriar tu edificio en verano y reducir su pérdida de calor en invierno? ¿Has pensado en usar cortavientos para aumentar tu ingreso de agua con la acumulación y derretimiento de las ventiscas de nieve? ¿Quieres proteger los suelos para reducir la evaporación y resguardar los cultivos para disminuir la evapotranspiración? ¿Te gustaría aminorar el polvo que se transporta en el aire? De ser así, el primer paso es observar de cerca las condiciones en tu sitio y responder a las siguientes preguntas:

- ¿Qué velocidades y direcciones tienen los vientos predominantes?
- ¿En qué estaciones del año ocurren estos vientos predominantes?
- ¿Cómo varían con cada estación del año?
- ¿Cómo varían entre la noche y el día?
- ¿Cómo varían en diferentes áreas o microclimas de tu sitio? ¿Son calientes, cálidos, frescos o fríos? ¿Están húmedos o secos?
- ¿Qué transportan consigo? ¿Polvo/tierra, nieve, contaminantes, fuego?
- ¿Son estos vientos cómodos o incómodos?
- ¿Qué vientos quisieras desviar?
- ¿Qué vientos quisieras cosechar?

Al responder estas preguntas empiezas tu proceso para entender las relaciones de flujo de aire en tu sitio. Esto te ayudará a determinar si las estrategias de cosecha o desviación del viento pudieran ser apropiadas y en qué lugares, así como dónde y cómo podrían estar situadas para lograr la máxima eficacia en tu terreno.

Este apéndice parte de tus observaciones e ilustra las relaciones básicas de flujo de aire y las pautas de selección de sitios. Esta información te ayudará a entender mejor el papel que desempeña el viento en el diseño del sitio, mejorará la eficiencia de tu sitio y te alertará sobre los patrones que sería recomendable investigar más a fondo utilizando recursos informativos más completos. Este apéndice incluye también información más amplia sobre la sección de viento de la "Evaluación del lugar en una hoja" incluida en el capítulo 2, sobre las estrategias integradas de calefacción y enfriamiento pasivos del capítulo 4 y sobre las recomendaciones específicas para ventanas, como las que aparecen en el recuadro 4.4 "El tipo de ventana utilizada afectará dramáticamente el calentamiento y enfriamiento pasivos/gratuitos".

Puedes encontrar recursos adicionales en la sección "Wind & Snow Harvesting" (cosecha de viento y nieve) en HarvestingRainwater.com.

RELACIONES BÁSICAS DE FLUJO DE AIRE

Trabaja *con* el flujo del viento a medida que diseñas tu sitio para aumentar o disminuir la velocidad del viento, bombear agua, generar energía, ventilar tu edificio y/o utilizar vegetación colocada estratégicamente para desviar el viento o cosechar nieve. Para hacer esto necesitas entender el flujo. La buena noticia es que ya llevas camino recorrido gracias a tu comprensión, cada vez mayor, del flujo del agua. Tanto el aire y como el agua son fluidos (materiales que fluyen) y se comportan de manera similar.

Las siguientes relaciones se tomaron en parte de las páginas 15-17 de *Sun, Wind & Light* de G.Z. Brown y Mark DeKay, 2001.[1]

1. La velocidad del aire es más lenta cerca de la superficie de la Tierra que arriba en la atmósfera a causa de la fricción. Cuanto más rugosa sea la superficie del suelo, debido al terreno, los edificios y la vegetación, más lenta será la velocidad del viento. Es probable que las velocidades del viento medidas cerca del suelo en tu sitio sean inferiores a las velocidades de viento reportadas que tal vez se miden a unos 10 m (30 pies) por encima de la superficie terrestre en el aeropuerto más cercano.

2. El aire tiende a seguir fluyendo en la misma dirección cuando se encuentra con una obstrucción. Por tanto, el aire fluye como el agua alrededor de los objetos en lugar de rebotar de ellos en direcciones aleatorias.

3. Al igual que el flujo de agua, el flujo de viento se acelera cuando se ve restringido. El viento acelera su velocidad en los lugares donde su flujo constreñido pasa por encima y alrededor de un edificio, cortavientos, colina o montaña; a través de un hueco entre edificios, paredes o el collado entre dos colinas; y cuando se canaliza a través de un cañón natural o una calle llena de edificios con paredes altas que asemeja a un cañón.

4. El aire fluye de áreas de alta presión hacia áreas de baja presión. Se generará una zona de alta presión en el lado de barlovento de una obstrucción (el lado hacia el que sopla el viento), mientras que se formará una zona de baja presión con menor velocidad en el lado de sotavento del objeto. Esta es una relación clave a entender si deseas mejorar la ventilación cruzada a través de una habitación, casa o espacio al aire libre.

5. El aire frío es más denso y pesado que el aire caliente, por lo que el aire caliente se eleva mientras que el aire frío desciende. Esta es una relación clave a entender si deseas mejorar la ventilación natural inducida que ocurre en edificios donde el aire caliente escapa por aberturas altas y es reemplazado por el aire frío que entra a través de entradas de ventilación más bajas.

SELECCIÓN DEL SITIO

La región climática de un sitio y los microclimas que varían localmente determinarán si es deseable tener más o menos viento alrededor de una casa en ese lugar. La selección del sitio es la primera estrategia que debes emplear al trabajar con vientos y exposición solar. Las figuras A8.1A y B están adaptadas de la página 88 de *Sun, Wind & Light* de G.Z. Brown y Mark DeKay, 2001[2] y muestran objetivos generales de diseño y ubicaciones microclimáticas ideales para cuatro regiones climáticas: fría, templada, caliente árida y caliente húmeda, que te ayudarán en la selección y diseño de tu sitio.

Clima frío:

- Maximizar los efectos de calentamiento del sol.
- Reducir el impacto del viento invernal.
- El microclima ideal para una casa se ubica en la parte de abajo de una pendiente orientada al ecuador donde hay más radiación solar y protección contra los vientos de la parte superior de la cresta, pero no tan abajo para así evitar el aire frío que se acumula en el fondo del valle.

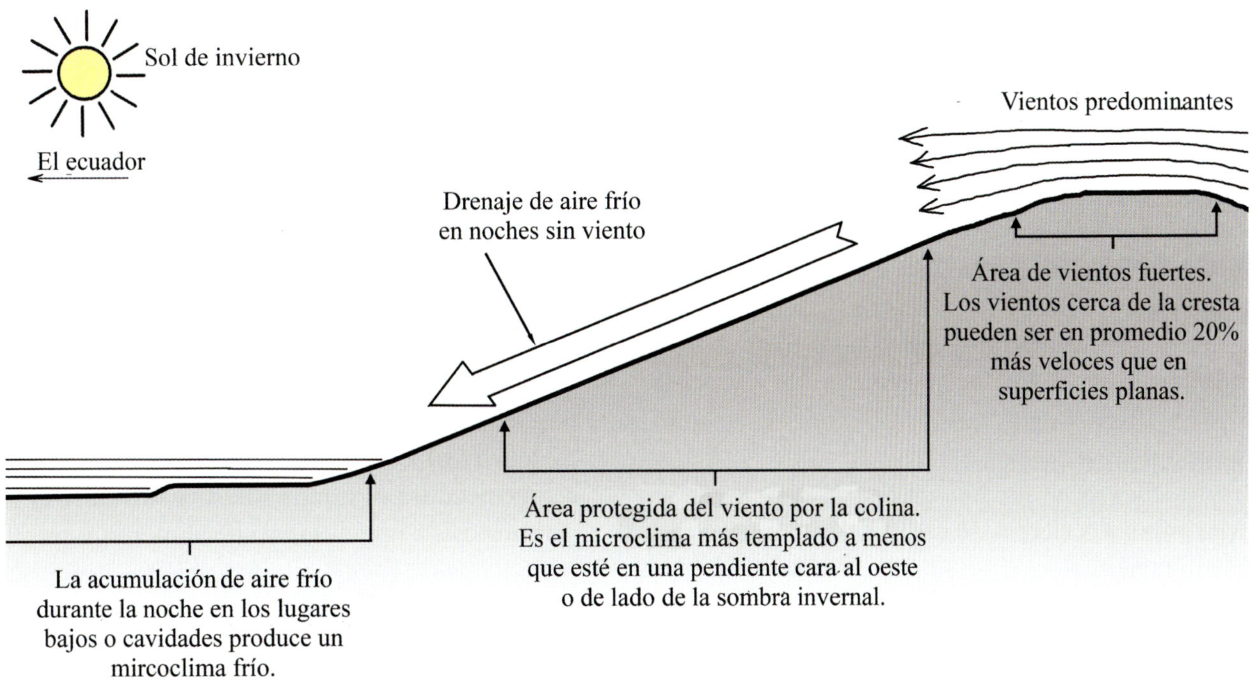

Fig. A8.1A. Microclimas básicos del sitio. Cuando se colocan por encima de las áreas que se desea proteger, la vegetación densa, las paredes o las bermas de tierra pueden desviar el aire frío que drena hacia abajo de una ladera por la noche. Estas mismas estrategias pueden recolectar aire frío cuando se colocan pendiente abajo de las áreas donde quieres que el aire frío se "estanque". Adaptado de *Passive Solar Architecture Pocket Reference* de D. Yogi Goswami, Ken Haggard, David Bainbridge y Rachel Aljilani, International Solar Energy Society, 2009.

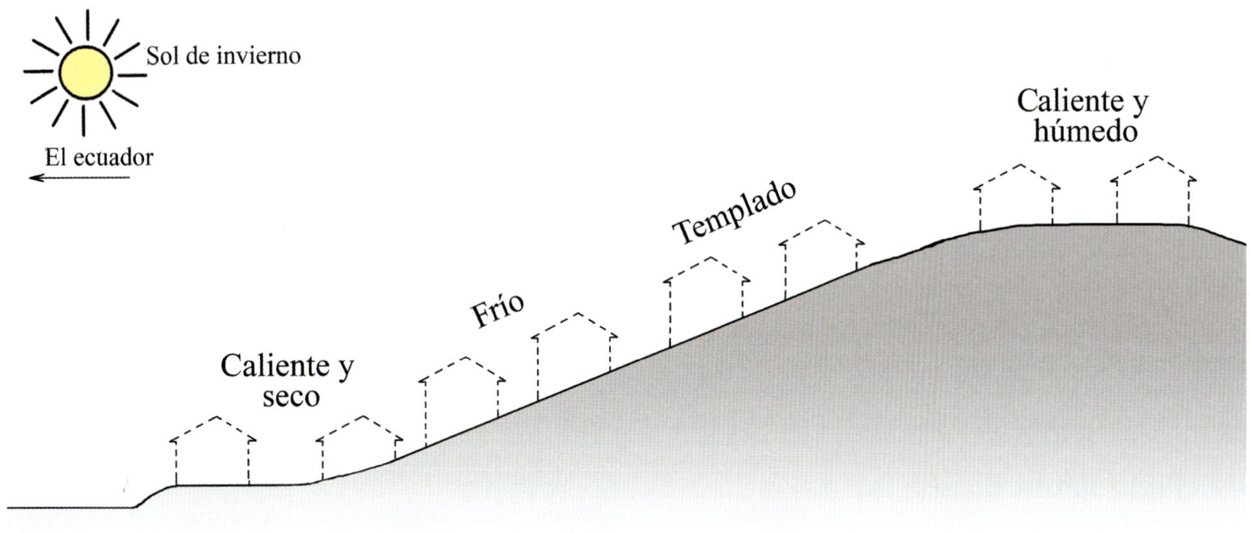

Fig. A8.1B. Microclimas básicos ideales para ubicar hogares (señalados por los contornos punteados de las casas) para diferentes regiones climáticas.
Adaptado de *Sun, Wind & Light: Architectural Design Strategies* de G.Z. Brown y Mark DeKay, John Wiley & Sons, 2001.

Clima templado:

- Maximizar los efectos de calentamiento del sol en invierno.
- Maximizar la sombra en verano.
- Reducir el impacto del viento invernal, pero permitir la circulación de aire en verano.
- El microclima ideal para una casa se encuentra en la parte media a alta de la ladera con acceso tanto al sol como al viento, pero protegido de los fuertes vientos que corren en la cima de la cresta.

Clima caliente-árido:

- Maximizar los efectos de calentamiento del sol en pleno invierno.
- Maximizar la sombra desde principios o mediados de la primavera, durante el verano y hasta mediados o finales del otoño.
- Reducir el impacto de los vientos secos y calientes en cualquier estación del año, pero permitir la circulación de aire por la noche en meses calurosos y cálidos si el aire nocturno refresca lo suficiente.
- El microclima ideal para una casa está en la parte baja de la ladera para tener exposición al flujo de aire frío por la noche, y en el lado este de los relieves y la vegetación que generan sombra durante las tardes calurosas, ya que es el lado más fresco.

Clima caliente-húmedo:

- Maximizar la sombra y la ventilación.
- El microclima ideal para una casa se encuentra en la parte superior de una pendiente para tener una mayor exposición al viento y poder rodearse de vegetación que refresca y produce sombra.

ENERGÍA EÓLICA Y BOMBEO CON ENERGÍA EÓLICA

Si estás considerando bombear agua o generar electricidad con energía eólica, toma en cuenta lo siguiente:

- El agua y la electricidad no se mezclan.
- Los molinos de viento o las bombas eólicas son solo para bombear agua.
- Las turbinas eólicas o los sistemas eléctricos eólicos son solo para generar electricidad.

Los molinos de viento o bombas eólicas requieren una velocidad mínima del viento de 6 a 11 km/h (4 a 7 mi/h) para empezar a funcionar[3], mientras que una velocidad del viento de 24 a 32 km/h (15 a 20 mi/h) es ideal para un bombeo de mayor capacidad.[4] Los sistemas eléctricos eólicos de alta producción requieren una velocidad media del viento de 16 a 22 km/h (10 a 14 mi/h) y torres altas que sitúan al aerogenerador por donde pasan vientos fuertes y sin turbulencias a una distancia de al menos 9 m (30 pies) por encima de cualquier obstrucción. Como resultado, la generación de energía eólica se limita típicamente a terrenos rurales de al menos 0.4 ha (1 acre) de extensión donde existen menos barreras culturales y legales para la instalación de dichas torres que en las zonas más pobladas.[5] Para construir un sistema más sencillo y de menor producción, por un costo de sólo USD 15, hecho principalmente a partir de materiales recuperados y disponibles localmente, consulta el libro *The Boy Who Harnessed the Wind: Creating Currents of Electricity and Hope*.[6]

Estudia la sección sobre selección del sitio de este apéndice para orientarte sobre la colocación adecuada de las turbinas eólicas. Sin embargo, ten en cuenta que poner los molinos de viento en un terreno alto con el fin de captar vientos de mayores alturas puede situar la bomba eólica más lejos del agua, la cual por lo general se encuentra en áreas bajas más cerca de la superficie del suelo.

VENTILACIÓN NATURAL PARA UN ENFRIAMIENTO PASIVO/GRATUITO

Como dicen David Bainbridge y Ken Haggard en *Passive Solar Architecture*, "La ventilación basada en fuerzas naturales es silenciosa, no requiere electricidad, no crea gases que alteran el clima globalmente y funciona incluso cuando la electricidad está desconectada".[7] Especialmente cuando se usa junto con estrategias pasivas para dar sombra en el verano y luz solar en el invierno, la ventilación puede de manera simultánea mejorar el confort y disminuir los costos del edificio al reducir el tamaño necesario del sistema de aire acondicionado mecánico (o eliminar la necesidad de tener uno).

VENTILACIÓN CRUZADA: TRABAJAR CON ZONAS DE ALTA Y BAJA PRESIÓN

Entender las zonas de alta presión y de baja presión es un principio clave para diseñar estrategias de ventilación cruzada para edificios. La ventilación cruzada funciona mejor cuando hay aberturas de entrada perpendiculares al viento (aunque las aberturas pueden estar hasta 40° no perpendiculares) en el lado de barlovento de alta presión de un edificio, y las aberturas de salida en el lado de sotavento de baja presión. Es necesario que corra el viento para que la ventilación cruzada funcione y la temperatura exterior debe ser menor que la temperatura interior para que se produzca un enfriamiento eficiente (ver las figuras A8.2A a A8.7B).[8] Los árboles y arbustos cuidadosamente colocados pueden crear zonas de alta presión en el lado de barlovento de las obstrucciones y zonas de baja presión en sus lados de sotavento, mejorando la ventilación cruzada incluso cuando las aberturas del edificio no están óptimamente orientadas de manera perpendicular al viento (figura A8.2A). La colocación de ventanas batientes y paredes laterales puede tener el mismo efecto básico, con la ventaja adicional de poder abrir y cerrar las ventanas para afectar la ventilación cruzada según sea necesario (figura A8.2B).

La vegetación también se puede utilizar para desviar el viento de un edificio, o para orientar el viento hacia las aberturas en el edificio (figura A8.3). Las ventanas tipo persiana se pueden ajustar para actuar como las plantas en el paisaje y dirigir el aire para que entre hacia arriba o hacia abajo en una habitación.

ORIENTACIÓN DE VENTANAS Y PUERTAS

Las ventanas y puertas operables con postigos tipo persianas, con persianas o con mallas ayudan a ajustar el flujo de aire en habitaciones individuales y en casas enteras. Tanto la ventilación saludable como la luz natural multidimensional que reduce el deslumbramiento se realzan cuando las habitaciones tienen al menos dos aberturas en paredes diferentes. Las aberturas multidireccionales y los planos de

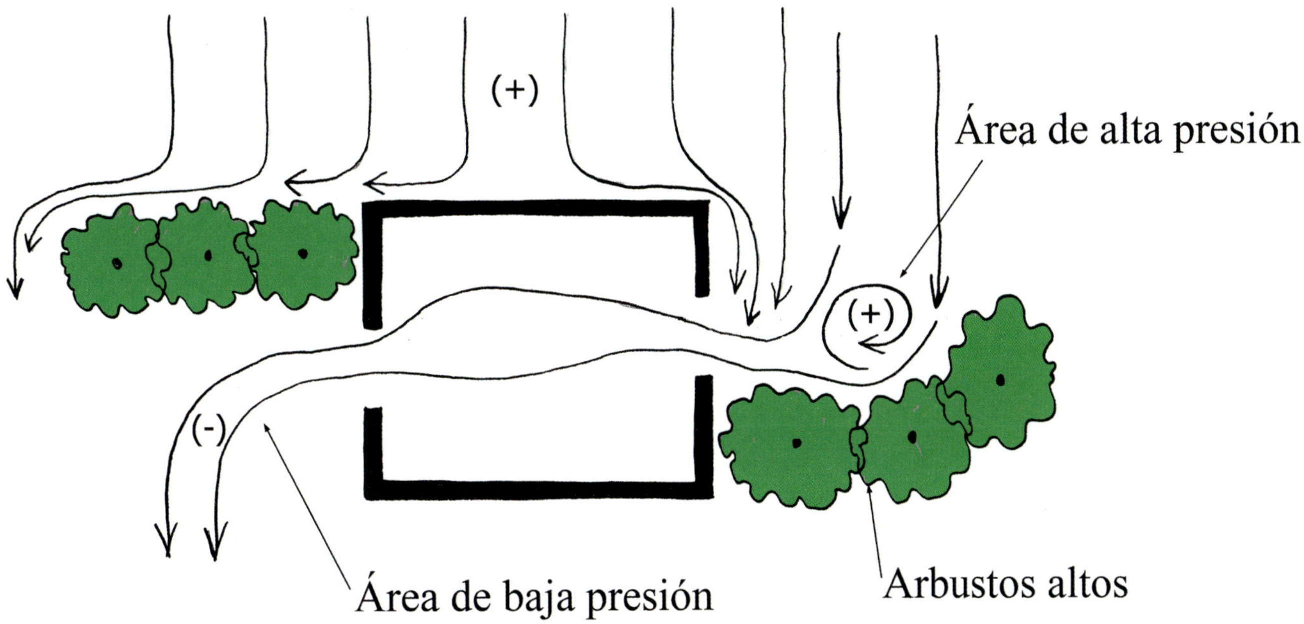

Fig. A8.2A. Mejora la ventilación cruzada con árboles y arbustos para crear zonas de alta presión en el lado de barlovento y zonas de baja presión en el lado de sotavento de las obstrucciones.
Adaptado de *Passive Solar Architecture Pocket Reference.*

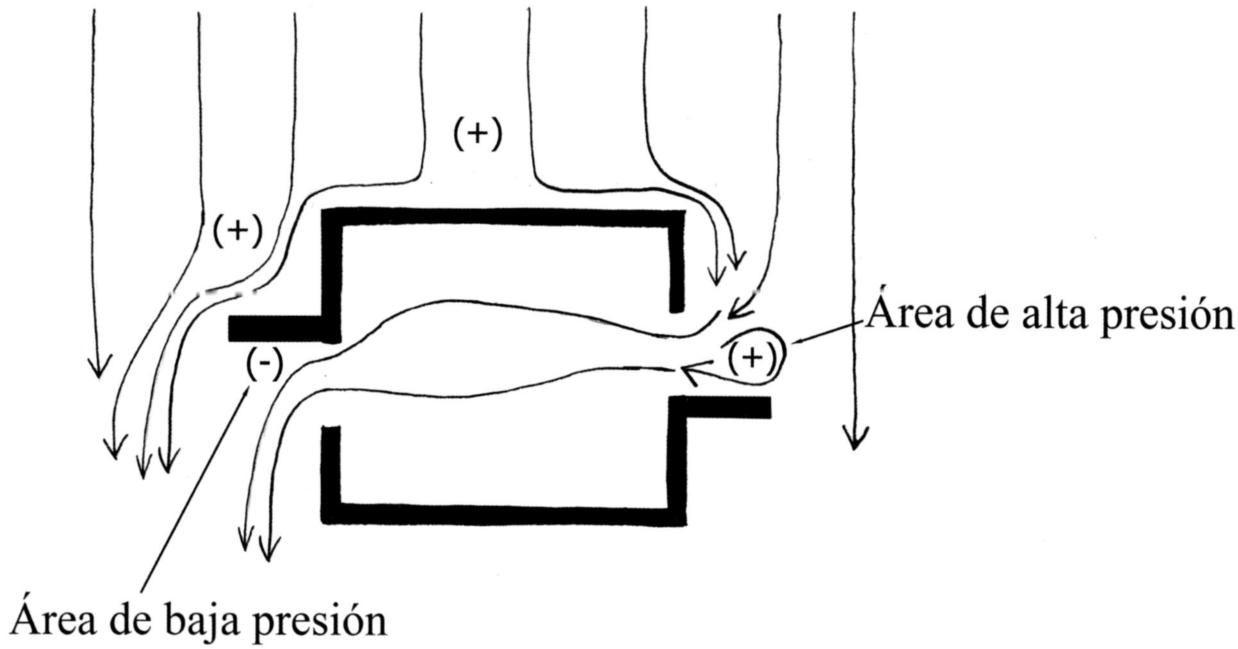

Fig. A8.2B. Mejora de la ventilación cruzada con ventanas batientes o paredes laterales para generar el mismo efecto que la vegetación en A8.2A. Las ventanas pueden abrirse y cerrarse para aumentar o disminuir la ventilación según sea necesario.

planta abiertos mejoran la ventilación cruzada para refrescar el aire y reducir el moho en interiores.[9] Las habitaciones que parecen cuevas con solo una abertura hacia el exterior pueden tener menos de la mitad de la ventilación que las habitaciones comparables con aberturas en dos lados (compara el ejemplo de arriba [una sola abertura] y el de abajo en la figura A8.3).[10] Si la dirección del viento predominante no es perpendicular a la orientación de una habitación, las ventanas deben estar en lados opuestos de la habitación para evitar la creación de bolsas de aire estancado y para aumentar la velocidad del aire interior (figura A8.4). Si la habitación está orientada directamente cara al viento, las ventanas deben estar en paredes adyacentes para obtener la máxima ventilación.

CONFIGURACIÓN DE ENTRADAS Y SALIDAS DE AIRE

Cuando una habitación está alineada perpendicularmente con respecto al viento, el flujo de aire dentro de la habitación con ventanas en paredes opuestas está determinado en gran medida por la ubicación de la entrada de aire y su relación con las superficies exteriores del edificio así como con las áreas de alta y baja presión resultantes (figura A8.5). Si se utiliza enfriamiento/ventilación pasiva para enfriar una habitación por la noche, es importante bañar la masa térmica de las *paredes interiores* con aire fresco de la noche utilizando una técnica como la que se muestra en las figuras A8.2 a A8.8.

Las configuraciones de entrada de aire pueden afectar el flujo de aire tanto en dirección horizontal como vertical (figuras A8.5, A8.6A y B). El tamaño de las aberturas de salida de aire en comparación con las aberturas de entrada determina en gran medida la velocidad del flujo de aire en diferentes partes de la habitación (figura A8.7A). Cuando las ventanas se encuentran en diferentes alturas dentro de una habitación en lugar de estar todas al mismo nivel, aumenta el área de la habitación que experimenta el flujo de aire mientras que la velocidad del mismo se reduce (figura A8.7B).

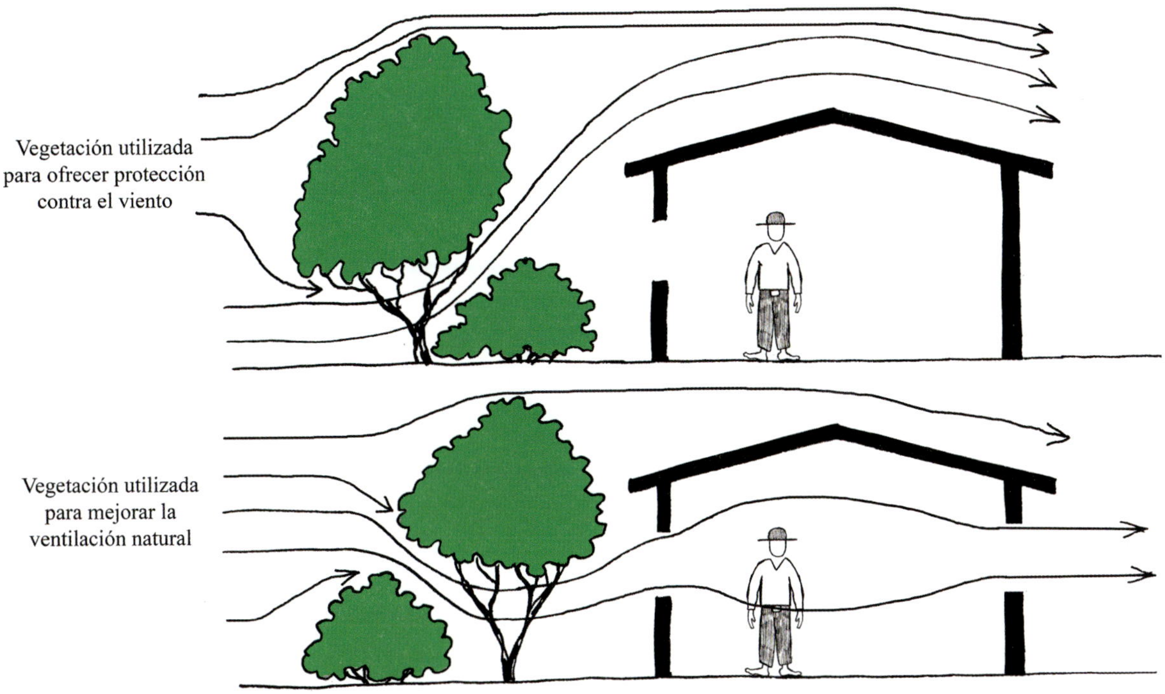

Fig. A8.3. La vegetación se puede acomodar para desviar el viento sobre un edificio o para enfriar y dirigir el flujo de aire a través de él. Ten en cuenta que la ventilación interior se mejora en gran medida cuando hay más de una abertura en la pared. Si todas las demás cosas son iguales (dirección del viento, vegetación y demás), el ejemplo de arriba con una sola abertura será como una cueva, con menos ventilación, en comparación con el ejemplo de abajo. Adaptado de *Passive Solar Architecture Pocket Reference.*

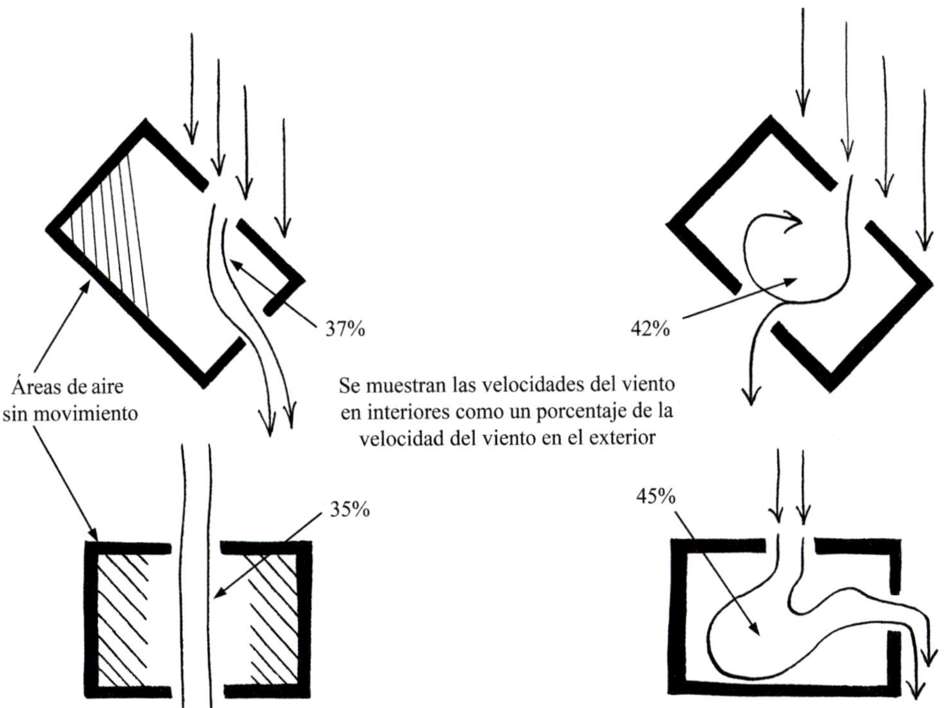

Fig. A8.4. Variaciones en la colocación de ventanas en relación con la orientación de un edificio hacia la dirección del viento prevaleciente y las diferencias resultantes en la velocidad y salida del viento en interiores. Adaptado de *Passive Solar Architecture Pocket Reference.*

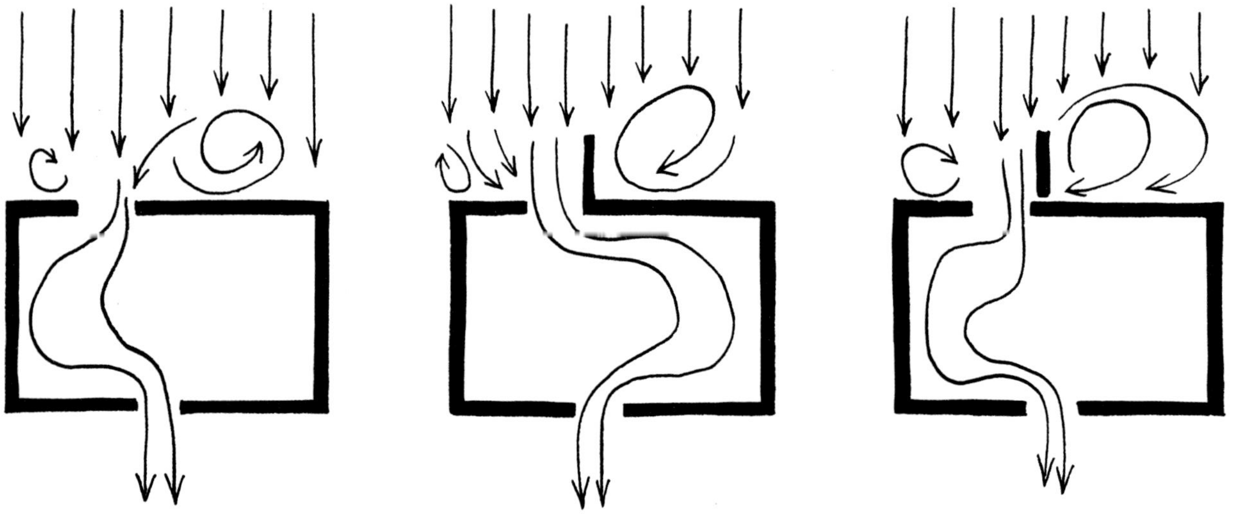

Una mayor presión de aire al lado derecho de la entrada dirige el patrón de aire hacia la izquierda de la habitación

Una barrera, tal como una ventana batiente abierta o una pared lateral, cancela el efecto de la presión del aire en el lado derecho de la entrada

Una ranura de 10.1 cm (4 in.) entre la barrera y la pared cancela el efecto de la barrera en el patrón del aire en el interior

Fig. A8.5. Configuraciones de entrada de aire y superficies exteriores de un edificio que afectan al flujo de aire en las dimensiones horizontales dentro de una habitación.
Adaptado de *Passive Solar Architecture Pocket Reference.*

Fig. A8.6A. Configuraciones de entrada y salida de aire que afectan al flujo de aire en las dimensiones verticales dentro de una habitación.
Adaptado de *Passive Solar Architecture Pocket Reference.*

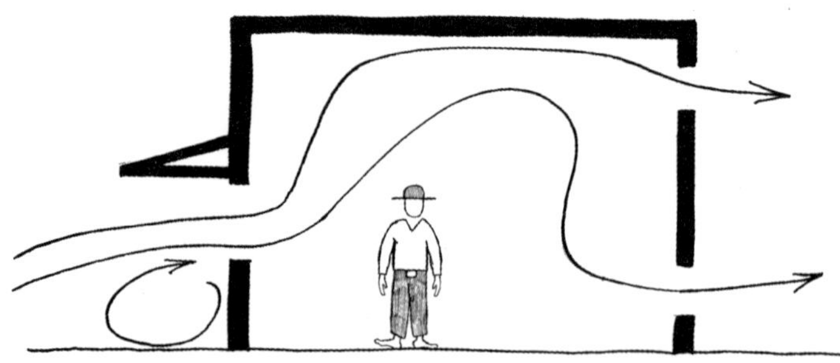

Fig. A8.6B. Los aleros pueden tener el mismo efecto en la dimensión vertical que las paredes laterales, las ventanas batientes y otras barreras tienen en la dimensión horizontal.
Adaptado de *Passive Solar Architecture Pocket Reference.*

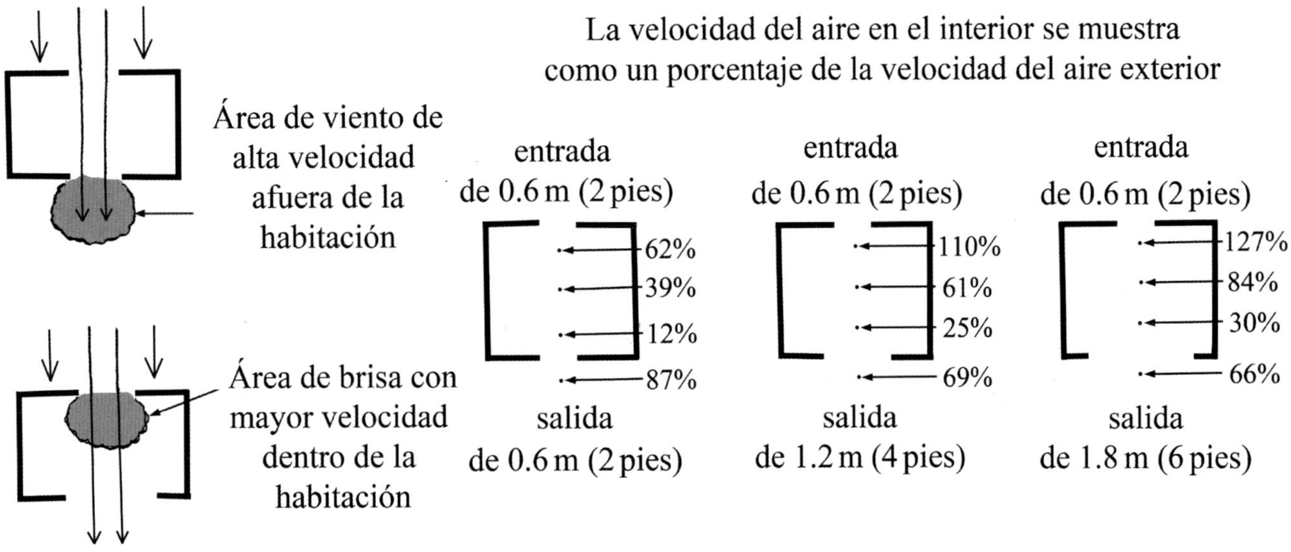

Fig. A8.7A. Efectos que tienen los tamaños de las aberturas de entrada y salida de aire en la velocidad del aire de la habitación.
Adaptado de *Passive Solar Architecture Pocket Reference.*

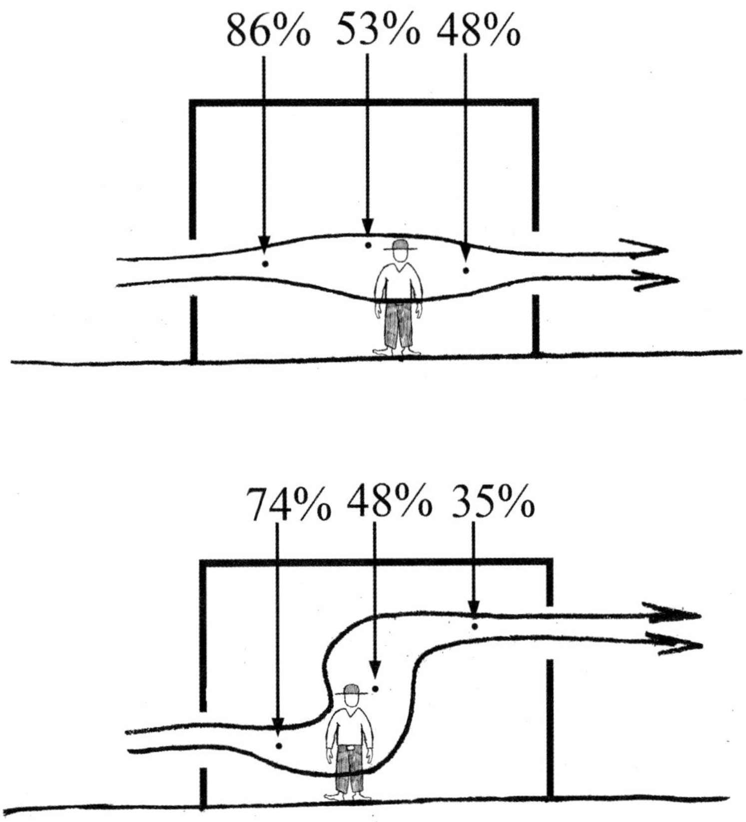

Fig. A8.7B. Cambios en la ubicación y velocidad del flujo de aire con ventanas a diferentes alturas.
La velocidad del aire al interior se muestra como porcentaje de la velocidad del aire exterior.
Adaptado de *Passive Solar Architecture Pocket Reference.*

VENTILACIÓN NATURAL INDUCIDA

No es necesario que corra el viento para que se produzca ventilación natural inducida en una habitación. Las diferencias de altura entre las entradas y salidas de aire de la habitación ayudan a provocar la ventilación natural inducida durante los momentos en los que no corre el viento, ya que el aire caliente más ligero se eleva y fluye por la ventana de arriba, jalando hacia adentro por la ventana de abajo el aire frío que es más pesado (figura A8.8). La eficiencia mejora cuando el área de las entradas de aire es igual al área de las salidas de aire. Estas eficiencias también aumentan cuando hay mayores diferencias entre las alturas verticales y las temperaturas de las salidas de aire que están más arriba y las entradas de aire que están más abajo. La ventilación natural inducida funciona mejor cuando el aire de salida está más caliente que el aire exterior.[11] Las chimeneas de ventilación de color negro calientan el aire que sube, mejorando el proceso de ventilación natural inducida.

Techos altos y ventanas de sobre luz, planos de planta abiertos, múltiples pisos, escaleras abiertas, cubos de ventilación y buhardillas con ventanas operables, todo esto mejora la ventilación natural inducida.[12]

CORTAVIENTOS PARA DISPERSAR LOS VIENTOS CALIENTES DEL VERANO Y CONSERVAR EL CALOR INVERNAL

Los cortavientos pueden proteger a los sitios de los efectos negativos de vientos que sean demasiado calientes, demasiado fríos o demasiado fuertes. Los cortavientos pueden formar parte del entorno construido, en forma de muros, edificios o cercas; o se pueden cultivar como arbustos y árboles. Por lo general, cuanto más delgado sea el elemento adyacente para desviar el viento, mayor será el área protegida viento abajo (figuras A8.9A a F).

Los cortavientos sólidos, como una pared sólida o una franja protectora de vegetación muy densa, producen fuertes corrientes de remolino viento abajo, lo cual anula gran parte de su eficacia (figura A8.10). Para evitar esto, usa un cortaviento poroso o más "transparente", como una cerca de tablones o una franja de protección con menos vegetación. Del mismo modo, se pueden abrir las ventanas con

Fig. A8.8. La diferencia de altura entre las entradas y salidas de aire de la habitación ayuda a que se genere una ventilación inducida natural y a mejorar su eficiencia. Adaptado de *Passive Solar Architecture Pocket Reference.*

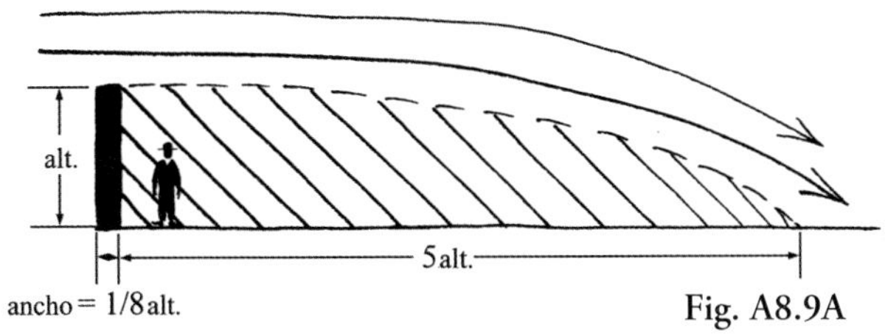

Fig. A8.9A

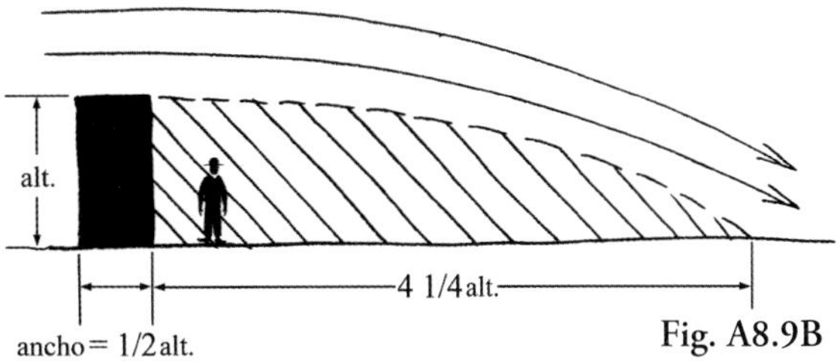

Fig. A8.9B

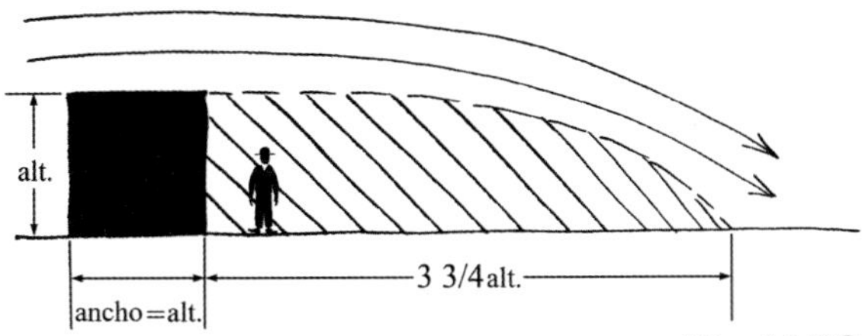

Fig. A8.9C

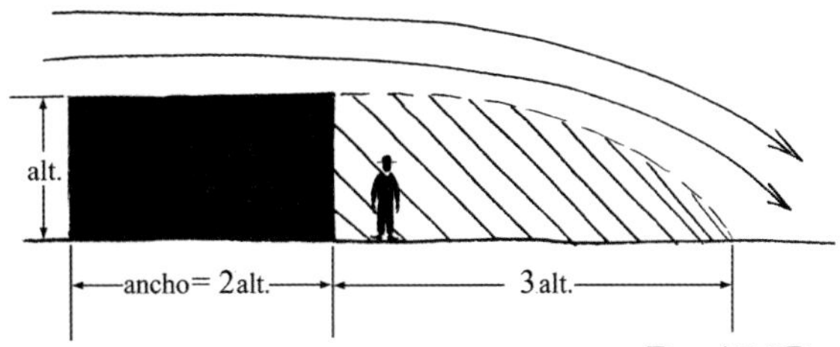

Fig. A8.9D

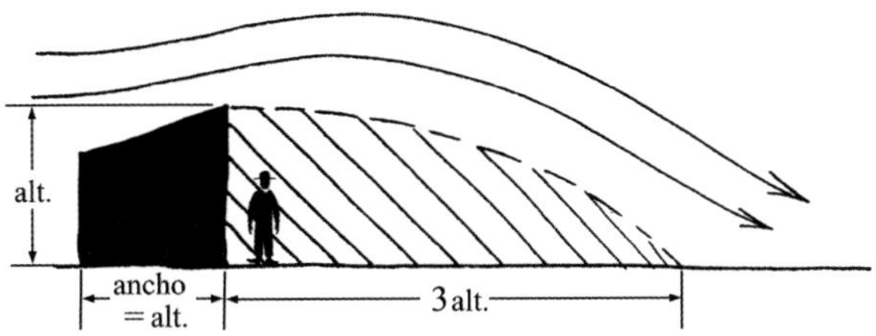

Fig. A8.9E

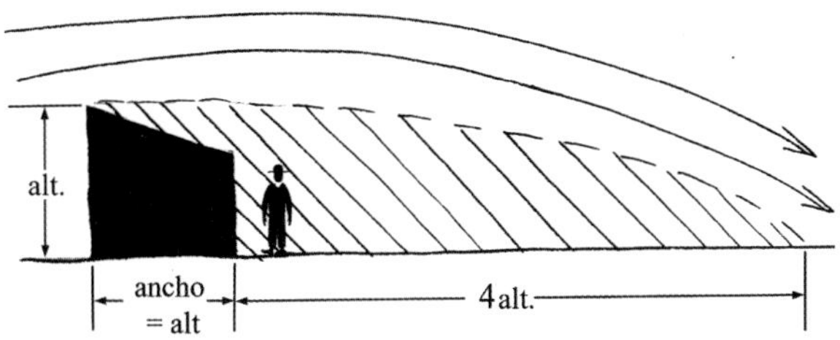

Fig. A8.9F

Fig. A8.9 A a la F. Los muros, edificios, vallas o vegetación que desvían el viento pueden ofrecer protección contra el mismo cuando se encuentran contra el viento de un sitio afectado. Cuanto más delgado sea el elemento que desvía el viento, mayor será el área protegida a favor del viento. Adaptado de *Passive Solar Architecture Pocket Reference.*

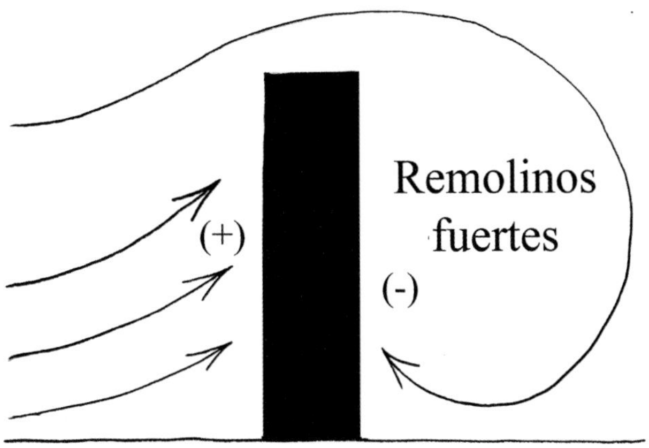

Fig. A8.10A. Fuertes remolinos formados por un cortaviento sólido.
Adaptado de *Passive Solar Architecture Pocket Reference.*

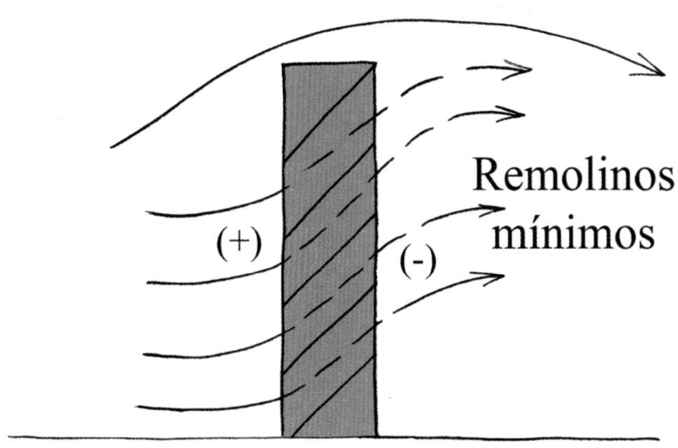

Fig. A8.10B. Remolinos mínimos formados por un cortaviento poroso.
Adaptado de *Passive Solar Architecture Pocket Reference.*

persianas en el lado de barlovento de un edificio para dejar entrar, dirigir y dispersar los vientos fuertes.

Los cortavientos de vegetación evapotranspirante ayudan a enfriar, dispersar y humidificar los vientos fuertes, calientes y secos en el verano. Por otra parte, al evitar o desviar los vientos fríos que se roban el calor en invierno, los cortavientos y/o una ubicación del sitio protegida pueden ahorrar hasta un 40 % en costos de calefacción.[13] En una casa típica, la pérdida de calor invernal puede ser más del doble con un viento de 8 km/h (5 mi/h) que sin viento debido a la infiltración de aire a través de áticos, semisótanos y chimeneas, así como ventanas mal selladas, puertas y otras aberturas.[14] La carga de calentamiento de una casa desprotegida expuesta a un viento invernal de 32 km/h (20 mi/h) es más del doble que la carga de calentamiento de la misma casa protegida por un cortaviento que reduce ese viento de 32 km/h (20 mi/h) a solo 8 km/h (5 mi/h).[15]

COSECHA DE VENTISCA DE NIEVE Y BIOMASA

La vegetación puede ser un cortaviento altamente eficaz, especialmente una combinación de árboles y arbustos. Con el cortaviento vegetativo o franja vegetal bien diseñada que se muestra en la figura A8.11, la velocidad del viento disminuye a medida que pasa a través de los árboles, soltando dentro del cortaviento/franja de protección la nieve que transporta, mientras desvía los vientos más fuertes por encima de la casa. La ventisca de nieve resultante se acumulará debajo de los árboles, se derretirá lentamente y puede proporcionar más del doble de la humedad anual disponible para la vegetación asociada. Sin embargo, si este cortaviento/franja de protección fuera demasiado denso podría producir fuertes corrientes en remolino viento abajo, similares a las que se generan viento abajo de una pared sólida. Esto podría dirigir la ventisca de nieve hacia la casa que se supone debe proteger.

De manera similar, las cercas pueden filtrar y cosechar la biomasa y el acolchado transportados por el viento que pasa a través de ellas (figura A8.12). En invierno, el mismo proceso permite que la cerca coseche la nieve transportada por el viento, creando ventisqueros a lo largo de la cerca. Consulta la sección "Wind & Snow Harvesting" (cosecha de viento y nieve) en HarvestingRainwater.com para obtener más información sobre el diseño de franjas de protección que cosechan la nieve transportada por el viento en donde la desees.

Fig. A8.11. Un cortaviento/cortina rompeviento bien diseñada crea remolinos y disminuye la velocidad de los vientos para inducir el depósito de nieve bajo la vegetación, para ayudar a aumentar la humedad del suelo en esos lugares.

Fig. A8.12. Esta cerca de alambre de púas en las tierras diné en el norte de Arizona disminuye la velocidad del viento que sopla perpendicular a la cerca (*de izquierda a derecha*) lo suficiente como para que las plantas rodadoras-chamizos caigan y se acumulen en el lado de sotavento de la cerca.
Lo mismo sucede en invierno con la nieve transportada por el viento.

Apéndice 9

Nexo agua-energía-carbono

No tienes que creer en el cambio climático para solucionarlo. Todo lo que hagamos para aumentar la eficiencia energética generará dinero, mejorará la seguridad y la salud, y estabilizará el clima.

—Amory Lovins, *Reinventing Fire: Bold Business Solutions for the New Energy Era*

NUESTRO LLAMADO A LA ACCIÓN

Las tablas y ejemplos del nexo agua-energía-carbono en este apéndice nos muestran cómo los resultados acumulativos de nuestras decisiones y acciones nos afectan y nos conectan a todos. Si nos esforzamos por entender esas conexiones y luego tomamos acciones informadas, podemos tomar decisiones que mejoren nuestras vidas y las de innumerables personas más. Por ejemplo, cuando hacemos el cambio a usar agua y energía renovable cosechadas en nuestro sitio, de manera simultánea reducimos la energía que se consumiría para bombear agua importada y disminuimos el agua que se consumiría para generar nuestra electricidad en una central eléctrica distante. Esto deja más recursos y potencial para nosotros, para nuestros hijos y para otras personas, además de reducir la emisión de dióxido de carbono y otros contaminantes que dañan nuestra salud, nuestras comunidades, nuestros ecosistemas, nuestras economías y nuestro futuro.

Son muchas las voces que nos piden que tomemos mejores decisiones. Para confirmar o corregir tu camino en medio de este coro, ten esto en cuenta: *sabrás que vas por el camino correcto cuando veas que tus decisiones y acciones generan un efecto dominó o reacción en cadena de impactos **positivos** que van más allá de lo que originalmente pretendías y que superan por mucho a los impactos negativos potenciales.* Por ejemplo, cuando cosechas el agua en tu terreno, aunque solo sea con fines de conservación, también te preparas para regar de forma gratuita las plantas bien situadas y adecuadas para el clima y los suelos acolchados que son como esponjas. A su vez, estas plantas y suelos te equipan para calentarte, refrescarte, refugiarte y alimentarte de manera pasiva, a ti y a tu comunidad. Al mismo tiempo, filtran (o biorremedian) contaminantes ambientales, despiertan tu deseo de hacer más actividades al aire libre, mejoran tu salud, te permiten ver y conocer más a tus vecinos, además de conectarte con una comunidad de personas y procesos naturales en interacción. Además, la cosecha de agua reduce las inundaciones locales, mejora la calidad de las aguas pluviales, captura el dióxido de carbono que altera el clima e incluso podría ayudar a reducir los costos de los seguros contra inundaciones e incendios. Los impactos no se terminan ahí pues verdaderamente son de escala global debido a nuestra atmósfera y clima compartidos.

Este apéndice se centra en nuestra atmósfera y clima, y examina las emisiones de dióxido de carbono (CO_2) derivadas de actividades humanas pues en masa (peso) estas emisiones representan la mayor proporción de gases que alteran el clima en nuestra atmósfera. Además, el dióxido de carbono es la unidad de línea base contra la cual se comparan todos los demás gases que alteran el clima para determinar su potencial de calentamiento global (recuadro A9.1). Los niveles de dióxido de carbono en la atmósfera

Recuadro A9.1. ¿Qué es cambio climático y calentamiento global?

El cambio climático es un cambio significativo y duradero en los patrones, condiciones y distribución climática en períodos que van desde décadas hasta millones de años. El cambio climático es causado por factores que incluyen procesos oceánicos (como la circulación oceánica), variaciones en la radiación del sol recibida por la Tierra, la tectónica de placas y las erupciones volcánicas, así como alteraciones del mundo natural inducidas por el ser humano.[1]

El calentamiento global es el cambio climático producido por el engrosamiento de la atmósfera debido a las enormes cantidades de dióxido de carbono y otros gases de efecto invernadero emitidos a la atmósfera derivados principalmente de la actividad humana. A medida que la atmósfera se hace más espesa (como un invernadero), atrapa más radiación infrarroja del sol que de otro modo habría escapado al universo. Como resultado, la temperatura general de la atmósfera y de los océanos de la Tierra está aumentando de una manera peligrosa.

El calentamiento global es real y está sucediendo en este momento. El noventa y siete por ciento de los científicos que estudian el cambio climático en el mundo están de acuerdo en esto.[2]

están aumentando a un ritmo sin precedentes, lo que contribuye a muchas manifestaciones del cambio climático. Estas incluyen fluctuaciones anormales en las temperaturas en todo el mundo; un aumento general de la temperatura global; eventos geológicos y de climas extremos más frecuentes; cambios a gran escala en las cantidades y patrones de precipitación, y las consiguientes pérdidas de cosechas; aumento del nivel del mar y las inundaciones consecuentes; el derretimiento acelerado de los glaciares, lo que significa escasez de agua para quienes dependen de su escorrentía estacional; derretimiento de los casquetes de hielo, lo que genera cambios significativos en las condiciones del océano y la muerte de la vida marina; y la lista sigue.

En 1750, antes del inicio de la Revolución Industrial, los niveles totales de dióxido de carbono en la atmósfera eran de aproximadamente 280 partes por millón (ppm), un nivel que según las mediciones geológicas como las que se toman de los núcleos o testigos de hielo (muestras tomadas de los glaciares) no se había superado durante más de 400 000 años.[3] En 2016 los niveles de dióxido de carbono subieron por encima de las 400 ppm y estos niveles continúan aumentando a *una velocidad cada vez mayor*.[4] Un número abrumador de científicos climáticos y pensadores ambientales apuntan a las 350 ppm como una concentración segura de dióxido de carbono atmosférico. Advierten que, a menos que tomemos medidas rápidamente para volver a niveles *inferiores* a 350 ppm durante el siglo actual, corremos el riesgo de alcanzar puntos de inflexión tales como un aumento global de la temperatura promedio superior a 2 °C (3.6 °F) que causaría impactos irreversibles como un cambio climático catastrófico.[5, 6]

Para entender la magnitud de un aumento de la temperatura global de 2 °C (3.6 °F), considera esta analogía de Anthony Leiserowitz, director del Programa de Comunicación del Cambio Climático de Yale:

Piensa en el planeta como si fuera tu cuerpo, que cuando está sano mantiene una temperatura de alrededor de 37 °C (98.7 °F). Cuando te enfermas y te da una fiebre de 0.5 °C (1°F) te sientes un poco mal pero es probable que vayas al trabajo o la escuela de cualquier manera. Con una fiebre de 1.1 °C (2 °F), te sientes mal y te dan bochornos y escalofríos, y es posible que no vayas a la escuela o al trabajo y te quedes en casa. Cuando tu fiebre sube en 1.6 °C (3°F) es porque ya te estás empezando a enfermar mucho. Y con una fiebre sostenida de 2.2 a 2.77 °C (4 a 5 °F) tu cerebro comienza a entrar en coma y te acercas a la muerte.[7]

¿Te gusta la vida en la Tierra tal como la conocemos? Consulta el recuadro A9.2 y sigue leyendo. ¿Te interesa mejorar la vida? Te tengo buenas noticias. Actualmente tenemos las soluciones necesarias para hacer frente al cambio climático, pero para que funcionen debemos ponerlas en práctica *ahora*. ¡Tú (todos nosotros) tienes el poder de actuar, de exigir el cambio y de mostrar a los demás una mejor manera de hacer las cosas a través de tus elecciones y ejemplo!

Las tablas de este apéndice (consulta la tabla EL COSTO *ENERGÉTICO* DEL AGUA) son un recurso combinado que puedes usar como herramienta, además de los principios de cosecha de agua, los pilares éticos, las pautas para la evaluación de sitios, los patrones de diseño integrado y muchas otras estrategias de este libro que convierten las oportunidades y "desechos" locales olvidados o ignorados en recursos que generan de cero a bajas emisiones de carbono, que tienen de cero a bajo consumo de energía y de cero a bajo costo, además de que mejoran la resiliencia y el potencial de tu comunidad y del mundo.

EL COSTO *ENERGÉTICO* DEL AGUA (CEA) – Unidades métricas

¿Cuántos kWh de energía se usan para obtener y tratar **un litro de agua**?*		*¿Cuántos kWh de energía se usan para obtener y tratar* agua **para un hogar estadounidense** durante un mes?*		*¿Cuántos kWh de energía se usan para obtener y tratar* agua para **100 000 hogares estadounidenses** durante un mes?*		
				Consumo de agua de un hogar estadounidense promedio: 29 211 litros/mes[1]		
Se muestran los rangos de promedios: alto (más oscuro) y bajo (más claro). Las medias totales no son necesariamente las medias de los extremos dados.						
Origen	**Rango kWh/litro**		**Rango kWh/mes**		**Rango kWh/mes**	
Agua de lluvia generada en el sitio [a] →+	0.0000	0.0002	0	5	0	540 173
Aguas grises generadas en el sitio [b] →+	0.0000	0.0001	0	2	0	154 335
Aguas negras generadas en el sitio [c] →+	0.0000	0.0003	0	8	0	848 843
Condensado de aire acondicionado del sitio [d] →+	0.0000	95.1022	0	2 778 031	0	277 803 138 374
Escorrentía de la calle [e] →+	0.0000	0.0009	0	26	0	2 623 696
Agua superficial [2,3] →+	0.0001	0.0004	2	11	169 769	1 084 976
Proyecto de Arizona Central [f] →+	0.0033	0.0040	97	117	9 739 160	11 746 197
Agua subterránea [2,3] →+	0.0002	0.0005	5	15	478 439	1 543 351
Agua subterránea salobre [g,2,3,4,5] →+	0.0008	0.0100	25	292	2 469 361	29 246 497
Agua de mar desalinizada [2,3,5] →+	0.0023	0.0233	67	681	6 713 576	68 061 769
Aguas residuales [2,3] →+	0.0003	0.0008	8	23	771 675	2 315 026
Agua reciclada [3,6] →+	0.0003	0.0011	8	31	848 843	3 144 949
Agua municipal promedio [3] ⟳	**0.0003**	**0.0017**	10	50	964 594	5 015 890

Disponible en: HarvestingRainwater.com/water-energy-carbon-nexus

DATOS SOBRE CEA

El **consumo residencial promedio de agua en Estados Unidos** es 98 galones per cápita diarios (gpcd).[7]

La **huella hídrica virtual** para cada ciudadano de **Estados Unidos** es 1146 galones diarios.[8]

La **huella hídrica virtual** para cada ciudadano del mundo es 366 galones diarios.[9]

La **República Democrática del Congo** tiene el consumo de gpcd virtual más bajo: 9 | **Jordania**: 120 | **Alemania y China**: ~290 **Francia**: 371 | **Japón**: 517 | **Australia**: 834 | el de **Irak** es el más alto: 1894.[8]

De **toda el agua que se extrajo** en 2005 para consumo en Estados Unidos, **5 % fue para la industria y minería, 12 % para suministro público, 34 % para la agricultura, 49 % para la generación termoeléctrica de energía.**[h,7]

TABLAS DEL NEXO AGUA-ENERGÍA-CARBONO (A-E-C)

Estas tablas ayudan a hacer visible lo invisible. Debido a que los usuarios finales no vemos el tratamiento y transporte del agua, no somos conscientes de que cuando consumimos esta agua bombeada, consumimos también energía. Del mismo modo, la generación inadvertida de esa energía consume agua adicional y normalmente emite dióxido de carbono (CO_2) que contamina y altera el clima. Estas conexiones se hacen evidentes en lo siguiente:

- Tabla de costos *hídricos* de la energía (CHE)
- Tabla de costos *energéticos* del agua (CEA)
- Tabla de costos *carbónicos* de la energía (CCE)

Usa la información de todas las tablas del nexo A-E-C para calcular tu consumo actual aproximado de agua y energía ocultas, así como sus emisiones de carbono asociadas; después elige:

- fuentes de energía y prácticas que consuman menos o nada de agua,
- fuentes de agua y prácticas que consuman menos o nada de energía, y
- fuentes de energía y de agua, así como prácticas que emitan menos o nada de CO_2.

Consulte la versión completa de este apéndice, que incluye:

- tablas de nexo AGUA-ENERGÍA-CARBONO y sus notas
- tablas y ejemplos de cosechas integradas y cómo aprovechar el potencial y los recursos gratuitos disponibles en el sitio

Ve a www.CosechaDeAguaDeLluvia.co donde podrás leerlas y descargarlas gratis.

Pero aquí, en la edición IMPRESA de este libro, solo incluyo una fracción del apéndice para reducir la cantidad de papel utilizado, el peso y el costo de este libro, así como su huella de carbono.

COLABOREMOS CON LOS SISTEMAS VIVOS QUE PERMITEN QUE HAYA VIDA PARA TODOS

Observa y aprende de los sistemas vivos, los ecosistemas, que permiten la vida en este planeta; luego trata de colaborar con ellos, y no luchar contra ellos ni deteriorarlos con tus decisiones diarias.

Algo fácil con lo que puedes empezar es colaborar con la esponja de carbono en el suelo a medida que siembras la lluvia. Esa esponja de carbono en el suelo es la vida que hay en el suelo y que lo construye, que se basa en el carbono y lo recicla (fig. A9.1).

La disponibilidad de más agua dentro y al lado de las obras de tierra cosechadoras de agua genera más vida, lo que a su vez da sombra, enfría y protege una mayor parte de la superficie de la Tierra del sol intenso, del viento, de las inundaciones y otros factores extremos. Existe una asociación poderosa y beneficiosa entre el ciclo hidrológico por el que circula el agua que da vida y la vida del suelo basada en el carbono, que construye el suelo y recicla el carbono, conocida como esponja de carbono en el suelo. Según el climatólogo y microbiólogo de suelos Walter Jehne, la gran mayoría de la termodinámica y el enfriamiento hidrológico en la Tierra se rigen por el ciclo hidrológico de nuestro planeta.[29] Y ese ciclo, junto con la esponja de carbono del suelo, ayuda a mantener un clima estable en nuestro planeta, de modo que la cantidad de calor liberado al espacio sea igual al calor que entra del sol. Sin embargo, nuestro planeta ha retenido más calor del que libera desde alrededor de 1750 debido al cambio climático influenciado por el hombre y la destrucción de la esponja de carbono en el suelo.[30]

Si entendemos la sinergia que existe entre el ciclo hidrológico y la esponja de carbono en el suelo, podemos diseñar nuestros sitios para colaborar de forma beneficiosa con estos procesos naturales. Los suelos con una buena cantidad de vegetación absorben y reirradian menos calor a la atmósfera que la tierra desnuda sin vegetación. La evapotranspiración del agua de esta vegetación produce un enfriamiento aún mayor porque el calor/energía latente necesaria para convertir el agua líquida en vapor de agua se absorbe

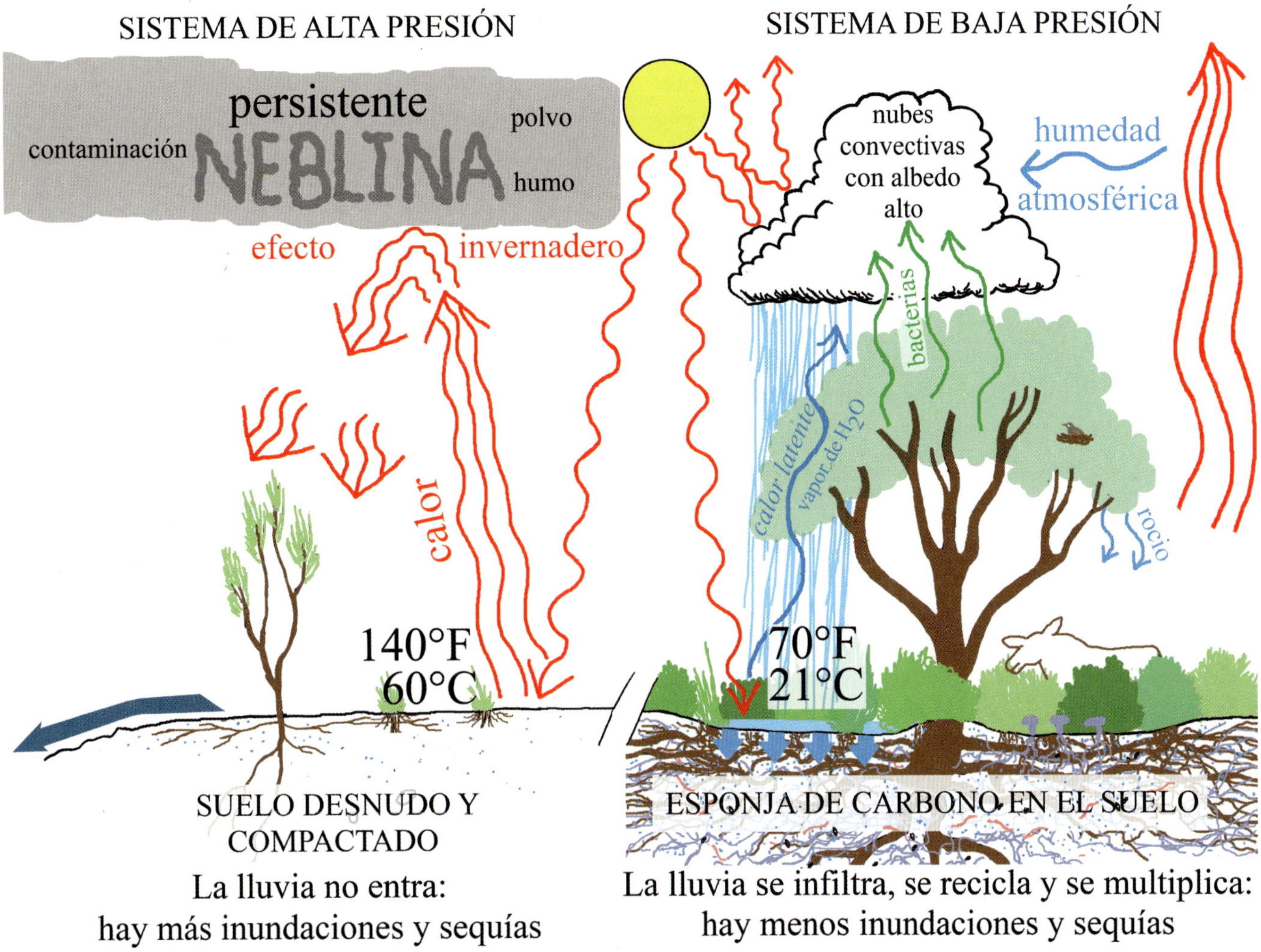

Fig. 9.1. ¿En qué medio ambiente quieres vivir y contribuir a su conservación?
El estado de la esponja de carbono del suelo controla el destino de las lluvias y afecta al clima.
Adaptado de "Recognizing the Soil Carbon Sponge" de Peter Donovan, SoilCarbonCoalition.org.

de la radiación solar sin aumentar la temperatura del aire. El vapor de agua sube a la atmósfera y se acumula alrededor de las "semillas" de las nubes (núcleos de condensación), que idealmente son microbios o bacterias hidroscópicos diminutas que crecieron en las cavidades de los estomas de las hojas de las plantas y luego fueron liberadas al aire (por lo que se podría decir que la lluvia es un proceso simbiótico microbiano).[31]

Las nubes resultantes dan más sombra a la Tierra antes de que el vapor de agua se convierta nuevamente en gotas de lluvia líquida, liberando energía y calor de regreso hacia el espacio. La lluvia de las nubes enfría y rehidrata la superficie de la Tierra, donde la vida basada en el carbono y que construye el suelo (la esponja de carbono en el suelo) secuestra el carbono atmosférico he infiltra rápidamente el agua, lo que a su vez favorece un mayor crecimiento de las plantas (figura 1). Y conforme las tormentas liberan la presión atmosférica, invitan una mayor humedad en la atmósfera, pues crean un sistema de baja presión atractivo para la humedad a diferencia de los sistemas de alta presión que evitan la humedad.

Las nubes creadas por el proceso descrito anteriormente son muy diferentes de la neblina creada por el vapor de agua que se acumula alrededor de partículas de polvo, aerosoles y contaminantes en el aire. El calor que la superficie de la Tierra refleja hacia el aire se refleja de regreso a la superficie de la Tierra por la neblina: el efecto invernadero que calienta el planeta. La neblina no genera lluvia, por lo que persiste mucho más tiempo y, a diferencia de las nubes, que se dispersan después de una tormenta permitiendo que el calor que sube se escape hacia el espacio (se siente especialmente durante la noche), la neblina no se dispersa, sino que sigue atrapando calor en la atmósfera.

Como afirma Peter Donovan en su ensayo *"Recognizing the Soil Sponge"*,

"La deforestación, los incendios y la agricultura han tendido a desplazar los paisajes hacia la izquierda (lado izquierdo de la figura A9.1), dejando al descubierto el suelo, aumentando las partículas finas de polvo que dan pie a la neblina pero no a la lluvia, sembrando plantas anuales de temporada corta, acortando la duración de la estación verde y los exudados azucarados de las raíces de las plantas que alimentan la porosidad y la agregación del suelo. El suelo desnudo se calienta, irradia y parte de este calor es reirradiado por los gases de efecto invernadero. La quema o la labranza regulares desnudan el suelo e impiden que se desarrolle una esponja de carbono en el suelo. Los domos de alta presión sobre grandes extensiones de tierra caliente y desnuda repelen la lluvia. Estos paisajes multiplican el calor y la aridez.

En el lado derecho (de la figura A9.1), la formación de nubes de lluvia con albedo alto a partir de una transpiración abundante con núcleos de condensación bacteriana ayuda a reciclar el agua de forma local, mientras que la caída de presión debido a la condensación a gran escala impulsa la bomba biótica, que trae aire húmedo de los océanos. Cuando las nubes se van, el calor puede escapar. Abundantes plantas cosechan la humedad atmosférica en forma de rocío. Se disipa más energía solar hacia arriba por transpiración y menos por calor sensible [calor que cambia de temperatura]. Estos paisajes multiplican las precipitaciones y el enfriamiento...

... El carbono encarna el círculo de la vida alimentado por la energía solar, el gran ciclo biogeoquímico del carbono alimentado por la fotosíntesis y gobernado por los metabolismos y las elecciones de miles de millones de organismos vivos automotivados, la mayoría de ellos microbios. Aunque el trabajo del ciclo del carbono es pequeño en comparación con el trabajo del ciclo del agua, el ciclo del carbono ejerce una enorme influencia con su química compleja y transformadora, lo que conduce a un ciclo del carbono y del agua acoplado que gobierna el equilibrio entre la radiación solar entrante y la radiación de onda larga saliente.

En el suelo, la descomposición de los seres vivos forma la esponja de carbono en el suelo, que puede sustentar de manera resiliente la vida vegetal, afectar la hidrología y el equilibrio térmico de la Tierra, y puede brindar a los seres humanos la ventaja de corto plazo que necesitamos para evitar un cambio climático catastrófico, restaurar la función hidrológica, mantener nuestras economías y civilizaciones, y mantener y mejorar la salud humana".[32]

La materia orgánica es alimento para la vida de la esponja de carbono en el suelo. Entonces, en lugar de rastrillar o aspirar las hojas que caen debajo de las plantas, ¿por qué no dejarlas? Esto se hace más fácil si sembramos dentro o al lado de obras de tierra hundidas para la cosecha de agua o jardines de lluvia, porque la materia orgánica, como el agua, fluirá hacia los puntos bajos. Así que barre las hojas caídas de tu patio, pero reinvierte esas hojas en cuencas adyacentes con vegetación o en otras obras de tierra para la cosecha de agua.

Si el suelo y la materia orgánica están húmedos, esa materia orgánica se descompondrá más rápidamente y será consumida por las formas de vida que hay en el suelo. Ya que el agua es un lubricante de intercambio, en este caso de intercambio de nutrientes. Mientras más escorrentía captemos de las superficies duras adyacentes dentro de nuestras cuencas de cosecha de agua (y cuanto mayor sea la capacidad de esas cuencas), más lubricante de intercambio cosecharemos; y más podremos cultivar la esponja vegetativa y de carbono en el suelo que luego puede dar sombra, enfriar e incluso sembrar en esas superficies duras.

Referencias

Las referencias se presentan por sección del libro: introducción, capítulo, apéndice, etc. Al final de cada sección se listan por separado las referencias correspondientes a los recuadros, figuras, gráficas o tablas.

INTRODUCCIÓN

1. Tucson Water (rev. 2009). Homeowner's Guide to Using Water Wisely. Consultado el 20 de enero de 2013 en http://cms3.tucsonaz.gov/files/water/docs/homeowner.pdf
2. United Nations Environment Programme (UNEP). (1997). *World Atlas of Desertification* (2nd ed.). Londres: Arnold; New York: John Wiley & Sons.
3. *Ibid.*
4. Price Todd, Wendy y Vittori, Gail. (1997). *Texas Guide to Rainwater Harvesting*. Austin, Texas: Texas Water Development Board en conjunto con el Center for Maximum Potential Building Systems.
5. Brian Barbaris, investigadora del Departamento de Ciencias Atmosféricas de la Universidad de Arizona. Entrevista con el autor, 12 de febrero de 2003.
6. Todd y Vittori. *Texas Guide*
7. *Ibid.*
8. Begeman, John. (2 de agosto de 1998). Thanks to Storms, Rain Delivers More Than Water to Desert. *Arizona Daily Star*. Tucson, Arizona. P. 1.
9. Cleveland, David y Soleri, Daniela. (1991). *Food From Dryland Gardens*. Tucson, Arizona: Center for People, Food and Environment.
10. *Ibid.*
11. *Ibid.*
12. Evenari, Michael; Shanan, Leslie y Tadmor, Naphtali. (1971). *The Negev: The Challenge of the Desert*. Cambridge: Harvard University Press.
13. Gould, John y Nissen-Petersen, Erik. (1999). *Rainwater Catchment Systems for Domestic Supply: Design, Construction, and Implementation*. Londres, UK: Intermediate Technology Publications.
14. Bowden, Charles. (1977). *Killing the Hidden Waters*. Austin, Texas: University of Texas Press. Pp. 119–120.
15. *Ibid.*
16. Barlow, Maude. (junio de 1999). *Blue Gold: The Global Water Crisis and the Commodification of the World's Water Supply*, informe especial publicado por el International Forum on Globalization.
17. *Ibid.*
18. Shogren, Elizabeth. (29 de agosto de 2002). Sprawl Adds to Drought, Study Says. *Los Angeles Times*. Los Ángeles, CA: P. A12.
19. American Rivers, Natural Resources Defense Council, Smart Growth America. (28 de agosto de 2002). "Report: Paving Our Way to Water Shortages: How Sprawl Aggravates the Effects of Drought". Publicado en Smart Growth America. Consultado el 30 de enero de 2013 en https://smartgrowthamerica.org/resources/paving-our-way-to-water-shortages-how-sprawl-aggravates-the-effects-of-drought
20. Frank Sousa, Tucson Department of Transportation and Engineering Division, Stormwater Section. Correo electrónico, 7 de noviembre de 2002.
21. Condon, P. y Moriarty, S. (editores). (1999). *Second Nature: Adapting LA's Landscape for Sustainable Living*. Los Ángeles, CA: Metropolitan Water District of Southern California.
22. Agarwal, Anil; Narain, Sunita y Khurana, Indira. (2001). *Making Water Everybody's Business*. Nueva Delhi, India: Centre for Science and Environment.
23. American Rivers, et al. *Report: Paving Our Way*.
24. Glennon, Robert. (2002). *Water Follies: Groundwater Pumping and the Fate of America's Fresh Waters*. Washington, DC: Island Press.
25. Barlow. *Blue Gold*.
26. Brown, Lester R. y Halweil, Brian. (julio/agosto 1998). China's Water Shortage Could Shake World Food Security. *Worldwatch*.
27. Hawken, Paul; Lovins, Amory y Lovins, L. Hunter. (1999). *Natural Capitalism: Creating the Next Industrial Revolution*. New York: Little, Brown and Company.
28. Barlow. *Blue Gold*.
29. Parfit, Michael. (1993). *Sharing the Wealth of Water*. *National Geographic Special Edition: Water, the Power,*

Promise, and Turmoil of North America's Fresh Water. P. 28.

30. Penn State, College of Education. *Investigations: Lesson 13: Lifestyles and Global Warming—Any Connection?.* Disponible en www.ed.psu.edu/ci/Papers/STS/gac-3/in13.htm
31. Tom Hansen, Tucson Electric Power: "La estación generadora de Springerville produce electricidad con un consumo promedio anual de agua de aproximadamente 0.45 galones por kWh". Correo electrónico, 30 de abril de 2003.
32. Flannery, Tim. (2001). *The Weather Makers: How Man is Changing the Climate and What It Means for Life on Earth.* New York: Grove Press.
33. H2ouse.org. Save Water, Money, Energy Now! Consultado el 15 de enero de 2013 en www.h2ouse.org/action/top5.cfm
34. Woodwell, J.; Dyer, J.; Pinkham, R. y Chaplin, S. (1995). *Water Efficiency for Your Home: Products and Advice Which Save Water, Energy, and Money* (3rd ed.). Snowmass, Colorado: Rocky Mountain Institute. Consultado el 15 de enero de 2013 en https://www.rainharvest.com/more/Rocky%20Mtn%20Water%20Efficiency%20in%20Homes.pdf
35. H2ouse.org. Save Water, Money, Energy Now! Disponible en www.h2ouse.org/action/top5.cfm
36. *Ibid.*
37. Karpiscak, M.M.; Babcock, T.M.; France, G.W.; Zauderer, J.; Hopf, S.B. y Foster, K.A. (abril de 1995). *Evaporative Cooler Water Use Within the City of Phoenix: Final Report.* Phoenix, Arizona: Arizona Department of Water Resources, Phoenix Active Management Area.
38. Arizona Department of Water Resources. Folleto "Outdoor Water Use".
39. Cifras determinadas a partir de cálculos del impreso "How to Develop a Drip Irrigation Schedule" del Programa Low 4, Cooperative Extension, Water Resources Center del Condado de Pima, Arizona.
40. Heede, Richard y personal de Rocky Mountain Institute. (1995). *HOMEmade Money.* Snowmass, Colorado; Rocky Mountain Institute.
41. Arizona Department of Water Resources. "Outdoor Water Use".
42. H2ouse.org. Pool and Spa Water Savings. Consultado el 31 de enero de 2012 en www.h2ouse.org/tour/details/element_action_contents.cfm?elementID=d21acae2-1fc4-41d0-bc9a16b993ed790a&actionID=78FA9A8B-2756-4B2E-88D58A48310FAA76
43. Corbett, Michael y Corbett, Judy. (2000). *Designing Sustainable Communities: Learning from Village Homes.* Washington, DC: Island Press.
44. Agencia de Protección Ambiental de los Estados Unidos. The EPA and Food Security, Pesticides: Topical & Chemical Fact Sheet Sheets. Consultado el 1 de enero de 2013 en https://www.epa.gov/pesticides/factsheets/securty.htm
45. Barlow. *Blue Gold.*
46. National Wild and Scenic Rivers System. River and Water Facts. Consultado el 1 de febrero de 2013 en https://www.rivers.gov/rivers/kids/funfacts.html
47. Barlow, *Blue Gold.*
48. Vickers, Amy. (2001). H*andbook of Water Use and Conservation.* Amherst, MA: WaterPlow Press.
49. *Ibid.*
50. Factfile on Water. (abril de 2000). *New Internationalist.* Disponible en https://newint.org/features/2000/04/05/factfile
51. Condon y Moriarty. Second Nature.
52. *Water, Pushing the Limits of an Irreplaceable Resource.* (8 de diciembre de 1998). Suplemento especial del New York Times.
53. Barlow, *Blue Gold.*
54. *Ibid.*
55. *Ibid.*
56. Karpiscak et al. *Evaporative Cooler Water Use.*
57. Water Resources Center, Cooperative Extension, Condado de Pima, Arizona. Material impreso "How to Develop a Drip Irrigation Schedule".
58. Heede et al. *HOMEmade Money.*
59. Shiva, Vandana. (2002). *Water Wars: Privatization, Pollution, and Profit.* Cambridge, MA: South End Press.
60. Comité de Derechos Económicos, Culturales y Sociales de las Naciones Unidas 2002, Comentario General No. 15. (11 de diciembre de 2002). El derecho al agua (artículos 11 y 12 del Pacto Internacional de Derechos Económicos, Sociales y Culturales), sesión vigésimo novena, Ginebra E/C.
61. Gelt, J.; Henderson, J.; Seasholes, K.; Tellman, B.; Woodard, G.; Carpenter, K.; Hudson, C. y Sherif, S. (Verano 1999). *Water in the Tucson Area: Seeking Sustainability.* Water Resources Research Center, Issue Paper #20.
62. Laney, Nancy. (1998). *Desert Water: From Ancient Aquifers to Modern Demands.* Tucson, Arizona: Arizona-Sonora Desert Museum Press.
63. Davis, Tony. (30 de enero de 2012). Gains Seen On Area's Water Goals: Groundwater table up in urban core, but levels falling in other spots. Arizona Daily Star. Tucson, Arizona. PA1; mapa corregido de los niveles freáticos del área de Tucson del artículo citado, *Arizona Daily Star,* 1 de febrero de 2012, p. A6.
64. Logan, Michael F. (2002). *The Lessening Stream: An Environmental History of the Santa Cruz River.* Tucson, Arizona: University of Arizona Press.
65. *Ibid.*
66. Arizona Department of Environmental Quality. (julio de 2002). *Superfund Programs Section Site and Program Information.* C 02-04.
67. CAP Power Fact Sheet 2-2020. Consultado el 10 de mayo de 2021 en https://www.cap-az.com/documents/departments/power/2020-02-Power-Fact-Sheet.pdf.
68. Possible Climate Shift Could Worsen Water Deficit in the Southwest. (16 de febrero de 2000). *Science Daily.*

Consultado el 1 de febrero de 2013 en http://www.sciencedaily.com/releases/2000/02/000216052551.htm
69. American Rivers. Colorado River 'Most Endangered. Comunicado de prensa del 14 de abril de 2004. Disponible en www.americanrivers.org/site/News2?abbr=AMR_&page=NewsArticle&id=669
70. Bergman, Charles. (2002). *Red Delta: Fighting for Life at the End of the Colorado River*. Golden, Colorado: Fulcrum.
71. Reisner, Marc. (1986). *Cadillac Desert*. New York: Penguin Books.
72. Dr. Jim Riley, profesor asociado del Departamento de Ciencias del Suelo, Agua y Ambiente, Universidad de Arizona. Comunicación personal, 16 de junio de 2005.
73. Vincent, Kirk y Wirt, Laurie. (1993). Urban Runoff—Lessen the Strain on Public Works by Using That Water at Home. *The Arizona Hydrological Society Newsletter*, v. 10. Pp. 1–3.
74. David Confer. Correo electrónico, 18 de abril de 2012.
75. *Ibid.*
76. Courtney, Beorn. Rainwater and Snowmelt Harvesting in Colorado. Consultado el 2 de abril de 2013 en http://attachments.wetpaintserv.us/ByFprEQ1NM7kdOAKWDADlg==562514
77. *Ibid.*
78. *Ibid.*
79. Beorn Courtney, P.E. de Headwaters Corporation. Correo electrónico, 11 de abril de 2013.
80. Corrion, Matt. Collecting Rainwater Still Illegal in Much of Colorado. Lot Lines Blog. Consultado el 4 de abril de 2013 en http://www.lot-lines.com/collecting-rainwater-still-illegal-in-much-of-colorado
81. Frank Ramberg, científico investigador del Departamento de Entomología de la Universidad de Arizona. Comunicación personal, 24 de enero de 2005.

CAPÍTULO 1

1. PELUM Association. (julio de 1995). Water Harvesting: Some General Principles and Methods for Areas of Intensive Use and Dryland Cropping. Causeway, Harare, Zimbabwe: PELUM Association.
2. *Ibid.*
3. Agarwal, A., Narain, S. y Khurana, I. (2001). *Making Water Everybody's Business*. Nueva Delhi, India: Centre for Science and Environment.
4. *Ibid.*
5. *Ibid.*
6. *Ibid.*
7. PELUM Association. Water Harvesting.
8. *Ibid.*
9. Mollison, Bill. (1998). *Introduction to Permaculture*. Tyalgum, Tasmania: Tagari Publications.
10. *Ibid.*
11. *Ibid.*
12. *Ibid.*
13. *Ibid.*

CAPÍTULO 2

1. Haggard, Ben y Sol y Sombra Foundation. (1994). *Drylands Watershed Restoration: Introductory Workshop Activities*. Santa Fe, NM: Center for the Study of Community.
2. *Ibid.*
3. U.S. Environmental Protection Agency (EPA). What is a Watershed?. Consultado el 30 de enero de 2013 en http://water.epa.gov/type/watersheds/whatis.cfm
4. Cámara de Diputados del H. Congreso de la Unión. Ley de Aguas Nacionales. México. Consultado el 24 de octubre de 2020 en http://www.diputados.gob.mx/LeyesBiblio/pdf/16_060120.pdf
5. Cifras determinadas a partir de cálculos incluidos en el material impreso "How to Develop a Drip Irrigation Schedule", publicado por el Programa Low 4 del Water Resources Center, Cooperative Extension, Condado de Pima, Arizona.
6. Ludwig, Art. (2007). *Create an Oasis with Greywater*. Santa Barbara, CA: Oasis Design.
7. Wikipedia. Lapse rate. Consultado el 30 de enero de 2013 en: http://en.wikipedia.org/wiki/Lapse_rate
8. David Boehnlein, Bullock's Permaculture Homestead (www.PermaculturePortal.com). Correo electrónico, 21 de enero de 2011.
9. Wikipedia. Windpumps. Consultado el 30 de enero de 2013 en http://en.wikipedia.org/wiki/Windpump
10. Woofenden, Ian y Sagrillo, Mick. (junio/julio 2011). Is Wind Electricity Right for You?. *Home Power* 143.
11. Frank Walker, Tucson Water Quality Lab. Correo electrónico, 23 de mayo de 2012.
12. Chapman, Wilson. (2019). Las 10 ciudades con mayor riesgo de quedarse sin agua. U.S. News. Disponible en https://www.usnews.com/news/cities/slideshows/10-cities-most-at-risk-of-running-out-of-water?slide=3
13. Torres-Bernardino, L. (2017). *La gestión del agua potable en la Ciudad de México*. Los retos hídricos de la CDMX: Gobernanza y sustentabilidad. México, D.F.: Instituto Nacional de Administración Pública A.C./ Instituto de Investigaciones Parlamentarias.
14. Secretaría del Medio Ambiente de la Ciudad de México. (2016). Cuidar el agua es cosa de todos. Disponible en http://www.cuidarelagua.cdmx.gob.mx/agua_ciudad.html
15. Torres-Bernardino, L. *La gestión del agua potable en la Ciudad de México*.
16. Centro Mario Molina. (2011). Evaluación energética de los actuales sistemas de aguas urbanas y propuestas de manejo de los recursos hídricos en la Ciudad de México. Disponible en https://centromariomolina.org/wp-content/uploads/2012/05/12.-Evaluaci%C3%B3nEnergeticaAguasUrbanasDF_fin.pdf
17. González-Padrón, S.; Lerner, A. y Mazari-Hiriart M. (2019). Improving Water Access and Health through Rainwater

Harvesting: Perceptions of an Indigenous Community in Jalisco, Mexico. Sustainability. Disponible en https://www.mdpi.com/2071-1050/11/18/4884

18. Tellman, Elizabeth (responsable). (2019). Captación de lluvia en la CDMX: Un análisis de las desigualdades espaciales. Isla Urbana y Oxfam México. Disponible en https://islaurbana.org/wp-content/uploads/2021/03/pluvioteca-captacion-lluvia-cdmx-tellman-elizabeth-2019-1.pdf
19. Instituto Nacional para Evaluación de la Educación (INEE). (2016). Infraestructura, mobiliario y materiales de apoyo educativo en las escuelas primarias. ECEA 2014. México: INEE. Disponible en https://www.inee.edu.mx/wp-content/uploads/2019/06/P1D244.pdf

Recuadro 2.9. Estimados de los volúmenes de descarga de enfriadores por evaporación, aires acondicionados y filtros de ósmosis inversa para uso residencial

a. Otterbein, Roy. (mayo/junio 1996). Installing and Maintaining Evaporative Coolers. *Home Energy*. Consultado el 31 de enero de 2013 en: www.homeenergy.org/show/article/year/1996/magazine/97/id/1211

b. Karpiscak, M.M.; Babcock, T.M.; France, G.W.; Zauderer, J.; Hopf, S.B.; y Foster, K.E. (abril 1998). Evaporative Cooler Water Use in Phoenix. *Journal AWWA*, Volumen 90, Número 4.

c. Bill Hoffman, coordinador del Programa de Conservación de Aguas Comerciales e Industriales de Austin Water Utility. Comunicación personal, 27 de julio de 2006.

d. Hoffman, Bill. (agosto 2003). Combining Storm and Rainwater Harvesting at Commercial Sites. Memorias de First American Rainwater Harvesting Conference.

e. Ludwig, Art. (2006). *Create an Oasis with Greywater*. Santa Barbara, CA: Oasis Design.

Figura 2.7. Evaluación de sitio en una hoja: Tucson, Arizona

1. Lancaster, Brad. (2013). *Rainwater Harvesting for Drylands & Beyond, Volumen 1*. Tucson, Arizona: Rainsource Press. También NOAA Solar Calculator. Consultado el 13 de enero de 2019 en esrl.noaa.gov/gmd/grad/solcalc
2. Lancaster, Brad. *Rainwater Harvesting for Drylands & Beyond*.
3. Estación del Aeropuerto Internacional de Tucson (#028820). Consultado el 8 de enero de 2019 en wrcc.dri.edu
4. Estación del Observatorio Magnético de Tucson (#028800). Consultado el 8 de enero de 2019 en wrcc.dri.edu
5. Estación del Aeropuerto Internacional de Tucson. We're parched: 2020 brought Tucson's driest year on record. consultado el 2 de enero de 2021 en tucson.com
6. Kansas State University. Prevailing Winds, Arizona. Consultado el 6 de febrero de 2012 en ftp-fc.sc.egov.usda.gov/AZ/NRI/prevailing_winds.pdf
7. Aeropuerto Internacional de Tucson 1948-2019, 16-bin. Custom Wind Rose Plots. Consultado el 13 de enero de 2019 en mesonet.agron.iastate.edu
8. Record Wind Speed; Tucson, Arizona; Special Reports: Historical Climate. Consultado el 13 de enero de 2019 en myforecast.com
9. Average Pan Evaporation Data by State, Arizona, Tucson Univ of Arizona. Consultado el 13 de enero de 2019 en wrcc.dri.edu/Climate/comp_tables.php
10. Obs. Magnético de Tucson, AZ (#028800). Number of Consecutive Days Precipitation < 0.01. Consultado el 13 de enero de 2019 en scacis.rcc-acis.org
11. Census.gov, consultado el 13 de enero de 2019.
12. Tucson Water — 2017 Facts and Figures, Residential GPCD. Consultado el 15 de enero de 2019 en www.tucsonaz.gov/water/about-us
13. Water Levels: Standard Water Levels. Pozo: ID local D-14-13 13CBC, ID del sitio 321227110574801, ID de registro 619923, Latitud 32° 12' 38.5", Longitud 110° 58' 33.4", Altitud 2368'. Consultado el 13 de enero de 2019 en gisweb.azwater.gov/gwsi/Detail.aspx
14. Arizona Dept of Water Resources. (28 de mayo de 2010). Demand & Supply Assessment DRAFT, Tucson Active Management Area. Consultado el 17 de febrero de 2012 en www.azwater.gov/AzDWR/WaterManagement/Assessments/documents/FINALTAMAASSESSMENT.pdf
15. Davis, Tony. (30 de enero de 2012). Gains Seen on Area's Water Goals. Arizona Daily Star. P. A1
16. Bruce Plenk, coordinador de energía solar de la ciudad de Tucson. Correo electrónico, 22 de marzo de 2010.
17. pima.gov/cmo/sdcp/species/fsheets/vuln/vuln.html, consultado el 2 de noviembre de 2011
18. Lobos of the Southwest, Mapping the Lobos Range. Consultado el 8 de enero de 2013 en mexicanwolves.org/index.php/wolf-country
19. DuHamel, Jonathan. (21 de noviembre de 2011). Jaguar Sighted Near Tucson. Consultado el 8 de enero de 2013 en https://wryheat.wordpress.com/2011/11/21/jaguar-sighted-near-tucson/
20. Kreutz, Doug. (30 de enero de 2012). Series Reminds: Once Grizzlies Roamed Nearby. Arizona Daily Star. Consultado el 8 de enero de 2013 en https://tucson.com/news/local/series-reminds-once-grizzlies-roamed-nearby/article_357f3ef5-74e4-5d65-839c-87248b982688.html

CAPÍTULO 3

1. Training Course on Water Harvesting. (2003). FAO Land and Water Digital Media Series #26.
2. Michelle Matthews y Marco Barrantes, La Loma Development. Comunicación personal, 3 de agosto de 2012.
3. Tipton, Jimmy L. (1997). *Water Requirements of Landscape Trees: Final Report*. Phoenix: Arizona Department of Water Resources.
4. Lowenfels, Jeff y Lewis, Wayne. (2010). *Teaming with Microbes: The Organic Gardener's Guide to the Soil Food* Web. Portland, OR: Timber Press.

CAPÍTULO 4

1. Phillips, Ann (editora). (junio de 2003, rev. 2005). *City of Tucson Water Harvesting Guidance Manual.* City of Tucson, Department of Transportation, Stormwater Management Section. Consultado el 31 de enero de 2013 en http://cms3.tucsonaz.gov/files/transportation/2006WaterHarvesting.pdf
2. Hammond, J.; Hunt, M.; Cramer, R. y Neubauer, L. (agosto 1974). *A Strategy for Energy Conservation: Proposed Energy Conservation and Solar Utilization Ordinance for the City of Davis,* California. Ciudad de Davis, CA.
3. Jeff Saunders. Comunicación personal, 10 de febrero de 2012.
4. Mazria, Ed. (1979). *The Passive Solar Energy Book: A Complete Guide to Passive Solar Home, Greenhouse and Building Design.* Emmaus, PA: Rodale Press.
5. U.S. Department of Energy. Passive Solar Design: Increase Energy Efficiency and Comfort in Homes by Incorporating Passive Solar Design Features. Technology Fact Sheet. Consultado el 31 de enero de 2013 en https://www1.eere.energy.gov/buildings/publications/pdfs/building_america/29236.pdf
6. Bainbridge, David A. y Haggard, Ken. (2011). *Passive Solar Architecture: Heating, Cooling, Ventilation, Daylighting, and More Using Natural Flows.* White River Junction, VT: Chelsea Green Publishing.
7. Heede, Richard y el personal de Rocky Mountain Institute. (1995). *HOMEmade Money.* Snowmass, CO: Rocky Mountain Institute.
8. Rosenow, John. (marzo de 1999). Every Tree Is Part of the Global Forest. *Arizona Urban and Community Forestry,* Vol. 5., No. 1. P. 3.
9. *Ibid.*
10. Karpiscak, M.M.; Babcock, T.M.; France, G.W.; Zauderer, J.; Hopf, S.B. y Foster, K.E. (abril 1995). *Evaporative Cooler Water Use Within the City of Phoenix: Final Report.* Arizona Department of Water Resources, Phoenix Active Management Area.
11. Cifras de uso de la planta tratadora de agua determinadas a partir de cálculos del material impreso "How to Develop a Drip Irrigation Schedule". Programa Low 4, Cooperative Extension, Water Resources Center, condado de Pima, Arizona.
12. Heede, Richard y el personal de Rocky Mountain Institute. (1995). *HOMEmade Money.* Snowmass, CO: Rocky Mountain Institute.
13. Simpson, James R. y McPherson, E. Gregory. (1996). Potential of Tree Shade for Reducing Residential Energy Use in California. *Journal of Arboriculture* 22(1).
14. Corbett, Judy y Corbett, Michael. (2000). *Designing Sustainable Communities: Learning from Village Homes.* Washington, DC: Island Press.
15. Kourik, Robert. (1986). *Designing and Maintaining Your Edible Landscape Naturally.* Santa Rosa, CA: Metamorphic Press.
16. Living Building Challenge 2.1. Consultado el 4 de febrero de 2013 en https://living-future.org/lbc/
17. Knowles, Ralph L. (2006). *Ritual House.* Washington, DC: Island Press.
18. Bronin, Sara C. (2009). Solar Rights. *Boston University Law Review,* Vol. 89. P. 1217.
19. Corbett y Corbett. *Designing Sustainable Communities.*
20. Milagro Co-Housing Declaration of Covenants, Conditions, and Restrictions.
21. Boston University. (1997). Recognizing Skin Cancer. Disponible en www.bu.edu/cme/modules/2002/skincancer02/content/04-malig.html
22. Mobely, Barbara y Alabama Cooperative Extension System. Extension Launches Skin Cancer Initiative. Consultado el 31 de enero de 2013 en www.aces.edu/dept/extcomm/newspaper/may20a03.html
23. Keating, Janis. (marzo 2002). Trees: The Oldest New Thing in Stormwater Treatment?. *Stormwater.* Consultado el 31 de enero de 2013 en http://www.gscience.org/uploads%5Cresources%5C894%5Cforestry-2012-envirothon-resource-2-of-3-trees-oldest-newthing.pdf
24. Hammond et al. *Strategy for Energy Conservation.*
25. Corbett y Corbett. *Designing Sustainable Communities.*
26. *Ibid.*
27. James, William. (marzo 2002). Green Roads: Research Into Permeable Pavers. *Stormwater.* Disponible en www.forester.net/sw_0203_green.html

CAPÍTULO 5

1. Vickers, Amy. (2001). *Handbook of Water Use and Conservation.* Amherst, MA: WaterPlow Press.
2. Does Berkey Water Filter Remove Lead From Drinking Water?. Consultado el 21 de marzo de 2019 en https://theberkey.com/blogs/water-filter/does-berkey-water-filter-remove-lead-from-drinking-water
3. Keoleian, G.A.; Blanchard, S. y Reppe, P. (2000). Life-Cycle Energy, Costs, and Strategies for Improving a Single-Family House. *Journal of Industrial Ecology* 4. Pp. 135-136.
4. Heede, Richard y personal del Rocky Mountain Institute. (1995). *HOMEmade Money.* Snowmass, CO: Rocky Mountain Institute.
5. Florida Solar Energy Center. Comparative Evaluation of the Impact of Roofing Systems on Residential Cooling Energy Demand in Florida. Consultado el 23 de marzo de 2013 en http://www.fsec.ucf.edu/en/publications/html/FSEC-CR-1220-00-es/index.htm
6. Cascadia Region Green Building Council. (2007). The Living Building Challenge User's Guide, Prerequisite Five–Materials Red List. Disponible en https://living-future.org/wp-content/uploads/2016/12/Living-Building-Challenge-1.3-Standard.pdf
7. Wikipedia. Feed-in tariff. Consultado el 3 de marzo de 2013 en http://en.wikipedia.org/wiki/Feed-in_tariff

8. Municipal Solid Waste (MSW): Basic Facts, Almanac of Policy Issues. Consultado el 31 de enero de 2013 en http://www.policyalmanac.org/environment/archive/epa_municipal_solid_waste.shtml
9. Maier, Karyn. Household Recycling Personal Waste Facts. *Demand Media, National Geographic*. Consultado el 31 de enero de 2013 en http://greenliving.nationalgeographic.com/household-recycling-personal-waste-3234.html
10. Pavao-Zuckerman, M.A., and Sookhdeo, C. (2017). Nematode Community Response to Green Infrastructure Design in a Semi-Arid City. *Journal of Environmental Quality* 46(3). Pp. 687-694.
11. Wikipedia. Soil Organic Matter.Consultado el 19 de octubre de 2018 en https://en.wikipedia.org/wiki/Soil_organic_matter
12. *Ibid.*
13. Sonoran Desert Conservation Plan. (2002). Priority Vulnerable Species in Pima County. *Sonoran Desert Conservation Plan*. Consultado el 31 de enero de 2013 en http://pima.gov/cmo/sdcp/species/fsheets/vuln/vuln.html
14. Profiri, Charline. y Sherbrooke, Wade C. The Mystery of the Wet Lizards. Consultado el 1 de febrero de 2013 en http://www.highlightskids.com/science-stories/mystery-wet-lizards

APÉNDICE 4

1. Allen, Laura. (2015). *The Water-Wise Home*. North Adams, MA: Storey Publishing.
2. *Ibid.*
3. *Ibid.*
4. *Ibid.*
5. *Ibid.*
6. *Ibid.*

APÉNDICE 5

1. Bainbridge, David A. y Haggard, Ken. (2011). *Passive Solar Architecture: Heating, Cooling, Ventilation, Daylighting, and More Using Natural Flows*. White River Junction, VT: Chelsea Green Publishing.
2. Wikipedia. Lapse rate. Consultado el 1 de febrero de 2013 en: http://en.wikipedia.org/wiki/Lapse_rate
3. http://www.onthesnow.com/news/a/15157/ask-a-weather-man-how-does-elevation-affect-temperature Consultado el 1 de febrero de 2013.

APÉNDICE 7

1. Pasqualetti, Martin y Kelley, Scott. (2007). The Water Costs of Electricity in Arizona. Project Fact Sheet. Arizona Water Institute. Consultado el 1 de febrero de 2013 en https://www.circleofblue.org/wp-content/uploads/2010/08/AZ-Solar-Water-Fact-Sheet.pdf
2. Landau, Charles R. (2012). Optimal Tilt of Solar Panels. Consultado el 1 de febrero de 2013 en www.macslab.com/optsolar.html
3. ITACA. Solar Panel Angles for Various Latitudes. Consultado el 1 de febrero de 2013 en www.itacanet.org/solar-panel-angles-for-various-latitudes/
4. Yanda, Bill y Fisher, Rick. (1980). *The Food and Heat Producing Solar Greenhouse*. Santa Fe, NM: John Muir Publications.

APÉNDICE 8

1. Brown, G.Z. y DeKay, Mark. (2001). *Sun, Wind, and Light: Architectural Design Strategies*. New York: John Wiley & Sons.
2. *Ibid.*
3. Personal de ventas de la empresa Aermotor. Comunicación personal, 20 de febrero de 2012.
4. The Aermotor Windmill Company. Frequently Asked Questions. Consultado el 20 de febrero de 2012 en https://aermotorwindmill.com/pages/frequently-asked-questions Consultado el 20 de febrero de 2012.
5. Woofenden, Ian y Sagrillo, Mick. (junio/julio 2011). Is Wind Electricity Right for You?. *Home Power* 143.
6. Kamkwamba, William y Mealer, Bryan. (2010). *The Boy Who Harnessed the Wind: Creating Currents of Electricity and Hope*. New York: William Morrow.
7. Bainbridge, David A. y Haggard, Ken. (2011). *Passive Solar Architecture: Heating, Cooling, Ventilation, Daylighting, and More Using Natural Flows*. White River Junction, VT: Chelsea Green Publishing. P. 117.
8. Brown y DeKay. *Sun, Wind, and Light*.
9. Bainbridge y Haggard. Passive Solar Architecture.
10. *Ibid.*
11. *Ibid.*
12. *Ibid.*
13. Quam, V.; Wight, B. y Hirning, H. (mayo 1993, rev. y reimpresión abril 1996). Farmstead Windbreak. F-1055. Consultado el 3 de agosto de 2012 en https://library.ndsu.edu/ir/bitstream/handle/10365/9384/F-1055-1993.pdf
14. Bainbridge y Haggard. *Passive Solar Architecture*.
15. Woodruff, N.P. (diciembre 1954). Shelterbelt and Surface Barrier Effects. Agricultural Experiment Station, Manhattan, Kansas, Technical Bulletin 77. Consultado el 1 de febrero de 2013 en https://infosys.ars.usda.gov/WindErosion/publications/Andrew_pdf/507.pdf

APÉNDICE 9

1. Wikipedia. Climate change. Consultado el 27 de enero de 2013 en http://en.wikipedia.org/wiki/Climate_change
2. Skeptical Science. Is There a Scientific Consensus on Global Warming?. Consultado el 27 de enero de 2013 en http://www.skepticalscience.com/global-warming-scientific-consensus-basic.htm

3. Chasing Ice. Is Climate Change Man-Made?. Consultado el 2 de febrero de 2013 en http://www.chasingice.com/learn/is-climate-change-manmade/
4. Kahn, Brian. The World Passes 400ppm Threshold. Permanently. Consultado el 20 de enero de 2017 en Error! Hyperlink reference not valid.
5. Hansen, James et al. (2008). Target Atmospheric CO2: Where Should Humanity Aim?. *Open Atmospheric Science Journal*, Vol. 2. Pp. 217-231.
6. Climate Science Basics. Consultado el 2 de febrero de 2013 en http://www.350.org/about/science
7. Leiserowitz, Anthony (entrevista). (4 de enero de 2013). *Making People Care About Climate Change*. Segmento del programa de televisión Bill Moyers & Company 152: Ending the Silence on Climate Change.
8. McKibben, Bill. (19 de julio de 2012). Global Warming's Terrifying New Math: Three Simple Numbers That Add Up to Global catastrophe–and That Make Clear Who the Real Enemy Is. *Rolling Stone*. Consultado el 2 de febrero de 2013 en http://www.rollingstone.com/politics/news/global-warmings-terrifying-new-math-20120719
9. *Ibid.*
10. *Ibid.*
11. *Ibid.*
12. Federal Highway Administration's Highway Statistics 2006 Table VM-1. Página web Climate Change – Greenhouse Gas Emissions de EPA. Consultado el 28 de diciembre de 2011.
13. Emission Facts: Average Annual Emissions and Fuel Consumption for Passenger Cars and Light Trucks. Página de información para consumidores de EPA. Consultado el 28 de diciembre de 2011 en http://www.epa.gov/otaq/consumer/f00013.htm
14. Nowak, D.J.; Hoehn III, R.E.; Crane, D. Weller, L. y Davila, A.(marzo 2011). Assessing Urban Forest Effects and Values: Los Angeles' Urban Forest. USDA Forest Service Resource Bulletin NRS-47. Consultado el 2 de febrero de 2013 en http://www.nrs.fs.fed.us/pubs/rb/rb_nrs47.pdf *Nota: esta referencia ofrece cifras para el carbono (C) capturado por árboles y para el dióxido de carbono. Una molécula de dióxido de carbono pesa 3.66 veces más que un átomo de carbono (C). Convertimos a dióxido de carbono las cifras de carbono (C) de la referencia.*
15. *Ibid.*
16. King, Carey y Webber, Michael. (2008). Water Intensity of Transportation. *Environmental Science and Technology*, Vol. 42, No. 21. Pp. 7866-72.
17. Water Footprint Calculator Methodology and Tips, Energy and Transportation. Consultado el 2 de febrero de 2013 en http://environment.nationalgeographic.com/environment/freshwater/water-calculatormethodology/#page=2
18. Estadísticas para 2006-2010 del promedio de habitantes por hogar en Arizona. Consultado el 15 de febrero de 2012 en http://quickfacts.census.gov/qfd/states/00000.html
19. Tabla de Costos hídricos de la energía (CHE)
20. Unisource Energy Corporation. Facts At Your Fingertips 2011. Consultado el 11 de febrero de 2012 en https://www.tep.com/doc/uns-facts-2011.pdf
21. Porcentaje de consumo y producción eléctrica de un hogar conectado a la red calculado con base en cifras proporcionadas por Kevin Koch, dueño de Technicians for Sustainability (TFS). Tucson, 13 de febrero de 2012.
22. Kevin Koch, dueño de Technicians for Sustainability e instalador de sistemas solares FV. Comunicación personal, 13 de febrero de 2012.
23. Estadísticas para 2006-2010 del número promedio de habitantes por hogar en los Estados Unidos. Consultado el 15 de enero de 2012 en http://quickfacts.census.gov/qfd/states/00000.html
24. Tabla de Costos energéticos del agua (CEA)
25. Bruce Prior, hidrólogo de Tucson Water. Comunicación personal, 14 de febrero de 2012.
26. Western Resource Advocates and Environmental Defense Fund. (2010). Protecting the Lifeline of the West: How Climate and Clean Energy Policies Can Safeguard Water. P. 15. Consultado el 2 de febrero de 2012 en https://westernresourceadvocates.org/publications/protecting-the-lifeline-of-the-west/
27. Scott, Christopher et al. (2008). Water and Energy Sustainability with Rapid Growth and Climate Change in the Arizona-Sonora Border Region, a Report to the Arizona Water Institute. Consultado el 2 de febrero de 2013 en http://wsp.arizona.edu/sites/wsp.arizona.edu/files/Scott%20final%20report%2008.pdf Porcentajes calculados con información de la ilustración 7 que se encuentra en la página 10 del informe.
28. *Ibid.*
29. Jehne, Walter, "Regenerate Earth" http://www.globalcoolingearth.org/wp-content/uploads/2017/09/Regenerate-Earth-Paper-Walter-Jehne.pdf. Consultado el 8 de febrero de 2019.
30. Jehne, Walter, "Restoring Water Cycles to Naturally Cool Climates and Reverse Global Warming," presentación, noviembre de 2016 https://www.youtube.com/watch?v=K4ygsdHJjdI
31. *Ibid.*
32. Donovan, Peter, "Recognizing the Soil Carbon Sponge" https://soilcarboncoalition.org/recognizing-soil-carbon-sponge/. Consultado el 8 de febrero de 2019.

Tabla de Costos hídricos de la energía (CHE)

1. www.eia.gov/cneaf/electricity/esr/table5.html, consultado el 2 de febrero de 2013.
2. The World Bank. Electric power consumption. Consultado el 17 de agosto de 2011 en https://data.worldbank.org/indicator/EG.USE.ELEC.KH.PC
3. Pasqualetti, Martin y Kelley, Scott. (2007). The Water Costs of Electricity in Arizona. Project Fact Sheet. Arizona Water Institute. Consultado el 1 de febrero de 2013 en https://www.circleofblue.org/wp-content/uploads/2010/08/AZ-Solar-Water-Fact-Sheet.pdf

4. CO_2 Emissions & Water Use Rates for U.S. Electrical Generation. Consultado el 2 de febrero de 2013 en naturesvoice-ourchoice.org/images/pdf/co2_and_water_use.pdf

5. U.S. Department of Energy, Report to Congress. Energy Demands on Water Resources. Consultado el 2 de febrero de 2013 en https://www.sandia.gov/energy-water/docs/121-RptToCongress-EWwEIAcomments-FINAL.pdf

6. Western Resource Advocates y Environmental Defense Fund. (2010). Protecting the Lifeline of the West: How Climate and Clean Energy Policies Can Safeguard Water. P. 11. Consultado el 2 de febrero de 2013 en https://westernresourceadvocates.org/publications/protecting-the-lifeline-of-the-west/

7. Hoja de cálculo Water, Energy, CO_2 for All eGRID Subregions. Vía correo electrónico de Brandy Lellou, Nature's Voice–Our Choice. 27 de julio de 2011.

8. Stillwell, Ashlynn S. et al. (2009). Energy-Water Nexus in Texas. Consultado el 2 de febrero de 2013 en https://www.edf.org/sites/default/files/Energy_Water_Nexus_in_Texas_1.pdf

9. www.epa.gov/cleanenergy/energy-and-you/affect/waterresource.html, consultado el 2 de febrero de 2013.

10. www2.intota.com/experts.asp?strSearchType=all&strQuery=wet+cooling+tower, consultado el 18 de febrero de 2012.

11. Wikipedia. Concentrated solar power. Consultado el 2 de febrero de 2013 en http://en.wikipedia.org/wiki/Concentrated_solar_power

12. Wikipedia. Combined cycle power plant. Consultado el 2 de febrero de 2013 en https://en.wikipedia.org/wiki/Combined_cycle

Tabla de Costos energéticos del agua (CEA)

1. 98 gpcd (USGS, ver CEA referencia #7) x 30.4 días/mes x 2.59 personas/hogar (2006-2010, census.gov) = 7716 galones/hogar/mes.

2. Stillwell, Ashlynn S. et al. Energy-Water Nexus in Texas. Consultado el 2 de febrero de 2013 en https://www.edf.org/sites/default/files/Energy_Water_Nexus_in_Texas_1.pdf

3. Griffiths-Sattenspiel, Bevan y Wilson, Wendy. (mayo 2009). The Carbon Footprint of Water. River Network. Consultado el 2 de febrero de 2013 en https://www.csu.edu/cerc/researchreports/documents/CarbonFootprintofWater-RiverNetwork-2009.pdf

4. U.S. Department of Energy, Report to Congress. Energy Demands on Water Resources [Consultado el 2 de febrero de 2013 en https://www.circleofblue.org/wp-content/uploads/2010/09/121-RptToCongress-EWwEIAcomments-FINAL2.pdf

5. Younos, Tamin y Tulou, Kimberly E. (diciembre 2005). Energy Needs, Consumption, and Sources. *Journal of Contemporary Water Research and Education.*

6. LADWP's Draft 2010 Urban Water Management Plan. (enero 2011). Consultado el 28 de julio de 2011 en www.ladwp.com/ladwp/cms/ladwp013956

7. Kenny, Joan F. et al. (2009). *Estimated Use of Water in the United States in 2005*. Reston, VA: U.S. Geological Survey. Consultado el 2 de noviembre de 2011 en https://pubs.usgs.gov/circ/1344/pdf/c1344.pdf Pp. 4-5, 19.

8. Uso nacional total de agua ÷ población. Base de datos AQUASTAT de Food and Agriculture Organization of the United Nations (FAO). Consultado el 17 de agosto de 2011 en www.fao.org/nr/water/aquastat/data/query/index.html En 2007, 1583 m3/persona EUA/año x 264.17 gal/m3 ÷ 365 días/año = 1146 gpcd.

9. Uso nacional total de agua ÷ población. Consultado el 17 de agosto de 2011 en www.Chartsbin.com/view/1455 506 m3/ persona EUA/año x 264.17 gal/m3 ÷ 365 días/año = 366 gpcd.

10. www.HomeDepot.com, consultado el 5 de noviembre de 2012.

11. Mark Ragel, Water Harvesting International. Correo electrónico, 7 de noviembre de 2011.

12. Jeremiah Kidd, San Isidro Permaculture. Correo electrónico, 8 de noviembre de 2011.

13. Paul James, BestHomeWaterSavers.com. Correo electrónico, 28 de octubre de 2011.

14. Burton, F.L. et al. (1993). *Water and Wastewater Industries: Characteristics and DSM Opportunities*, Report TR-102015s. Palo Alto, CA: Electric Power Research Institute (EPRI).

15. Cec.net/tips/brochures/heatcool.pdf, consultado el 18 de enero de 2012.

16. Lancaster, Brad. (2008). *Rainwater Harvesting for Drylands and Beyond, Vol. 2.* Tucson, AZ: RainSource Press. P. 301

17. Brandy Lellou, Nature's Voice–Our Choice. Correo electrónico, 18 de enero de 2012.

18. Scott, Christopher et al. (2008). Water and Energy Sustainability with Rapid Growth and Climate Change in the Arizona-Sonora Border Region, a Report to the Arizona Water Institute. Consultado el 2 de febrero de 2013 en http://wsp.arizona.edu/sites/wsp.arizona.edu/files/Scott%20final%20report%2008.pdf

19. Western Resource Advocates y Environmental Defense Fund. (2010). Protecting the Lifeline of the West: How Climate and Clean Energy Policies Can Safeguard Water. P. 11. Consultado el 2 de febrero de 2013 en https://westernresourceadvocates.org/publications/protecting-the-lifeline-of-the-west/

20. Wikipedia. Brackish water. Consultado el 3 de febrero de 2013 en http://en.wikipedia.org/wiki/Brackish_water

Tabla de Costos carbónicos de la energía (CCE)

1. epa.gov/cleanenergy/energy-and-you/affect/air-emissions.html Consultado el 3 de noviembre de 2011

2. Emisiones calculadas con datos de eGRID2010V1_1_year07_PLANT.xls. Consultado el 4 de noviembre de 2011 en epa.gov/cleanenergy/energyresources/egrid/index.html. Según Art Diem, U.S. EPA. Vía telefónica, 4 de noviembre de 2011.

3. eGRID2010 Year 07 Summary Tables. Consultado el 2 de febrero de 2013 en epa.gov/cleanenergy/energyresources/egrid/index.html.

4. www.eia.doe.gov/cneaf/electricity/esr/table5.html Consultado el 2 de febrero de 2013

5. The World Bank. Electric power consumption. Consultado el 21 de agosto de 2011 en https://data.worldbank.org/indicator/EG.USE.ELEC.KH.PC

6. Hodges, Alan W. y Rahmani, Mohammad. (2009). Fuel Sources and CO2 Emissions by Electric Power Plants in the United States. Consultado el 2 de febrero de 2013 en https://journals.flvc.org/edis/article/download/117698/115738

7. U.S. Energy Information Administration; ChartsBin statistics collector team. Current Worldwide Carbon Dioxide Emissions Per Person. Consultado el 8 de noviembre de 2011 en chartsbin.com/view/1519

8. Sitio web del Nuclear Energy Institute. Consultado el 9 de diciembre de 2011 en https://www.nei.org/resources/statistics

9. Concentrating Solar Power. Consultado el 2 de febrero de 2013 en gigatonthrowdown.org/files/Gigaton_ConSolPow.pdf

10. Brandy Lellou, Nature's Voice–Our Choice. Correo electrónico, 19 de enero de 2012.

11. eGrid2007TechnicalSupportDocument.pdf. Consultado el 2 de febrero de 2013 en epa.gov/cleanenergy/energyresources/egrid/index.html.

12. Wikipedia. Concentrated solar power. Consultado el 2 de febrero de 2013 en http://en.wikipedia.org/wiki/Concentrated_solar_power

13. Wikipedia. Photovoltaics. Consultado el 2 de febrero de 2013 en http://en.wikipedia.org/wiki/Photovoltaics

Tabla A9.1

1. Estadísticas 2006-2010. Consultado el 15 de febrero de 2012 en http://quickfacts.census.gov/qfd/states/00000.html

2. www.eia.doe.gov/cneaf/electricity/esr/table5.html Consultado el 21 de agosto de 2012.

3. Con base en la media de los valores más altos y más bajos de los costos hídricos de la energía (CHE) de 2.29 litros (0.605 galones)/kWh

4. Con base en el promedio de 0.587 kg (1.293 lb)/kWh de los costos carbónicos de la energía (CCE)

5. gigatonthrowdown.org/files/Gigaton_ConSolPow.pdfhttp://www.eia.gov/emeu/recs/recs2001/enduse2001/enduse2001.html Consultado el 21 de agosto de 2012

6. http://www.designrecycleinc.com/led%20comp%20chart.html Consultado el 21 de agosto de 2012

7. EPA. LightingCalculator.xlsx. Descargado el 21 de agosto de 2012 de http://www.energystar.gov/ia/business/bulk_purchasing/bpsavings_calc/LightingCalculator.xlsx?6ed4-1491&6ed4-1491

8. Karpiscak, M.M.; Babcock, T.M.; France, G.W.; Zauderer, J.; Hopf, S.B. y Foster, K.A. (abril de 1995). *Evaporative Cooler Water Use Within the City of Phoenix: Final Report.* Phoenix, Arizona: Arizona Department of Water Resources, Phoenix Active Management Area

GLOSARIO

1. Secretaría de Energía. Balance Nacional de Energía: Indicadores económicos y energéticos. Disponible en https://sie.energia.gob.mx/bdiController.do?action=cuadro&cvecua=IE0C01

2. Rosgen, David. (2001). *The Cross-Vane, W-Wier and J-Hook Vane Structures: Their Description, Design and Application for Stream Stablization and River Restoration.* Fort Collins, CO: Wildland Hydrology. Consultado el 2 de febrero de 2013 en http://www.hydrology.bee.cornell.edu/BEE4730Handouts/Rosgen_Vanes.pdf

3. EPA. What is Superfund. Consultado el 16 de mayo de 2020 en https://www.epa.gov/superfund/what-superfund

Glosario

Abanico aluvial (*Alluvial fan*). Relieve de sedimentos en forma de abanico que se crea cuando los canales afluentes cargados de sedimentos se ensanchan y su pendiente se reduce de manera significativa, como ocurre cuando los canales intersectan con fondos de valle anchos y suavemente inclinados.

Ablandador de agua (*Water softener*). Un dispositivo que reemplaza los iones de calcio y magnesio del agua dura por iones de sodio. Sin el calcio y el magnesio el agua se vuelve "blanda", pero el sodio o la sal añadida no es buena para las plantas ni para el suelo. Por tanto, el agua blanda no es buena para usarse en sistemas de aguas grises y el agua residual del ablandador es todavía peor ya que tiene un contenido de sal aún mayor.

Acceso solar (*Solar access*). Mantener la exposición total al sol de invierno en ventanas que dan al sol invernal, calentadores de agua solares, paneles solares fotovoltaicos, hornos solares y jardines de invierno.

Acolchado (*Mulch*). Una capa porosa de materia orgánica o roca en la superficie del suelo (no mezclada con la tierra) que aumenta la porosidad y fertilidad del suelo subyacente, y reduce la pérdida de humedad del suelo por evaporación.

Acolchado de piedra (*Rock mulch*). Capa de una sola piedra de altura hecha con piedras cuidadosamente acomodadas para encajar unas con otras.

Acuífero (*Aquifer*). Capas subterráneas de partículas sedimentarias (arena, grava y rocas) establecidas a lo largo del tiempo geológico, en las que el agua llena los diminutos espacios entre las partículas.

Aeróbica (*Aerobic*). Condición que sostiene a los organismos que prosperan solo en presencia de oxígeno.

Agricultura de temporal (*Dry farm*). Un tipo de agricultura en la que solamente se riega con lluvias y escorrentía locales.

Agua blanda (*Soft water*). Agua que contiene poco o nada de calcio y magnesio disueltos.

Agua de sobreflujo (*Overflow water*). Exceso de agua que rebasa la capacidad de almacenamiento de una obra de tierra o tanque de cosecha de agua.

Agua dura (*Hard water*). Una característica del agua que contiene calcio y magnesio disueltos, y que ocasiona la mayor parte de las costras o incrustaciones en calentadores de agua y tuberías.

Agua no potable (*Non-potable water*). Agua que no es apta para el consumo humano sin una filtración y/o tratamiento adecuado.

Agua potable (*Potable water*). Agua que es segura para el consumo humano y se puede utilizar para la mayor variedad de usos.

Aguas grises (*Greywater*). Aguas residuales procedentes de una lavadora de ropa, bañera, ducha, fuente de agua para beber o lavabo que se pueden reutilizar de forma segura para regar paisajes.

Aguas negras (*Blackwater*). Las aguas residuales de los inodoros (algunos reguladores también consideran aguas negras a las aguas residuales del fregadero de la cocina), que tienen niveles más altos de sólidos y bacterias coliformes que las fuentes de aguas grises.

Aguas residuales (*Wastewater*). Agua utilizada por los seres humanos y considerada un "desperdicio" que debe eliminarse. Crear tal cosa es el verdadero desperdicio.

Aguas residuales sin sólidos, jabones o detergentes agregados (*Clearwater*). Agua de desecho o residual que no tiene sólidos agregados, tal como el agua residual de los filtros de osmosis inversa o el condensado de aires acondicionados y refrigeradores.

Aguas subterráneas (*Groundwater*). Agua que se ha infiltrado naturalmente en un acuífero subterráneo y se almacena dentro del mismo.

Agua superficial (*Surface water*). Agua que fluye sobre la superficie de la tierra, como el agua que fluye en arroyos y ríos.

Agua suplementaria (*Supplemental water*). Una fuente auxiliar de agua destinada a incrementar los recursos naturales de lluvia del sitio.

Alcantarillado (*Sewer*). Tubería utilizada para transportar aguas residuales hacia otros lugares.

Alcantarillado combinado (*Combined sewer*). Alcantarillado que contiene aguas negras, aguas residuales domésticas y escorrentía de lluvia de calles, patios y entradas para autos.

Alga (*Algae*). Plantas microscópicas que contienen clorofila y viven en el agua. Las algas pueden impartir sabores y olores al agua almacenada.

Alimentado por gravedad (*Gravity-fed*). Alimentado, presurizado o transportado únicamente por la fuerza natural de la gravedad.

Anaeróbica (*Anaerobic*). Condición que sostiene a los organismos que prosperan solo en ausencia de oxígeno.

Ángulo acimutal (*Azimuth angle*). La distancia del sol en grados al este u oeste del sur vedadero en el hemisferio norte, o la distancia en grados al este o al oeste del norte verdadero en el hemisferio sur.

Ángulo de elevación (*Altitude angle*). A veces llamado ángulo de altitud. La altura del sol en grados por encima de un horizonte verdadero, no afectada por montañas, edificios u otra topografía.

Ángulo de reposo (*Angle of repose*). El ángulo o inclinación máxima de una pendiente en la que una pila de material no consolidado puede permanecer estable.

Anual (*Annual*). Planta que tarda un año o menos en pasar por todo su ciclo de vida: germinación de la semilla, crecimiento vegetativo, floración y producción de semillas, después de lo cual muere.

Arco solar (*Solar arc*). Una serie de elementos que generan sombra, tales como árboles, cisternas, enrejados, porches cubiertos y aleros dispuestos en forma de arco o semicírculo abierto al sol de invierno, y que bloquean el acceso de cualquier objeto, como una casa o un jardín colocado dentro del arco, al sol saliente y poniente de verano.

Arroyo a cielo abierto (*Daylighting a waterway*). Descubrir a cielo abierto y revegetar un cauce de agua previamente entubado o enterrado para recrear un curso de agua natural y vivo.

Bajada de cruce (*Crossover riffle*). También llamada "cruce de meandro", esta sección entre las curvas de un cauce de agua tiene un fondo más nivelado y es donde los sedimentos más grandes se salen del flujo del agua.

Bajante de sistema húmedo (*Wet-system downspout*). Una tubería de transporte de agua de lluvia con una sección que queda por debajo del nivel tanto de su punto de entrada como de su punto de salida, lo que hace que siempre haya agua (y a veces lodos) en el tramo bajo de la tubería (a menos que se drene manualmente entre las lluvias). Nota: Para que el agua alimentada por gravedad se mueva correctamente a través de este sistema, el punto de entrada de la tubería debe estar más arriba que el punto de salida.

Bajante de sistema seco (*Dry-system downspout*). Un tubo de transporte de agua de lluvia que mantiene una pendiente continua para que toda el agua se drene, dejándolo seco entre las lluvias. Una bajante de sistema seco no recoge lodos (sedimento), ni es propensa a sufrir daños por congelamiento.

Baño seco (*Composting toilet*). Un inodoro sin agua con una cámara de compostaje aeróbico a la que se añade material seco rico en carbono como paja o aserrín para ayudar a descomponer (sin olores desagradables) heces y orina humanas ricas en nitrógeno y convertirlas en fertilizante de calidad superior.

Barlovento (*Windward*). El lado o la dirección desde donde sopla el viento.

Barra de meandro (*Point bar*). Un depósito de partículas (como arena, grava, roca y piedras grandes) en la curva interior de un cauce de agua serpenteante.

Berma (*Berm*). Estructura que se crea para disminuir o infiltrar el flujo de agua. Puede ser de tierra compactada, de varas o de otros materiales. Usualmente tiene forma de trapecio y su forma es consistente a lo largo. También se le conoce como bordo.

Berma en bumerán (*Boomerang berm*). Berma semicircular posicionada para recibir y cosechar la escorrentía entrante que viene de pendiente arriba.

Berma en curva de nivel (*Contour berm*). Una berma y cuenca construida a lo largo de una línea de contorno.

Berma y cuenca (*Berm 'n basin*). Una obra de tierra cosechadora de agua colocada de manera perpendicular a la pendiente y que consiste en una cuenca excavada y una berma elevada situada justo pendiente abajo de la cuenca.

Bienes comunes (*Commons*). Recursos culturales y naturales como el suelo, el agua, el aire, los ecosistemas y una Tierra habitable que proporcionan la base ecológica de la vida y cuya sostenibilidad y asignación equitativa depende de la cooperación entre los miembros de la comunidad. Estos recursos son de propiedad comunal y no privada.

Biocompatible (*Biocompatible*). Un material cuya descomposición crea productos que son beneficiosos, o al menos no perjudiciales, para el medio ambiente en el que se deposita o se desecha.

Bulevar para bicicletas (*Bicycle boulevard*). Una calle residencial amigable para ciclistas y peatones (típicamente arbolada), de tráfico lento y que conecta los vecindarios con cruces seguros para bicicletas y peatones en las principales intersecciones.

Cabecera de cárcava (*Headcut*). El borde aguas arriba de una cárcava o surco erosivo que va creciendo con la erosión.

Cama esparcidora (*Sheet flow spreader*). Es una estructura de acolchado de piedra en forma de media luna, de una roca de altura y nivelada (donde los extremos de la media luna apuntan cuesta arriba) que se utiliza en terrenos que van desde relativamente planos hasta aquellos con forma de abanico aluvial para dispersar el flujo canalizado erosivo y restablecer el flujo laminar donde una vez ocurrió. Se coloca en las curvas de nivel. También se le conoce como media luna.

Cámara de infiltración (*Infiltration chamber*). Una cámara de plástico subterránea vacía y sin fondo en la que se depositan aguas grises, que sirve para reducir el contacto humano o animal directo con las mismas, así como también el riesgo de que las raíces crezcan hacia adentro de la tubería de aguas grises.

Cambio climático (*Climate change*). Un cambio significativo y duradero en los patrones, condiciones y distribución climática a lo largo de períodos que van desde décadas hasta millones de años. El cambio climático es causado por factores que incluyen procesos oceánicos (como la circulación oceánica), variaciones en la radiación del sol recibida por la Tierra, la tectónica de placas y erupciones volcánicas, así como alteraciones del mundo natural inducidas por el ser humano.

Canalización (*Channelization*). Constreñir y enderezar el flujo de agua mediante el sellado y alisamiento de los márgenes y a veces del mismo lecho del cauce de agua, a menudo con concreto. Se puede comparar con un cañón de escopeta para agua. La canalización aumenta la velocidad del flujo de agua a través de y aguas abajo del área canalizada, reduciendo la infiltración de agua en el suelo y a veces haciendo más profundo el canal.

Capa de suelo fértil (*Topsoil*). La capa superior de suelo que contiene la mayor parte de materia orgánica y fertilidad.

Cárcava (*Gully*). Un gran dren o arroyo erosivo.

Caudal máximo (*Bankfull*). La elevación de los flujos de agua normales del canal completo justo antes de que empiecen a derramarse sobre los márgenes del canal hacia la zona inundable. También conocido como caudal de cauce lleno.

Cesta de gavión (*Gabion basket*). Una cesta o canasta rectangular de alambre hecha para contener muchas rocas, y que forma una cortina de piedra a través de un arroyo o dren.

Ciclo hidrológico (*Hydrologic cycle*). El movimiento continuo del agua entre la tierra y la atmósfera a través de la precipitación, infiltración en y emanación de los sistemas vivos, evaporación, evapotranspiración y precipitación de nuevo.

Cisterna (*Cistern*). Un tanque bajo tierra para almacenar agua de lluvia.

Coeficiente de escorrentía (*Runoff coeficient*). El porcentaje medio de agua de lluvia que se escurre por un tipo de superficie. Por ejemplo, un techo con un coeficiente de escorrentía de 0.95 indica que el 95 % de la lluvia que cae sobre ese techo se escurrirá.

Colector solar de aire caliente (*Solar hot air collector*). Una caja con el interior negro cubierta con una superficie transparente como el vidrio, cara al sol de invierno, que atrapa el calor como un invernadero y luego ventila ese aire caliente hacia adentro de un edificio contiguo.

Compensación de emisiones de carbono (*Carbon offset*). Reducción de emisiones de dióxido de carbono u otros gases que alteran el clima para compensar emisiones hechas en otros lugares.

Composta (*Compost*). Mejorador del suelo hecho de materia orgánica descompuesta. El acto de compostaje acelera la descomposición de la materia orgánica a la par de retener más nutrientes si se mantiene la pila de composta húmeda (en un pozo, a la sombra, cubierta con acolchado) y ligeramente aireada, y se equilibra la cantidad de material rico en carbono (material leñoso seco como paja o aserrín) con la cantidad de material rico en nitrógeno (material vegetal verde, estiércol fresco, orina), lo cual también evita olores.

Comunalizar (*Communify*). Trabajar juntos para mejorar un recurso natural y la comunidad relacionada gestionando el uso sostenible y justo del recurso, así como la igualdad de acceso al mismo.

Comunidad (*Community*). Representa todos los organismos vivos que interactúan en un ecosistema, incluyendo personas, otros animales, plantas, hongos y bacterias.

Contaminación de fuentes difusas (*Nonpoint-source pollution*). Contaminantes provenientes de muchas fuentes indeterminadas. La contaminación de fuentes difusas es acarreada por el agua de lluvia o el deshielo que se mueve sobre el suelo. La escorrentía recoge y transporta contaminantes naturales y hechos por los humanos, depositándolos en lagos, ríos, humedales, aguas costeras e incluso fuentes subterráneas de agua potable.

Contenedor de basura (*Dumpster*). Un contenedor grande de basura que se coloca en exteriores.

Corte vertical (*Downcutting*). Erosión que aumenta la profundidad de un canal al llevarse material del lecho del canal.

Cortina de piedra (*Check dam*). Una barrera porosa y de poca altura colocada perpendicular al flujo del agua dentro de un arroyo para bajar la velocidad del flujo, infiltrar más agua en el suelo y retener el suelo y la materia orgánica en las partes más altas de la cuenca. A diferencia de una represa de una sola piedra de altura (RUPA), una cortina de piedra puede tener una altura mayor a la de una piedra si se construye sobre roca madre, la cual puede soportar la fuerza erosiva del agua que cae sobre la represa. De lo contrario, se debe crear una salida de agua y poza estabilizadoras.

Cosecha de aguas grises (*Greywater harvesting*). La práctica de dirigir de forma segura las aguas grises generadas en un sitio hacia la zona radicular de plantas perennes en un patio para ayudar a que crezcan jardines hermosos y productivos.

Cubierta vegetal orgánica (*Organic groundcover*). Materiales naturales que se descomponen y mejoran el suelo, como material vegetal muerto, estiércol o composta.

Cuenca de detención/retención (*Detention/Retention basin*). Una estructura que disminuye el flujo de escorrentía pluvial de un sitio manteniendo la escorrentía en el sitio mismo de manera temporal. No es una estructura para la cosecha de agua a menos que el agua retenida se utilice de manera beneficiosa en el lugar (para riego de vegetación, por ejemplo).

Cuenca de infiltración (*Infiltration basin*). Una depresión ajardinada, relativamente poco profunda, con fondo nivelado y excavada en la tierra que capta, infiltra y utiliza la lluvia que cae dentro de ella, la escorrentía que fluye hacia ella desde el área circundante y potencialmente también las aguas grises domésticas.

Cuenca hidrográfica (*Watershed*). El área total de un paisaje que drena o aporta agua a un sitio o dren en particular.

Curva de nivel (*Contour line*). Una línea de nivel perpendicular a la pendiente del terreno.

Deflector (*Baffle*). Una estructura baja de desvío colocada en un lado de un canal estrechado, profundizado o enderezado a niveles no saludables para empujar el flujo de agua hacia el margen opuesto. Está diseñado para crear erosión lateral en la orilla opuesta y así ensanchar el canal; para cosechar parte del sedimento resultante en el deflector, aumentando la zona inundable vegetada dentro del canal; y para inducir un cauce con inclinación más gradual y meandros.

Degenerativa (*Degenerative*). Un tipo de inversión que comienza a averiarse tan pronto como se utiliza, normalmente cumple con una sola función, consume más recursos de los que produce y degrada la salud de su entorno inmediato y/o del mundo.

Descarga de resumidero (*Sump dump*). Tipo de descarga de agua producida por enfriadores evaporativos; contiene más sales que la descarga de la válvula de alivio.

Diseño integrado (*Integrated design*). Una metodología de diseño muy eficiente que satisface las necesidades en el sitio (por ejemplo, agua, refugio, alimentos, estética) con elementos del sitio (por ejemplo, escorrentía de aguas pluviales, aguas grises, sombra refrescante, sol que calienta, vegetación). Esto se logra evaluando todos los recursos del sitio, y colocando y diseñando todos los nuevos elementos para que se basen en los recursos existentes y ayuden a desviar, evitar o convertir los desafíos del sitio en todavía más recursos. El diseño integrado ahorra recursos (por ejemplo, energía, agua, dinero) y mejora la función y la sostenibilidad de un sitio.

Drenaje francés (*French drain*). Ver *zanja de infiltración*

Drenaje transversal en carreteras (*Culvert*). Una tubería de drenaje hecha para transportar agua debajo de una carretera. Las tuberías metálicas se pueden convertir en tanques o cisternas al ras del suelo. También se le conoce como drenaje de metal corrugado.

Efecto hamaca (*Hammock effect*). Un tejido estabilizador de raíces entretejidas (que crecen de los árboles a lo largo de las orillas de un canal de agua) sobre el cual descansa el lecho del canal y fluye el agua.

Energía incorporada (*Embodied energy*). La suma de toda la energía necesaria para producir bienes o servicios, considerada como si esa energía estuviera integrada o "incorporada" en el producto en sí. También se le conoce como contenido energético.

Enramada (*Ramada*). Una estructura de sombra al aire libre bajo la cual es cómodo reunirse.

Erosión (*Erosion*). El desgaste del suelo y las rocas causado por la gravedad, el viento y el agua, que se intensifica por las prácticas humanas de limpieza de tierras.

Escorrentía (*Runoff*). Agua que fluye de una superficie cuando cae más lluvia de la que la superficie puede absorber.

Escorrentía entrante (*Runon*). Agua de escorrentía que corre hacia un sitio.

Escurrimiento de aguas pluviales (*Stormwater*). El agua de lluvia una vez que ha caído sobre una superficie de suelo.

Esponja (*Sponge*). Condición similar a una esponja viva que un suelo acolchado y vegetado, un jardín de lluvia y/o una cuenca saludable pueden tener, que permite que el agua se infiltre rápidamente para luego circular a través de (y regenerar) el suelo y la vida asociada (plantas, microorganismos, etc.), lo que reduce en gran medida la tasa de pérdida de agua (por evaporación, escorrentía, erosión o contaminación) del sistema.

Evaluación del lugar (*Place assessment*). Metodología para el estudio de un lugar y la exploración de diversas características (como cuenca hidrográfica, clima, patrones de sol, geología, vida silvestre, culturas) que hacen de ese lugar un sitio único.

Evaluación del sitio (*Site assessment*). La exploración de varias características específicas del sitio (tales como pendientes y flujos de agua; aspecto solar; microclimas; senderos y usos de las personas, vida silvestre o ganado; y vegetación) para comprender mejor lo que está sucediendo en el sitio con el fin de ayudarle a alcanzar su potencial.

Evaporación (*Evaporation*). El cambio de agua de un líquido a un gas.

Evaporación total (*PAN evaporation*). Medición de los efectos combinados de la temperatura, la humedad, las precipitaciones, la dispersión de la sequía, la radiación solar y el viento tomada al medir la tasa de evaporación de un recipiente de agua expuesto.

Evapotranspiración (*Evapotranspiration*). La medición combinada de la pérdida de agua por evaporación y transpiración a través de los poros de las plantas.

Ferrocemento (*Ferrocement*). Cemento reforzado con metal.

Filtro de malla con entrada inclinada (*Rainhead*). Un filtro de malla en ángulo para bajantes colocada debajo de una canaleta de techo. El filtro está diseñado para enviar la mayor parte de los escombros de la malla hacia el suelo, mientras que permite que el agua pase hacia y por la bajante.

Flujo base (*Baseflow*). Escorrentía o flujo de agua sostenido y de clima seco. Es el flujo de corriente que resulta de la precipitación que se ha infiltrado en el suelo y que finalmente se mueve a través del mismo hacia el canal de corriente.

Flujo de agua efímero (*Ephemeral water flow*). Agua que solo fluye estacionalmente o durante las tormentas y justo después de ellas.

Flujo del canal (*Channel flow*). La distribución concentrada de escorrentía dentro de canales o arroyos definidos. Para evaluar la fuerza del flujo y la salud del canal, busca desniveles significativos, surcos, cárcavas, cortes en márgenes, diferentes tamaños de sedimentos, vegetación que crece dentro de los canales, así como raíces expuestas.

Flujo laminar (*Sheet flow*). La distribución relativamente uniforme del agua de escorrentía sobre la superficie de la tierra, que sigue la pendiente del terreno hacia abajo, pero sin concentrarse en canales definidos. Si después de una gran lluvia no ves canales definidos en una zona de tierra desnuda con pendiente, lo más probable es que se haya producido flujo laminar.

Flujo perenne de agua (*Perennial water flow*). Agua que fluye continuamente todo el año, año tras año.

Fondo revolvente de préstamos comunitarios (*Revolving community loan fund*). Una fuente de dinero que una comunidad reúne para financiar proyectos a través de préstamos que mejoran la vida de los miembros individuales de la comunidad de una manera que simultáneamente mejora la salud de la comunidad (por ejemplo, se financia la construcción de un baño seco lo que se traduce en una mejor salud de quienes lo utilizan, a la par que mejora la calidad y cantidad de agua, la fertilidad del suelo y, por tanto, la salud de la comunidad en general). El fondo recibe su nombre del aspecto revolvente del pago del préstamo, en el que el fondo central se repone a medida que los proyectos individuales liquidan sus préstamos, creando la oportunidad de otorgar otros préstamos para nuevos proyectos.

Galvalume (*Galvalume*). Un recubrimiento protector (típicamente sobre acero) compuesto principalmente de aluminio, zinc y silicio.

Gavión (*Gabion*). Una cortina de piedra en la que las rocas están envueltas en una estructura o cesta de alambre que mantiene todo unido hasta que el alambre se oxida; es una especie de taco de piedras en una tortilla de alambre.

Generativa (*Generative*). Un tipo de inversión que comienza a averiarse tan pronto como se utiliza, normalmente cumple con múltiples funciones y produce o genera más recursos de los que consume, además de conservar otros recursos.

Gnomon (*Gnomon*). Una vara o asta vertical que proyecta una sombra y se utiliza como indicador de la posición y hora solar.

Gpcd (*Gpcd*). Galones (consumidos o usados) per cápita (persona) por día.

Grava angular de textura abierta (*Angular open-graded gravel*). Agregado con partículas de forma angular cuyas caras planas se enganchan entre sí y oponen resistencia a la rotación y al desplazamiento; cuenta con un rango limitado de tamaños de las partículas y con espacios abiertos que mejoran el ajuste entre las mismas al tiempo que mantienen una buena porosidad.

Gremio (*Guild*). Un conjunto armonioso de especies vivas como plantas, animales y personas, así como elementos no vivos tales como rocas o edificios que funcionan mejor a través de sus interrelaciones cooperativas que como individuos.

Hidroenergía (*Watergy*). Es la relación entre el agua bombeada y tratada y el consumo resultante de energía.

Hidroperiodo (*Hydroperiod*). Período de tiempo durante el cual el agua está disponible en el suelo para el crecimiento de las plantas asociadas.

Hidrosiembra (*Hydroseeding*). Un método de siembra en el que se rocía una mezcla de acolchado y semilla sobre el suelo.

Hora del reloj (*Clock time*). También llamada hora solar media, es la hora basada en el movimiento del sol medio (un sol imaginario que se mueve uniformemente a lo largo del ecuador celeste) y que da como resultado días iguales de 24 horas durante todo el año. Si los días se midieran por el movimiento real del Sol (hora solar), variarían ligeramente en longitud en diferentes épocas del año debido a las diferencias en la velocidad orbital de la Tierra y otros factores. La hora solar media es la hora de reloj estándar en la mayor parte del mundo.

Hora solar (*Solar time*). Una forma de medir el tiempo con base en la posición del Sol en el cielo. Se puede hacer una medición aproximada con un reloj solar y también se le conoce como *hora del reloj solar y hora solar aparente*. La hora solar no es lo mismo que la *hora del reloj*.

Huella hídrica virtual (*Virtual water footprint*). El volumen total de agua dulce que se utiliza para producir los productos, bienes y servicios consumidos por una persona, empresa o nación.

Hundimiento del terreno (*Land subsidence*). El asentamiento o hundimiento de la tierra que resulta de la compactación de las capas sedimentarias de un acuífero. Esto ocurre cuando se extraen las aguas subterráneas de los espacios porosos de estas capas sedimentarias más rápido de lo que el agua puede ser reemplazada de manera natural.

Impermeable (*Impervious*). Una superficie sólida no permeable.

Impresiones en el suelo (*Imprinting*). También conocida como "dejar huella", es una técnica de cosecha de agua utilizada para acelerar la revegetación de tierras perturbadas o denudadas que reciben una precipitación anual de 76 a 356 mm (3-14 pulgadas), mediante la creación de numerosas depresiones pequeñas y bien formadas en el suelo (en algunos lugares a estas depresiones se les conoce como tinas ciegas) que captan semillas, agua de lluvia, sedimentos y desechos vegetales, y ofrecen microclimas protegidos para germinar semillas y establecer plántulas.

Infiltración (*Infiltration*). El movimiento del agua desde la superficie de la tierra hacia adentro del suelo.

Interceptor de primeras descargas (*First flush system*). Un dispositivo o tramo de tubería con tapa que desvía la primera descarga de agua, por lo general más sucia o con sedimentos, que se escurre de una superficie de captación para que no caiga en un tanque o cisterna.

Jardín de lluvia (*Rain garden*). Un área baja o cuenca bien vegetada que capta la escorrentía, la infiltra rápidamente y la filtra de manera natural.

Kilovatio hora (kWh) (*Kilowatt-hour*). Cuando compras electricidad se te cobra por kilovatio-hora. Cuando utilizas 1000 vatios durante 1 hora, eso es un kilovatio-hora. Si una bombilla o foco de 100 vatios está encendido por una hora al día durante 30 días, la energía utilizada es 100 W X 30 h = 3000 Wh = 3 kWh. El consumo mensual de electricidad per cápita en México para 2019 fue de 188 kWh, según datos del Sistema de Información Energética de la Secretaría de Energía de México.[1]

Lado del sol invernal (*Winter-sun side*). Para aquellos que viven en el hemisferio norte, el lado orientado al sur de edificios, paredes y árboles es el "lado del sol de invierno" y el lado orientado al norte es el "lado de sombra de invierno". Esto se debe a que el sol de invierno permanece en el cielo del sur todo el día.

Lpcd (***Lpcd***). Litros (consumidos o usados) per cápita (persona) por día.

Manto freático (***Water table***). El límite superior de un cuerpo de agua subterránea.

Meandro inducido (***Induced meandering***). Un método para transformar canales de agua con incisión (y a menudo enderezados de manera antinatural) tratando de entender y apoyar la evolución natural de un arroyo o cauce mediante la utilización del poder de las inundaciones para dar forma/sanar al canal y sus márgenes a lo largo del tiempo (a menudo formando un flujo más tranquilo y con meandros).

Media luna (***Media luna***). Ver *cama esparcidora.*

Mediodía solar (***Solar noon***). La hora del día que divide las horas de luz de ese día exactamente a la mitad. Para determinar el mediodía solar, calcula la longitud del día desde la hora en que sale el sol hasta la hora en que se pone, divide entre dos y suma esa cantidad a la hora de la salida del sol. El mediodía es el momento del día cuando el sol se encuentra en la posición más alta en el cielo.

Mercantilización (***Commodify***). Convertir un recurso natural en una mercancía de acceso limitado para ser comprado, vendido y acaparado.

Microclima (***Microclimate***). Un clima localizado más templado o más extremo creado por la protección o la exposición dada por las características de los paisajes o edificios adyacentes.

Microorganismos (***Microorganisms***). Plantas o animales de tamaño microscópico.

Mini invernadero (***Cold frame***). Un contenedor o caja de poca altura cubierta con una superficie transparente como el vidrio bajo el cual se cultivan plantas en temporadas frías. La cubierta de vidrio se puede abrir para permitir ventilación en días cálidos según sea necesario.

Muro de contención (***Retaining wall***). Una estructura que sostiene una pendiente, evitando la erosión.

Muro de contención apilado en seco (***Dry-stacked retaining wall***). Una pared naturalmente porosa de piedra, ladrillo o concreto recuperado, armada en "seco" sin mortero y que mantiene un talud o inclinación de 5° a 15° hacia la pendiente para ayudar a contrarrestar el peso de la tierra pendiente arriba.

Muro Trombe (***Trombe wall***). Un muro de mampostería con cara al sol de invierno, separado del exterior por un vidrio u otra membrana transparente, y una cámara de aire. Está diseñado para absorber el calor de la radiación solar durante los días soleados y liberarlo en el interior de un edificio.

Norte verdadero (***True North***). Norte según el eje de la Tierra y, por tanto, la dirección hacia el Polo Norte geográfico, no el norte magnético, que puede variar de un lugar a otro y con el tiempo debido a anomalías magnéticas locales. La Estrella Polar (Polaris) se encuentra muy cerca del norte verdadero.

Obras de tierra (***Earthworks***). Estructuras y estrategias simples que modifican la topografía y la superficie del suelo para acelerar la infiltración de agua; aumentar la humedad del suelo y la disponibilidad de nutrientes con más materia orgánica; y maximizar la densidad y diversidad de la vegetación utilizando esa agua para generar más recursos, a la par de aumentar las ganancias de la percolación de agua y el cultivo de nutrientes.

Oleada máxima (***Peak surge***). El mayor volumen de flujo de agua esperado en el corto plazo.

Orgánica (***Organic***). Vida no modificada genéticamente, cultivada o criada sin fertilizantes sintéticos, pesticidas o lodos de aguas residuales de tal manera que la fertilidad del suelo asociado mejora con el tiempo.

Orientación (***Orientation***). La manera como un edificio o plantas se orientan con relación al sol del mediodía en el invierno y con los ángulos de la salida y puesta del sol durante todo el año. Los edificios con paredes más largas y ventanas que dan al sol del mediodía de invierno y paredes más cortas y menos ventanas que dan al sol naciente y poniente son mucho más fáciles de calentar y enfriar pasivamente que un edificio con la orientación opuesta.

Paleta de cruce (***Cross-vane***). Estructura de control de pendiente que enfoca la energía de la corriente hacia el centro de un canal y mantiene de manera permanente una poza de deslave debajo de la estructura. (El agua de la poza dispersa la fuerza del agua que cae sobre la estructura). Esta estructura se construye con pedestales de piedra instalados en el lecho del canal a una profundidad de hasta tres veces la altura de la paleta de cruce por encima del lecho. Estrategia desarrollada por el Dr. David Rosgen.[2]

Partes por millón, ppm; partes por mil millones, ppb (***Parts per million, ppm; parts per billion, ppb***). Se utiliza para cuantificar cantidades de contaminantes y/o minerales traza en el agua, etc.

Patógeno (***Pathogen***). Un organismo que puede causar enfermedades.

Pavimentación permeable (***Permeable paving***). Un término general para referirse a las técnicas de cosecha de agua que utilizan materiales porosos para pavimentar/recubrir superficies que permiten que el agua pase por el pavimento y se infiltre en el suelo, regando pasivamente las plantas adyacentes; disipando el calor del sol; reduciendo la compactación del suelo; permitiendo que las raíces de los árboles debajo del pavimento respiren; filtrando contaminantes; y disminuyendo la necesidad de una costosa infraestructura de drenaje.

Pendiente (***Slope***). Una inclinación medible que indica un cambio en la elevación de un punto a otro.

Percolación (***Percolation***). El movimiento descendente del agua que se infiltra en el suelo.

Pérdida de calor radiante (***Radiant heat loss***). La transferencia/pérdida de energía térmica a través del espacio. No involucra contacto físico (como sería el caso con la conducción).

Perenne (*Perennial*). Planta que vive más de dos años.

Permacultura (*Permaculture*). Una metodología de diseño integrado y sostenible basada en sistemas naturales.

pH (*pH*). Medida de acidez o alcalinidad que oscila entre 1 y 14. Por debajo de 7 es cada vez más ácido, 7 es neutro y por encima de 7 es cada vez más alcalino.

Plantas de polinización abierta (*Open-pollinated*). Plantas no híbridas producidas mediante la transferencia de polen de dos padres de la misma variedad, que a su vez producen descendencia al igual que las plantas madre. Las hortalizas tradicionales son variedades de polinización abierta que se pasan de generación en generación.

Poza escalonada revestida de piedra (*Rock-lined plunge pool*). También conocida como poza zuni. Es una estructura para el control de cabeceras de cárcava construida con una rampa de piedra que conduce a una poza o pozas revestidas de piedra que disipan la fuerza del agua que cae sobre el vertedero de la cabecera de cárcava, mientras hidratan el suelo para establecer vegetación estabilizadora.

Pozas escalonadas (*Step pools*). Una serie de bajadas (caídas) y pozas dentro de un canal de agua. La fuerza del agua que cae se dispersa gracias al agua de la poza a la que va a dar el agua al caer. Estas pozas se pueden construir u ocurrir de manera natural.

Poza zuni (*Zuni bowl*). *Ver poza escalonada revestida de piedra.* El término poza zuni lo acuñó Bill Zeedyk después de observar esas estructuras de cosecha de agua construidas por el pueblo zuni en Nuevo México.

Pozo (*Well*). Un agujero hecho por el ser humano en el suelo del que se extrae el agua subterránea.

Presupuesto de agua del sitio (*On-site water budget*). La cantidad de agua de lluvia que cae en un sitio y la escorrentía que fluye hacia el, menos la cantidad de agua que se pierde por escorrentía saliente. A veces también se incluyen las aguas grises generadas y reutilizadas en el sitio, pero a diferencia del agua de lluvia estas no son necesariamente una fuente sostenible de agua si se bombean o transportan desde fuera del sitio.

Proyecto de Arizona Central (CAP, por sus siglas en inglés) (*Central Arizona Project*). Un proyecto multimillonario de un canal que desvía el agua del río Colorado y la bombea 731 m (2400 pies) cuesta arriba y más de 540 km (336 millas) a través del desierto para llegar a los campos agrícolas y las ciudades de Phoenix y Tucson en Arizona.

Rampa de piedra (*Rock-mulch rundown*). Una capa de acolchado de piedra de una roca de altura que controla la erosión y se utiliza para blindar una ubicación inclinada y de baja energía por donde fluye el agua.

Recarga natural (*Natural recharge*). La velocidad con la que el agua llena o repone de manera natural un acuífero.

Regenerativa (*Regenerative*). Un tipo de inversión que puede repararse, reproducirse, recrearse o regenerarse a sí misma. Típicamente cumple múltiples funciones, produce más recursos de los que consume y mejora la salud de su entorno y del mundo.

Registro, aguas grises (*Stub out, greywater*). Conexiones de fontanería instaladas en nuevas construcciones que permiten un acceso futuro fácil y económico a las aguas grises con el fin de redirigirlas para regar plantas en el paisaje.

Registro de aguas grises (*Greywater stub out*). Ver *registro.*

Renovable (*Renewable*). Un recurso que se puede reemplazar en un período corto de tiempo. Renovable no significa necesariamente sostenible. Por ejemplo, el transporte de agua "renovable" del río Colorado bombeada a Tucson y Phoenix (Arizona) consume enormes cantidades de recursos, mientras que su distribución en exceso ha agotado a tal grado el caudal del río, que se han destruido tramos vastos del delta del río Colorado, así como la cultura de los pueblos indígenas de la zona.

Represa de una piedra de altura, RUPA (*One-rock dam*). Una estructura o "represa" de poca altura para el control de pendientes colocada a través de un canal o arroyo pequeño y, a diferencia de una cortina de piedra, se construye con solo una piedra de altura (sin apilamiento de rocas) colocando las piedras apretadas entre sí en tres a cinco filas paralelas a través de las cuales puede crecer fácilmente vegetación estabilizadora y cosechadora de sedimentos.

Reservorio (*Reservoir*). Una estructura para almacenar agua. Puede estar abierta o cubierta.

Riego por goteo (*Drip irrigation*). Una estrategia de riego en la que el agua se aplica a la zona radicular de una planta a través de un emisor a una velocidad lo suficientemente lenta (generalmente menos de 11 litros [3 galones] por hora) para permitir que el suelo la absorba sin generar escorrentía.

Rodillo de impresión (*Imprinter roller*). Una herramienta de impresión fabricada a partir de un rodillo liso de 300 a 600 cm (10-20 pies) de largo y con un diámetro de 50 a 60 cm (20-24 pulgadas), sobre el cual se sueldan en espacios de 25 cm (10 pulgadas) de largo ángulos de hierro de 15 X 15 cm (6 X 6 pulgadas) a 20 X 20 cm (8 X 8 pulgadas) en un patrón de anillos en forma de estrella espaciados entre sí.

Sedimento (*Sediment*). El suelo, la arena y los minerales que se arrastran de la tierra hacia el agua o zonas más bajas del terreno, generalmente después de la lluvia. El exceso de sedimento puede destruir las áreas de anidación de peces; obstruir hábitats de animales, zanjas de infiltración y pavimento poroso; y oscurecer las aguas evitando que la luz solar llegue a las plantas acuáticas.

Sentido del lugar (*Sense of place*). La percepción íntima y responsable del lugar, que se experimenta como un todo en un entretejido de relaciones con el sistema vivo en su totalidad, incluyendo la naturaleza y las comunidades.

Sistema activo (*Active system*). Un sistema que requiere que de manera activa una persona, interruptor o válvula lo encienda/abra o apague/cierre. Cuanto más activo sea un sistema (quizás su agua también se bombea), más energía requiere.

Sistema de aguas grises de drenaje ramificado (*Branched drain greywater system*). Sistema de tuberías, válvulas o accesorios "doble L" o "Y" que "ramifican" o dividen un flujo de aguas grises alimentado por gravedad para dirigirlo a diferentes salidas (hasta un máximo de 16) dentro de cuencas acolchadas distribuidas en un paisaje.

Sistema de cuencas en red (*Net and pan system*). Una serie modificada de bermas en bumerán conectadas directamente entre sí, que concentran la escorrentía cosechada en múltiples puntos del paisaje. Un sistema terminado parece una "red" de bermas que cubre una ladera, con "boles" o cuencas dentro de cada segmento de la "red".

Sistema de rebosadero (*Flow-through system*). Una obra de tierra cosechadora de agua a través de la cual fluye el agua superficial (entra por un lado y cuando se llena, sale por el otro) y gran parte del flujo se infiltra en el suelo de la obra de tierra antes de salir. Esto difiere de una obra de tierra "de contraflujo" en la que no hay tanto movimiento ya que el punto de entrada y de salida del agua es el mismo. Debido a esto, cuando la obra de tierra se llena el agua deja de fluir y por lo general casi nada de agua fluye hacia afuera del sistema.

Sistema pasivo (*Passive system*). Un sistema que funciona pasiva o libremente sin la necesidad de ninguna persona, interruptor o válvula. Cuanto más pasivo sea un sistema (quizás su agua simplemente se mueva con la gravedad), menos energía requiere.

Sistema solar fotovoltaico (FV) conectado a la red (*Grid-tied solar PV system*). Un sistema de energía solar fotovoltaica (FV) conectado a la red eléctrica de una empresa de servicios públicos. El sistema FV alimenta a la red eléctrica su energía excedente en días soleados y le extrae energía por la noche y en días nublados.

Sitio (*Site*). Ubicación, lugar, terreno.

Sitio de Superfondo (*Superfund site*). Un sitio contaminado con sustancias peligrosas, en el que se autorizó el uso de dinero fiduciario del Superfondo para financiar los esfuerzos de limpieza de la contaminación. Superfondo es el nombre informal de la Ley de Responsabilidad, Compensación y Respuesta Ambiental Integral promulgada en los Estados Unidos en 1980. Esta ley permite a la Agencia de Protección Ambiental de Estados Unidos (EPA, por sus siglas en inglés) limpiar sitios contaminados y obliga a las partes responsables de la contaminación a llevar a cabo acciones de limpieza o reembolsar al gobierno de Estados Unidos por los esfuerzos de limpieza a cargo de EPA.[3]

Sobreflujo (*Overflow*). Ruta de salida planificada y estabilizada para el exceso de agua de una obra de tierra o tanque de cosecha de agua.

Sólidos disueltos totales, SDT (*Total dissolved solids, TDS*). Mide la cantidad de materiales disueltos en un galón o litro de agua. Técnicamente, estos son los residuos secos que quedan después de que el agua se ha calentado a 180 °C.

Sostenible (*Sustainable*). Una condición en la que la biodiversidad y la capacidad de renovación de los ecosistemas, las culturas y la producción y calidad de los recursos naturales se mantienen a lo largo del tiempo.

Sotavento (*Leeward*). El lado de un objeto protegido del viento, o la dirección a la que sopla el viento.

Subcuenca (*Subwatershed*). Área de captación de agua de menor tamaño y que se ubica dentro una cuenca hidrológica más grande y forma parte de ella.

Subsuelo (*Subsoil*). El suelo naturalmente compactado que se encuentra debajo de la capa superficial de suelo fértil menos compactado y más rico en materia orgánica.

Suelo saturado (*Saturated soil*). Suelo en el que el espacio de sus poros está completamente lleno de agua.

Superficie de captación (*Catchment surface*). Superficie a partir de la cual la escorrentía se capta dentro de obras de tierra o en tanques para un uso benéfico en el sitio.

Superficie dura (*Hardscape*). Material de pavimentación duro como aceras de concreto, calles de asfalto y patios de ladrillo.

Surco (*Rill*). Un pequeño dren erosivo del cual ha sido arrastrada la tierra suelta. Es muy común en las laderas erosionadas donde se hicieron cortes para construir carreteras o en entradas para autos sin pavimentar y calles que corren pendiente abajo.

Sur verdadero (*True South*). Sur según el eje de la Tierra y por tanto la dirección hacia el Polo Sur geográfico. La dirección opuesta al norte verdadero.

Tarifa de compensación por excedentes de autoconsumo (*Feed-in tariff*). Pago que hace el gobierno o proveedor de servicios públicos a un pequeño productor de energía renovable por la energía que produce.

Terraza (*Terrace*). A veces llamada banca, es un "estante" relativamente plano de tierra construido paralelo a las curvas de nivel de una pendiente. La terraza reduce la inclinación de una sección de una pendiente, con lo que disminuye la escorrentía y la erosión, al tiempo que aumenta la infiltración. Las terrazas se pueden construir con o sin muro de contención dependiendo de la inclinación de la pendiente.

Testigos de hielo (*Ice core*). Son registros o muestras de hielo que ofrecen los datos paleoclimáticos más detallados y antiguos de la Tierra.

Tinaja (*Tinaja*). Un pozo de agua del desierto tallado naturalmente en la roca madre.

Tóxica (*Toxic*). Cualquier sustancia que pueda causar daño a los organismos vivos cuando se ingiere, se absorbe a través de la piel o se inhala en los pulmones.

Trampa de sol y sombra (*Sun & Shade trap*). Un área con un microclima más cómodo y moderado debido a que el sitio está abierto al sol saliente y del mediodía en invierno, mientras que está a la sombra del sol de la tarde, principalmente en verano.

Trampa en P (*P-trap*). Tubo de drenaje con forma de la letra P que mantiene un sello hidráulico en la curvatura del tubo y se usa para evitar que el gas del alcantarillado entre en un edificio.

Trampas de sedimento (*Sediment traps*). Pastos nativos, una cuenca/poza u otras estrategias que lentifican el flujo de agua, permitiendo que los sedimentos transportados en ella salgan del flujo. Estas trampas se pueden colocar en la entrada de una obra de tierra cosechadora de agua y hacerse accesibles para facilitar la eliminación de sedimentos.

Transpiración (*Transpiration*). La pérdida de humedad de las plantas al aire a través de los estomas dentro de sus hojas.

Trayectoria del Sol (*Sun path*). Nuestra percepción (mirando desde un punto dado de la Tierra) de cómo y dónde el Sol se mueve a través del cielo en un día dado y cómo esa trayectoria cambia a lo largo del año, afectando las sombras, la temperatura, la longitud del día, la luz y más.

Tubería a cielo abierto (*Daylighting a pipe*). Exponer una tubería al aire libre.

Uso de agua municipal (*Municipal water use*). Uso de "agua de la ciudad" por la que se paga, y que a menudo se entuba y bombea largas distancias. La fuente es típicamente agua superficial (como embalses o ríos) o aguas subterráneas bombeadas desde los acuíferos.

Vado y bordo (*Rolling dip*). Un drenaje de cruce excavado diseñado para desviar el agua de la superficie de la carretera y que consta de dos características principales:

1. Un drenaje hundido con un ángulo amplio y una pendiente transversal de 4-8 % (lo suficientemente empinada como para eliminar los sedimentos acumulados de la carretera y drenaje); y
2. Un montículo de grado inverso (bordo) utilizado para reforzar el canal de drenaje y evitar que el agua fluya hacia el ahuellamiento en la carretera. La longitud de la depresión y la longitud del bordo son casi iguales a la longitud del vehículo promedio que viaja sobre ellos para un desplazamiento suave sobre la estructura.

Vainas de mezquite (*Mesquite pods*). Las vainas de semillas/frutos comestibles naturalmente dulces y nutritivos del árbol de mezquite (*Prosopis spp.*). Estas vainas blandas masticables son buenas fuentes de calcio, manganeso, potasio, hierro y zinc, mientras que las semillas duras contenidas en las vainas son una buena fuente de proteína.

Válvula de bola (*Full-port valve*). Una válvula que mantiene el diámetro interior completo de la tubería a la que está conectada. Por ello genera una menor reducción de flujo que las válvulas estándar, que tienen un diámetro interior más pequeño que la tubería entrante.

Válvula de contraflujo (*Backwater valve*). Una válvula de tubería de drenaje de alcantarillado que consiste en una solapa que solo se abre con el agua que fluye hacia fuera y en ausencia de ese flujo permanece cerrada para evitar la entrada de drenaje atascado fuera de la tubería. Por lo general está hecha de plástico ABS, se usa típicamente con drenajes de alcantarillado alimentados por gravedad y se puede conseguir con los proveedores de plomería mejor abastecidos. Yo instalo válvulas de contraflujo en los extremos de las tuberías de sobreflujo de tanques y cisternas para mantener a los insectos, animales pequeños y luz solar alejados del agua almacenada.

Válvula de desvío de tres vías (*Three-way diverter valve*). Una válvula que se usa para dirigir o desviar el flujo de agua en una de dos direcciones. Estas válvulas se encuentran en las tiendas de suministros para piscinas y spas, y se pueden incorporar en la tubería de aguas grises para permitir al usuario enviar las aguas grises al paisaje o al alcantarillado según lo desee.

Válvula Jandy (*Jandy valve*). Válvula de desvío de tres vías, totalmente ajustable. Es mi preferida para sistemas de distribución de aguas grises domésticas. Esta válvula se consigue con proveedores de insumos para piscinas y spas.

Vegetación de bajo consumo de agua (*Low-water-use vegetation*). Vegetación que puede subsistir solo con la precipitación natural sin riego suplementario.

Vegetación nativa (*Native vegetation*). Vegetación propia del lugar, que crece en un radio de 40 km (25 millas) y a 150 m (500 pies) de la elevación de un sitio. Algunos sitios pueden requerir que la definición de "nativa" incluya un radio más amplio para que haya más diversidad de plantas, pero cuanto menor sea el radio, más probable es que las plantas puedan prosperar dentro de las limitaciones climáticas del sitio.

Ventanas de doble vidrio (*Double-glazed windows*). También llamadas "ventanas de doble acristalamiento". Estas ventanas tienen dos paneles de vidrio separados por un espacio lleno de aire o de otro gas para reducir la transferencia excesiva de calor y frío a través de la ventana.

Ventila (*Vent*). Una abertura cubierta con malla e instalada por encima de la altura de la tubería de entrada de un tanque de agua cerrado, que permite que el aire fluya hacia dentro y hacia fuera del tanque para que el agua pueda entrar y salir con facilidad, evitando la implosión causada por el vacío cuando grandes cantidades de agua se extraen rápidamente del tanque.

Vertedero (*Spillway*). Una ruta planificada y estabilizada para el sobreflujo de agua.

Viento predominante (*Prevailing wind*). El viento más frecuente o común que sopla de manera predominante desde una sola dirección general.

Zanja de desvío (*Diversion swale*). Una vía de drenaje con una leve inclinación y que mueve el agua lentamente pendiente abajo a través de un paisaje, al tiempo que permite que gran parte de ella se infiltre en el suelo.

Zanja de infiltración (*Infiltration trench*). Una zanja o cuenca llena de materiales porosos como grava o acolchado que tienen amplios espacios de aire entre ellos, lo que permite que el agua se infiltre rápidamente en el dren y se percole en la zona radicular del suelo que la rodea, al mismo tiempo que crea una superficie estable sobre la que se puede caminar. También se le conoce como drenaje francés o pozo seco.

Zona árida (*Dryland*). Zonas del mundo donde la pérdida media anual potencial de humedad (evapotranspiración) supera la ganancia media anual de humedad (precipitación).

Zona de oasis (*Oasis zone*). El área alrededor de los lugares de reunión como patios, porches delanteros y senderos dentro de una distancia de 9 m (30 pies) de una casa donde los recursos hídricos como la escorrentía del techo y las aguas grises del hogar están fácilmente disponibles para sostener una mayor densidad o diversidad de vegetación.

Zona o terreno inundable (*Floodplain*). Tierras bajas adyacentes a ríos o arroyos hacia donde se desborda el agua cuando se sale de su cauce. También conocida como zona de inundación.

Index

La serie continúa...

Rainwater Harvesting for Drylands and Beyond, Volumen 2, 2ª edición – A color

Water-Harvesting Earthworks

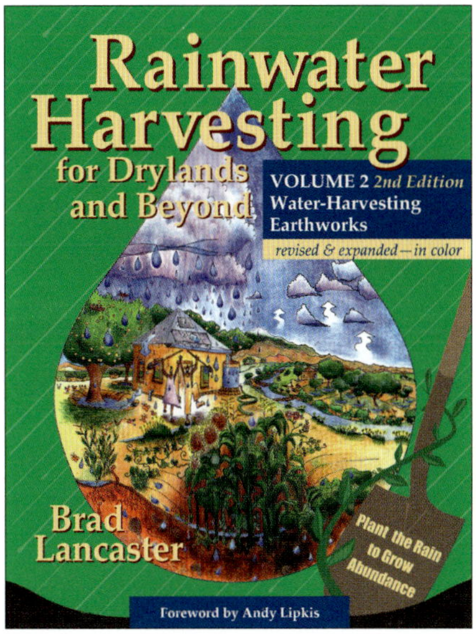

Este galardonado libro best seller es una guía práctica que te permite "sembrar la lluvia" mediante la creación de "obras de tierra" o "jardines de lluvia" cosechadores de agua. Las obras de tierra son estrategias y relieves simples y económicos que cosechan pasivamente múltiples fuentes de agua gratuita en el sitio, incluyendo lluvia, escorrentías de aguas pluviales, condensado de aire acondicionado y aguas grises dentro de "esponjas vivas" de suelo y vegetación. Las plantas luego bombean el agua de regreso en forma de belleza, alimentos, refugio, hábitat de vida silvestre, madera y forraje, a la par que controlan la erosión, reducen las inundaciones aguas abajo, disminuyen los costos de servicios públicos municipales, aumentan la fertilidad del suelo y mejoran la calidad del agua y del aire. Usando estas estrategias puedes crear jardines y paisajes llenos de vida regados principalmente, o incluso únicamente, por tu cosecha de aguas gratuitas en tu lugar.

Esta segunda edición a todo color revisada y enormemente mejorada se basa en la información del Volumen 1 y te muestra cómo convertir tu patio, escuela, negocio, parque, rancho y vecindario en un productor vital y regenerativo de recursos. Las condiciones en el hogar mejorarán a medida que simultáneamente enriquezcas el ecosistema e inspires a la comunidad a tu alrededor.

Aprende a seleccionar, colocar, dimensionar, construir y sembrar las obras de tierra de tu elección. Todo se hace más fácil y más efectivo mediante ilustraciones de patrones naturales de flujo de agua y sedimentos con los que puedes colaborar o imitar. Las instrucciones detalladas paso a paso con más de 550 imágenes te muestran cómo hacerlo, ¡y las muchas historias de éxito te motivan para que *lo hagas*!

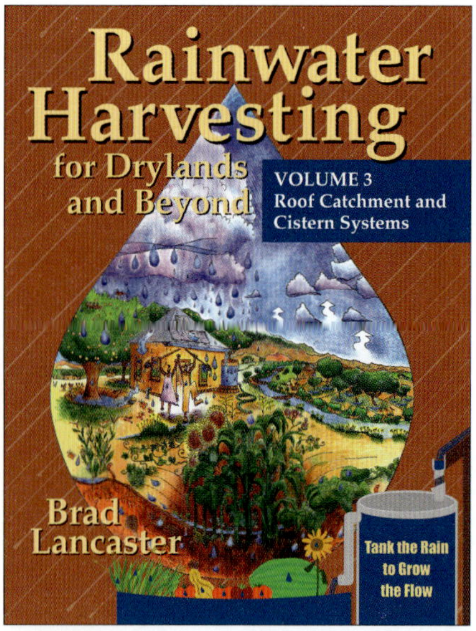

Rainwater Harvesting for Drylands and Beyond, Volumen 3

Roof Catchment and Cistern Systems

Los tanques y cisternas que cosechan escorrentía de los sistemas de captación en techos tienen el potencial de cosechar la escorrentía de agua de lluvia de la más alta calidad en el sitio y permitir la mayor gama de usos potenciales para esa agua. Los usos del agua van desde el riego hasta la protección contra incendios, la ducha, el lavado, el mantenimiento del flujo de arroyos y manantiales naturales en época de secas y agua potable para beber.

Partiendo de la información presentada en el Volumen 1, este libro te muestra cómo seleccionar, dimensionar, diseñar, construir o comprar e instalar sistemas de tanques y cisternas para cosechar la escorrentía del techo. Los principios rectores exclusivos para estos sistemas se presentan junto con numerosas opciones de tanques y estrategias de diseño que mejorarán la calidad del agua, te ahorrarán dinero, reducirán la necesidad de mantenimiento y ampliarán las formas en las que puedes utilizar tus tanques y el agua cosechada en su interior.

Para obtener más detalles e información sobre pedidos, ediciones en otros idiomas, ediciones electrónicas, publicaciones adicionales, productos de Plant the Rain, videos y mucho más, visita HarvestingRainwater.com y CosechaDeAguaDeLluvia.com.

Una petición

¿Te gustó *Cosecha de agua de lluvia para zonas áridas y más allá*? Si es así, ayúdanos a pasar la voz publicando una reseña en Goodreads, Amazon, Apple Books, Kobo, Bookshop.org y/o donde lo hayas comprado.
Por favor, ayuda también a promocionar el libro en tus redes sociales y coméntalo cuando hables con otras personas mientras siembras la lluvia.
¡Muchas gracias!